현대 바다낚시

현대 바다낚시

개정판 1쇄 인쇄 | 2024년 05월 15일
개정판 1쇄 발행 | 2024년 05월 20일
편저 | 미래레저연구회
표지 | 윤영화
펴낸곳 | 태을출판사
펴낸이 | 최원준
등록번호 | 제1973.1.10(제4-10호)
주소 | 서울시 중구 동화동 제 52-107호(동아빌딩 내)
전화 | 02-2237-5577 팩스 | 02-2233-6166
ISBN 978-89-493-0680-3 13690

현대 바다낚시

"기초 이론에서 부터 실기 완성까지"

미래레저연구회 편저

배 위에서 신선이 된 느낌은 바다낚시의 정수이다.

인간은 자연과 함께 살아가기 마련이다.

낚시대 끝의 물고기와 함께 바다도 올라올 것 같은 짜릿함이 느껴진다.

바다여 일어나라! 네가 품고 있는 모든 것들은 내 손 끝에 달려 있다.

바위에 부딪히는 파도는 하얀색으로 곧 변해 버린다. 그러면 그 안의 물고기들은 무슨 빛깔일까?

푸른 하늘 맞닿은 넓은 바다 위의 낚시대에 내 마음과 몸을 실어 보자.

잠시나마 넓은 바다속에서 자연으로 돌아가고픈 영혼의 본성에 여유와 휴식을 주는 시간을 갖자.

바다는 맑은 공기를 마실 수 있는 인간의 어머니이다.

여러 개의 낚시대, 누가 먼저 인사 할 것인가?

나름대로 계획을 세워서 떠나온 낚시꾼의
야망은 무엇인가?

살아있는 생기와 생동감이 항상 청춘에 머물게
한다.

누구라도 강태공이 될 수 있다. 바다와 호흡하며, 대화해 보자.

내일은 다시 내일의 태양이 떠오른다. 내일의 새로운 시작을 생각하며 걷는 행복한 해안가.

수영과 힐링과 고기잡이, 일석삼조의 바다낚시

대자연의 잔잔한 함성이 낚시 끝으로 전해진다.

집념과 인내의 시간을 요구하는 바다낚시

누가 이런 기분을 알 것인가? 낚시대에 실려 구름 위를 거니는 느낌을!!

자녀와의 대화와 미래 계획을 위해서도 분위기를 업시키는 바다낚시

하늘, 바다, 바위, 물고기와 하나 되고 있음을 느끼며, 인생의 모든 것을 잊게 해 주는 지금 이 순간을 즐기자.

머 리 말

바다낚시는 가장 호쾌하고 남성적이며 수렵의 본능을 만족시키는 한편, 건강도 낚을 수 있는 낚시라고 옛부터 일컬어져 왔다.

푸른 바다로 나가서 자연과 함께 숨을 쉬며 또한, 크고 작은 바다 물고기를 낚아올릴 때의 그 기분은 현대 생활에 바쁘게만 밀려왔던 우리들에게 파도의 부서짐 만큼이나 시원한 즐거움을 줄 것이다.

이 책은 바다 낚시의 입문기로부터 가장 인기있는 물고기의 낚시 방법까지 매우 넓게 구성되어 있다.

이제부터 바다 낚시를 시작하려는 사람이나 또는 몇 번의 경험은 있지만, 더욱 그 쾌감을 느끼고 싶은 분들에게 좋은 길잡이가 되리라 믿는다.

아무쪼록 이 책이 바다 낚시에 흥미를 갖고 있는 분들에게 조금이나마 도움이 되었으면 하는 바램이다.

엮은이 씀.

차 례

제1편 바다낚시의 기초지식

제1장 배 낚시의 기초지식

배 낚시의 준비

낚싯배의 지식

배 낚싯대와 릴

차 례

✻

낚싯줄 · 낚싯봉 · 낚싯바늘

✻

복장 · 소도구 등

✻

장치 만들기

차 례

차 례

차 례

✱

쥐노래미의 낚시

✱

놀래기의 낚시

✱

농어의 낚시

차 례

차 례

✽

흑돔의 낚시

✽

작은 전갱이, 작은 고등어의 낚시

✽

볼락의 낚시

차 례

✻

망상어의 낚시

✻

작은 벵에돔의 낚시

✻

붕장어의 낚시

차 례

깔다구리의 낚시

쥐 노래미의 낚시

차 례

숭어의 낚시

차 례

벵에돔의 낚시

우럭의 낚시

독가시치의 낚시

차 례

✲

벤자리의 낚시

✲

비늘돔의 낚시

✲

부시리의 낚시

차 례

줄무늬 전갱이의 낚시

돌돔의 낚시

차 례

돌담돔의 낚시

물퉁돔의 낚시

자바리의 낚시

차 례

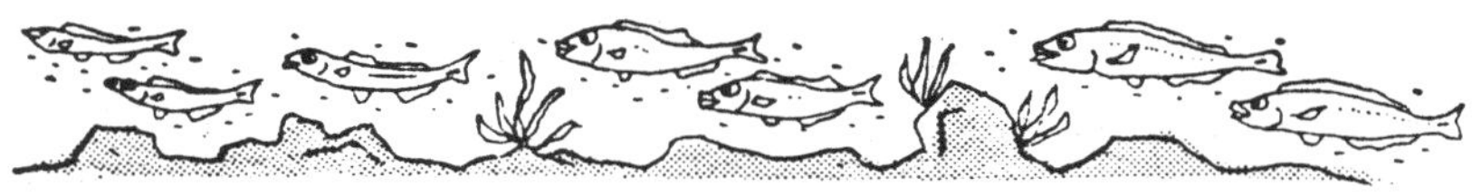

제5장 앞바다 낚시의 기초지식

✿

앞바다 낚시에 대해서

✿

승합선에 의한 중층회유어의 몸통찌르기 낚시

✿

차 례

✲

맞춤선의 낚시

제6장 뗏목낚시의 기초지식

✲

뗏목낚시에 대해서

차 례

제2편 바다낚시의 본령, 갯바위 낚시

제1장 갯바위 낚시 입문

갯바위 낚시와 그 매력

차 례

갯바위 낚시의 대상어 소개

올바른 갯바위 낚시를 하기 위해서

제2장 갯바위 낚시의 기술

돌물(돌돔 · 강담돔 · 혹돔) 낚시

차 례

비늘돔 낚시

차 례

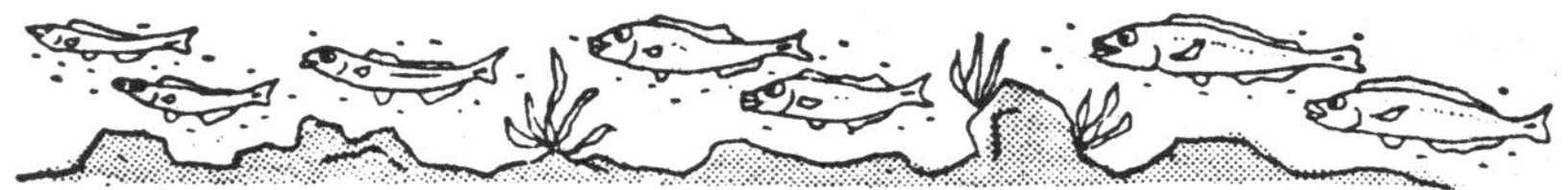

이수묵 낚시

차 례

벵에돔 낚시

감성돔 낚시

차 례

✲

망상어 낚시

차 례

중 · 소물의 던질 낚시

갯바위의 납량, 밤 낚시

차 례

✻

외딴섬의 초대물 낚시

제3장 갯바위 낚시용구의 기초지식

✻

갯바위 낚싯대의 선택방법

차 례

릴의 종류와 취급법

낚싯줄의 취급법

낚싯바늘에 대해서

찌에 대하여

차 례

✱

낚싯봉과 도래

제3편 바다낚시의 응용기술

제1장 던질낚시의 기술

✱

던질 낚시의 즐거움

차 례

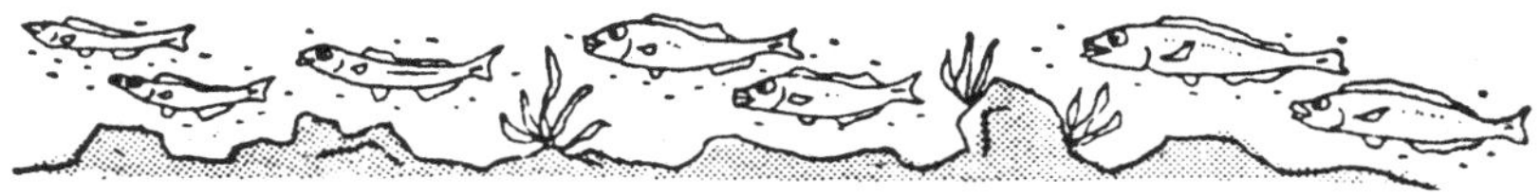

던질 낚시의 지식

스피닝 릴

부록

제1편

바다낚시의 기초지식

제1장

배 낚시의 기초지식

배 낚시의 준비

배 낚시는 다른 낚시보다 즐거움은 크다. 그러나 혹독한 자연의 한가운데이기 때문에 낚시 정보를 잘 조사해야 한다.

바다 낚시에는 육지에서의 낚시와 먼 바다 낚시가 있다. 그 중에서도 대상어가 많아 초보자부터 베테랑까지 가깝게 선뜻 즐길 수 있고 그리고 반드시 낚시 성과를 확보할 수 있는 것이 '먼 바다의 배 낚시'이다.

▶ 먼 바다의 배 낚시

배 낚시의 범위는 만내, 외해, 하구 등의 얕은 곳(50m 이내), 중간 깊이(50~100m) 깊은 곳(100m 이상)이 되고 각각 대상어가 다르고 낚시 도구도 다르기 때문에 거기에 맞는 것을 갖출 필요가 있다. 그러나 무엇보다도 배 멀미를 하지 않는 것이 제일 중요하고 거기에는 다른 낚시 이상으로 2,3일 전부터의 날씨 상태를 조사해서 평소의 좋은 날을 선택하여 나가는 것이 필요하다.

▶ 합승선과 맞춤선

일반적으로 낚시꾼이 타는 배는 합승선, 맞춤선, 편승선, 보트, 트롤링(trolling)선이 있다. 합승선은 가장 많은 사람이 이용하는 배로 매일 아침 정시의 출선(出船) 시간까지 선숙에 가서 규정 요금만 지불하면 누구나 쉽게 탈 수 있다.

그러나 많은 낯선 사람들과 함께 승선하게 되므로 ① 선장의 지시, ② 옆 사람과의 인사, ③ 배 위에서의 안전, ④ 낚싯줄이 다른 사람의 것과 서로 얽히면 '미안합니다', ⑤ 자기 멋대로 투입을 하지 않는다, 등의 기본적인 예의는 반드시 지키도록 한다.

맞춤선은 전세 버스와 같은 것으로 친구들끼리라든가 동호의 그룹 등에 적합하고 상당히 오래 전부터의 예약이 필요하다. 자유로운 시간에 탈 수 있지만 요금은 약간 비싸진다. 그 점에 합승선은 당일 나가도 괜찮다.

낚싯배의 지식

▶ 자신이 타는 배에 대해서 잘 알아 두자

같은 배에서도 잘 낚이는 곳이 있을까?

합승선을 타는 낚시꾼은 각각의 생각으로 낚시 자리를 결정한다. 가장 최초의 사람은 우선 고물(배의 뒤쪽), 이어서 이물(뱃머리) 순으로 채워나가는데 같은 배를 타고 있는데 이물이 잘 낚이고 고물쪽은 낚이지 않는다. 이런 경험은 흔히 있다. 이것은 낚시꾼의 솜씨나 운이 아니라 분명히 이유가 있다.

낚싯배에는 앞과 뒤가 있는 것은 당연하지만 배는 후부 기둥에 돛(승아)을 세우고 조수의 흐름에는 관계없이 항상 바람의 방향을 향한 상태로 되어 있다. 이 풍향과 조수의 흐름의 방향에 따라 좋지 않은 물고기를 나눌 수 있다.

바람과 조수의 흐름에 따라 같은 배를 타고 있어도 조수가 들어오는쪽과 밀물의 물마루가 생겨서 낚시 자리에 따라 입질과 빗나감이 생긴다. 배는 엔진을 느리게 해서 바람에 대항하고 있지만 뱃머리의 좌석 대시가 바람이 강하면 선미 흘림의 상태가 되는 경우도 있고 이것은 배를 흘리는 법의 문제가 된다.

하루중에는 낚시터도 몇 번인가 이동하여 어디에 자리잡아도 기회는 있다. 고물이나 이물부터 채워 나가는 것은 기회가 많고 그 방향에 낚싯대를 드릴 수 있어 다른 사람과 낚싯줄이 서로 얽히는 율이 적다.

일요 낚시꾼의 단계에서는 낚시 자리에 눈빛을 달리하기 보다는 여름은 무더운 오후부터 그늘이 지는 서늘한 장소, 겨울은 하루중 따뜻한 낚시 자리라고 하는 단순한 표준으로 선택해도 좋을 것이다.

배 낚싯대와 릴

배 낚싯대는 대상어와 낚시 방법에 따라 종류가 풍부하다. 릴은 수심에 따라 적절히 사용하고 드래그를 살린다.

▶배 낚시의 7물

옛날부터 물고기를 낚는데 필요한 도구는 낚싯대, 낚싯줄, 찌, 낚싯봉, 낚싯바늘, 미끼로서 '낚시의 6물'이라고 말하고 있다. 그러나 배 낚시에서는 찌대신에 천평이 되고 또한 손 낚시는 차치하고 대부분의 사람이 사용하고 있는 릴을 포함해서 직접적인 '낚시의 7물'이 된다.

그리고 이런 도구들은 대상어에 따라 낚싯대를 비롯해서 다른 것도 크기나 무게 등이 각각 달라진다.

그 때문에 초보자가 그런 도구를 낚시 도구점에서 선택할 때에 너무나도 많은 물품이 있어서 눈이 쏠리기 쉽지만 신용 있는 낚시 도구점에서 상담하면서 사든가, 베테랑이 있으면 어째서 그것이 좋으냐까지 상담하면서 구입한다.

특히 낚싯대, 릴, 낚싯줄 등의 바겐세일의 값 싼 상품은 신중히 구입하지 않으면 결국 '비지떡'이 될 지도 모른다.

스피닝 릴
멀리 던지기 위한 릴.
흰 보리멸, 가자미 등

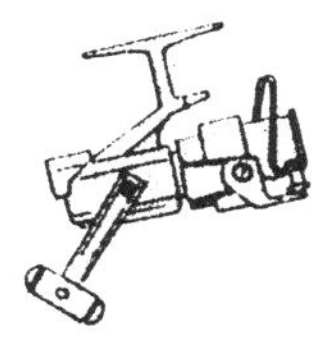

양축받이 릴
소형부터 대형까지
여러 가지 있다.
힘이 강해서 심장의 대물낚시에는
빼 놓을 수 없다.

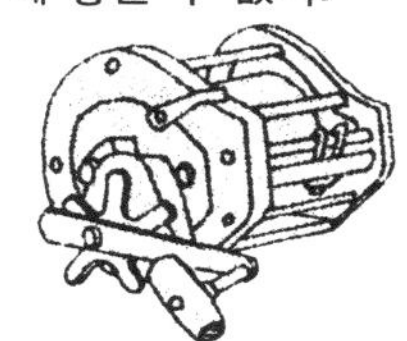

편축받이 릴
구조가 간단하고 경량
쥐치, 조기, 흑볼락,
작은 도미 낚시에 사용한다.

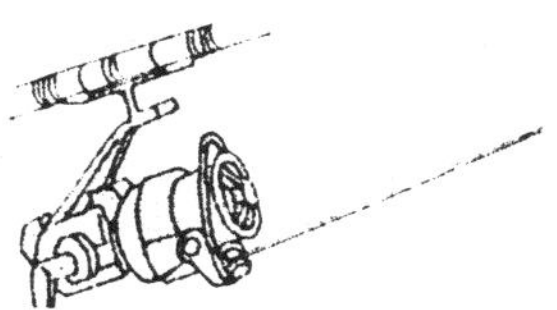

드래그를 유효하게 사용하자

▶ 배 낚시의 낚싯대

대상어마다 또는 낚시 방법에 따라 여러 가지 것이 있다. 다음 그림을 참고로 하자.

낚싯대, 릴, 물고기의 조화

배 낚시에서는 손 낚시 이외는 모두 대상어에 맞춘 낚싯대를 사용하지만 끝대가 부드러운 편이 좋은지, 단단한 것이 좋은지 또한 낚싯대에 맞추어 릴의 타입도 크기도 달라지기 때문에 출전에 연구하고 균형잡힌 것을 준비한다.

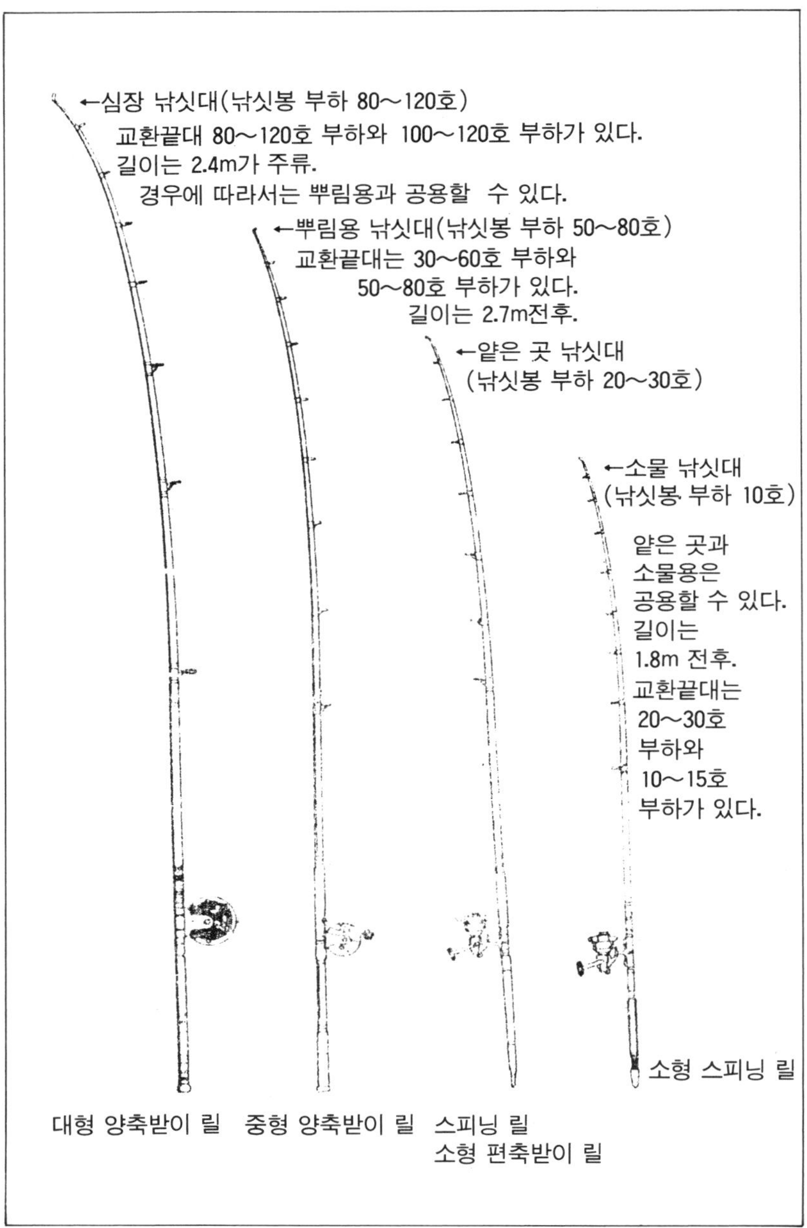
←심장 낚싯대(낚싯봉 부하 80～120호)
교환끝대 80～120호 부하와 100～120호 부하가 있다.
길이는 2.4m가 주류.
경우에 따라서는 뿌림용과 공용할 수 있다.
←뿌림용 낚싯대(낚싯봉 부하 50～80호)
교환끝대는 30～60호 부하와
50～80호 부하가 있다.
길이는 2.7m전후.
←얕은 곳 낚싯대
(낚싯봉 부하 20～30호)
←소물 낚싯대
(낚싯봉 부하 10호)
얕은 곳과
소물용은
공용할 수 있다.
길이는
1.8m 전후.
교환끝대는
20～30호
부하와
10～15호
부하가 있다.
소형 스피닝 릴
대형 양축받이 릴
중형 양축받이 릴
스피닝 릴
소형 편축받이 릴

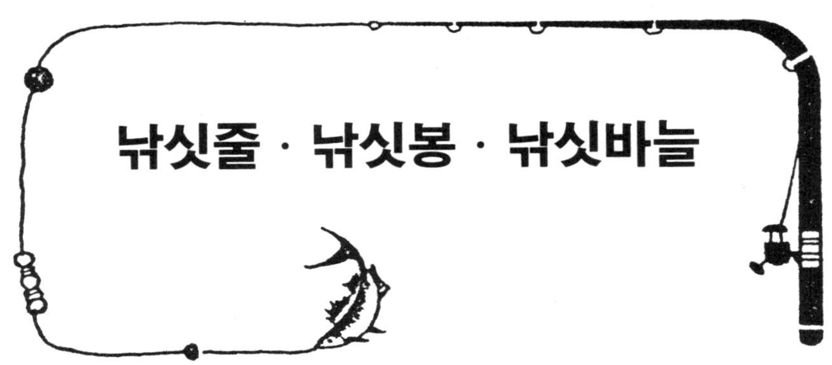

낚싯줄 · 낚싯봉 · 낚싯바늘

종류는 풍부하고 대상어와 낚시터에 따라서 적절히 사용한다. 연구, 궁리의 성과이다.

▶ 낚싯줄

낚싯줄로 하는 줄에는 주로 나일론계와 테트론계의 2종류가 사용되고 있다. 나일론계는 물빠짐이 좋고 투명(색실도 있음)하고 싸지만 배 낚시의 경우 수심 30m 정도까지로 그 이상으로 깊어지면 입질도 포착하기 어렵고 유영층 파악도 어려워진다.

반대로 테트론계의 실은 나일론계의 100m가 125~145m로 늘어나는 데 반해서 110m 정도 그리고 케플러는 거의 늘어나지 않아 104m가 된다. 따라서 테트론계의 실은 깊은 곳 낚시에서는 유영층을 파악하는데는 좋지만 신장율이 적기 때문에 바늘에 걸린 물고기를 우선 낚싯대의 탄력에 의해 완화하고(배 낚시의 경우는 이것을 이용하지 않는 사람이 많다). 낚싯줄의 신축율이 적기 때문에 물고기의 강한 당김에 의한 낚싯줄 끊어짐 방지의 역할을 완수하지 못한다. 이 강한 당김에 의한 낚싯줄 끊어짐에 견딜 수 있기 때문에 테트론계의 낚싯줄을 사용할 때는 끝줄로서 같은 호수의 나일론실 10m를 잇는다.

목줄용의 실은 특수한 낚시를 제외하고 대부분 고급 나일론 실이다. 그리고 대상어나 낚시 방법에 따라 길이를 결정한다.

굵기는 낚싯줄, 목줄 모두 호수에 따라 숫자가 많아지는 순으로 굵어진다.

▶낚싯봉

여러 가지 형태와 무게가 있으며 유영층에 조금이라도 빠르고 정확하게 장치를 가라앉히고 모양은 물의 저항을 줄이거나 뿌리 걸림을 방지하거나, 가운데로 지나나게 하거나 연구 고안되어 있다.

수심과 몸통 찌르기 낚싯봉의 무게의 관련은 수심 60m에서 낚싯봉 60호, 100m에서 100호가 평균적 기준으로서 사용되고 있다.

▶낚싯바늘

낚싯바늘은 '수렵채취'의 고대부터 필수품으로서 연구 개발되어 왔다. 낚시에 있어서 가장 중요한 것이지만 종류는 대상어에 따라서 다르고 물고기의 크기에 따라서도 변하여 전부 합치면 300 종류 이상이나 있다.

크게 분류하면 둥근 형, 뾜형, 소매형의 3가지 기본형이 된다.

★둥근 형은 품이 넓고 전체적으로 둥그스름함을 띠고 있고 강도가 있어 빠르게 잘 꽂힌다.

★뾜형은 각져 있고 품의 넓이도 적당하다. 축은 둥근형보다도

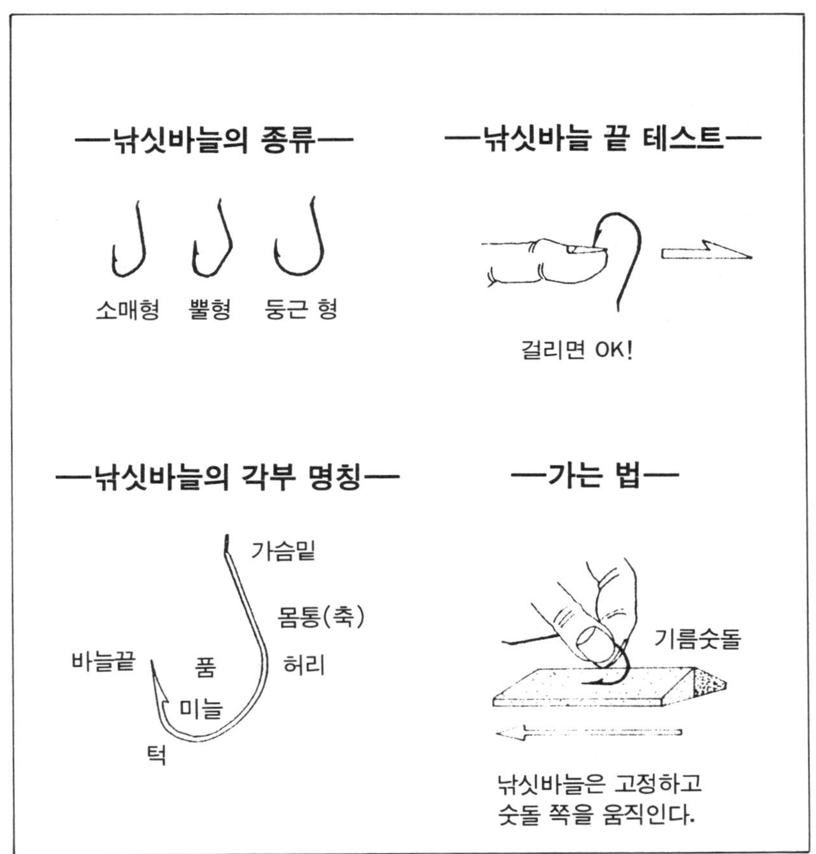

길기 때문에 미끼도 달기 쉽고 작은 입의 물고기에도 사용할 수 있다.

★소매형은 축이 길고 품이 좁기 때문에 미끼를 빨아 들이는 물고기나 입이 작은 물고기용으로 대표적인 것은 유선 바늘을 들 수 있다.

바늘의 크기도 횟수로 표시되고 숫자가 커짐에 따라서 바늘도 커진다.

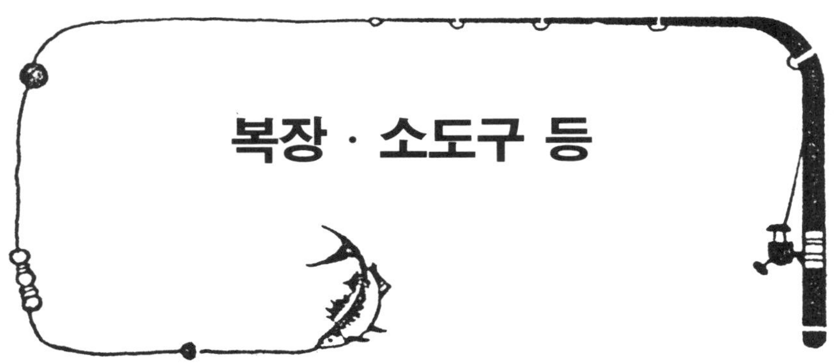

복장 · 소도구 등

▶ 낚시 복장의 준비

바다 위는 대자연의 한가운데이다. 육지에 있는 마음 편함은 없다. 복장에도 충분히 주의하자.

배 낚시에서는 '낚시의 7물'에 덧붙여서 비옷과 쿨러(cooler)는 필수품. 또한 겨울은 방한복에 덧붙여서 낚시용 고무장화도 필요한 것이다.

비옷은 상의와 바지로 나누어진 것, 이것은 비가 오지 않더라도 풍파로 인한 파도의 비말로 젖는 것을 막고 또한 고무 장화도 여름철 이외는 발밑에 물기가 많고 또 차가와지는 것은 발밑부터이기 때문에 꼭 필요하다.

복장은 활동에 안전, 경쾌하고 실용적임과 동시에 센스 있고 스마트한 것을 선택한다. 작은 것을 넣기에 편리하도록 주머니가 많이 있는 낚시꾼용 조끼, 겨울은 바지 넓적다리 위가 깊고 극단적으로 무릎 주위가 가늘지 않는 방한복의 상하 한 벌과 모자도 필요하고 겨울은 방한모, 여름은 햇빛 가리개 모자가 좋을 것이다.

배 낚시에서 필요한 간접적 낚시 도구는 가위, 나이프, 낚싯바늘

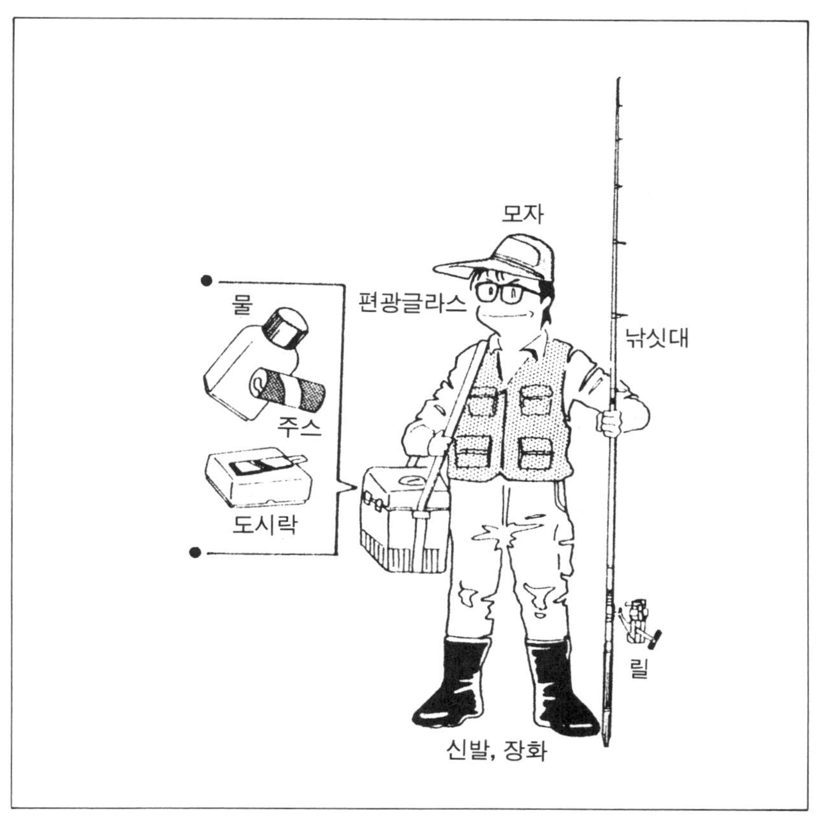

따개, 예비의 장치통, 소도구통(낚싯바늘, 낚싯줄, 낚싯봉, 간접 도구) 등이다.그리고 낚시 자리의 범위는 그렇게 넓지 않기 때문에 필요한 것 이외는 별로 가져 가지 않고 목적에 맞는 것만을 선택해서 낚시 도구통(천 양동이)에 넣어 가지고 간다.

여러 가지 얘기했지만 낚시하러 나갈 때는 낚싯대와 도구통과 쿨러의 3가지만을 가지고 나가는 것이다.

또한 넓은 바다에서 낚시를 하면 그만 개방적이 되지만 예의는 지키도록 하자.

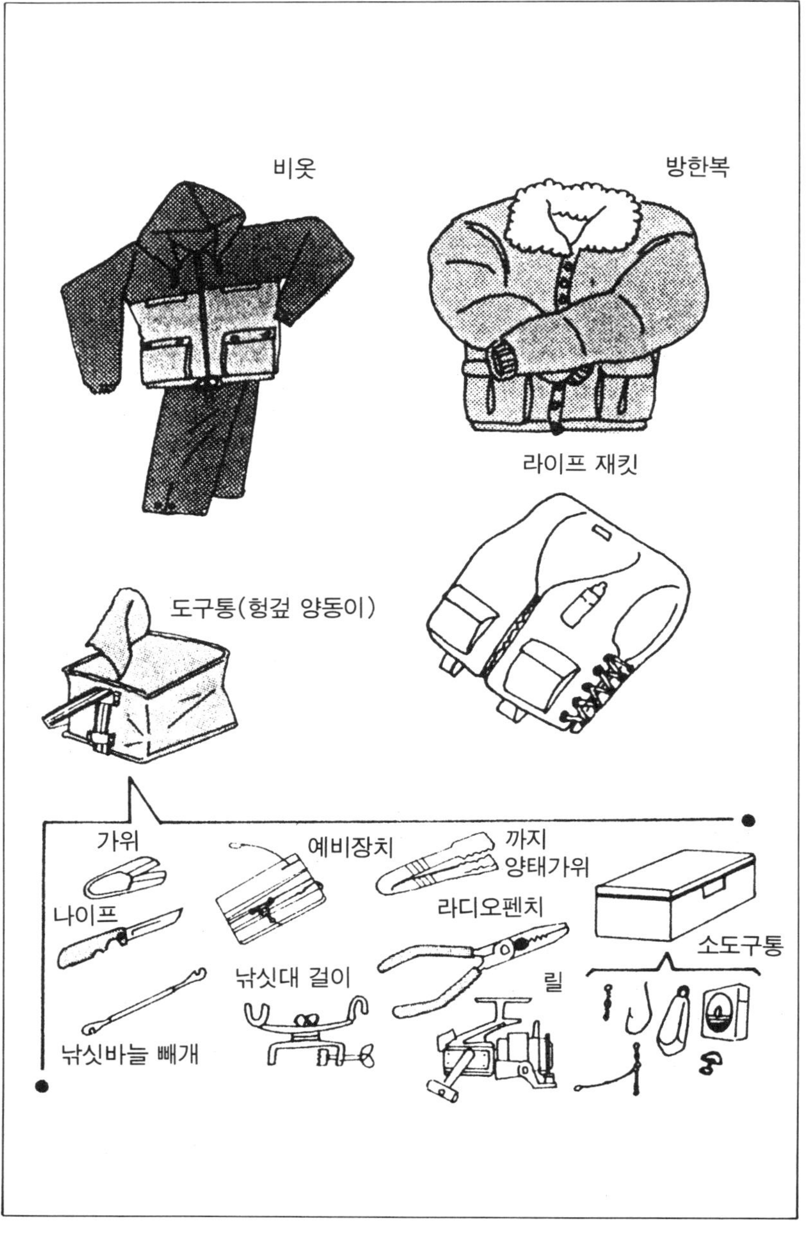
비옷
방한복
라이프 재킷
도구통(헝겊 양동이)
가위
예비장치
까지
양태가위
나이프
라디오펜치
소도구통
낚싯대 걸이
릴
낚싯바늘 빼개

장치 만들기

▶ 낚아 올린 물고기가 눈 앞에서 낚싯줄이 끊어져 부직! 그렇게 되지 않도록 스스로 납득이 가는 장치

장치는 낚싯바늘과 낚싯줄과 낚싯봉을 조합한 것으로 낚시의 가장 중요한 부분. 각각 대상어별로 제품이 시판되어 있지만 역시 자작편이 낚아 올린 기쁨은 크기 마련이다.

또한 뿌리에 걸리거나 낚싯줄이 서로 얽히거나 해서 예비 장치가 없어졌을 때나 낚싯줄이 끊어졌을 때 등 스스로 수리할 수 있으면 매우 편리하고 많이 익힐 필요는 없다.

▶ 낚싯바늘과 낚싯줄의 묶는 법

여러 가지 방법이 있지만 본 매듭과 바깥 걸기 매듭이 일반적이다. 본 매듭의 간단한 방법은 그림과 같고 목줄의 길이만큼 잘라서 묶으면 간단하다.

▶ 낚싯줄과 낚싯줄의 묶는 법

기본적으로는 블러드 노트(bload note)와 피셔맨 노트(fisherman note)다. 두 가지를 비교하면 매듭 낚싯줄의 끝이 한가운데나 전후의 차이로 많이 있는 가이드의 저항에 적은 전자 쪽이 유리하다. 단, 묶기 어려우므로 선상에서는 후자가 간단하다.

▶ 직접도구에 대한 묶는 법

이용도가 높기 때문에 이것도 2, 3가지는 완전히 익혀 두는 것이 좋다.

가슴 고리를 만들어 거기에 접속하는 방법 등이 있지만 특히 굵은 낚싯줄의 경우는 후자가 강력하다.

▶ 가지 바늘의 묶는 법

주로 뿌림 장치를 만드는 경우 꼭 기억할 필요가 있다. 가지바늘 1개만을 갈아 끼우는 절약 방법도 있다.

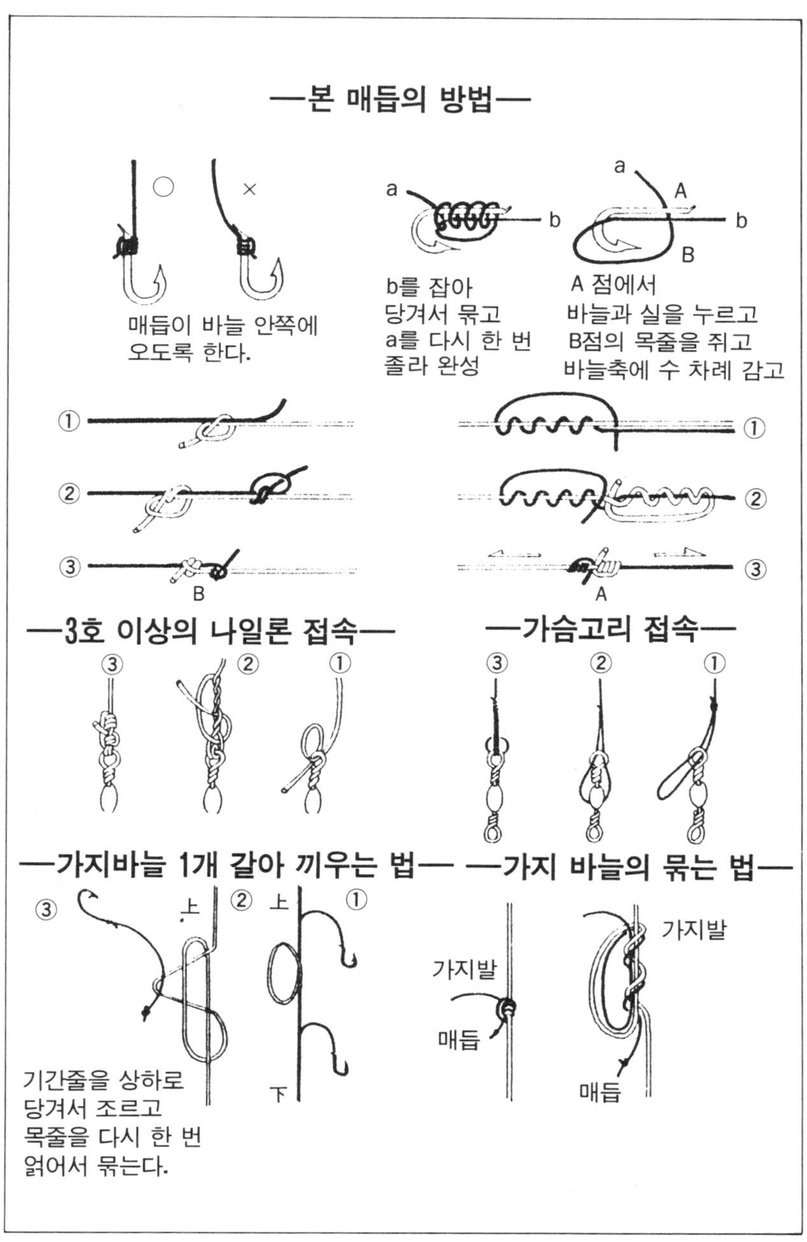
—본 매듭의 방법—
매듭이 바늘 안쪽에
오도록 한다.
a
b
b를 잡아
당겨서 묶고
a를 다시 한 번
졸라 완성
a
A
b
B
A 점에서
바늘과 실을 누르고
B점의 목줄을 쥐고
바늘축에 수 차례 감고
①
②
③
B
A
—3호 이상의 나일론 접속—
—가슴고리 접속—
—가지바늘 1개 갈아 끼우는 법—
—가지 바늘의 묶는 법—
上
上
下
기간줄을 상하로
당겨서 조르고
목줄을 다시 한 번
얽어서 묶는다.
가지발
매듭
가지발
매듭

배 낚시의 또다른 지식

▶ 배 멀미하지 않는 방법

① 낚시하러 가기 전날 밤은 충분한 수면을 취한다. 잠자리에 과음을 하면 다음날 아침까지 숙취로 고생을 하므로 삼가하기 바란다.

② 공복 채 배를 타지 말고 출선 1시간 전 정도에 반 정도(주먹밥 1개반 정도) 소화가 잘 되는 음식을 먹어 둔다. 배부른 식사는 오히려 배 멀미의 원인이 된다.

③ 하이네크의 스웨터 등은 입지 말고 목 주위에 여유를 주고 기분 나빠지면 목 언저리에 찬 공기를 넣을 수 있는 것을 선택한다. 복부를 압박하는 바지의 벨트는 느슨하게 늦추든가 가능하면 멜빵 바지를 이용.

④ 배 낚시의 좋은 낚시 자리의 고물쪽은 엔진의 배기 가스로 기분 나빠지는 경우가 있다. 흔들림이 적은 장소의 몸통 사이가 무난.

⑤ 앞에서 오는 파도는 크게 보이고 뒤로 사라지는 파도가 작게 보인다고 하는 착각을 이용해서 항행 중은 시선을 가능한 한 뒤쪽으로 향한다.

▶ 낚시 정보의 읽는 법

스포츠 신문의 낚시란은 전날의 상황이 알기 쉽게 일람표로 되어 있다. 낚이고 있는 물고기의 크기, 최저부터 최고의 사람의 낚시 성과, 이것을 적어도 2~3장, 4일쯤 전부터 조사하면 어느 지역에서 무엇이 낚이고 있는지 알 수 있다.

예를 들면 '15~28cm' 60마리에서는 가끔 대형이 섞이는 정도로 쿨러 반, '25~38cm' 30마리에서 수가 늘어나지 않는 대신에 대형만으로 쿨러 가득, 낚이면 좋다고 하는 사람은 전자, 회로 먹고 싶다고 하는 사람은 후자를 선택할 것이다.

마리 수 '2~50마리'와 '25~70마리'의 추리 방법. 전자의 낚싯대 머리가 볼록 둥그스름하고 아래 쪽이 낮을 경우는 입질하기 꺼려서 2할 정도의 상위자라도 25마리, 평균 15마리. 후자의 경우는 전원 평균적으로 입질이 좋아 상위자의 2할은 50~60마리, 평균 40마리라고 생각된다.

그러나 전날에 잘 낚였다고 해서 오늘도 낚인다고는 할 수 없고 또한 전날에는 낚이지 않더라도 오늘은 잘 낚이는 경우도 많다.

제2장

모래사장의 던질낚시 입문

모래사장에서의 던질 낚시에 대해서

▶ 특징과 주의

던질 낚시는 모래사장 뿐만 아니라 방파제나 갯바위에서도 대략 해변이라면 어디에서나 할 수 있는 간단한 낚씨 종목이지만 모래사장에서 던지는 상쾌함은 각별하다. 앞에는 흰 모래사장, 뒤에는 송림, 옛날부터 '백사청송(白砂青松)'이라고 일컬어지는 그림과 같 은 분위기기 속에서 수평선을 향하여 힘껏 던지는 것이기 때문에 이 낚시는 당당한 스포츠라고 말할 수 있을 것이다.

던질 낚시는 근대 낚시 도구의 발달에 보조를 맞추어 활발해진 낚시 종목이다. 글라스파이버, 폴리에스텔, 카본 등의 새로운 소재에 의한 반발력 있는 낚싯대, 강하고 엉키지 않는 실, 잘 나는 편대 낚싯봉, 고성능의 릴, 그런 시스템과 밸런스에 의해 100m 내외의 앞바다에 채비를 던져 넣을 수 있다. 특정 물고기를 노리고 낚는 경우도 물론이지만 오목(五目) 낚시라고 해서 '무엇이 낚이든지 즐거움'이라고 하는 신조어를 만들어낼 만큼 신명나는 레포츠의 하나가 바로 모래사장에서의 던질 낚시의 매력이다. 서양에서는 '서프 캐스팅'이라고 부르고 있다.

무거운 낚싯봉이 달린 채비를 힘껏 멀리 던지기 때문에 정확한 낚시 도구를 사용해서 정확하게 목표를 향하여 던지지 않으면 매우 위험하다. 특히 모래사장의 던질 낚시는 사람이 많고, 물놀이하는 어린아이들도 여름 계절에는 많이 볼수 있기 때문에 이 점은 충분히 주의해서 낚시를 하도록 해 주기 바란다.

▶ 기본적인 낚시 도구

던질 낚싯대는 먼거리용(3.6~4.5m), 중거리용(3~3.9m), 가까운 거리용(2.7m 전후)의 대강 세 가지 종류로 나누어진다. 흔들리기도 노리는 물고기에 따라서 종류도 가지 각색이다. 모래사장에서 던질 낚시를 즐기는데 적합한 낚싯대는 표준으로서 4m 전후의 3개 이음, 낚싯봉 부하(사용할 수 있는 낚싯봉의 무게)가 최대 25~30호 정도의 끝흔들기라고 하는 것이 던지기 좋고 낚시맛도 즐길 수 있을 것이다. 소년이나 여성은 가능한 한 가벼운 것을 선택한다. 600g 전후의 무게가 좋을 것이다.

던질 낚싯대를 새로 구입할 때는 반드시 전부 연결해 보고 휘둘러 본다. 끝 흔들리기라도 몸통에 탄력 있는 낚싯대가 아니면 던질 때에 불리하다. 또한 톱 가이드를 원낚싯대에 가까운 쪽의 가이드에서 들여다 보고 중간 가이드와 각각 원의 모양이 기하적으로 정확히 고른지 어떤지 확인한다. 이것이 고르지 않으면 실이 저항을 받아서 비거리(飛距離)는 생각 만큼 늘지 않는다.

다음은 릴이다. 모래사장에서의 던질 낚시에 사용하는 릴은 현재 대부분이 스피닝 릴이다. 스피닝 릴에는 수 많은 종류가 있지만 최근

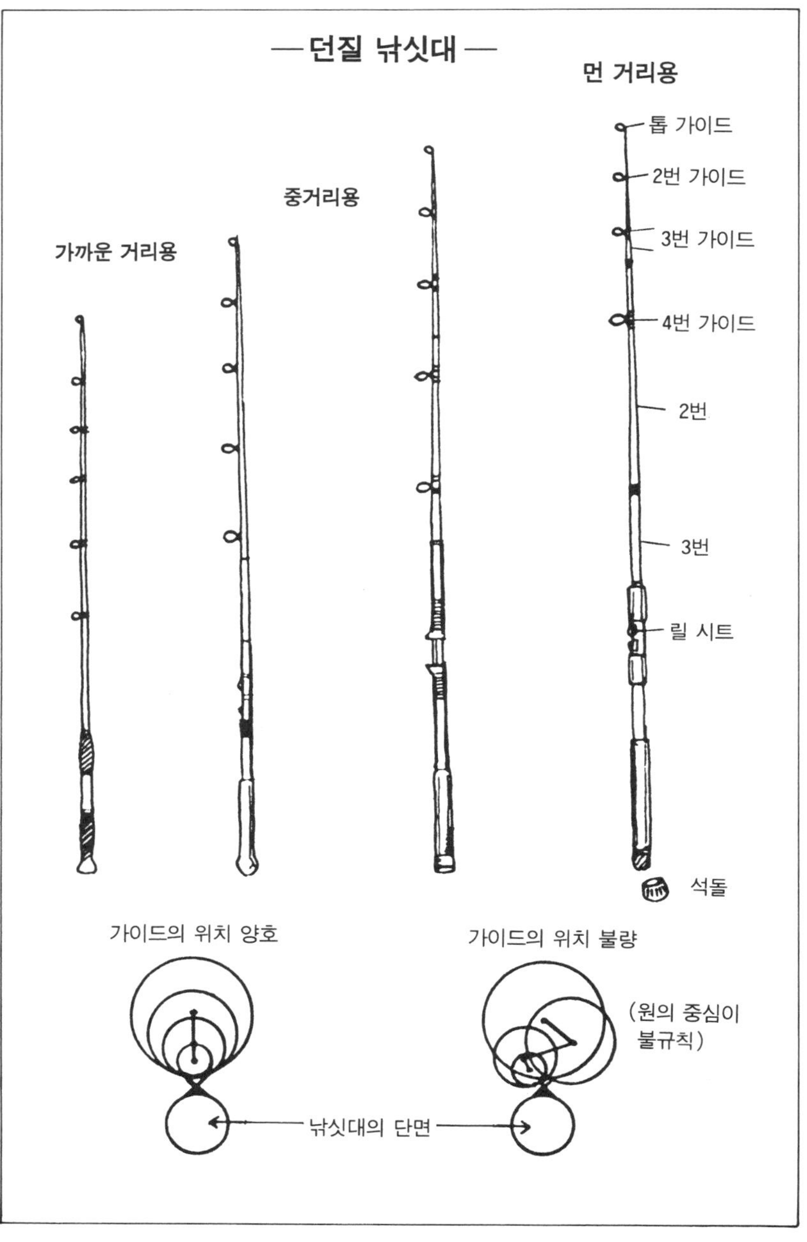

—던질 낚싯대—
먼 거리용
톱 가이드
2번 가이드
3번 가이드
4번 가이드
2번
3번
릴 시트
석돌
중거리용
가까운 거리용
가이드의 위치 양호
가이드의 위치 불량
(원의 중심이
불규칙)
낚싯대의 단면

은 낚싯대 뿐만 아니라 카본 그래파이트를 소재로 한 가벼운 릴도 출현하고, 던질 낚시의 효율 상승을 위해서 스풀 축을 매우 굵게 하고 테이퍼를 달아서 1.5호나 2호라고 하는 가는 본줄을 감을 수 있는 고성능의 메카가 화제가 되고 있다. 그 정도는 아니더라도 역시 스풀 구경이 큰 릴을 선택해서 낚싯줄이 나갈 때에 스풀 에지의 저항이 적어지도록 에지(edge) 가득히 낚싯줄을 감아 두는 것이 필요하다.

감개 속도는 '기어비(比)'라고 한다. 1대 3부터 1대 5까지로 숫자가 높을수록 스피드가 빨라진다. 모래사장에서의 던질 낚시는 '던지고 감고'라고 하는 반복 동작이 중심이기 때문에 기어비가 높은 것이 보통 사용되고 있다.

오른손잡이의 사람은 왼쪽 핸들이 사용하기 쉽지만 현재의 릴은 양용 할 수 있는 것이 있으므로 매우 편리하다.

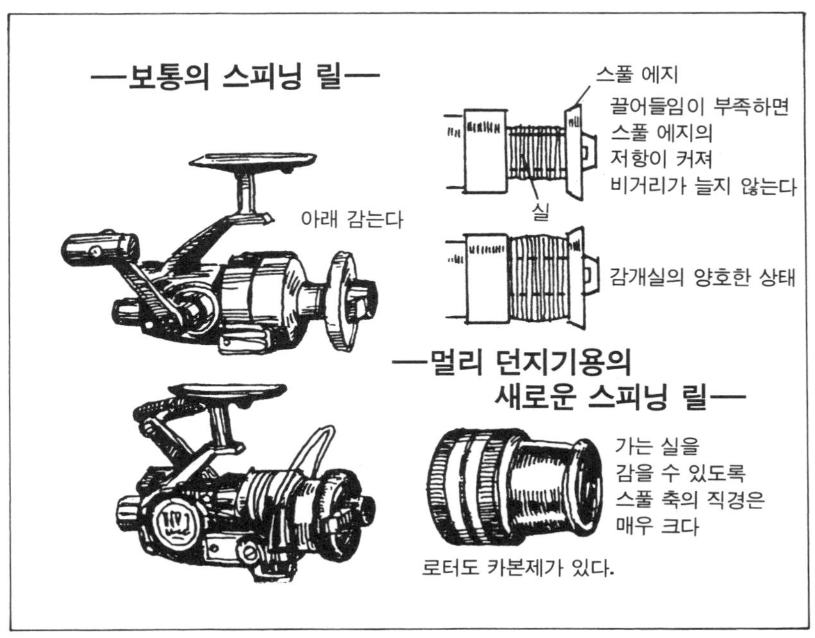

—밑감기는 요철이 없도록 정확히 감는다—

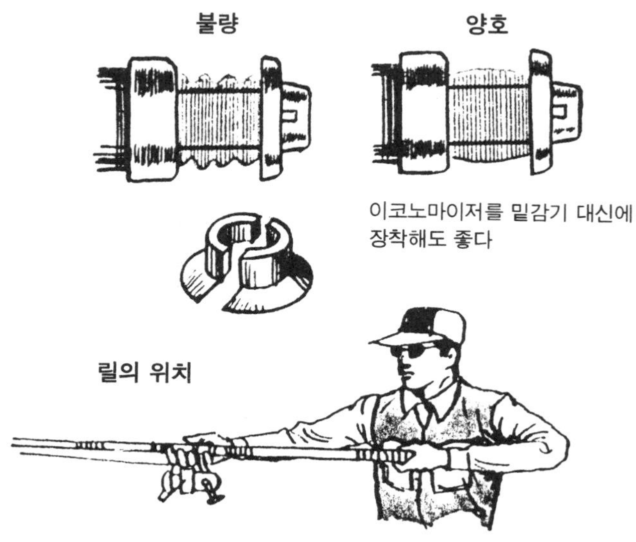

턱밑으로 왼손의 낚싯대 뒤를 가져오고
오른손을 한껏 편 곳에
릴이 오는 것이 좋다

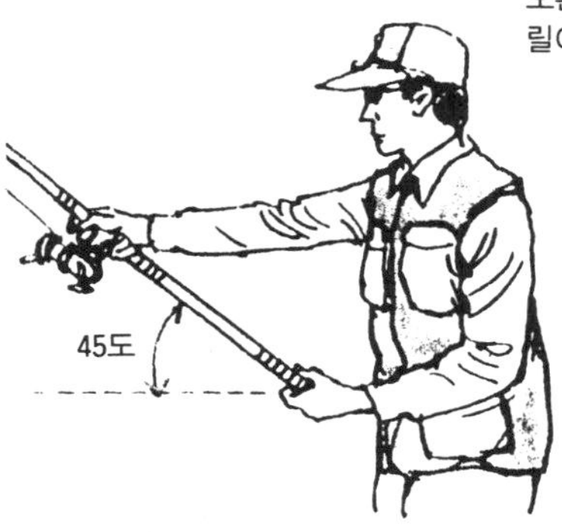

이 각도가 작으면
안정된 캐스팅을 할 수 없다.

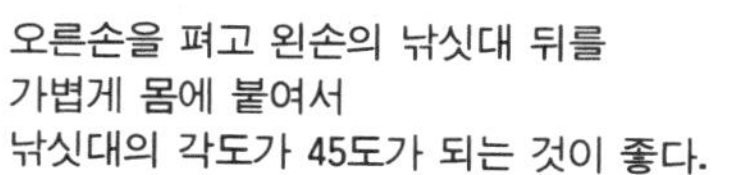

오른손을 펴고 왼손의 낚싯대 뒤를
가볍게 몸에 붙여서
낚싯대의 각도가 45도가 되는 것이 좋다.

▶ 표준 채비와 미끼

모래사장에서의 던질 낚시에서는 낚싯대와 릴이라고 하는 기본적인 낚시 도구의 콤비네이션에 덧붙여서 '무거운 낚싯봉을 휘두른다'고 하는 기본적이고 특징적인 낚시 방법에 대처하기 위해 본줄이 끊어지지 않는 연구가 이루어지고 있다. 이것이 '힘줄'이다. 따라서 모래사장에서의 던질 낚시의 표준 채비는 가능한 한 조류나 바람의 저항을 받지 않는 가는 본줄에 테이퍼상의 힘줄을 달아 유동식의 편대 낚싯봉, 목줄을 세트한 것이 된다.

미끼는 청갯지렁이류가 주역이다. 최근에는 외국에서의 수입 청갯지렁이(배추벌레 등)가 많아지고 있다. 청갯지렁이류의 다음으로 많이 사용되는 것에 참갯지렁이류가 있다.

참갯지렁이도 청갯지렁이와 마찬가지로 수입품이 많아졌다. 그 외에 집갯지렁이 등도 흔히 이용된다.

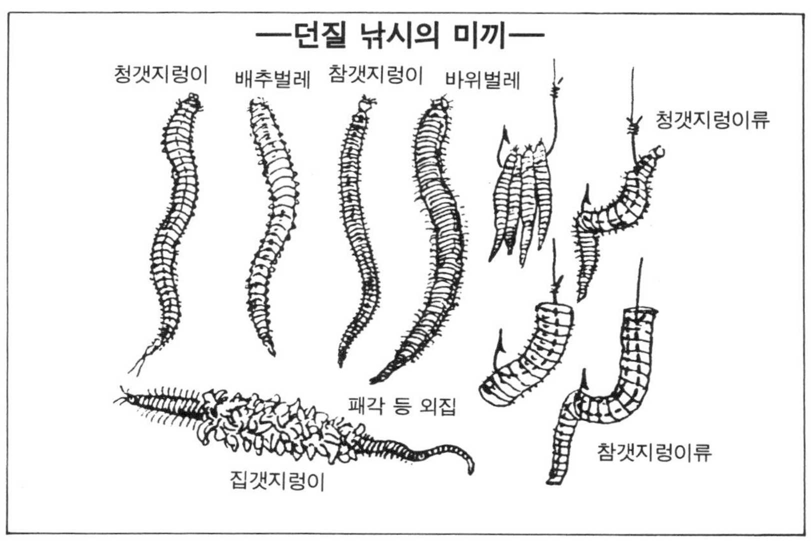

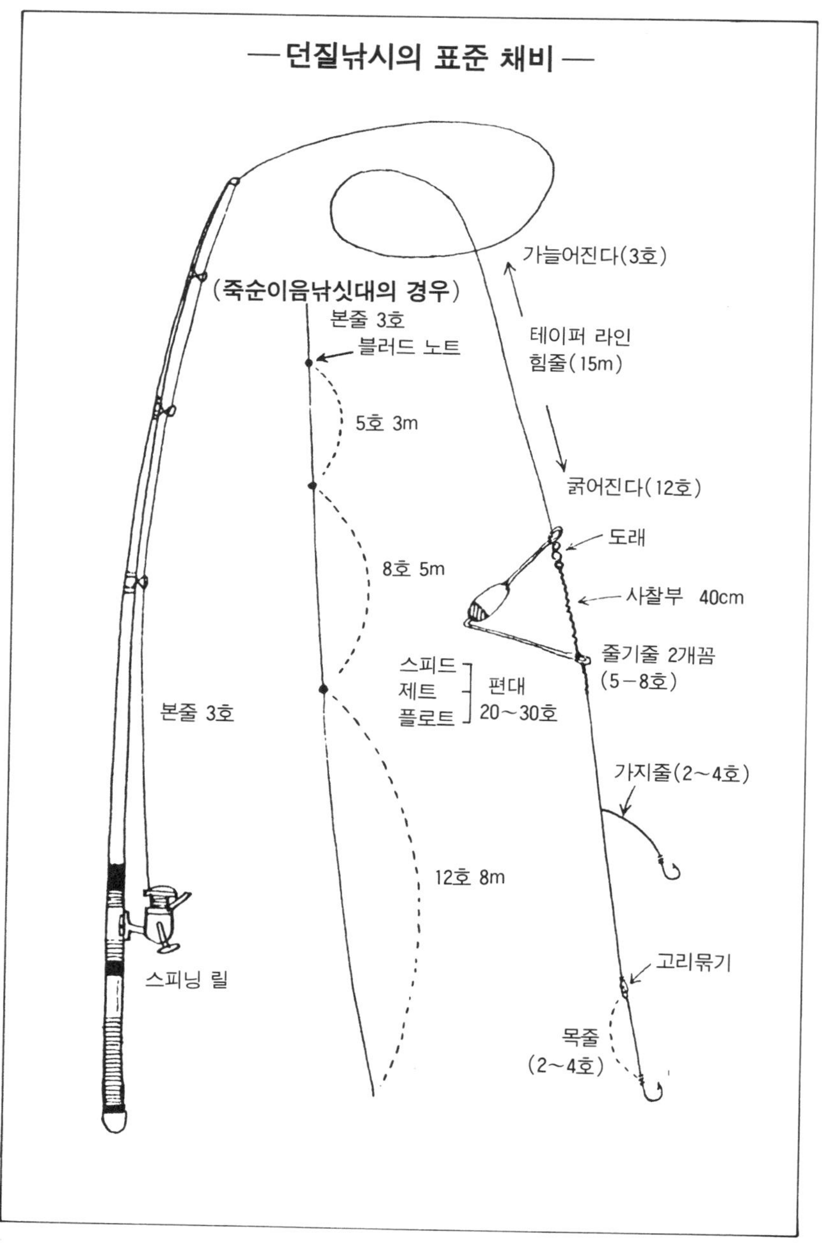
—던질낚시의 표준 채비—
(죽순이음낚싯대의 경우)
본줄 3호
블러드 노트
5호 3m
8호 5m
12호 8m
가늘어진다(3호)
테이퍼 라인
힘줄(15m)
굵어진다(12호)
도래
사찰부 40cm
줄기줄 2개꼼
(5－8호)
스피드
제트
플로트
편대
20～30호
본줄 3호
가지줄(2～4호)
고리묶기
목줄
(2～4호)
스피닝 릴

▶ 캐스팅

채비를 날리는 거리는 캐스팅(Casting)의 폼에 따라서 상당히 차이가 생긴다. 정확하게 던지는 법을 익혀두면 무리 없이 던질 수 있는 것으로 중학생이라도 100m 라인을 넘는 것은 어려운 일이 아니다.

캐스팅의 기본 폼은, ① 오버 슬로, ② 스리쿼터 슬로, ③ 사이드 슬로의 3형태가 있다. 전부를 마스터할 필요는 없으며, 자신에게 가장 어울리는 어느 하나를 확실하게 익히는 것이야말로 중요하다. 일반적인 것은 오버 슬로, 스리쿼터 슬로이며 사이드 슬로는 원투 경기의 선수가 하는 경우가 많은 것 같다.

캐스팅의 연습은 거리를 늘린다고 하기 전에 목표물에 정확히 던질 수 있다고 하는 것을 철저히 체득해야 한다. 실제 낚시에서는 포인트에 정확하게 투입하는 것이 우선 제일이다.

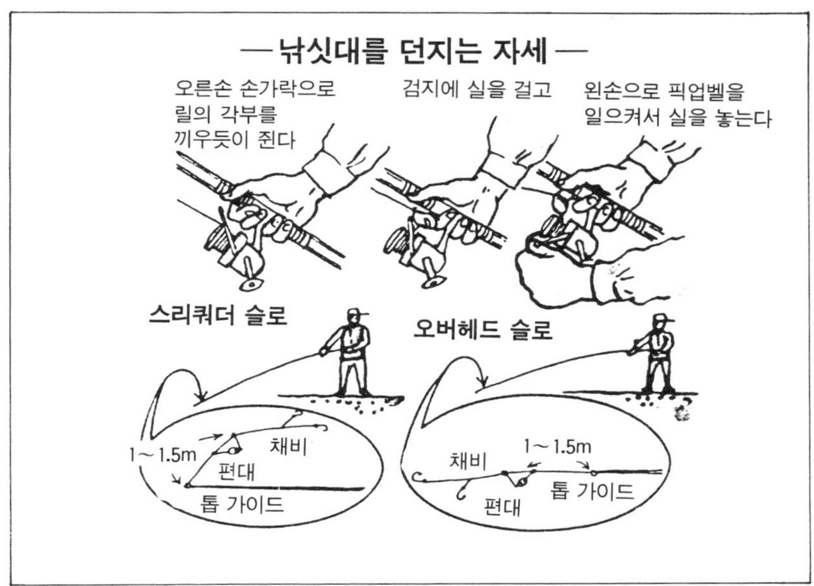

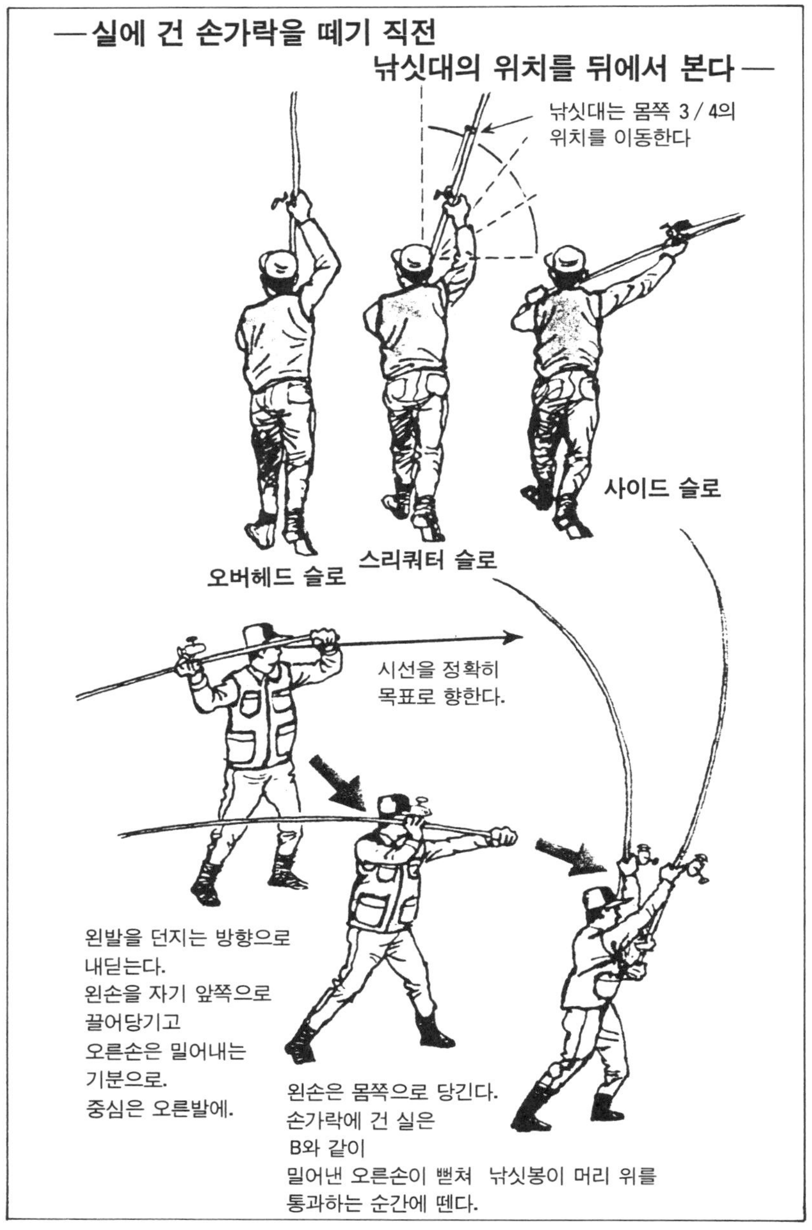
—실에 건 손가락을 떼기 직전
낚싯대의 위치를 뒤에서 본다—
낚싯대는 몸쪽 3/4의
위치를 이동한다
사이드 슬로
오버헤드 슬로
스리쿼터 슬로
시선을 정확히
목표로 향한다.
왼발을 던지는 방향으로
내딛는다.
왼손을 자기 앞쪽으로
끌어당기고
오른손은 밀어내는
기분으로.
중심은 오른발에.
왼손은 몸쪽으로 당긴다.
손가락에 건 실은
B와 같이
밀어낸 오른손이 뻗쳐 낚싯봉이 머리 위를
통과하는 순간에 뗀다.

흰 보리멸의 낚시

▶ 물고기의 프로필

전국 대부분의 해역에서 잡히는 던질 낚시의 대표적인 대상어이다. 성어로 20cm, 30cm 넘는 것도 있다. 펄색으로 빛나는 스마트한 어체로부터 '바다의 귀공자'라고 불린다. 또한 먹이 등을 재빨리 채는 동작으로부터 '소매치기'라는 이름도 가지고 있다. 보통은 흰 보리멸이라고 부르지만 지역에 따라서는 단순히 보리멸이라고 부르기도 한다. 그 외에 붉은 보리멸, 참보리멸 등의 명칭이 있지만 표준명은 보리멸이다. 낚시맛, 먹는 맛 모두 제1급이다.

▶ 흰 보리멸의 습성

내만의 모래 바닥을 좋아해서 가끔 모래 속에 몸을 숨기고 있다. 활동 상태에 있을 때는 해저에서 30~40cm 위를 유영하며 벌레류 등을 발견하면 재빨리 습격한다. 항상 몇 마리인가 떼를 지어 다니며 소리 등에는 민감히 반응한다. 겨울 동안은 약간 앞바다 쪽의 깊은 곳에 있지만 5월 초순, 5월 2일 경부터 산란을 위해 해안 가까이의 얕은 곳에 모여든다.

▶ 낚시의 시기와 시간대

만춘부터 초여름 경에 낚이기 시작해서 가을 늦게까지 계속 낚인다. 남쪽의 따뜻한 해역에서는 만추 이후에도 강을 내려가는 보리멸이나, 월동 보리멸을 노릴 수 있다. 시간대는 하기 수온이 높을 때 등은 이른 아침이나, 저녁 무렵이 겨냥이 되지만 오히려 조수가 잘 움직이고 파도의 반격 등으로 먹이가 노출되어 보리멸의 취이 활동이 활발해지는 조수의 시간대를 낚는 것이 가장 중요하다. 조수의 움직임이 멈추면 입질도 떨어진다.

▶ 채비와 낚시 방법

본줄은 3~4호까지의 가능한 한 가는 것, 줄기줄은 항상 바닥에 스치고 있기 때문에 굵직한 것을 선택한다. 편대가 이동하는 부분은 2중으로 꼬아서 보강한다. 목줄은 줄기줄에 엉키지 않도록 역시 굵직하게 한다.

보리멸은 해저의 울퉁불퉁한 암근(暗根) 주변 등에 붙어 있다. 또한 둔덕이나 조장(藻場)의 주변도 간과할 수 없는 포인트이다. 바닥 상태를 모르는 낚싯터에서는 던져 넣고 자기 앞쪽까지 장치를 끌어 당겨보면 대강 뿌리가 둔덕의 상태를 알 수 있다. 그런 곳에서는 낚싯봉이 장해물에 막혀서 브레이크가 걸려 매끄럽게 움직이지 않기 때문이다. 포인트를 대강 파악하고 나서 미끼를 달아 그 부근에서 조금 앞바다에 투입하여 살핀다. 낚싯대를 서서히 세우면서 채비를 잡아당겨 릴을 감고 낚싯대를 앞으로 쓰러뜨린 후 낚싯줄을 당겨서 또한 마찬가지로 반복한다. 입질이 있으면 크게 맞춘다.

보리멸은 마주 맞추기로 낚이는 경우가 많은 물고기이지만 그 경우는 대개 어느 곳 깊숙히 바늘을 삼키고 있다. 그러나 입질을 정확히 파악하고 맞추면 정확히 입가에 바늘 끝이 걸려서 기분이 좋게 마련다. 삼켜져도 굵은 목줄이기 때문에 아가미를 손가락으로 끼우고 목줄을 쑥 잡아 당기면 간단히 뺄 수 있다.

입질이 있어 낚인 경우에는 아직 몇 마리인가의 떼가 남아 있다. 낚싯줄의 나가는 상태 등으로 대강의 거리를 알고 미끼를 바꾸어 달아서 그 포인트를 집중적으로 낚아 보도록 한다. 이 경우 포인트의 바로 위에 멍하니 투입하는 것보다도 약간 앞바다 중심에 투입하고 나서 잡아 당겨 포인트로 가져 오는 것이다. 얕은 장소라면 더욱 더 그렇다. 보리멸은 소리나 그림자에 굉장히 민감해서 놀라면 흩어져 버려 낚을 수 없게 된다.

최근에는 가지 바늘을 많이 달아 보리멸 떼를 효율적으로 낚는다고 하는 '일투다어(一投多魚)' 방식도 이루어져서 상당한 실적을 올리고 있다.

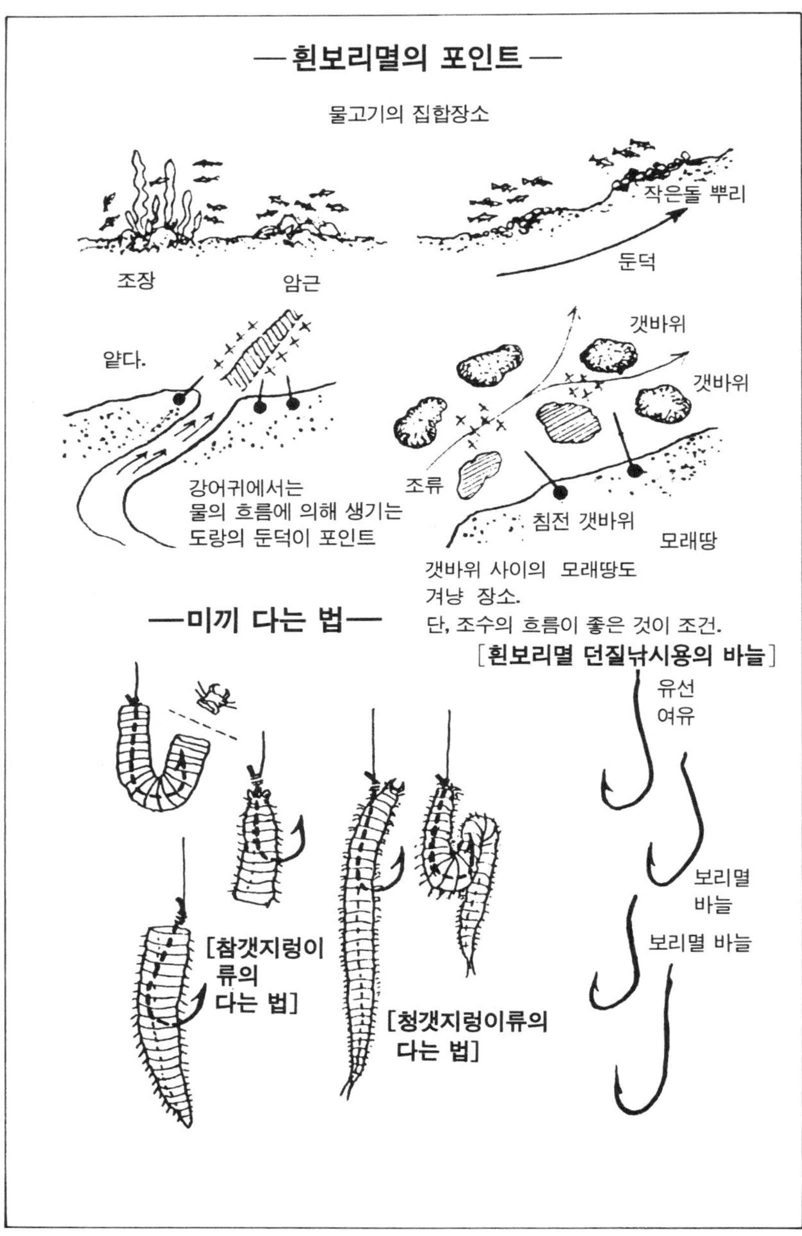
—흰보리멸의 포인트—
물고기의 집합장소
작은돌 뿌리
둔덕
조장
암근
얕다.
갯바위
갯바위
강어귀에서는
물의 흐름에 의해 생기는
도랑의 둔덕이 포인트
조류
침전 갯바위
모래땅
갯바위 사이의 모래땅도
겨냥 장소.
단, 조수의 흐름이 좋은 것이 조건.
—미끼 다는 법—
[흰보리멸 던질낚시용의 바늘]
유선
여유
보리멸
바늘
보리멸 바늘
[참갯지렁이
류의
다는 법]
[청갯지렁이류의
다는 법]

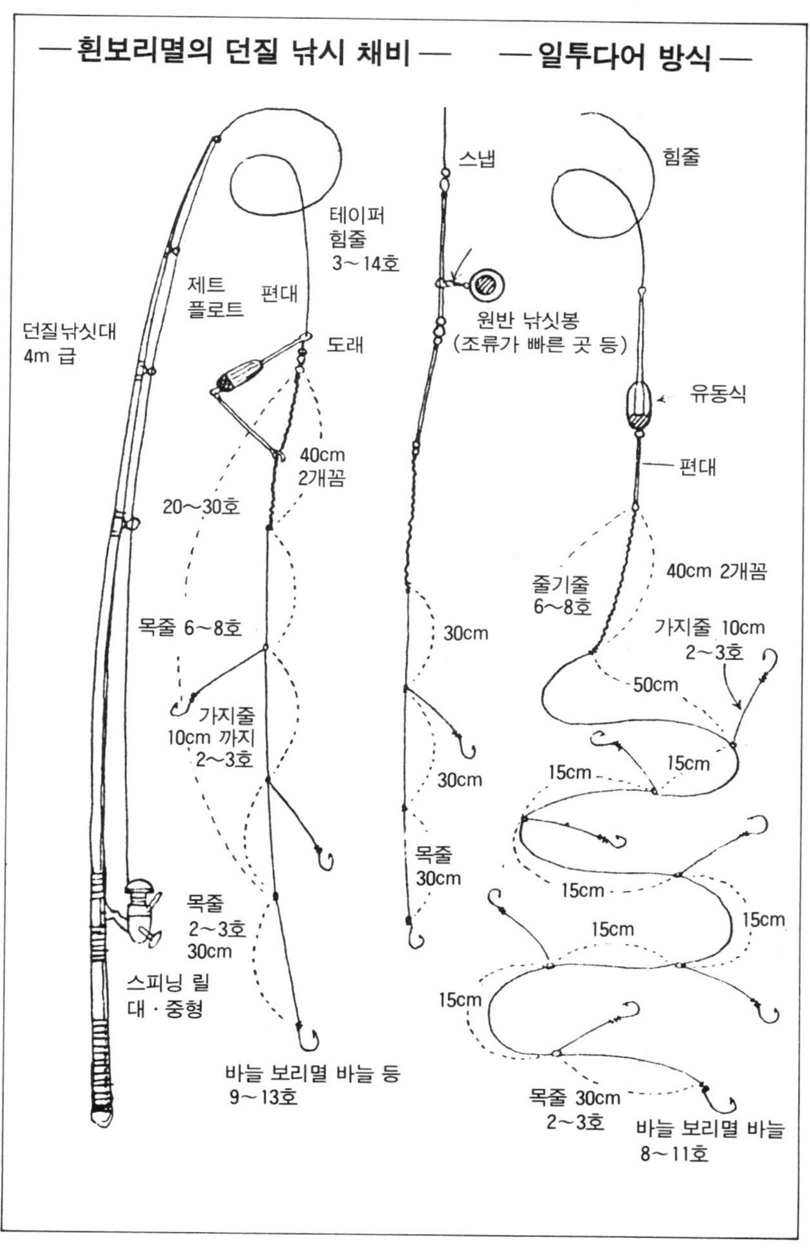
—흰보리멸의 던질 낚시 채비—
—일투다어 방식—
테이퍼
힘줄
3~14호
제트
플로트
편대
던질낚싯대
4m 급
도래
40cm
2개꼼
20~30호
목줄 6~8호
가지줄
10cm 까지
2~3호
목줄
2~3호
30cm
스피닝 릴
대 · 중형
바늘 보리멸 바늘 등
9~13호
스냅
원반 낚싯봉
(조류가 빠른 곳 등)
30cm
30cm
목줄
30cm
힘줄
유동식
편대
40cm 2개꼼
줄기줄
6~8호
가지줄 10cm
2~3호
50cm
15cm
15cm
15cm
15cm
15cm
15cm
목줄 30cm
2~3호
바늘 보리멸 바늘
8~11호

참조기의 낚시

▶ 물고기의 프로필

외양(外洋)에 접한 조수의 흐름이 좋은 해역의 모래 땅바닥에 살고 있는 물고기로 동해 중부에서 남쪽에 걸쳐 많이 분포한다. 이 물고기의 동료로 동갈민어라고 하는 물고기는 동북 만에서 남쪽, 그리고 서쪽에 걸쳐 널리 분포한다. 그 외에 수조기라고 하는 종류도 있다. 모두 입이 크고 가는 이빨이 있으며 보통 30cm에서 40cm급이 잘 낚인다. 동갈민어는 1m 가까이 된다.

▶ 참조기의 습성

모래 땅바닥의 암근이나 둔덕의 움푹한 부분 등의 부근에 떼를 이루고 있으며 환충류(環虫類)나 작은 물고기를 먹이로 하고 있다. 흰 보리멸과 같은 포인트이지만 약간 거친 작은 돌이 섞인 모래바닥 등 파도의 움직임도 격렬한 곳을 좋아한다.

이 물고기는 큰 이석(耳石)을 가지고 있기 때문에 (일본명)이시모찌라는 이름이 있지만 부레를 수축시켜서 '쿨쿨'이라는 소리를 내는

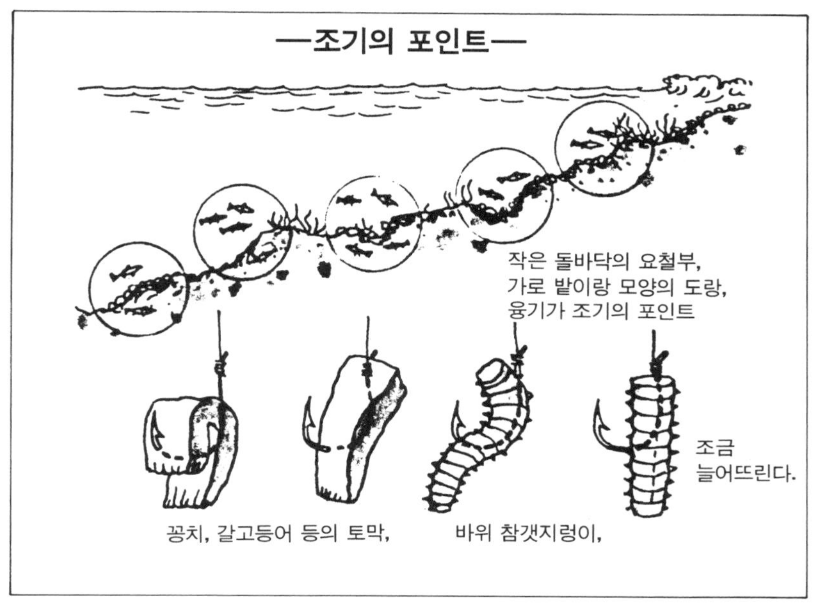

것이 불평을 하고 있는 것 같이 들리기 때문에 '(일본명)구찌'라는 이름도 있다. 산란은 여름에 얕은 장소에서 한다.

▶낚시의 시기와 시간대

여름을 중심으로 한 따뜻한 시기에 잘 낚이는 물고기이다. 지역에 따라서 약간 다르지만 가을 늦게까지 낚이는 물고기이다. 시간대로서는 저녁 무렵부터의 야반(夜半)낚시가 좋으며 이른 아침 새벽이 맑고 얕은 곳에 모여든다. 대낮에도 낚이지만 효과적인 것은 역시 밤 낚시이다. 흰 보리멸과 조기를 모두 노릴 수 있어 좋을 것이다.

▶ 채비와 낚시 방법

외양에 접한 곳으로서 파도가 거친 곳에 많다. 파도의 반격이 격렬하기 때문에 유동식의 편대를 사용하면 채비가 엉키거나 꼬이거나 하기 때문에 '끝 낚싯봉식'을 이용한다.

끝 낚싯봉으로 하여 낚싯줄을 당기면 미끼가 바닥을 조금 가로지른 상태가 되어 참조기의 유영층에 맞아 먹어 들어가기 쉬워진다.

포인트는 해안에 평행해서 생긴 밭이랑 모양의 울퉁불퉁한 곳으로 변화가 풍부한 곳이다.

장소에 따라서는 끝 낚싯봉식이 아니라 보통 유동식의 각종 편대 낚싯봉으로 효과를 올리는 경우도 있으므로 반드시 끝낚싯봉식에 구애되지 말고 임기 응변식의 자세가 필요하다.

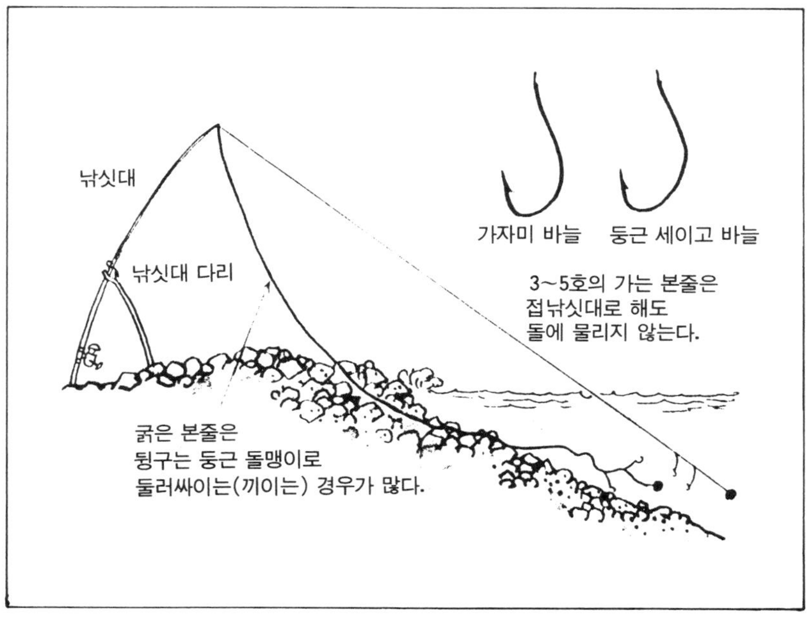

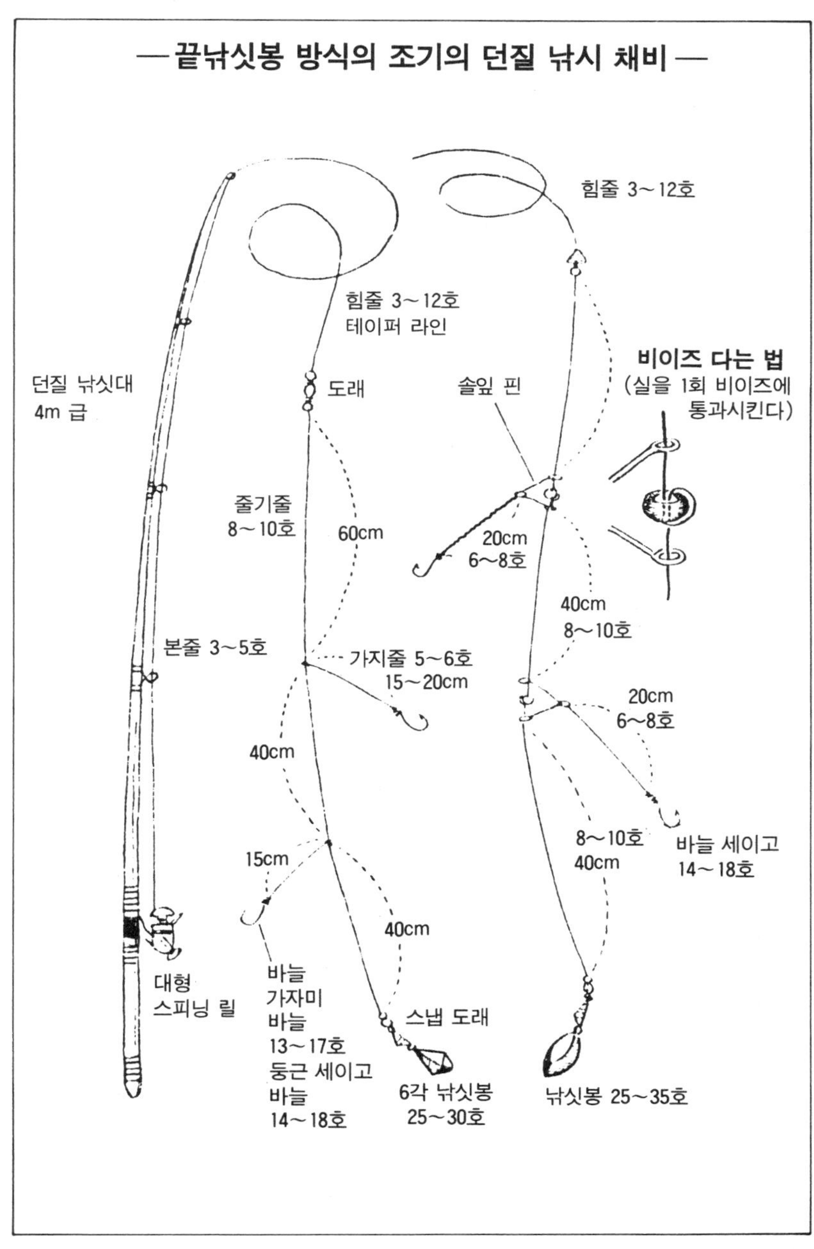
—끝낚싯봉 방식의 조기의 던질 낚시 채비—
힘줄 3~12호
힘줄 3~12호
테이퍼 라인
비이즈 다는 법
(실을 1회 비이즈에
통과시킨다)
던질 낚싯대
4m 급
도래
솔잎 핀
줄기줄
8~10호
60cm
20cm
6~8호
40cm
8~10호
본줄 3~5호
가지줄 5~6호
15~20cm
20cm
6~8호
40cm
8~10호
40cm
바늘 세이고
14~18호
15cm
40cm
대형
스피닝 릴
바늘
가자미
바늘
13~17호
둥근 세이고
바늘
14~18호
스냅 도래
6각 낚싯봉
25~30호
낚싯봉 25~35호

참조기는 떼를 지어 유영하고 있다. 따라서 1마리 낚이면 흰 보리멸과 마찬가지로 계속해서 포인트를 낚는 것이 효과를 올리는 요령이다. 밤 낚시의 경우 극히 해안 가까이까지 모여드는 경우가 있으므로 폭 넓게 살피는 것이 필요하다.

입질은 보통 수수해서 한 번에 뚜렷한 끌어 들임을 보이는 경우는 적은 것 같다. '툭툭'하고 조금씩 전조가 있기 때문에 낚싯대를 다시 쥐는 것 같은 기분으로 맞춘다.

챔질은 파도에 실어 단숨에 모래사장으로 끌어 올려야 한다. 릴의 감아 올리는 스피드보다 파도 쪽이 빨라서 낚싯줄이 느슨해지면 파도가 부서짐과 동시에 놓쳐 버린다.

그리고 채비와 관계된 얘기이지만 본줄은 역시 3~5호라고 하는 가는 것 쪽이 낚기 쉬운 듯하다. 밤 낚시이고 작은 돌바닥으로 뿌리걸림도 많기 때문에 본줄을 굵게 하고 싶은 바이지만 굵으면 오히려 본줄의 도중이 데굴데굴 구르는 돌에 끼이는 경우가 많아 매우 낚기 어려워진다.

밤 낚시를 하고 있으면 야행성의 다른 물고기가 바늘에 걸리는 경우가 가끔 있다. 그 중에는 독가시를 가지고 있는 쏠종개라든가 쑤기미 등 '초대하지 않은 손님'도 있으므로 충분히 확인한 후 바늘을 떼는 것을 유의해 주기 바란다.

가자미의 낚시

▶ 물고기의 프로필

가자미는 전국의 넓은 범위의 해역에 살고 있지만 지방에 따라서 잡히는 종류가 다르다. 주로 모래사장에서의 던질 낚시에서 대상으로 하는 것은 돌가자미와 문치가자미이다. 그 밖에 강도다리나 참가자미 등도 낚인다. 낚시꾼은 그것들을 일괄해서 가자미라고 부르고 있지만 그 중에는 엄밀하게 구분해서 부르는 사람도 있다. 크기는 30cm 넘는 것도 적지 않다. 50cm 넘는 '방석 가자미'도 낚이는 경우가 있다.

▶ 가자미의 습성

흰 보리멸과 마찬가지로 내만의 모래 땅바닥에 살고 있지만 가자미는 해저 아주 가까이를 기듯이 헤엄친다. 움직임은 약간 둔하지만 벌레류나 패류를 발견하고 덤벼들 때는 상당히 재빠르다. 그러나 먹이를 물고 나서는 그 위치에 가만히 있는 경우가 많은 것 같다. 가을부터 겨울에 걸친 시기가 산란기로 그 무렵 앞바다 쪽의 깊은 곳에서 해안 가까이의 얕은 곳으로 모여든다.

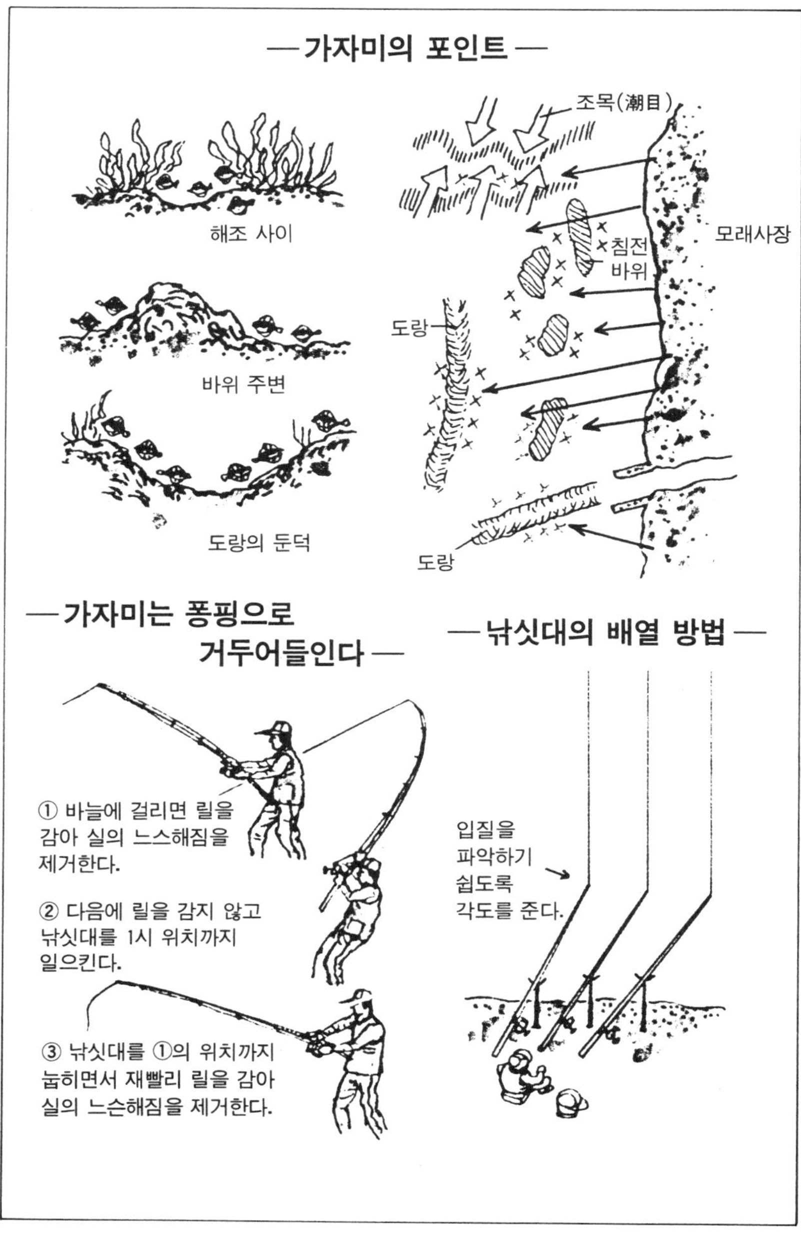

—가자미의 포인트—
조목(潮目)
해조 사이
모래사장
침전
바위
도랑
바위 주변
도랑의 둔덕
도랑
—가자미는 퐁핑으로
거두어들인다—
—낚싯대의 배열 방법—
① 바늘에 걸리면 릴을
감아 실의 느스해짐을
제거한다.
② 다음에 릴을 감지 않고
낚싯대를 1시 위치까지
일으킨다.
③ 낚싯대를 ①의 위치까지
눕히면서 재빨리 릴을 감아
실의 느슨해짐을 제거한다.
입질을
파악하기
쉽도록
각도를 준다.

▶낚시의 시기와 시간대

모래사장에서 던져 장치가 미치는 범위에 모여드는 가을부터 겨울까지가 가자미의 낚시 시기이다.

그러나 이것도 지방에 따라서 상당한 차이가 있다. 꽃놀이 가자미라고 하는 말이 있듯이 봄 늦게까지 낚이기도 한다. 시간대는 우리들의 시계에 표시된 것 같은 시간이 아니라 조수의 움직임이 활발한 때가 겨냥의 타이밍이라고 말할 수 있다.

▶채비와 낚시 방법

약간 동작이 둔한 물고기이기 때문에 입질도 작아서 들고 있는 낚싯대로 당기면서 경쾌한 어신을 즐기는 낚시는 아니다. 대부분이 접낚싯대 장치로 물고기의 입질이 낚싯대 끝에 '툭툭'하고 오는 것을 눈으로 확인하고 릴을 감아 올린다. 따라서 낚싯대는 3개 정도 늘어놓고 낚는 경우가 많은 것 같다.

동작이 둔중한데 조류가 빠른 곳을 좋아해서 모여 있다. 조류가 빠른 곳은 그만큼 벌레류 등이 바닥으로부터 노출되기 쉬워 절호의 먹이 장소이다. 따라서 채비는 조류에 흐르기 어려운 낚싯봉을 준비하거나 가지줄도 짧게 엉키지 않도록 연구해야 한다.

미끼는 참갯지렁이류가 가장 잘 사용된다. 배추벌레나 청갯지렁이도 물론 좋은 미끼이다. 또한 조갯살(모시) 등도 좋지만 멀리 던지면 미끼가 휘둘리기 때문에 가까운 곳을 가볍게 던지는 경우에 밖에 사용할 수 없다.

조수와 조수가 서로 밀어서 생기는 조목(潮目)이 포인트로서는

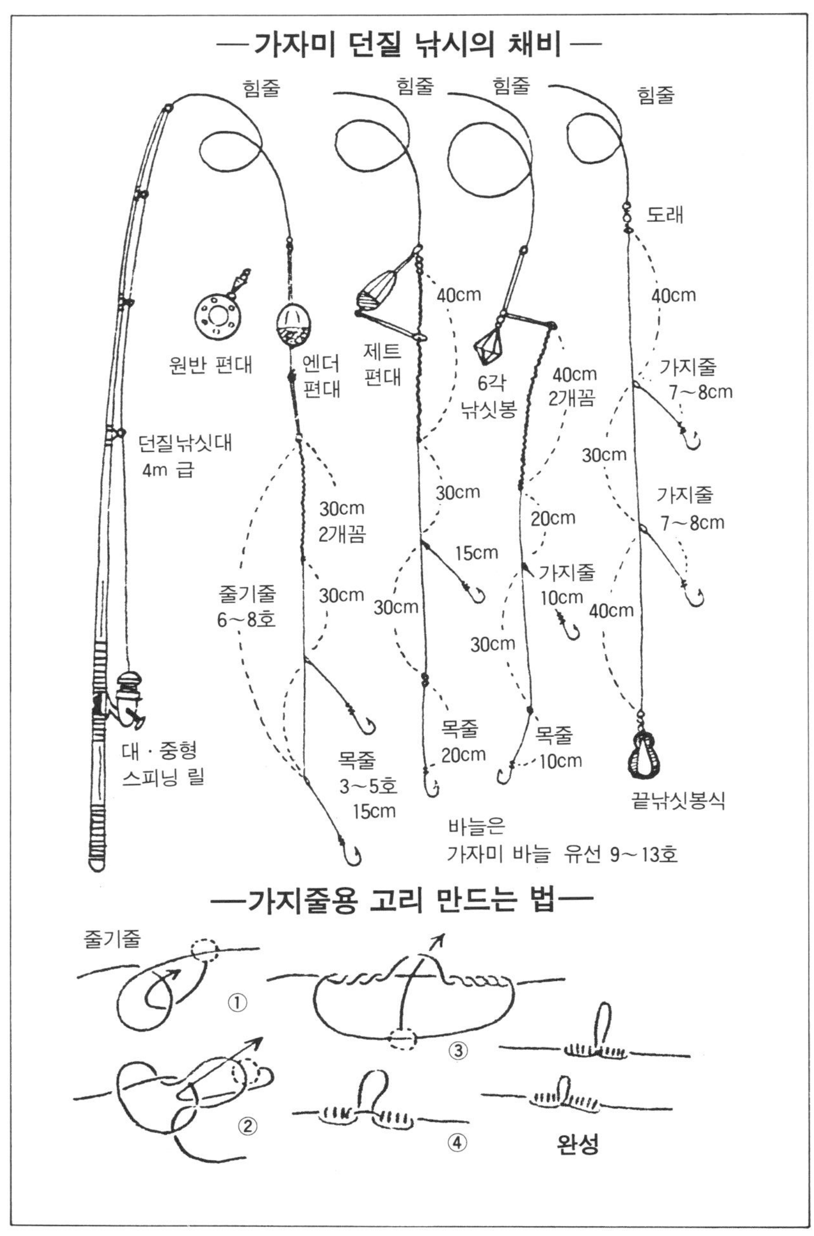
—가자미 던질 낚시의 채비—
힘줄
힘줄
힘줄
힘줄
도래
40cm
40cm
원반 편대
엔더
편대
제트
편대
6각
낚싯봉
40cm
2개꼼
가지줄
7~8cm
던질낚싯대
4m 급
30cm
30cm
2개꼼
30cm
20cm
가지줄
7~8cm
15cm
가지줄
10cm
줄기줄
6~8호
30cm
30cm
40cm
30cm
대 · 중형
스피닝 릴
목줄
20cm
목줄
10cm
목줄
3~5호
15cm
끝낚싯봉식
바늘은
가자미 바늘 유선 9~13호
—가지줄용 고리 만드는 법—
줄기줄
①
②
③
④
완성

제1급이다. 더욱이 암근이나 도랑에 의해 조류에 변화가 생기는 곳도 좋은 포인트이다. 모두 먹이를 포식할 찬스가 높은 곳을 노린다.

모래사장의 높은 곳에서 바다를 바라보고 조목이나 바닥의 근어, 조장 등이 확연하게 드러나지 않은 장소에서는 낚싯봉을 끌어당겨 보고 도랑이나 튀어나온 부분의 소재를 확인한다. 조금이라도 변화가 있는 곳을 노려 채비를 던져 넣도록 한다. 조류가 격렬한 곳에서는 미리 포인트의 조수가 들어오는 쪽에 던져 넣어 낚싯봉이 흐르면서 겨냥 장소에 정착하도록 한다. 그러기 위해서는 낚싯봉이 착수해도 바닥에 도달할 때까지 충분히 낚싯줄을 내보내 주는 것이 필요하다.

가자미에는 한 번 입에 넣은 먹이를 내뱉는 일이 적은 물고기이다. 따라서 입질에 재빨리 맞출 필요는 거의 없다. 낚싯대 끝에 '토도독' 입질이 있으면 잠시 기다렸다가 실이 느슨해지고 나서 감아 올리면 안성 마춤일 것이다.

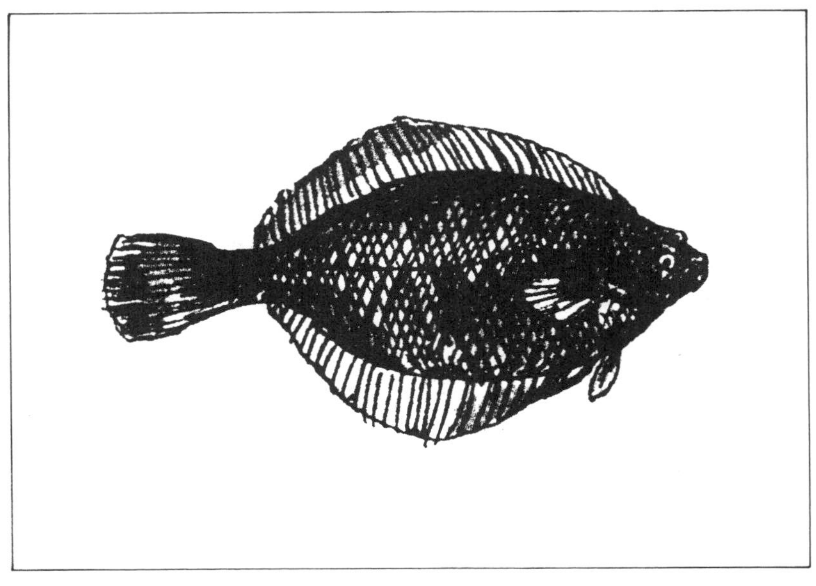

쥐노래미의 낚시

▶물고기의 프로필

전국의 근해에 사는 물고기이지만, 정확히 말하자면 북방계의 물고기이다. 각 지방에 따라 그 이름도 다르고 모양도 북쪽으로 갈수록 커진다. 일반적으로는 30cm를 넘으면 대물로 매우 맛이 좋은 상급어이다.

▶쥐노래미의 습성

모래 땅바닥 중에서도 암초 사이나 조장(藻場), 작은 돌이 섞인 곳을 좋아해서 거처로 삼고 있는 물고기이다. 작은 물고기나 새우, 벌레류를 상식(常食)하고 있으며 포식(捕食)의 동작은 기민하다. 일정한 거처가 있어 먹이를 잡으면 다시 제자리로 되돌아가는 습성이 있어 근어라고 불린다. 11월 경 해안 가까이의 수초에 산란하고 수컷이 알을 보호한다.

▶낚시의 시기와 시간대

가을부터 겨울, 이른 봄에 이르기까지가 일반적인 낚시 시기이지만 지역에 따라서는 여름에도 잘 낚이고 더러는 장마철 무렵에도 한참 잡힌다.시간대는 조수의 움직임이 있는 때가 좋지만 조수가 멈추어도 먹이가 움직이면 달려든다.

▶채비와 낚시 방법

가자미의 채비와 거의 같아도 괜찮지만 뿌리 걸림이 격렬한 곳을 낚는 경우에는 끝낚싯봉식이 유리하다. 미끼는 참갯지렁이, 청갯지렁이 등이 좋다.

입질에 재빨리 맞추어서 뿌리로 달아날 틈을 주지 말고 퐁핑으로 물고기를 띄워서 거두어 들인다. 같은 포인트에서 몇 마리정도 낚이는 경우가 많다고 생각한다.

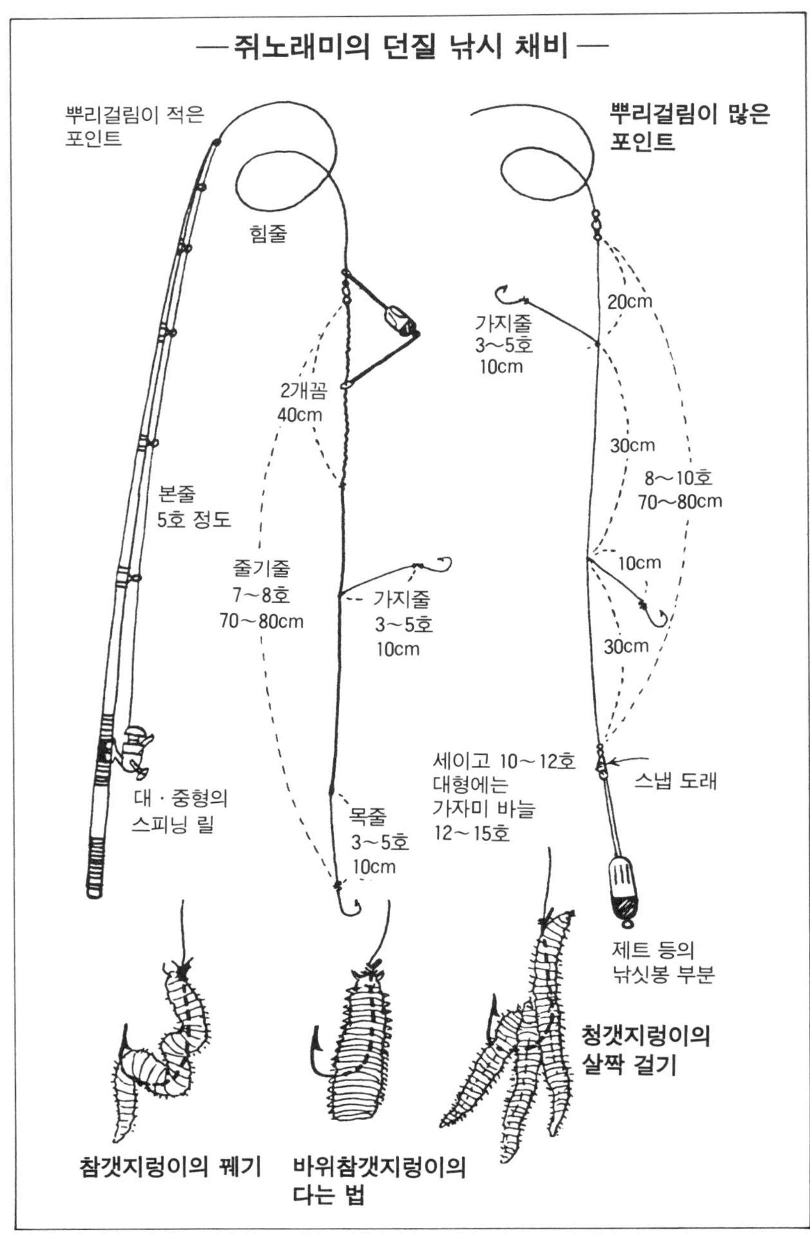

—쥐노래미의 던질 낚시 채비—
뿌리걸림이 적은
포인트
뿌리걸림이 많은
포인트
힘줄
20cm
가지줄
3~5호
10cm
2개꼼
40cm
30cm
8~10호
70~80cm
본줄
5호 정도
10cm
줄기줄
7~8호
70~80cm
가지줄
3~5호
10cm
30cm
세이고 10~12호
대형에는
가자미 바늘
12~15호
스냅 도래
대 · 중형의
스피닝 릴
목줄
3~5호
10cm
제트 등의
낚싯봉 부분
청갯지렁이의
살짝 걸기
참갯지렁이의 꿰기
바위참갯지렁이의
다는 법

놀래기의 낚시

▶ 물고기의 프로필

한 마디로 놀래기라고 해도 놀래기과의 동료는 혹돔과 같은 대물까지 종류가 매우 많다. 그러나 모래사장에서의 던질 낚시에서 노리는 것은 주로 용치놀래기라고 하는 종류이다. 수컷은 파랑놀래기, 암컷은 붉은 놀래기라고 불리며 주로 내해 방면을 중심으로 인기 있는 물고기이다. 수컷은 30cm나 된다.

▶ 놀래기의 습성

야간에는 모래 속으로 기어 들어가서 휴식하는 진기한 습성이 있다. 또한 어린 동안에는 모두 암컷(붉은 놀래기)으로 일부가 성전환으로 수컷(파랑놀래기)이 되어 성장한다. 암초나 가라앉은 돌 등의 약간 복잡한 장소의 모래땅에 살고 있다.

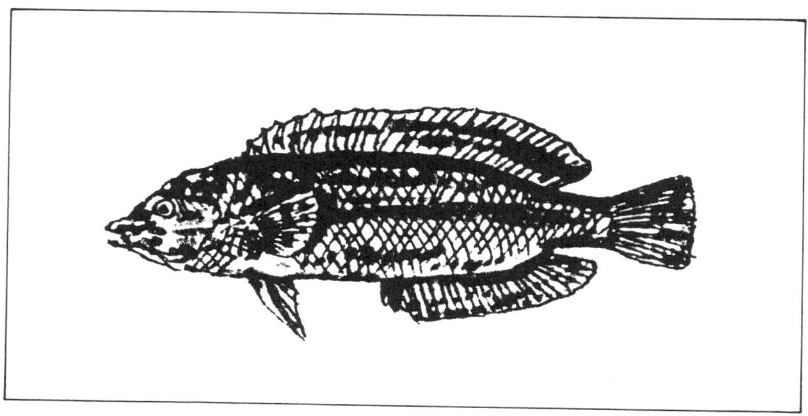

▶낚시의 시기와 시간대

저수온에 약한 난수계(暖水系)의 물고기이기 때문에 겨울에는 남국에서 밖에 낚이지 않는다. 따라서 낚시의 시기는 수온이 높은 여름이 중심이 된다. 특히 초가을부터 가을 중반에 걸쳐서가 가장 잘 낚이는 시기이다. 밤에는 모래 속으로 기어 들어가서 휴면하기 때문에 아침녘부터의 시간대를 노린다. 쾌청한 대낮에 비교적 잘 낚인다.

▶채비와 낚시 방법

뿌리 걸림이 많은 곳을 낚기 때문에 채비는 짧은 듯하고 가지줄도 짧은 편이 좋을 것이다. 또한 놀래기의 입은 작게 오므린 입이기 때문에 작은 바늘을 선택한다. 낚시 방법은 손에 들고 있어도 그다지 당기지 않는 것이다. 접낚싯대를 2~3개 드리워서 낚는 방법이 일반적으로 이루어지고 있으며 효과적이다.

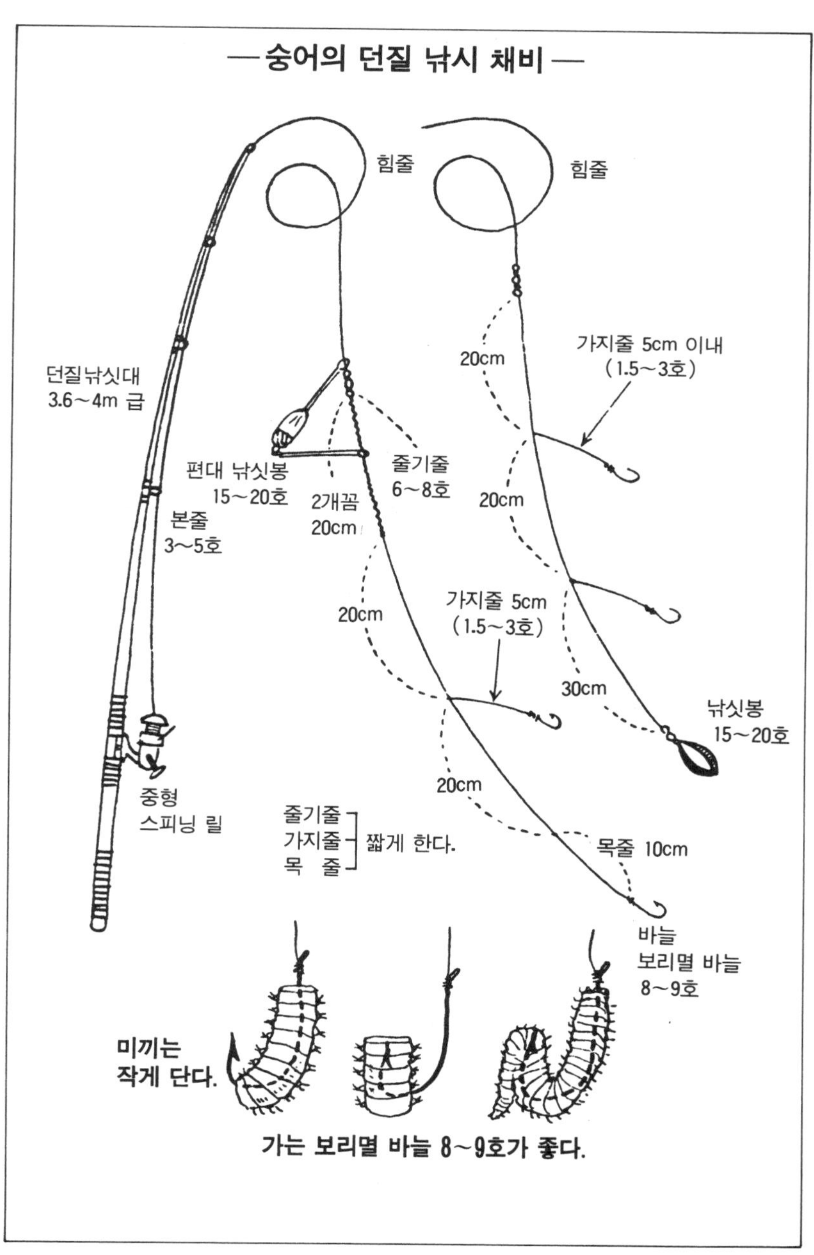

—숭어의 던질 낚시 채비—
힘줄
힘줄
던질낚싯대
3.6~4m 급
편대 낚싯봉
15~20호
2개꼼
20cm
줄기줄
6~8호
본줄
3~5호
20cm
가지줄 5cm 이내
(1.5~3호)
20cm
20cm
가지줄 5cm
(1.5~3호)
30cm
낚싯봉
15~20호
20cm
중형
스피닝 릴
줄기줄
가지줄
목 줄
짧게 한다.
목줄 10cm
바늘
보리멸 바늘
8~9호
미끼는
작게 단다.
가는 보리멸 바늘 8~9호가 좋다.

농어의 낚시

▶물고기의 프로필

농어는 성장함에 따라서 명칭이 변하기 때문에 출세어라고 일컬어지고 있다. 일반적으로 깔다구리, 껄떼기, 농어 순으로 성장한다. 껄떼기는 30cm 내외, 농어는 40~50cm 이상으로 성장한 것을 가리킨다. 어체는 은백색으로 아름답고 스마트하다. 입이 크고 전국의 연안에 널리 생식하고 있으며 활발히 활동하기 때문에 던질 낚시의 안성마춤인 대상어로서 인기가 있다.

▶농어의 습성

농어는 유어(幼魚) 동안에는 떼를 지어 내만이나 하구 부근을 유영(游泳)하면서 작은 물고기나 새우 등을 포식(捕食)하고 있지만 커지면 활동 범위가 넓어져서 앞바다 갯바위 주변이나 하구 일대를 재빠르게 헤엄쳐 다니며 작은 어류의 먹이를 포식한다. 농어는 바늘에 걸리면 수면으로 튀어 올라서 바늘을 떼려고 하는 습성이 있어 가끔 아가미 뚜껑으로 실을 끊어버리는 경우가 있다. 또한 농어는

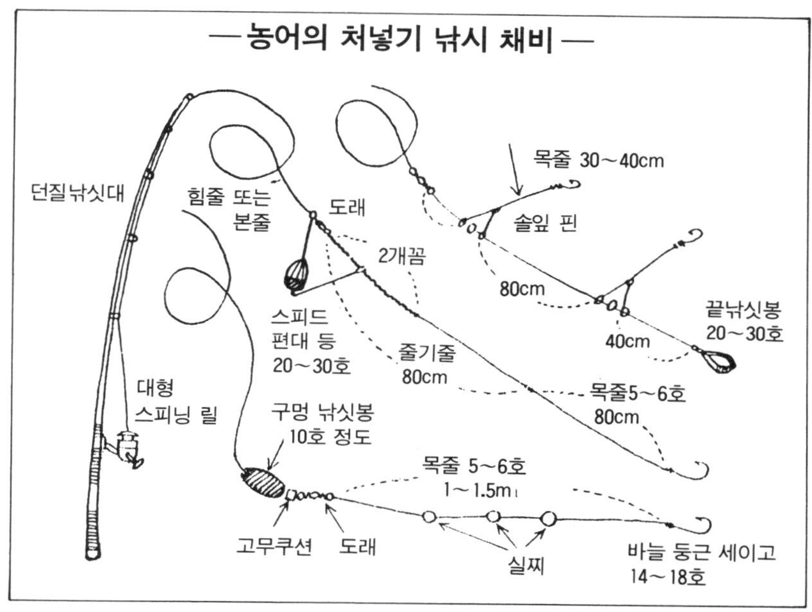

동물성의 먹이를 즐겨 찾는다. 특히 초봄 무렵에는 작은 은어 등을 쫓아서 하천 부근에 나타난다.

▶낚시의 시기와 시간대

농어는 이른봄의 소상부터 가을의 내려가는 농어, 늦가을부터 초겨울에 걸친 산란기의 올챙이배 농어 등에 이르기까지 다양하게 거의 1년내내 잡히는 물고기이다 . 특히 인기가 있는 것은 6월부터 8월, 9월에 걸친 전기찌를 사용한 납량 밤 낚시이다. 시간대는 조수 시간에 따라서도 다르지만 새벽부터 아침녘에 발군의 입질을 보인다.

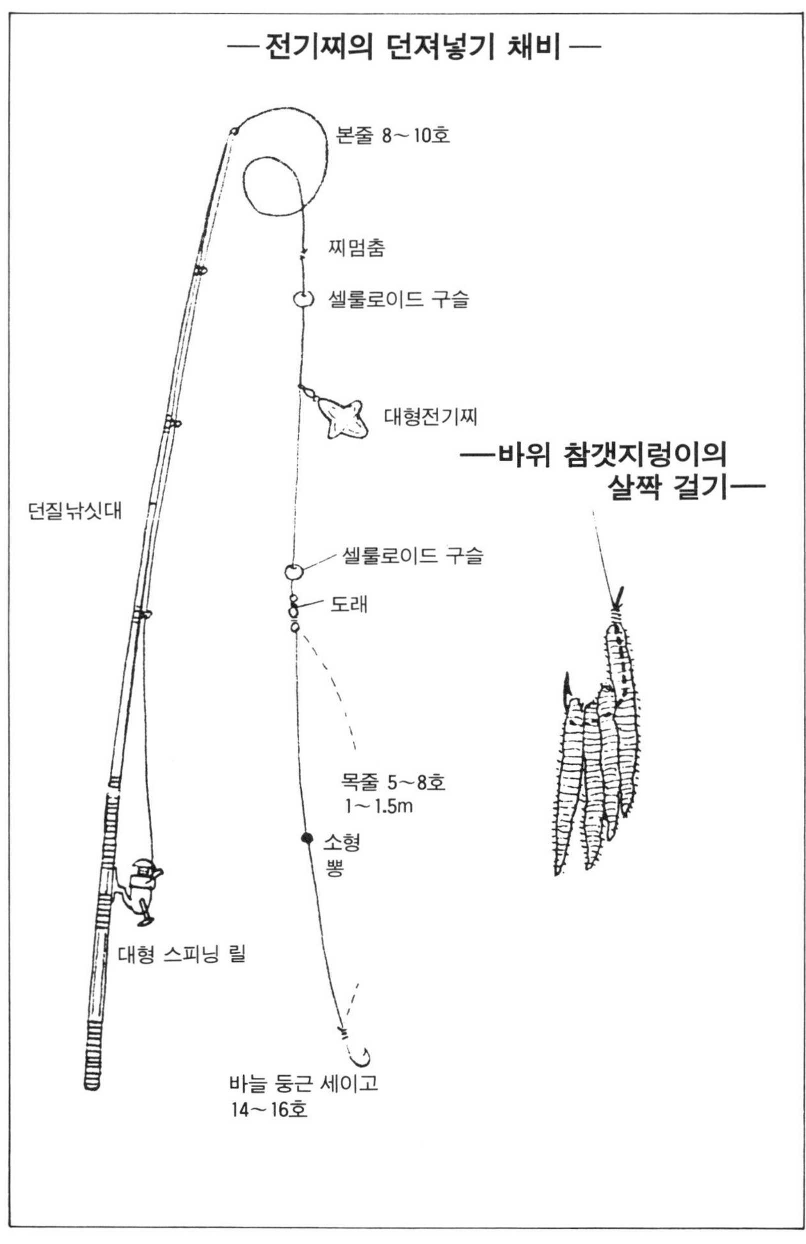
—전기찌의 던져넣기 채비—
본줄 8~10호
찌멈춤
셀룰로이드 구슬
대형전기찌
던질낚싯대
셀룰로이드 구슬
도래
목줄 5~8호
1~1.5m
소형
뻥
대형 스피닝 릴
바늘 둥근 세이고
14~16호
—바위 참갯지렁이의
살짝 걸기—

▶ 채비와 낚시 방법

농어는 던질 낚시 이외에도 여러 가지 낚시 방법으로 노린다. 물가에서도 낚고 배에서도 낚는다. 모래사장에서의 던질 낚시로 노리는 경우 처넣기 낚시, 전기찌를 사용한 흘림 낚시, 루어를 사용한 서프트롤링 등이 주요한 것이다.

처넣기 낚시=4m 이상의 튼튼한 던질 낚싯대와 대형 스피닝 릴이 필요하다.

본줄은 6~10호 정도로, 멀리 던지는 경우 힘줄을 달고 본줄은 가늘게 한다.

줄기줄에 가지줄을 내서 끝낚싯봉으로 하는 방법이나 구멍식 낚싯봉을 사용하여 실찌를 달고 목줄을 띄우는 1개 바늘 장치 등이 있다.

겨냥 장소는 발밑에서부터 매우 깊어지는 깊은 모래사장에서는 역시 '조목(潮目)'이다.

포인트에 채비를 던져 넣은 후 가볍게 낚싯줄을 당기고 입질을 기다린다. 처넣기의 경우는 잘 휘둘리지 않는 참갯지렁이나 청갯지렁이류의 미끼를 사용한다.

전기찌를 사용한 흘림 낚시=모래사장에서의 밤 낚시를 하는 경우 바닥의 조건이 급심하고 더구나 조수의 흐름이 좋은 곳이 아니면 좀체로 효과가 오르지 않는다. 대형의 전기찌를 유동식으로 해서 유영층을 정해 던진다.

입질은 찌를 바다 속으로 가지고 들어 가기 때문에 그 때 한 호흡 두고 맞춘다.

농어는 좌우로 크게 달리지만 릴을 감고 파도에 실어 모래사장으로 끌어 올린다.

루어에 의한 서프 트롤링=낚싯대는 루어용의 짧은 것이 아니다. 보통의 4~4.5m급의 던질 낚싯대로 약간 끝대가 연조한 것이 좋다.

낚싯봉 내장의 달걀찌를 사용해서 던져 넣는 낚시 방법이나 곧은 편대 낚싯봉을 사용해서 약간 가라앉혀 끌어오는 낚시 방법 등 물고기의 유영층, 장소에 따라 가지 각색이다. 루어 대신에 살아 있는 물고기(붕어, 미꾸라지)를 이용하는 경우도 있다.

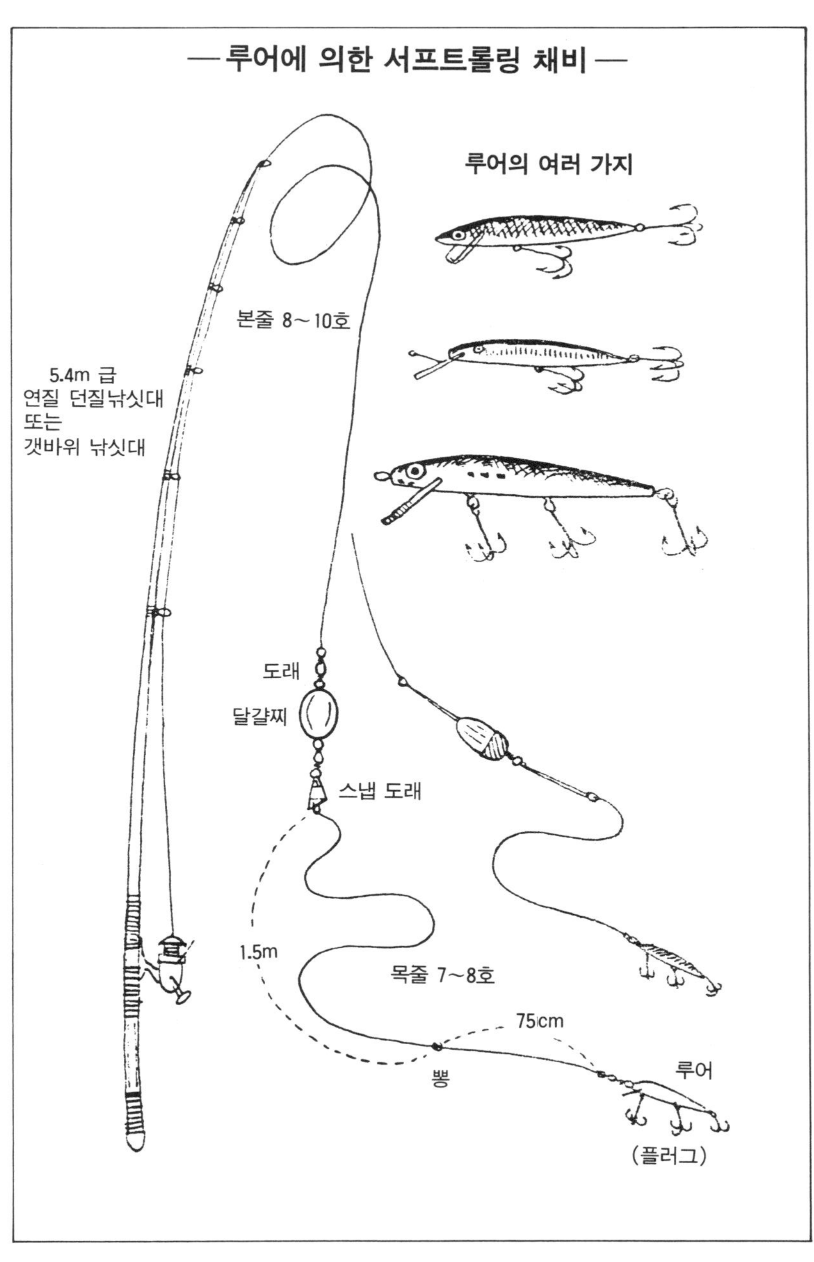
—루어에 의한 서프트롤링 채비—
루어의 여러 가지
본줄 8～10호
5.4m 급
연질 던질낚싯대
또는
갯바위 낚싯대
도래
달걀찌
스냅 도래
1.5m
목줄 7～8호
75cm
뽕
루어
(플러그)

망둥이의 낚시

▶물고기의 프로필

망둥이의 종류는 매우 많지만 모래사장에서의 던질 낚시의 대상이 되는 것은 문절망둑이다. 조청색을 띤 어체에 멍청한 듯한 얼굴 생김새가 트레이드 마크인 이 물고기는 전국의 내만에 살고 있다. 크기는 20cm 정도이다. 해를 지나서 27,8cm로 성장한 망둥이는 귀하게 여긴다. 누구나 낚을 수 있는 물고기로서 인기가 높은 망둥이는 가을을 알리는 물고기로서 알려져 있다.

▶망둥이의 습성

얕은 모래 땅바닥의 바다에 살며 하구 근처의 담수와 해수가 섞이는 지역에 많이 살고 있다. 바닥을 기듯이 이동하면서 새우나 벌레류를 포식한다. 수온이 높은 여름부터 가을 까지는 얕은 곳에 있지만 겨울에는 깊은 곳으로 이동한다.

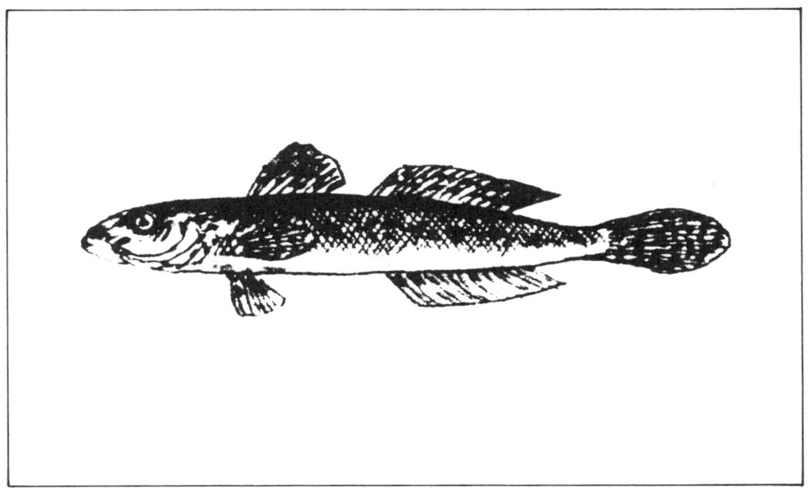

▶ 낚시의 시기와 시간대

초가을부터 만추까지가 잘 낚인다. 겨울은 별로 낚이지 않는다. 여름도 낚이지만 소형이 많고 역시 9, 10, 11월이 최상이다. 시간은 아침, 점심, 저녁 무렵의 구별없이 하루 종일 낚이지만 조수의 움직임으로 입질에 변화가 있다.

▶ 채비와 낚시 방법

모래사장에서의 던질 낚시의 장치는 보리멸 낚시의 경우와 거의 같지만 포인트가 멀어 멀리 던지는 경우가 아니면 소형 물고기를 낚는데 어울리는 짧은 낚싯대와 소형 릴을 사용한다. '투드득'하는 입질이 있으면 가볍게 맞추고 망둥이의 당김을 즐기면서 끌어 올린다. 어려운 낚시는 아니다.

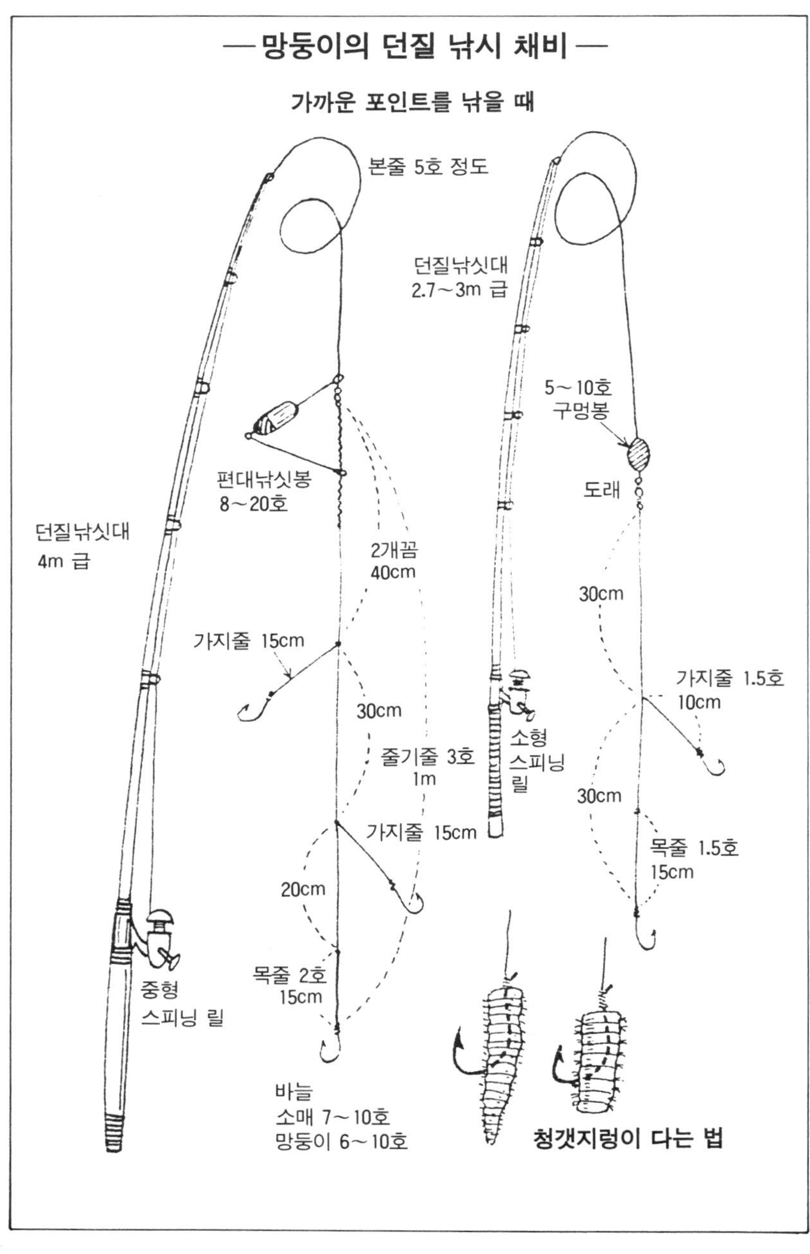
―망둥이의 던질 낚시 채비―
가까운 포인트를 낚을 때
본줄 5호 정도
던질낚싯대
2.7~3m 급
5~10호
구멍봉
편대낚싯봉
8~20호
도래
던질낚싯대
4m 급
2개꼼
40cm
30cm
가지줄 15cm
가지줄 1.5호
10cm
30cm
소형
스피닝
릴
줄기줄 3호
1m
30cm
가지줄 15cm
목줄 1.5호
15cm
20cm
목줄 2호
15cm
중형
스피닝 릴
바늘
소매 7~10호
망둥이 6~10호
청갯지렁이 다는 법

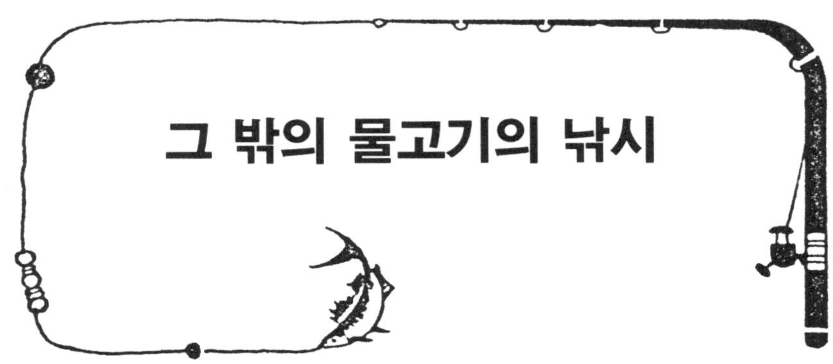

그 밖의 물고기의 낚시

던질 낚시로 낚을 수 있는 물고기는 지금까지 예로 든 물고기 외에도 아직 많이 있다.

보리멸 낚시 등에서는 까지양태가 잘 걸려 오지만 이와 같은 목적 외의 물고기를 외도(外道)라고 부르고 있다.

그러나 보리멸을 겨냥하고 있다가 참돔의 소형이 걸리거나 하면 굳이 외도라고 부를 수는 없다. 필요없는 물고기가 걸렸을 때에 한해서 외도라고 한다. 뜻하지 않은 물고기가 낚인다고 하는 것이 역시 던질 낚시의 즐거움이다.

그 외에 흑돔, 넙치, 줄무늬 벤자리, 뱀장어, 붕장어, 쥐치 등의 던질 낚시로 노리는 물고기가 있다.

흑돔의 던질 낚시는 주로 강이 흘러 들어가는 곳의 근처나 어항 근처의 모래사장에서 한다. 밤 낚시가 주(主)로 지방에 따라서는 특히 미끌 낚시라고 하기도 한다. 이 낚시 방법의 애호자는 많으며 납량을 겸해서 이루어지고 있다.

제3장

방파제 낚시의 기초지식

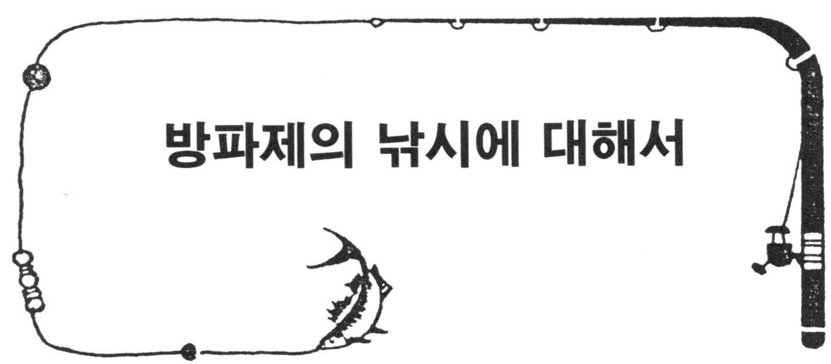

방파제의 낚시에 대해서

▶방파제 낚시의 특징과 주의할 점

소규모의 배 정박부터 대규모의 항만에 이르기까지 방파를 위한 '방파제'는 전국 해안의 도처에서 볼 수 있다. 또한 최근에는 매립에 의한 방조제 등 해안가의 호안을 위한 시설도 많아졌다. 더욱이 앞바다 쪽에 여러 가지 목적을 위해서 장대하고 완강한 방파제(육지에서 떨어져 있는 경우)가 구축되어 있는 경우도 있다. 이와 같은 인공적으로 구축된 방파시설 등에서 하는 것이 방파제 낚시이다.

평균적으로 말하자면 소물이 상대이지만 낚시터에 따라서 낚싯감이나 낚시 기술에 상당한 차이가 있어 자바리나 돌돔 등 거친 갯바위에서의 대상어가 낚이거나 하는 방파제도 있기 때문에 일률적으로 소물이라고는 단정할 수 없다. 흑돔 역시 그렇다. 소상기나 밤 낚시의 시기에는 초대물이 낚이는 경우도 있다. 깊이가 깊은 것이 이 낚시의 특징이다.

낚시터는 거친 갯바위 등에 비하면 안전하고 낚시 도구도 한결같이 소형으로 가벼워서 가족 동반도 즐길 수 있다. 머지않은 장래에는 각지에서 공립의 '바다 낚시 공원'이 구축되어 인기를 모으게 되겠지

만 이것도 역시 방파제 낚시의 연장으로서 그 범위에 포함시켜 두어야 할 것이다.

안전하다고는 해도 바다의 공포를 얕보아서는 안된다. 특히 무인도와 같은 방파제 등 육지에서 멀리 떨어져 있는 곳에서는 거친 갯바위와 같은 주의가 필요하다.

▶기본적인 낚시 도구

낚싯대는 갯바위의 중, 소물용으로서 3미터급부터 7미터급까지 각종 시판되고 있다. 보통은 5·4m를 준비해 두면 응용범위가 넓은 것 같다. 흔들리기는 사용하는 목줄이나 낚싯봉에 따라서 달라진다. 거는 목줄이 1호 이하라고 하는 가는 줄일 경우에는 연(軟) 흔들리기, 목줄이 1.5호 이상일 경우에는 약간 경(硬) 흔들리기가 좋을 것이

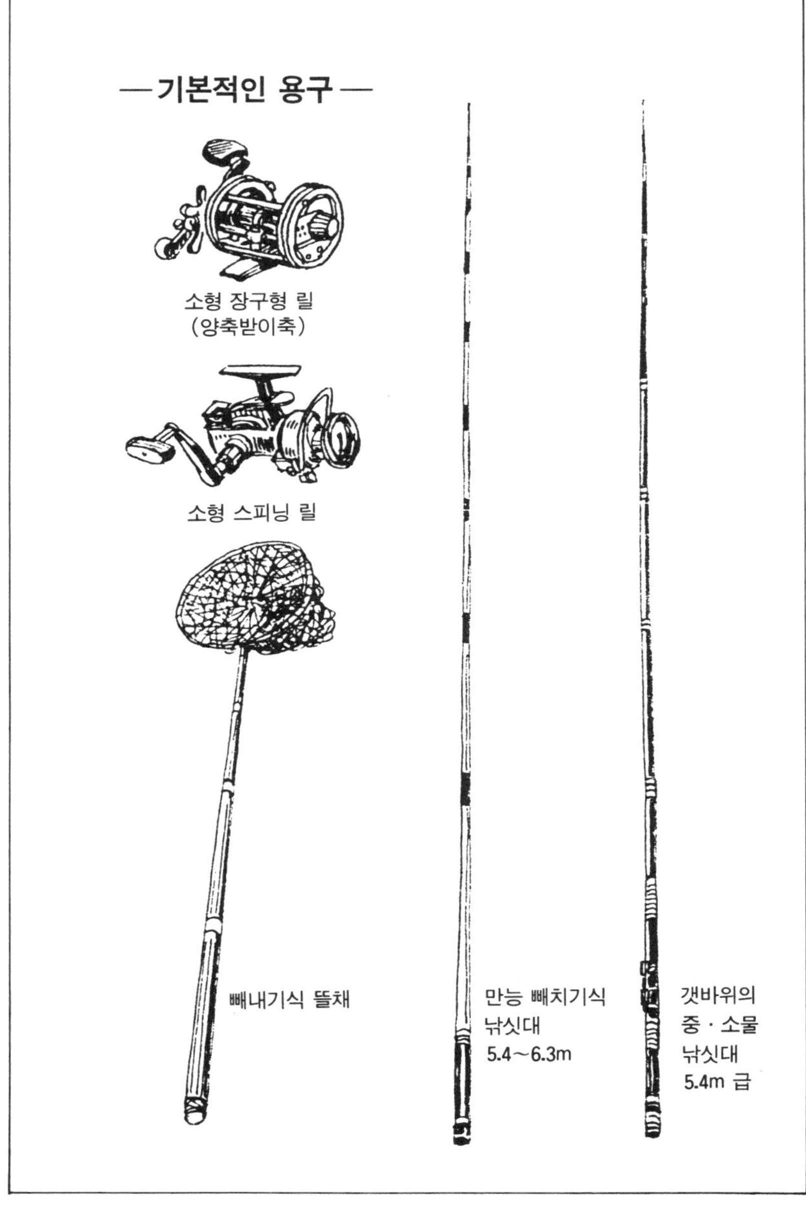
—기본적인 용구—
소형 장구형 릴
(양축받이축)
소형 스피닝 릴
빼내기식 뜰채
만능 빼치기식
낚싯대
5.4~6.3m
갯바위의
중 · 소물
낚싯대
5.4m 급

다. 카본롯드 등 최근에는 양질의 낚싯대가 다수 출현하고 있다.

릴은 소형의 스피닝 릴과 역시 소형의 장구형 릴(양받이축 릴)의 2종류가 사용되고 있다. 찌를 멀리까지 흘리거나 할 경우에는 스피닝 릴이 편리하다. 발밑의 낚시나 낚싯줄의 풀어 냄이 빈번하지 않는 곳에서는 장구형 릴이 유리하다. 실감개량은 3호의 실이 170~200 m 정도 감기는 것이 좋다.

그 외에 잊어서는 안 되는 것으로 뜰채가 있다. 방파제는 수면부터 낚시 자리까지 거리가 있기 때문에 손잡이의 길이는 늘려서 3m 정도는 필요하다. 구경은 35~40cm 정도의 것으로 충분하다.

쿨러는 그다지 대형이 아니어도 괜찮지만 방파제 낚시에서는 쿨러에 걸터앉아 낚는 경우가 많기 때문에 튼튼한 것이 필요하다.

벌레류의 경우는 쿨러에 세트되어 있는 먹이통으로 충분하지만 낚시 종목에 따라서는 살아 있는 새우를 사용하거나 보리새우, 멸치, 청어 등의 치어, 쌀겨, 술지게미 등을 지참하기 때문에 미끼 용기는 각각 준비할 필요가 있다. 헝겊 양동이, 로프, 밑밥용 국자 등도 갖추어 두면 편리하다.

밤 낚시의 경우에는 헤드램프, 손전등, 집어용 카바이드 램프 등이 필수 휴대품이 되지만 보통 낚시에서도 어둑할 때까지 낚는 경우가 있기 때문에 소형 손전등은 상비해 주기 바란다.

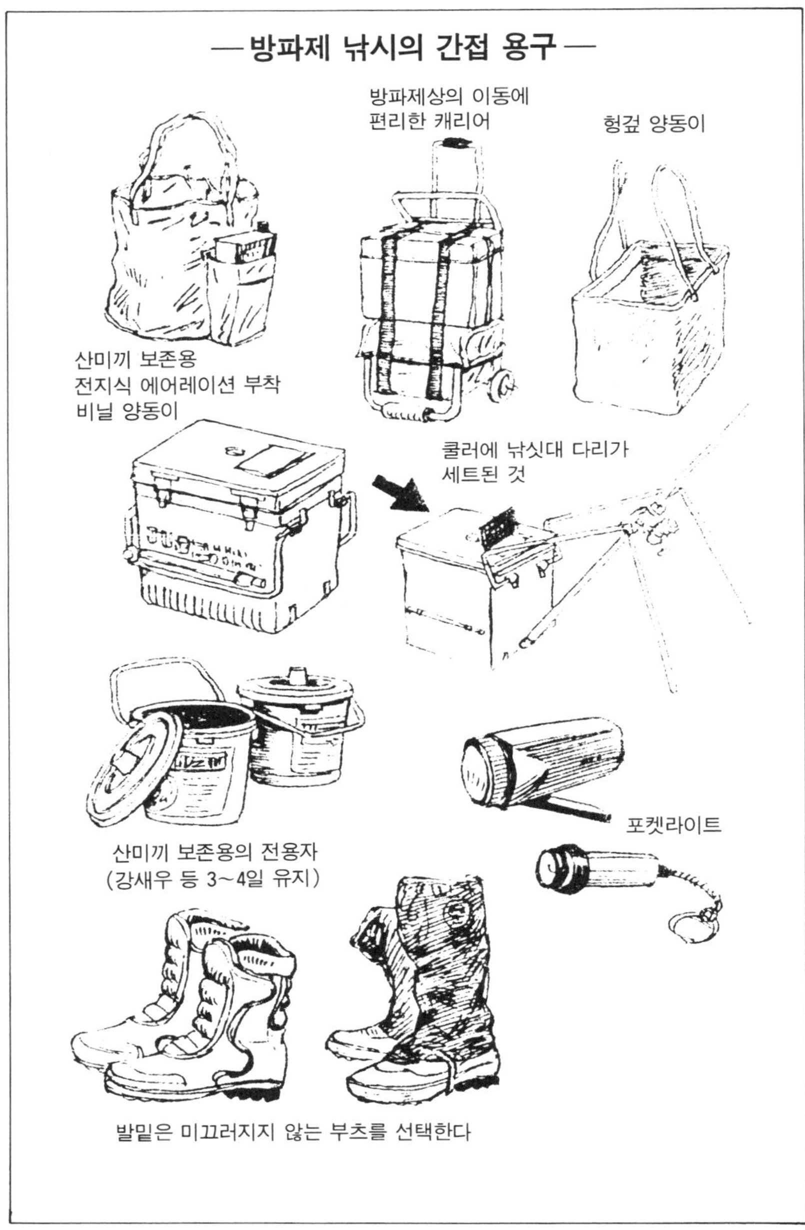
—방파제 낚시의 간접 용구—
방파제상의 이동에
편리한 캐리어
헝겊 양동이
산미끼 보존용
전지식 에어레이션 부착
비닐 양동이
쿨러에 낚싯대 다리가
세트된 것
포켓라이트
산미끼 보존용의 전용자
(강새우 등 3~4일 유지)
발밑은 미끄러지지 않는 부츠를 선택한다

—릴의 취급법—

스피닝 릴의 다리는 중지와 약지 사이에 끼운다. 픽업 벨을 쓰러뜨려서 레버를 OFF로 하고 핸들에 손을 걸고 낚는다.

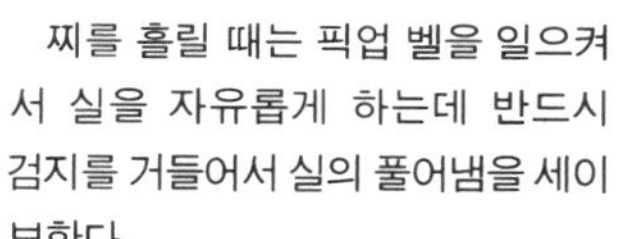

찌를 흘릴 때는 픽업 벨을 일으켜서 실을 자유롭게 하는데 반드시 검지를 거들어서 실의 풀어냄을 세이브한다.

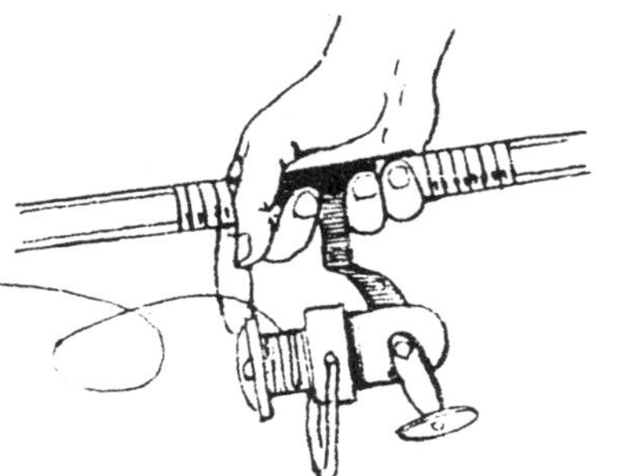

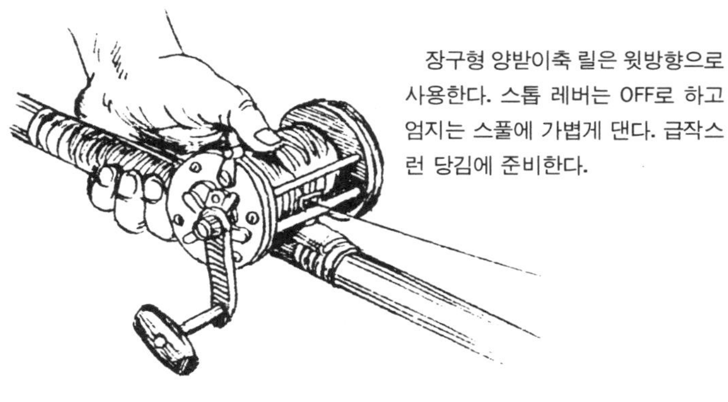

장구형 양받이축 릴은 윗방향으로 사용한다. 스톱 레버는 OFF로 하고 엄지는 스풀에 가볍게 댄다. 급작스런 당김에 준비한다.

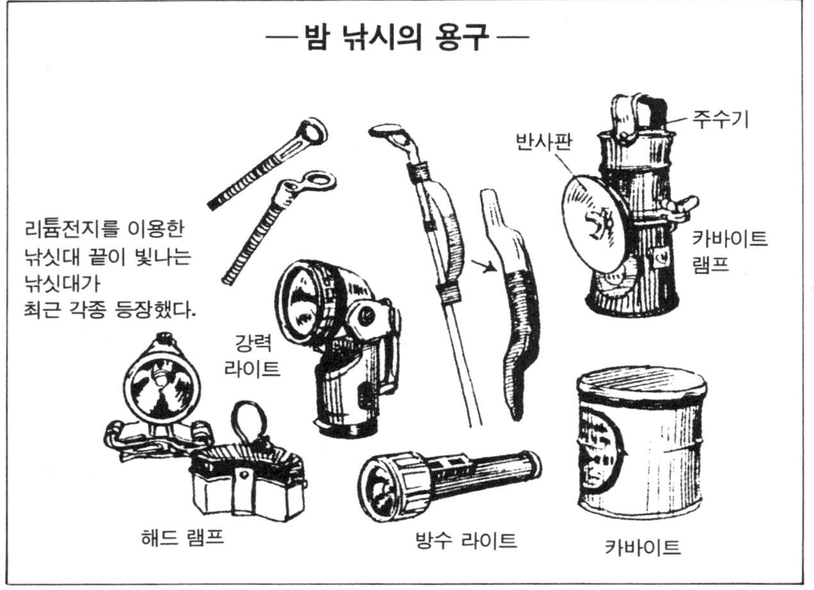

▶바다 낚시 공원의 낚시

낚시가 국민적으로 건전한 레크레이션임은 말할 필요도 없지만 도시 근교에 적절한 낚시터가 적기 때문에 각지에서 공립 바다 낚시 공원의 시설이 만들어진다면 국민 정서 함양에도 많은 도움이 될 것으로 기대된다.

외국의 한 바다 낚시 공원을 예로 들면, 해안에서 앞바다 쪽 400m 1변 100m의 4각형 낚시터가 마련되어 있다. 낚시터와 도선장의 연결 부분에는 피난소를 갖춘 휴게실이 있고 전망대, 관리탑이 있고 낚시 도구, 미끼, 음료의 매점, 화장실까지 갖추고 있다.

낚시터 내외에는 콘크리트 블럭이나 흄관, 버림돌 등을 투입해서 '어초(魚礁)'를 만들고 있는 것이 특징이다. 외국의 경우 여기저기에

시민 낚시 공원이 생겼고 방파제 낚시의 한 형태로서의 국고 보조에 의한 낚시터 시설은 앞으로 더욱더 확대되어 가리라고 생각된다.

아울러 우리나라에도 국가 차원의 바다 낚시 공원이 많이 조성되어 국민 레저 향상과 건전한 낚시 인구의 저변 확대에 일조할 것을 기대해 보는 바이다.

흑돔의 낚시

▶ 물고기의 프로필

연안의 내만이나 하구 부근 등 비교적 잔잔한 해역에 생식하는 물고기로 참돔을 시커멓게 한 듯한 체색을 하고 있고 모양도 아름다와 인기가 있는 물고기이다.

방파제에서는 초여름부터 가을에 걸쳐서 가장 잘 낚이는 시기이다. 많은 낚시꾼이 즐겨 낚는 작은 치누(소형 흑돔)는 방파제의 대표 어종으로 가을부터 초겨울에 걸쳐 인기를 모은다. 체장은 60cm 이상이나 되는 물고기이지만 방파제에서는 30cm 전후 이하가 주로 낚인다.

▶ 흑돔의 습성

해저의 버림돌이나 암괴, 암벽가에 유영하고 있는 흑돔은 만조를 타고 해안 가까이까지 나타나서 먹이를 잡고 간조가 되면 깊은 곳으로 돌아간다. 야간에는 특히 얕은 곳에 모여든다. 식성은 잡식성으로 벌레류, 게, 새우 등의 어육이나 내장(물고기의), 번데기(양잠의)

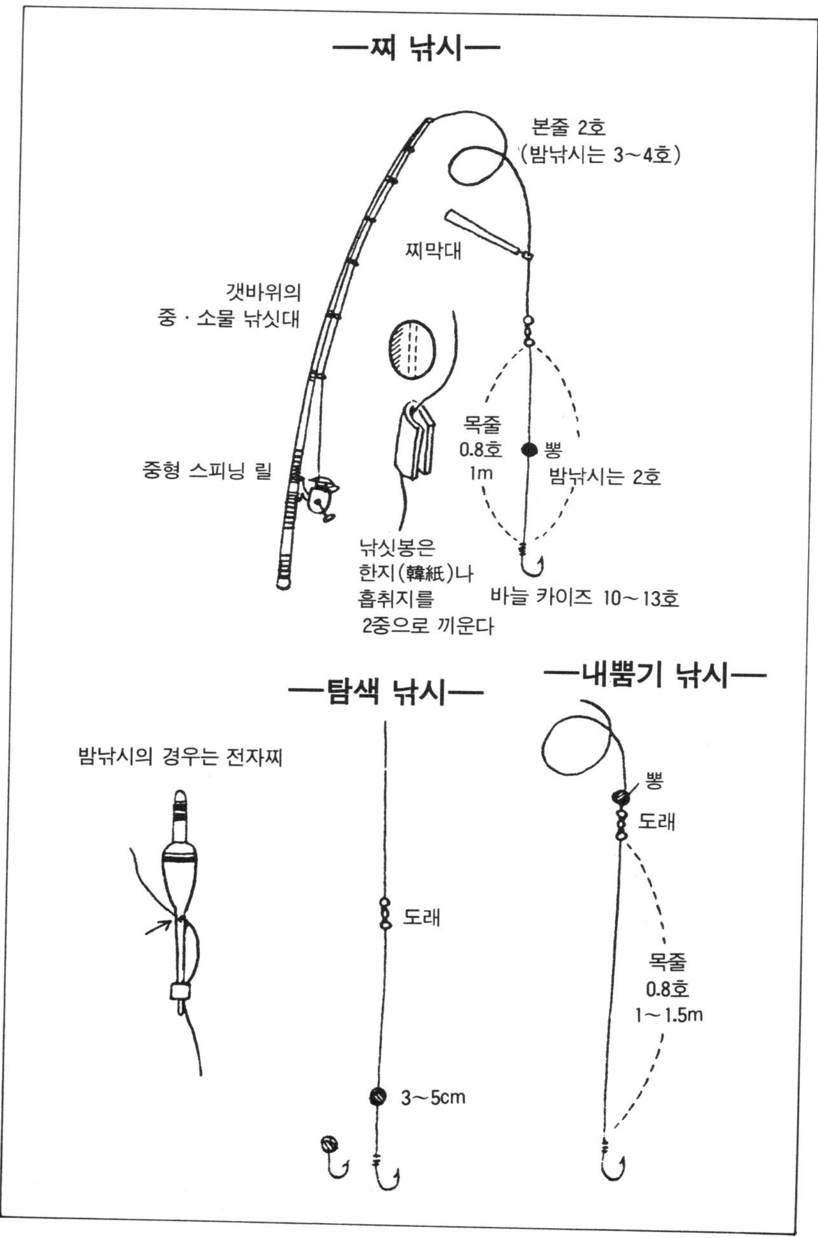
—찌 낚시—
본줄 2호
(밤낚시는 3~4호)
찌막대
갯바위의
중·소물 낚싯대
목줄
0.8호
1m
뽕
밤낚시는 2호
중형 스피닝 릴
낚싯봉은
한지(韓紙)나
흡취지를
2중으로 끼운다
바늘 카이즈 10~13호
—탐색 낚시—
—내뿜기 낚시—
밤낚시의 경우는 전자찌
도래
3~5cm
뽕
도래
목줄
0.8호
1~1.5m

등 외 식물성의 먹이까지 폭 넓게 먹는 먹보로 여겨진다. 그 반면 경계심이 강해서 소리나 빛에 민감하고 낚싯줄의 굵기도 구분한다. 산란기는 4월 하순 경부터 5월 하순 사이에 이루어진다.

▶낚시의 시기와 시간대

4월 하순 경부터 시작되는 산란을 위한 '소상'기가 가장 대형이 잡히는 시기이다. 지방에 따라서는 새끼를 밴 치누라고 부르기도 한다.

여름부터 강을 내려가는 만추의 무렵까지 방파제에서는 밤 낚시가 활발하다. 그 이후에는 대낮에 소형이 잘 낚인다. 만조의 정점 전후가 잘 낚이는 것으로 알려져 있다.

▶채비와 낚시 방법

먼저 가장 포플러한 것이 찌 낚시이다. 찌 낚시를 기본으로 해서 '탐색 낚시', '내뿜기 낚시'의 낚시 방법이 가능하다.

찌 낚시=주간에 낚을 경우에는 경계심이 강한 흑돔이 상대이기 때문에 낚싯줄이 매우 가늘어야 한다. 당연 낚싯대도 연(軟) 흔들리기가 필요하다. 밤 낚시의 경우에는 낚싯줄이 굵어지기 때문에 단단한 듯한 낚싯대가 좋을 것이다.

낚싯대의 길이는 낚시터의 상황에 따라서 적당한 것을 선택한다. 방파제의 자기 앞쪽에 테트리나 버림돌이 많이 투입되어 있는 곳에서는 6.3m급이 필요하다. 낚싯줄이나 찌는 그림을 보고 참고해 주기 바란다.

찌 낚시는 단숨에 찌를 감추는 경우가 적어 처음은 완만하게 가라앉고 서서히 가라앉는 스피드가 올라간다. 그 찌가 더욱 천천히 가라앉게 되면 맞춘다. 찌를 제거하고 낚싯봉의 위치를 바꾸면 탐색 낚시나 내뿜기 낚시를 할 수 있다. 미끼가 새우나 게의 경우에는 모두 꿈질꿈질 전조가 있고 그 다음에 '꿈틀꿈틀' 하고 입질이 있으니까 즉시 맞춘다.

벌레 미끼의 경우에는 '툭툭'하는 입질에 맞추지 않고 낚싯대 끝을 내려서 낚싯줄을 보낸다. 수 초 간 가만히 기다리다가 맞춘다. 사용하는 미끼에 따라서 낚시 방법이 다르므로 주의해야 한다.

치켜올림 낚시=가을이 되면 깊은 곳으로 내려가는 흑돔은 바닥 가까이를 좋아해서 거처로 삼기 시작한다.

이 흑돔을 텐야 낚싯봉으로 낚는 것이 치켜올림 낚시이다. 낚싯대는 갯바위의 중, 소물용으로 약간 단단한 것을 사용한다. 텐야는 0.5~2호 정도의 소형 텐야로 미끼는 새우나 게이다. 낚싯대를 크게 치켜올려 바닥에서 미끼를 춤추게 하여 물고기의 입질을 유혹한다.

작은 치누 낚시=흑돔의 당년생 물고기를 노리는 낚시로 상대가 손바닥 크기의 물고기이므로 낚싯대도 극히 연조 쪽이 낚시맛이 좋다. 찌 낚시, 내뿜기 낚시로 미끼는 산 새우가 최고이다. 떼를 지어 있기 때문에 밑밥을 뿌리면서 낚는다.

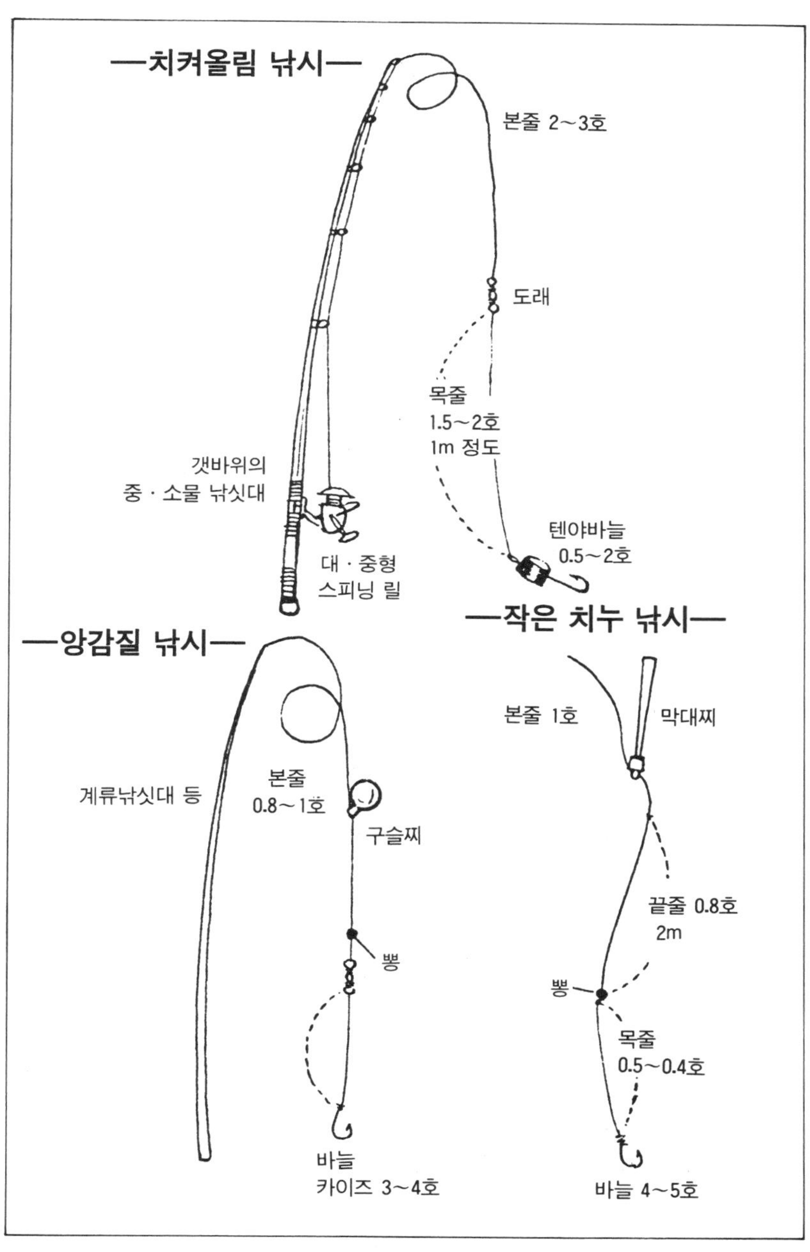

—치켜올림 낚시—
본줄 2~3호
도래
목줄
1.5~2호
1m 정도
갯바위의
중 · 소물 낚싯대
텐야바늘
0.5~2호
대 · 중형
스피닝 릴
—작은 치누 낚시—
—앙감질 낚시—
본줄 1호
막대찌
계류낚싯대 등
본줄
0.8~1호
구슬찌
끝줄 0.8호
2m
뽕
뽕
목줄
0.5~0.4호
바늘
카이즈 3~4호
바늘 4~5호

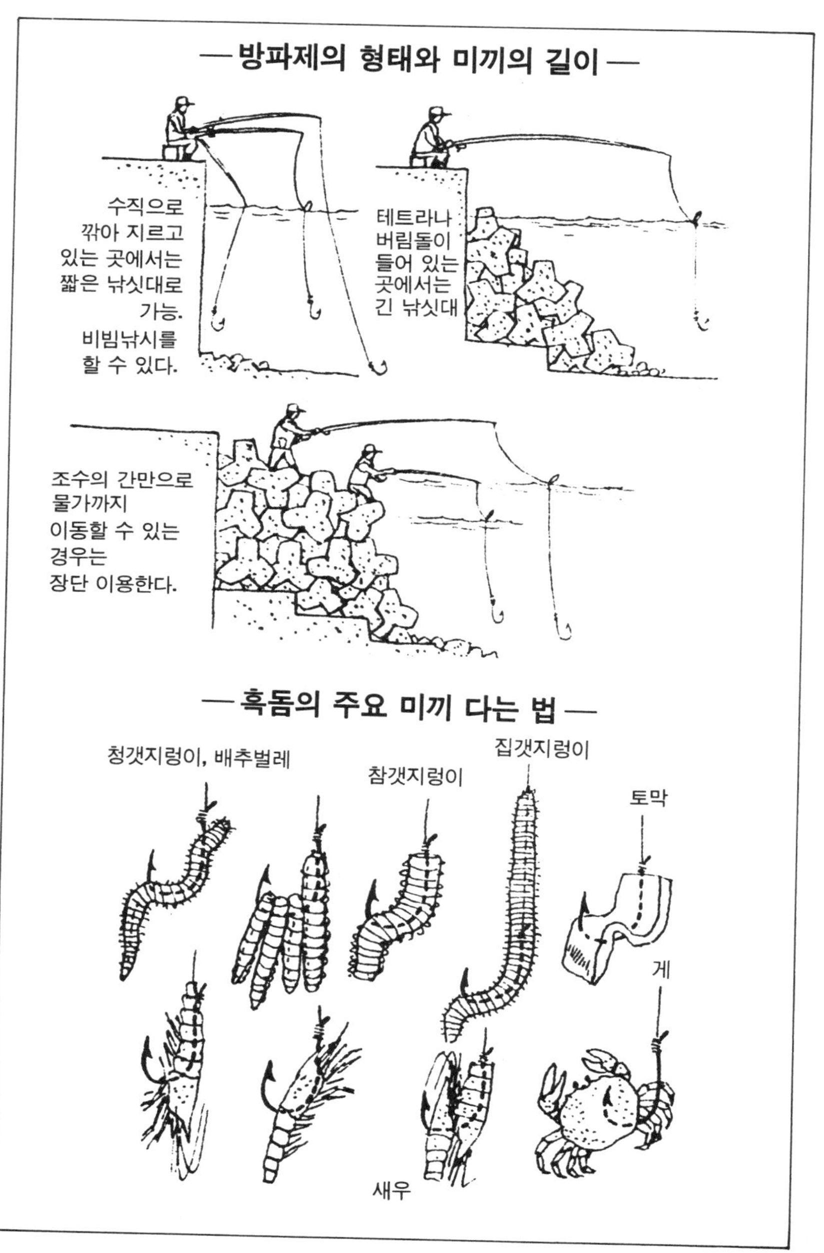
—방파제의 형태와 미끼의 길이—
수직으로 깎아 지르고 있는 곳에서는 짧은 낚싯대로 가능. 비빔낚시를 할 수 있다.
테트라나 버림돌이 들어 있는 곳에서는 긴 낚싯대
조수의 간만으로 물가까지 이동할 수 있는 경우는 장단 이용한다.
—흑돔의 주요 미끼 다는 법—
청갯지렁이, 배추벌레
참갯지렁이
집갯지렁이
토막
게
새우

작은 전갱이, 작은 고등어의 낚시

▶ 물고기의 프로필

작은 전갱이는 방파제 낚시용으로서 매우 인기가 있는 물고기이다. 참전갱이의 소형으로 몸쪽 중앙에 세로로 늘어선 큰 비늘이 트레이드 마크. 작은 고등어는 작은 전갱이와 같은 시기에 잡히는 물고기이다. 참깨 고등어, 참고등어가 있지만 방파제에서 낚이는 것은 대개 참고등어의 소형이다.

▶ 작은 전갱이, 작은 고등어의 습성

양자 모두 떼를 지어 항상 적수온을 찾아 이동하고 있다. 식성은 플랭크톤류를 잘 먹지만 멸치, 청어, 은어 등의 치어나 장어 등의 작은 물고기도 즐겨 먹는다. 불빛에 모이는 습성이 있으므로 밤 낚시의 경우에는 수은등 등이 해면을 비추고 있는 곳에서 낚는다. 고등어 쪽이 이동성이 강하다고 여겨지고 있다.

▶낚시 시기와 시간대

초여름부터 초겨울에 걸쳐서 비교적 장기간 낚이는 물고기이다. 그러나 이동성이 강한 물고기이기 때문에 어제는 잘 낚였는데'오늘은 전연 안된다'고 하는 경우도 있다. 대낮보다는 저녁 어둑할 무렵 이후에 더 효과가 오른다.

▶채비와 낚시 방법

제물 낚시 바늘을 사용해서 하는 제물 낚시, 또는 1개 바늘로 멸치, 은어 등의 치어 또는 새우, 전갱이나 고등어 살 등을 미끼로 해서 찌 낚시하는 방법 등이 있다. 작은 전갱이는 특히 눈이 좋기 때문에 밤 낚시의 목줄은 극히 가는 것을 사용한다. 또한 낮 낚시에서는 밑밥이 유효하다. 작은 고등어는 낚기 쉽지만 회유에 얼룩이 생긴다.

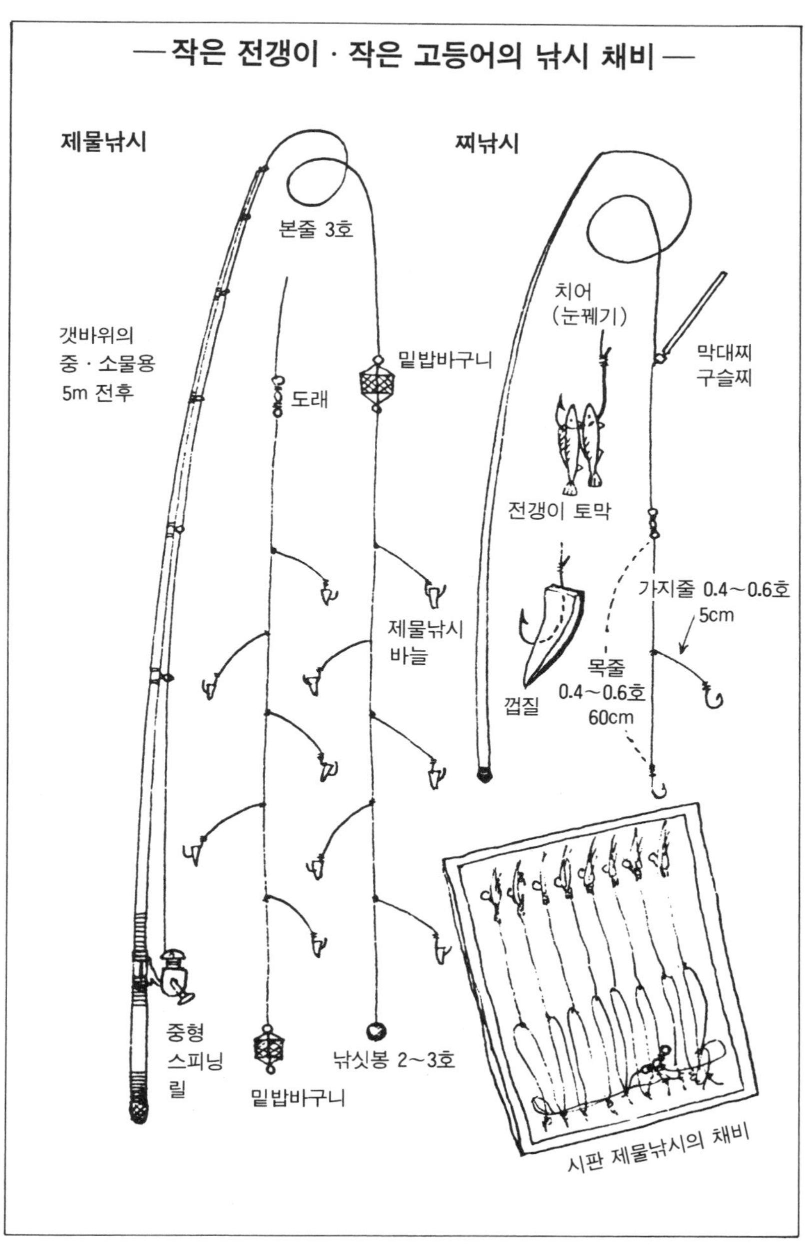

—작은 전갱이 · 작은 고등어의 낚시 채비—
제물낚시
찌낚시
본줄 3호
갯바위의
중 · 소물용
5m 전후
밑밥바구니
도래
제물낚시
바늘
중형
스피닝
릴
밑밥바구니
낚싯봉 2~3호
치어
(눈퀘기)
막대찌
구슬찌
전갱이 토막
가지줄 0.4~0.6호
5cm
목줄
0.4~0.6호
60cm
껍질
시판 제물낚시의 채비

볼락의 낚시

▶물고기의 프로필

성어는 30cm나 되지만 방파제에서 낚이는 것은 대개 20cm급까지의 것이 많다. 살고 있는 장소에 따라서 적, 흑, 금색 등 체색에 변화가 있다. 눈이 큰 볼락의 모양은 옛날부터 낚시꾼에게 친숙해져 있다. 열기라고도 불린다.

▶볼락의 습성

암초 바닥에서 해조가 많은 해역에 떼를 지어 생식하고 있다. 먹이를 먹는 동작이 활발하며 가끔 해면 가까이까지 먹이를 쫓아서 올라온다. 식성은 새우나 벌레 외 작은 물고기를 좋아하고 주로 살아 있는 작은 동물이 중심이다. 소리 등에는 민감하다. 또한 바다가 거칠어지기 시작하면 깊은 곳에 숨어 버리는 습성이 있다.

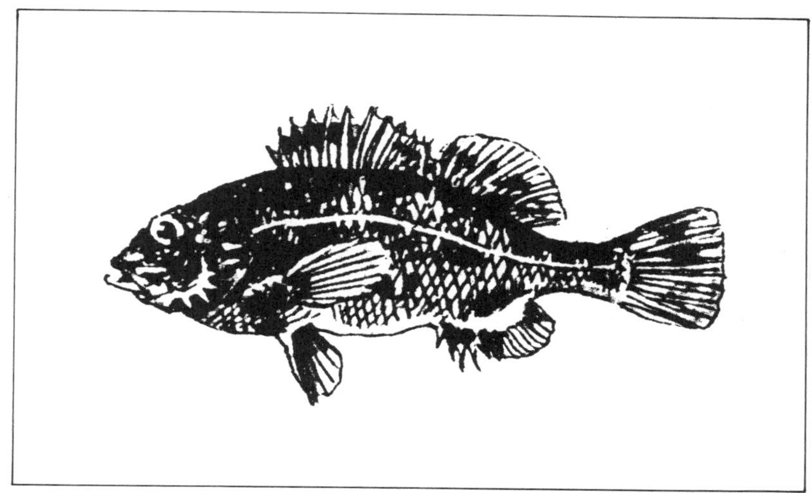

▶ 낚시의 시기와 시간대

1년내내 낚이는 물고기이다. 겨울부터 봄에 걸쳐서 다른 낚싯감이 적을 때에도 잘 낚이기 때문에 겨울 볼락, 봄 볼락이라고 불러서 낚시꾼은 귀하게 여긴다. 이른 아침, 저녁 무렵에 잘 문다. 한밤중의 낚시도 즐길만하다.

▶ 채비와 낚시 방법

단시간에 후다닥 입질이 서는 물고기이기 때문에 채비는 단순한 만큼 되받아치기를 하기 쉬워 능률적이다. 낚시 방법은 조수의 흐름을 타듯이 미끼를 흘린다. 입질하기 시작하면 서서히 찌 미끼를 얕게 해서 물고기를 위로 띄워 낚는다. 이 때문에 밑밥은 빼 놓을 수 없다. 맞추기는 낚싯대를 세우는 기분으로 가볍게 한다.

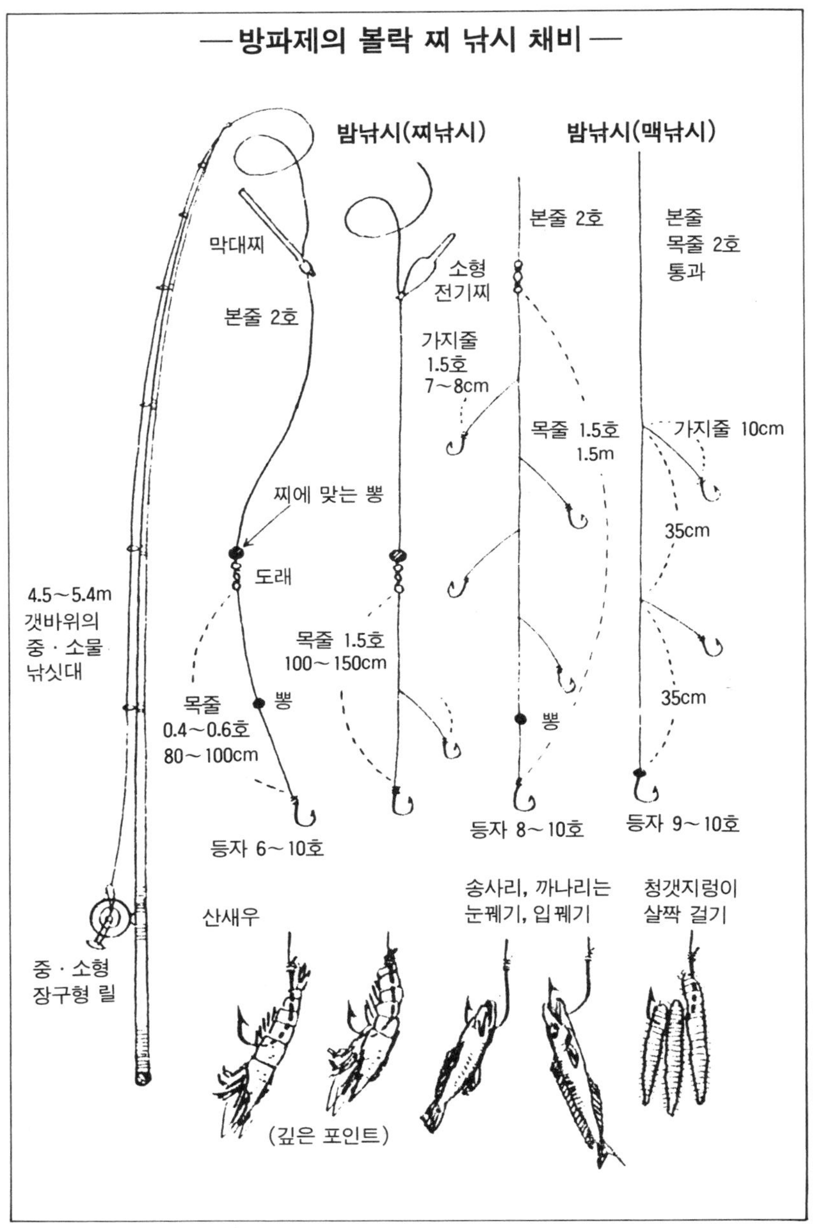

—방파제의 볼락 찌 낚시 채비—
밤낚시(찌낚시)
밤낚시(맥낚시)
막대찌
본줄 2호
소형
전기찌
본줄 2호
본줄
목줄 2호
통과
가지줄
1.5호
7~8cm
목줄 1.5호
1.5m
가지줄 10cm
찌에 맞는 뽕
35cm
도래
4.5~5.4m
갯바위의
중 · 소물
낚싯대
목줄 1.5호
100~150cm
목줄
0.4~0.6호
80~100cm
뽕
뽕
35cm
등자 6~10호
등자 8~10호
등자 9~10호
산새우
송사리, 까나리는
눈꿰기, 입꿰기
청갯지렁이
살짝 걸기
중 · 소형
장구형 릴
(깊은 포인트)

망상어의 낚시

▶ 물고기의 프로필

흑돔의 유기(幼期)와 매우 비슷한 모습을 하고 있지만 체색은 엷은 갈색이다. 성어는 30cm급이나 되지만 방파제에서 낚이는 것은 15cm부터 20cm 정도가 보통이다. 볼락이나 흑돔과 나란히 방파제의 인기어로 그것들과 함께 낚이는 물고기이다.

▶ 망상어의 습성

주로 중부 이남의 연안에 생식하고 있으며 해안에 가깝고 수심이 있는 암초지대로 조수의 흐름이 좋고 해조가 무성한 해역을 즐겨 떼를 지어 있다. 3월 경부터 초여름에 걸쳐서 산란하지만 이 물고기는 어류 중에서는 드문 완전한 태생어로서 알려진다. 식성은 새우, 벌레류로 온순한 성질의 물고기이다.

▶낚시 시기와 시간대

1년내내 낚이는 물고기이지만 어체가 벚꽃색으로 빛나는 봄의 번식기가 낚시 시기라고 여겨지고 있다. 만추 무렵도 잘 낚인다. 알배기 물고기를 낚으면 불쌍하다고 하여 봄 낚시를 피하는 사람도 있다. 만조에 잘 낚이는 물고기이다.

▶채비와 낚시 방법

찌 낚시와 내뿜기 낚시가 있다. 입이 작기 때문에 바늘은 약간 작은 듯한 것을 선택한다. 또한 입질이 미묘하기 때문에 감도가 좋은 물의 저항이 적은 찌가 적합하다. 이 물고기는 조수의 합류점인 '조목'을 좋아하기 때문에 방파제의 끝단 등 조류에 변화가 있는 곳이 포인트가 된다. 밑밥도 필요하다.

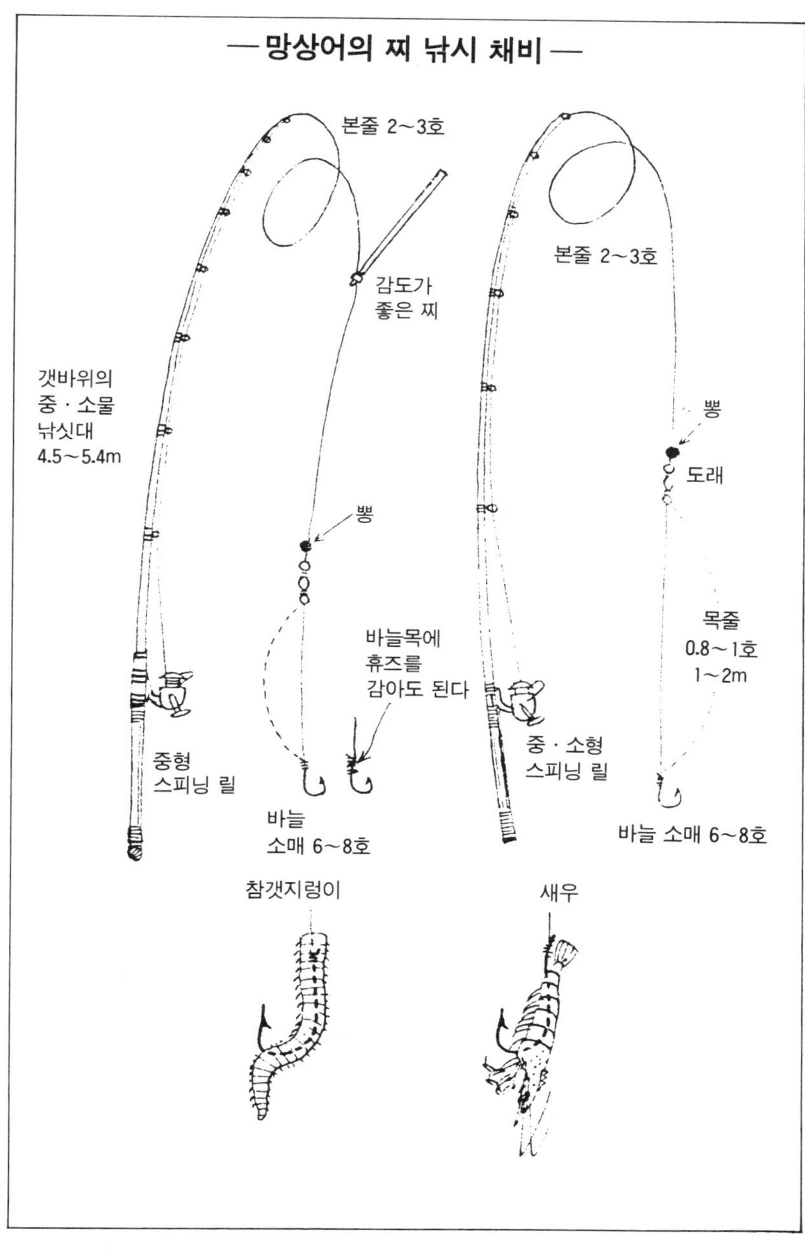
—망상어의 찌 낚시 채비—
본줄 2~3호
감도가
좋은 찌
갯바위의
중 · 소물
낚싯대
4.5~5.4m
뽕
바늘목에
휴즈를
감아도 된다
중형
스피닝 릴
바늘
소매 6~8호
본줄 2~3호
뽕
도래
목줄
0.8~1호
1~2m
중 · 소형
스피닝 릴
바늘 소매 6~8호
참갯지렁이
새우

작은 벵에돔의 낚시

▶물고기의 프로필

벵에돔은 원래 갯바위의 대상어이지만 손바닥 정도이기 때문에 자라서 30cm 정도까지의 소형 동안은 방파제 주변에서 잘 낚인다.

항내의 안벽(岸壁)이나 방파를 위한 테트라 주변 등 다소라도 조수가 움직이는 곳을 떼지어 헤엄치고 있다. 소형이라도 건강한 물고기이기 때문에 놀랄만큼 잘 당기므로 낚시맛은 매우 좋다.

▶작은 벵에돔의 습성

벵에돔이 낚이는 방파제는 수심이 있고 바닥이 거친 곳이다. 버림돌 주변 등을 좋아한다. 벵에돔은 대개 신경질적이지만 방파제의 작은 벵에돔도 마찬가지로 사람 그림자 등에는 민감하다. 식성은 탐식으로 밑밥에는 떼를 지어 앞을 다투어 먹는다. 어체에 비하면 입은 오므린 입으로 먹이를 빨아 들이는 것이 빠른 편이다. 그러나 이물이 들어오면 즉시 내뱉는다.

▶낚시의 시기와 시간대

여름부터 가을, 초겨울에 걸친 시기가 방파제에서의 벵에돔 낚시 시기이지만 봄늦게까지 낚이는 곳도 있어 지역에 따라서 차이가 있다.

하루의 시간대는 낮, 밤 모두 낚이지만 역시 이른 아침, 어둑어둑할 때가 제일이다. 특히 여름의 저녁무렵, 외양(外洋)에 접한 방파제 등에서 흑돔의 비빔 낚시와 같은 상태로 야반을 하면 뜻하지 않은 대물을 만나는 경우도 있다.

▶채비와 낚시 방법

낚싯대는 갯바위의 중, 소물 낚싯대로 끝대가 부드럽고 탄력 있는 것이 이상적이다. 길이는 4.5m에서 5.4m. 채비는 포인트가 가까운 경우는 찌를 고정하고 낚는다. 또한 포인트가 멀 때나 발판이 높은 방파제 등에서 낚을 경우에는 유동찌의 채비나 또는 찌가 없는 내뿜기 낚시 채비로 한다.

목줄은 1~2호. 거칠어서 잘 낚이지 않는 곳으로 대물이 올 우려가 있는 곳에서는 3호 정도의 목줄을 걸어도 좋을 것이다.

바늘은 작은 듯한 것 쪽이 유리하다.

버림돌이나 침전 테트라 주변 등 조수의 흐름이 가능한 한 좋은 듯한 곳이 포인트이다.

찌 낚시, 내뿜기 낚시, 모두 공통적으로 말할 수 있는 것은 입질이 있어도 서둘러 맞출 필요는 없다고 하는 점이다. 그러나 아주 맞추기로 걸린다고 하는 경우는 적기 때문에 낚싯대를 꽉 쥐는 듯한 기분으로 맞춘다.

바늘에 걸리면 재빨리 무리로부터 격리해서 손 밑으로 끌어당겨 거두어 들인다.

벵에돔은 조수의 흐름이 좋은 곳을 좋아해서 생식하고 있지만 다른 물고기가 싫어하는 것 같은 거품이 새하얗게 되어 있는 곳, 즉 '거친 곳'에도 즐겨 모여 있다. 또한 투명한 물을 통해서 벵에돔의 움직임을 눈으로 쫓으면서 낚을 수도 있다.

일반적으로 바다가 거칠 때에 낚이는 물고기라고도 해서 외해가 거칠어져서 낚시가 어려울 것 같은 때에 항구의 방파제에서 대물이 잇달아 낚인다, 라고 하는 경우도 드물지 않다.

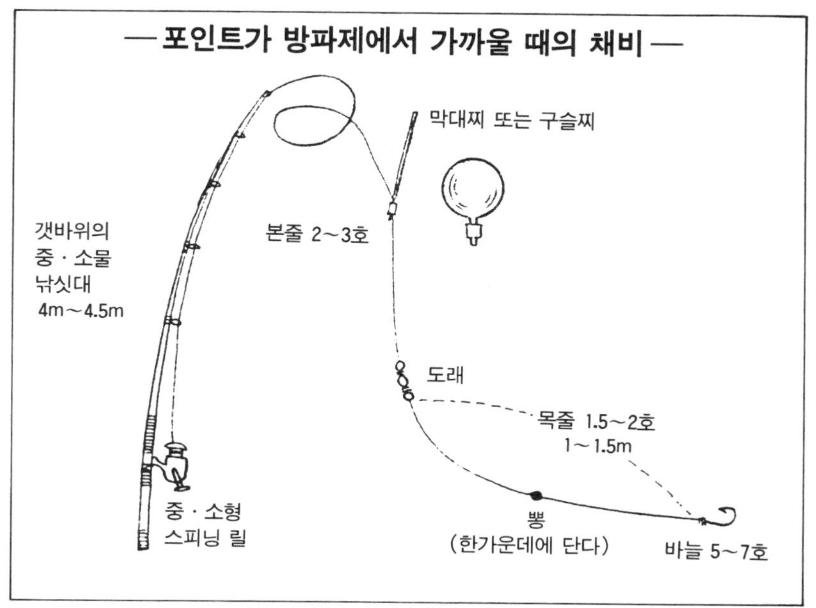

이 물고기는 30cm급이나 되면 당기는 힘은 상당히 강해진다. 앞에서 서술했듯이 떼를 놀래키지 않도록 우선 무리로부터 떼어내는 것이 선결이지만 그저 멍하니 낚싯대를 세울 뿐만 아니라 낚싯대를 좌우로 쓰러뜨리면서 바닷속을 여기저기 돌아다니지 않도록 물고기를 지치게 하는 것이 필요하다. 방파제의 벵에돔 미끼는 새우, 벌레류의 미끼를 이용하지만 청갯지렁이, 참갯지렁이가 사용하기 쉽다.

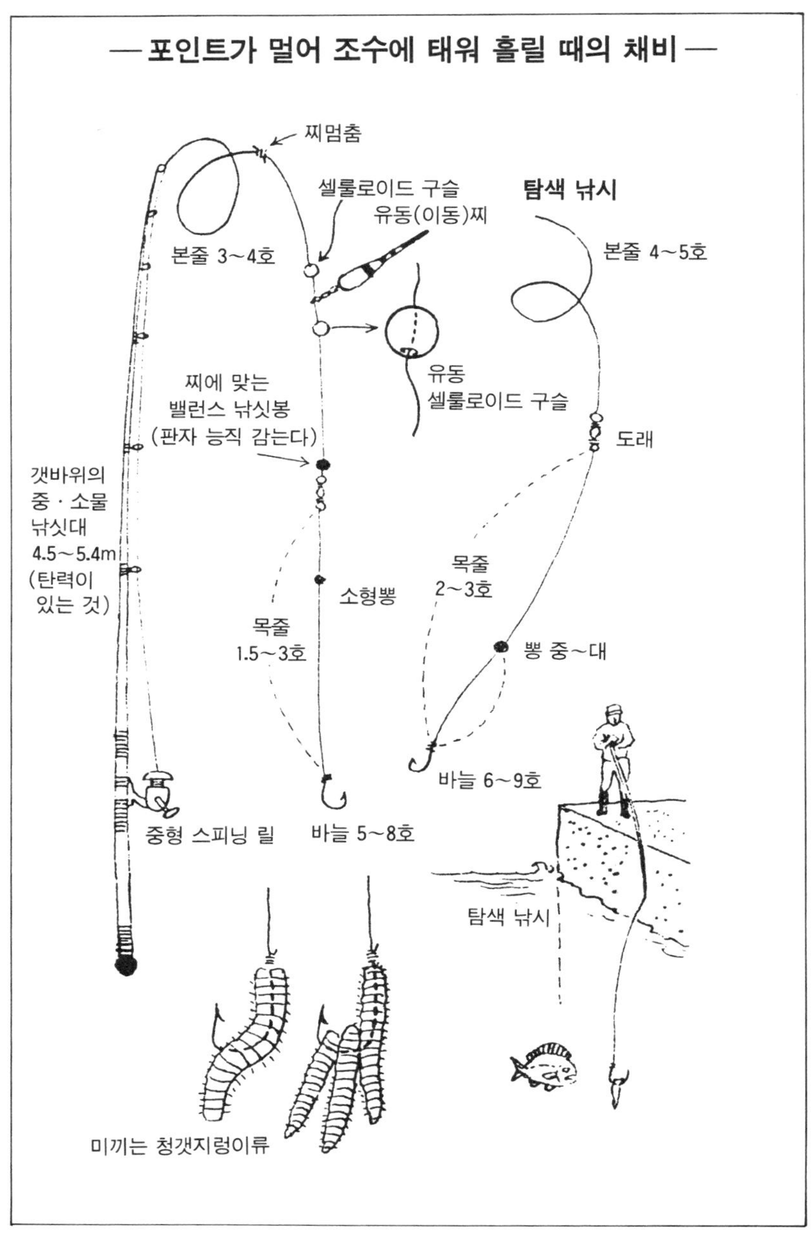

— 포인트가 멀어 조수에 태워 흘릴 때의 채비 —
찌멈춤
셀룰로이드 구슬
유동(이동)찌
탐색 낚시
본줄 3~4호
본줄 4~5호
유동
셀룰로이드 구슬
찌에 맞는
밸런스 낚싯봉
(판자 능직 감는다)
도래
갯바위의
중 · 소물
낚싯대
4.5~5.4m
(탄력이
있는 것)
소형뽕
목줄
2~3호
목줄
1.5~3호
뽕 중~대
바늘 6~9호
중형 스피닝 릴
바늘 5~8호
탐색 낚시
미끼는 청갯지렁이류

붕장어의 낚시

▶ 물고기의 프로필

가늘고 길게 뱀장어와 같은 모습을 한 물고기로 전국 각지의 연안에 생식하고 있다. 검붕장어, 은붕장어 등 매우 종류가 많은 물고기이다. 방파제에서 낚이는 붕장어는 40~50cm급 까지이지만 90cm 정도 되는 큰 것도 있다.

▶ 붕장어의 습성

내만의 모래진흙 바닥을 거처로 삼고 있다. 대낮은 해조 사이나 진흙 속으로 들어가 있고 밤이 되면 먹이를 찾아 활동을 시작한다. 식성은 잡식으로 죽은 물고기나 새우 등도 먹는다.

여름부터 늦가을에 걸쳐서 산란하고 겨울은 깊은 곳으로 이동한다.

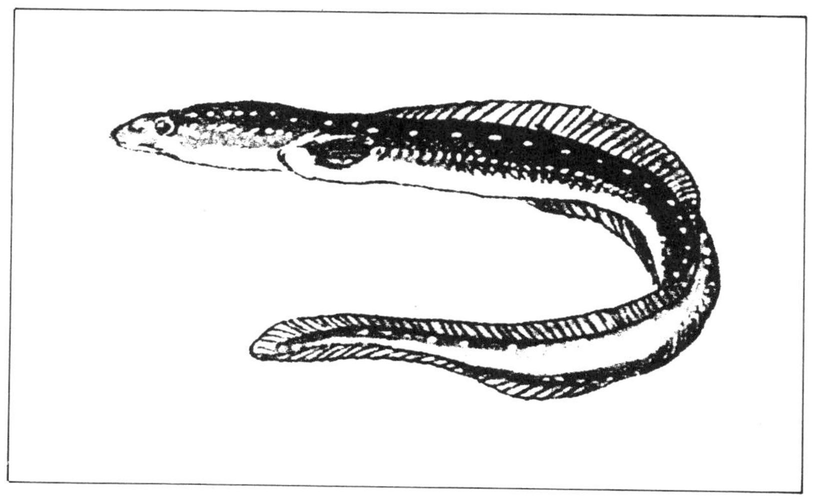

▶ 낚시의 시기와 시간대

보통 일반적으로는 만춘부터 장마기에 걸쳐서가 '봄 붕장어'의 시기로 대형이 오르는 호기이지만 분포가 전국적으로 미치기 때문에 지방에 따라서 성기에 차이가 있다. 시간대는 물고기의 습성대로 야간이 겨냥 때이다.

▶ 채비와 낚시 방법

낙하산 채비가 다용(多用)된다. 낚싯대는 허리가 튼튼한 2.4m 정도의 선용(船用) 경량 낚싯대가 좋을 것이다. 던져 넣으면 낚싯봉으로 바닥을 두드리는 듯한 기분으로 미끼를 움직여서 물고기의 입질을 유혹한다. 미끼는 꽁치, 전갱이 등의 토막, 모시조갯살, 오징어의 직사각형 토막, 청갯지렁이 등이다.

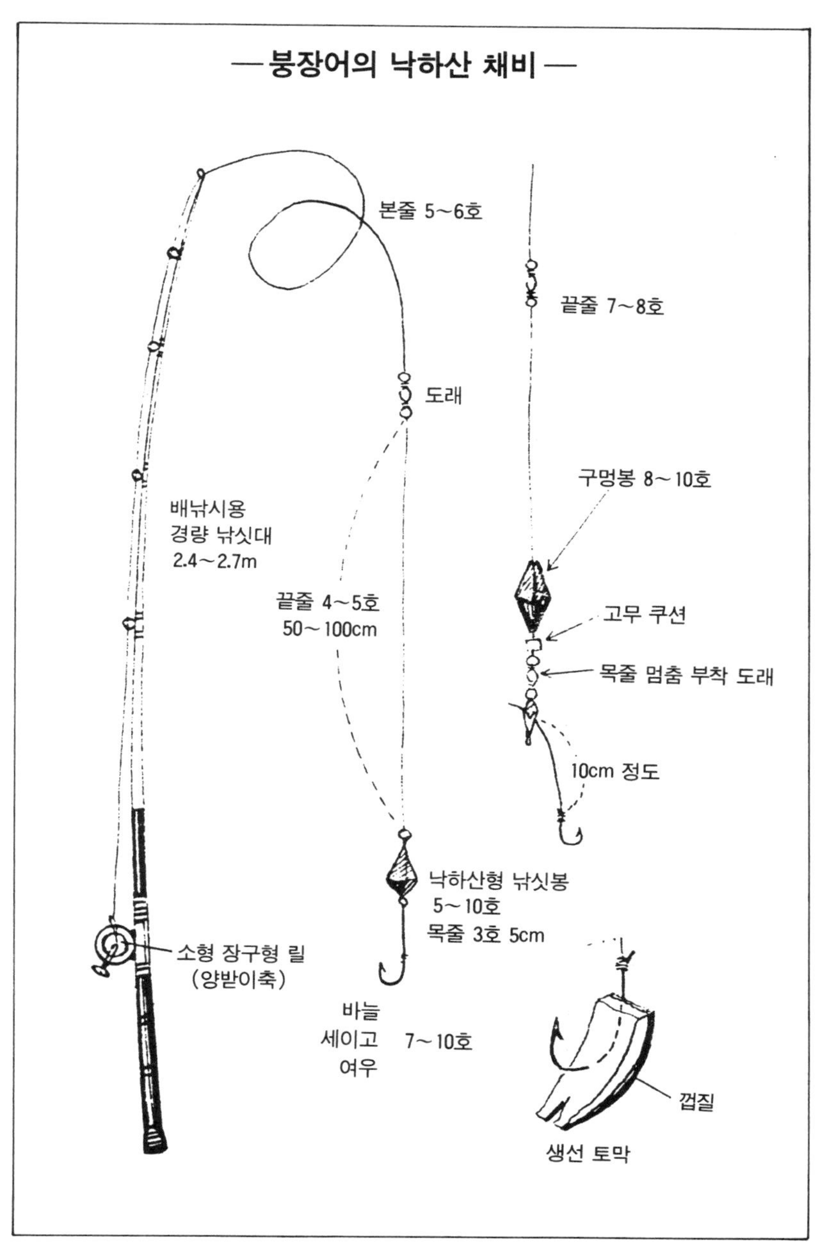
—붕장어의 낙하산 채비—
본줄 5~6호
끝줄 7~8호
도래
구멍봉 8~10호
배낚시용
경량 낚싯대
2.4~2.7m
끝줄 4~5호
50~100cm
고무 쿠션
목줄 멈춤 부착 도래
10cm 정도
낙하산형 낚싯봉
5~10호
목줄 3호 5cm
소형 장구형 릴
(양받이축)
바늘
세이고 7~10호
여우
껍질
생선 토막

깔다구리의 낚시

▶ 물고기의 프로필

깔다구리는 농어의 유어기(幼魚期)의 명칭이다. 각지에서 약간 다르지만 대개 30cm까지의 물고기를 가리킨다. 방파제에서는 밤낚시의 인기있는 물고기로 전국 대부분의 연안 내만에 생식하고 있고 낚시꾼에게는 매우 친숙한 물고기이다.

▶ 깔다구리의 습성

강물이 들어와 섞이는 하구 부근에서 특히 많이 볼 수 있다. 도류제(導流堤) 등에서 잘 낚이는 것은 그 때문이다. 중층을 상당한 속도로 유영하고 이동이 격렬한 물고기이기 때문에 정착성은 적어 항상 같은 곳에서 낚인다고는 할 수 없다. 식성은 벌레류, 새우, 작은 물고기 등 상당히 탐식이다.

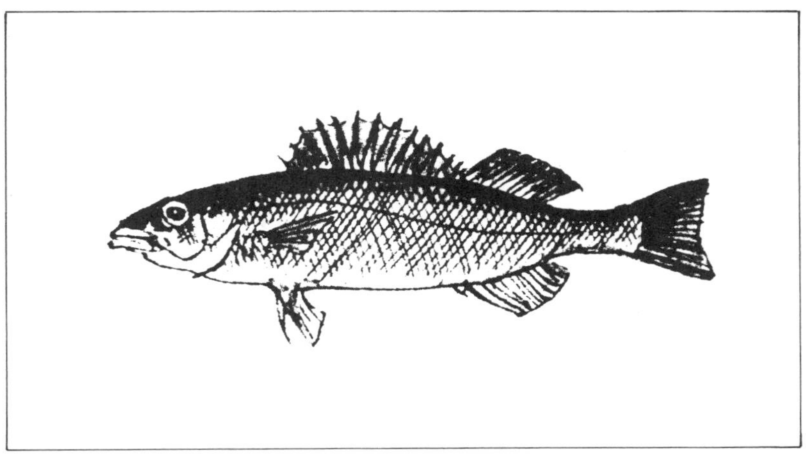

▶낚시의 시기와 시간대

여름부터 가을에 걸친 기간이 낚시 시기이다. 방파제에서의 밤 낚시의 겨냥어로서 흑돔은 유명하지만 마찬가지로 낚이는 것이 깔다구리이다. 특별히 노리고 낚는다고 하는 것보다 떼를 만났을 때에 깔다구리 낚시로 전환하는 경우가 많다.

▶채비와 낚시 방법

전기찌를 가볍게 던져서 채비를 날리기 때문에 갯바위의 중, 소물 낚싯대의 약간 튼튼한 낚싯대가 필요하다. 흑돔의 밤 낚시용 낚싯대와 릴을 유용(流用)하면 좋을 것이다. 바늘에 걸린 물고기는 앞의 농어 낚시 부문에서 서술했듯이 작지만 아가미 씻기를 보여 강하게 저항한다. 방심하지 말고 낚싯대를 눕히거나 낚싯대 끝을 반대로 바다 속에 넣고 릴을 감아 점프를 피해 거두어 들인다.

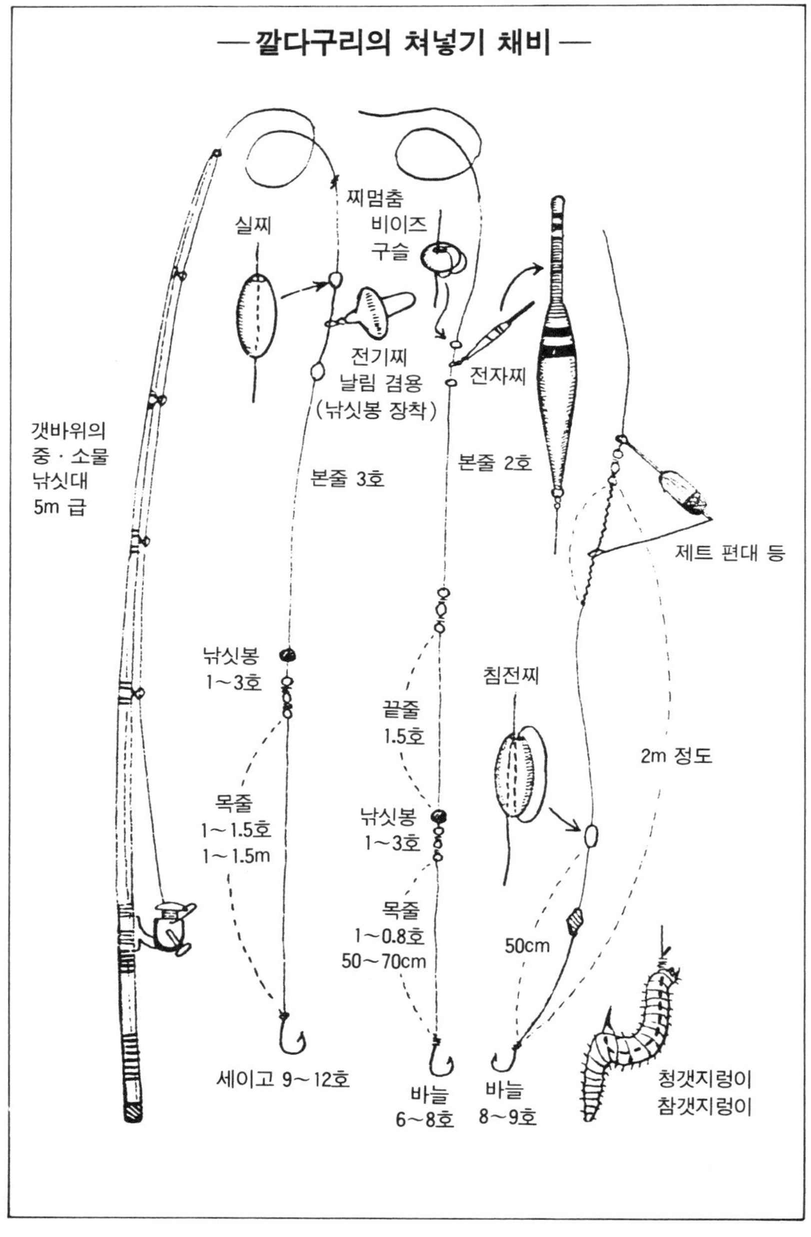
—깔다구리의 쳐넣기 채비—
찌멈춤
비이즈
구슬
실찌
전기찌
날림 겸용
(낚싯봉 장착)
전자찌
갯바위의
중 · 소물
낚싯대
5m 급
본줄 3호
본줄 2호
제트 편대 등
낚싯봉
1~3호
침전찌
끝줄
1.5호
2m 정도
목줄
1~1.5호
1~1.5m
낚싯봉
1~3호
목줄
1~0.8호
50~70cm
50cm
세이고 9~12호
바늘
6~8호
바늘
8~9호
청갯지렁이
참갯지렁이

쥐노래미의 낚시

▶물고기의 프로필

모래사장에서의 던질 낚시로 낚이는 물고기이지만 방파제 주변에서도 잘 낚이는 물고기이다. 특히 내만의 비교적 조용한 해역으로 가까이에 갯바위나 침전 갯바위가 있는 방파제 주변에는 대형이 숨어 있다. 매우 비슷한 동료 중에 노래미가 있다. 쥐노래미의 측선 5개에 대해서 노래미는 1개이므로 곧 식별할 수 있다.

▶쥐노래미의 습성

방파제 주변의 쥐노래미도 던질 낚시에서 서술했듯이 해조(海藻)가 무성한 암초지대를 거처로 삼고 있다. 거처로부터 떨어진 곳에서 먹이를 발견하면 물고 나서 자신의 거처로 되돌아 오는 습성이 있다. 낚싯대를 방치해 두면 뿌리에 걸리거나 해조에 엉키거나 해서 물고기를 놓치게 된다.

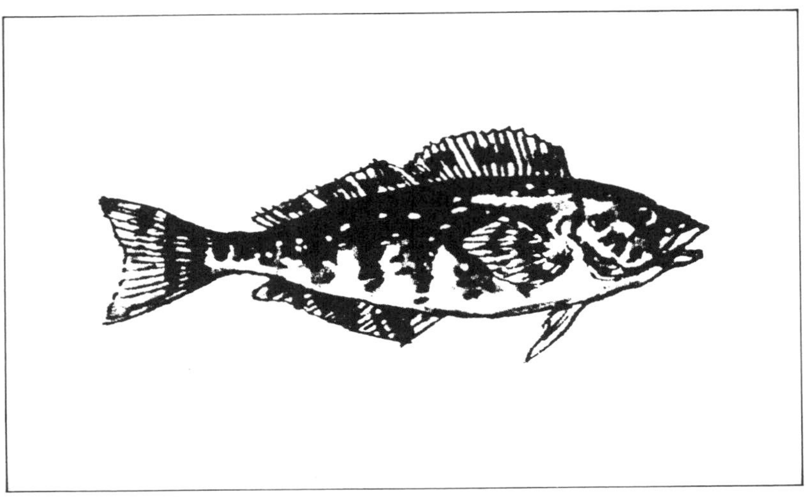

▶낚시의 시기와 시간대

가을부터 겨울에 걸쳐서 흑돔이나 볼락 낚시와 같은 시기에 잘 낚인다. 시간대는 대낮으로 야간에는 그다지 낚이지 않는다. 또한 만춘에서, 초여름에 걸쳐 방파제 등에서는 새끼 쥐노래미가 잘 낚인다.

▶채비와 낚시 방법

낚싯대는 끝대가 부드러운 몸통이 튼튼한 끝흔들리기의 갯바위 낚시용 중·소물 낚싯대를 사용한다. 찌 낚시, 탐색 낚시로 바닥을 겨냥한다. 입질에는 낚싯대를 겨누는 듯한 기분으로 맞춘다. 더욱이 수심이 있는 방파제가를 만춘경에 제물낚시 채비로 낚으면 새끼 쥐노래미를 중심으로 대물도 낚인다.

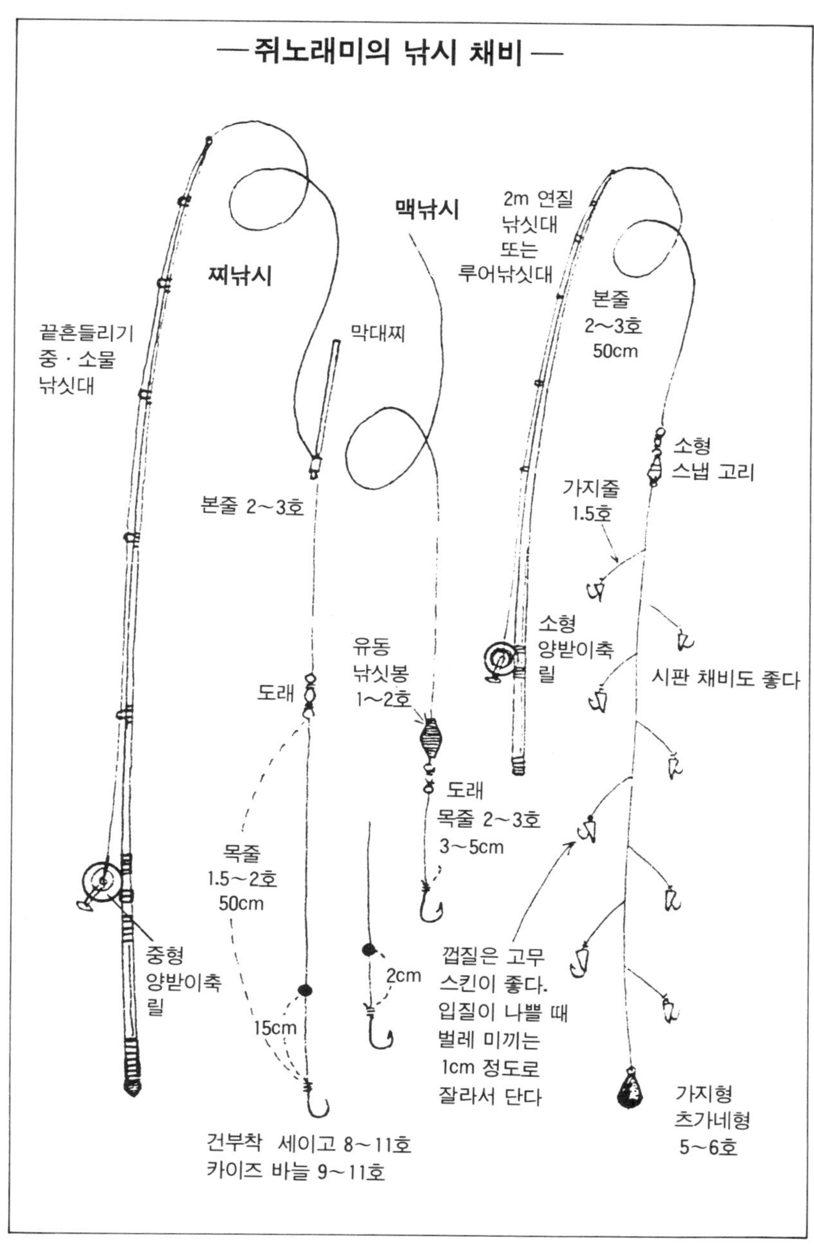
—쥐노래미의 낚시 채비—
찌낚시
끝흔들리기
중·소물
낚싯대
막대찌
본줄 2~3호
도래
목줄
1.5~2호
50cm
중형
양받이축
릴
15cm
건부착 세이고 8~11호
카이즈 바늘 9~11호
맥낚시
유동
낚싯봉
1~2호
도래
목줄 2~3호
3~5cm
2cm
껍질은 고무
스킨이 좋다.
입질이 나쁠 때
벌레 미끼는
1cm 정도로
잘라서 단다
2m 연질
낚싯대
또는
루어낚싯대
본줄
2~3호
50cm
소형
스냅 고리
가지줄
1.5호
소형
양받이축
릴
시판 채비도 좋다
가지형
츠가네형
5~6호

숭어의 낚시

▶ 물고기의 프로필

숭어는 성장함에 따라서 이름이 변하기 때문에 출세어라고 일컬어지고 있다. 15cm 정도의 농어 혹은 모치, 30cm급의 모쟁이, 60~70cm급의 숭어로 성장한다. 방파제나 안벽(岸壁)에서 노리는 것은 소형의 모쟁이와 다 자란 숭어다. 숭어는 50cm 이상이나 된다.

▶ 숭어의 습성

행동은 매우 민첩, 활발하다. 가끔 해면에 몸을 구부려서 점프하는 것을 보는 경우가 있다. 먹이는 주로 모래진흙 속의 벌레나 작은 동물을 빨아 들이듯이 해서 먹고 있지만 헤엄치고 있는 것은 대개가 상층이다. 떼를 이루는 습성이 있다. 또한 겨울철에는 지방(脂肪)때문에 눈이 백탁(白濁)해서 시력이 떨어진다.

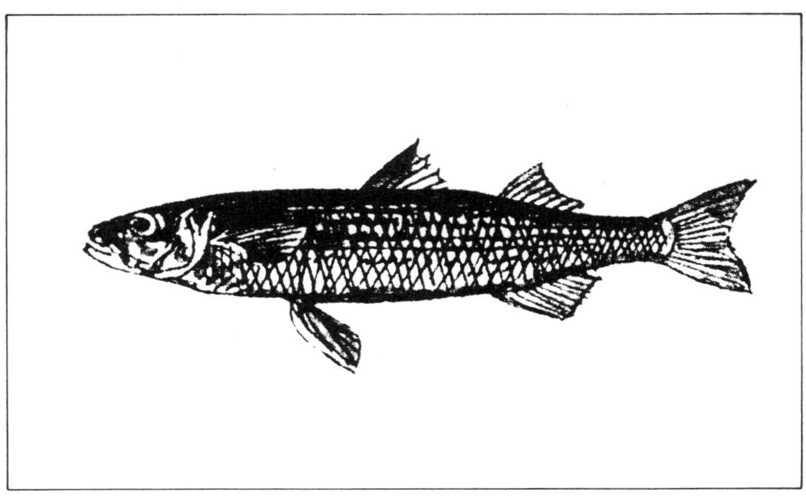

▶낚시의 시기와 시간대

낚시의 시기는 초여름 경부터 겨울에 걸쳐서가 보통 일반적이다. 모쟁이는 하구에 가까운 방파제 주변에 떼지어 있는 것이 육안으로 잘 보인다. 특히 겨울철의 대형어를 전통적으로 낚는 지방도 있다. 조수(潮水)가 움직일 때가 겨냥의 시간대이다.

▶채비와 낚시 방법

숭어의 낚시 방법은 미끼를 사용해서 낚는 낚시 방법, 걸개바늘로 걸어서 낚는 낚시 방법 등이 있다. 여기에서는 미끼에 의한 낚시 방법과 제물낚시에 의한 낚시 방법 등의 일례를 들어 둔다. 청갯지렁이를 사용한 모쟁이 낚시도 연달아 낚이게 되면 재미있다.

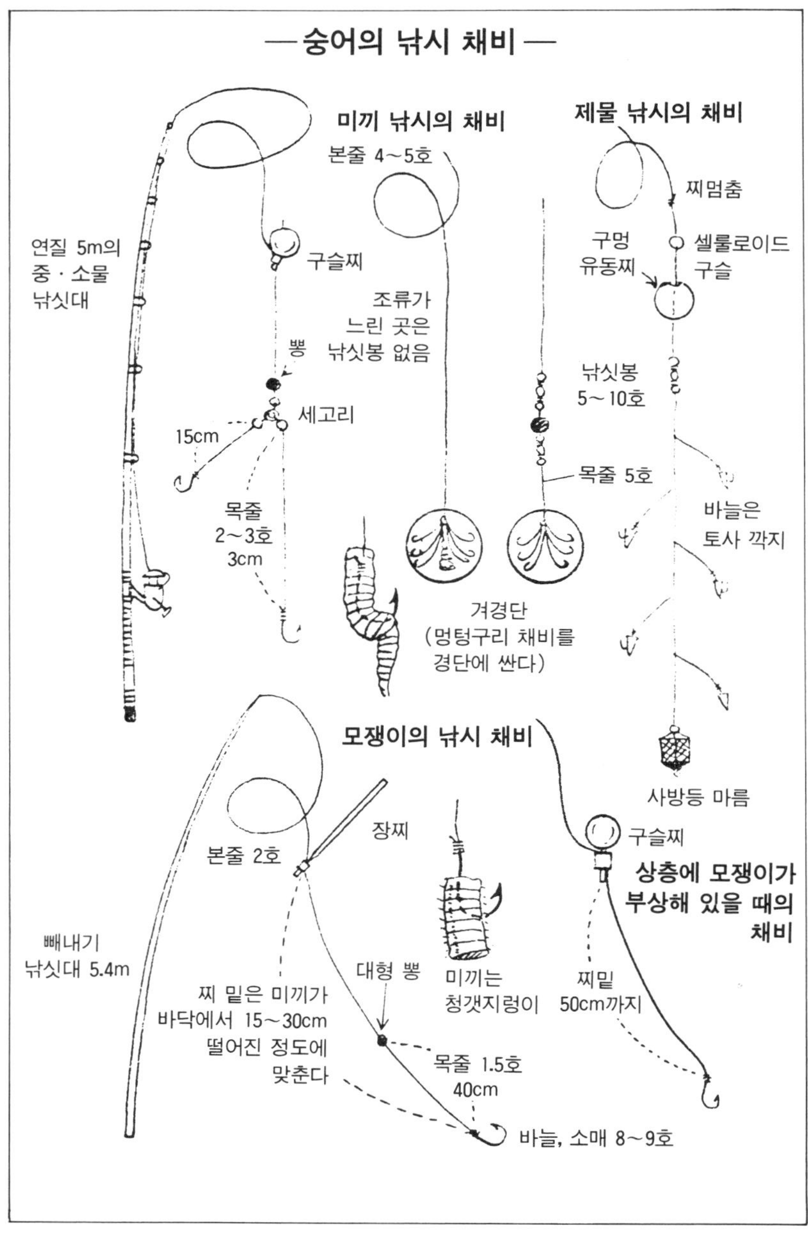
—숭어의 낚시 채비—
미끼 낚시의 채비
제물 낚시의 채비
본줄 4~5호
찌멈춤
연질 5m의
중 · 소물
낚싯대
구슬찌
구멍
유동찌
셀룰로이드
구슬
조류가
느린 곳은
낚싯봉 없음
뽕
낚싯봉
5~10호
세고리
15cm
목줄 5호
목줄
2~3호
3cm
바늘은
토사 깍지
겨경단
(멍텅구리 채비를
경단에 싼다)
모쟁이의 낚시 채비
사방등 마름
장찌
구슬찌
본줄 2호
상층에 모쟁이가
부상해 있을 때의
채비
빼내기
낚싯대 5.4m
대형 뽕
미끼는
청갯지렁이
찌밑
50cm까지
찌 밑은 미끼가
바닥에서 15~30cm
떨어진 정도에
맞춘다
목줄 1.5호
40cm
바늘, 소매 8~9호

그 밖의 물고기의 낚시

방파제의 낚시는 그렇게 놀랄 만한 대물은 낚이지 않지만 어종(魚種)이 풍부한 것은 틀림없다.

모래사장에서의 던질 낚시에서는 어느 쪽이냐 하면 평면을 살피게 되어 낚싯감도 한정되기 쉽지만 방파제에서는 수직으로 낚기 때문에 그만큼 다양해진다. 그러나 또한 조수의 움직임에 의해 물고기의 입질에 변화가 있기 때문에 낚시에 변덕이 있는 것도 사실이다.

비교적 안정된 낚시를 할 수 있는 것이 방파제 주변의 버림돌이나 테트라 구멍에 숨어 있는 작은 송어나 자바리, 씀뱅이 등 이동성의 적은 근어류(根魚類)이다. 다른 낚시가 부진할 때는 이런 물고기를 노리고 구멍 낚시를 하는 것도 하나의 방법이다. 또한 탄탄한 낚싯대를 이용해서 접낚싯대로 해 두는 것도 가끔 눈에 띈다. 미끼는 생선 토막 등 날미끼가 좋은 것 같다.

제 4 장

갯바위 낚시의 기초지식

갯바위 낚시에 대해서

▶갯바위 낚시의 특징과 주의할 점

갯바위 낚시를 거친 갯바위 낚시라고 하는 사람도 있다. 인가(人家)가 떨어진 암초 지대에서 조수(潮水)를 타고 유영하는 물고기나 암근(岩根)의 구멍에 숨은 물고기 등 주로 '맴물'을 대상으로 하는 호쾌한 낚시이다.

갯바위 낚시는 중·상층을 헤엄치는 물고기를 목적으로 하는 '상물(上物) 낚시'와 바위 구멍에 숨어 있거나 바다 도랑가에 바닥 가까이를 헤엄치는 물고기를 목적으로 하는 '저물(底物) 낚시'의 두 가지로 나누어진다.

저물 낚시를 대표하는 물고기는 돌돔이다. 무게가 30kg 이상이나 되는 자바리도 인기있는 물고기이다. 이런 대물들에 매혹되어 타지방까지 나가서 전문으로 낚는 사람도 적지 않다. 그러나 최근에는 '환상의 물고기 돌돔' 등이라고 일컬어질 만큼 물고기의 그림자가 희미해졌다. 그것에 비해 상물 낚시는 어종도 풍부하고 지방에 따라서는 60cm 이상의 물고기가 낚이기 때문에 인기를 모으고 있다. 또한 최근에는 부시리 등 대형의 회유어가 갯바위의 상물 낚시에서 잘 낚이고 있다. 이와 같이 낚시 도구의 진보와 앞바다 보리새우 등 새로운 미끼의 출현으로 인해 지금까지와는 다른 낚시의 경향도 생겨 상물 낚시팬은 점점 증가하고 있다.

도선업자(渡船業者)의 갯바위 건네주기에 의해 성립하는 것이 갯바위 낚시 특징의 하나이지만 위험한 점도 역시 특필해야 하는 사항이다. 안전에 유의할 것, 이것을 첫째로 삼아야 한다. 가능한 한 경험 풍부한 선배와 행동을 함께 하기를 권한다.

▶상물(上物) 낚시의 용구

상물 낚시의 대표 어종은 벵에돔이다. 벵에돔 낚시의 용구가 일단의 표준이 된다.

낚싯대=끝대가 부드러운 허리가 튼튼한 갯바위 상물 낚싯대로 길이는 5. 4m가 표준이다. 카본 소재의 경량 낚싯대가 인기를 모으고 있다.

흔들리기는 끝대가 부드러운 것과 단단한 것 2개가 있으면 보다 더욱 좋다.

릴=스피닝 릴의 중형 이상의 것이 사용된다. 낚싯줄의 풀어냄, 감기의 횟수가 빈번한 상물 낚시에서는 대형 릴이 사용하기 쉬운 것 같다. 스토퍼를 오프로 하여 로터를 역전시켜서 낚싯줄을 내보내는 '역전 낚시'가 더러 활발하지만 로터 역전시에 핸들을 정지시키는 기능이나 로터에 브레이크를 걸 수 있는 장치 등이 배치(配備)된 릴이 개발되는 등 릴의 메카는 일진월보(日進月步)하고 있는 것이다.

다른 용구는 도해를 보아 주기 바란다.

—상물 낚시용의 릴—

로터 역전시에
로터에 브레이크를 걸어
핸들 정지가 가능한 릴

— 상물용 갯바위 낚싯대의 여러 가지 —

카본 낚싯대

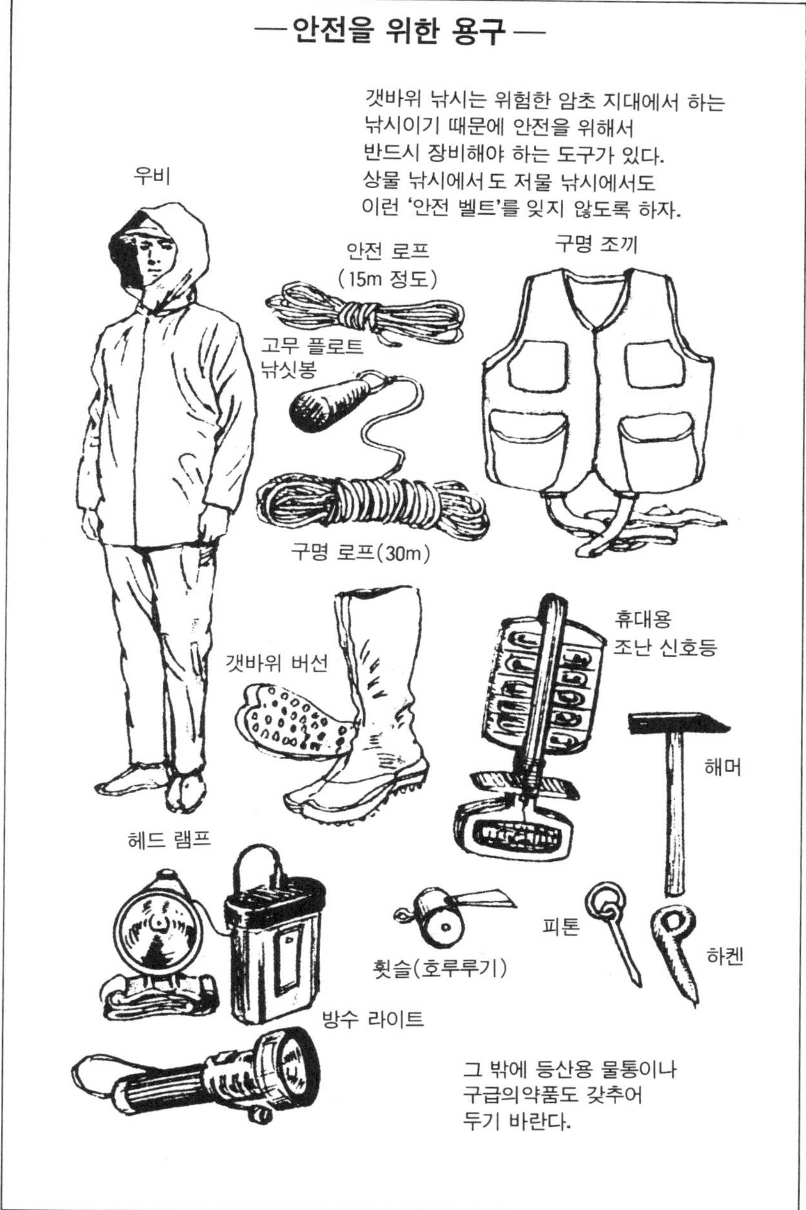
—안전을 위한 용구—
갯바위 낚시는 위험한 암초 지대에서 하는
낚시이기 때문에 안전을 위해서
반드시 장비해야 하는 도구가 있다.
상물 낚시에서도 저물 낚시에서도
이런 '안전 벨트'를 잊지 않도록 하자.
우비
안전 로프
(15m 정도)
구명 조끼
고무 플로트
낚싯봉
구명 로프(30m)
휴대용
조난 신호등
갯바위 버선
해머
헤드 램프
피톤
하켄
휫슬(호루루기)
방수 라이트
그 밖에 등산용 물통이나
구급의약품도 갖추어
두기 바란다.

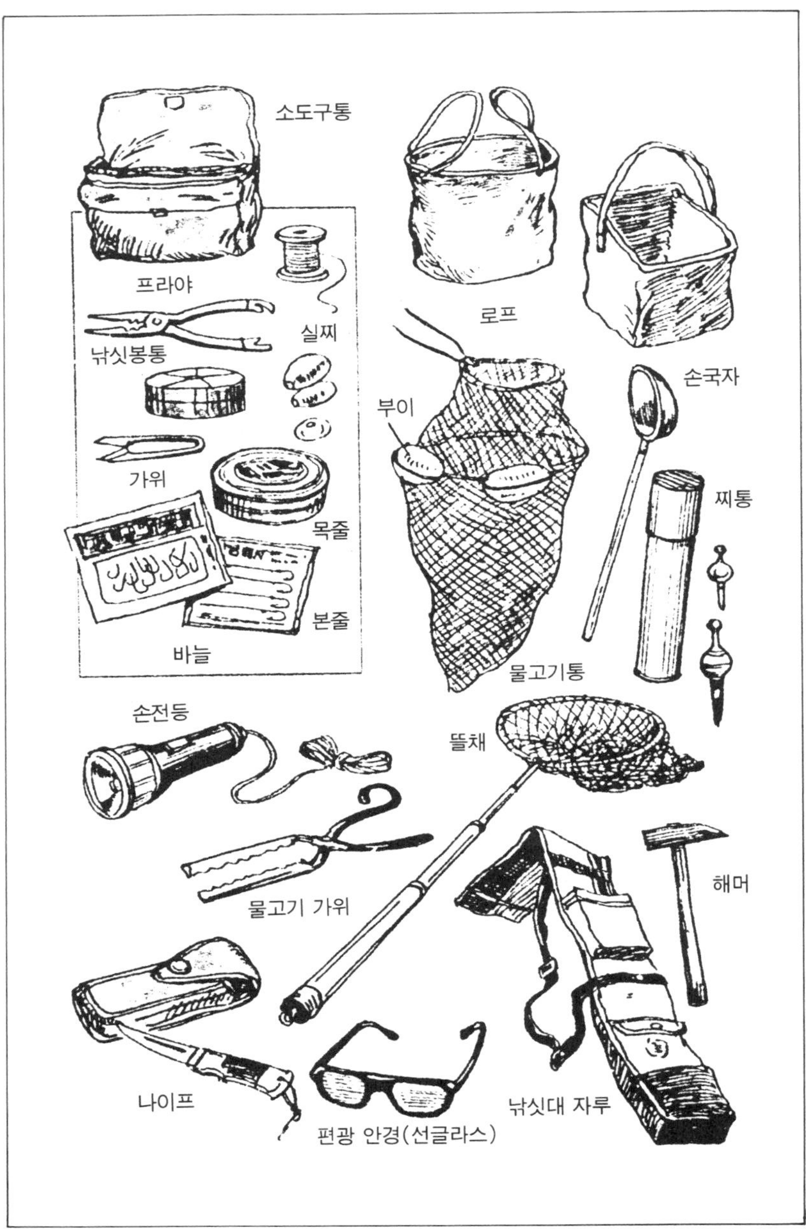
소도구통
프라야
낚싯봉통
실찌
가위
목줄
본줄
바늘
로프
부이
손국자
찌통
물고기통
손전등
뜰채
물고기 가위
해머
나이프
편광 안경(선글라스)
낚싯대 자루

▶ 저물(底物) 낚시의 용구

낚싯대=돌돔을 예로 들면 접낚싯대로 낚을 경우에는 5.4m 급으로 무게는 900g~1kg, 흔들리기는 탄력이 있고 끝대가 부드러운 것이 적합하다. 낚싯대를 손에 들고 낚을 경우에는 역시 끝대가 포인트로 부드럽고 죄어듦이 좋은 것, 감도가 좋아 작은 입질도 놓치지 않고 나타나는 것이 좋다. 그러나 연결시키기 때문에 탄력이 있어야 한다. 길이는 5m 전후가 적당하다.

릴=드래크 기구 부착의 양받이축 릴이 보통 사용된다. 조력 20kg 이상, 실감기량은 20호가 200m 정도 감기는 것이 기준이다.

이 외에 저물 낚시에는 낚싯대 길이, 피톤(piton), 로프, 뜰채 또는 개프, 살림망, 소도구통 등 여러가지 '보조 용구'가 필요하다. 날미끼 등을 위해서 소형 도마나 식칼 등도 빼 놓을 수 없다.

—저물 낚시의 릴—

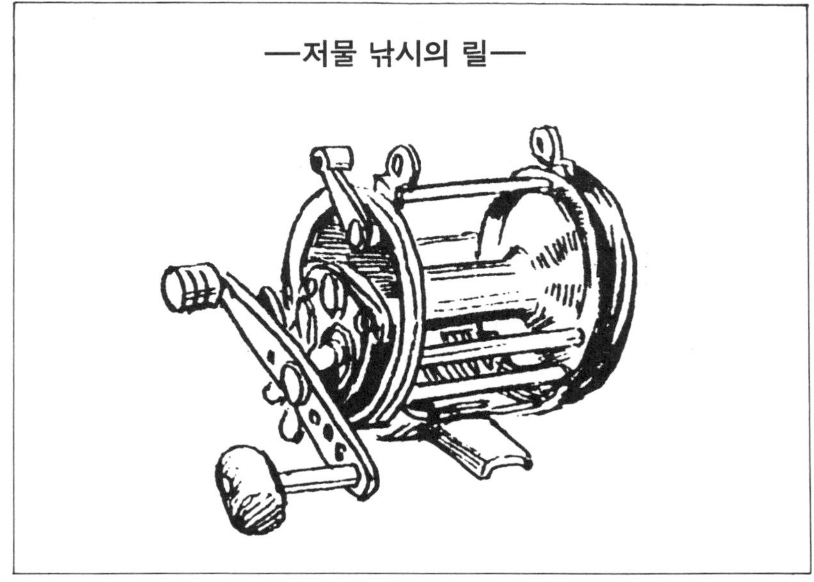

—저물용 갯바위 낚싯대의 여러 가지—

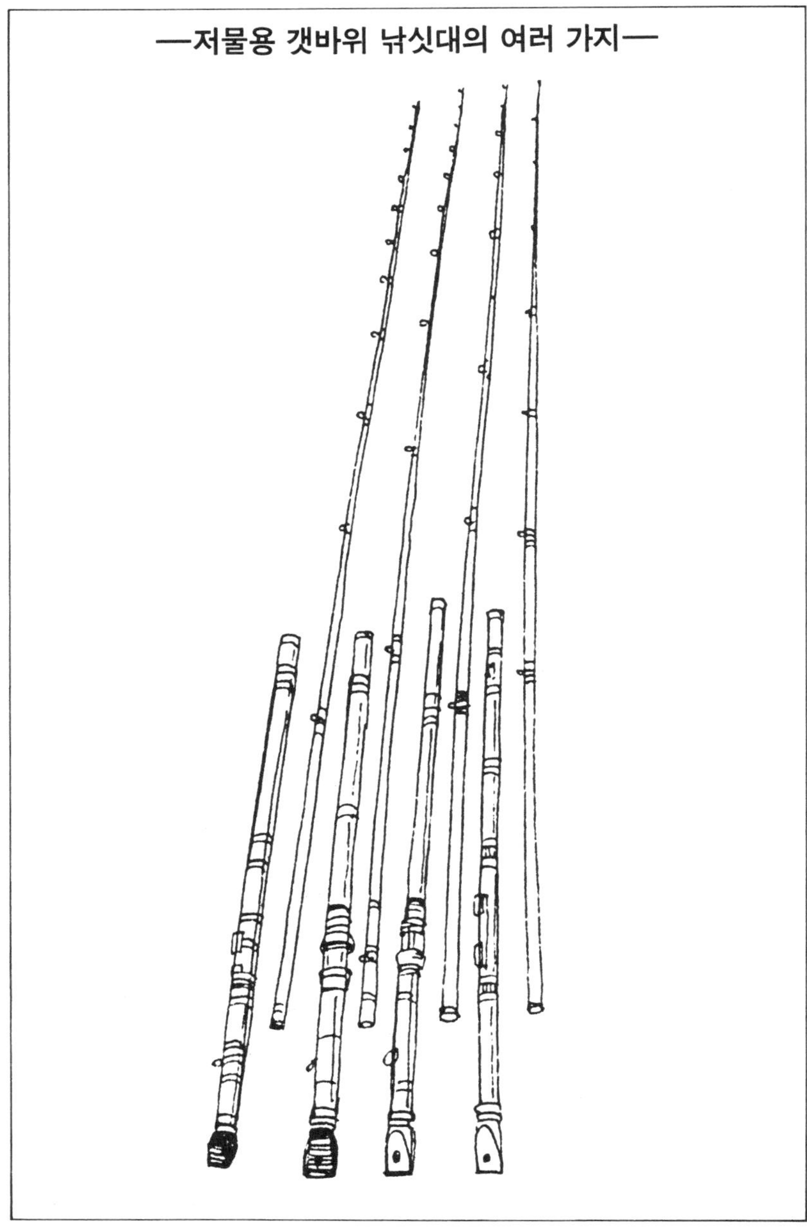

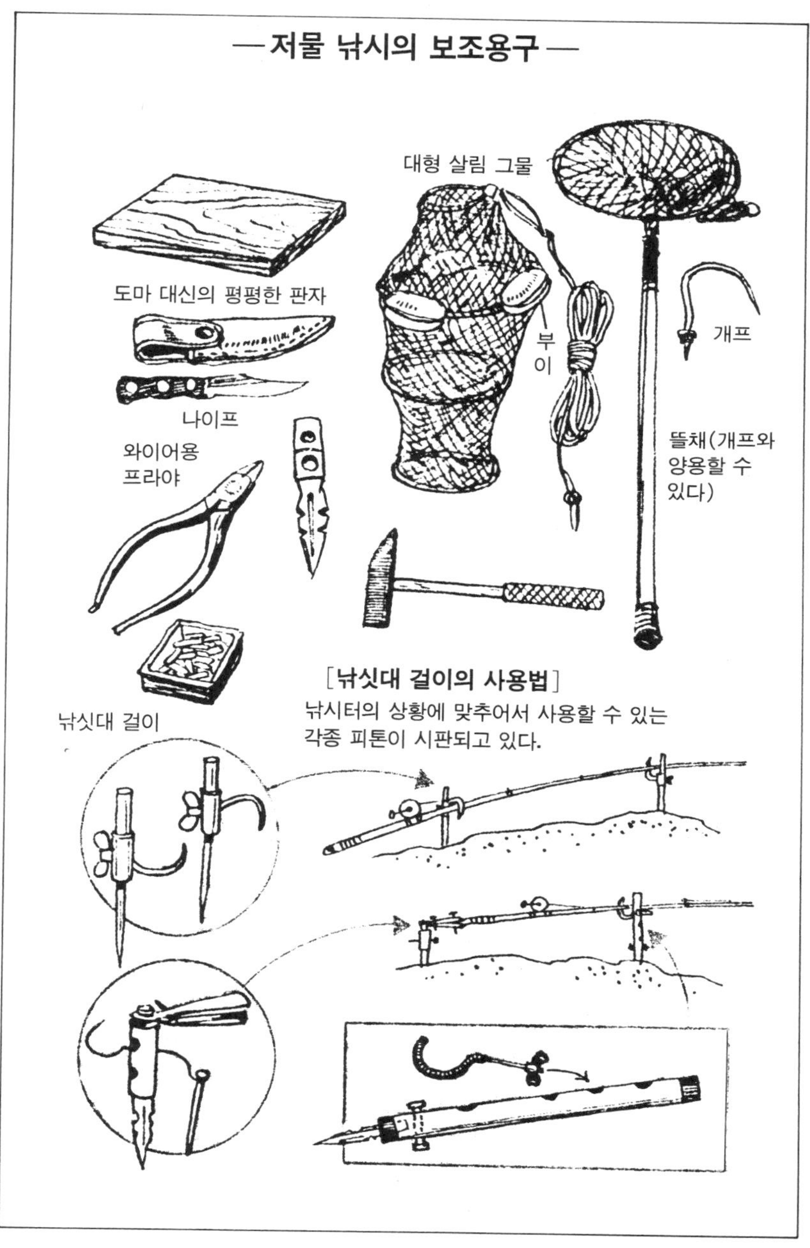
—저물 낚시의 보조용구—
대형 살림 그물
도마 대신의 평평한 판자
부이
개프
나이프
와이어용
프라야
뜰채(개프와
양용할 수
있다)
[낚싯대 걸이의 사용법]
낚시터의 상황에 맞추어서 사용할 수 있는
각종 피톤이 시판되고 있다.
낚싯대 걸이

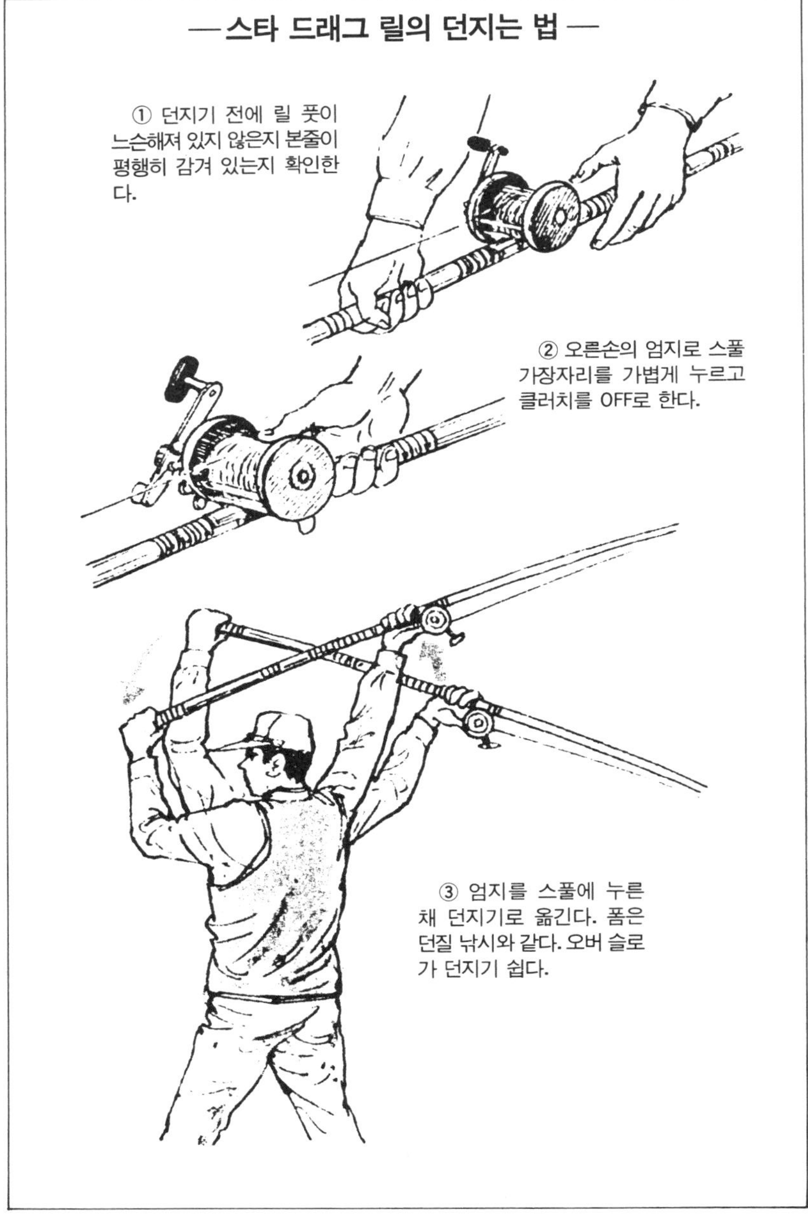
—스타 드래그 릴의 던지는 법—
① 던지기 전에 릴 풋이 느슨해져 있지 않은지 본줄이 평행히 감겨 있는지 확인한다.
② 오른손의 엄지로 스풀 가장자리를 가볍게 누르고 클러치를 OFF로 한다.
③ 엄지를 스풀에 누른 채 던지기로 옮긴다. 폼은 던질 낚시와 같다. 오버 슬로가 던지기 쉽다.

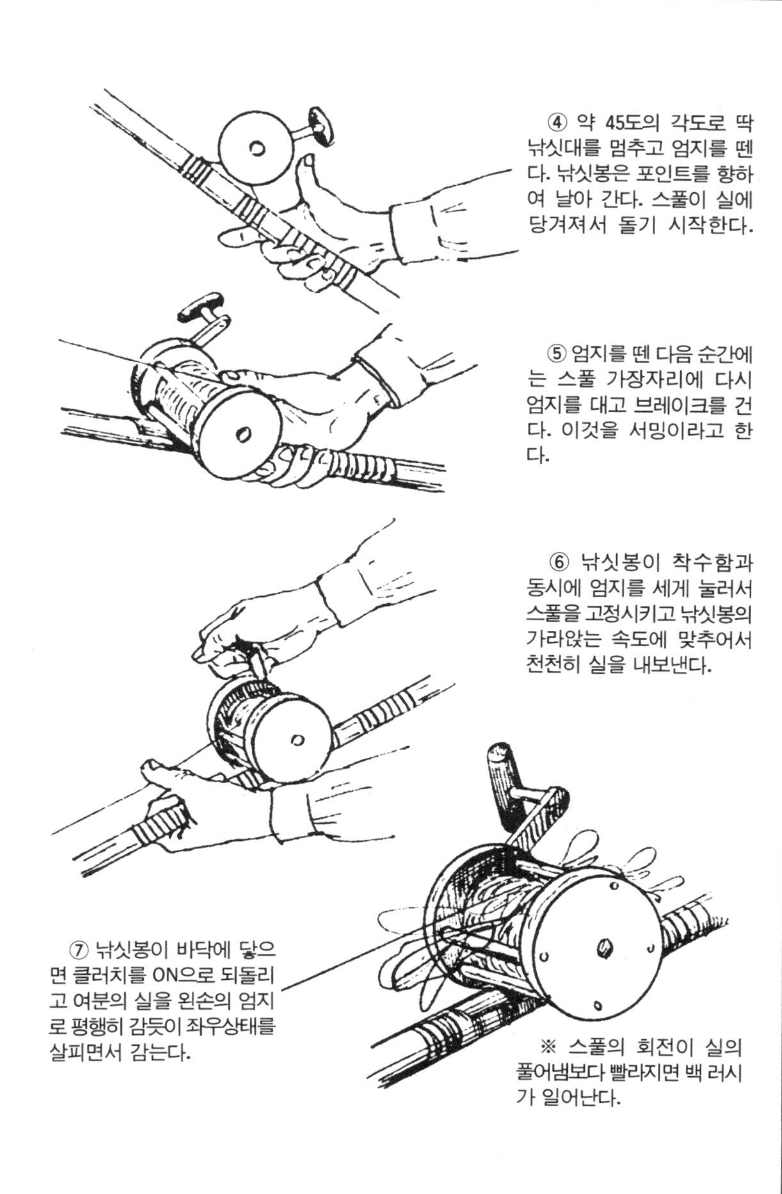
④ 약 45도의 각도로 딱 낚싯대를 멈추고 엄지를 뗀다. 낚싯봉은 포인트를 향하여 날아 간다. 스풀이 실에 당겨져서 돌기 시작한다.
⑤ 엄지를 뗀 다음 순간에는 스풀 가장자리에 다시 엄지를 대고 브레이크를 건다. 이것을 서밍이라고 한다.
⑥ 낚싯봉이 착수함과 동시에 엄지를 세게 눌러서 스풀을 고정시키고 낚싯봉의 가라앉는 속도에 맞추어서 천천히 실을 내보낸다.
⑦ 낚싯봉이 바닥에 닿으면 클러치를 ON으로 되돌리고 여분의 실을 왼손의 엄지로 평행히 감듯이 좌우상태를 살피면서 감는다.
※ 스풀의 회전이 실의 풀어냄보다 빨라지면 백 러시가 일어난다.

▶갯바위로 건너가는 요령

도선(渡船)으로 앞바다 갯바위나 지기(地磯)로 건널 때는 단조로운 것 같아도 기술이 필요하다. 갯바위에는 배를 계류할 만한 부두는 없기 때문에 어떤 경우라도 뛰어오르거나, 뛰어 내려야 한다.

먼저 명심해야 하는 것은 갯바위는 움직이지 않지만 배는 항상 상하로 움직이고 있다는 사실이다. 따라서 배의 움직임에 맞추어 뛰어 오르고 뛰어 내려야 한다. 부주의하여 갯바위와 배에 양다리를 걸치고 넘는 것 같은 행동은 하지 않도록 한다.

상하 움직임의 최상점(상지점)에서는 순간 배가 멈춘다. 이 직전부터 액션을 시작하여 최상점에서 뛰어 오르고 뛰어 내린다. 절대 하지점에서는 행동하지 않는다.

—갯바위 건너기의 요령—

최근에는 도선의 선단(뱃머리)에 브리지를 대는 방식이 많아져서 안전성이 높아졌지만 줄곧 동료에게 말을 걸어서 사고가 없도록 해야 한다.

▶기후 · 파도 · 놀

갯바위 낚시에서는 등산자와 마찬가지로, 아니 그 이상 기후에 관한 주의가 필요하다. 물론 그 지방의 도선 선장은 낚시와 기후에 자세한 정보를 갖고 있지만 그렇다고 해서 생명까지 맡겨 둔다고 하는 것은 조금 무모하다. 평소부터 일기도를 보는 습관을 들여 낚시하러 나갈 때는 그 지방의 기상대 등에 전화를 하는 정도의 신중함이 필요하다.

가장 무서운 것은 바람이다. 뜻하지 않을 때에 바람이 불기 시작하면 순식간에 큰 파도로 뒤덮인다. 일단 거칠어지기 시작하면 배도 가까이 갈 수 없고 큰 사고로 이어질 우려가 있다. 그 지방에서는 도선 선장의 지시에 따르도록 한다. 바람이나 파도보다 형편이 나쁜 것이 언뜻 온순해 보이는 바다에서 갑자기 밀려드는 '놀'이다. 갯바위에서는 등을 바다로 향하고 채비만들기 따위는 절대로 해서는 안 된다. 항상 바다쪽을 보고 있어야 한다.

벵에돔의 낚시

▶물고기의 프로필

갯바위 상물(上物) 낚시의 대표어(代表魚)이다. 남동해(南東海) 연안의 암초 지대에 살고 있다. 경계심이 강한 물고기이지만 유영력(游泳力)과 스피드가 뛰어나고 바늘에 걸렸을 때의 저항도 커서 낚싯대를 활처럼 구부리는 당기는 맛이 낚시꾼에게 인기가 있다. 수온이 높는 태평양 연안에서는 70cm 이상의 물고기도 가끔 낚이지만 보통은 40~50cm, 60cm급이 되면 대물로 통한다.

▶벵에돔의 습성

유어(幼魚)는 내만의 방파제 주변에 살고 있다. 갯바위에 사는 것은 성어이다. 끊임없이 떼를 지어 갯바위 주변을 헤엄치고 있다. 식성은 잡식성으로 새우, 벌레 등의 작은 동물을 비롯해서 해초도 먹는다. 수중에서의 동작은 민첩해서 취미 행동은 포물선을 그리듯이 다이나믹하다. 상당히 신경질적으로, 소리나 화려한 색의 복장에도 민감하게 반응한다.

▶ 낚시의 시기와 시간대

1년 내내 낚이는 물고기이다. 만추부터 겨울에 걸쳐서 산란을 위해 비대해진 물고기를 낚는 경우가 많은 것 같다. 겨울의 물고기를 지방에 따라서는 '겨울 벵에돔'이라고 부르기도 한다. 또한 5월 하순부터 6,7월에 걸쳐서 중, 소형이 잘 낚인다. 이 시기의 물고기를 '장마 벵에돔'이라고 하며 초보자도 손쉽게 낚을 수 있다고 한다.

이른 아침, 저녁 무렵에 잘 낚인다. 해가 져서 어두워져도 입질한다.

▶ 채비와 낚시 방법

낚싯대는 갯바위의 상물 낚싯대로서 시판되고 있는 것 중에서 낚시터의 상황 등에 맞는 비교적 가벼운 것을 선택한다. 길이는 5.4m급이

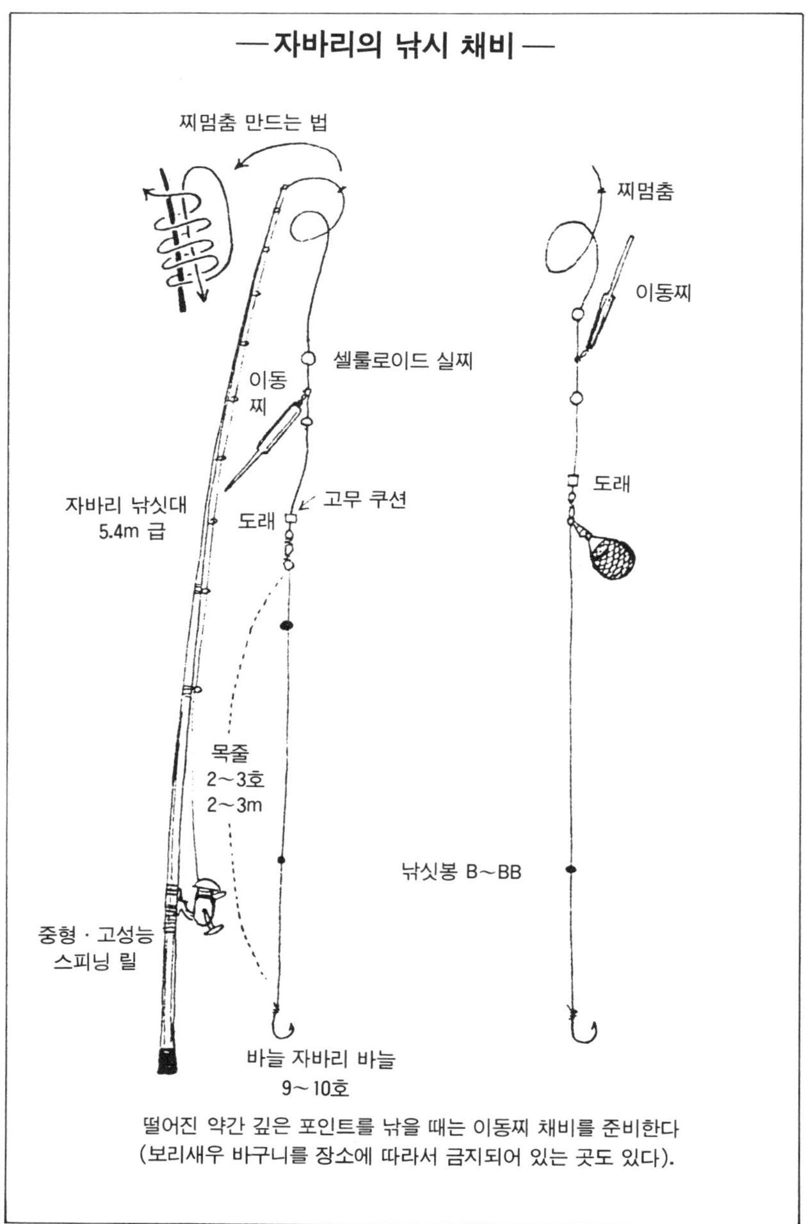

떨어진 약간 깊은 포인트를 낚을 때는 이동찌 채비를 준비한다
(보리새우 바구니를 장소에 따라서 금지되어 있는 곳도 있다).

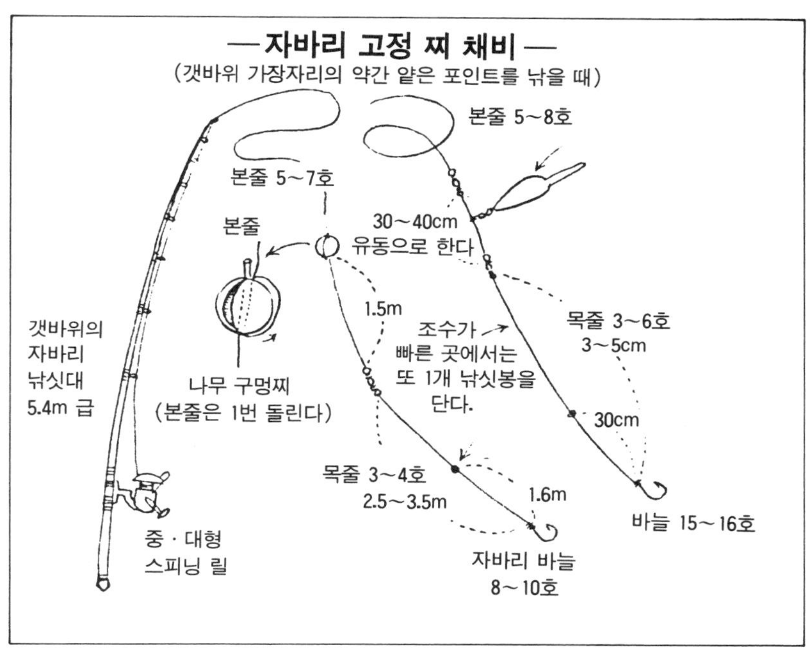

표준이다.

릴은 중형스피닝 릴로 성능이 좋은 것을 선택한다.

벵에돔 낚시는 조수의 흐름에 채비를 태워 물고기의 유영층에 잘 들여보내는 것이 키 포인트이다. 그것을 위해 찌가 중요한 역할을 가지고 있다.

물고기의 유영층이 얕을 때는 '고정찌 채비'로 괜찮지만 깊을 때는 '이동찌 채비'를 이용한다. 찌에는 막대형과 구슬형이 있지만 포인트의 원근 등으로 보기 쉬운 것을 선택한다. 이동찌는 낚싯봉의 부하(負荷)가 큰 것으로 채비 중간에 큼직한 밸런스 낚싯봉을 달아 침하속도(沈下速度)를 빠르게 한다. 목줄은 가능한 한 굵직한 것을 사용하는 편이 놓침이 적지만 장소에 따라서는 가는 목줄이 아니면 입질

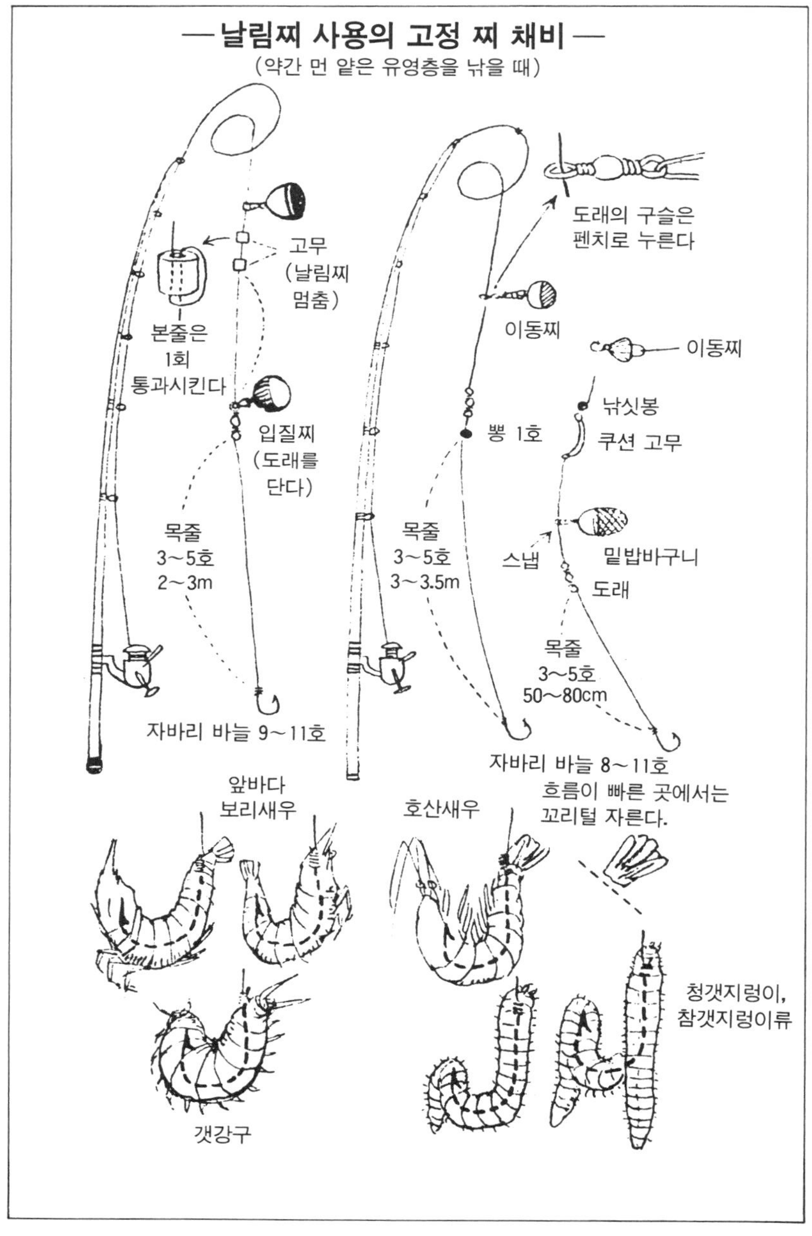

―날림찌 사용의 고정 찌 채비―
(약간 먼 얕은 유영층을 낚을 때)
고무
(날림찌
멈춤)
본줄은
1회
통과시킨다
입질찌
(도래를
단다)
목줄
3~5호
2~3m
자바리 바늘 9~11호
도래의 구슬은
펜치로 누른다
이동찌
이동찌
낚싯봉
뽕 1호
쿠션 고무
목줄
3~5호
3~3.5m
스냅
밑밥바구니
도래
목줄
3~5호
50~80cm
자바리 바늘 8~11호
흐름이 빠른 곳에서는
꼬리털 자른다.
앞바다
보리새우
호산새우
갯강구
청갯지렁이,
참갯지렁이류

하지 않는 곳도 있다.

벵에돔의 포인트는 조수의 흐름과 밀접한 관련이 있기 때문에 조수 흐름의 방향, 침전 갯바위의 유무, 깊이 등을 사전에 잘 파악해 두는 것이다. 보통 앞바다에 튀어 나온 갯바위로 조수의 흐름이 좋고 해저에 침전 갯바위가 있고 흰 파도, 흰 거품 등이 있는 곳이라면 우선 겨냥 장소로 적합하다고 할 수 있다.

포인트가 정해지면 맞바람을 피하는 위치에서 낚싯대를 드리운다. 조수 흐름의 위쪽에 채비를 투입해서 흘린다.

벵에돔의 입질은 강해서 찌를 단숨에 감춘다. 바늘에 걸리면 굉장한 기세로 좌우로 돌아 다닌다. 가능한 한 무리로부터 떨어진 곳에서 뛰게 하여 갯바위가로 끌어 당겨서 거두어 들인다.

미끼는 새우류가 중심이다. 최근에는 부드러운 앞바다 보리새우가 한창 사용되고 있다. 그 외에 갯강구, 청갯지렁이, 추운 시기에는 김 등도 이용한다. 밑밥도 필요하다. 밑밥 바구니를 달아서 깊은 곳을 노리는 외 갯바위 주변 가까이에 끊임없이 뿌려서 떼를 흩트리지 않기 위해서도 끼움 미끼와 같은 것을 준비한다.

우럭의 낚시

▶물고기의 프로필

벵에돔과 매우 비슷한 모습이다. 몸쪽에 갈색의 종선이 있는 점이나 날카로운 이빨로 벵어돔과 구별된다. 겨울에 맛이 좋고 당기는 맛도 강하기 때문에 상물 중에서도 대물 겨냥의 사람들에게 있기가 있는 물고기이다. 60cm 이상된다.

▶우럭의 습성

벵에돔과 거의 다르지 않다. 식성도 매우 비슷하다. 벵에돔과 같이 민감하고 신경질적은 아니기 때문에 낚기 쉬운 물고기이다. 그러나 힘은 강해서 바늘에 걸려 도망갈 때의 당김의 강도는 벵에돔과는 비교가 안 된다. 절대 수는 벵에돔에 미치지 못한다.

▶낚시의 시기와 시간대

겨울철에 이 물고기를 낚는 낚시꾼이 많은 것은 김 등을 다식(多

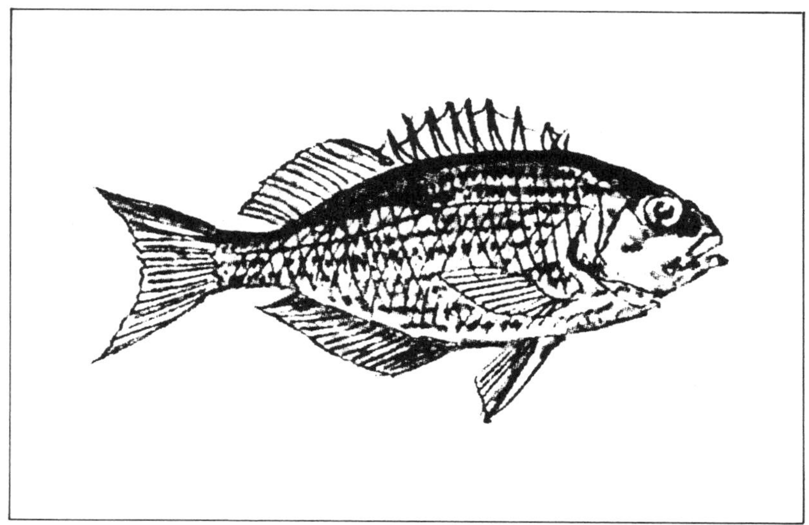

食)하게 되어 독특한 갯바위 냄새가 엷게 나고 맛이 좋기 때문이다. 따라서 엄동기(嚴冬期)를 중심으로 한 기간을 낚시 시기라고 한다. 이른 아침과 일몰 후 먹이에 잘 덤벼든다.

▶채비와 낚시 방법

중형급의 경우에는 벵에돔 낚싯대로 충분하지만 대형을 맥 낚시할 경우에는 긴 듯한 튼튼한 낚싯대가 필요하다. 이 물고기가 나타나는 갯바위는 대강 정해져 있기 때문에 조목(潮目)을 노리고 밑밥을 뿌리면서 입질을 기다린다. 입질이 있으면 서두르지 말고 충분히 먹어 들어가게 한 후 천천히 맞춘다. 서둘러 맞추기는 금물이다.

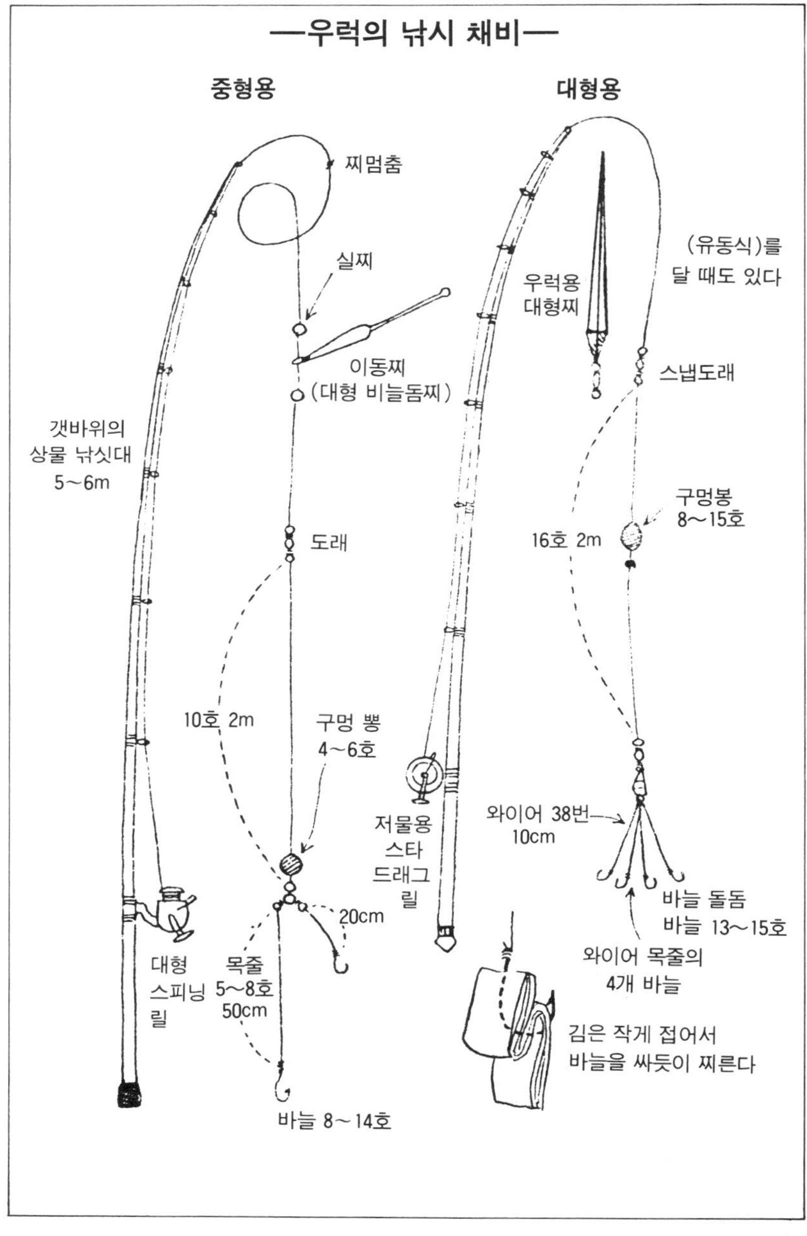
—우럭의 낚시 채비—
중형용
대형용
찌멈춤
실찌
이동찌
(대형 비늘돔찌)
갯바위의
상물 낚싯대
5~6m
도래
10호 2m
구멍 뽕
4~6호
20cm
대형
스피닝
릴
목줄
5~8호
50cm
바늘 8~14호
우럭용
대형찌
(유동식)를
달 때도 있다
스냅도래
구멍봉
8~15호
16호 2m
저물용
스타
드래그
릴
와이어 38번
10cm
바늘 돌돔
바늘 13~15호
와이어 목줄의
4개 바늘
김은 작게 접어서
바늘을 싸듯이 찌른다

독가시치의 낚시

▶ 물고기의 프로필

등지느러미 가시나 배지느러미 등에 독선이 있어 죽고 나서도 만지면 아프다. 따뜻하고 얕은 암초 지대에 사는 물고기로 해초가 무성한 곳을 좋아한다. 40cm 이상이나 된다. 모습과 닮지 않은 맛이 좋은 점과 바늘에 걸렸을 때의 반응이 통쾌하기 때문에 낚시꾼들에게 상당히 인기가 있다.

▶ 독가시치의 습성

떼를 지어 바위를 따라서 유영하면서 먹이를 찾고 있다. 식성은 해조류나 새우 등의 작은 동물로 상당히 잡식성이 강한 물고기이다.

채색은 생식 장소의 보호색을 띄며 장소에 따라서 얼룩 무늬 등이 현저하게 다르다.

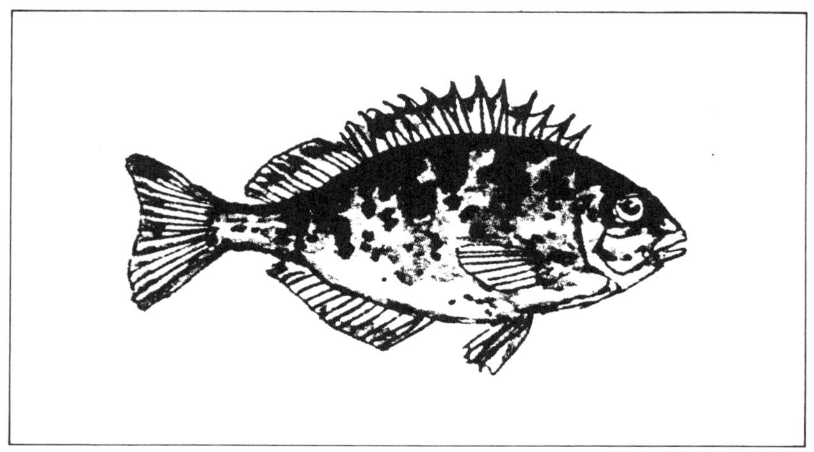

▶낚시의 시기와 시간대

낚시의 시기는 늦은 봄부터 늦가을까지의 비교적 오랜 동안이지만 지방에 따라서 성기(盛期)가 약간씩 다르다.

대체로 가을부터가 집중적으로 낚이는 시기이다. 남부지역 등에서는 수온이 높아 엄동기에도 잘 잡히는 경우가 있다.

▶채비와 낚시 방법

오므린 입으로 입질이 작기 때문에 감도가 좋은 찌가 필요하다. 미끼를 먹어도 무리로부터 떨어져서 달린다고 하는 일은 없기 때문에 찌를 잘 보고 있지 않으면 안 된다. 당김은 어체에 비해 강해서 언제까지나 저항한다. 무리로부터 떼어서 지치게 한 후 거두어 들인다. 물고기를 모으고 있는 동안에도 한 손으로 포인트에 밑밥을 뿌리는 정도의 세심한 배려가 이 낚시에는 필요하다.

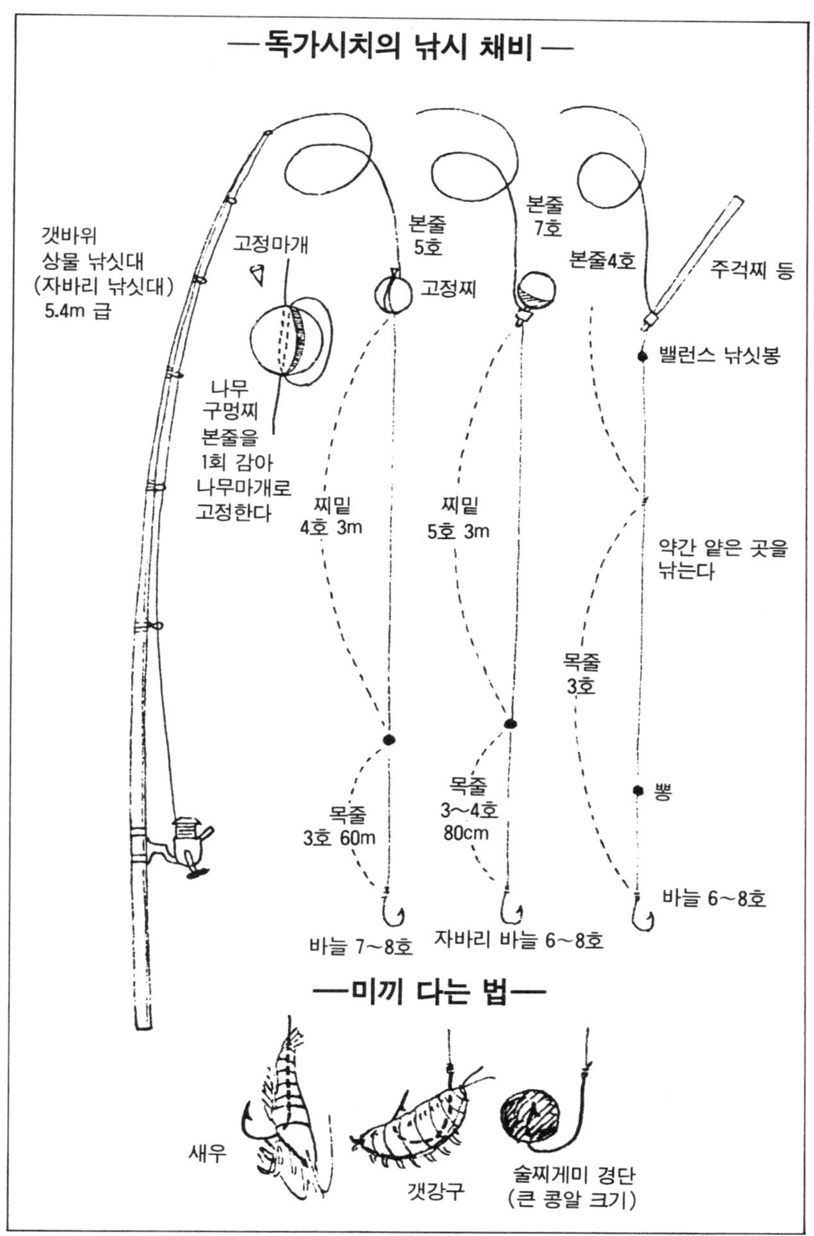
—독가시치의 낚시 채비—
갯바위
상물 낚싯대
(자바리 낚싯대)
5.4m 급
고정마개
나무
구멍찌
본줄을
1회 감아
나무마개로
고정한다
본줄
5호
고정찌
찌밑
4호 3m
목줄
3호 60m
바늘 7~8호
본줄
7호
찌밑
5호 3m
목줄
3~4호
80cm
자바리 바늘 6~8호
본줄4호
주걱찌 등
밸런스 낚싯봉
약간 얕은 곳을
낚는다
목줄
3호
봉
바늘 6~8호
—미끼 다는 법—
새우
갯강구
술찌게미 경단
(큰 콩알 크기)

벤자리의 낚시

▶물고기의 프로필

상물 낚시의 대상어로서는 벵에돔과 나란히 대표어(代表魚)이다. 조수를 타고 이동하기 때문에 배 낚시의 대상어로서도 인기가 있다.

몸의 길이는 40cm 정도되며, 맛이 좋은 물고기이다.

▶벤자리의 습성

암초 지대의 중층을 군영하며 조수의 흐름이 좋은 곳을 좋아한다. 식성은 작은 물고기나 새우류를 즐겨 먹는다. 벵에돔 정도의 경계심은 없지만 떼를 이루고 있는 물고기이기 때문에 놀래키면 순식간에 낚이지 않게 된다. 밑밥에 이끌려서 입질이 서면 수면 가까이까지 미끼를 쫒아서 어체가 보이는 경우도 있다.

▶낚시 시기와 시간대

4월 하순 경부터 벵에돔에 섞여서 낚이기 시작한다. 5월부터 6월에

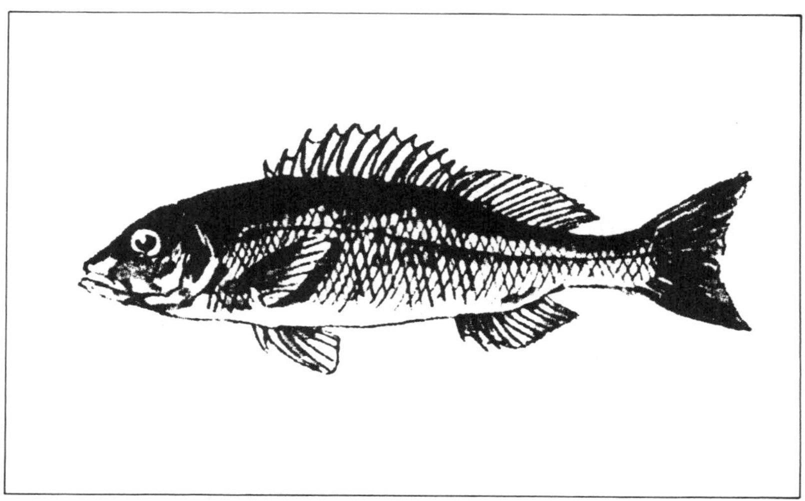

걸쳐서 잘 낚이기 때문에 밀벤자리라고도 불린다. 여름이 성기이다. 이른 아침이나 저녁에 갯바위 가까이에 모여들기 때문에 그 때가 찬스이다.

▶채비와 낚시 방법

채비는 찌 낚시 채비가 표준이다.

깊은 유영층은 이동찌로, 얕은 유영층은 고정찌로 각각 노린다. 낚싯대나 릴은 벵에돔 낚시와 같다. 조수의 흐름이 빠른 곳에서는 찌를 제거하고 내뿜기 낚시를 한다. 입질은 찌를 비스듬히 끌어 들이기 때문에 재빨리 맞추어 무리로부터 떼어서 거두어 들인다.

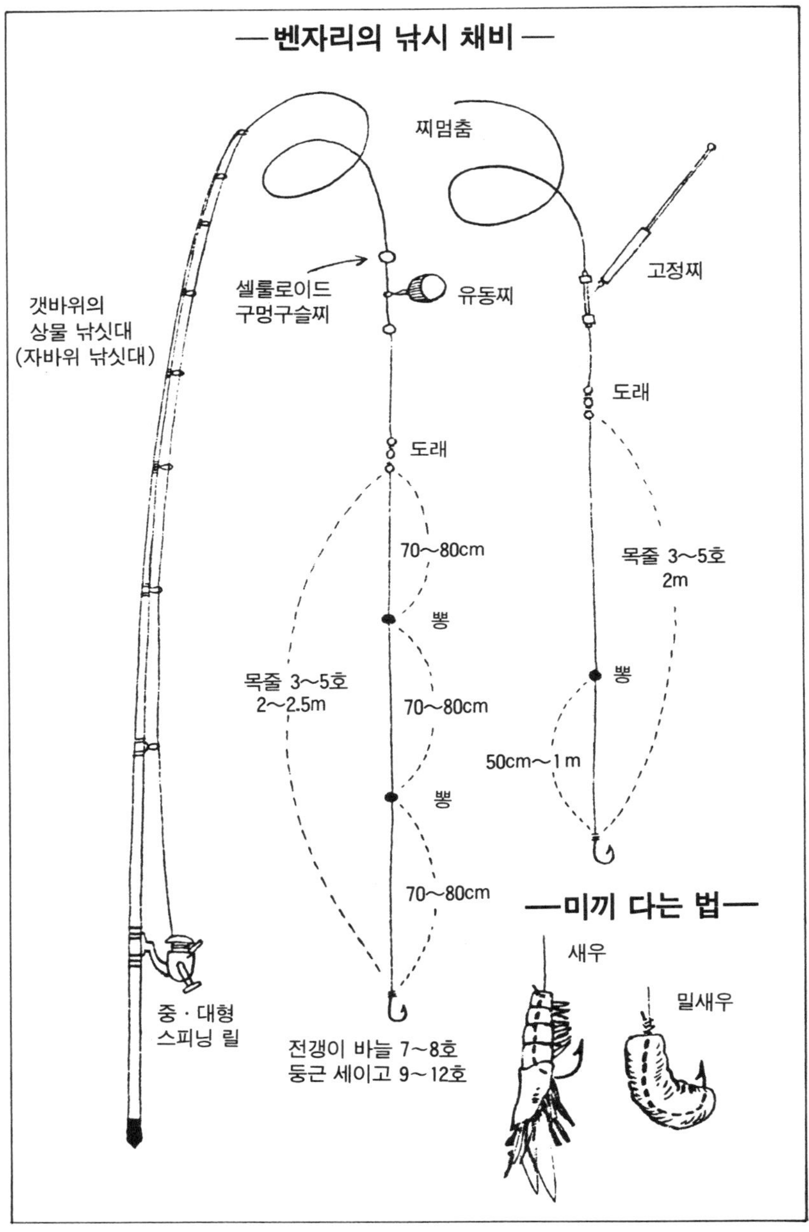
—벤자리의 낚시 채비—
찌멈춤
셀룰로이드
구멍구슬찌
유동찌
고정찌
갯바위의
상물 낚싯대
(자바위 낚싯대)
도래
도래
70~80cm
뽕
목줄 3~5호
2~2.5m
70~80cm
뽕
70~80cm
목줄 3~5호
2m
뽕
50cm~1 m
중 · 대형
스피닝 릴
전갱이 바늘 7~8호
둥근 세이고 9~12호
—미끼 다는 법—
새우
밀새우

비늘돔의 낚시

▶ 물고기의 프로필

비늘돔은 갯바위 낚시가 가능한 곳이라면 대개 잡힌다고 해도 좋을 만큼 분포가 넓은 물고기이지만 우리나라 근해 방면에는 적고 태평양 연안 남부에 많은 물고기이다. 몸이 단단한 비늘로 덮혀 있으며, 보통은 40cm 정도이지만 60cm급도 있다.

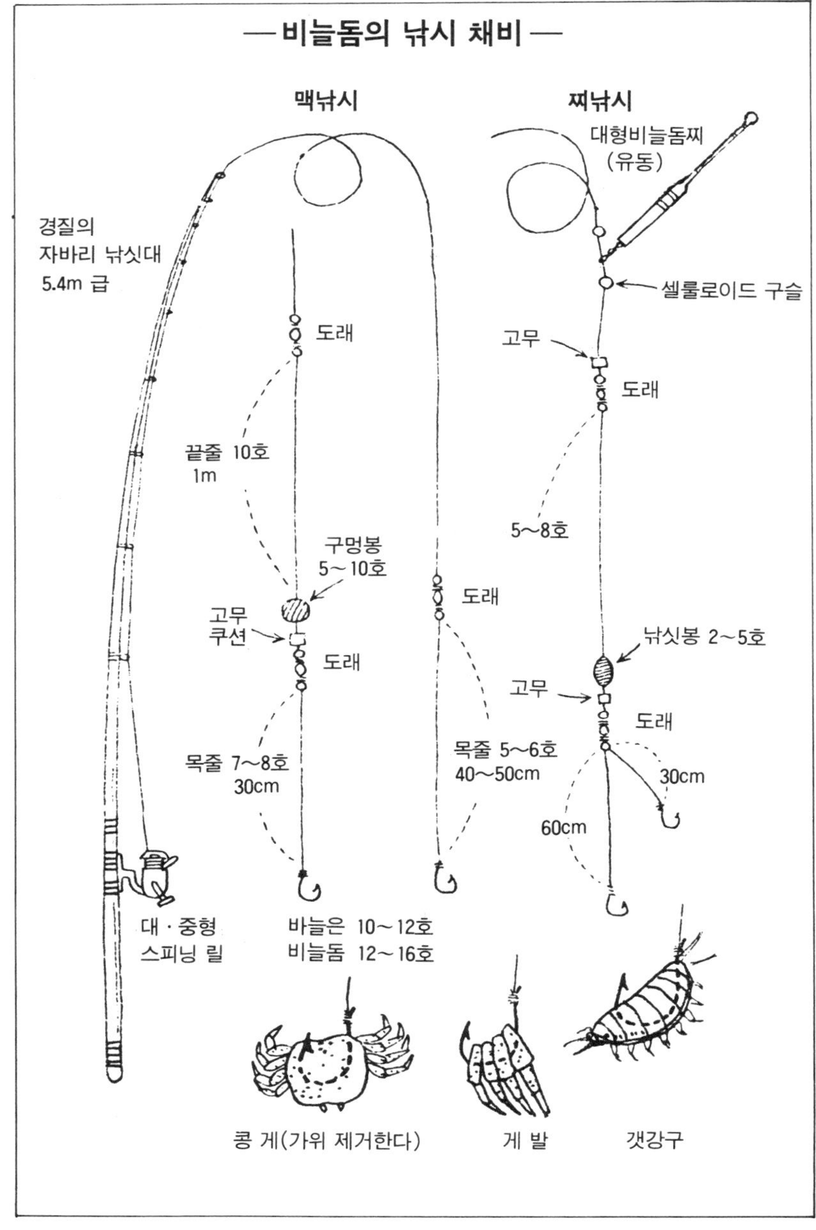
—비늘돔의 낚시 채비—
맥낚시
찌낚시
대형비늘돔찌
(유동)
경질의
자바리 낚싯대
5.4m 급
셀룰로이드 구슬
도래
고무
도래
끝줄 10호
1m
5~8호
구멍봉
5~10호
도래
고무
쿠션
도래
낚싯봉 2~5호
고무
도래
목줄 7~8호
30cm
목줄 5~6호
40~50cm
30cm
60cm
대·중형
스피닝 릴
바늘은 10~12호
비늘돔 12~16호
콩 게(가위 제거한다)
게 발
갯강구

▶비늘돔의 습성

얕은 암초지대에 생식하고 완만한 동작으로 소범위를 행동하고 패류, 게, 새우, 해조 등을 포식하고 있다. 먹이를 물고 나서도 지극히 느긋한 움직임을 보인다. 몸이 적, 청, 녹색 또는 갈색 등 화려한 색을 띠고 있는데 이것은 해조나 바위의 보호색이기도 하다.

▶낚시 시기와 시간대

수온이 비교적 높는 해역에서는 사계절을 통해서 낚인다. 늦가을부터 겨울에 걸쳐서 맛이 좋아지기 때문에 비늘돔은 겨울의 물고기라고 한다. 저녁 무렵부터 그 이후가 되면 어신(魚信)이 딱 끊어진다.

▶채비와 낚시 방법

비늘돔 찌 등을 사용한 찌 낚시 채비와 맥 낚시의 2종류의 채비가 있다. 갯바위 가장자리의 발밑을 낚을 때는 맥 낚시가 좋고 조금은 떨어진 침전 갯바위 등을 낚는 경우에는 찌 낚시가 적합하다. 덜컥덜컥 입질을 느끼면 재빨리 맞춘다. 낚싯대는 약간 단단한 것이 좋다.

부시리의 낚시

▶ 물고기의 프로필

방어와 비슷한 물고기로 남해를 비롯하여 거의 전국에 분포하는 회유어이다. 근년에는 조류의 영향으로 인해 1m 가까운 대물이 낚이게 되어 '부시리 붐'으로 들끓고 있다. 맛이 좋은 고급어이다.

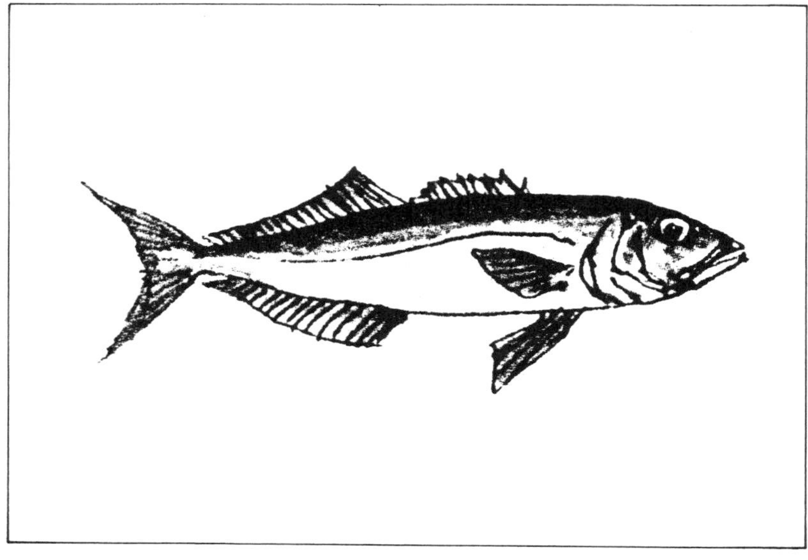

▶부시리의 습성

어린 물고기는 방어와 마찬가지로 바다에 흘러 다니는 해조와 함께 표류하면서 성장한다. 분포는 넓고 주로 따뜻한 해역의 연안을 회유하며 동물성 플랭크톤이나 작은 물고기 등을 포식한다. 조수의 흐름이 좋은 갯바위 주변에 잠시 정착하는 경우도 있다.

▶낚시 시기와 시간대

원래는 여름이 제철인 물고기이지만 갯바위 낚시에서는 가을부터 초겨울에 걸쳐서 잘 낚인다. 조류에 따라서는 봄 늦게까지 계속 낚인다. 조수(潮水)를 타고 유영하는 물고기이므로 조수의 움직임에 상당히 영향을 받는다.

▶채비와 낚시 방법

바구니 낚시 채비이기 때문에 스피닝 릴의 대형을 사용하는 사람이 많지만 이 물고기의 스피드에는 스타 드래그 릴이 좋다고 하는 사람도 있다. 미끼는 앞바다 보리새우 또는 샛줄멸 등 작은 물고기 1마리 걸이면 충분하다. 비교적 입이 찢어지지 않는 물고기이므로 강인하게 끌어 당겨서 거두어 들인다.

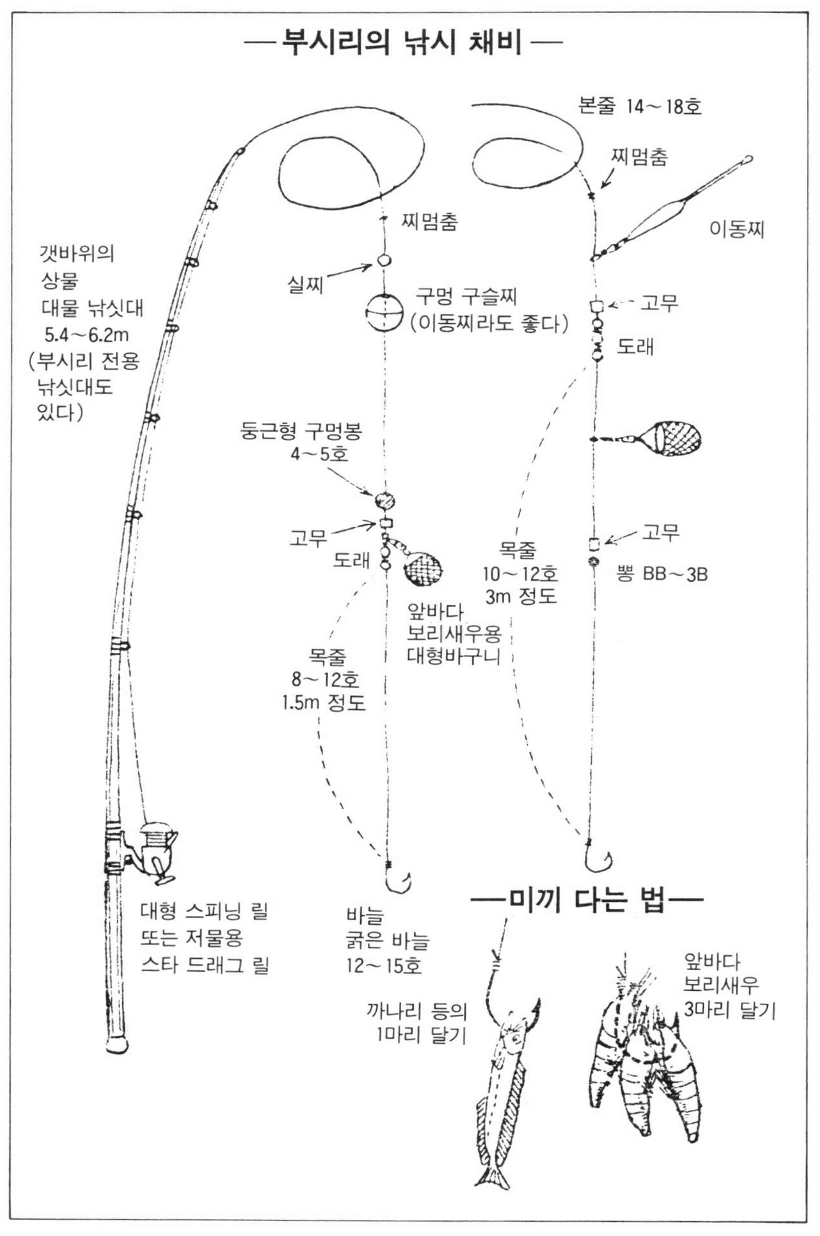
—부시리의 낚시 채비—
본줄 14~18호
찌멈춤
찌멈춤
이동찌
갯바위의
상물
대물 낚싯대
5.4~6.2m
(부시리 전용
낚싯대도
있다)
실찌
구멍 구슬찌
(이동찌라도 좋다)
고무
도래
둥근형 구멍봉
4~5호
고무
도래
목줄
10~12호
3m 정도
고무
봉 BB~3B
앞바다
보리새우용
대형바구니
목줄
8~12호
1.5m 정도
대형 스피닝 릴
또는 저물용
스타 드래그 릴
바늘
굵은 바늘
12~15호
—미끼 다는 법—
까나리 등의
1마리 달기
앞바다
보리새우
3마리 달기

줄무의 전갱이의 낚시

▶ 물고기의 프로필

40cm 이상, 70cm급도 드물지 않고 그 모습이나, 생김새의 아름다움은 정평이 나 있으며 낚시맛은 물론 음식맛도 갯바위 물고기 중에서는 매우 좋은 3박자 모두 갖춘 물고기이다. 스피드 있는 물고기로 챔질은 손쉽지 않다.

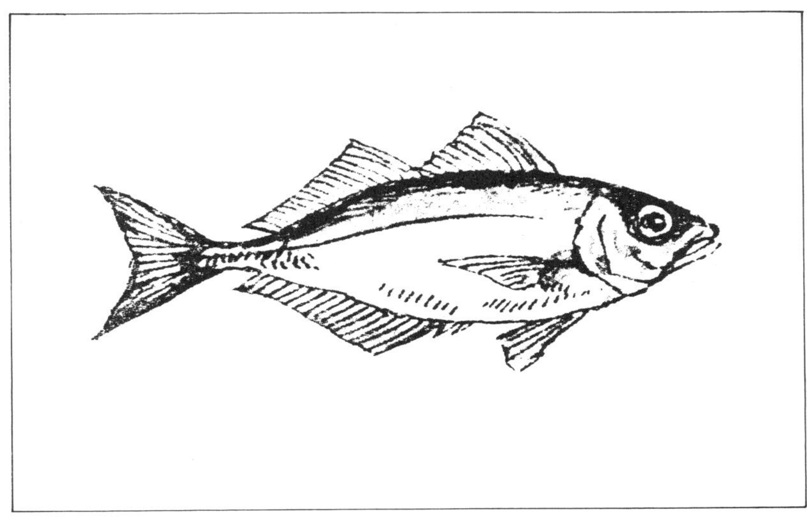

▶ 줄무늬 전갱이의 습성

떼를 지어 계절적으로 이동하고 있다. 갯바위 주변에서는 비교적 얕은 곳을 회유하고 있다. 식성은 작은 물고기 등의 동물식이다. 이 물고기의 특징으로서는 입술이 부드러워 바늘이 곧 벗겨지는 경우가 있다.

▶ 낚시 시기와 시간대

10월 하순 경부터 늦가을, 초겨울, 2월 경에 이르기까지 낚이는 물고기이다. 갯바위에서는 항상 낚이는 것이 아니고 벵에돔 등을 노리고 낚시를 하다가 줄무늬 전갱이가 물어오는 바람에 갑자기 줄무늬 전갱이 낚시로 변경한다고 하는 경우가 있다.

▶ 채비와 낚시 방법

입가가 찢어지기 쉽고 스피드가 있어 성가신 물고기이기 때문에 릴의 조작을 잘하는 것이 포인트이다. 스타 드래그 릴을 이용해서 조금 드래그를 늦추어 두는 것도 하나의 방법이다. 바늘 맞추기는 찌에 입질이 나타나고 나서 천천히 맞추도록 한다. 물고기가 달리는 방향을 파악해서 좌우로 낚싯대를 바로 잡아 끌어 온다. 뜰채에 넣을 때까지 방심은 금물.

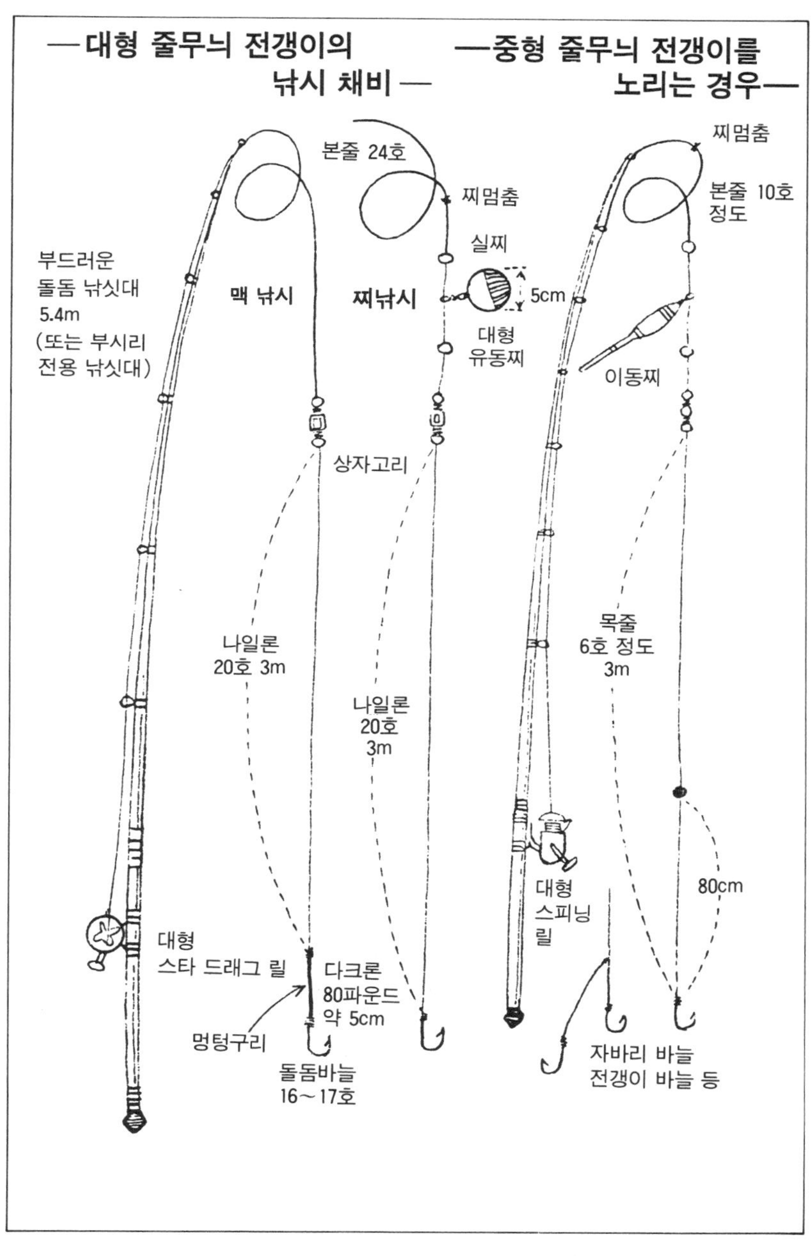
—대형 줄무늬 전갱이의
낚시 채비—
—중형 줄무늬 전갱이를
노리는 경우—
본줄 24호
찌멈춤
실찌
5cm
대형
유동찌
부드러운
돌돔 낚싯대
5.4m
(또는 부시리
전용 낚싯대)
맥 낚시
찌낚시
상자고리
나일론
20호 3m
나일론
20호
3m
대형
스타 드래그 릴
다크론
80파운드
약 5cm
멍텅구리
돌돔바늘
16~17호
찌멈춤
본줄 10호
정도
이동찌
목줄
6호 정도
3m
80cm
대형
스피닝
릴
자바리 바늘
전갱이 바늘 등

돌돔의 낚시

▶ 물고기의 프로필

돌돔은 너무나도 잘 알려진 갯바위 저물 낚시의 대표 선수이다. 그 모습이며 형태며 정확한 낯 짝이며 또 바늘에 걸렸을 때의 훌륭한 당기는 맛이며 어느 것을 보아 '넘버 원'에 어울리는 멋있는 물고기이다. 때문에 '거친 갯바위의 왕자'라고 불린다. 그러나 그런 까닭에 '환상의 물고기'라고 일컬어질 만큼 낚기 어려운 물고기이기도 하다. 80cm가 넘는 물고기도 있지만 보통은 40～60cm 정도이다.

▶ 돌돔의 습성

동북 이남의 태평양 연안, 동해 연안 등 상당히 넓은 범위에 분포한다. 암초 지대의 바닥 가까이를 유영하고 바위의 갈라진 틈이나 바다 도랑의 둔덕에서 소라, 떡조개, 대합 등을 포식하고 있다. 튼튼한 이빨은 패류의 껍질을 잘게 부수는 힘을 가지고 있으며 갯바위의 굴등 등도 쉽게 쪼개 버린다. 어린 물고기는 내만에서 떼지어 있지만 조류를 타고 이동하면서 성장한다.

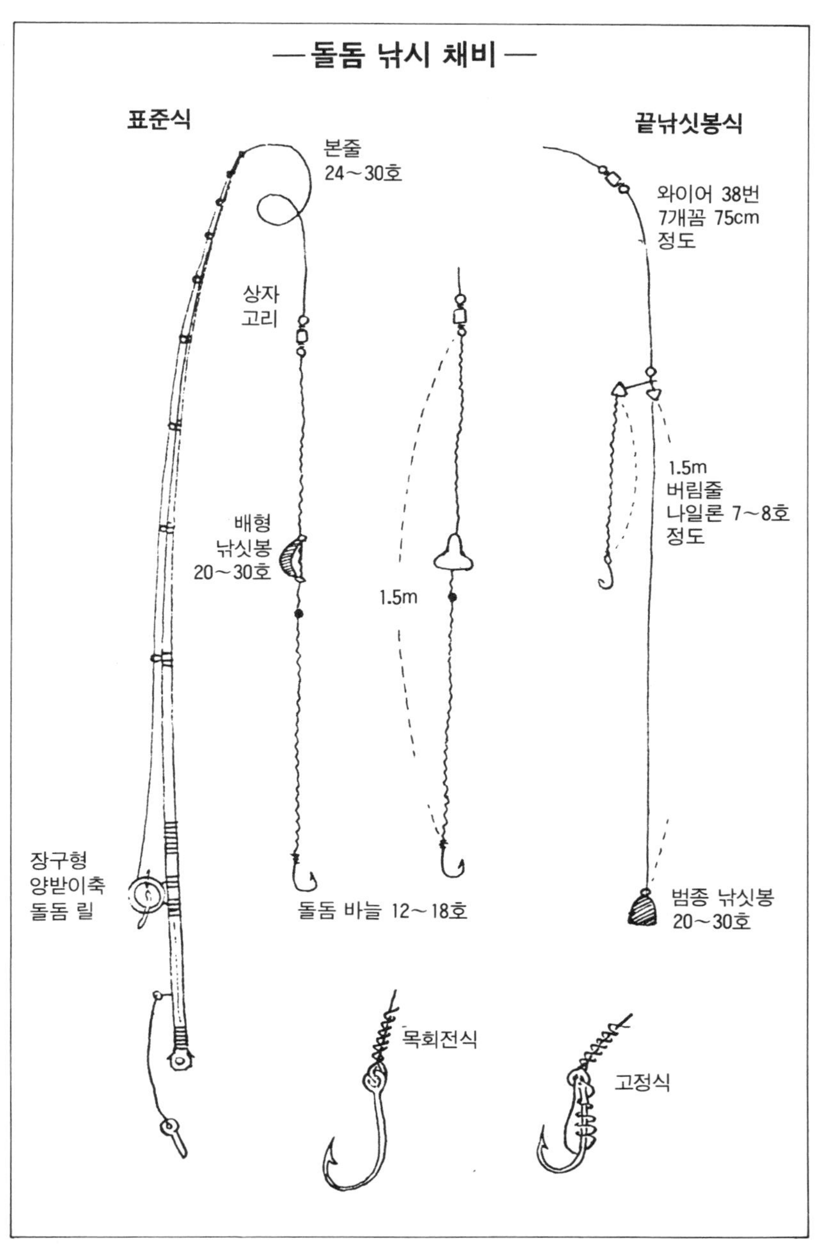
—돌돔 낚시 채비—
표준식
끝낚싯봉식
본줄
24～30호
와이어 38번
7개꼼 75cm
정도
상자
고리
1.5m
버림줄
나일론 7～8호
정도
배형
낚싯봉
20～30호
1.5m
장구형
양받이축
돌돔 릴
돌돔 바늘 12～18호
범종 낚싯봉
20～30호
목회전식
고정식

▶낚시 시기와 시간대

1년 내내 낚이는 물고기이다. 특히 잘 낚이는 것은 5월부터 6월에 걸친 소상기이다. 12월 경까지 낚인다. 그러나 지역에 따라서 초여름에 좋은 곳, 초가을부터 늦가을 좋은 곳, 또는 겨울에도 낚이는 곳 등이 있으므로 일률적으로 말할 수 없다. 조수의 움직임에 따라 활동하는 물고기이다.

▶채비와 낚시 방법

먼저 낚싯대이다. 낚싯대는 저물의 돌돔 낚싯대로서 시판되고 있는 것 중에서 체력, 낚시터에 맞는 것을 선택한다. 릴은 드래그 기구의 장구형(양받이축) 릴로 조력 20Kg 이상 정도의 것이 필요하다.

접낚싯대로 낚는 경우가 보통 일반적이다. 이 채비에는 구멍식 낚싯봉을 사용하는 타입과 끝낚싯봉식이 있다. 뿌리 걸림이 많은 거친 바닥을 낚을 경우에는 끝낚싯봉식이 유리할 것이다. 바늘도목 회전식과 고정식 2종류의 묶는 방법이 있다. 어느 쪽을 사용하느냐는 장소나 낚시꾼의 기호에 따라 결정된다.

이 낚시에서 최대의 포인트는 겨냥 장소이다. 처음에는 도선 선장의 지시에 따르거나 선배의 지시를 받는 것이 지름길이다. 먼저 조수의 흐름이 좋은 곳이어야 한다. 이것은 먹이의 모여듦이 좋은 것과 관련이 있다. 다음에 수심이 있는 곳이라고 하는 점도 겨냥 장소의 조건이 된다.

겨냥 장소가 결정되면 다음에는 투입점을 정한다. 이 채비의 투입점이 틀리면 미끼는 겨냥 장소로 들어가지 않는다. 신중하게 수심과

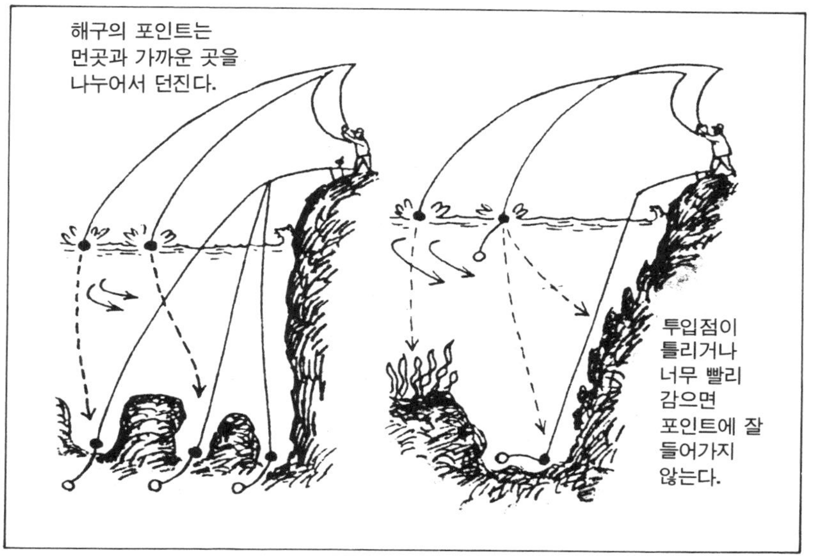

조류의 속도를 모두 생각하고 투입한다. 이것도 최초에는 투입점 몇 미터라는 지시를 받고 그대로 실행하는 것부터 시작하면 좋다.

투입한 후에는 낚싯대 걸이에 세트하고 늘어진 본줄을 천천히 감아서 약간 당기는 기분으로 해둔다.

입질은 최초의 작은 어신 다음에 낚싯대 끝을 누르는 듯한 당김을 보인다. 이 때 조금 낚싯줄을 보내주면 쑥하고 바늘을 탄 느낌이 전해진다. 이 때에 크게 맞춘다.

접낚싯대 외에 손에 들고 낚는 방식이 있다. 약간 돌돔 낚시에 익숙해지고 나서 하는 낚시 방법이다. 무인도의 남방 낚시라고 일컬어지는 낚시 방법과 같이 손에 낚싯대를 들고 한다. 보통 손에 든 낚싯대는 낚기 어려운 곳에서 돌돔의 미세한 입질을 파악하기 위해 목줄로 나일론을 사용하는 경우가 많은 것 같다. 남방 낚시 등에서는 대물에 대처하기 위해 물론 손에 든 낚싯대라도 와이어를 사용한다.

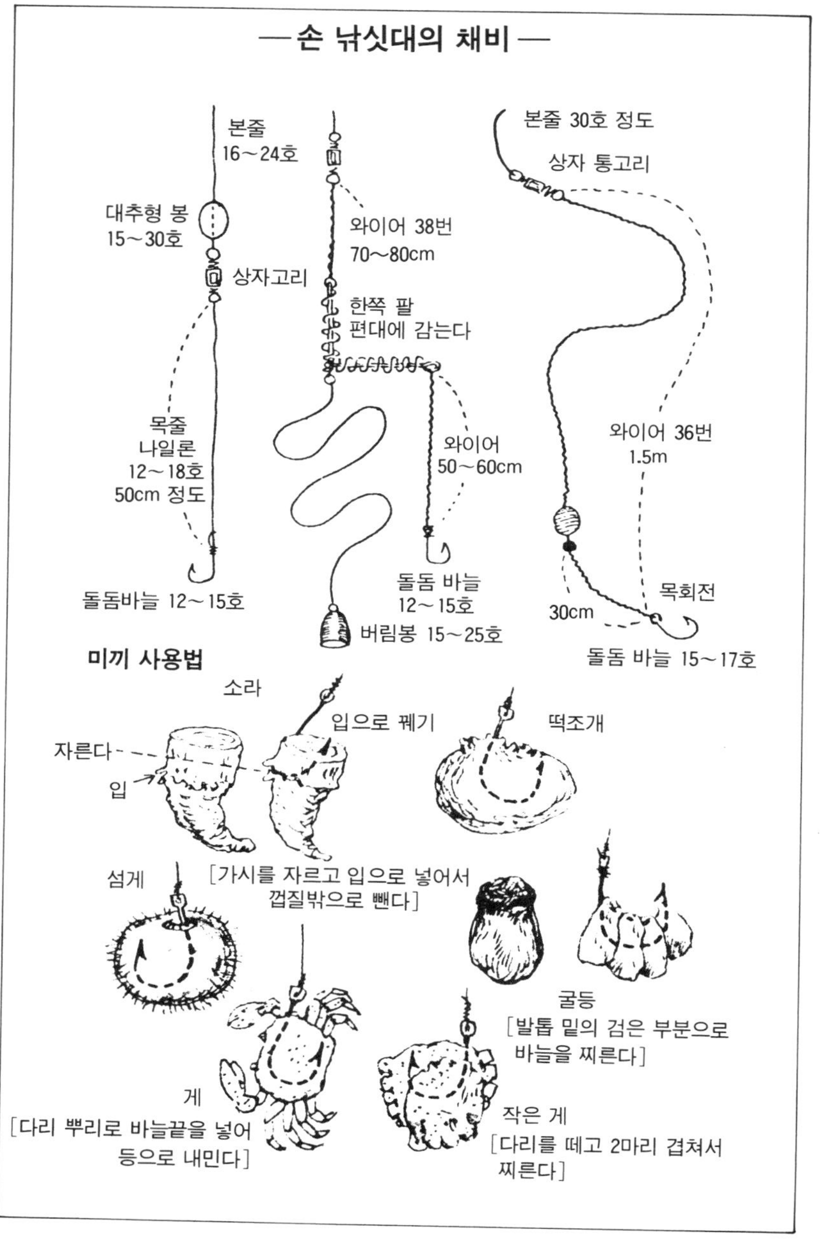

—손 낚싯대의 채비—
본줄
16~24호
대추형 봉
15~30호
상자고리
목줄
나일론
12~18호
50cm 정도
돌돔바늘 12~15호
와이어 38번
70~80cm
한쪽 팔
편대에 감는다
와이어
50~60cm
돌돔 바늘
12~15호
버림봉 15~25호
본줄 30호 정도
상자 통고리
와이어 36번
1.5m
목회전
30cm
돌돔 바늘 15~17호
미끼 사용법
소라
입으로 꿰기
자른다
입
떡조개
섬게
[가시를 자르고 입으로 넣어서
껍질밖으로 뺀다]
굴등
[발톱 밑의 검은 부분으로
바늘을 찌른다]
게
[다리 뿌리로 바늘끝을 넣어
등으로 내민다]
작은 게
[다리를 떼고 2마리 겹쳐서
찌른다]

돌담돔의 낚시

▶ 물고기의 프로필

돌돔과 비슷한 모양을 하고 있지만 이름대로 돌담 모양의 반점이 있고 몸이 약간 평평한 물고기이다. 몸의 길이는 50cm까지로 40cm급이 많이 낚인다. 수온이 높은 바다일수록 많이 볼 수 있다.

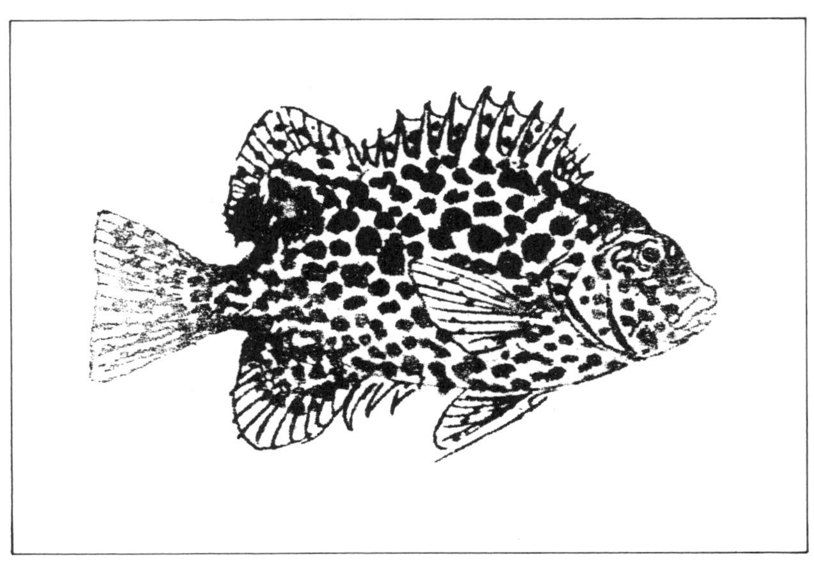

▶ 돌담돔의 습성

암초 지대를 좋아한다. 돌돔보다도 수온이 높은 수역에 널리 분포해 있다. 식성은 바위의 갈라진 틈이나 해구의 둔덕에서 패류나 갑각류를 포식하며 생활하고 있다. 이 점은 돌돔과 같다. 또한 환충류도 좋아한다. 동작이 재빨라서 바늘에 단 미끼를 가로채는 명인이기도 하다.

▶ 낚시 시기와 시간대

돌돔과 마찬가지로 거의 1년내내 낚이는 물고기이지만 굳이 낚시 시기라고 하면 4월말부터 12월까지이다. 여름부터 가을이 잘 낚인다. 조수 간만의 정점(頂点) 1시간 전 정도가 가장 활발히 입질한다. 조수가 움직이고 있을 때가 좋은 것 같다.

▶ 채비와 낚시 방법

채비는 돌돔의 표준 채비를 기준으로 하여 한층 가늘게 만든다. 목줄의 와이어는 39~40번, 바늘은 돌돔 바늘 10호 전후, 돌담돔 바늘 8~13호로 작게 한다. 물론 미끼도 작게 한다. 툭툭하는 입질에 빠른 맞추기가 필요하므로 손에 든 낚싯대가 유리하다.

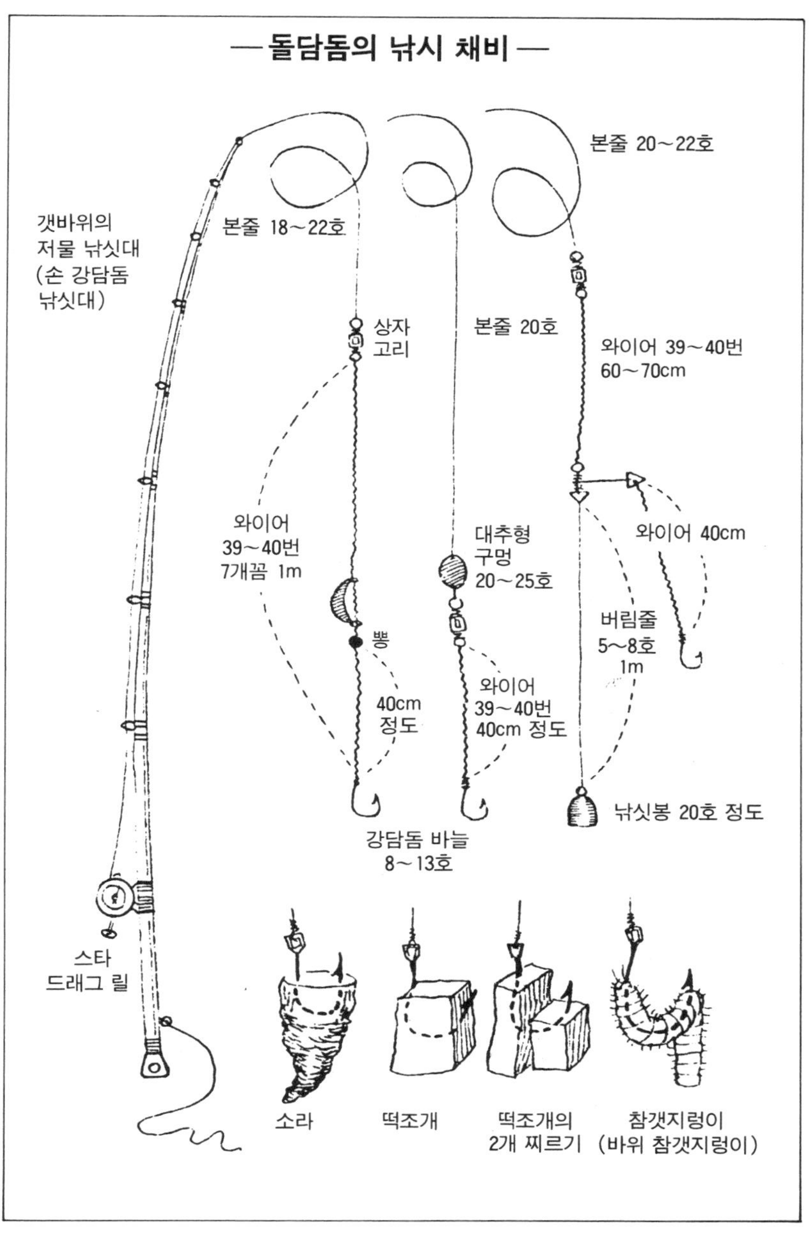
—돌담돔의 낚시 채비—
본줄 20~22호
갯바위의
저물 낚싯대
(손 강담돔
낚싯대)
본줄 18~22호
상자
고리
본줄 20호
와이어 39~40번
60~70cm
와이어
39~40번
7개꼼 1m
대추형
구멍
20~25호
와이어 40cm
뽕
버림줄
5~8호
1m
40cm
정도
와이어
39~40번
40cm 정도
낚싯봉 20호 정도
강담돔 바늘
8~13호
스타
드래그 릴
소라
떡조개
떡조개의
2개 찌르기
참갯지렁이
(바위 참갯지렁이)

물퉁돔의 낚시

▶ 물고기의 프로필

주로 따뜻한 해역에 사는 물고기이다. 머리부터 입끝에 걸쳐서 튀어 나온 듯 하기 때문에 이런 이름이 붙었다. 60cm 이상되고 갯바위의 낚싯감으로서는, 인기가 있다. 매우 비슷한 물고기에 갈돔이 있다.

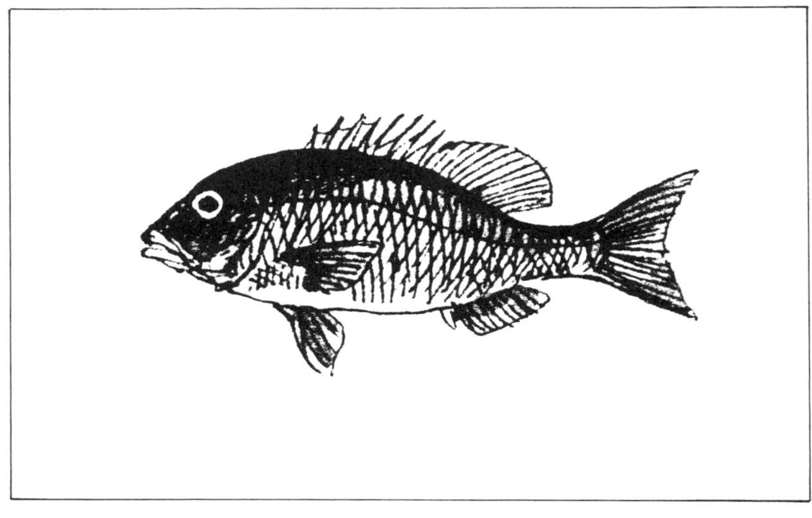

▶ 물퉁돔의 습성

수온이 높은 암초지대에서 모래 땅바닥이 있는 곳을 즐겨 유영하고 있다. 낮에는 갯바위 가장자리의 깊은 곳에서 가만히 있지만 저녁 무렵부터 먹이를 찾아서 행동을 개시한다. 밤이 되면 매우 얕은 곳까지 다가온다. 식성은 패류나 벌레류가 주이지만 생선토막 등도 좋은 먹이감이다.

▶ 낚시 시기와 시간대

따뜻한 지방에서는 연중 낚이는 물고기이지만 보통은 여름의 물고기이다. 특히 여름부터 가을에 걸쳐서가 잘 낚이는 시기이다. 습성상 저녁 무렵부터 밤에 걸쳐서 먹이를 찾기 때문에 시간대도 그 무렵이라고 하는 것이 된다.

▶ 채비와 낚시 방법

저물 채비로 낚을 경우에는 돌돔의 채비를 그대로 이용해도 좋을 것이다. 단, 바늘은 15~18호로 큼직한 것을 사용한다. 상물 낚싯대로 전기찌를 이용해서 낚는 방법도 있다. 마주 맞추기로 잡히는 물고기이므로 맞추기 쪽은 별로 신경질적이 될 필요는 없다.

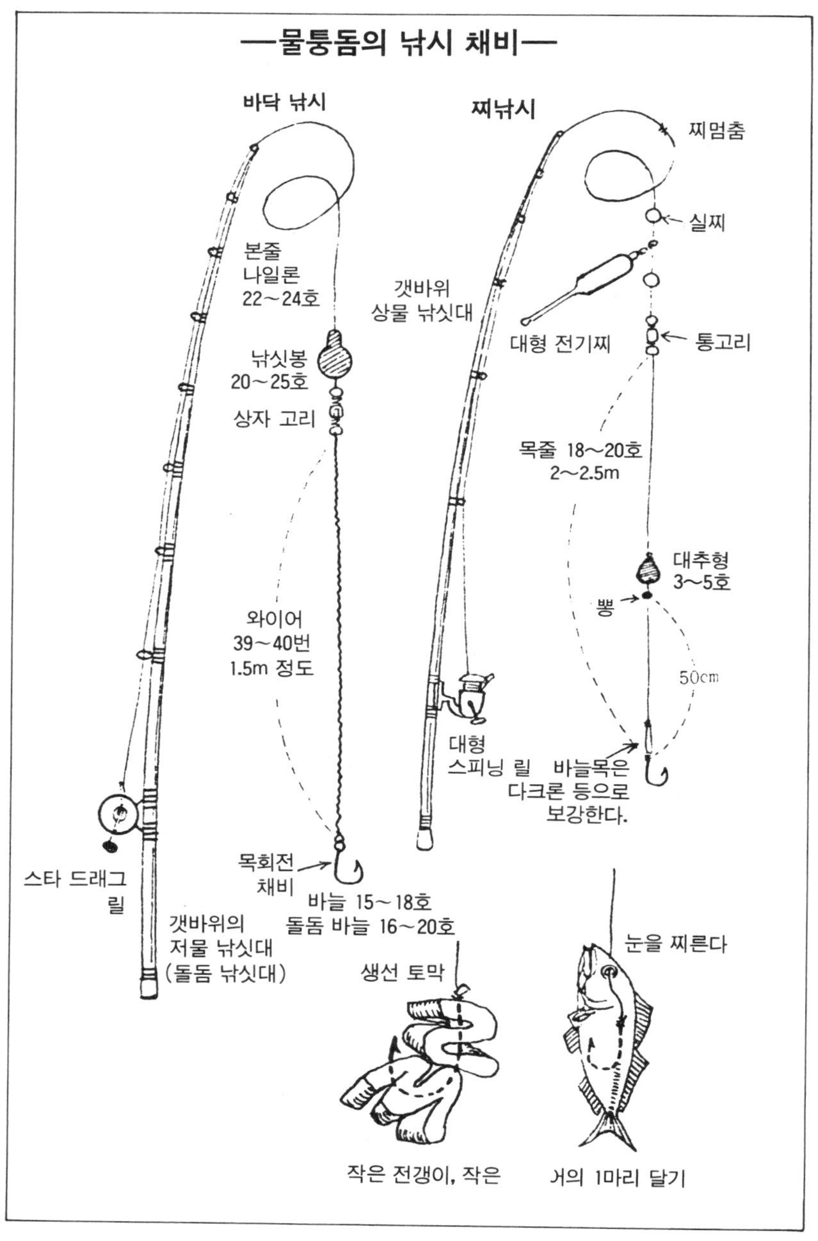
—물통돔의 낚시 채비—
바닥 낚시
찌낚시
찌멈춤
실찌
본줄
나일론
22~24호
갯바위
상물 낚싯대
대형 전기찌
통고리
낚싯봉
20~25호
상자 고리
목줄 18~20호
2~2.5m
대추형
3~5호
뽕
와이어
39~40번
1.5m 정도
50cm
대형
스피닝 릴
바늘목은
다크론 등으로
보강한다.
목회전
채비
스타 드래그
릴
바늘 15~18호
돌돔 바늘 16~20호
갯바위의
저물 낚싯대
(돌돔 낚싯대)
생선 토막
눈을 찌른다
작은 전갱이, 작은
거의 1마리 달기

자바리의 낚시

▶ 물고기의 프로필

농어과의 물고기로 암초에 사는 갯바위 낚시의 대상어로서는 최대급의 물고기이다. 보통 1m, 약간 대형이 1.2m로 종종 1.5m 가까운 것이 낚여서 큰 화제가 되기도 한다. 무게도 인간과 같기 때문에 당기는 힘도 매우 좋다.

▶ 자바리의 습성

해저의 암초 틈, 도랑, 바위 구멍 등에 숨어 있다. 해가 저물 무렵부터 먹이를 찾아서 행동한다. 식성은 주로 작은 어류로 통째로 먹는다. 수온이 높은 시기나 따뜻한 지역에서는 낮에도 활동한다. 행동 반경은 의외스러울 만큼 광범위하지만 거처 구멍은 정해져 있다.

▶ 낚시 시기와 시간대

보통 6, 7월의 산란기를 중심으로 밤 낚시의 물고기로 여겨지고 있지만 연중 낚이는 물고기이다. 밑밥만 뿌리면 낮에도 충분히 낚인다. 밤 낚시는 오후 10시 경까지로 심야에는 어신(魚信)이 끊어진다. 아침에는 새벽부터 7시 경까지가 겨냥 시간이다.

▶ 채비와 낚시 방법

채비는 모두 대규모이다. 초대형 릴을 사용한 낚싯대 낚시, 릴을 사용하지 않는 낚싯대 낚시, 로프 뿐인 낚시, 로프와 낚싯대의 병용식 등 여러 가지 채비가 있다. 입질이 있어도 서두르지 말고 천천히 자신의 발판을 확보하고 나서 맞춘다. 챔질에도 개프가 필요하다.

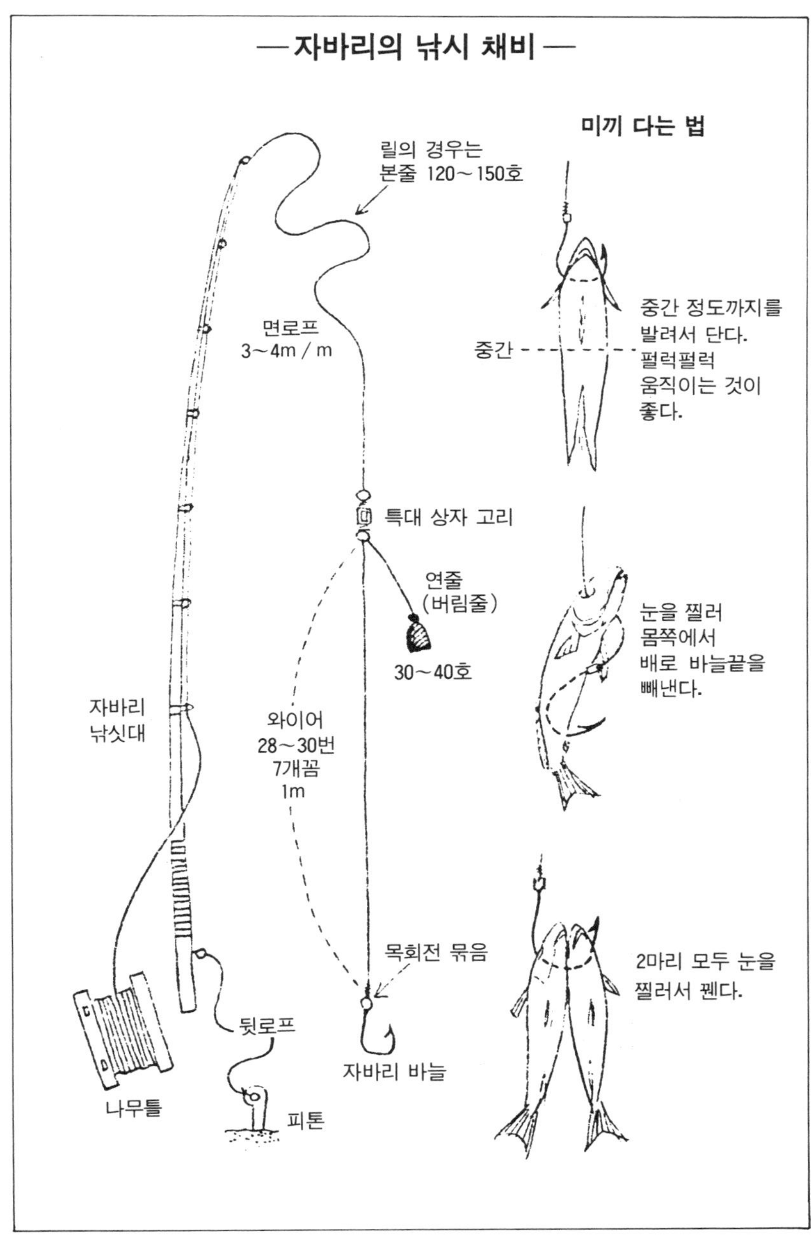
—자바리의 낚시 채비—
미끼 다는 법
릴의 경우는
본줄 120~150호
면로프
3~4m / m
중간
중간 정도까지를
발려서 단다.
펄럭펄럭
움직이는 것이
좋다.
특대 상자 고리
연줄
(버림줄)
30~40호
눈을 찔러
몸쪽에서
배로 바늘끝을
빼낸다.
자바리
낚싯대
와이어
28~30번
7개꼼
1m
목회전 묶음
2마리 모두 눈을
찔러서 꿴다.
뒷로프
자바리 바늘
나무틀
피톤

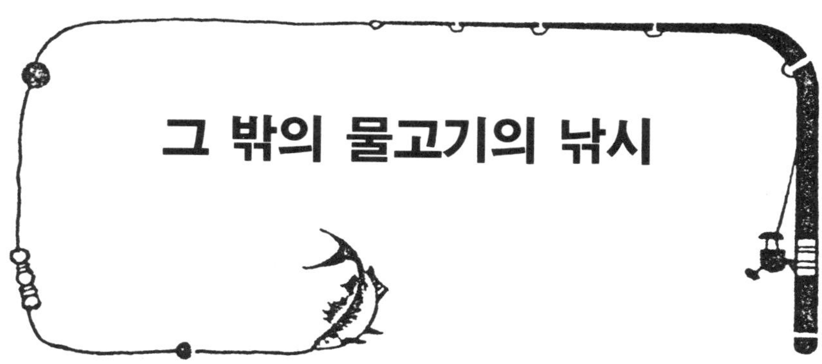

그 밖의 물고기의 낚시

갯바위 낚시에서는 지금까지 소개해 온 물고기 외에 여러기가 물고기가 낚인다. 말쥐치의 이상 번식으로 바늘 미끼가 목적으로 하는 물고기의 유영층에 이를 때까지 순식간에 빼앗겨 버린다고 하는 것 같은 경우가 흔히 있다. 이와 같은 경우에는 따로 미끼 도둑 물고기용 버림 낚싯대에 미끼 도둑을 접근시키고 그 틈을 타서 던져 넣는 등의 고심이 필요하다. 혹은 정색하고 미끼 도둑을 낚는다고 하는 것도 하나의 방법이다. 단, 이용 가치가 있는 미끼 도둑에 한한다.

더욱이 갯바위에서 3마리의 돌 물고기라고 하면 돌돔, 돌담돔, 흑돔이다. 비교적 해조가 많은 곳에 생식하고 있는 물고기이기 때문에 끝낚싯봉 채비가 좋을 것이다. 낚싯대와 릴은 돌돔 낚시와 같다.

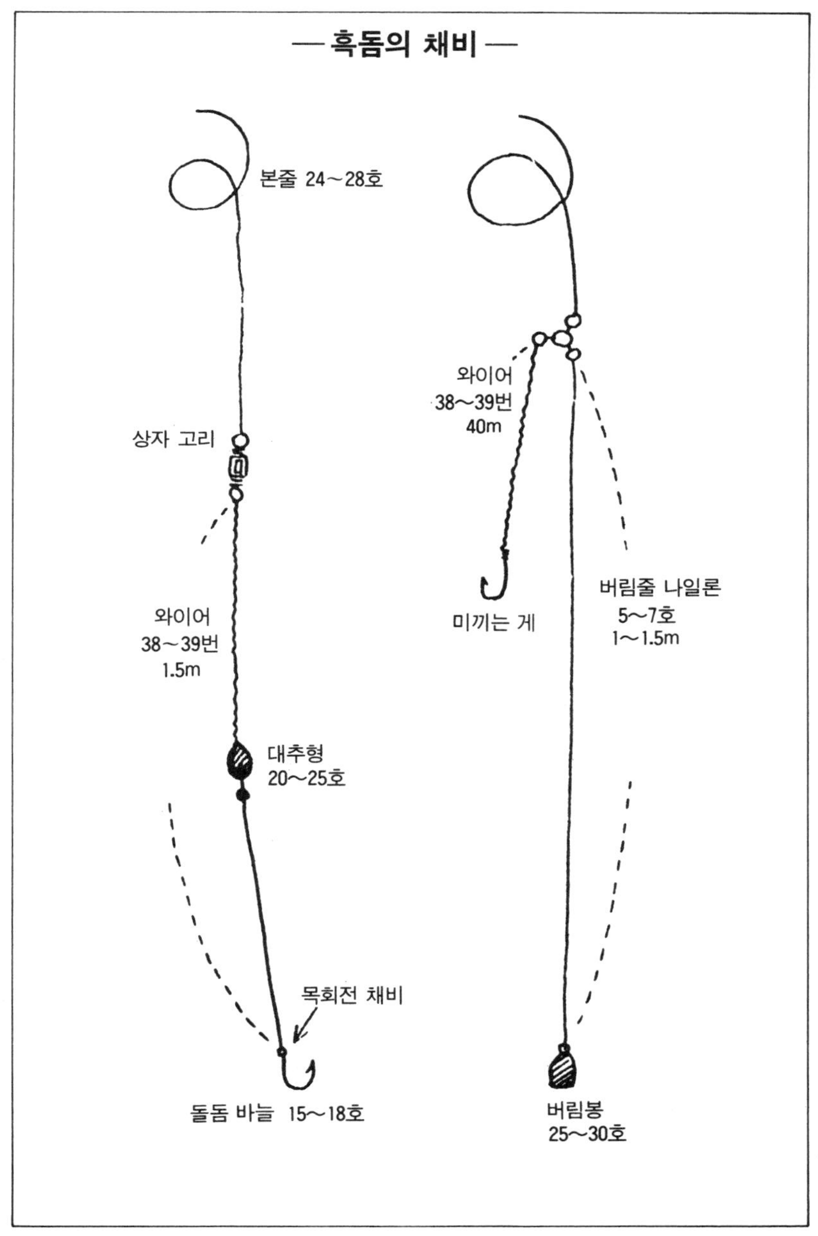

—흑돔의 채비—
본줄 24~28호
상자 고리
와이어
38~39번
1.5m
대추형
20~25호
목회전 채비
돌돔 바늘 15~18호
와이어
38~39번
40m
미끼는 게
버림줄 나일론
5~7호
1~1.5m
버림봉
25~30호

제5장

앞바다 낚시의 기초지식

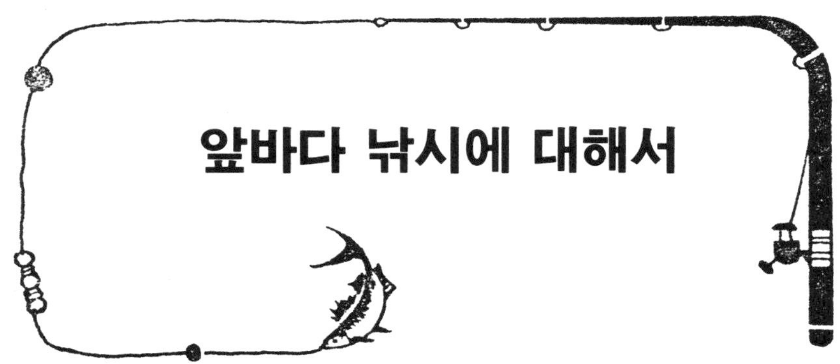

앞바다 낚시에 대해서

▶앞 바다 낚시의 특징과 주의할 점

앞바다 낚시라고 하는 것은 문자 그대로 앞바다 쪽에서 하는 낚시이기 때문에 수단으로서는 배를 이용한다. 따라서 배 낚시 때와 같다. 그러나 앞바다 낚시라고 하는 경우는 많은 배 낚시 중에서도 비교적 새로운 형식의 '승합선 낚시'와 옛날부터 있는 '맞춤선 낚시'의 2가지를 가리키는 경우가 많은 것 같다. 승합선은 15명에서 30명 정도의 사람이 대형선에 일정 요금을 지불하고 올라타서 합승으로 낚시하러 나가는 시스템으로 되어 있다.

낯선 사람이 함께 낚시하러 가는 것이기 때문에 전원이 하나의 룰을 지켜 하루를 즐기는 것이 원칙으로 되어 있다. 각각의 낚시꾼이 제멋대로 행동을 하거나 기호 낚싯감을 제각각 선정한다고 하는 것 같은 일은 할 수 없다. 목적지나 낚싯감은 선장에게 맡긴다. 그리고 사용하는 본줄의 굵기도 전원이 똑같이 맞추고 낚싯봉도 같은 호수를 사용하도록 한다.

이렇게 해서 일정한 룰 안에서 자유롭게, 채비나 미끼를 선택하여 자신의 낚시를 즐긴다. 물론 낚아 올린 물고기는 각자 각각의 쿨러에 넣으면 된다. 조건은 함께이지만 '용기'는 따로라고 하는 것이다.

맞춤선의 낚시라고 하는 것은 선장(리더)과 배를 3~5명의 멤버로 임대하여 기호의 낚싯감을 찾아서 나가는 종래의 방식이다. 최근에는 선장(리더)이 준비하는 채비 이외에 자신의 낚싯대와 채비로 낚는 사람이 늘어났다. 이 낚시의 경우 어획물은 활어조에 공동으로 넣는다. 선장의 어획물도 손님의 것이 된다. 요즘은 8시간 노동제로 오전 5시에 나간 배는 낮에 되돌아 온다.

그런데 앞바다 낚시는 육지에서 낚는 낚시와 상당한 차이점이 있다. 배를 닻으로 고정하는 낚시, 조수에 맡기고 배를 흘려서 하는 낚시 등 여러 가지이다. 따라서 낚시하러 나갈 때는 확실히 노리는 물고기를 정한다. 이것이 결정되면 도구의 준비를 스무드하게 할 수 있다. 이렇게 말하면 약간 성가신 듯이 생각되지만 앞바다 낚시하러 나갈 때는 반드시 현지에 예약을 해야 한다. 그 때에 낚시 도구나 미끼 등의 타협을 숙련된 프로 선장(리더)과 끝내기 때문에 아무 것도 걱정할 필요는 없다. 오히려 다른 낚시에 비해서 시작하기 쉽다고 말할 수 있다.

승합선에서는 대여 낚싯대, 대여 릴, 소도구류는 선상 판매, 맞춤선이라도 손낚시의 채비는 원칙적으로 되어 있기 때문에 극단적으로 말하자면 쿨러 하나로 나갈 수 있는 낚시이기도 하다. 그러나 낚시에 따른 도구를 갖추는 것도 즐거움의 하나일 것이다.

▶ 기본적인 낚시 도구

낚싯대=앞바다 낚시용의 낚싯대는 경량 배 낚싯대, 몸통 찌르기 낚싯대, 보트 롯드 등 용도별로 상당히 여러 종류가 시판되고 있다.

그 밖에 트롤링 롯드도 있다.

앞바다 낚시용의 낚싯대에는 보리멸, 쥐노래미 등 어명(魚名)이 붙어 있는 것도 있고 제물낚시, 근어(根魚) 낚시, 심해 낚시 등 그 낚싯대에 합치하는 낚시 종목이 정해져 있다. 동시에 사용하는 낚싯봉의 크기가 확실하다. 다른 낚시와 달리 낚싯대 끝에서 수직으로 낚싯줄을 드리우고 하는 낚시이기 때문에 낚싯봉의 유지도 물고기의 들어 올림도 낚싯대의 힘에 달려 있다. 맞는 낚싯대를 신택하는 것이 앞바다 낚시의 기본이라고 일컬어지는 이유이다.

맞추기가 필요한 얕은 곳의 물고기에는 짧은 듯한 것, 마주 맞추기로 먹어 들어오는 물고기에는 긴 듯한 것이 좋다.

릴=깊은 곳 낚시나 전갱이, 고등어 등의 낚시 등 몸통 찌르기 채비를 이용하는 배 낚시 전용의 릴이 '몸통 찌르기 릴'이다. 기어비는 1대 3.29 전후로 높고 스풀의 직경이 큰 릴로 레벨 와인드 기구가 달려 있는 것이 많고 본줄이 균일하게 감긴다. 초보자용에는 '전동 릴'을 사용하는 사람이 많아졌다. 전원(電源)은 승합선의 경우 대부분 배의 배터리로부터 끌어오고 있다. 다음에 가장 간단한 '한쪽받이 축 릴'이 있다. 장구형 릴이라고도 일컬어지고 있다. 가볍고 기어비가 1대 3 전후의 것도 있다. 쥐치나 놀래기, 작은 도미 등 중, 소물 낚시에 응용 범위가 넓은 것이다. 스피닝 릴이나 저물용의 스타 드래그 릴은 드물게 사용하는 경우는 있지만 앞바다 낚시에서의 출번(出番)은 적은 릴이다.

본줄=앞바다 낚시의 본줄은 가늘고 강하고 신축이 적은 것을 선택한다. 흔히 사용되고 있는 것은 테트론실(폴리에스텔실)이다. 불투명하기 때문에 끝줄 10m 정도로 나일론실을 다는 것이 보통이다. 그 외에 테트론의 뜨개실, 4편사 등도 사용된다. 얕은 곳의 소물

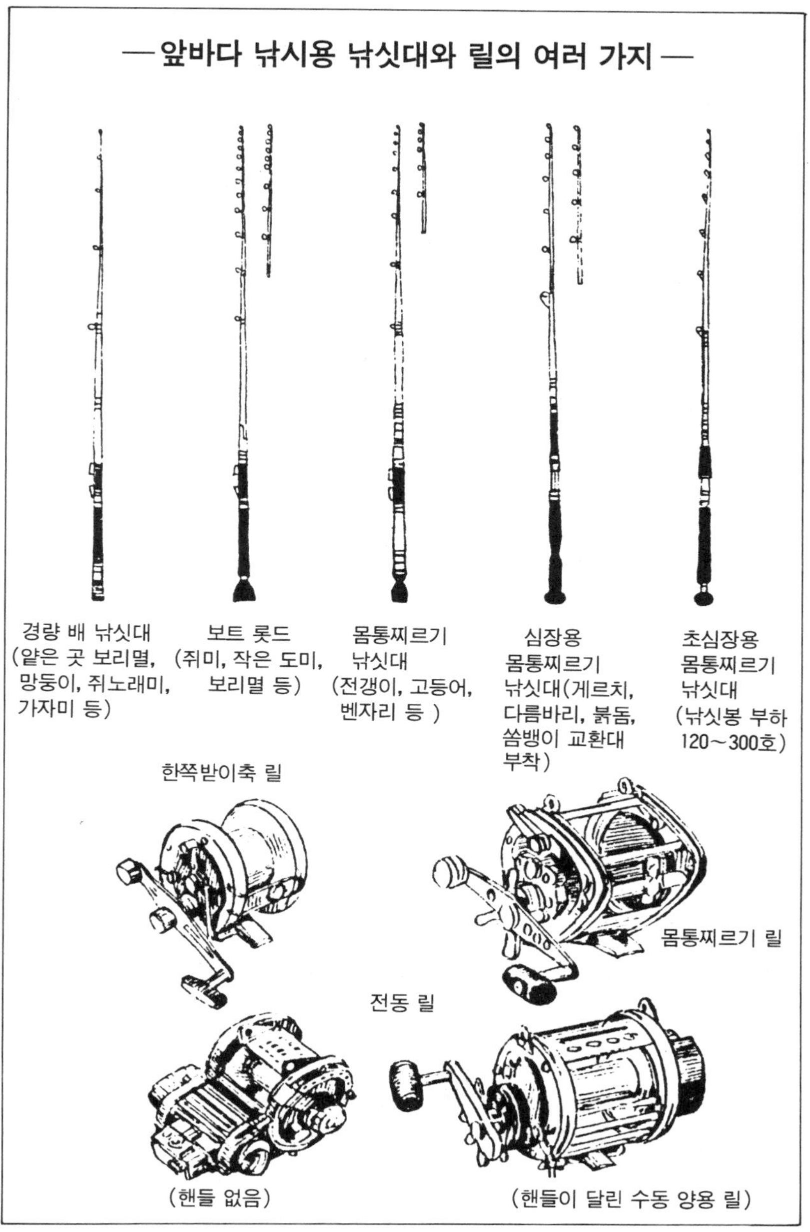

—앞바다 낚시용 낚싯대와 릴의 여러 가지—

등은 나일론실이라도 괜찮다.

바늘=앞바다 낚시에 이용하는 바늘은 목적으로 하는 물고기에 따라 천차만별이다. 심장 낚시에는 한 번 걸리면 벗겨지기 어려운 네무리 바늘(게르치 바늘) 등 특징 있는 형태의 바늘을 이용한다. 또한 제물낚시나 밑밥 낚시에서는 제물낚시 바늘을 이용한다. 또한 몸통 찌르기 빈 바늘이라고 하여 바늘 자체가 빛나서 청어, 은어 등의 치어 등으로 보이는 제물낚시로 되어 있는 것도 있다. 보리멸, 놀래기, 가자미, 작은 도미 등에는 축이 긴 소매형, 유선, 여우, 프랑스, 둥근 세이고 등이 사용된다.

낚싯봉=재빨리 물고기의 유영층에 채비를 내리기 위해서 물의 저항을 받지 않는 형상의 것이 각종 시판되고 있다. 지방이나 낚시 방법에 따라서 특색 있는 낚싯봉이 있다.

그 외에 편대나 밑밥 바구니 등의 용구가 필요한 경우도 있다.

낚시를 배우는 동안은 목적으로 하는 낚시터의 선장(리더)에게 묻거나 경험자의 의견을 받아 들여서 도구를 선택할 것을 권한다.

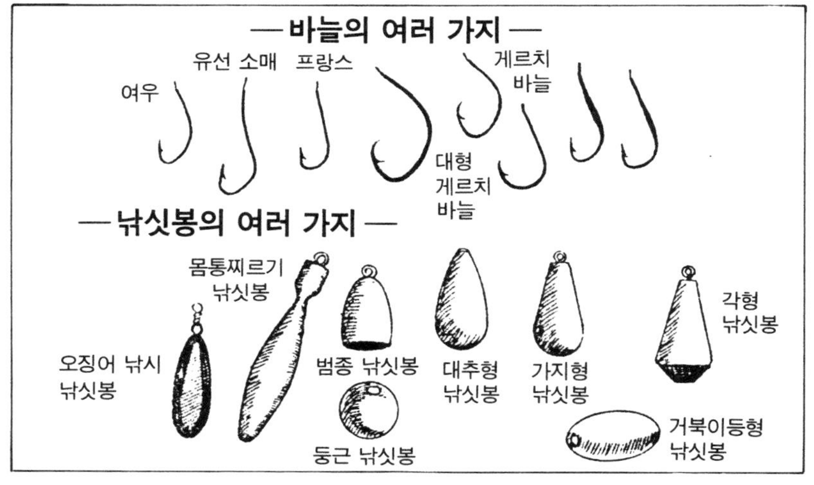

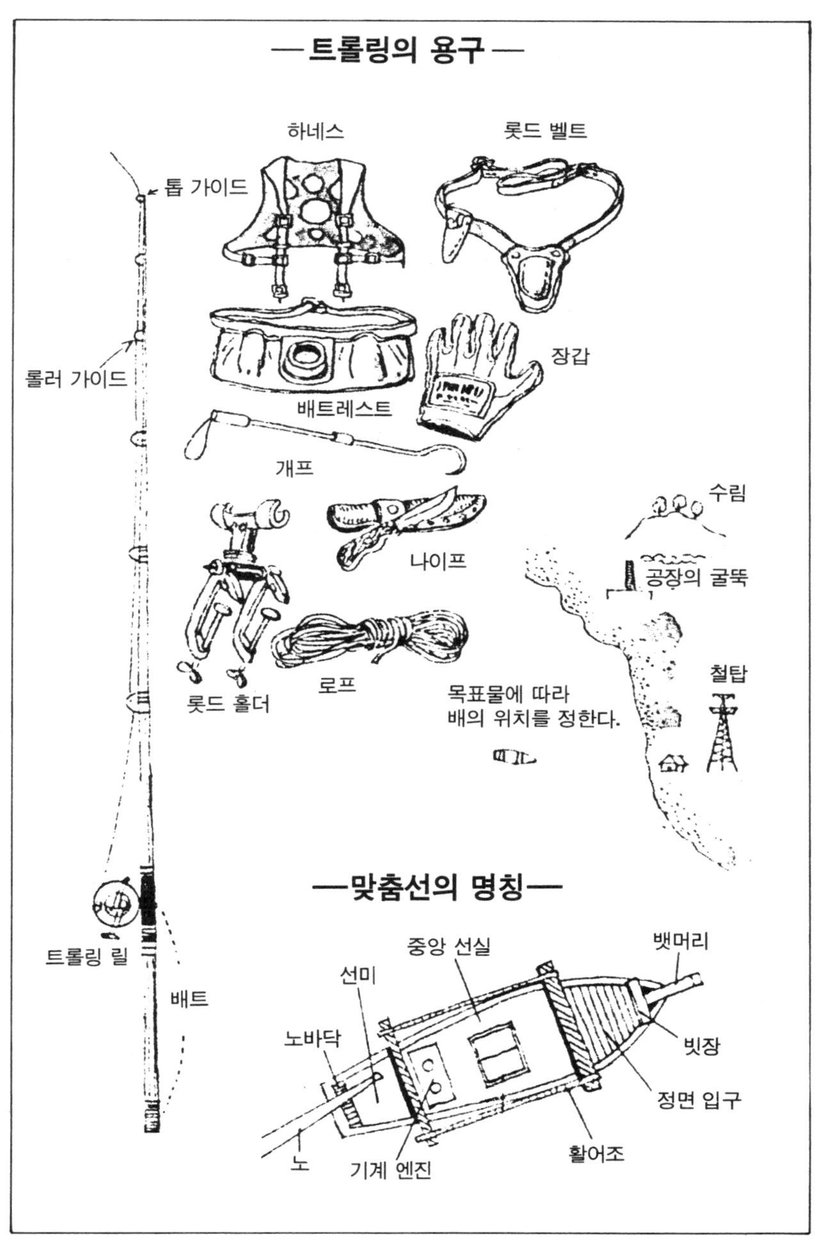
—트롤링의 용구—
하네스
롯드 벨트
톱 가이드
장갑
롤러 가이드
배트레스트
개프
수림
나이프
공장의 굴뚝
철탑
롯드 홀더
로프
목표물에 따라
배의 위치를 정한다.
—맞춤선의 명칭—
트롤링 릴
중앙 선실
뱃머리
선미
배트
노바닥
빗장
정면 입구
활어조
노
기계 엔진

승합선에 의한 중층회유어(中層回遊魚)의 몸통 찌르기 낚시

바다의 중층을 회유하는 물고기로 낚시의 대상이 되는 것이 전갱이, 고등어, 벤자리, 꼬치고기, 소오다 가다랭이 등이다.

같은 몸통 찌르기 낚시이지만 사용하는 채비에 따라 몸통 찌르기 빈 바늘 낚시와 밑밥 낚시의 두 가지 타입이 있다.

빈 바늘 낚시는 거의 1년내내 승합선에서 이루어지고 있지만 밑밥 낚시는 시즌이 한정된다.

▶빈 바늘 낚시

빈 바늘은 문자 그대로 빈 바늘로, 미끼를 달지 않은 바늘이라고 하는 의미이다. 바늘 자체가 치어(작은 물고기)의 제물 낚시로 되어 있어 그것을 5~8개, 가지 바늘 장치로서 단다. 이 바늘을 몸통 찌르기 낚싯봉으로 재빨리 가라앉히면 바다 속에서 마치 치어가 달아나는 것 같은 광채와 움직임을 보인다.

이 낚시에 이용하는 낚싯대는 롤러 톱의 몸통 찌르기 낚싯대의 3m급으로 몸통에 걸린 상태가 적합하다. 릴은 몸통 찌르기 릴이나 한쪽받이축 릴을 사용한다. 바늘은 당연 빈 바늘이지만 금도금을 한 것, 황색실을 묶은 것, 붉은 실이 달린 것, 복어 껍질 등을 단 것 등 때와 경우에 따라서 여러 가지 연구가 이루어진다. 낚싯봉은 수심 30m까지는 25호, 50m까지는 35호 정도가 표준이다.

선장(리더)이 '채비를 넣어 주십시오'라고 하는 신호를 하면 낚싯봉을 내던지고 본줄을 내보낸다. '바닥에서 15m 정도이다'라고 선장이 말하면 낚싯봉이 바닥에 닿고 나서 15m 정도 감아 올린다. 전갱이의 경우는 낙하 도중에 달려드는 경우가 많고 벤자리의 경우는 채비를 올릴 때에 먹는 경우가 비교적 많은 듯 하다. 고등어는 어느 것이라도 먹는다.

챔질은 정성껏 재빠르게 해서 다음 낚시로 곧 이동할 수 있도록 한다. 많이 낚기 위해서 불가결한 것은 '좋은 솜씨'이다.

▶ 밑밥 낚시

뿌림미끼 낚시이다. 단, 해면에 미끼를 뿌리는 것이 아니라 밑밥 바구니라고 하는 금속제 바구니에 치어를 담아 채비 상부에 달고 가끔 바구니를 휘둘러 움직여서 치어를 그물눈 밖으로 흘려 물고기의 입질을 유혹한다고 하는 것이다.

빈 바늘이 살아 있는 치어의 돌아다니는 모습을 연기하는 것과 달리 같은 제물낚시라도 밑밥 낚시 쪽은 약한 치어가 흔들흔들 바다 속으로 떨어져 가는 상태를 연기한다. 겨울, 수온이 내려가 약간 움직임이 떨어져서 월동 장소에 살고 있는 전갱이나 고등어 등을 낚을 때에는 밑밥 낚시로 물고기의 입질을 유혹한다. 딱딱 낚싯대를 움직이는 것이 아니라 장단을 맞추어 크게 낚싯대를 상하로 움직여서 제물 낚시 바늘을 움직인다.

이 외에 한여름에 내만에 고등어 대군이 들어 오는 경우가 있는데 이와 같은 때는 떼의 이동을 묶을 만한 치어를 뿌리면서 밑밥 낚시를 한다. 토사의 전갱이 깍지라고 하는 제물낚시 바늘이 흔히 사용된다.

또한 소오다 가다랭이도 늦여름 경 역시 떼를 이룬다. 제물낚시 바늘은 역시 토사의 고등어 깍지나 고등어 쇠갈고리 등 약간 큼직한 것을 이용하지만 밑밥 바구니에서의 뿌림 미끼 낚시와 색다르지 않다. 단, 먹어 올라와 수면까지 떠오르게 되면 바구니도 낚싯봉도 제거하고 1개 바늘로 수면에서 우엉 뽑듯이 낚아 올린다.

더욱이 밑밥 바구니의 상부에는 고무 쿠션 장치를 달아 두면 채비가 끊어지는 것을 막을 수 있다.

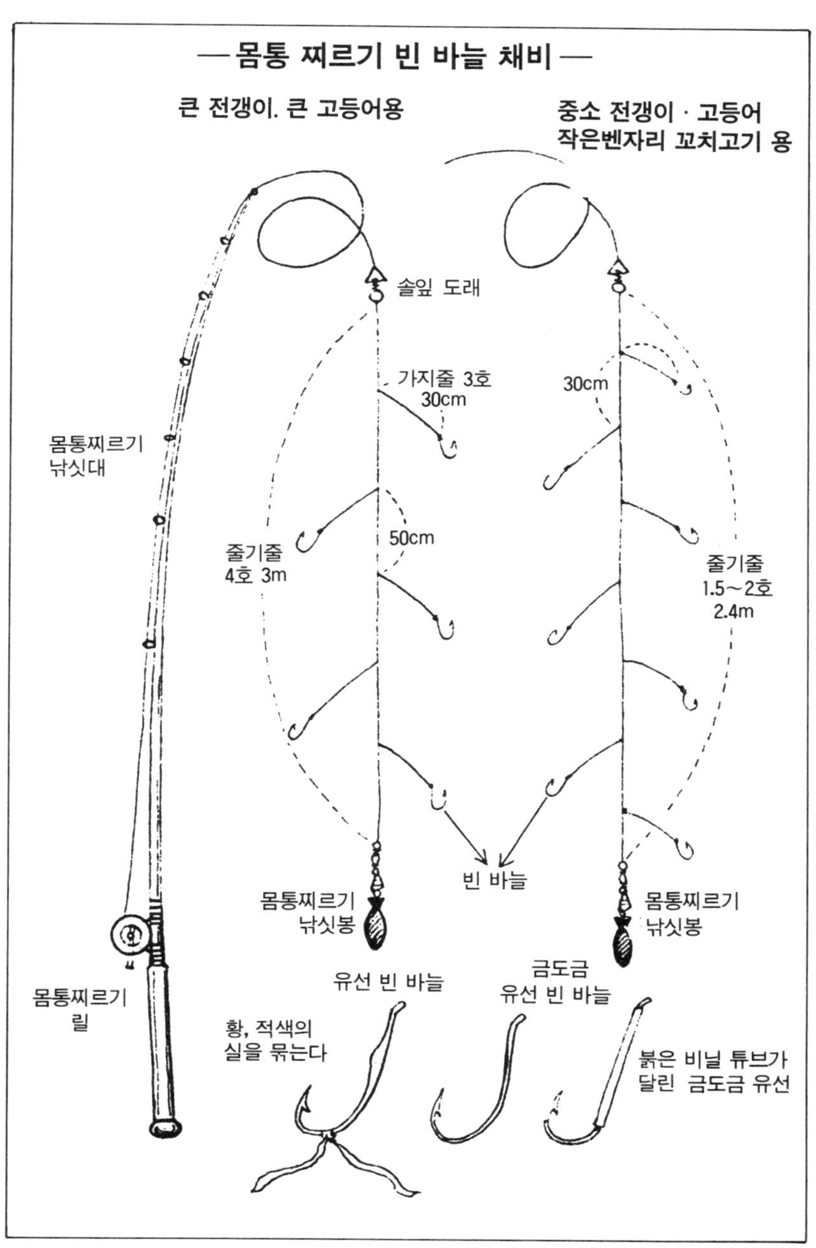
—몸통 찌르기 빈 바늘 채비—
큰 전갱이. 큰 고등어용
중소 전갱이 · 고등어
작은벤자리 꼬치고기 용
솔잎 도래
가지줄 3호
30cm
30cm
몸통찌르기
낚싯대
50cm
줄기줄
4호 3m
줄기줄
1.5~2호
2.4m
빈 바늘
몸통찌르기
낚싯봉
몸통찌르기
낚싯봉
몸통찌르기
릴
유선 빈 바늘
금도금
유선 빈 바늘
황, 적색의
실을 묶는다
붉은 비닐 튜브가
달린 금도금 유선

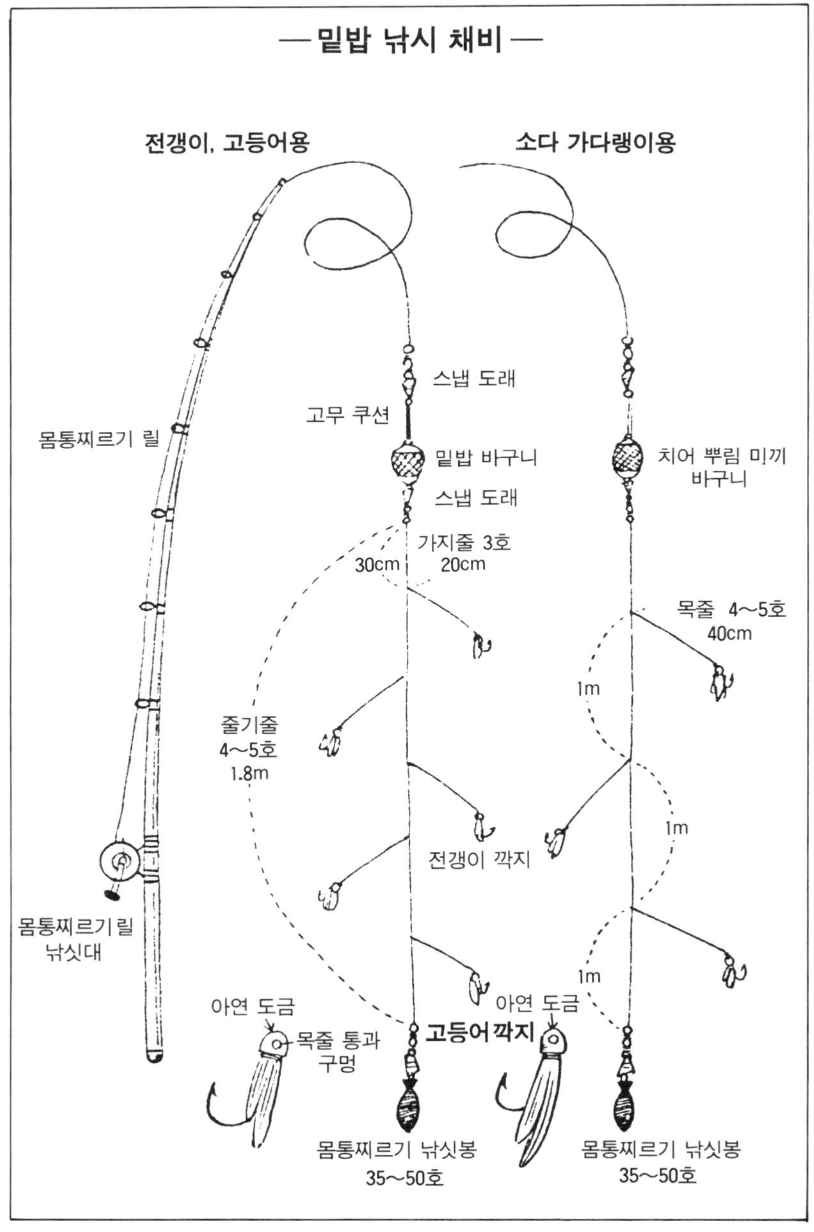
— 밑밥 낚시 채비 —
전갱이, 고등어용
소다 가다랭이용
스냅 도래
고무 쿠션
몸통찌르기 릴
밑밥 바구니
스냅 도래
치어 뿌림 미끼
바구니
가지줄 3호
30cm
20cm
목줄 4~5호
40cm
1m
줄기줄
4~5호
1.8m
1m
전갱이 깍지
몸통찌르기릴
낚싯대
1m
아연 도금
아연 도금
목줄 통과
구멍
고등어깍지
몸통찌르기 낚싯봉
35~50호
몸통찌르기 낚싯봉
35~50호

승합선의 심해(深海) 낚시

낚시 도구의 발달로 가능해진 낚시가 앞바다 낚시 중에서도 특히 '심해 낚시'라는 사실은 앞에 쓴 대로이다. 심해라고 하기 보다 심장(深場)이라고 하는 편이 적절할 지도 모르지만 낚싯대에 심해, 초심해라고 하는 것 같은 서브네임이 들어간 것이 시판되고 있으므로 심해 낚시 쪽이 알기 좋을 것이다. 왜냐하면 수심이 200 ~300m의 우리들의 척도로는 굉장히 깊은 바다도 사실은 지구적 시야에서 보면 대륙붕이 얕은 연해이기 때문이다. 그러나 소위 2000m나 3000m의 심해가 아님을 명기한 후에 알기 쉬운 심해 낚시라고 하는 말을 사용하기로 하자.

노리는 물고기는 게르치, 연어병치, 다금바리, 뿔돔, 붉돔, 앞바다 쏨뱅이, 능성어 등등 실로 다종에 걸친다.

낚싯대는 낚싯봉 부하(負荷) 80~120호 이상으로 길이는 3m 정도까지이다. 릴은 몸통 찌르기의 대형 릴을 사용한다. 테트론의 8~10호를 400m 정도 감을 수 있는 것으로 레벨 와인더 기구의 것이 좋다. 수심이 250m 정도 이상의 낚시라면 전통 릴이 유리한 경우가 있다.

낚시 방법에서 중요한 것은 바닥의 파악 방법이다. 어쨌든 2백에서

3백 미터의 해저이기 때문에 처음에는 좀체로 파악할 수 없지만 익숙해짐에 따라서 낚싯줄의 느슨해짐 등으로 알게 된다. 심해라고 해서 접낚싯대 채 방치하지 말고 가끔 낚싯대를 움직여서 끊임없이 둔덕을 낚도록 바닥을 재 파악할 필요가 있다. 승합선이기 때문에 낚싯줄이 다른 사람의 채비와 얽히지 않도록 주의해야 한다.

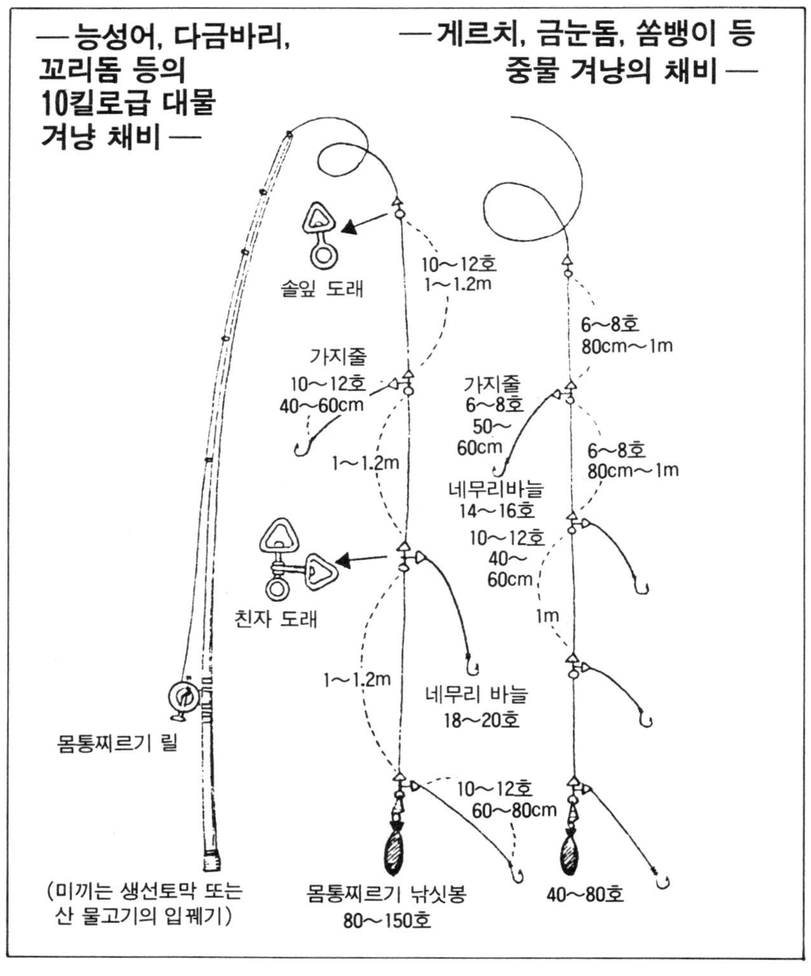

맞춤선의 낚시

승합선이 버스라면 맞춤선은 전세 택시에 비유할 수 있다.

예약이 필요 없고 아침의 출선 시각에 선착장에 가면 출어할 수 있다고 하는 승합선도 있지만 맞춤선의 경우에는 배 한 척 통째 임대하는 것이기 때문에 아무래도 사전 예약이 필요 불가결해진다.

예약에 있어서는 낚시하러 나가는 인원수, 대표자의 성명, 주소, 일정, 숙박의 유무, 미끼, 사고시의 연락처 전화번호 등을 타협한다.

당일 낚시하러 나갈 수 없는 것 같은 사정이 된 경우에는 반드시 서둘러 연락해야 한다. 무단 캔슬이라고 하는 것 같은 경우가 없도록 해 주기 바란다. 또한 기후에 대해서도 반드시 전화로 타협해서 상담한 후 결정한다.

모처럼 즐거운 맞춤선의 낚시를 배멀미가 방해하는 경우도 있다. 절제에 노력하고 불안한 사람은 멀미약을 사전에 먹어 두도록 한다.

▶ 맞춤선의 흰 보리멸 낚시

던질 낚시에서도 등장한 흰 보리멸은 앞바다 낚시의 낚싯감으로서도 뿌리 강한 인기가 있다.

5월 경의 소상기부터 여름, 가을에 걸쳐서는 얕은 곳을 낚는다. 초여름 경의 어형(魚型)이 가장 크고 만내의 조용한 바다에 배를 준비시키고 낚는 즐거움은 매우 크다.

가을에는 소형이지만 많이 낚이는 것이 특징이다. 그리고 따뜻한 지방에서는 한겨울에 깊은 곳의 월동 보리멸을 노리는 낚시도 있다. 수심 30~40m를 낚는다.

앞바다 낚시의 릴에 스피닝은 별로 이용하지 않는다고 서술했지만 얕은 곳의 보리멸과 같이 조금 던져 넣고 천천히 당겨서 입질을 파악하는 낚시에는 적합하다. 소형이고 고성능이라고 하는 것이 조건이다.

입질은 토톡, 부르르 하고 왔을 때에 반 호흡의 틈을 두고 맞추는 것이 요령이다.

▶ 맞춤선의 쥐노래미 낚시

모래사장에서의 던질 낚시나 방파제 낚시에서 친숙한 물고기이다.

앞바다 낚시의 경우라도 역시 바닥 뿌리가 얽힌 곳이나 해조의 주변을 낚는다.

수심이 극히 얕은 곳에서는 해안에서의 낚싯대 낚시와 같은 요령으로 긴 듯한 낚싯대를 이용하지만 약간 수심이 있는 곳에서는 2.1m~2.4m의 배 낚싯대(2개 이음)에 장구형 릴, 본줄 테트론 4~5호, 끝줄 나일론 3~5호로 하고 낙하산, 낚싯봉의 채비를 이용한다.

치켜올림 낚싯대를 이용해도 좋다.

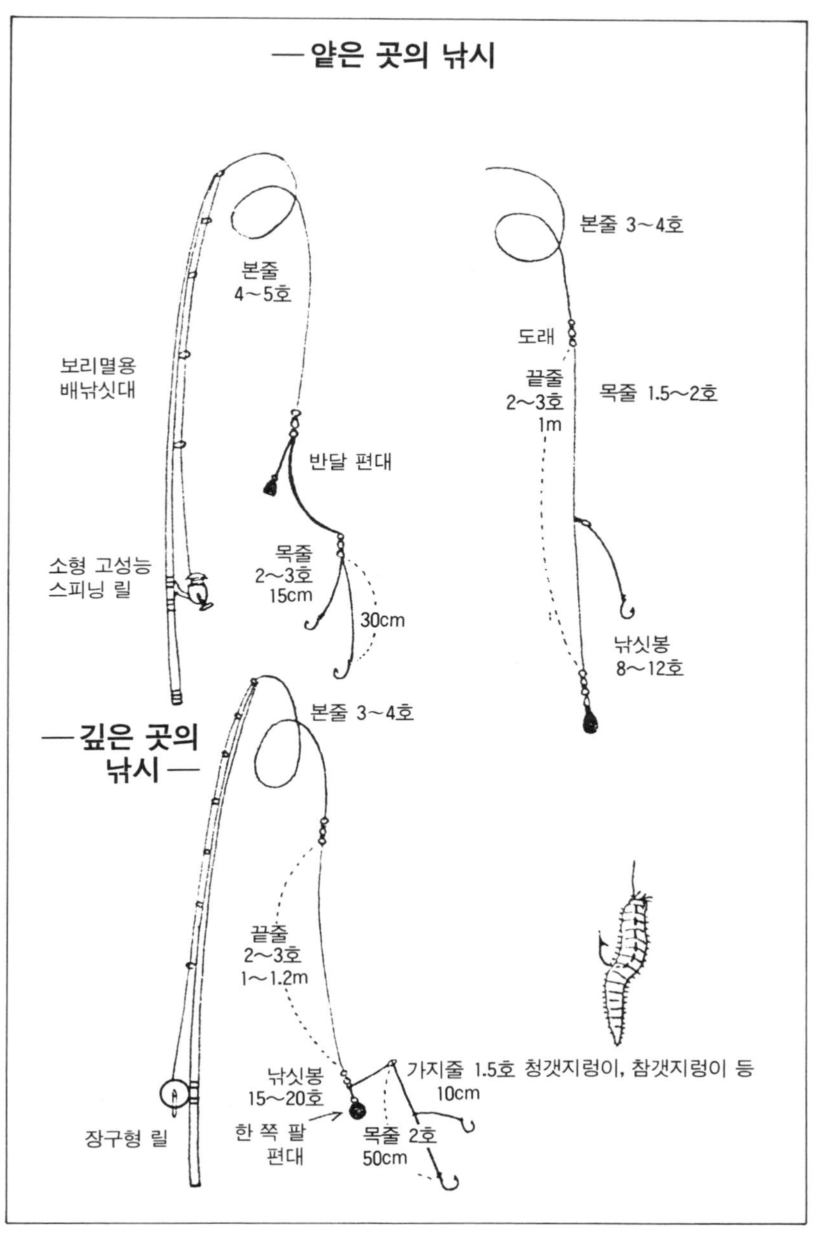
—얕은 곳의 낚시
본줄
4～5호
보리멸용
배낚싯대
반달 편대
소형 고성능
스피닝 릴
목줄
2～3호
15cm
30cm
본줄 3～4호
도래
끝줄
2～3호
1m
목줄 1.5～2호
낚싯봉
8～12호
본줄 3～4호
—깊은 곳의
낚시—
끝줄
2～3호
1～1.2m
낚싯봉
15～20호
가지줄 1.5호
10cm
청갯지렁이, 참갯지렁이 등
장구형 릴
한 쪽 팔
편대
목줄 2호
50cm

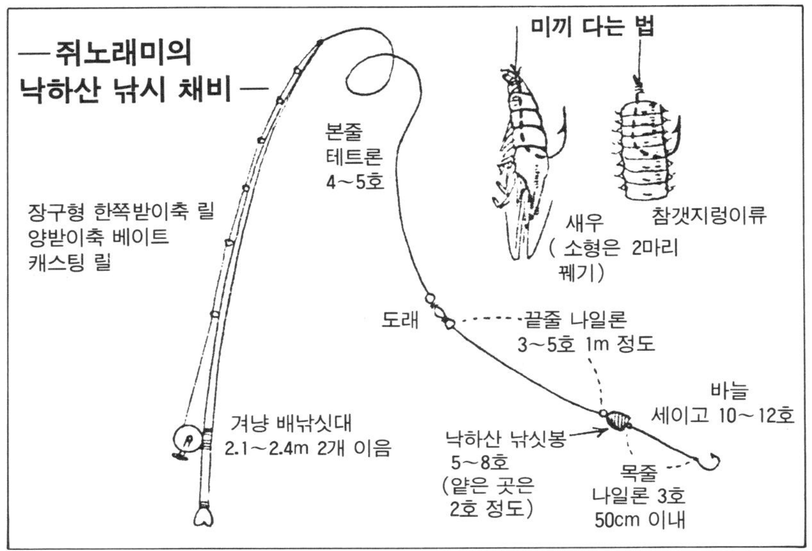

낚싯봉을 쿵, 하고 바닥에 가라앉히면 30cm에서 50cm정도 치켜올릴 듯이 들어 올린다. 그리고 다시 바닥에 가라앉혀서 치켜 올린다. 이것을 반복한다. 미끼 새우가 바닥에서 깡총깡총 뛰고 있는 것 같이 움직이게 하는 것이 목적이다. 참갯지렁이도 사용된다.

▶맞춤선의 가자미 낚시

도구는 쥐노래미의 경우와 거의 같다. 단, 얕은 곳의 가자미를 조금 던져 넣고 당김 낚시로 유혹하는 경우는 소형의 스피닝 릴 쪽이 사용하기 쉬운 경우가 있다.

가자미는 해저의 모래 연기가 피어 오르는 듯한 곳으로 돌진해서 먹이를 찾는 습성이 있다. 그 때문에 가자미의 편대 낚싯봉은 해저를 끌어 당길 때에 모래 연기를 피우기 쉽도록 편평한 것이 많다. 던질

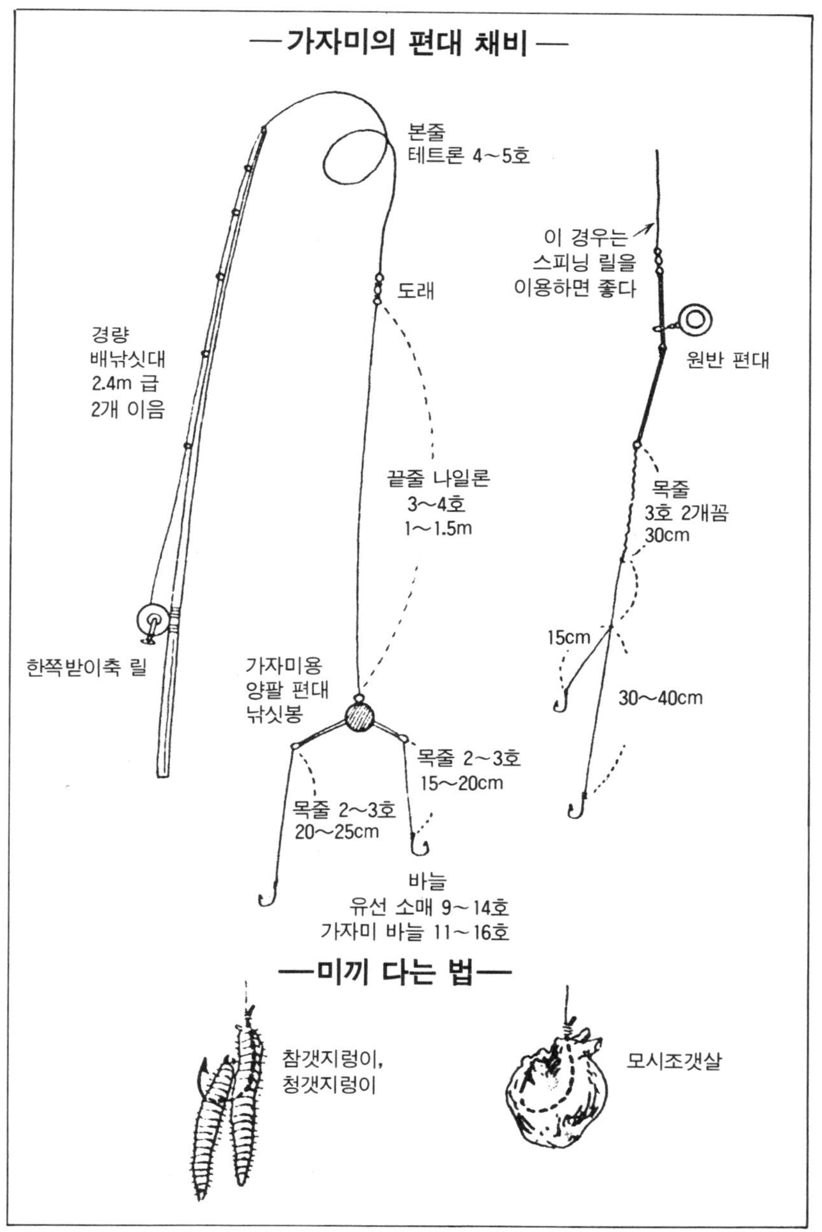
—가자미의 편대 채비—
본줄
테트론 4~5호
도래
경량
배낚싯대
2.4m 급
2개 이음
끝줄 나일론
3~4호
1~1.5m
한쪽받이축 릴
가자미용
양팔 편대
낚싯봉
목줄 2~3호
15~20cm
목줄 2~3호
20~25cm
바늘
유선 소매 9~14호
가자미 바늘 11~16호
이 경우는
스피닝 릴을
이용하면 좋다
원반 편대
목줄
3호 2개꼼
30cm
15cm
30~40cm
—미끼 다는 법—
참갯지렁이,
청갯지렁이
모시조갯살

낚시의 편대도 사용한다.

미끼는 참갯지렁이, 청갯지렁이, 집갯지렁이, 모시조개살 등을 이용하지만 눈에 띄기 쉽도록 큼직하게 단다.

입질은 꿈질꿈질 와서 낚싯대 끝을 누른다. 빨리 맞출 필요는 없지만 삼켜지면 성가시기 때문에 1호흡 두고 크게 맞춘다.

▶맞춤선의 볼락 낚시

이른 봄의 앞바다 낚시에 불가결한 낚싯감이다. 수심이 2미터에서 3미터라고 하는 얕은 곳에서는 해안에서의 낚싯대 낚시와 마찬가지로 긴 낚싯대로 낚는다. 낚싯대는 갯바위의 중·소물 낚시용의 4m급, 릴은 소형 양받이축 릴로 맥낚시 채비의 탐색 낚시이다. 미끼는 주로 산 새우를 이용한다. 수심 30m 약간 깊은 곳을 낚는 경우 몸통찌르기 낚시가 주이다. 낚싯대는 몸통 찌르기 낚싯대의 연 흔들리기로 3m급, 릴은 장구형 한쪽받이축 릴을 사용한다. 가지 바늘을 4개~5개 단다. 미끼는 산 까나리 등 작은 물고기가 최고이다. 새우도 사용한다.

볼락의 입질은 낚싯대를 두드리는 듯한 반응이 있다. 세게 맞추지 말고 천천히 빼 올리듯이 낚싯대를 들어 올려 릴을 감는다. 가지 바늘 채비의 경우는 쫓는 입질을 돌려서 한 번에 수 마리 낚아 올리는 것이 수를 올리는 요령이다. 이른 봄에는 빈 바늘의 채비로 낚을 수 있는 물고기이다.

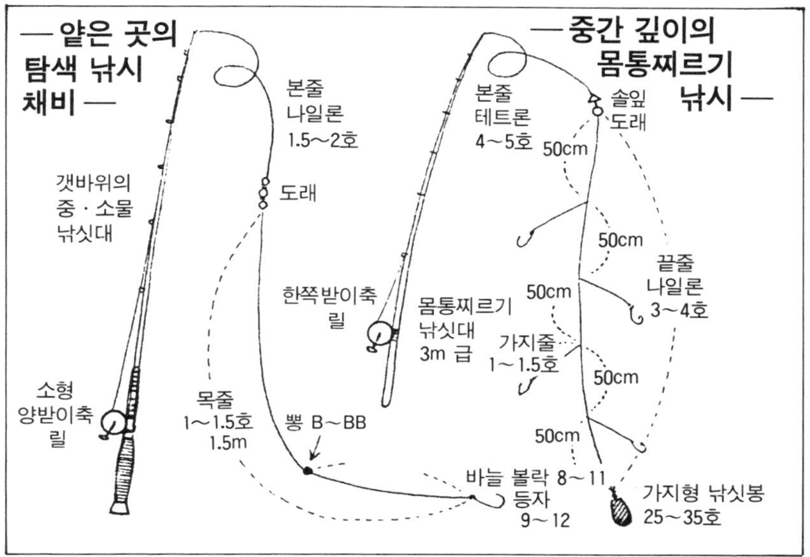

▶맞춤선의 오징어 낚시

칼오징어, 흰 오징어, 붉은 오징어 등 종류나 명칭이 많은 오징어는 여름의 낚싯감으로서 알려져 있다.

특히 밤 낚시로서의 오징어 낚시는 여름의 풍물시이다.

낚싯대는 몸통 찌르기 낚싯대의 2.7~3m급, 릴도 몸통 찌르기 릴을 이용한다.

오징어 뿔이라고 하는 오징어 전용의 제물낚시 바늘 3~5개를 1m 내지 1.5m 간격으로 달아 깊은 곳을 낚는 경우 본줄도 20호 이상, 끝줄7~8호가 필요하다. 비교적 얕은 유영층을 낚을 경우에는 수중 램프를 달고 오징어 걸개 바늘에 오징어 토막살을 휘감아서 접근시킨다.

오징어가 제물낚시에 달라 붙으면 지그시 무거워지기 때문에 가만

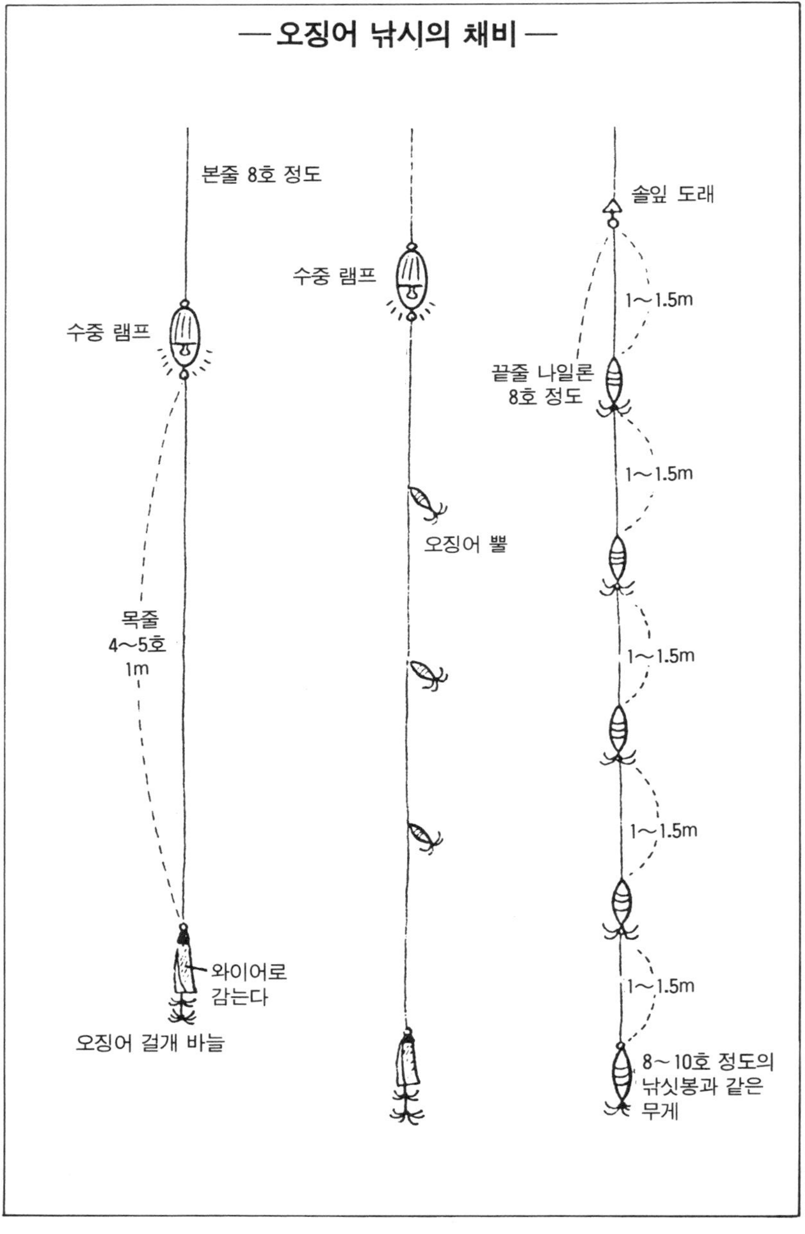

—오징어 낚시의 채비—
본줄 8호 정도
수중 램프
목줄
4~5호
1m
와이어로
감는다
오징어 걸개 바늘
수중 램프
오징어 뿔
솔잎 도래
1~1.5m
끝줄 나일론
8호 정도
1~1.5m
1~1.5m
1~1.5m
1~1.5m
8~10호 정도의
낚싯봉과 같은
무게

히 들어 올리듯이 릴을 감아 거두어 들인다.

▶맞춤선의 작은 도미 낚시

늦가을에서 초겨울에 걸친 기간이 낚시 시기로 내만의 암초 지대를 낚는다. 닻을 내리고 낮은 바위에 배를 대거나 흘리거나 그 지방에 따라서 타입은 달라지지만 채비는 몸통 찌르기 채비로 짧은 가지 바늘을 3개 정도 다는 것이 보통이다.

낚싯봉으로 바다돌의 머리를 두드리는 듯한 기분으로 주로 바닥을 낚는다. 윗 바늘에 올 경우에는 조금 바닥을 가로질러 본다.

입질은 선명해서 낚싯대 끝을 툭툭하고 가져 들어가기 때문에 조금 들여 보내고 나서 낚싯대를 치켜올리듯이 맞춘다. 가끔 3세어가 오는 경우가 있다. 강한 당김이 갑자기 왔을 경우에는 한쪽받이축 릴을 역전시키면서 릴의 스풀을 손가락으로 서밍하여 낚싯줄을 내보낸

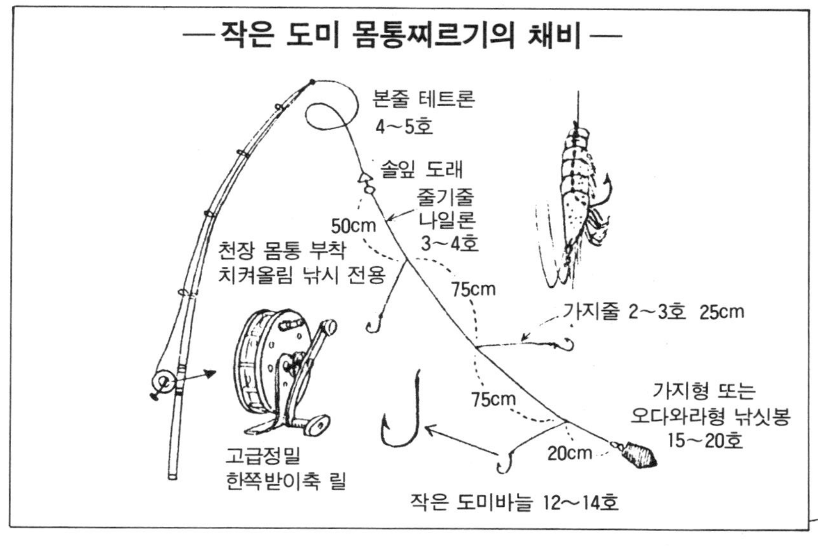

다.

작은 도미는 동시에 2마리 걸리는 경우가 있지만 서두르지 말고 신중히 거두어 들인다.

▶맞춤선의 쥐치 낚시

미끼 도둑으로서 눈의 가시로 여겨지는 말쥐치와 달리 쥐치는 앞바다 낚시의 대상어로서 친숙해져 있다. 그러나 미끼를 가로채는 것이 능숙한 것은 말쥐치와 마찬가지로 이 물고기의 약삭빠른 움직임을 일찌감치 감지하고 낚아 올리는 점에 이 낚시의 묘미가 있다. 시즌은 9월말 경부터 1월까지이다.

얕은 곳의 암초 바닥을 낚기 때문에 탄력이 있는 낚싯대 끝이 부드러운 끝흔들리기의 경량 배 낚싯대가 필요하다. 길이는 2m 전후가 적당하다. 어명(魚名)이 붙은 낚싯대도 시판되고 있다. 릴은 작은 도미 낚시와 마찬가지로 고성능의 한쪽받이축 릴을 이용한다.

좀 이상한 느낌이 있으면 재빨리 맞춘다. 일단 바늘에 걸면 저돌적으로 릴을 감는다. 팔을 뻗쳐서 감는 정도로 한다.

▶맞춤선의 쏨뱅이 낚시

여기에서 든 쏨뱅이는 입이 크고 두부가 딱딱한 근어(根魚)의 일종이다. 심해 낚시에서 노리는 앞바다 쏨뱅이 등과는 낚시 방법이 전혀 다르다.

맞춤선에서 비교적 낚싯감이 적은 겨울철에 나가서 암초 바닥의 얕은 곳을 조용히 낚는 운치 있는 낚시이다.

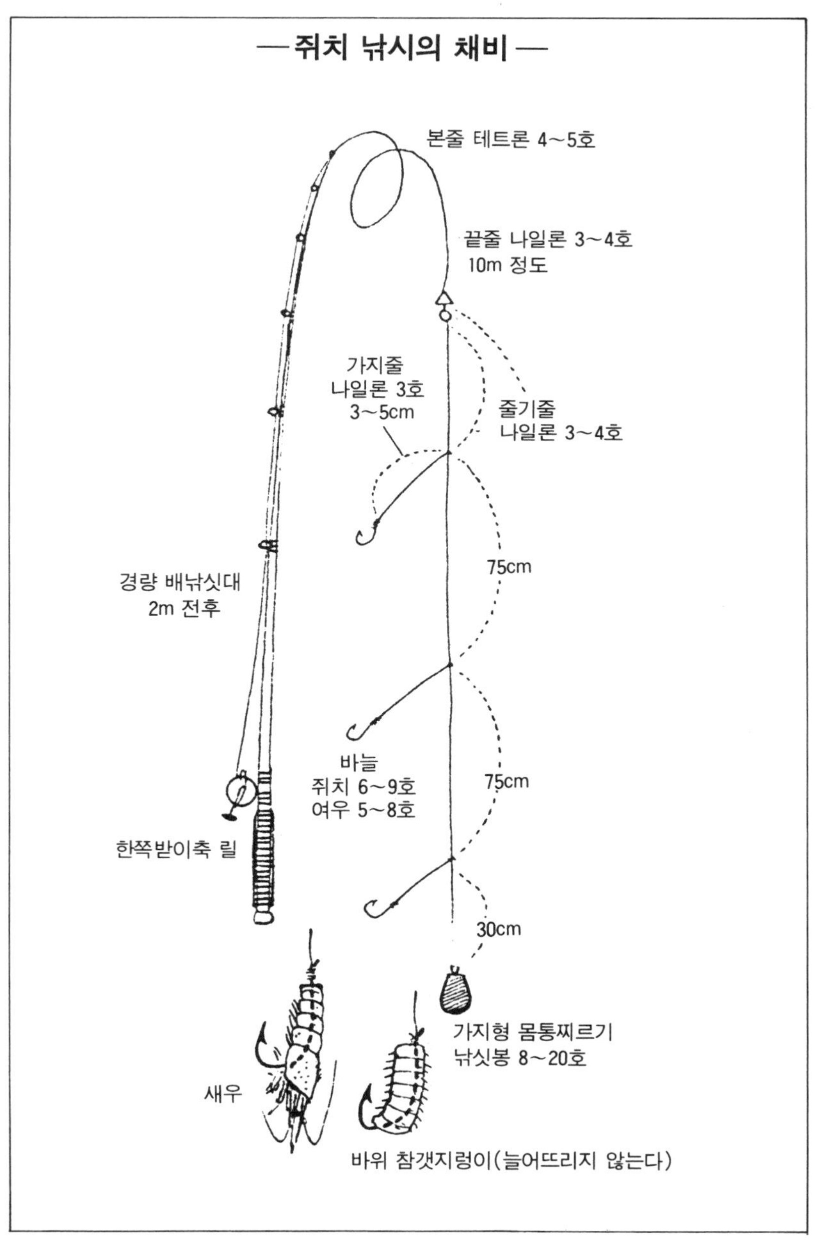
— 쥐치 낚시의 채비 —
본줄 테트론 4~5호
끝줄 나일론 3~4호
10m 정도
가지줄
나일론 3호
3~5cm
줄기줄
나일론 3~4호
75cm
경량 배낚싯대
2m 전후
75cm
바늘
쥐치 6~9호
여우 5~8호
한쪽받이축 릴
30cm
가지형 몸통찌르기
낚싯봉 8~20호
새우
바위 참갯지렁이(늘어뜨리지 않는다)

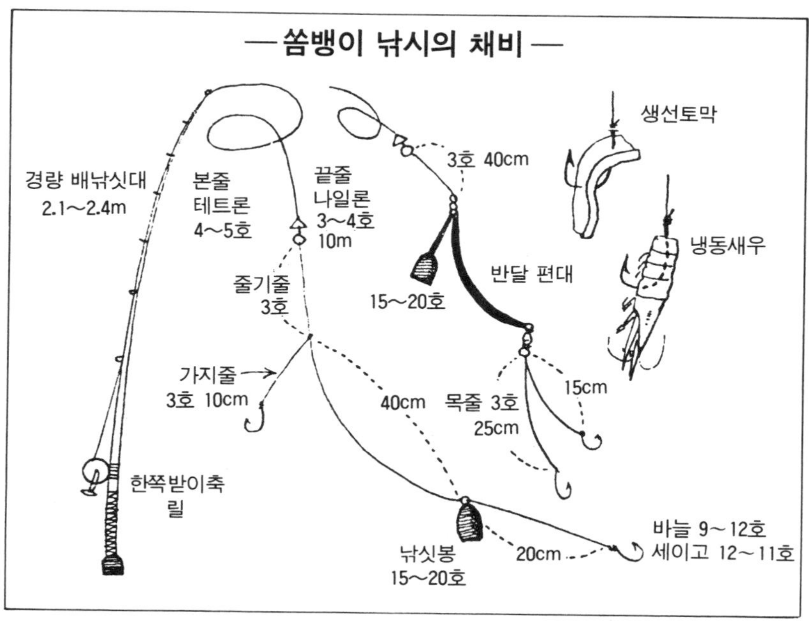

얕은 곳으로 바닥이 거칠고 더구나 조수의 흐름이 있는 곳이 포인트이기 때문에 흘림 낚시가 된다. 익숙치 않은 동안은 바닥을 파악하는데 어렵지만 잠시 하고 있는 동안에 체득할 수 있다.

미끼는 장소에 따라서 다르지만 생선 토막이나 새우 등이 일반적이다. 시기적으로 까나리를 이용하거나 하는 경우도 있다.

쏨뱅이는 큰 입으로 먹이를 통째로 먹는다. 투드득이라고 하는 입질이 있으면 재빨리 릴을 감는다. 뿌리에 엉키지 않도록 주의한다.

▶맞춤선의 갈치 낚시

야광충이 빛나는 바다이기 때문에 은백색의 몸을 비틀며 갈치가 올라온다. 이 낚시는 여름 밤 낚시의 대표적인 것이라고 말할 수 있다.

갈치는 중부에서 남부에 걸쳐 특히 많은 물고기로 산란기인 초여름부터 가을에 걸쳐서 비교적 얕은 내만에 떼를 지어 모여든다. 식성은 작은 물고기가 주이다.

채비는 2.7m 정도의 몸통 찌르기 낚싯대로 부하는 50~80호 본줄 테트론 8~10호, 끝줄 나일론 10호 10m, 릴은 대형 몸통 찌르기 릴을 이용한다. 바늘은 낚싯봉이 달린 축이 긴 갈치 전용 바늘로 목줄은 40번 정도의 와이어를 사용한다.

입질이 있으면 단숨에 릴을 감아 올린다.

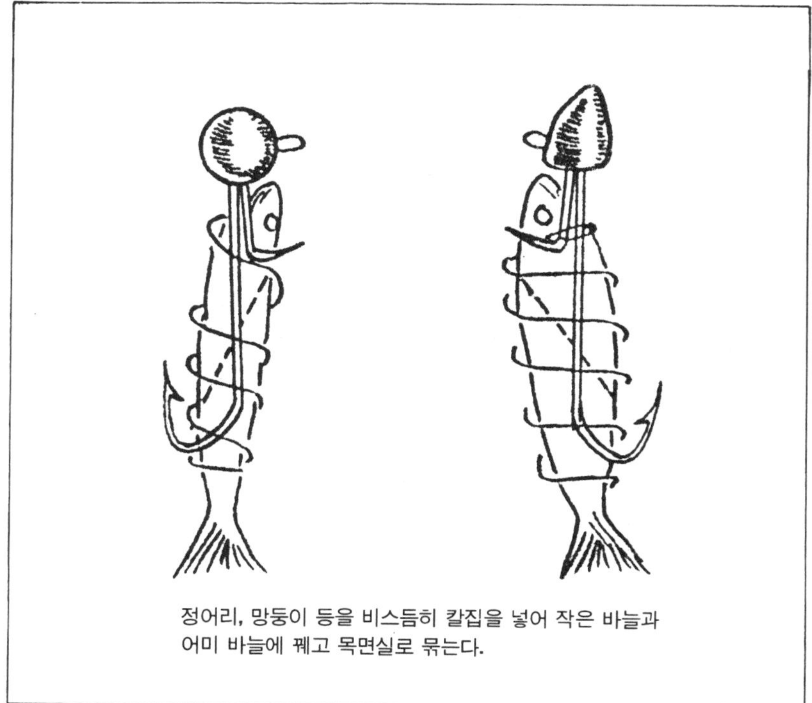

정어리, 망둥이 등을 비스듬히 칼집을 넣어 작은 바늘과 어미 바늘에 꿰고 목면실로 묶는다.

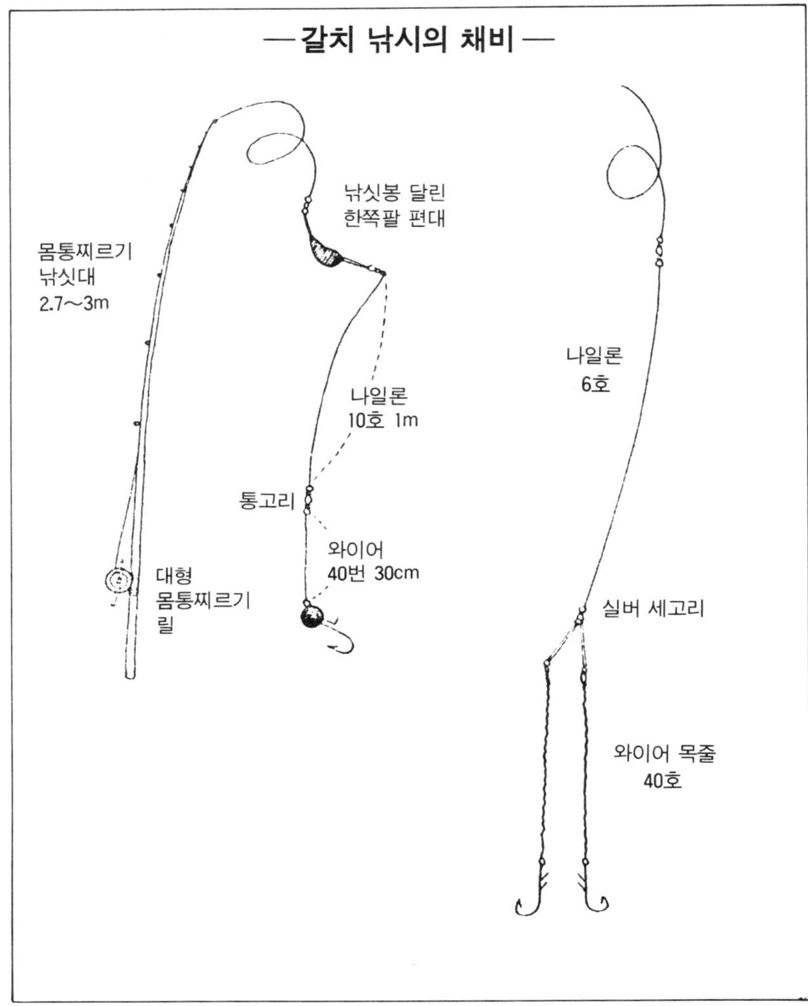

▶맞춤선의 망둥이 낚시

바다의 명물 망둥이의 승합선 낚시는 초가을에는 빼 놓을 수 없는 풍물시이다.

망둥이는 던질 낚시의 장에서도 서술했듯이 전국에 분포하는 가장 포퓰러한 물고기로 대부분의 지방에서는 해안에서의 낚싯대 낚시, 던질 낚시로 잡히는 물고기이다. 따라서 초기부터 배로 낚는 것은 불과 몇몇 지역에서 이루어지고 있는데 불과하다.

그러나 가을도 깊어지고 초겨울에 걸쳐서 깊은 곳으로 내려가는 망둥이를 낚기 위해서는 배를 준비시키고 앞바다 낚시로 노린다. 낚싯대는 경량 배 낚싯대로 2.7~3m급, 릴은 스피닝 릴의 소형이라도 좋고 소형 양받이축 릴이라도 좋을 것이다.

낚싯봉이 바닥에 닿으면 조금 들어올려서 물고기의 입질을 유혹하는 것이 심장의 망둥이를 낚는 요령이다.

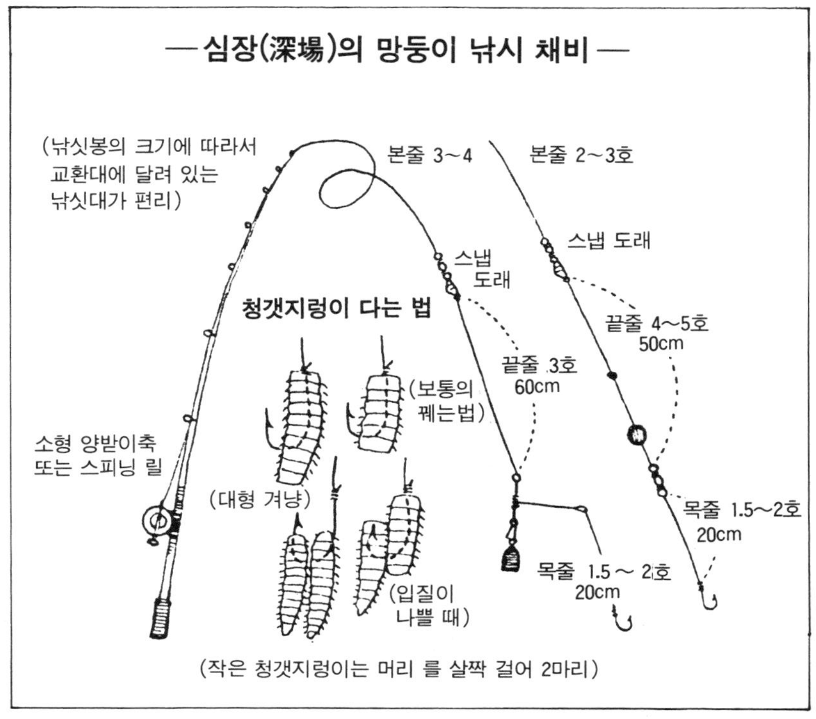

제6장

뗏목 낚시의 기초지식

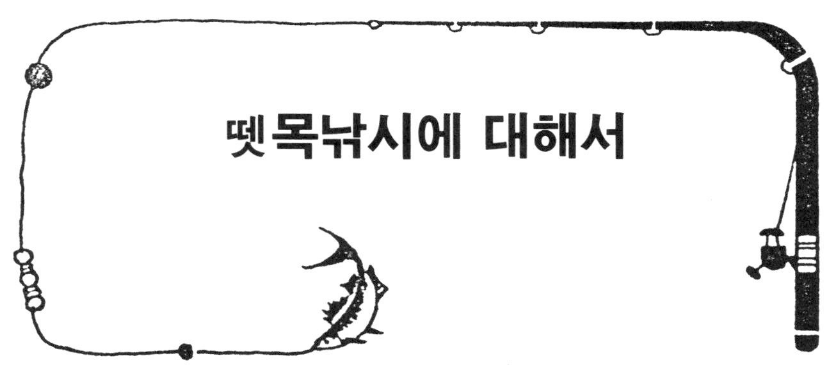

뗏목낚시에 대해서

▶뗏목낚시의 특징과 주의할 점

외국의 낚시터에는 사천 간판에 '파파와 함께 뗏목으로 낚자'라고 하는 광고포스터가 붙어 있는 경우가 많다. 우리나라에도 낚시 인구가 차츰 많아짐에 따라 외국의 예와 같이 뗏목 낚시의 붐이 머지않아 일어날 것으로 전망된다.

평소 일에 쫒겨서 낚시 계획을 세우기 어려운 샐러리맨 낚시꾼에는 상당히 매력적으로 호평이 일 것이다.

이와 같이 뗏목 낚시라고 하는 것은 고정적이고 안전한 배 낚시의 하나의 타입으로서 혹은 바다의 유료 낚시터 타입으로서 앞으로 손쉬운 패밀리 레저의 일환을 떠맡을 것이라고 생각한다.

한편 뗏목 낚시라고 하는 것은 전통적으로 흑돔을 목적으로 한 낚시이기 때문에 뗏목 낚시는 흑돔 낚시의 대명사라고 하는 사람도 많다. 확실히 섬세한 흑돔의 낚시맛은 낚시꾼을 매료시키고도 남음이 있다. 그리고 그 지방 특유의 낚시 방법이 있기 때문에 깊이 있는 낚시를 즐길 수 있다. 포퓰러한 면과 전문 기교적인 양면을 고루 갖추고 있는 것이 뗏목 낚시의 특징이다.

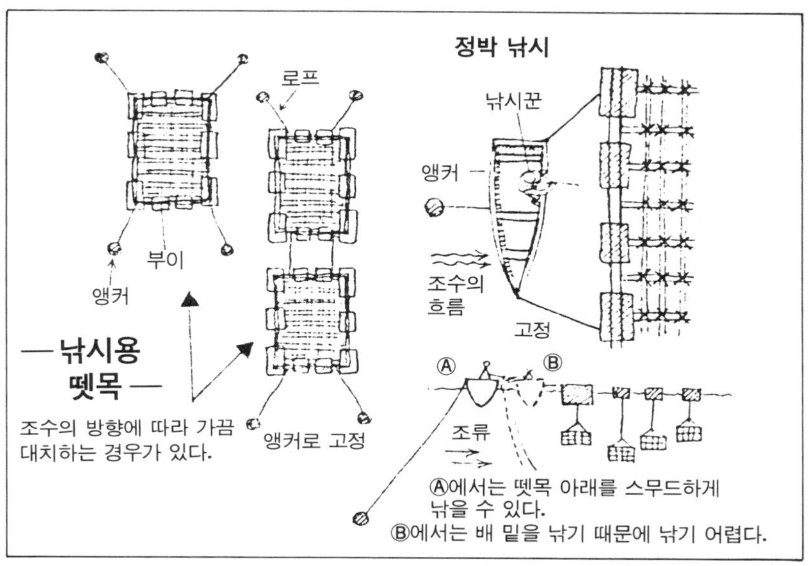

뗏목 낚시 전문업자가 증가하는 것은 그만큼 낚시터가 많아지기 때문에 낚시꾼으로서는 환영해야 할 현상이지만 '바다가 있고 뗏목이 떠 있기만 하면…'라고 하는 장사 선행형이 없다고는 단언할 수 없다. 그래서 먼저 적당한 깊이, 적어도 수심이 8m～15m는 되고 적당히 조수의 흐름이 좋은 곳이라고 하는 뗏목 낚시의 낚시터 조건에 맞는지 어떤지 새 낚시터에서는 특히 주의하여 확인할 필요가 있다. 뗏목 낚시는 첫째로 입지 조건이다. 실제 낚시에 있어서의 주의 사항으로서는 여러 사람이 함께 낚는 낚시이기 때문에 타인에게 폐를 끼치지 않도록 조용히 낚는다고 하는 것이 요구된다. 또한 뗏목을 고정하기 위한 로프가 수중에 쳐져 있기 때문에 채비를 걸거나 모처럼 걸린 물고기가 로프에 얽혀서 놓치거나 하지 않도록 주의가 필요하다. 전용 낚시 뗏목에는 로프류는 적기 때문에 이 점은 안심하고 낚을 수 있다.

▶ 구체적인 낚시 도구

치누(흑돔)을 주요 목적어로서 발달해 온 뗏목 낚시는 도구류도 채비도 심플을 첫째로 한다.

낚싯대는 현재 각 메이커에서 뗏목 낚싯대라고 하는 명칭으로 여러 가지 종류가 제조되고 있다. 대개는 1.8m 전후를 사용하지만 1.4, 1.6 등도 있다.

맥 낚시가 주류이기 때문에 낚싯대 끝의 입질만을 의지하여 거의 뗏목 바로 아래를 낚게 된다. 단, 초가을이 되어 2세어가 주층(宙層)에서 입질하기 시작하면 찌 낚시이다. 오목 낚시의 찌 낚시와 마찬가지로 이 경우는 3~4m급의 약간 긴 듯한 낚싯대를 준비하면 좋을 것이다.

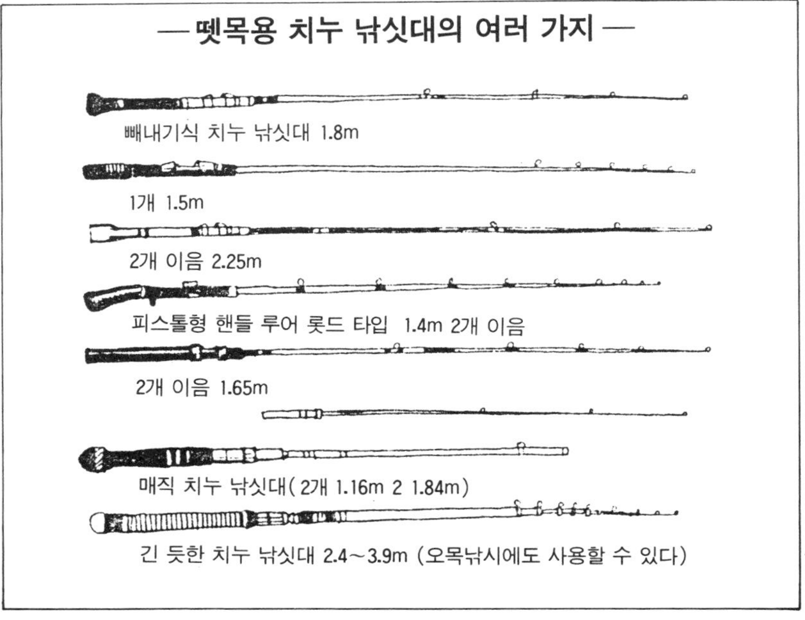

릴도 뗏목 낚싯대 전용의 소형 양밭이축 릴이 시판되고 있다. 일부러 치누라고 하는 서브네임이 붙어 있는 것도 있다. 본줄은 보통 2호에서 3호이다.

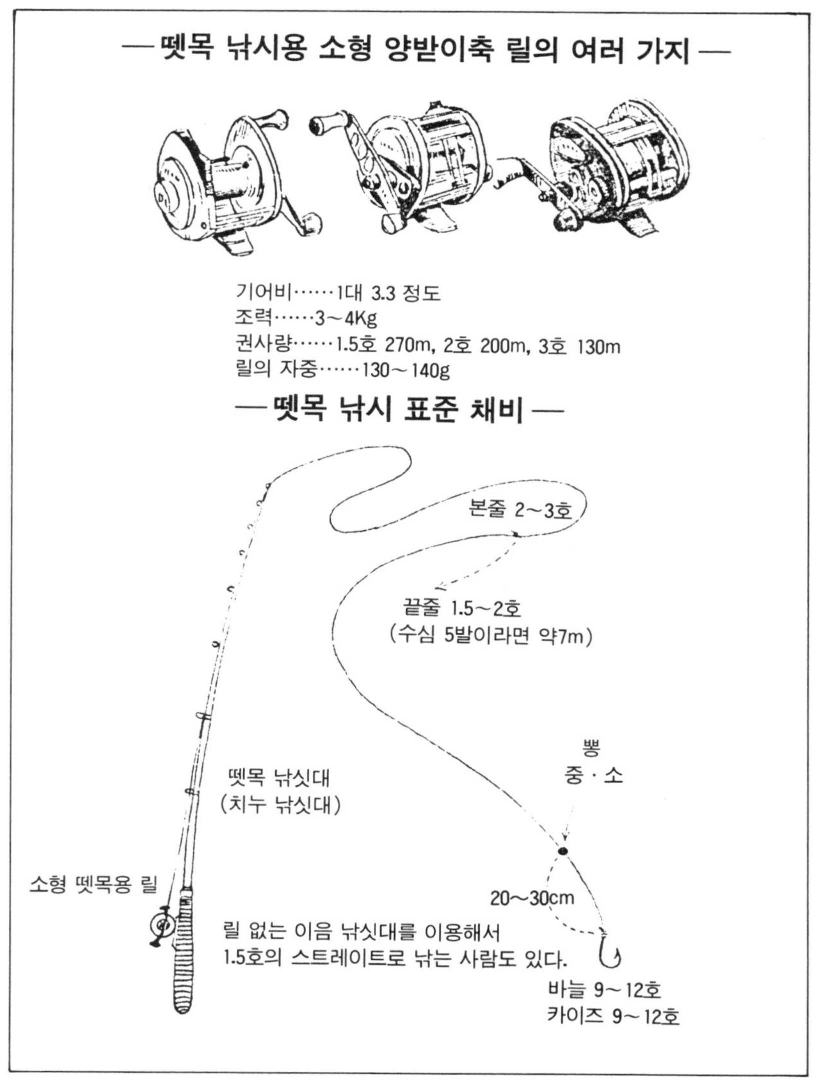

▶미끼와 낚시 방법

치누 낚시의 미끼에 관해서 이 방면의 선배는 1년에 두 번의 계절이 있다고 말한다. 즉, 5월부터 12월 경의 물고기가 활발히 움직이는 시기는 조개 등의 움직이지 않는 미끼로도 낚시가 되지만 늦가을부터 겨울, 이른 봄에 걸쳐서는 물고기의 움직임이 활발하지 않기 때문에 미끼는 활발하게 움직이는 산 새우에 한한다고 하는 것이다.

최근에는 내만에서 주로 나오는 구멍 가재나 세토 내해에서 나는 향어 등 새로운 치누 낚시의 미끼가 속속 개발(?) 되었기 때문에 시기에 따라서 선택하면 되지만 너무 욕심이 많아 남용하는 것은 어떨까?

지금까지 서술한 것은 바늘 미끼 즉, 끼움 미끼이다. 떼목 낚시에서는 뿌림 미끼가 필요하다. 뿌림 미끼의 재료는 쌀겨 경단이 전통적이었지만 최근에는 번데기 가루와 적토의 진흙 경단도 많아졌다. 떼목 낚시의 선숙이나 가까운 낚시 도구점에서 뿌림 미끼 재료를 입수할 수 있기 때문에 그 지방에 맞는 것을 이용하면 좋다. 적토 등의 뿌림 미끼를 금하고 있는 것도 있으므로 유의해야 한다.

더욱이 뿌림 미끼를 개는 헝겊제의 양동이와 손씻기용의 양동이, 경단 투입용의 손국자, 로프 등은 준비한다.

그럼 경단의 준비가 되면 그 날 사용할 새우 또는 붉은살 조개 등의 끼움미끼를 쥐고 2~3개 낚싯대 끝에 던져 넣는다. 크기는 테니스 볼 크기가 좋을 것이다.

다음에 바닥을 파악하고 미끼를 가라앉힌다. 새우 미끼는 쌀겨 경단에 싸서 바닥에서 자연스럽게 풀어지도록 한다. 붉은 살 조개는 반패, 양패, 환패 등으로 하지만 반드시 바늘 끝을 조개의 검은 부분에 끼워 두는 것이 중요하다.

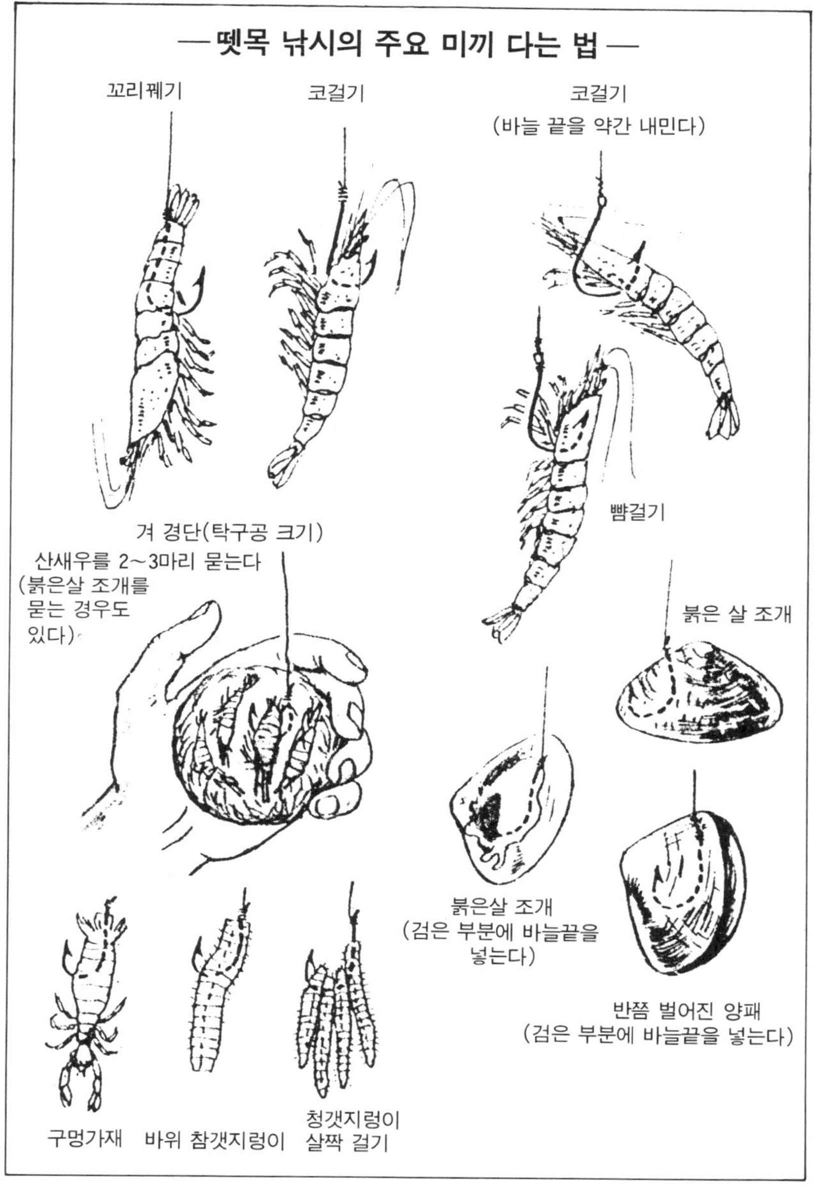

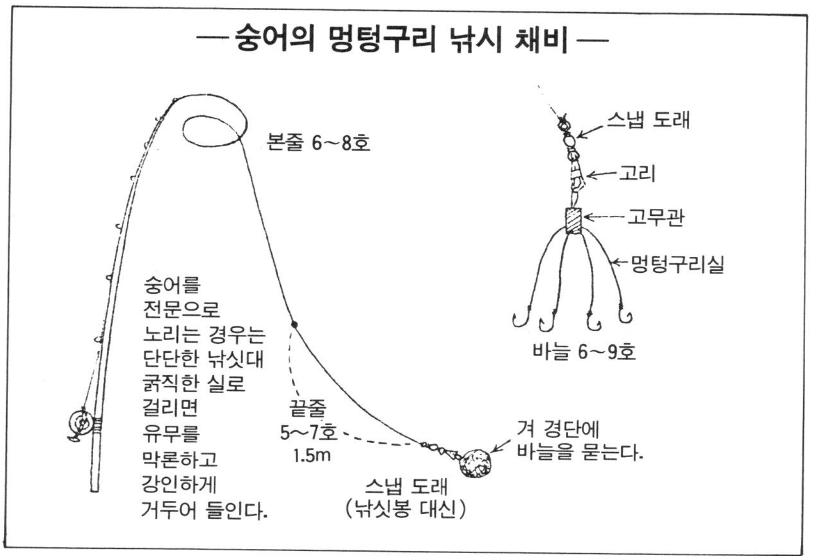

▶다른 물고기를 낚는다

뗏목 낚시에서는 물론 겨냥은 치누이지만 다른 것도 걸린다. 특히 많은 것은 숭어이다. 숭어가 돌기 시작하면 치누는 모습을 감추어 버리기 때문에 재빨리 멍텅구리 낚시 채비로 바꾸어서 숭어 전문으로 낚는 것도 또 하나의 즐거움이다.

또한 겨울에 가자미를 전문으로 노리고 뗏목 낚시를 하는 사람도 있고 그 시기 시기에 따라 쥐치, 작은 도미, 공미리, 전갱이, 고등어 그 외의 '오목 낚시'를 즐길 수 있다.

원래 뗏목 낚시는 치누를 목적으로 해서 발달해 온 낚시라고 하는 사실은 몇 번이나 언급해 왔지만 최근에는 치누는 별로 잡히지 않지만 암초 바닥에서 독가시치나 작은 도미 등이 잘 낚이는 뗏목, 혹은 전갱이, 고등어 등의 회유어가 잘 돌아오는 뗏목 등 특색 있는 낚시터가 많아졌다. 여러 가지 물고기를 낚아서 폭 넓게 뗏목 낚시를 즐겨 주기 바란다.

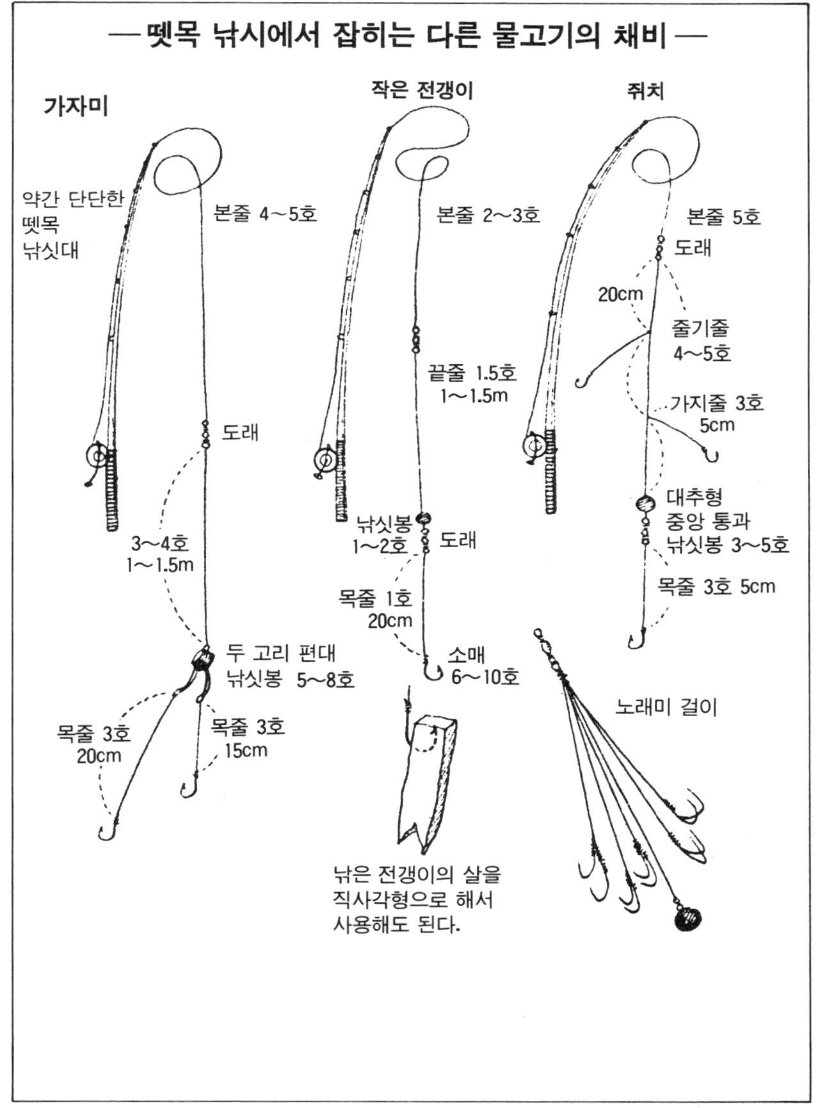

제2편

바다낚시의 본령, 갯바위 낚시

제1장

갯바위 낚시 입문

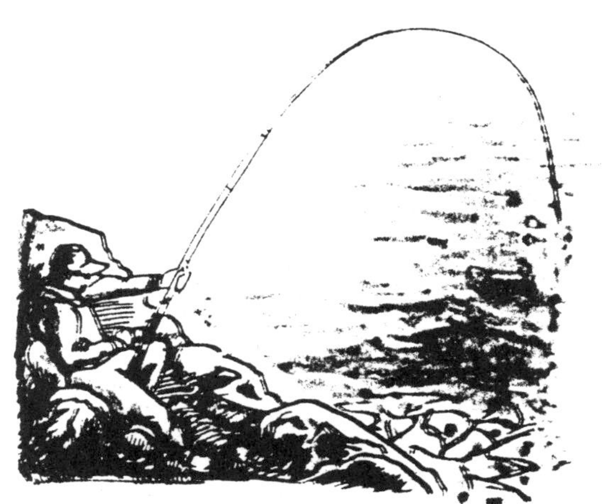

갯바위 낚시와 그 매력

▶갯바위 낚시와 갯바위 낚시의 매력

낚시는 하천, 호수, 내륙부의 낚시도 활발히 이루어지고 있지만 낚시터의 크기나 종류의 풍부함에서는 도저히 바다 낚시에 비교도 안 된다.

바다 낚시는 다음 페이지의 그림과 같이 바다를 사용한 낚시나 방파제에서의 낚시, 모래사장에서의 낚시, 갯바위에서의 낚시 등 많은 종류도 나눠지고 더욱이 배의 크기나 낚시터의 크기나 형상 등에 따라서도 자세하게 나눌 수 있다.

이런 바다 낚시 중 갯바위 낚시는 말할 필요도 없이 해안에 튀어 나온 갯바위나 섬의 갯바위 등에서 하는 낚시이지만 한 마디로 '갯바위 낚시란 무엇인가?'라고 하면 필자는 항상 '갯바위 낚시란 해안의 암초나 바다 속에나와 있는 갯바위에 있어서 낚싯대를 사용하여 낚는 낚시이다'라고 말하고 있다.

육지를 따라서 낚시터의 갯바위까지 걸어 가는 경우는 '지기(地磯)'라고 불리며 바다 속에 나와 있는 갯바위는 '섬'이라고 불려서 낚시터까지 배를 사용하여 가도록 되어 있다.

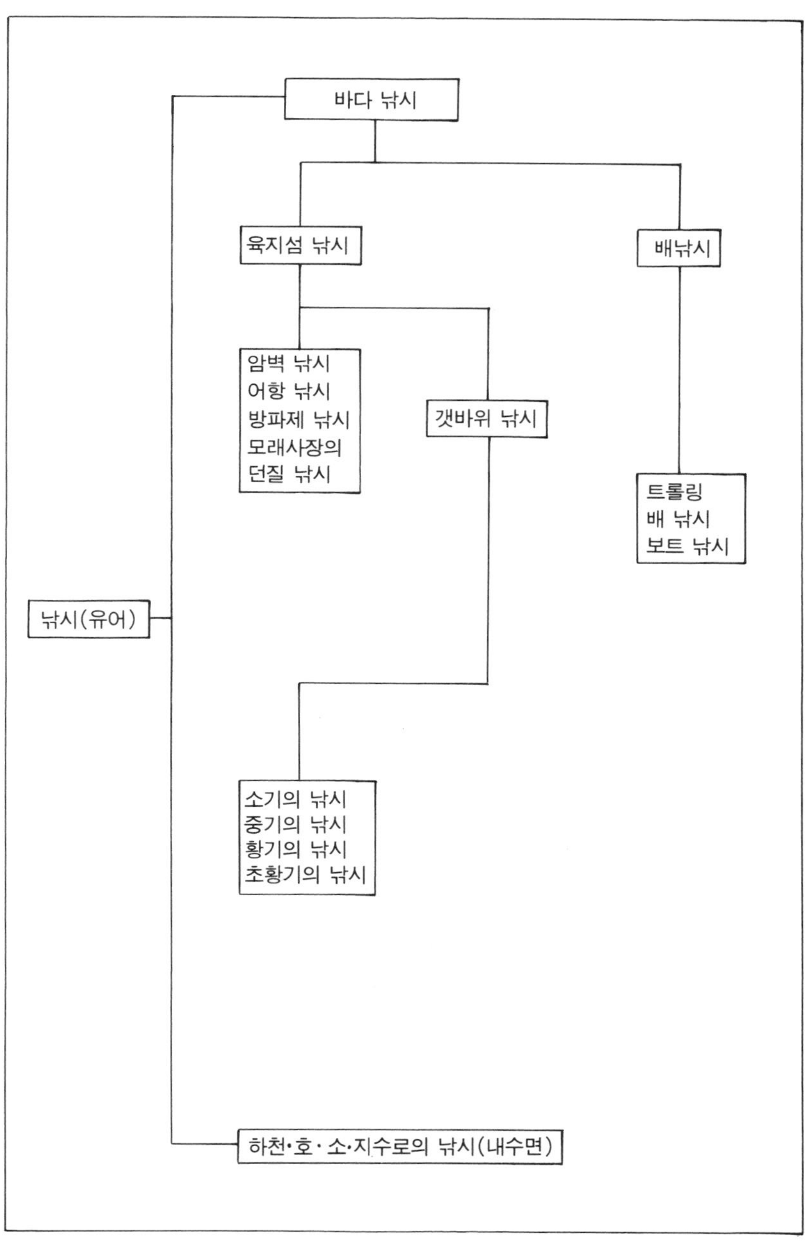
바다 낚시
육지섬 낚시
배낚시
암벽 낚시
어항 낚시
방파제 낚시
모래사장의
던질 낚시
갯바위 낚시
트롤링
배 낚시
보트 낚시
낚시(유어)
소기의 낚시
중기의 낚시
황기의 낚시
초황기의 낚시
하천·호·소·지수로의 낚시(내수면)

▶갯바위 낚시의 매력에 대해서

일요일이나 휴일의 갯바위는 어디나 갯바위 낚시팬으로 가득하다. 그 인구는 몇백만 명인지 도저히 이루 헤아릴 수 없다고 하는 것이 필자의 솔직한 고백이다.

그럼 갯바위 낚시에는 어떤 매력이 있을까?

예전에 어떤 낚시꾼이 '낚시 도구를 갖지 않고 갯바위를 걷기만 해도 충분히 즐겁군요 라고 말한 적이 있다.

도구를 갖지 않으면 물고기를 낚을 수 없는데 도구가 없어도 갯바위 낚시가 즐겁다니 도대체 무슨 뜻일까 하고 항상 무거운 도구를 짊어지고 낚시터를 걷고 있는 사람들은 고개를 갸웃거렸지만, 그것은 이제부터 서술할 갯바위 낚시의 매력의 큰 요인이다.

갯바위 낚시의 매력에 대해서 자기 스스로 잘 생각하고 남에게도 물어서 정리해 보면 다음의 5가지를 들 수 있다.

① 뛰어난 환경

② 동작이 활동적이고 호쾌하다.

③ 대상어와의 격투가 아주 그만이다.

④ 미묘한 낚시 재미도 맛볼 수 있다.

⑤ 건강에 아주 좋다.

이상의 5가지 점에 대해서 그 내용을 서술해 본다.

뛰어난 환경

'낚시 도구를 갖지 않고 갯바위를 걷기만 해도 즐겁다'고 한 말대로 갯바위 낚시터 자체가 하나의 관광 명소가 되고 있는 곳이 도처에 있다.

갯바위 낚시터는 해안선이 복잡하게 뒤얽혀 있어 파도의 침식에 의한 기암이 속출하고 계절마다 피는 야생화가 갯바위를 물들이고 작은 새의 지저귐이 파도 소리와 어울려서 오염 가득한 공해를 모르는 공기가 어디까지나 맑아 찾아오는 사람을 자연 속으로 동화시키고 있다.

낚시를 목적으로 하지 않더라도 그저 그 장소에 가기만 해도 마음이 씻기는 듯한 기분이 되기 때문에 그런 환경 속에서 더욱이 자연에 대한 하나의 행동을 일으키려고 하는 갯바위 낚시가 얼마나 즐거운 것인지를 이루 헤아릴 수 없다.

낚시는 물고기를 낚는 것이 목적이다. 그러나 목적으로 한 물고기가 한 마리도 낚이지 않더라도 '좋아 이 다음은 꼭 낚겠다'고 물고기를 낚는 일에만 열중하고 있는 듯이 보이는 갯바위 낚시팬의 마음속에 자신도 모르는 사이에 뛰어난 환경에 젖어서 마음을 씻기고 있는 매력에 이끌리고 있는 본심을 짐작할 수 있다.

동작이 활동적이고 호쾌하다

갯바위 낚시의 복장은 보기만 해도 촌스럽다. 그것은 쓸데없이 모양 좋음을 강조하고 있는 것이 아니라 갯바위 낚시가 그 모습을 요구하고 있다.

길이 5m 이상, 무게 1kg 이상의 굵은 낚싯대를 짊어지고 릴이나 낚싯봉 등 모두 큼지막한 데다가 구명 조끼 등을 착용한 행동이라도 되면 빈약한 육체로는 도저히 견뎌 낼 수 없다.

또한 돌돔, 혹돔 등 4kg 이상의 물고기를 낚시 바늘에 걸면 낚싯대는 만월과 같이 조여져서 강인한 당김에 가끔 비명을 지르고 싶어질 정도의 호쾌함을 맛보게 된다.

활동적인 동작과 호쾌한 낚시 재미야말로 갯바위 낚시의 묘미라고 말할 수 있을 것이다.

대상어와의 격투가 아주 그만이다

동물은 말할 필요도 없이 중소물의 물고기들이라도 하천 호수의 낚시물과는 비교가 안 될 정도의 강력함을 맛볼 수 있다.

같은 물고기라도 배 낚시에서는 강한 맛을 즐길 뿐으로 끝나 버리는 것이 복잡하게 뒤얽힌 암초 지대에서 낚으면 암초의 홈이나 움푹한 부분 혹은 해조 속으로 곡선적으로 달아나서 뜻하지 않은 힘을 내어 저항한다.

특히 돌돔을 배에서 낚을 수도 있지만 당김 맛은 갯바위 낚시의 경우보다 훨씬 떨어진다고 해도 좋을 것이다.

낚시 바늘에 걸린 물고기를, 낚싯대를 세우거나 낚싯줄을 감거나라고 하는 두뇌적인 동작을 해서 고생하여 재는 것은 낚시꾼에게 있어서 아주 그만인 매력의 하나이기도 하다.

미묘한 낚시 재미도 맛볼 수 있다

호쾌함이 자랑거리인 갯바위 낚시에서는 강낚시와 같은 섬세한 낚시 재미는 기대할 수 없지 않는가 라고 생각하는 사람이 있을지도 모른다.　그러나 갯바위에 사는 물고기에도 하천 호수의 주걱붕어 등에 못지 않는 미묘한 낚시 재미를 맛보게 해 주는 물고기가 있다.

감성돔 등은 그 왕이다. 이어서 벵에돔이나 망상어도 미묘한 찌의 움직임을 정확히 캐치하지 않으면 좋은 결과를 기대하기는 어렵게 된다.

감성돔 낚시는 가능한 한 섬세한 채비로, 수면에 그림자를 비추지

않고 수질은 약간 흐려져 있는 편이 효과적이다. 이 낚시는 이 물고기만을 전문으로 노리고 다른 물고기에는 눈길도 주지 않는다고 하는 사람이 있을 만큼 몰두하게 하는 요소를 가지고 있다.

건강에 아주 좋다

공해가 없는 아름다운 공기 속에서 더구나 뛰어난 환경 속에서 몸을 충분히 사용해서 낚는 것이기 때문에 건강에 나쁠 리가 없다. 또한 낚시하러 나갈 때는 반드시 이른 아침이라고 하게 되면 전날 밤은 밤늦게까지 자지 않고서는 도저히 가능한 일이 아니다.

이것은 갯바위 낚시 뿐만 아니라 모든 낚시에 대해서 마찬가지겠지만 낚시를 함으로서 자신도 모르는 사이에 건강한 체력이 길러진다고 하는 바로 일거양득의 매력이 낚시에는 있다.

이상 갯바위 낚시의 매력에 대해서 서술했지만 이 밖에도 낚시꾼 개인 개인에 따라서 그 매력은 여러 가지라고 생각한다.

예를 들면 어느 낚시터에 갈까하고 여러 신문이나 잡지에서 연구하는 것이 즐거움의 하나라고 하는 사람, 도구를 갖추거나 채비를 스스로 연구해 보는 것이 즐거움이라고 하는 사람, 낚은 물고기를 요리해서 온 가족이 즐기는 것이 기쁘다고 하는 사람, 낚은 물고기를 어탁(漁拓)으로 떠서 미술품으로서 관상한다고 하는 사람 등 매우 다양하다.

낚시는 어디까지나 취미이다. 취미라면 당연히 매력을 느끼는 방법도 각기 다양하다. 그 다양한 점에 하나의 즐거움이 있다고 하는 사람도 있다.

여러분도 갯바위 낚시를 시작하면서 자신 나름대로의 매력을 이끌어 내 보자.

▶갯바위의 형태와 낚이는 물고기들

갯바위는 여러 가지 자연 조건에 따라서 천차 만별의 형태와 크기를 이루고 있다. 그 때문에 갯바위 낚시터를 찾는 경우 모두 다 어느 갯바위에나 제멋대로 나가도 좋다고 할 수는 없게 된다.

연령이나 낚시 경험에 덧붙여서 갯바위의 크기, 발판의 조건, 자연조건의 변화, 그리고 낚으려고 하는 물고기의 종류 등에 따라서 가야 할 갯바위는 각각 달라진다.

그래서 갯바위를 다음의 4가지로 나누어 생각하기도 한다.

초황기(超荒磯)

갯바위가 직접 바다에 면해 있기 때문에 해류, 조류가 직접 암초에 부딪치고 파도의 침식에 의해 갯바위가 씻겨져 험하게 깎아지는 듯이 솟아 있고 그 아래 또는 중간층에 낚시터를 가진 듯한 곳, 혹은 항상 해조류의 거친 파도에 씻기고 있는 듯한 곳을 초황기라고 부르고 있다.

이와 같은 갯바위는 갯바위 낚시를 시작하려고 하는 사람, 혹은 약간 수 차례의 경험밖에 없는 사람 또는 체력이 완전치 못한 사람(예를 들면 중학생부터 고교 1, 2년생) 부인 노인분들에게는 위험이 가득해서 아무리 매력이 있어도 낚시터로서 적합치 않다.

체력도 갖추어지고 갯바위 낚시 경력 2~3년 된 낚시의 즐거움이나 괴로움을 충분히 맛본 사람들이 아니면 생각대로의 낚시는 할 수 없다.

또한 낚시하러 나갈 때는 완전한 갯바위 낚시의 복장과 휴대품을 갖추고 도선(渡船) 이용의 경우의 섬 건너기(갯바위 건너기) 테크닉이나 해상이나 기상에 관한 지식도 정확히 익히고 있어야 한다.

그리고 예측할 수 없는 사고에 대해서는 정확한 판단을 내리고 기민한 행동을 취할 수 있는 사람이 아니면 안 된다.

초황기는 말하자면 갯바위 낚시의 최고의 테크닉과 경험이 요구되는 낚시터라고 말할 수 있고 동시에 갯바위 낚시팬의 선망의 대상이기도 하다.

초황기의 대상어

갯바위 낚시 최고의 낚시터인 만큼 대상어는 돌돔, 강담돔, 혹돔 등의 소위 돌물이라고 불리는 물고기들을 필두로 초대물의 갯바위 물고기라고 일컬어지는 대능성어, 대물퉁돔, 자바리, 줄전갱이 등의 대물이 바늘에 걸린다.

황기(荒磯)

갯바위의 규모나 자연 조건 등 초황기와 거의 같다고 생각해도 좋을 것이다. 그러나 갯바위의 험준함이나 해조류의 부딪치는 법이 초황기보다 약간 뒤떨어지는 곳을 황기라고 부르고 있다. 이와 같은 갯바위는 경험의 정도, 낚시꾼의 체력 모두 초황기의 경우와 같고 복장이나 장비품 기상에 대한 지식사고에 대한 판단 등도 모두 같은 것이 요구된다.

따라서 1~3년 정도의 갯바위 낚시 경험자는 반드시 베테랑 선배나 친구의 동행이 조건이 되고 체력 등도 자타가 인정하는 사람이어야 한다.

낚시 용구는 초대물(超大物)의 경우와 같은 것이 요구되지만 중소물(中小物)도 낚이는 경우가 있기 때문에 약간 작은 도구도 지참하는 것이 바람직하다.

또한 황기는 바다의 조류가 직접 갯바위를 씻기 때문에 수질(水

質)이나 물빛은 매우 좋고 낚시터도 대부분이 명소들이기 때문에 갯바위 낚시의 즐거움을 맛보는 데에는 최고의 장소라고 말할 수 있다. 덧붙여서 대상어도 초황기보다 풍부하고 낚시 시기도 매우 길어 여러 가지 물고기를 즐길 수 있다.

황기의 대상어

돌돔, 강담돔, 혹돔 등의 돌물을 필두로 벵에돔, 비늘돔, 감성돔, 능성어류, 쏨뱅이, 갯바위 농어, 쥐돔, 아홉동가리 등의 중소물을 낚을 수 있다.

중기(中磯)

초황기나 황기는 갯바위가 직접 외양에 면해 있는 곳이었지만 큰 만의 갯바위는 외양의 거친 파도가 직접 부딪치지 않기 때문에 갯바위의 형태가 온화하게 되어 있다. 이와 같은 갯바위를 중기라고 부르고 있다.

갯바위의 주위는 해면으로부터의 높이가 수십 미터에 이르는 험준함은 없지만 조류의 영향을 상당히 받기 때문에 장소에 따라서는 황기에 거의 가까운 듯한 형태를 하고 있는 곳도 있다. 그러나 내만이기 때문에 암초의 험준함도 황기에 비하면 상당히 완만한 곳이 많고 발판도 좋은 곳이 상당히 있다.

조류의 영향을 상당히 받기 때문에 수질이나 물빛도 나쁘지 않다. 보통은 조용한 갯바위 끝이지만 때로 예측할 수 없는 파도가 습격하는 경우가 있기 때문에 위험이 전혀 없다고는 할 수 없다. 풍경은 황기에 비하면 뒤떨어지지만 갯바위 낚시의 기분을 맛보는 데에는 부족하지 않고 특히 갯바위 낚시의 입문기의 사람에게는 중기가 안성

맞춤이라고 할 수 있다. 발판이 좋은 곳을 발견해서 낚시의 기본이라고 할 만한 릴의 취급법 등을 연습하는 것도 좋을 것이다.

대상어가 중소물의 주체가 되기 때문에 휴대하는 낚시 도구는 전반적으로 좀 작아진다. 체력도 특별히 훌륭해야 한다고 하는 것은 아니기 때문에 고학년의 사람들이나 부인도 충분히 즐길 수 있다.

그러나 처음 낚시하러 갈 때는 반드시 경험자와 동행하도록 해야 한다. 바다에는 어떤 위험이 기다리고 있는지 모르기 때문이다.

중기의 대상어

암초 지대의 부근에는 사저(砂底) 부분도 약간 섞인다. 장소에 따라서는 돌돔이나 혹돔, 강담돔 등을 낚을 수 있지만 이런 물고기나 비늘돔 등은 별로 모습을 보이지 않고 벵에돔, 감성돔, 망상어, 쏨뱅이, 능성어, 쥐노래미, 볼락, 소형 비늘돔, 쥐치, 놀래기, 껄떼기, 세이고, 아홉동가리, 까치돔 등의 소위 중소물이 주체가 된다.

목적으로 하는 물고기 이외의 것이 바늘에 걸리는 확률도 상당히 많아지는 것이 중기의 낚시라고 말할 수 있다.

소기(小磯)

소기란 방파제나 갑 등에 의해 외양의 거친 파도가 차단되어 있는 만의 암초 지대를 말한다. 작은 어항의 제방에 이어지는 암초 지대나 모래사장에 이어지는 바위밭도 이 소기에 포함된다. 여름철 등 해수욕을 즐기는 사람들이 이런 바위밭을 찾아서 2~3cm의 작은 물고기를 뒤쫓거나 하는 풍경도 볼 수 있다.

갯바위 낚시를 시작하려고 하는 사람들, 소년이나 부인, 가족 동반의 낚시에 최적인 것이 소기이다. 기후가 나쁠 때가 아닌 한 큰 위험이 없기 때문에 안심하고 낚시를 즐길 수 있지만 짚신 감발만은 단단히 해 두지 않으면 바위밭에서 넘어져서 뜻하지 않은 사고로 이어지지 않는다고도 할 수 없다.

낚시 도구는 중기용이나 좀더 가벼운 것을 준비하지만 비옷이나 방한복 등 일정한 것은 반드시 준비해서 떠나는 것이 바람직하다.

소기의 대상어

중기의 대상어와 거의 같은 것이 낚이지만 주로 벵에돔, 쥐노래미, 능성어, 쏨뱅이, 놀래기, 감성돔, 가자미, 망상어, 공미리, 흰보리멸, 작은 전갱이, 작은 고등어, 껄떼기, 볼락, 쥐치, 까지양태 등을 즐길 수 있다.

이상 갯바위 형태를 4가지로 나누어 각각의 대상어에 대해서 개략을 서술했지만 4가지의 랭크는 갯바위 낚시를 보다 합리적으로 즐기기 위한 하나의 표준에 불과하다.

또한 대상어라고 해도 소기의 낚시에서 예기치 않은 대물이 낚이는 경우도 있고 그런 점이 바로 낚시 매력의 하나이기도 하다.

경험도 체력도 생각하지 않고 무턱대고 행동하는 것을 피해 한정된 일시에 보다 유효적으로, 보다 즐겁게, 보다 풍부한 효과를 올릴 수 있기를 기대한다면 이상의 사항은 머리에 잘 새겨 두기 바란다고 생각한다.

▶갯바위 낚시의 기본적인 낚시 방법

낚시 방법의 종류

물고기를 낚기 위해서는 그 물고기의 습성을 알아야 한다. 습성에

—물고기 낚시의 2대 타입—

대해서는 각각의 낚시항에서 설명하겠지만 습성 외에 낚시터의 입지 조건이나 계절에 따라서 여러 가지 낚시 방법이 이루어진다.

일반적으로 물고기의 낚시 방법은 찌를 사용해서 찌를 나타나는 입질(물고기가 미끼를 물었을 때의 변화)에 의해 낚는 '찌 낚시'와 찌를 사용하지 않고 본줄과 낚싯대를 통해서 손맡에 전해지는 물고기의 입질에 의해 낚는 '맥 낚시'의 두 가지로 크게 나눌 수 있다.

갯바위 낚시의 경우도 마찬가지로 낚시터의 조건과 대상어의 크기나 습성에 따라 이 두 가지의 낚시 방법이 적당히 이용되고 있지만 '맥 낚시'로서 이루어지는 낚시법은 다시 ① 처 넣기 낚시 ② 내뿜기 낚시 ③ 탐색 낚시 ④ 떨어뜨려 넣기 낚시 ⑤ 치켜올림 낚시 등으로 나눌 수 있다.

어느 물고기를, 어떤 조건일 때, 어떤 종류의 낚시 방법으로 낚느냐라고 하는 구체적인 설명은 다음의 낚시 방법의 항에서 서술하겠지만 여기에서는 기본적인 그런 낚시 방법에 대해서 설명해 둔다.

모두 낚을 때의 상태에 따라서 이름 붙여진 것이기 때문에 어렵지도 복잡하지도 않다. 가벼운 마음으로 읽어 두자.

처넣기 낚시란

채비에 미끼를 달 때까지는 어느 낚시 방법도 마찬가지겠지만 이 낚시는 낚싯대의 탄력과 낚싯봉의 중량에 의해 목적 포인트에 채비를 처넣고 낚는 낚시 방법이다. 낚싯대는 손에 든 채이거나 혹은 접낚싯대라고 해서 낚시 자리에 단단히 고정해 둔다. 돌돔, 강담돔, 혹돔 등의 대물을 노릴 때에 많이 이용되는 낚시 방법이지만 중소물 낚시 등에도 이용되며 갯바위 낚시에서는 이 던져 넣기 낚시가 가장 많이 이용되고 있는 낚시 방법이다.

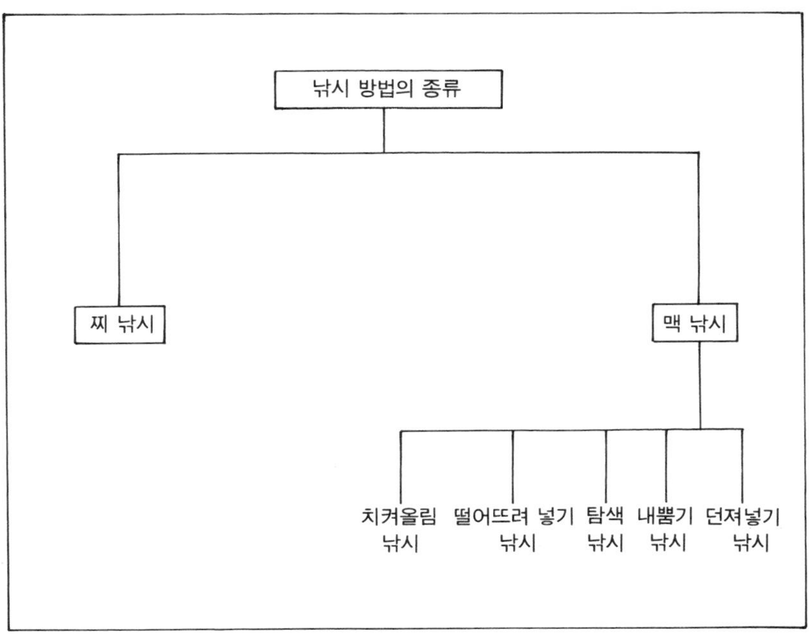

내뿜기 낚시란

낚싯봉을 가능한 한 가볍게 하고 바늘에 단 미끼를 낚싯줄의 부력에 의해 물속을 표류하도록 해서 낚는 낚시 방법을 말한다. 물고기가 미끼를 건드려 수면에 보이는 낚싯줄이 흔들린다고 하는 데에서 이 이름이 있는 것 같다.

감성돔이나 벵에돔, 망상어 등을 낚을 때에 이용되고 있는 낚시 방법이다.

탐색 낚시란

포인트 또는 그와 같은 곳으로 보이는 장소에 채비를 넣고 고패질하거나 하여 포인트를 찾아서 하여 낚기 때문에 이 이름이 있다.

그것이 낚싯대 아래로 어느 일정한 유영층을 바닥에서부터 떼어 낚는 경우 공중 낚시라고도 한다.

떨어뜨려 넣기 낚시란

글자 그대로 채비를 손맡의 일정 포인트에 떨어뜨려 넣듯이 해서 낚는 낚시 방법이다. 완전한 겨냥 낚시로 중소물 낚시에 이용된다.

맥 낚시란

채비를 치켜 올리듯이 해서 낚기 때문에 이 이름이 있다. 낚는 동작에서 이름 붙여진 것으로 중소물 낚시 일반에 이용된다.

찌 낚시란

채비에 찌를 달아서 낚는 것이 찌 낚시이지만 찌에서 아래 부분이 찌에 의해 하나의 긴장한 부분이 되기 때문에 낚싯대 끝부터 찌까지의 본줄을 팽팽히 당기고 있지 않아도 별 지장 없다.

찌는 물고기의 입질 상태로 아는 것 외에 포인트에 채비를 던지는 경우에 낚싯봉의 역할도 한다. 비늘돔, 벵에돔, 감성돔, 껄떼기, 농어, 망상어, 벤자리, 공미리 낚시 등에 이용된다.

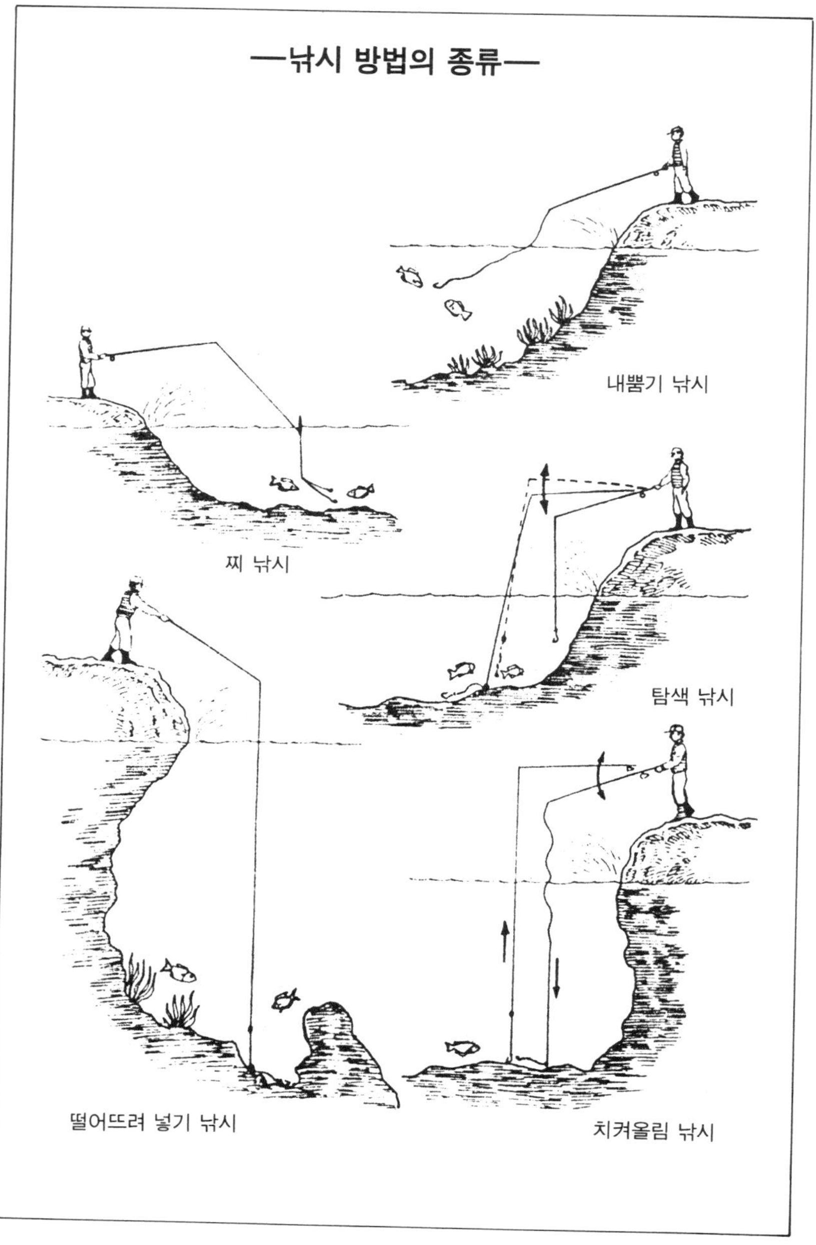
—낚시 방법의 종류—
내뿜기 낚시
찌 낚시
탐색 낚시
떨어뜨려 넣기 낚시
치켜올림 낚시

갯바위 낚시의 대상어 소개

▶갯바위에서 낚이는 물고기들

낚시의 대상어 중 바다 낚시에서 낚이는 물고기를 약 600종이라고 한다. 그 중 갯바위에서 낚이는 것은 200종 정도이지만 그런 물고기가 항상 바늘에 걸리느냐 하면 그렇지는 않다. 1년에 한 번 혹은 수년에 한 마디밖에 낚이지 않는다고 하는 물고기도 있다.

참돔은 바다 물고기의 여왕이라고 일컬어지고 있지만 주로 배 낚시로 낚을 수 있는 물고기로 갯바위에서는 좀체로 낚을 수 있는 것이 아니다.

바다 물고기는 대부분이 회유어(回遊魚)라고 해서 조류의 영향을 받아 사계(四季)를 통해서 바다의 각처를 헤엄치고 있지만 비교적 암초 부근을 즐겨 회유하고 있는 물고기 혹은 암초 지대에 정착하고 있는 물고기 등은 항상 갯바위 낚시의 좋은 대상어가 되고 있다.

그런 물고기들 중 갯바위 낚시의 대상이 되는 물고기에 대해서 정리한 자료가 있기 때문에 소개하고 그 중 특히 인기가 있는 대상어에 대해서는 어체(魚體)를 그림으로 나타내고 생태를 기록했다.

특히 그림으로 나타낸 물고기들은 갯바위 낚시의 바늘에 가끔 걸리는 물고기이므로 잘 기억해 두도록 하자.

▶어체의 명칭

인간에게 눈이나 코, 입, 발 등이라고 하는 신체 각부의 명칭이 있듯이 물고기에게도 각각에 명칭이 붙어 있다. 눈이나 입 등은 누가 봐도 알 수 있기 때문에 문제없지만 크기를 표현하는 경우 머리 쪽은 좋다고 해도 꼬리 쪽은 어디까지를 말하는지 좀 애매하다.

또한 물고기 특유의 명칭도 있기 때문에 낚시를 하는 사람은 대강 알아 두기 바란다. 다음, 페이지부터 대상어를 소개하겠지만 어체의 명칭을 알고 있으면 이해가 한결 빠를 것이다. 그림을 잘 보고 머리에 넣어 두자.

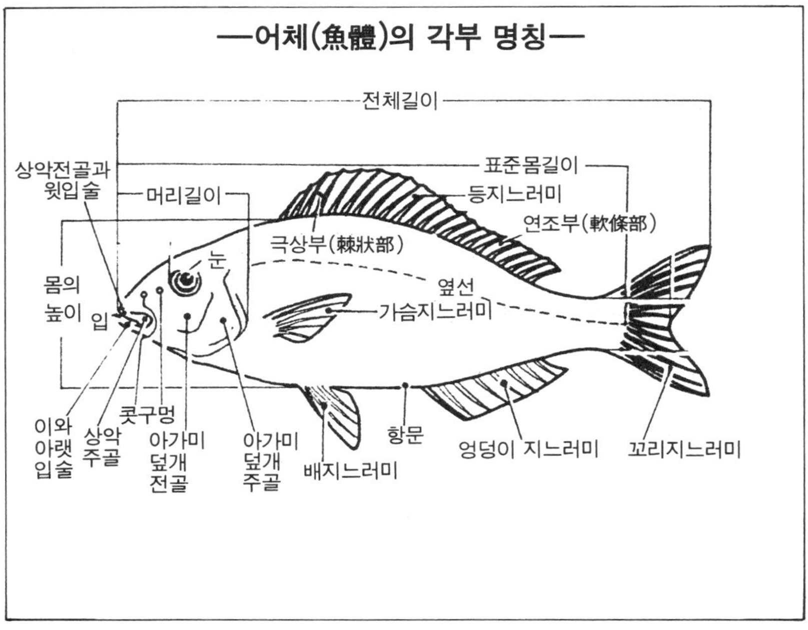

▶ 인기 대상어의 명칭과 생태

낚시 물고기로서의 습성 등은 다음에서 설명하겠지만 여기에서는 갯바위 낚시의 인기 어종에 대한 극히 표준적인 지식에 대해 서술한다. 대강 훑어 보자.

돌돔

《형태》

일반적으로 피부는 은백색을 하고 있고 야채 가지와 같은 감색을 한 7개의 가로줄이 있지만 대형이 되면 줄은 흐려져 버리는 것이 보통이다.

—돌돔—

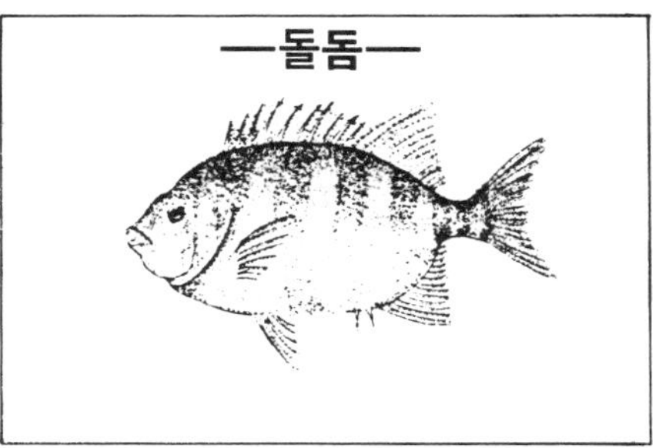

강담돔

어체의 모양이 돌담과 같은 데에서 이 이름이 있다.

《형태》

유어도 성어도 아름다운 흑갈색의 얼룩 무늬가 있지만 초대형이 되면 무늬가 엷어져 버리는 경우가 있다. 체형은 돌돔과

—강담돔—

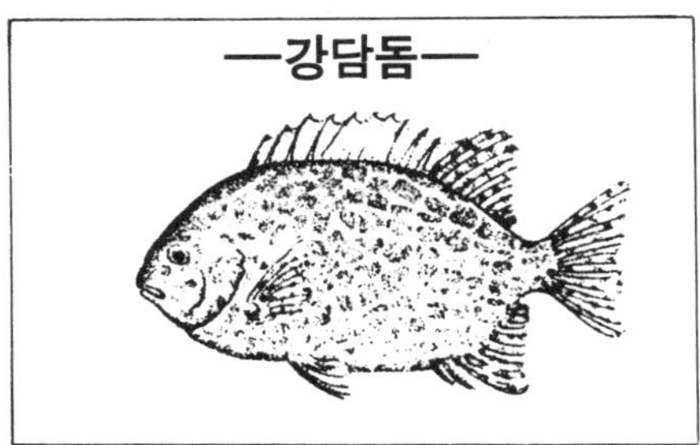

비슷하지만 입이 부리 모양이 오구 모양으로 되어 있는 것이 특징이다.

혹돔

《형태》

유어는 몸쪽에 폭넓은 흰 세로줄이 있고 몸은 진주색을 하고 있어 아름답지만 성어(成魚)가 되면 양쪽의 눈이 튀어 나와서 혹 모양이 된다. 노성어(老成魚)일수록 이 혹은 크고 특히 수컷의 그것은 괴기스럽기조차 하다.

비늘돔

《형태》

수컷은 푸른빛이 강하기 때문에 파랑 비늘돔(별종의 파랑 비늘돔과는 전혀 다름), 암컷은 붉은 빛이 강하기 때문에 빨강 비늘돔. 낚아 올렸을 때 춤추듯이 올라 오기 때문에 '무조(舞鯨)' 혹은 비늘이 갑옷

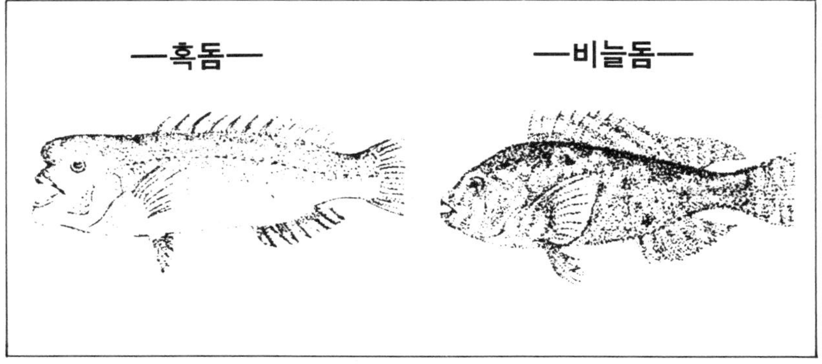

으로 무장하고 있는 것 같아서 '무조(武鯨)'라고 한다. 빗 모양의 이빨이 입 밖으로 드러나 있고 비늘의 모양을 불규칙하게 보이며 파랑 비늘돔, 주홍 비늘돔 등 수종이 알려져 있다.

감성돔

《형태》

몸색이 거무스름하기 때문에 적색의 참돔에 비해 감성돔이라고 불리고 있다. 이빨이 매우 단단해서 갑각류부터 동식물에 이르기까지 뭐든지 먹어 버리는 악식가(惡食家)이다.

벵에돔

《형태》

도미와 비슷하며 몸색은 흑자색을 하고 있고 머리도 입도 몸에 비해서 좀 작다. 벵에돔과 매우 비슷한 물고기에 일본 벵에돔, 검정 벵에돔이 있고 습성도 비슷하기 때문에 구분이 매우 어렵다.

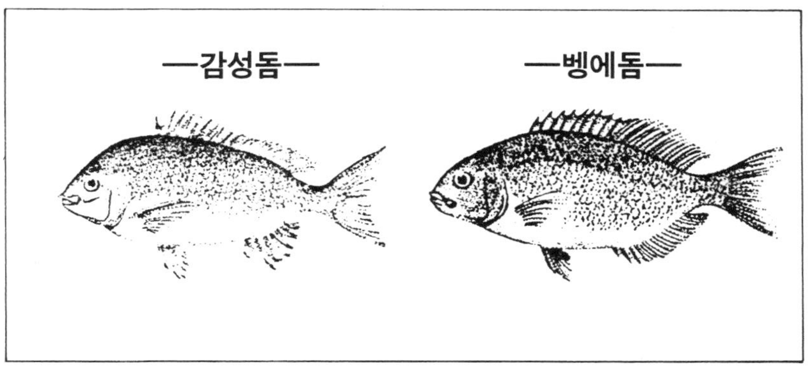

줄전갱이

《형태》

방어와 매우 비슷한 물고기이지만 방어보다는 몸높이가 훨씬 높은 것이 특징이다. 또한 몸길이는 몸높이의 3배의 길이가 있다. 큰 것은 1m에 이르는 것도 있다.

잿방어

《생태》

종래의 갯바위 낚시에서는 그다지 대상어로서 취급되지 않았지만 흔히 갯바위 낚시의 바늘에 걸린다. 방어와 비슷하지만 방어보다도 두께가 적고 몸높이가 높게 되어 있다. 성어는 1.5m에나 이르고 몸쪽 중앙에는 황색의 세로띠가 선명하게 쳐져 있다.

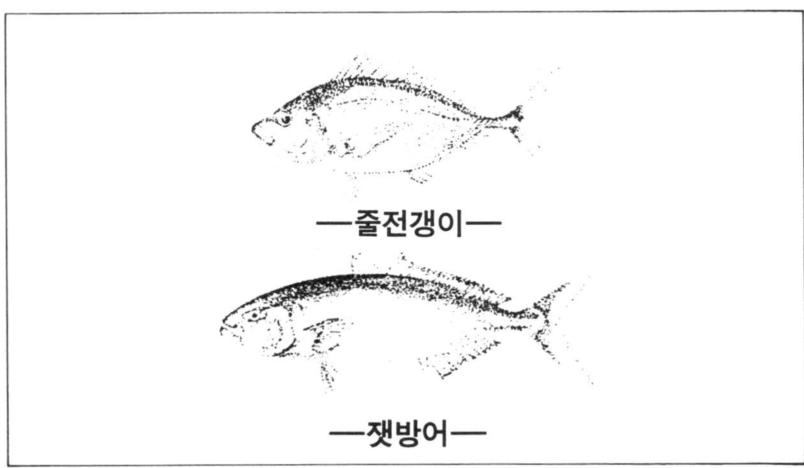

부시리

《생태》

잿방어와 같은 전갱이과에 속하는 물고기이지만 몸쪽 중앙부에 있는 황색의 세로띠는 잿방어보다도 선명하고 수평으로 지나고 있다. 몸빛은 암청색으로 복부는 새하얗고 방어보다도 몸이 날씬하다. 상품 물고기로 여름은 방어보다 맛이 좋다.

흑납작전갱이

《생태》

전갱이과의 물고기로 갯바위 낚시에서 매우 인기가 있는 물고기이다. 몸색은 흑갈색을 하고 있고 그 때문에 흑납작전갱이라고 '흑'을 붙여서 부르고 있지만 앞머리가 직선적으로 하강하고 있는 것이 특징이다. 몸쪽의 옆선은 전방에서 크게 커브하여 몸 중앙 부근부터 꼬리부에 걸쳐 직선적으로 되어 있다.

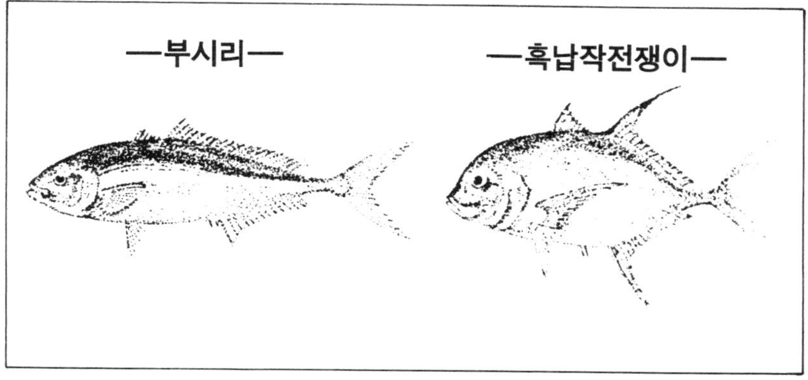

또한 제2 등지느러미와 꼬리 지느러미 앞부분의 연조(軟條)가 극단적으로 긴 것이 이 물고기의 특징이기도 하다.

자바리

《생태》

유어(幼魚)부터 중성어 무렵은 몸빛이 다갈색을 하고 있고 몸쪽이나 등지느러미에 걸쳐서 세로나 사선의 불규칙한 흑갈색을 한 얼룩무늬가 나타나고 있지만 성어가 되면 이 얼룩무늬는 불명료해지고 소실해 버리는 것도 있다.

능성어속의 물고기이지만 갯바위 낚시에서는 초대물 낚시의 대상어로서 인기가 있고 근연종(近緣種)은 많다.

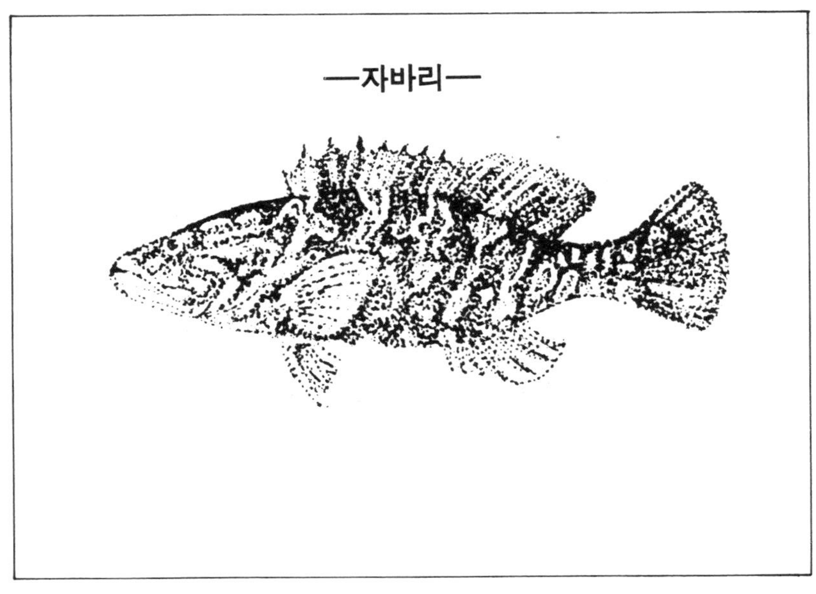

—자바리—

농어

《명칭》

성어는 전국적으로 농어라고 불리고 있지만 커짐에 따라서 명칭이 달라진다. 근연에 납작농어가 있다.

1년생의 약 25cm를 세이고, 2~3년생의 약 35cm를 껄떼기라고 하며 50cm 이상의 성어를 농어라고 부른다.

벤자리

《형태》

벤자리에는 벤자리과의 벤자리와 줄벤자리과의 줄벤자리, 실벤자리의 3종이 있지만 낚시꾼은 그다지 구분하고 있지 않다. 지느러미의 가시와 뼈는 단단하고 예리하며 유어 무렵은 몸쪽에 한 가닥 세로줄이 있고 성장하면 불선명해진다.

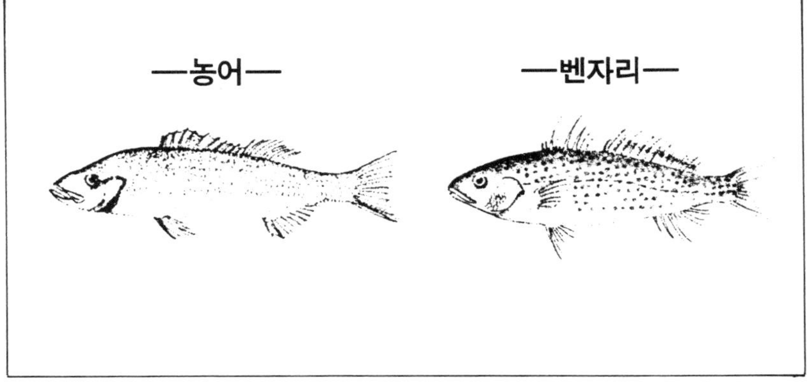

까치돔

《형태》

감성돔과 매우 비슷한 물고기이다. 몸빛은 엷은 자색과 엷은 갈색이 섞인 듯한 색을 띠고 있고 거기에 자색의 줄모양이 있다. 유어 때는 붉은 기가 강하기 때문에 참돔의 유어와 혼동할 때가 있지만 눈 사이에 폭넓은 엷은 갈색을 한 한 가닥이 있기 때문에 구별할 수 있다.

물퉁돔

《형태》

각 지느러미가 붉은 기를 띠고 있으며 상하 양턱의 옆쪽에 있는 이빨은 원측형을 하고 있고 양쪽에 2개씩의 송곳니가 있다. 물퉁돔과 비슷한 물고기에 갈돔이 있어 낚시꾼에게 흔히 혼동되지만 물퉁돔보

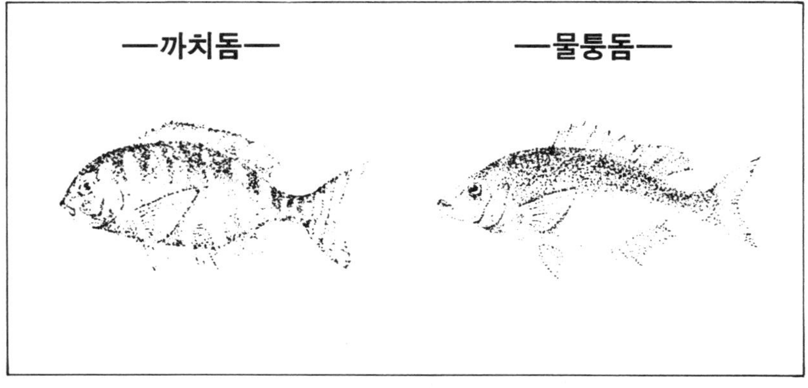

다 몸높이가 낮은 것이 특징이다. 또한 물퉁돔에 끼는 볼이나 두정 아가미 뚜껑의 전골에 비늘이 없다. 체중 6Kg를 넘는 것도 있다.

망상어

《형태》

아름답고 폭넓은, 평평한 체형을 하고 있으면 머리도 입도 좀 작다. 몸빛의 차이는 생식 환경에 영향받고 있는 것 같다.

이 물고기의 특징은 다른 물고기와 달리 태생어라고 하는 점이다. 뱃속에서 새끼를 길러 5cm 전후의 새끼 물고기를 수십 마리나 낳는다.

쥐노래미

《형태》

황색의 몸빛을 하고 있다. 몸쪽에 5개의 옆줄이 있어 매우 가까운

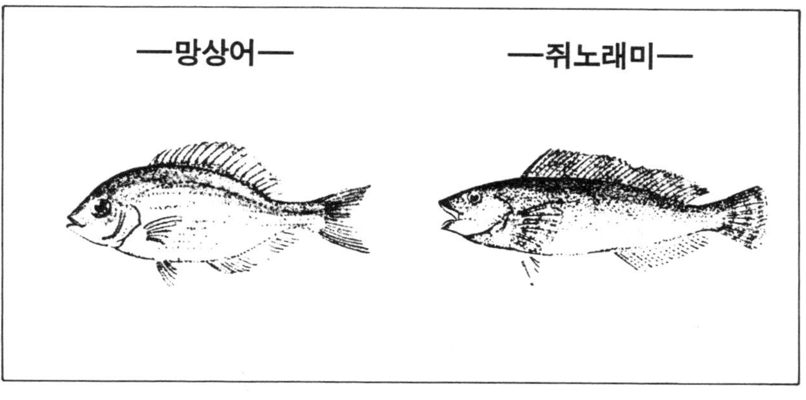

종류의 노래미와 구별된다. 꼬리 지느러미의 선단은 약간 움푹 패여 있는 느낌이다.

아홉동가리

어체의 줄모양이 매의 날개와 같은 데에서 이 이름이 있다.

《형태》

몸쪽에 대각선의 선명한 줄모양이 있고 두부부터 등에 걸쳐 급격히 높아지고 입술은 두껍고 꼬리 지느러미에 흰 얼룩무늬가 있다.

쥐돔

《형태》

쥐치와 매우 비슷하다. 입은 작고 성장하면 50cm 정도에 이르며 꼬리 부에 3~4개의 돌기가 있다. 특유의 나쁜 냄새가 있지만 피를 빼내면 냄새가 없어진다. 근연종의 수는 많아 수십 종에 이른다.

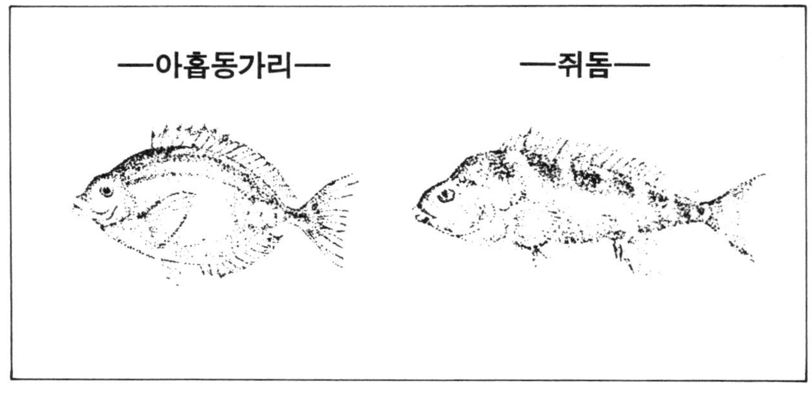

쏨뱅이

《형태》

등지느러미에 날카로운 가시가 있고 몸빛은 얕은 곳의 것이 검은 빛을 띠고 심해(深海)의 것은 붉은 빛을 띠고 있다. 40cm 정도로 성장하고 겨울부터 봄에 태생어를 낳는다.

능성어

《종류》

능성어 농어목 농어아목 물고기의 일종으로 수십 종이 있다.

▶ 외도와 위험한 물고기들

외도(外道)란

갯바위 낚시 뿐만 아니라 낚시하러 나갈 때는 우선 목적 물고기를 노리는 데에 중점을 두고 도구나 채비 준비를 한다.

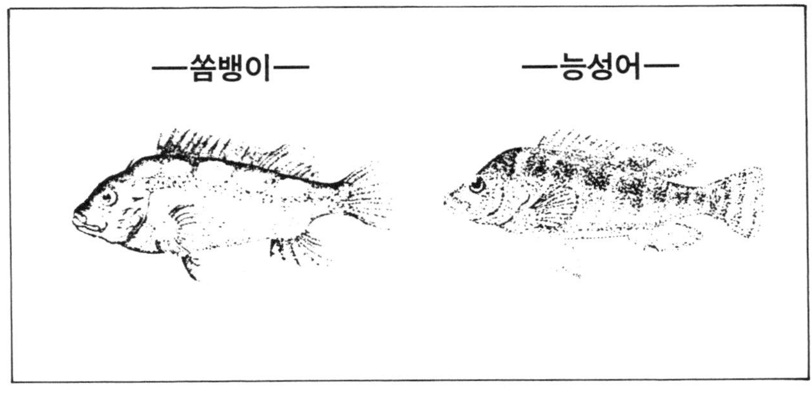

그러나 실제로 낚시를 하고 있으면 반드시 목적 물고기가 걸리지 않는 경우가 가끔 있다. 목적 이외의 물고기를 '외도(外道)'라고 하지만, 그 외도에서는 예를 들어 돌돔을 낚고 있는데 쏨뱅이가 낚인 것 같은 경우라면 우선 낚시꾼은 환영할 것이다.

그런데 외도 중에는 모양이 괴기스러울 뿐만 아니라 아가미에 독을 품고 있거나 날카로운 가시가 있어서 낚시꾼의 손을 다치거나 물고기에 따라서는 손가락 1개 정도 물어 잘라 버릴 정도의 무서운 것조차 있다.

갯바위 낚시를 할 경우는 목적으로 하는 물고기 외에 이런 외도나 위험한 물고기의 지식도 염두에 넣어 둘 필요가 있다. 그런 주요한 것을 그림으로 설명한다.

공치

《생태》

몸길이가 약 80cm로 굵은 뱀장어와 같은 모양을 하고 있다. 황색 혹은 갈색의 피부를 하고 있고 암갈색 혹은 흑색의 얼룩무늬가 있

—공치—

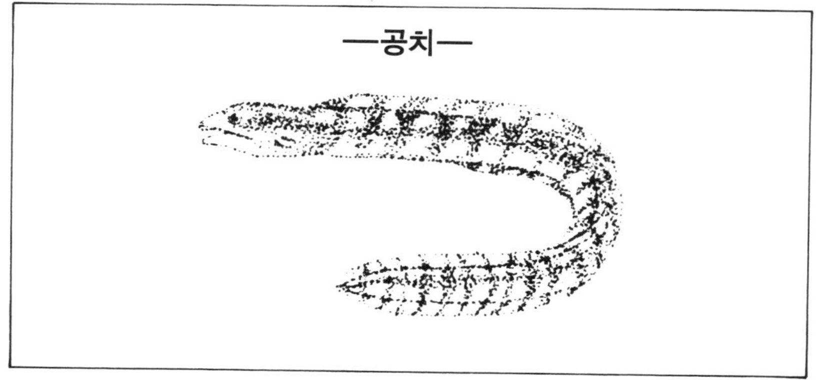

다. 성질이 사납고 이빨이나 입속의 자치가 날카롭기 때문에 물리지 않도록 낚으려면 목줄째 끊어 버리도록 한다. 요리법에 따라서는 매우 맛있다.

노랑가오리

《생태》

큰 것은 전체 길이가 1m 정도가 된다. 봄부터 여름에 걸쳐서 연안의 암초 지대나 사지(砂地)의 곳에 모여든다. 꼬리부가 창 끝과 같이 뾰족하고 선단에 1개 또는 수 개의 독을 가진 가시가 있다. 이 가시가 위험하다.

솔종개

《생태》

몸길이 약 30cm로 언뜻 메기를 연상시킨다. 몸은 청흑색을 하고

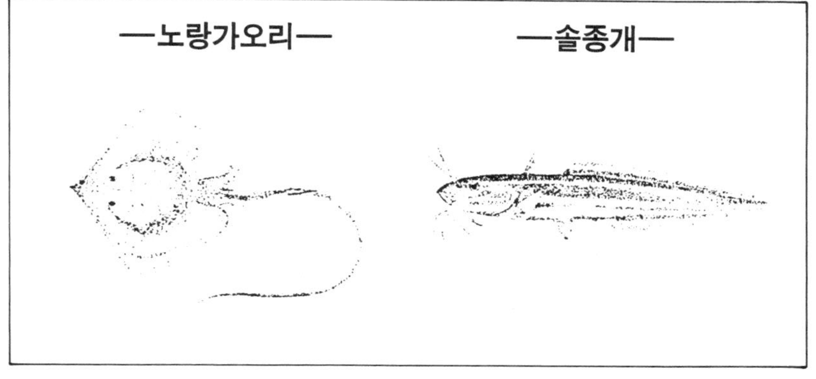

있고 몸쪽에 2개의 황색선이 있다. 입 주위에 수 개의 긴 수염이 있고 등지느러미와 가슴 지느러미의 제1 가시에 날카로운 가시가 있고 여기에 강한 독선이 있다. 가시가 마주 스치면 기! 기! 라고 하는 소리를 낸다. 이 독가시에 찔리면 수 일 통증이 가시지 않는다.

독가시치

《생태》

생식 환경에 순응한 몸빛을 하고 해초와 비슷한 보호색을 하고 있다. 낚아 올리면 색이 변해서 다갈색이 된다. 전체 길이 30cm 정도로 지느러미의 가시에 독선이 있어 여기에 찔리면 통증을 느끼고 하루 정도 통증이 가시지 않는다.

쏠배감펭

《생태》

쏨뱅이와 비슷하지만 등지러미와 가슴 지느러미가 매우 길고 더부

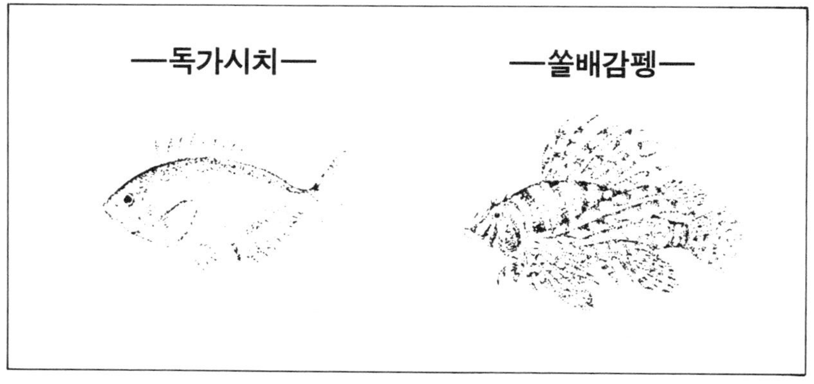

룩하며 몸빛은 담홍색의 바탕색에 거무스름한 줄모양이 있어서 매우 아름답다.

등지느러미의 가시에 강한 독이 있어 이 가시에 찔리면 상당한 통증을 느낀다. 전체 길이 20~30cm 정도가 보통이다.

미역치

《생태》

어체는 적색을 하고 있어 아름답지만 모양이 별로 좋지 않다. 등지느러미의 가시는 독선으로 이어져 있기 때문에 찔리면 심한 통증을 느낀다. 낚은 것을 손으로 누르거나 하면 흔히 찔리는 경우가 있다.

동갈치

《생태》

소형의 것은 공미리와 비슷하지만 공미리가 아래턱이 긴데 동갈치

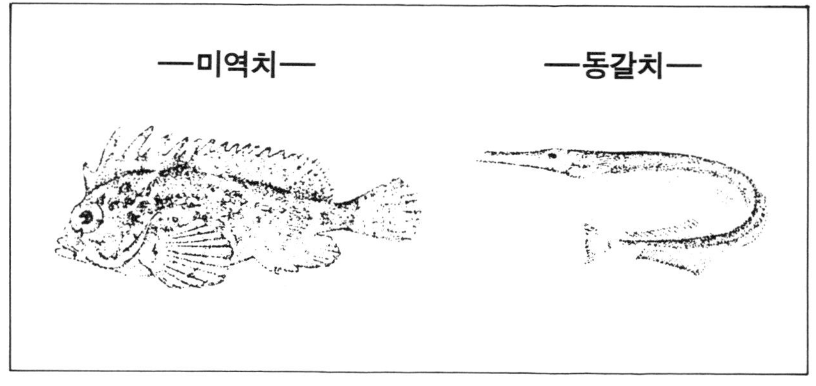

는 상하 양턱 모두 돌출해서 부리가 되고 있다. 날카로운 이빨이 있어 이 이빨에 물리면 상처를 입는다. 몸의 위쪽은 짙은 녹색, 아래쪽은 은색을 하고 있다.

올바른 갯바위 낚시를 하기 위해서

▶ 갯바위 낚시의 마음 가짐

해마다 낚시꾼이 증가하는 것은 매우 다행스러운 일이지만 텔레비전이나 신문에서 낚시 사고를 보고 듣는 것은 매우 슬픈 일이다.

특히 사고 뉴스는 바다 낚시에 많고 바다 낚시 중에서도 방파제나 갯바위에서 발이 미끄러지거나 높은 파도에 휩쓸리거나 해서 부상을 입거나 목숨을 잃는다고 하는 사고가 많은 것 같다.

이런 사고는 사소한 부주의 외에 바다의 두려움을 깔보았을 경우에 종종 일어나는 것 같다.

초황기부터 시작되어 소기에 이르기까지 갯바위의 규모도 여러 가지 있음을 이미 서술했지만 황기이기 때문에 엄중한 장비와 주의를 하고 소기라면 가벼운 마음으로 나가자 라고 하는 것처럼 생각해서는 안 된다.

또한 소기나 중기에서의 낚시라도 때로는 황기나 초황기의 대상어라고 생각되는 물고기가 낚이는 경우도 있기 때문에 방심은 금물이다.

어떤 갯바위에 나가는 경우도

① 자신의 체력을 생각한다.
② 갯바위 낚시 경험의 정도를 생각한다.
③ 반드시 동행자와 나간다.
④ 미지의 낚시터에 미경험자끼리 나가지 않는다.
⑤ 장비를 완전히 한다.
⑥ 기상, 해상의 지식을 익혀 둔다.
⑦ 밤 낚시는 가능한 한 피한다.

라고 하는 점은 반드시 지키도록 한다. 그리고 즐거운 낚시를 보다 즐겁게 기회가 있을 때마다 몇 번이라도 가서 갯바위 낚시의 베테랑이 되어 보자.

그런 이유로 사고를 방지하기 위해서 다음과 같은 사항을 정하고 소속 단체나 일반 갯바위 낚시팬에게 그 실행을 호소하고 있다.

낚시클럽에 소속해 있는 사람이라면 항상 이와 같은 주의 사항에 대해서 지도를 받겠지만 소속해 있지 않으면 좀체로 기회가 없기 마련이다.

너무 엄격하다고 생각하지 말고 갯바위 낚시를 보다 즐기기 위해서 잘 읽어 주기 바란다.

▶갯바위 낚시에서의 해난방지를 위한 주의사항

낚시하러 나가기 전에 주의할 점

(1) 낚시하러 나가기 수일 전부터 기상예보나 신문의 일기도를 이용해서 날씨의 움직임을 잘 알아 두도록 한다.

(2) 예정한 낚시터의 조석(조류의 간만)을 조사해 두는 외, 해류의 변화나 바람이 일었을 때 어떤 파도가 밀려드는가 하고 하는 점도

조사해 둔다.

(3) 해난 사고를 방지하기 위한 용구나 장비는 잘 조사해서 파손되어 있는 때는 반드시 손질해 둔다.

(4) 혼자서만 나가는 예정은 가능한 한 세우지 않도록 한다.

(5) 예정하는 낚시터나 낚시하러 가는 일시 또는 누구와 함께 가는 가라고 하는 점을 반드시 자신이 소속한 낚시 클럽에 알려 둠과 동시에 가족에게는 그 연락처를 알려 둔다(낚시 클럽에 소속해 있지 않는 사람은 가족에게 정확히 알려 둔다).

현지 낚시터에서 지킬 사항

(1) 낚시터 근처에 살고 있는 나이든 사람들이나 어부, 도선업자 사람들의 기상 예보(텔레비전, 신문이 아니다) 혹은 주의 사항을 잘 듣고, 그 사람들의 의견을 무시하고 자신 멋대로의 판단으로 낚시터에 나가서는 안 된다.

(2) 안개가 짙어서 시야가 좋지 않을 때나 달이 없는 캄캄한 어둠일 때의 밤 낚시는 절대로 하지 않도록 한다.

(3) 긴급사태(병이나 사고)가 일어나거나 또는 일어날 것이 예상되는 듯한 때의 연락 방법은 어떻게 하는가라고 하는 것을 함께 가는 사람 혹은 도선업자와 미리 충분히 의논해 둔다.

(4) 낚시터로의 출발(출항)은 태양이 뜨고 나서로 하고 기지로 돌아오는(귀항) 것은 태양이 지기 전의 밝을 동안에 하도록 한다.

낚시터에서 지킬 사항

(1) 조류의 빠르기나 흐름의 방향, 풍력이나 풍향을 알고 그 때문에 일어나는 파도의 상태를 잘 조사하도록 한다.

(2) 기상이나 해상이 갑자기 변해서 긴급사태가 일어나면 어느 장소로 피난하면 좋은가라고 하는 것을 미리 정해 둔다.

(3) 구름의 움직임을 가끔 볼 것, 또한 풍향의 변화에도 주의하도록 한다.

(4) 만일 바닷속에 떨어지면 어느 지점으로 헤엄쳐 가서 상륙하면 좋은가라고 하는 것도 정해 둔다.

(5) 구명 조끼나 구명 밧줄 등의 구명 용구는 항상 곧 사용할 수 있도록 가까이에 둔다.

(6) 도선을 이용하면 그 도선은 반드시 자신이 보이는 범위에 두든가 무선통신기로 연락이 가능한 범위에 두도록 한다.

(7) 수기 신호 혹은 트랜시버 등을 사용해서 도선이나 동행인들에게 연락하려고 하는 시간은 몇 시와 몇 시라고 하는 것처럼 미리 정해 두도록 한다.

도선을 이용할 때의 주의

(1) 출선 혹은 귀항 등 배를 움직이는 일이나 낚시 도구 등의 소지품에 관한 선장의 의견에는 따르도록 한다.

(2) 선장에 대해서 절대 무리한 요구를 해서는 안 된다.

(3) 도선에 타고부터 내릴 때까지는 반드시 구명구를 착용해 둔다.

그 외 주의할 점

(1) 밤새 차를 운전하고 낚시터에 도착해서 즉시 갯바위에 오르는 것은 삼가한다.

(2) 늦가을 이후는 해조(海藻)가 싹트는 시기이므로 해조에 발을 잡혀서 미끄러지지 않도록 충분히 주의한다.

해난 사고를 방지하기 위해서 필요한 것

(1) 구명 조끼

(2) 구명 로프(크레모나 로프 직경 8mm의 것은 30m 이상)

(3) 호각

(4) 손전등

(5) 구급 의약품

(6) 응급 식량(건빵, 비스켓 등)

(7) 신호용 깃발

(8) 휴대용 무선통신기

▶ 갯바위 낚시의 매너

내수면(하천 호수)의 낚시에서는 일정한 장소를 정해서 입장료를 지불하고 낚시를 시키는 곳(각지의 송어 낚시터 등)이나 유료 낚시터의 낚시가 활발히 이루어지고 있지만 갯바위 낚시터는 대부분이 입어료도 받지 않고 여러분이 마음대로 즐길 수 있는 장소이다.

그 점 매우 다행스러운 일이지만 반면 관리인과 같은 사람은 없기 때문에 여러분이 사용하는 갯바위는 여러분의 힘으로 아름답게 지켜나가야 한다.

자신만 즐길 수 있으면 나머지는 아무래도 좋다고 해서는 민주주의의 룰에도 위반한다고 하는 것이다.

또한 낚시터에는 낚시터 특유의 분위기도 있어 처음 낚시하러 나간 사람이 만원의 낚시터에서 어디에 낚싯대를 넣어야 좋을 지도 모르게 되어 버리는 경우가 있다.

낚시터에는 다음과 같은 낚시터 특유의 룰이 있기 때문에 이것을 여러분이 지켜서 즐거운 낚시를 하도록 한다.

장소를 독점하지 말라

하나의 낚시터에서 좋다고 생각되는 포인트는 몇 군데 있다. 1개 낚싯대를 가지고 포인트에서 포인트로 이동하며 낚는 강낚시 등과 달리 갯바위 낚시는 접낚싯대라고 해서 포인트에 여러 개의 낚싯대를 놓고 물고기의 입질을 기다리는 경우가 많다.

또한 갯바위 낚시의 경우는 강의 쑥내민 끝이나 바닷속에 딱 떠오른 작은 섬과 같이 하나의 낚시터에 2~3군데밖에 포인트가 없는 곳도 많다.

평일로 낚시꾼도 적고 한 낚시터에 친구와 단 둘뿐 등이라고 할 때는 여러 개의 낚싯대를 내려도 좋겠지만, 일요일 등에 자꾸 자꾸 낚시꾼이 밀려 올 때 자기 혼자 몇 개의 낚싯대를 내려서 포인트를 독점해 버리면 다른 사람이 낚싯대를 내릴 수 없게 되어 버린다.

빨리 왔으니까 권리는 내게 있다! 등이라고 생각하는 것은 염치없는 생각이다. 낚시터가 혼잡해 있으면 가령 2개의 낚싯대를 1개라도 나중에 온 사람에게 포인트를 양보하고 즐겁게 낚아 주기 바란다.

양보받은 사람은 감사의 마음으로 가득해질 것이다. 그리고 하루를 기분좋게 낚을 수 있고 반대로 자신이 빨리 와서 포인트에 몇 개의 낚싯대를 내리고 있는 때는 나중에 온 사람에게 장소를 양보해 주는 사람이 될 것이다.

동시에 낚시터에 도착해서 같은 포인트에 마찬가지로 낚싯대를 넣고 싶어지면 가위바위보로 평등한 권리를 온화하게 나누는 것도 방법이다.

낚시터에 따라서는 조류의 관계 때문에 자신 쪽에만 입질이 있고 반대측의 사람에게는 전혀 입질이 없다고 하는 경우가 있다.

이런 때는 과감히 자신의 자리를 그 사람에게 양보해 보는 것은 어떨까?

'자신만은 꼭 낚고 싶다, 다른 사람은 낚이지 않더라도!'라고 하는 것은 모두 공통된 마음일지도 모르지만 모두 즐기자고 하는 마음을 대자연 속에서 가져 보는 것은 어떨까? 매우 훌륭한 일이라고 생각한다.

낚시터에서는 인사를

낚시터에서는 서로 어느 쪽이 먼저라고 할 것 없이 인사를 나누도록 한다. 이것은 단순히 '호감을 주는' 행위가 아니다. 서로 인사를 나눔으로서 생기는 연대감은 만일 예측할 수 없는 사고가 일어나거나 했을 때 서로 돕는 마음으로 이어진다.

행동은 조용히

갯바위 낚시터에서는 강낚시터만큼 신경질적이 되지 않아도 좋지만 그래도 낚이지 않는다고 해서 큰 소리로 떠들거나 술을 마시고 떠들거나 해서는 다른 사람에게 폐를 끼칠 뿐만 아니라 사고로 이어질 위험도 있다.

또한 낚시터에서 달리거나 하면 다른 사람의 낚시 도구를 파손하거나 해서 뜻하지 않은 트러블을 일으키지 않는다고도 할 수 없다. 행동은 가능한 한 조용히 하도록 한다.

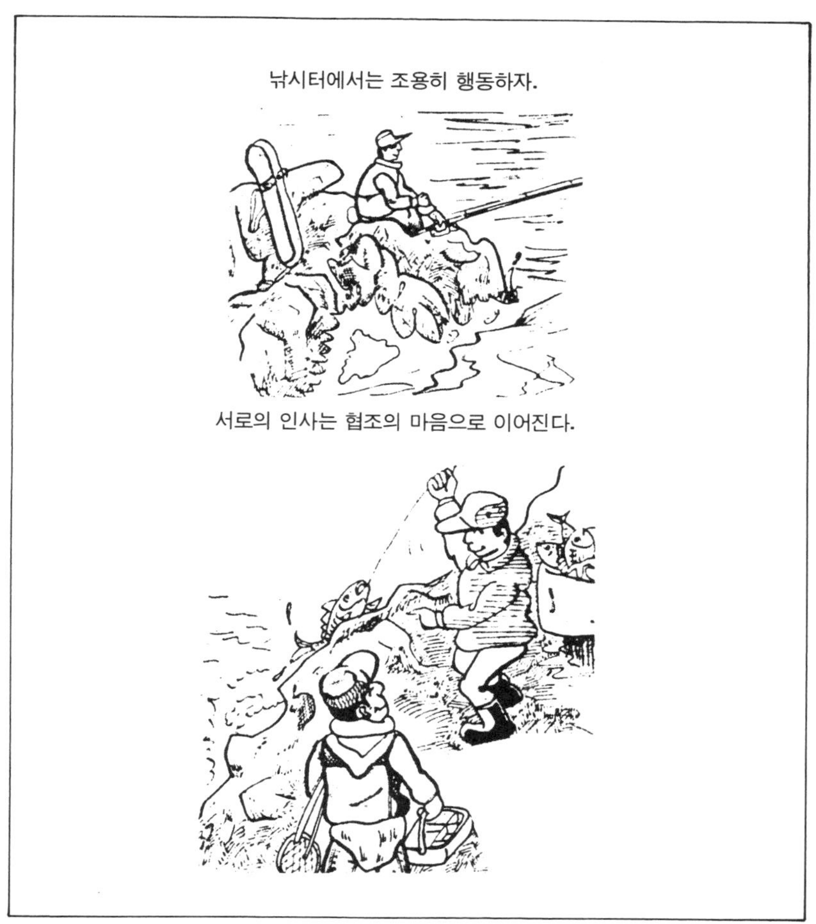

낚시터에서는 조용히 행동하자.

서로의 인사는 협조의 마음으로 이어진다.

낚시터를 황폐시키지 말라

도시락 상자나 빈 상자 등으로 더러워진 낚시터를 보는 것은 그다지 좋은 기분은 아니다. 낚시가 끝나고 도구를 챙긴 후 3분간만 자신의 낚시터를 뒤돌아 보고 더러워져 있지 않은지 혹은 쓰레기는 자신의 쓰레기와 함께 처리하는 정도의 마음 가짐을 갖도록 하기 바란다.

오래 써서 낡은 낚싯줄이나 낚시 용품을 버리는 것도 좋지 않다. 나일론 실이나 납은 언제까지나 낚싯터에 잔해로서 남는다.

더욱이 갯바위 낚시에서 주의하기 바라는 점은 갯바위에 부착해 있는 패류를 미끼로 사용하기 위해서 함부로 따는 것이다.

갯바위에 부착하는 동식물을 멋대로 채취하는 것은 좋지 않다. 그것들을 찾아서 갯바위에는 물고기가 회유해 오기 때문에 깎아 내거나 해서는 단순히 낚시터를 황폐시킬 뿐만 아니라 어족 보호에도 매우 악영향을 끼치게 된다.

갯바위 낚시터를 어장으로 하고 있는 직업 어부에게 있어서도 물고기가 적어지는 것은 사활(死活) 문제로도 이어진다.

직업 어부와의 트러블을 없애고 즐거운 낚시를 언제까지나 즐길 수 있도록 갯바위는 서로 깨끗하게 그리고 항상 물고기가 회유해 오도록 모두 지키기 바란다.

이미 서술했듯이 갯바위 낚시터는 일반인들에게 있어서는 훌륭한 관광지도 된다. 가방을 등에 메거나 레저백을 어깨에 메고 갯바위를 도는 사람들도 많이 있다.

낚시꾼 옆에 다가와서 '낚입니까?' 등이라고 말을 거는 사람도 있을 것이다.

갯바위는 낚시꾼만의 전유물이 아니라 여러분의 것이라고 하는 사실을 절실히 알 수 있다. 무신경한 곳에 생리 현상의 처리를 하는 행위는 엄격히 삼가한다.

제2장

갯바위 낚시의 기술

돌물(돌돔 · 강담돔 · 혹돔) 낚시

▶돌물 낚시에 대해서

돌물의 매력

많은 갯바위의 대물 중 돌돔, 강담돔, 혹돔 3종을 낚시꾼은 《돌물》이라고 부르며 이 돌물을 낚는 것을 갯바위 낚시의 최고 영예로 여기고 있다.

어째서 돌물을 낚아 올리는 것이 갯바위 낚시의 최고 영예일까. 그것은 많은 갯바위 물고기 중 어느 물고기보다도 낚시 재미가 훌륭하기 때문이다.

바늘에 걸릴 때까지의 고생, 바늘에 걸리고 나서 거둬 들일 때까지의 물고기와의 격투, 채비의 한계까지, 혹은 그 이상의 대물이 덮쳐와서 튼튼한 육체의 남성이 비명을 지르는 경우나 물고기와의 격투에 전력을 기울여 오랫동안은 일어날 수 없는 경우도 있어 그 스릴 풍부한 스포티함이 큰 매력이 되어 갯바위 낚시꾼을 사로잡기 때문이다.

또한 돌물 낚시에는 다른 낚시보다 더 나은 기민한 행동과 체력 그리고 룰을 지키는 것도 요구된다.

만일 자신의 체력을 과신하거나 가벼운 기분으로 나가거나 하면 뜻하지 않은 사고로도 이어질 위험을 크게 품고 있다.

돌물의 특징

돌돔, 강담돔, 혹돔의 3종만이 돌물로 취급되는 것은 이 3종의 물고기가 낚시 지역의 범위나 포인트 낚시 방법, 낚시 도구 등의 점에서 매우 공통된 점이 있기 때문이다. 돌물 3종 중에서도 특히 매력적인 것은 돌돔이지만 돌돔을 노리고 강담돔이나 혹돔이 낚이는 경우가 있다. 그리고 낚시꾼들은 강담돔이나 혹돔을 돌돔의 '외도'라고는 하지 않고 3종의 물고기를 동등하게 취급하고 있는 것이 보통이다.

▶ 돌돔의 습성과 낚시 시기

돌돔의 습성

돌돔은 경골어강 진구아강 진골상목 농어목 농어아목 돌돔과의 물고기이다. 서술했듯이 대형화함에 따라서 줄눈은 엷어져 버리는 경우가 많지만 피부는 사는 곳의 환경에 의해 은백색이나 자색(紫色)이 되는 것도 있다. 낚시의 대상이 되는 것은 3kg 전후의 것이 많은 듯하지만 그 중에도 10kg 이상이나 되는 대형이 바늘에 걸리는 경우도 있다.

산란은 6월부터 10월에 걸쳐서 바다의 얕은 곳에서 이루어진다. 알에서 부화하여 3cm 정도까지는 부근의 해조 등의 주변을 작게 헤엄쳐 다니며 플랭크톤을 먹고 성장하지만 유어기는 외만에는 그다지 나오지 않고 내만의 비교적 파도가 조용한 곳에서 생활하고 있다.

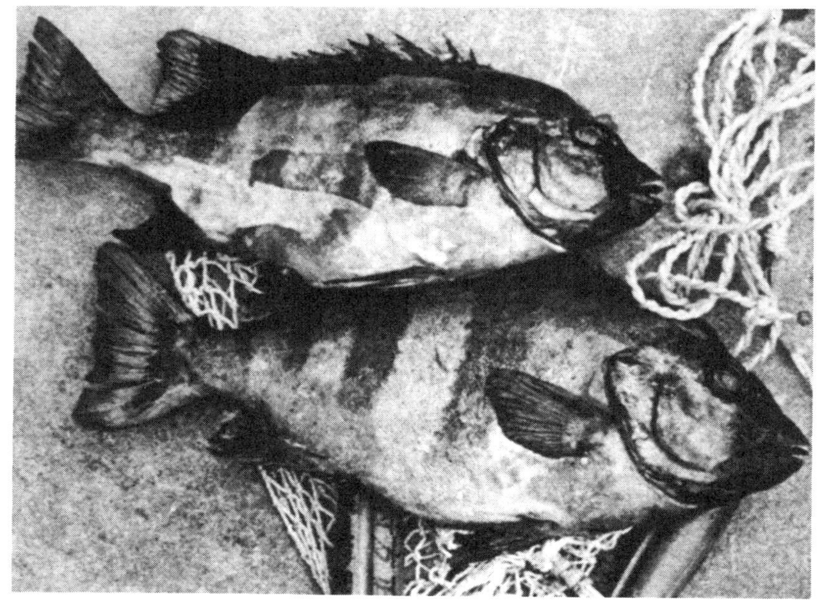

성장함에 따라서 해조의 주변에서 차츰 암초 부근을 헤엄치게 되고 파도가 거친 외양으로 옮겨 간다. 그리고 암초에 부착한 굴등이나 소라, 왕새우, 성게 등을 타고난 강렬한 이빨로 깨물어 부셔서 먹이로 한다.

강담돔의 습성

경골어강 진구아강 진골상목 농어목 농어아목 돌돔과의 물고기이다. 낚시의 대상이 되는 것은 0.5kg 전후가 보통이지만 그 중에는 10kg 넘는 듯한 노성어도 바늘에 걸리는 경우가 있다.

난류계의 물고기로 돌돔과 섞여서 생식하고 있는 경우가 많고 갯바위에 부착한 패류나 새우류 등을 강력한 이빨로 베어 먹이로 하고 있다.

비교적 수온이 높은 지방에는 입부터 얼굴까지 새하얗게 된 물고기가 있고 이 밖에 줄눈에 얼룩무늬가 있는 돌돔이나 강담돔도 볼 수 있다.

혹돔의 습성

경골어강 진구아강 진골상목 농어목 놀래기아목 놀래기과의 물고기이다. 앞에서 서술했듯이 성장에 따라서 튀어 나오는 혹이 특징이다.

산란기는 봄이다. 암초의 우묵한 곳이나 그 부근을 헤엄치고 갯바위에 부착한 조개나 새우류를 날카로운 이빨로 도려내 먹이로 하고 있다.

보통 낚이는 것은 5Kg 전후의 것이지만 때로는 20Kg을 넘는 대형도 바늘에 걸리는 경우가 있다. 암컷은 성장해도 비교적 혹이 커지지 않는다.

돌돔, 강담돔의 낚시 시기

돌돔, 강담돔은 난류를 좋아하는 물고기이다.

그 때문에 난류가 북상하는 기세가 강해지는 5월경부터 갯바위 주위의 얕은 곳에 모여들어 먹이를 먹기 시작한다.

그 후 수온이 가장 높아지는 8월부터 9월 상순에 걸쳐서는 돌돔을 그 적수온인 16℃부터 22℃ 이상으로 수온이 상승하기 때문에 대부분이 수심이 있는 약간 앞바다 쪽으로 내려와 버리지만 강담돔은 적수온이 18℃에서 25℃로 높기 때문에 갯바위 주변에서 활발히 먹이를 찾아 돌아 다닌다.

따라서 이 시기는 돌돔보다도 강담돔 쪽이 잘 낚이게 된다.

9월도 중순을 지나면 수온도 내려가기 시작하므로 돌돔은 다시 갯바위 주위에 모여들어 암초에 부착한 패류나 새우류를 찾아 돌아다니기 때문에 강담돔과 함께 절호의 낚시 시기가 된다.

이 상태는 수온이 더욱 저하하는 11월 중순까지 계속되고 깊은 곳으로의 내림 전의 거친 입질을 하기 때문에 돌물 낚시팬에게는 놓칠 수 없는 가장 좋은 철이라고 할 수 있다.

11월도 중순을 지나면 수온의 저하와 함께 조금씩 앞바다의 깊은 곳으로 이동해 간다.

난류의 접근이 빠르기 때문에 3월 중순부터 5월에 걸쳐서 초대형의 돌돔, 강담돔이 산란과 왕새우 등을 노리고 갯바윗가까지 몰려오기 때문에 일찌감치도 낚시 시기를 맞게 된다.

단, 7월부터 9월에 걸쳐서는 수온이 너무 높기 때문에 별로 낚이지 않는다. 그리고 10월부터 12월이 되면 다시 초대형의 돌돔, 강담돔의 겨냥 시기가 된다.

혹돔의 낚시 시기

혹돔의 적수온은 15℃부터 20℃이다. 돌돔 · 강담돔보다 낮은 수온을 좋아한다. 그 때문에 일반적으로는 한류가 활발히 움직이기 시작하는 11월부터 2월, 혹은 수온이 상승하기 시작하는 4월부터 6월이 낚시의 시기가 된다.

▶돌물 낚시의 직접 용구

돌물을 낚는 용구류에 대해서 필자는 항상 다음의 3가지로 분류해서 사용하고 있다. 이것은 돌물이라고 하는 가장 강렬한 물고기를 낚는 경우 당연히 생각해야 하는 점이기 때문이다.

① 초대형의 돌돔 · 강담돔용의 것

② 대형의 돌돔 · 혹돔용의 것

③ 중소형의 돌돔 · 강담돔용의 것

이 중 낚싯대에 대해서는 ①과 ②를 공용해도 별 지장 없지만 채비는 ①②③ 각각 구별해서 사용해야 한다.

낚싯대에 대해서

대물 낚시의 포인트는 바로 낚싯대에 있다고 해도 과언이 아닐 만큼 낚싯대는 중요한 의미를 가지고 있다. 기본대로의 채비를 이용하면 물고기는 누구의 미끼에나 물지만 문 후는 대물이면 일수록 거둬 들일 때까지 낚싯대의 좋고 나쁨이 영향을 끼친다.

물론 낚시꾼에게는 개인차가 있기 때문에 특히 길이에 대해서는 일률적으로는 단언할 수 없지만 가장 기본적이고 거의 틀림없이 거둬 들일 수 있는 것에 대해서 기록하기도 한다.

《초대형~대형의 돌돔 · 강담돔 · 혹돔용》

길이 5.4~5.8m로 끝흔리기의 돌돔 낚싯대가 좋고 몸통이 팽팽한 탄탄한 것이어야 한다.

낚싯대의 흔들리기에 대해서는 제3장에도 기록하고 있지만 끝흔들리기라고 하는 것은 낚싯대를 구부렸을 때 선단 부분에서 구부러지고 똑바로 될(복원할) 때의 탄력성이 구부러진 부분에 가까운 곳에 있는 것이다.

사람에 따라서는 통흔들리기 쪽이 물고기를 걸기 쉽다고 하지만 낚싯대의 놀림법이나 취급법의 점에서는 끝흔들리기 쪽이 훨씬 사용하기 쉽다.

통혼들리기의 낚싯대는 물고기를 걸었을 때의 몸통 부분의 탄력성에 의해 물고기를 빨리 약하게 만들 수 있음과 동시에 좀 가는 듯한 채비라도 그 탄력성에 의해 끊길 걱정이 없다. 혹은 낚시 재미를 즐길 수 있다고 하는 이점이 있기는 하지만 돌물 낚시에서는 일단 물고기를 걸면 재빨리 거둬 들이지 않으면 언제 암초의 우물한 곳으로 놓쳐서 도저히 거둬 들일 수 없다고 하는 경우가 종종 일어나기 때문에 거둬 들임을 재빨리 할 수 있는 끝흔들리기의 낚싯대 쪽이 유리해진다.

낚싯대의 소재는 글라스 섬유의 것과 대나무의 것이 있지만 글라스 낚싯대는 염수나 일사 빗물 등에 대해서 저항이 강하고 손질도 간단한 데다가 최근은 좋은 제품이 많이 있기 때문에 죽제(竹製)보다도 글라스 섬유제를 권한다.

《중소형의 돌돔 · 강담돔용》

돌돔 낚싯대로 길이 4.8~5.3m 좀 가벼운 듯한 것으로 손맞추기가 하기 쉬운 것을 선택하자. 흔들리기는 끝흔들리기가 무난하다.

릴에 대해서

릴은 스타드랙식 릴이지만 낚싯대와 마찬가지로 초대형 혹은 대형의 돌돔 · 강담돔 · 혹돔을 낚는 경우는 강력형을 이용하고 중소형의 돌돔 · 강담돔을 노리는 데에는 보통형을 이용하도록 한다.

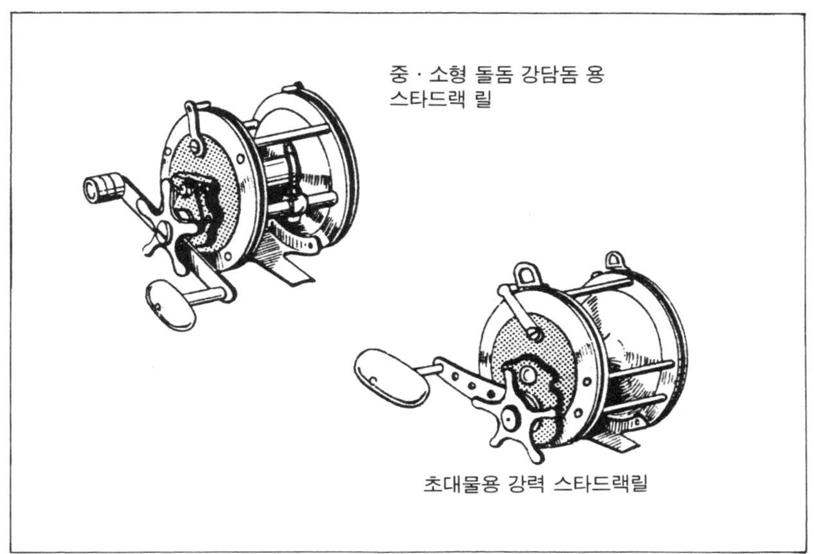

▶돌물 낚시의 채비

채비는 앞에서 서술했듯이 3가지로 구분해서 만들도록 한다. 즉 ① 초대형 돌돔 · 강담돔용 ② 대형 돌돔 ③ 중소형 돌돔 · 강담돔용이다.

《① 초대형 돌돔 · 강담돔용 채비》

이 채비는 ① 유동식의 것과 ② 고정식의 것 2종류를 준비한다.

① 유동식 채비는 해저에 해조가 많은 경우 채비의 엉킴을 가능한 한 막기 위한 것이다.

② 고정식 채비는 해저의 해조가 장소나 시기에 따라서 비교적 적은 경우에 사용한다.

모두 본줄은 20~30호를 150m 릴에 감아 둔다.

유동식 채비

본줄의 선단에 대형 도래를 달고 아래에 와이어 35×7을 1.2m 단다. 그 와이어에 대형 세발도래를 통과시켜서 유동식으로 하고 아래에 도래를 단다.

세발도래는 와이어 35×7 혹은 37×7을 25~30cm 길이로 해서 여기에 돌돔 바늘 17~20호를 단다.

낚싯봉은 30~40호를 적절히 사용한다.

고정식 채비

본줄의 선단에 대형 세발도래를 고정하고 그 아래를 와이어 35×7을 1m의 길이로 달고 나서 다시 대형 세발도래를 고정하고 낚싯봉줄 나일론 10호를 1m 달고 낚싯봉 30~40호를 단다.

위쪽의 세발도래에는 와이어 36×7을 20cm의 길이로 달고 돌돔 바늘 16호부터 18호를 단다. 아래쪽의 세발도래에는 와이어 36×7을 역시 20cm의 길이로 해서 달고 돌돔 바늘 18호부터 20호를 단다.

《② 대형 돌돔 · 흑돔용 채비》

낚싯대는 초대형의 돌돔 · 강담돔용의 것과 같지만 이 채비의 와이어를 가늘게 하고 바늘을 작게 하면 중형의 돌돔을 노리는 경우에 사용할 수 있다. 따라서 대형을 노리고 있는 데 중형이 올라오는 것 같은 경우는 채비를 곧 자그마하게 해서 중형용으로 바꾸도록 하면 보다 효과적이다.

아래 낚싯봉식 채비는 본줄의 선단에 대형 세발도래를 고정하고 와이어 37×7을 1m의 길이로 달고 나서 다시 대형 세발도래를 달고

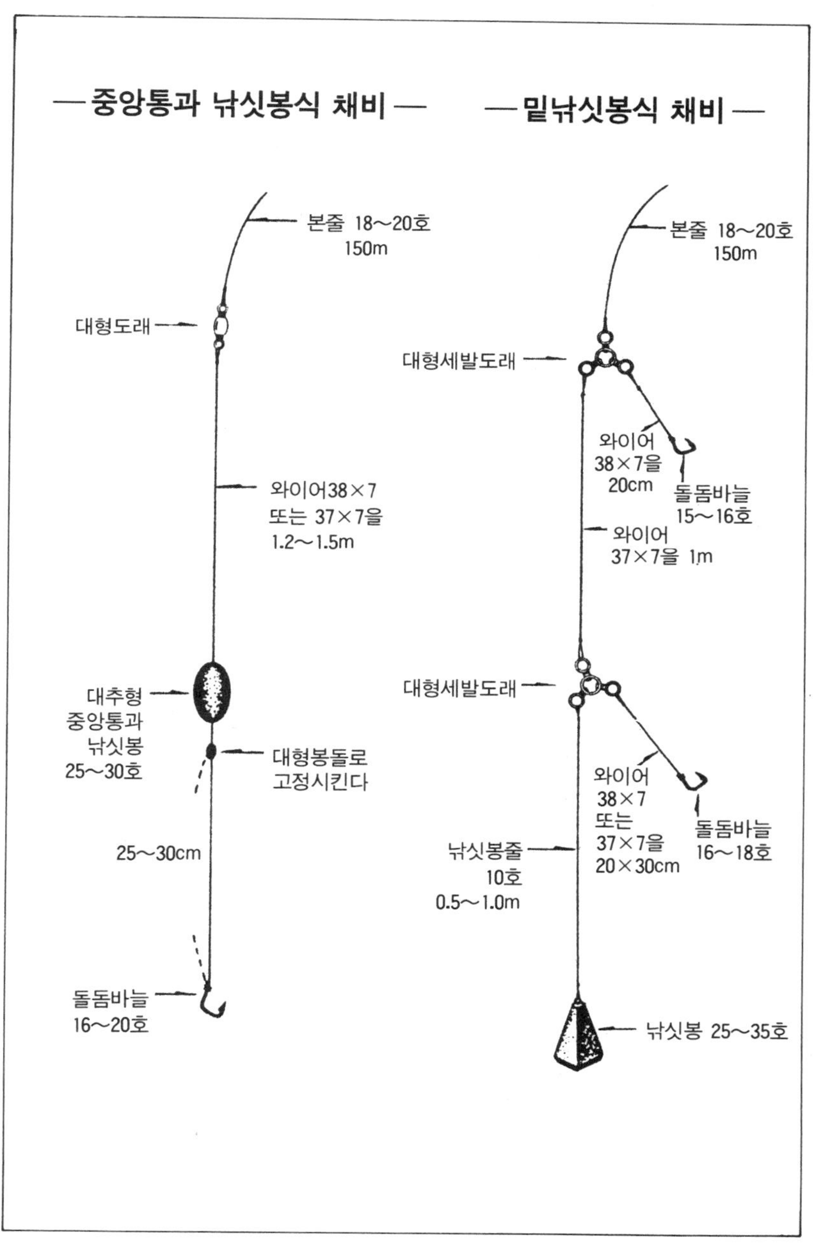

—중앙통과 낚싯봉식 채비—
본줄 18～20호
150m
대형도래
와이어38×7
또는 37×7을
1.2～1.5m
대추형
중앙통과
낚싯봉
25～30호
대형봉돌로
고정시킨다
25～30cm
돌돔바늘
16～20호
—밑낚싯봉식 채비—
본줄 18～20호
150m
대형세발도래
와이어
38×7을
20cm
돌돔바늘
15～16호
와이어
37×7을 1m
대형세발도래
와이어
38×7
또는
37×7을
20×30cm
돌돔바늘
16～18호
낚싯봉줄
10호
0.5～1.0m
낚싯봉 25～35호

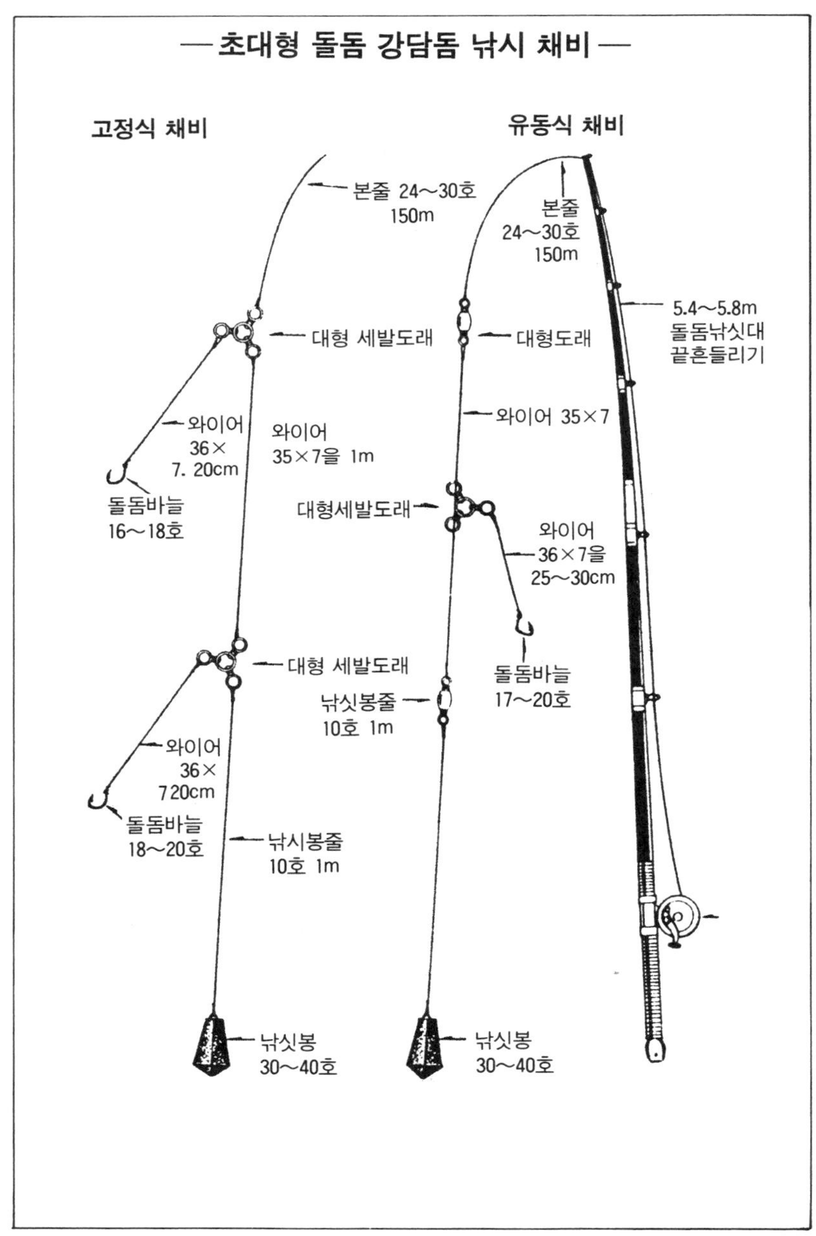

—초대형 돌돔 강담돔 낚시 채비—
고정식 채비
유동식 채비
본줄 24～30호
150m
본줄
24～30호
150m
5.4～5.8m
돌돔낚싯대
끝혼들리기
대형 세발도래
대형도래
와이어 35×7
와이어
36×
7. 20cm
와이어
35×7을 1m
돌돔바늘
16～18호
대형세발도래
와이어
36×7을
25～30cm
대형 세발도래
돌돔바늘
17～20호
낚싯봉줄
10호 1m
와이어
36×
7 20cm
돌돔바늘
18～20호
낚시봉줄
10호 1m
낚싯봉
30～40호
낚싯봉
30～40호

여기에 낚싯봉줄과 목줄을 설치한다. 목줄을 와이어 37×7 혹은 38×7을 사용하고 낚싯봉은 25×35호를 적절히 사용한다.

중앙통과 낚싯봉식 채비는 본줄 선단에 대형 도래를 달고 그 아래에 와이어 38×7 또는 37×7 을 1.2m에서 1.5m 정도의 길이로 해서 설치하고 여기에 대추형의 중앙 통과 낚싯봉을 통과시키고 나서 와이어 선단에 바늘을 묶는다.

낚싯봉을 목줄에 고정시키기 위해서는 바늘의 위 25cm 전후에 대형 봉돌을 단다.

《중소형 돌돔 · 강담돔용 채비》

다음 페이지에 2종류 나타냈다. 이 2종류 외에 앞페이지와 같은 [밑 낚싯봉식 채비]도 있지만 그 경우는 낚싯봉줄은 8~10호로 하고 낚싯봉은 25~30호를 사용하도록 한다.

그리고 다음 페이지 2종류의 채비는 1개 바늘의 경우와 2개 바늘의 경우의 것이다. 어느 쪽이 좋으냐는 어느 정도 기호도 있지만 2개 바늘이 반드시 효과적이라고 말할 수 없다.

낚시터에 해조 등의 장해물이 많을 때는 걸림을 막기 위해서 1개 바늘 쪽이 낚기 쉬워진다.

비교적 장해물도 적고 뿌리 걸림의 걱정이 적은 듯한 낚시터에서는 2개 바늘 채비 쪽이 좋을 것이다.

또한 입문기는 채비를 다루는 것에서 생각하면 1개 바늘 채비로 낚는 편이 낚기 쉽다고 말할 수 있다.

이상의 채비에 대해서 굵기나 길이는 경험 축적에 따라서 자신 나름대로 바꿔 봐도 즐거울 것이다. 그러나 기본적인 것에서 너무 동떨어진 채비로는 절대 좋은 효과를 올릴 수 없다.

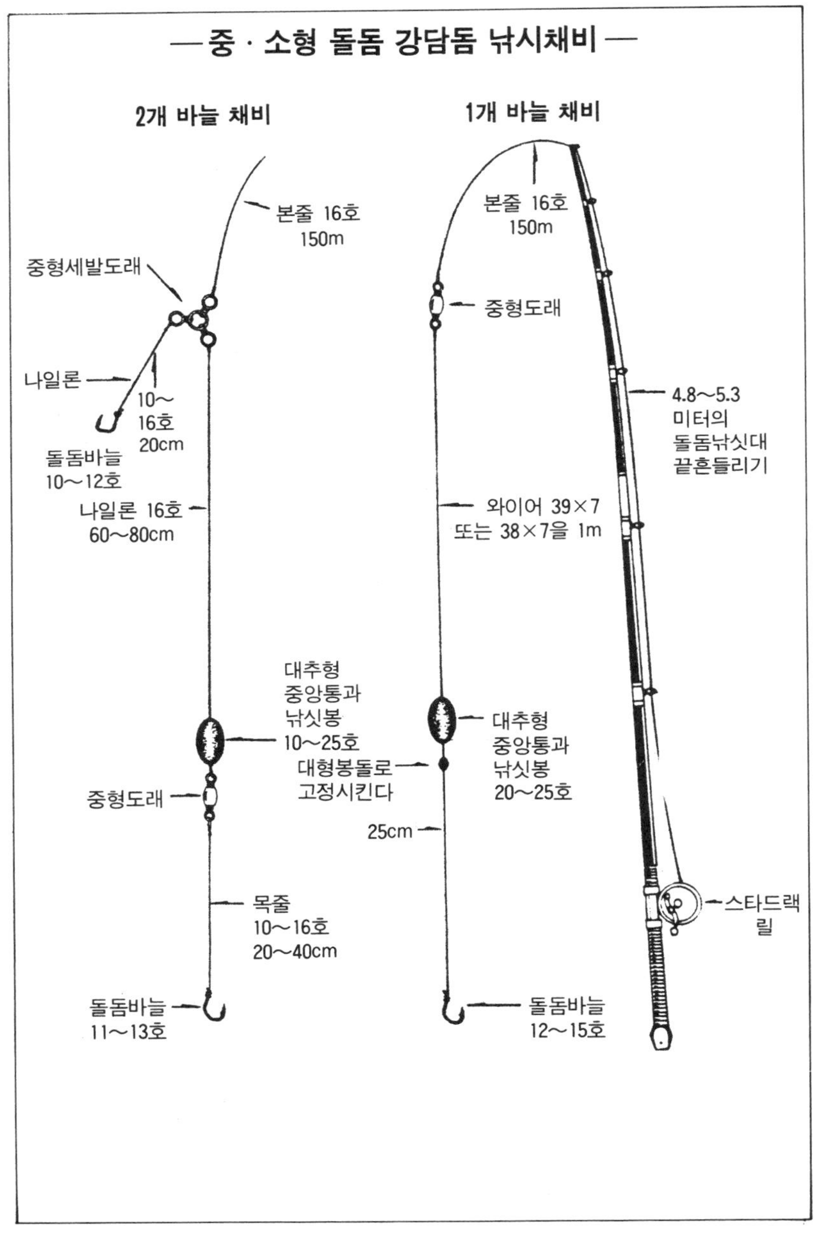

—중 · 소형 돌돔 강담돔 낚시채비—
2개 바늘 채비
1개 바늘 채비
본줄 16호
150m
중형세발도래
나일론
10～
16호
20cm
돌돔바늘
10～12호
나일론 16호
60～80cm
대추형
중앙통과
낚싯봉
10～25호
중형도래
목줄
10～16호
20～40cm
돌돔바늘
11～13호
본줄 16호
150m
중형도래
4.8～5.3
미터의
돌돔낚싯대
끝흔들리기
와이어 39×7
또는 38×7을 1m
대추형
중앙통과
낚싯봉
20～25호
대형봉돌로
고정시킨다
25cm
스타드랙
릴
돌돔바늘
12～15호

▶돌물 낚시의 간접용구

지금까지 서술한 용구나 채비는 물고기를 낚는데 직접적으로 필요한 용구이다.

그러나 이것만으로는 낚시가 불가능하다. 낚싯대를 지탱하는 낚싯대 걸이부터 시작되어 미끼인 소라 등을 넣는 고기 바구니도 필요하게 된다.

돌물 낚시에 필요한 그런 용구를 열거하면 다음과 같이 된다. 이것들은 최저한도 필요한 용구이다.

★낚싯대 걸이=낚싯대 1개에 대해서 낚싯대 받침을 위해 1개 필요하다. 또한 낚싯대 꼬리를 꽂을 만한 장소가 없는 곳에서는 낚싯대 꼬리를 받치는 것이 또 1개 필요하다.

★쇠갈고리 밧줄=낚싯대 밑에 달아두고 한쪽은 육지에 연결해 두는 밧줄이다. 접낚싯대에 물고기가 걸렸을 때 쇠갈고리 밧줄로 낚싯대가 고정물에 묶여 있지 않으면 낚싯대가 바닷속으로 끌려 들어가 버린다. 직경 5mm 전후의 굵기로 길이가 최저 5m 필요하다.

★갈고랑이=개프(gaff)라고 불리고 있지만 큰 물고기를 걸면 낚싯대만으로는 도저히 낚아 올릴 수 없다. 갯바윗까지 낚싯대에 의해 끌고 온 후 갈고랑이를 물고기에 박아 넣고 끌어 올리도록 한다. 갈고랑이의 직경이 9cm 전후로 손잡이의 길이가 3.5m 정도의 것이 1개 필요하다.

★뜰채=갈고랑이는 물고기에서 상처를 입히는 것이 난점이지만 뜰채라면 그 걱정은 없다. 그러나 뜰채로 올릴 수 없는 대물의 경우는 갈고랑이에 의지하는 방법밖에 없을 것이다. 지참하는 뜰채는 직경 50cm 전후로 손잡이의 길이가 2.5m 이상의 것이 필요해진다.

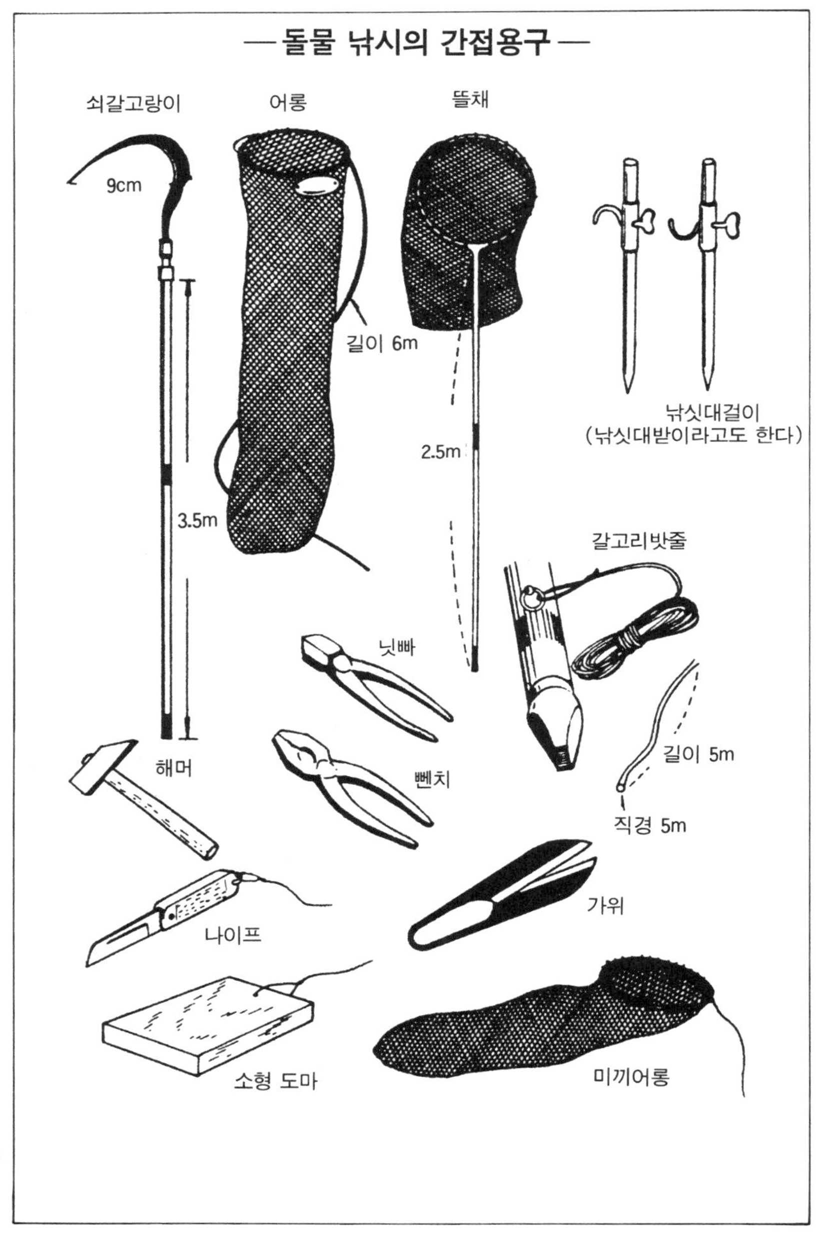
—돌물 낚시의 간접용구—
쇠갈고랑이
9cm
3.5m
어롱
길이 6m
뜰채
2.5m
낚싯대걸이
(낚싯대받이라고도 한다)
갈고리밧줄
길이 5m
직경 5m
닛빠
뻰치
해머
나이프
가위
소형 도마
미끼어롱

★해머=미끼인 소라를 부수거나 할 때에 필요하다. 등산용의 소형으로도 충분하다.

★나이프=이것도 소라를 자르거나 할 때에 사용한다. 창칼 혹은 소형의 식칼이라도 좋을 것이다.

★뻰치 닛바 가위=낚시터에서 채비를 만들 때나 고칠 때에 필요하다.

★도마=미끼를 자를 때에 필요하다.

★살림망=낚은 물고기를 넣어 두는 것이다. 직경 5mm의 굵기로 길이 6m의 밧줄을 달아 둔다. 그물의 눈은 큰 것이 적합하다.

★소라통=미끼인 소라를 넣어 두는 바구니이다. 굵직한 망사로 된 것이 적당할 것이다. 나일론제로 충분하지만 면으로 되어 있는 것은 감물을 먹인 것이 양호하다.

▶돌물 낚시의 장비

갯바위 낚시에 구명구는 빼 놓을 수 없는 것이지만 초대물 낚시나 돌물 낚시에서는 구명구를 비롯해서 다음에 서술하는 장구를 휴대하도록 한다.

★구명구=에어 케이폭 폴리에스치롤식의 어느 것이라도 좋지만 반드시 검정품(檢定品)이어야 한다.

★구명 밧줄=직경 8mm 정도로 길이 30m 정도의 것

★우구=우구는 본래의 역할 외에 파도의 물보라를 피하거나 방한의 역할도 하기 때문에 기후의 좋고 나쁨에 관계 없이 지참한다.

★감발=매우 중요하다. 캐러반 슈즈라도 좋지만 지하 버선에 짚을 붙인 것도 좋고 또는 갯바위 낚시 전용의 지하 버선도 매우 적합하

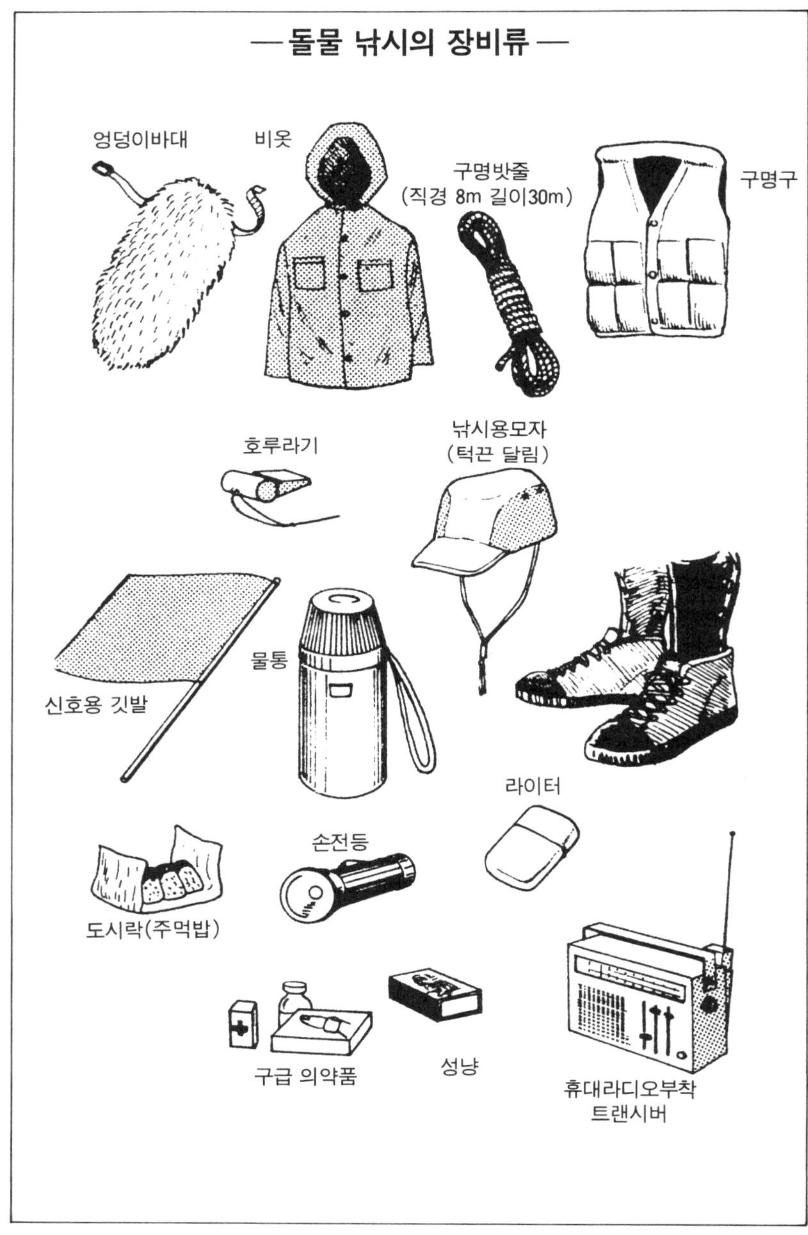
—돌물 낚시의 장비류—
엉덩이바대
비옷
구명밧줄
(직경 8m 길이30m)
구명구
호루라기
낚시용모자
(턱끈 달림)
신호용 깃발
물통
라이터
손전등
도시락(주먹밥)
구급 의약품
성냥
휴대라디오부착
트랜시버

다.

★**모자**=챙이 큰 소위 낚시용 모자이지만 이것은 특별히 갯바위 낚시 전용의 것이 아니라 보통의 낚시 모자로 충분하다. 단, 반드시 턱끈이 달려 있는 것이 필요하다.

★**둔부 바대**=바지를 보호하고 허리의 냉기를 막음과 동시에 바위 밭에 앉았을 때 감촉을 부드럽게 한다.

이상의 물건들 외 물통, 라이터, 성냥, 호루라기(위험시나 연락시에 사용), 손전등, 구급 의약품, 신호용 깃발, 간단한 휴행식 도시락(주먹밥이 먹기 편하다) 휴대 라디오 달린 트랜시버 등이 필요하다.

▶미끼와 뿌림 모이

미끼

갯바위의 대상어 중에는 계절에 따라서 바닷속의 조류를 좋아하는 것이나 수박이라든가 호박을 좋아하는 물고기가 있지만 일반적으로는 동물질의 미끼를 좋아하는 것 같다. 그리고 돌물 낚시의 미끼로서는 옛날이나 지금이나 한결같이 소라를 최우선으로 들 수 있다.

그러나 소라를 미끼로 하면 반드시 돌물을 낚을 수 있느냐 하면 그렇지는 않다.

돌물이 살고 있는 곳에 소라도 살고 있어 그 소라를 미끼로서 먹고 있다고 하는 곳이 아니면 안 된다.

따라서 미끼를 선택할 경우는 자신이 나가는 장소의 상태를 그 지방의 낚시 도구점이나 선배에게 잘 듣도록 하는 것이 중요하다.

그러나 그 지방에 전혀 없은 미끼라도 일정 장소에 대량으로 뿌림 모이를 해서 그 미끼로 물고기를 길들이면 자신이 좋아하는 미끼로

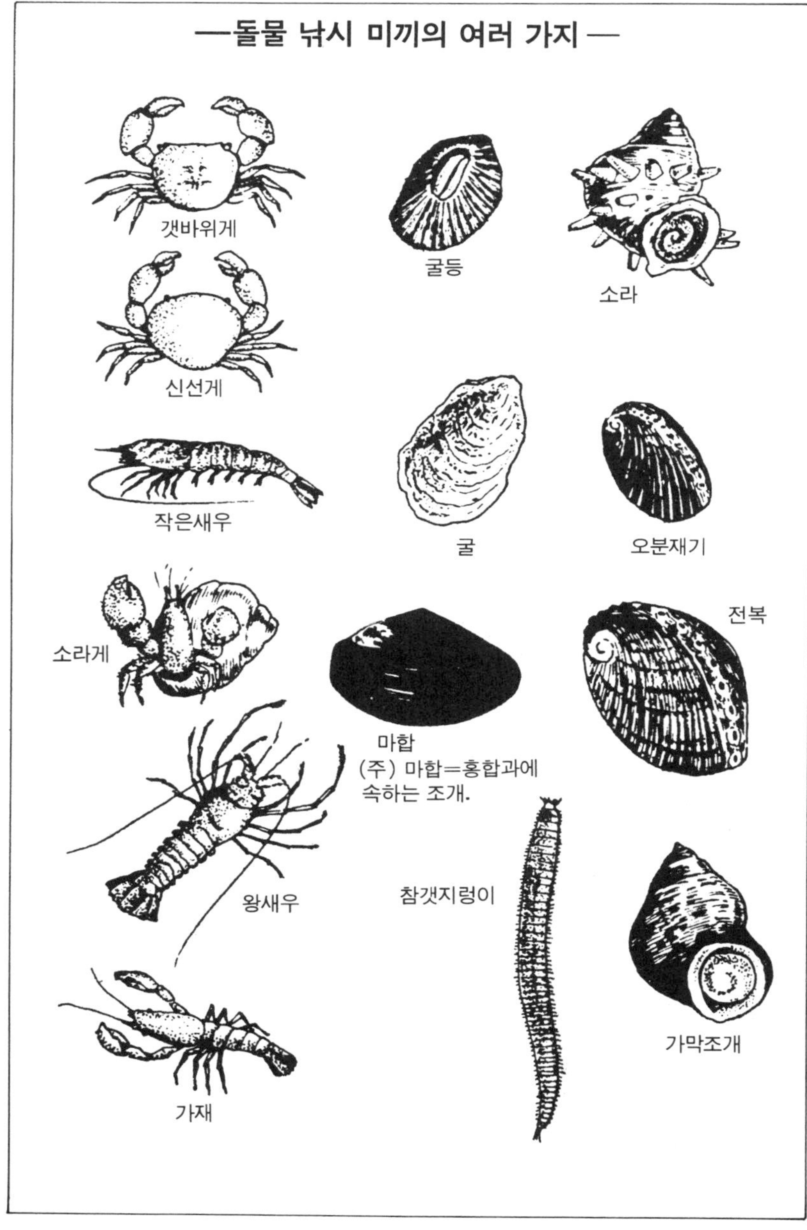
—돌물 낚시 미끼의 여러 가지—
갯바위게
굴등
소라
신선게
작은새우
굴
오분재기
소라게
전복
마합
(주) 마합=홍합과에
속하는 조개.
왕새우
참갯지렁이
가막조개
가재

낚을 수도 있다.

단, 소라를 비롯한 돌물의 미끼는 모두 고가이기 때문에 특히 입문기에는 그 지방에 맞는 미끼를 이용해서 낚도록 하고 익숙해짐에 따라서 자신 나름대로의 연구를 하도록 하는 편이 좋을 것이다.

더욱이 돌물의 미끼로서는 앞에 서술한 것 외에 전복, 소라고등, 굴등, 굴, 모시조개 등의 패류 외에 갯바위 게, 신선게, 새우, 섬게, 가재나 갯지렁이 등을 이용할 수 있다.

1일 사용량

가장 일반적인 소라에 대해서 1일의 사용량을 살펴 보면 시기에 따라서도 다르지만 10월경의 거친 입질을 할 때에는 1개 낚싯대로 낚는 경우 4kg 정도 있으면 충분하다.

미끼의 다는 법

소라의 경우 먼저 해머로 껍질을 깨고 나서 붉은 부분을 반 정도 남기고 뚜껑 아래를 나이프로 잘라 내어 그림과 같이 바늘에 건다. 바늘 끝을 반드시 내밀도록 하자.

보통은 1개 달지만 대형을 노릴 때는 미끼 유지를 생각해서 2개 걸이로 한다.

왕새우는 머리부터 꼬리까지 껍질을 제거하고 몸이나 장, 발 등을 2~3cm 사방 정도로 정리해서 가는 목면실이나 고무 밴드 또는 유사품으로 묶고 나서 바늘에 찌른다. 전복이나 오분자기는 판자 모양으로 자르면 그림과 같이 된다.

소라게는 큰 발톱을 제거하고 단다. 잘라낸 발톱은 뿌림 모이로 이용한다. 마합은 조개 뚜껑을 열어서 속의 몸기둥에 바늘을 고정시

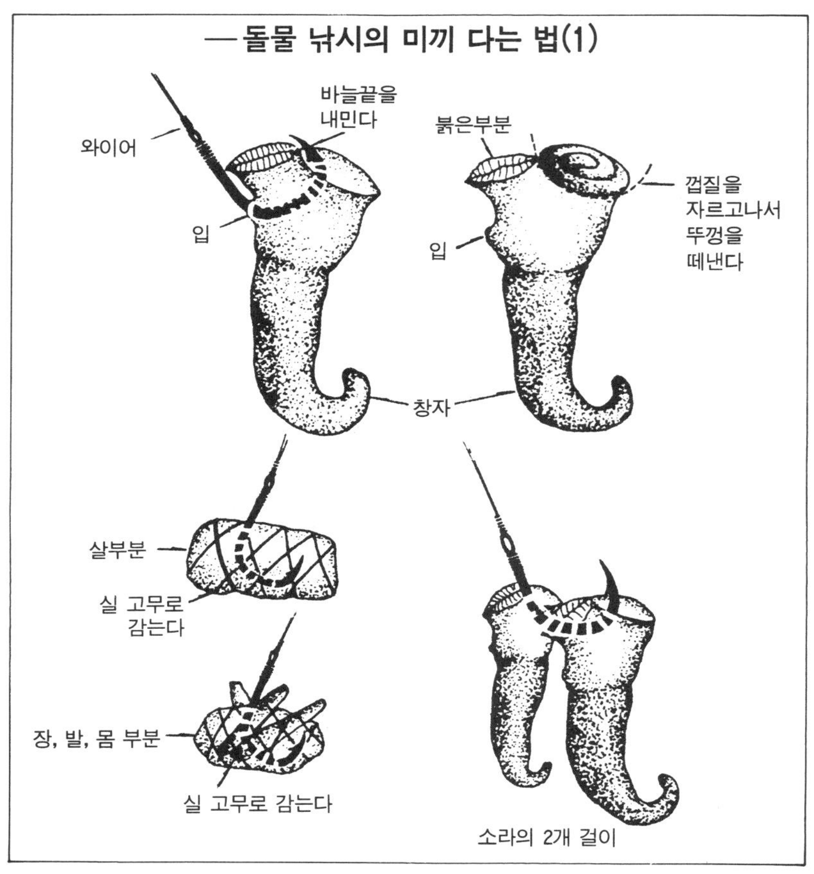

킨다. 단, 응용 낚시 방법으로서 나일론 목줄 등으로 낚는 경우 약간 소형의 바늘을 이용하여 조개 껍데기에서 꺼낸 몸만을 바늘에 찌르는 경우도 있다.

뿌림 모이

포인트에 모이를 뿌려서 낚시 미끼에 물고기를 길들임과 동시에 오랜 시간에 걸쳐서 일정 포인트에 물고기를 붙잡아 두는 역할을

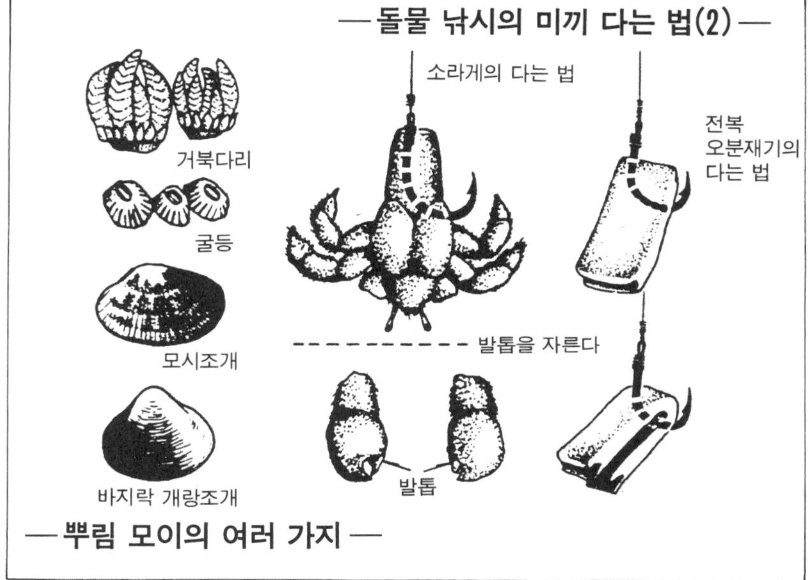

한다.

뿌림 모이에는 소라는 물론 낚시 미끼와 같은 것이 좋지만 소라는 매우 비싸기 때문에 갯바위 게, 모시조개, 바지락 개랑조개 마합 등을 이용하면 좋을 것이다.

포인트에 뿌림 모이를 넣느냐 넣지 않느냐로 물고기의 포인트로의 회유법, 즉 기회에서의 입질 회수에 큰 차이가 생긴다.

▶ 포인트의 확인 방법

포인트에 대해서

돌물 뿐만 아니라 어떤 낚시에서도 중요한 점은 어떻게해서 포인트를 확인하느냐 하고 하는 것이다.

최근은 낚시 신문이나 낚시 전문 월간지에 낚시터의 소개가 뉴스적으로 발표되고 있다. 그러나 그런 경우에 대해서도 막상 낚싯대를 드리우려고 하면 입문기의 사람에게는 망설임이 앞서 버리는 것이다.

좀더 좋은 것은 갯바위 낚시의 베테랑과 동행해서 낚싯대를 넣는 장소 등을 가르쳐 받는 방법이지만 몇 번인가 낚시하러 가게 되면 스스로도 생각하고 좋은 포인트를 발견하도록 노력해야 한다.

또한 낚시붐인 오늘날에는 돌물 뿐만 아니라 좋은 포인트는 상당히 공포되어 있기 때문에 옛날과 달라서 입문기의 사람도 포인트를 아는 것은 매우 수월해졌지만 좋은 포인트는 최성기가 되면 좀체로 들어갈 수 없을 만큼 핀으로 가득해진다.

그와 같은 때는 그 지방 사람에게 유명 포인트 부근의 갯바위 상태를 묻고 조류의 상황이라든가 소라나 모시조개 왕새우 등의 생식 상태를 물어 새로운 포인트를 찾는 것도 방법이다.

그 경우 다음에 서술하는 돌물의 포인트로서의 기본 조건을 적용시켜 보는 것을 잊지 않도록 하자.

포인트의 기본적 조건

해류나 조류를 적당히 받아 조류가 움직이는 것 같은 갯바위가에서 50m 정도 앞 사이에서 10m부터 30m 정도의 수심이 있는 암초 지대가 포인트의 제1조건이 된다.

예외적으로 3m부터 5m 정도의 얕은 곳에도 물고기는 모여 들지만 얕은 장소에서는 호쾌한 돌물 낚시를 즐기는 데에 좀 불만스럽다. 수심이 최저 10m 전후 되는 듯한 곳에 포인트를 찾아야 할 것이다.

그럼 오른쪽과 같은 조건의 장소를 제일로 해서 더욱 다음과 같은 장소를 선택하도록 한다.

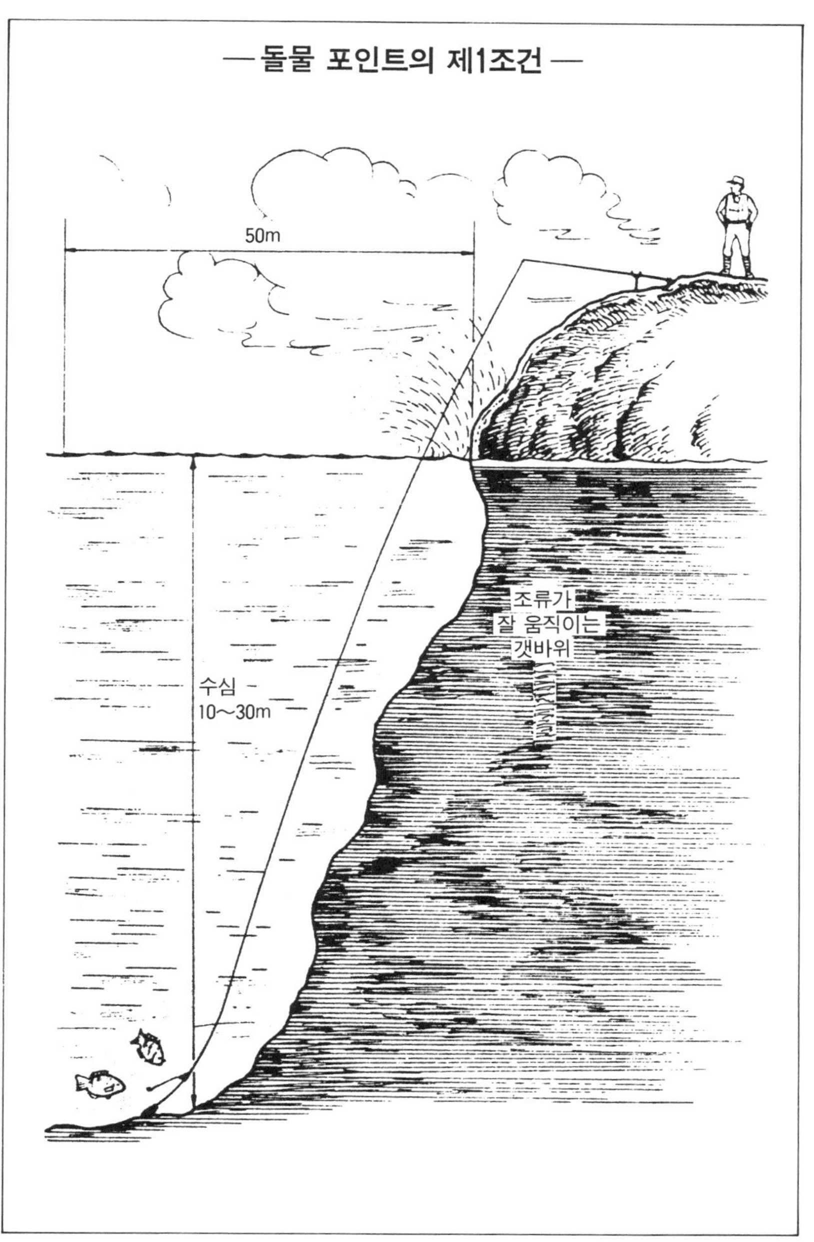
—돌물 포인트의 제1조건—
50m
조류가
잘 움직이는
갯바위
수심
10～30m

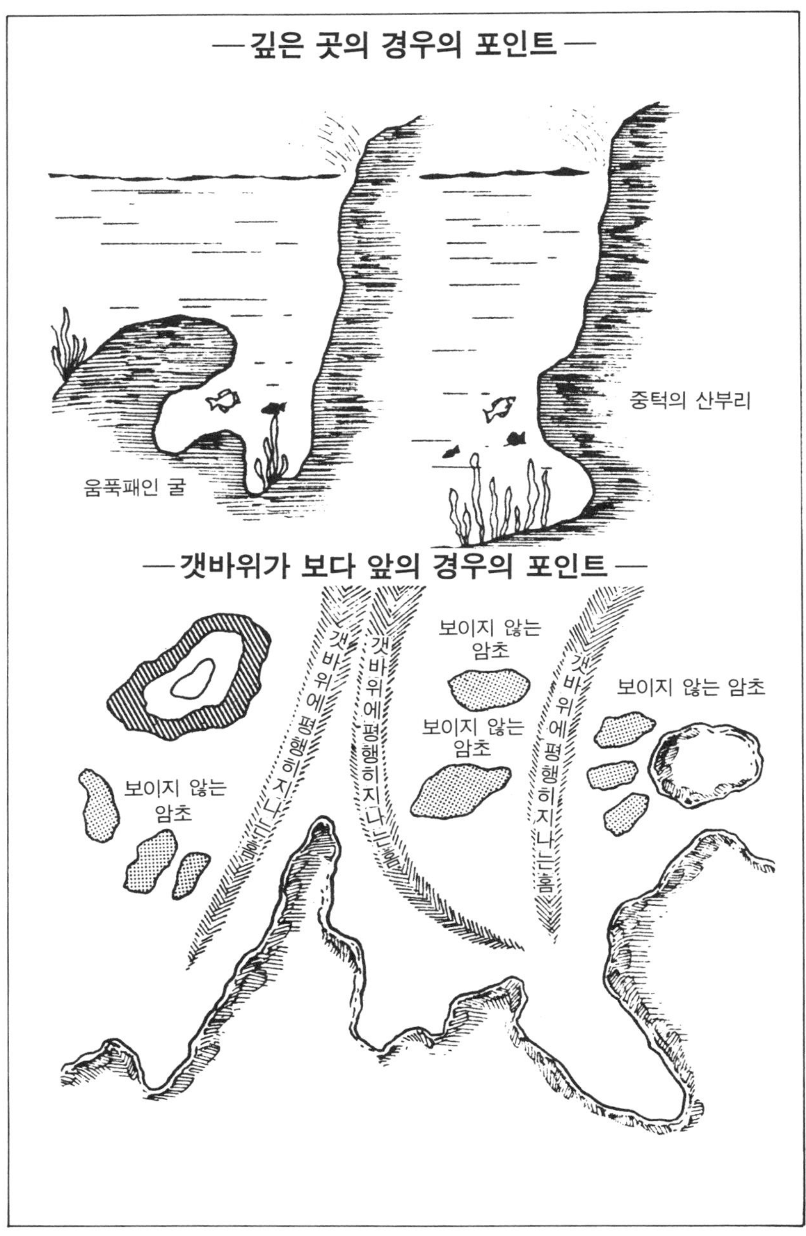
—깊은 곳의 경우의 포인트—
중턱의 산부리
움푹패인 굴
—갯바위가 보다 앞의 경우의 포인트—
갯바위에 평행히지나는 홈
갯바위에 평행히지나는 홈
보이지 않는 암초
갯바위에 평행히지나는 홈
보이지 않는 암초
보이지 않는 암초
보이지 않는 암초

《급심의 장소》

갯바위 끝에서부터 급격히 깊어지는 곳에서는 낚싯대를 드리우는 낚시터의 바로 아래 허리에 해당하는 암초의 산부리 또는 갯바위의 움푹 패인 동굴 모양의 곳 혹은 갯바위에 평행히 지나고 있는 홈 등을 찾도록 한다.

《갯바윗가보다 앞의 장소》

조류를 받는 암초가나 언덕 부분, 조류가 지나가는 홈 사이 보이지 않는 암초나 약간 수면에 암초가 나와 있는 물머리의 부분으로 그곳에 조류가 돌아 들어가서 반전 잠류가 되어 부딪치는 것 같은 지점을 찾도록 한다.

조류와 포인트

낚시터가 조류를 받는 곳은 매우 얕은 곳이 아닌 한 포인트는 좀 가까워진다. 반대로 조류 뒤쪽의 곳에서는 낚시터나 조류 겉쪽의 암초가 크면 클수록 조류가 돌아 들어가서 부딪치는 지점이 멀어 포인트도 멀어진다.

물고기 낚시의 상식으로서 조류의 움직일 때가 낚시의 적기가 되지만 40호 이상의 낚싯봉의 땅바닥에 멈추지 않는 강한 조류의 흐름에서는 낚시가 되지 않는다. 이런 때에는 하루 수차례 찾아드는 조류 멈춤이나 조류의 바뀔 때가 낚시 적기가 된다.

일반적으로 황기일수록 이와 같은 현상은 많기 때문에 특히 외양의 황기 등 해류 조류의 지속과 방향에 따라 낚시터를 선택하도록 해야 한다.

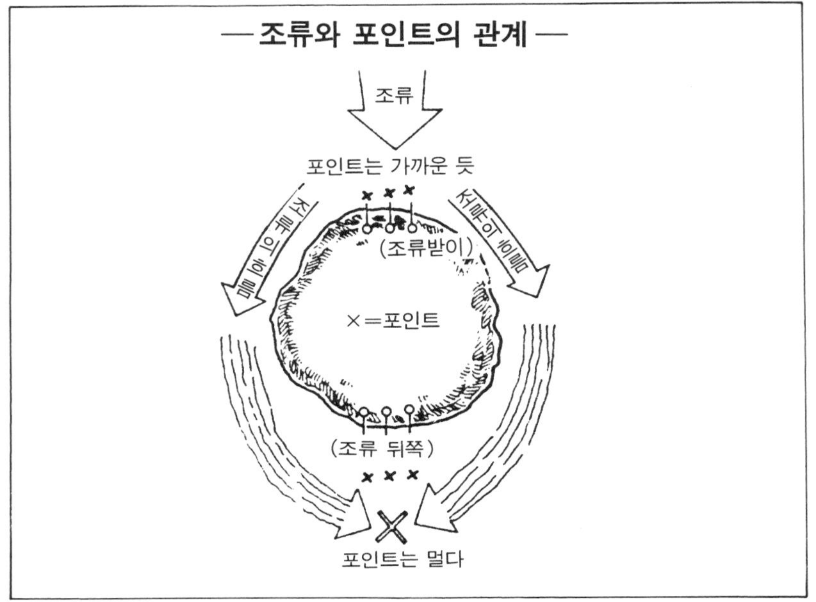

포인트의 조사 방법

포인트의 구조가 어떻게 되어 있는지를 실제 자신의 눈으로 확인하고 싶다고 하는 것은 그 포인트에서 낚시를 하려고 하는 사람의 공통 목표이기도 하다. 그러나 벌거벗고 포인트에 뛰어 드는 행동은 상당히 바다의 상황이나 포인트의 주변이 안전한 곳이 아닌 한 위험해서 할 수 없다. 특히 돌물 낚시터 등 그런 장소는 전무라고 해도 좋을 것이다.

해난 사고로 이어지는 무모하고 위험한 짓은 굳이 하지 않아도 포인트의 조사 방법은 얼마든지 있다.

도선을 이용해서 낚시터에 들어갈 때는 어부가 사용하는 수중투시기 소위 상자안경을 이용해서 포인트의 구조를 아는 것이 좋은 방법이다. 맑은 하늘일 때라면 상자 안경으로 10m 정도까지는 확실히 알 수 있을 것이다.

그러나 이것을 수면의 상태가 매우 온화하고 동시에 물이 맑아 있을 때가 아니면 안 된다.

도선을 이용하지 않을 때는 낚시터의 좀 높은 곳에 올라가서 갯바위 앞의 수면의 명암으로 해저의 상황을 익히도록 한다. 즉, 수면이 어둑어둑해져 있는 곳의 해저에는 암초가 있음을 상상할 수 있고 그 구조도 대개의 경우는 알 수 있다.

또한 홈 등은 실제로 채비를 5~6회 던져 보고 바닥의 기복을 살피도록 한다.

갯바위에 좀 높은 곳이 없는 때는 육상의 상태로 알도록 한다. 즉, 육지의 상황이 험하면 험할수록 해저도 그 연장선상에 있어서 험하고 요철이 심한 갯바위라면 거기에 이어지는 해저 부분도 요철이 심해서 상당히 멀리까지 보이지 않는 암초가 점재하고 있을 것이다.

안전한 포인트를

포인트는 물고기가 낚이기만 하면 어디라도 좋다고 할 수는 없다. 먼저 그 날의 기후와 파랑의 상태를 잘 보고 거기에 적합한 안전한 낚시터를 선택해야 한다.

특히 도선을 이용할 때는 절대 안전하다고 판단해도 만일의 경우에 즉시 돌아올 수 있는지 혹은 한때 몸을 숨길 수 있는 장소가 있는지 어떤지도 포인트의 중요한 조건의 하나이다.

특히 겨울이 다가올 때는 계절풍에 의한 기상이나 해상의 변화가 심하기 때문에 섬에 건너갈 때는 바람이 멎고 물결이 잔잔해져도 불안전한 장소는 피하도록 해야 한다.

▶ 적기(노리는 시간대)

돌물 낚시에 적합한 간만에 대한 적기는 거의 공통하고 있다.

보통은 '밀물 3할' 정도부터 '썰물 5할' 정도까지의 사이이다. 단 각각에 적합한 수온에서의 이야기로서 수온이 좀 낮을 때는 깊은 곳의 포인트에서 간조 전후에 입질하는 경우도 흔히 있다. 따라서 그 날의 수온이 목표에 적합한 온도 중에서의 높은지 낮은지를 확인할 필요가 있다.

이 밖에 밀물 썰물과는 별도로 조류 흐름의 기세의 강약도 중요한 포인트로 조류의 움직임이 완만한 장소에서는 흐름의 방향이 약간 강해졌을 때 또는 조류의 움직임이 강한 장소에서는 반대로 완만해지거나 조류 멈춤이 적기가 된다.

더욱이 지금까지의 흐름 방향이 멈추고 역흐름으로 변할 때도 적기라고 말할 수 있고 간만에 관계없이 어슴푸레 새벽이나 저녁녘은 간과할 수 없는 낚시의 적기라고 말할 수 있다. 또는 만조 전후는 포인트가 가깝고 간조 전후는 포인트가 멀어지는 것도 하나의 원칙이다.

▶ 낚시를 시작하기 전에

목적으로 하는 낚시터에 도착하면 먼저 장비 한 벌을 낚시의 방해가 되지 않는 곳에 하나로 정리하고 만일의 경우의 피난 장소나 물고기의 챔질 장소를 정한다. 그리고 이거다라고 생각하는 포인트에 즉시 뿌림 모이를 뿌린다.

뿌림 모이의 뿌리는 법

뿌림 모이는 낚시터에서 직접 투입하는 경우와 배를 이용해서 뿌리는 경우가 있다. 또한 전날에 뿌려 두어 물고기를 미끼에 길들여 두는 방법도 이루어지고 있다.

뿌림 모이를 넣을 때는 조류의 흐름 상태나 해저의 상황을 잘 염두에 두고 다음 요령으로 하도록 하자.

① 조류의 흐름이 있을 때는 포인트의 조수가 밀려 오는 쪽에 넣도록 한다. 뿌린 뿌림 모이가 조류의 흐름을 타고 포인트에 도착하도록 하는 것이다.

② 파도가 쫓아내고 있는 것 같은 곳에서는 포인트의 바로 앞쪽에 넣도록 한다.

③ 가능한 한 조류가 멈출 때에 넣도록 한다.

④ 포인트가 멀어지거나 갯바위 앞의 조류 방향과는 다른 유향점

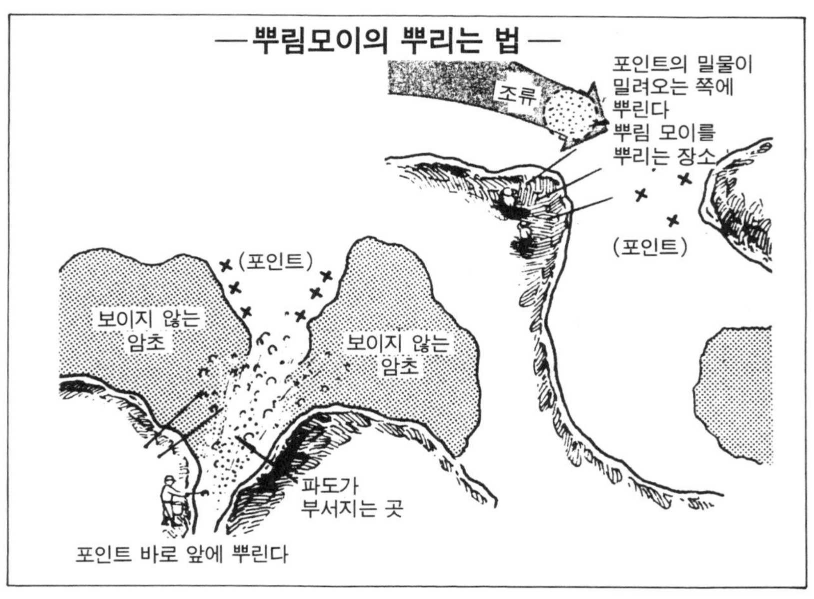

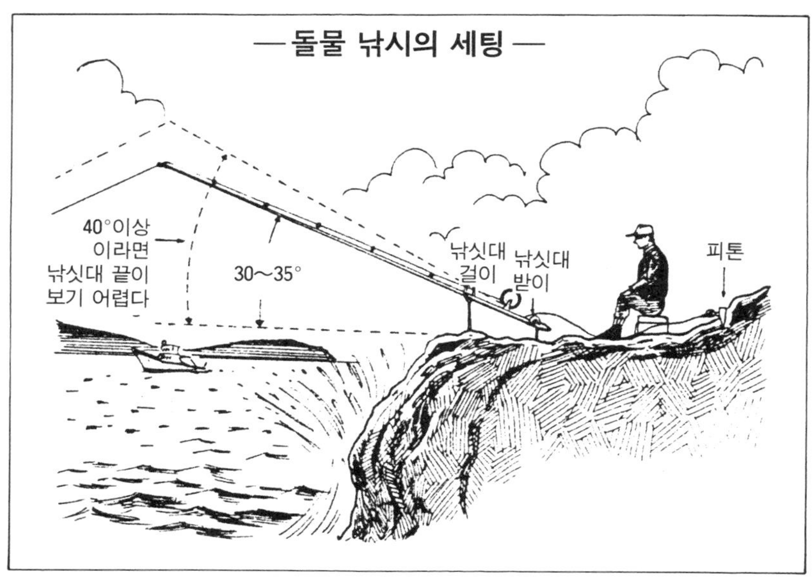

에 있는 경우 낚시터에서 뿌리기가 곤란할 때는 배를 이용해서 하도록 하자.

드디어 제1투!

뿌림 모이를 넣은 후 다음에 낚싯대를 꺼내 채비를 달고 미끼를 달아서 드디어 제1투이다. 제1투는 특히 신경써서 포인트의 약간 가까이에 넣고 잠시 동안은 유속 등을 조사하면서 낚싯대는 손에 든 채로 입질을 기다리도록 한다.

또한 제2투 째부터는 채비를 던진 후 낚싯줄이 흔들리는 것을 맞추고 나서 낚싯대 걸이에 걸고 입질을 기다리도록 해도 좋을 것이다.

접낚싯대를 하는 경우 윗그림과 같이 세팅을 하는 것이 바람직하다.

더욱이 쇠갈고리 밧줄은 반드시 설치해 두지 않으면 낚싯대를 단숨에 빼앗겨서 대실패를 연출하는 경우가 있으므로 주의하자.

▶ 돌돔의 입질과 낚시법

미끼에 따라 입질이 다르다.

소라 등 비교적 단단한 미끼를 사용했을 때의 입질은 처음에 탁탁하고 낚싯대 끝을 흔들고 그것을 2~3번 반복하고 나서 낚싯대끝을 30cm, 40cm라고 하듯이 점차 끌고 들어가서 다음에는 1m 이상 때로는 낚싯대 끝을 해면까지 끌고 들어갈 정도의 강한 당김을 보인다.

해저의 상태에 따라서도 다르지만 낚싯대 끝이 1m를 넘어 2m 정도 구부러지기 직전이 맞추기 때이다.

왕새우의 살이나 새우, 갯지렁이 등의 부드러운 미끼를 이용했을 때는 낚싯대 끝을 톡톡거리고 있을 뿐, 단숨에 끌고 들어가려고 하지 않는 경우가 있지만 그런 때는 낚싯대를 손에 들고 조용히 보내 주도록 하든가 혹은 본줄을 조금 내 주면 조여 들어 가는 경우가 많다. 소라일 때와 같이 강한 당김이 없는 경우가 많기 때문에 낚싯대 끝을 조여 들면 즉시 큰 맞추기를 하자.

▶ 맞추기와 챔질

조여 들기에 대해서 큰 맞추기를 하지만 이 큰 맞추기는 돌돔의 단단한 입술에 바늘을 튼튼하게 걸기 위해서 절대로 필요한 행위이다. 그리고 물고기가 걸리면 즉시 릴을 감아 돌돔이나 낚싯봉을 한시라도 빨리 암초로부터 떼도록 한다.

이 때가 돌돔과의 한판 진퇴의 격투의 때가 된다. 초대형의 돌돔에서는 아무리 낚싯대를 고패질해도 천심 원근에 따라 낚싯대의 각도를 일정 각도로 유지하도록 하지 않으면 차츰 낚싯대 끝이 내려가 버려서 낚싯줄이 늘어나 끊어져 버리는 경우가 있다. 물고기가 맞은편을 향하지 않도록 강인하게 감고 어떤 강인한 조여 듦이 있어도 본줄을 보내서는 안 된다.

릴을 감을 수 있는 데까지 감고서는 낚싯대를 고패질하고 다시 감아서 뺀다고 하는 연속 동작이 필요하다.

돌돔 낚시가 체력에 자신이 있는 사람이 아니면 적합치 않은 이유는 바로 챔질의 연속 동작에 있다. 상당한 스태미너가 필요하게 되기 때문이다.

중층까지 끌려 올라 온 돌돔이 강인하게 날뛰기 시작할 때가 있다. 주위 암초의 틈에라도 달아나면 지레라도 움직이게 할 수 없을 것이다. 아무리 해도 놓치지 않도록 낚싯대의 지레 힘을 응용하여 겨냥하면서 릴을 감도록 한다.

돌돔은 떠오르면 한 군데에서 발버둥치지 않고 바늘에 걸린 채 낚싯대 아래를 도는 듯한 움직임을 보이기 때문에 방심하고 있으면 갯바위 아래의 암초로 기어들어간다. 그러므로 주위의 보이지 않는 암초에 본줄을 얽히지 않도록 주의하면서 미리 정해 둔 챔질의 지점까지 물고기를 유도해서, 동행 낚시꾼의 도움을 받아 갈고랑이나 뜰채로 퍼 내도록 한다. 갈고랑이나 뜰채가 미치지 않는 높은 곳에서는 본줄을 쥐고 걷어 올린다.

만일 도움을 받을 수 없는 상황일 때는 낮은 장소라면 목줄의 와이어 부분을 쥐고 가능한 한 갯바위를 기게 하듯이 해서 끌어 올린다. 높을 때는 물고기를 띄우고 나서 본줄을 걷어 올린다.

갈고랑이는 아래부터 퍼 올리듯이 해서 박아 넣고 단숨에 끌어

—돌돔의 거둬들이는 법—

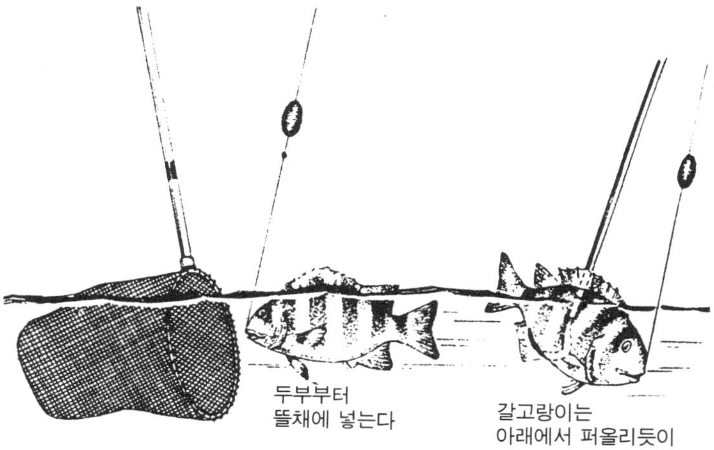

올린다. 또한 뜰채는 반드시 돌돔의 두부 앞쪽에 넣도록 해서 퍼 올린다.

▶강담돔의 입질과 낚시법

강담돔의 입질

보통 노리는 강담돔은 0.5Kg 전후의 것이 많기 때문에 낚싯대에 대한 입질도 가는 것이 많아진다.

접낚싯대의 경우는 조여 들기를 기다리지만 입질부터 조여 들기까지의 시간은 돌돔에 비하면 상당히 빠르다고 말할 수 있다.

또한 조여 드는 방법도 돌돔보다는 적기 때문에 1m 전후의 조여 들기로 큰 맞추기를 하도록 한다.

손에 든 낚싯대의 경우는 20cm, 30cm라고 하는 단계적인 끌어 들임으로 낚싯대 끝을 조금 보내 주면서 맞추도록 한다. 또한 탁하는 단속 간격을 보고 맞추는 것도 방법일 것이다. 단, 이 경우는 능률 좋게 낚을 수 있는 경우도 있지만 맞추기를 벗어날 확률도 높아진다.

챔질

감아 올림을 단숨에 한다. 그리고 목줄을 건 물고기의 비율에 따라서 빼내 올리도록 한다.

대형 강담돔의 경우 깜박 하면 암초의 틈이나 암초로 들어가 버리기 때문에 낚싯대의 지레 힘을 이용해서, 감고서는 암초를 피하고 감고서는 암초를 피한다고 하는 방법으로 하지 않으면 본줄이 끊겨 버린다.

더욱이 초대형 강담돔의 낚시 방법은 돌돔의 경우를 응용한다.

▶ 혹돔의 입질과 낚시 방법

혹돔의 입질

혹돔의 입질은 단숨에 끌어 들이는 것으로 생각되기 쉽지만 끌어 들이기 몇초 전 혹은 십수초 전에 낚싯대 끝에 극히 작게 탁탁하는 것처럼 뭔가 작은 것이라도 부딪쳤을까라고 생각되는 듯한 입질이 있다. 깜박하면 이 작은 입질을 간과해 버린다.

이 작은 입질이 있고 나서 단숨에 낚싯대 끝을 가지고 들어간다.

이 때의 당김은 매우 커서 그대로 놓아 두면 낚싯대 끝을 바닷속으로 끌어 들이고 낚싯대도 힘차게 날아 버릴 정도의 기세이다.

맞추기와 챔질

입질에 대해서 너무 빨리 맞추기를 하면 혹돔의 입은 크기 때문에 바늘이 벗겨져 버리는 경우가 많다.

매우 어렵지만 낚싯대가 힘차게 나는 한도 최대한까지 가지고 들어가게 하고 나서 큰 맞추기를 하든가 본줄을 조금 내보내 주도록 한다.

그러나 이것은 낚싯대를 손에 들고 있을 때가 아니면 하기 어려워 실패하는 경우가 많다.

챔질은 강인하게 릴을 감는 순간이다.

최초의 당김은 굉장하지만 그 조여 들기를 견디면 이제 낚시꾼의 승리이다. 2번 3번 조여 들기는 조금씩 작아지고 중층까지 가져 오면 혹돔을 갑자기 힘을 빼고 의외로 빨리 떠오른다.

그러나 돌돔과 마찬가지로 릴을 조작하고 있는 단계에서는 본줄을 늦춰서는 안 된다.

갈고랑이에 물고기를 걸면 갯바위를 기게 하듯이 해서 빼내 올린다.

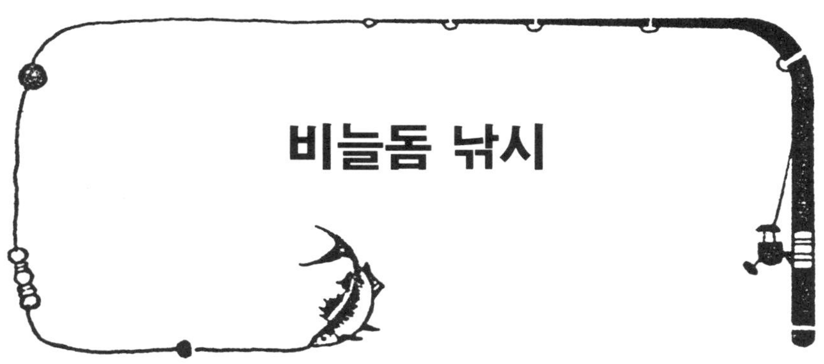

비늘돔 낚시

▶비늘돔 낚시에 대해서

비늘돔 낚시에 대해서

비늘돔은 1년내내 갯바위 부근에 있는 물고기이다. 그 때문에 계절마다의 식성을 알고 거기에 맞는 미끼를 이용하면 1년내내 낚시를 즐길 수 있으므로 옛날부터 갯바위 낚시팬에게 친숙해져 있다.

돌돔이나 혹돔 등의 대물 낚시와는 달리 물고기 자체도 얌전하고 포인트로 돌물 낚시만큼 한정되지 않기 때문에 초보자에게도 적합한 낚시라도 말할 수 있다.

더욱이 그 날의 조류에 맞는 좋은 낚시터를 선택해서 정확한 낚시 방법을 쓰면 초보자도 노인도 큰 낚시를 즐길 수 있는 낚시이다. 그리고 맛도 계절에 따라서 매우 좋기 때문에 앞으로 점점 더 비늘돔 낚시팬이 늘어가리라고 생각된다.

물고기 이름에 대해서

앞에서 서술했듯이　　낚아 올렸을 때 붉은색이나 푸른색의 큰 비늘을 단 어체가 마치 춤을 추듯이 수면을 헤엄쳐 올라 오는 데에서

'무조(舞鯨)'라고 하는 것이라든가 큰 색채, 풍부한 비늘을 단 모습이 용감한 갑옷 차림을 연상한다고 하기 때문에 '무조(武鯨)' 혹은 작은 눈이 튀어 나온 이빨이 추하기 때문에 '추조(醜鯨)'라든가 여러 가지로 불리고 있어 그 친숙함이 정도를 알 수 있을 듯한 기분이 든다.

▶ 비늘돔의 습성과 낚시 시기

생태와 습성

비늘돔은 경골어강 진구아강 진골상목 농어목 놀래기아목 비늘돔과의 물고기이다. 난류계의 물고기이기 때문에 수온 15℃에서 23℃가 적수온으로 15℃ 이하로 수온이 내려가면 미끼의 입질이 매우 나빠지고 좀더 수온이 내려가면 떠 버린다.

같은 15℃의 경우라도 수온이 조금씩 내려가는 경우라면 미끼를 물어 낚시가 된다. 그러나 급격한 수온 저하의 경우는 딱 미끼 입질을 그만둬 버린다.

식성은 상당히 폭 넓어서 김 · 파래 등의 해초류부터 갯지렁이 등의 부드러운 동물질의 것, 게나 패류의 단단한 것까지 먹는다.

그러나 이 식성은 계절에 따라서 달라 여름철이나 수온이 높을 때에는 게나 패류의 단단한 것을, 겨울철이나 수온이 낮을 때에는 파래 등의 부드러운 해초류를 많이 먹는다.

그런 이유에서 낚시꾼은 게를 미끼로 해서 낚을 무렵의 낚시를 '게 비늘돔 낚시'라고 부르며 김을 미끼로 해서 낚는 낚시를 '김 비늘돔 낚시'라고 부르고 있다.

비늘돔의 낚시 시기

이미 서술했듯이 1년내내 낚을 수 있지만 제일 좋은 계절은 갯바위에 김이 붙기 시작하는 늦가을 겨울에 걸쳐서와 장마 무렵부터 여름에 걸쳐서 게를 미끼로 해서 낚는 무렵이다. 특히 겨울철의 낚시는 화창한 날씨 때에 찌 낚시를 하면 김을 좋아하는 비늘돔들이 떼를 지어 모여들기 때문에 큰 낚시를 즐길 수 있을 것이다.

또한 게 미끼류에서 김미끼류로 바뀔 무렵은 서계절풍의 세력도 약하고 갯바위의 김도 잘 붙지 않기 때문에 무잎을 설탕 절임으로 한 것이나 시금치에 뜨거운 물을 끼얹은 것 등을 미끼로 해도 상당한 효과를 기대할 수 있다.

한편 김 낚시의 시기라도 김이 딱딱하거나 오래되거나 하면 좀체로 낚이지 않는다. 오히려 이 시기라도 게를 대량으로 뿌림 모이로 해서 낚으면 갯바위에 붙는 김에 다가오는 비늘돔을 대량으로 모으기 때문에 뜻하지 않은 큰 낚시를 할 수 있다.

▶낚시 방법의 종류

낚시 방법의 종류에는 두 가지 있다. 김 비늘돔 낚시의 경우는 큰 찌를 사용한 찌 낚시가 좋고, 게 비늘돔 낚시 때는 찌를 사용하지 않는 던질 낚시를 한다. 이 두 가지가 대표적인 낚시 방법이지만 김비늘돔을 낚는 경우라도 멀리까지 물이 얕은 곳의 갯바위 앞에서 멀리에 포인트가 있는 경우나 앞쪽에 보이지 않는 암초가 있어서 찌 낚시 채비로는 암초에 채비가 얽혀서 아무래도 낚시가 되지 않는다고 할 때는 던질 낚시로 낚는다.

더욱이 겨울철은 갯바위에 게가 없기 때문에 게 미끼로의 낚시는 이루어지지 않지만 게 미끼가 있을 때는 겨울철이라도 낚을 수 없을 것은 아니다. 그와 같은 때는 게를 미끼로 해서 낚시 방법은 던질 낚시나 갯바위 아래의 탐색 낚시로 한다.

▶직접 용구와 채비

낚싯대

5m 전후의 갯바위 중물 낚싯대를 이용한다. 비늘돔 전용 낚싯대를 이용하면 더욱 좋지만 좀 가벼운 돌돔 낚싯대를 이용해도 좋을 것이다. 어느 경우나 허리에 끈기와 탄력이 있는 것으로 손에 들어도 그다지 무겁지 않은 것이 적합하다. 비늘돔 낚시는 돌물 낚시와 같이 원칙적으로 접낚싯대로 하지 않고 하루 종일 손에 들고 낚기 때문이다.

릴

10~16호라고 하는 좀 굵은 본줄을 150m 정도 릴에 감아 두기

때문에 스풀이 큰 대형의 스피닝 릴이 최적이다. 그러나 좀 가벼운 채비로 캐스팅에 자신이 있는 분이라면 스타드랙 형식의 양축받이 릴을 이용해도 좋을 것이다. 낚싯줄에 가해지는 꼬임을 제거하는 수고를 아끼지 않는 사람이라면 중형 이상의 북형 릴이라도 괜찮다.

본줄

표준으로서 10호를 150m릴에 감아 두지만 가까운 곳을 흘려서 낚는 것 같은 때는 12호부터 16호의 굵은 본줄을 사용해도 좋고 특히 처넣기 낚시 채비의 경우는 굵은 것이 적합하다.

목줄

4호 이상 8호까지의 것을 준비하고 찌 낚시 채비에는 5~7호를 던질 낚시 채비에는 6~8호를 이용하도록 한다.

바늘

찌 낚시 채비에는 이세아마 9~12호, 마루소데 10~14호, 카이즈 13호 중 하나 사용하고 던질 낚시에는 이세아마 10~13호, 마루소데 13~15호, 카이즈 15~16호, 카쿠네무리 10~11호 등 찌 낚시보다 큰 것을 사용한다.

찌

찌는 이 낚시 특유의 대형의 것을 사용한다.

길이 30~60cm의 막대 모양의 것이다. 찌의 하부에 낚싯봉이 들어가 있는 것과 들어가 있지 않는 것이 있다. 사용할 때는 채비에 낚싯

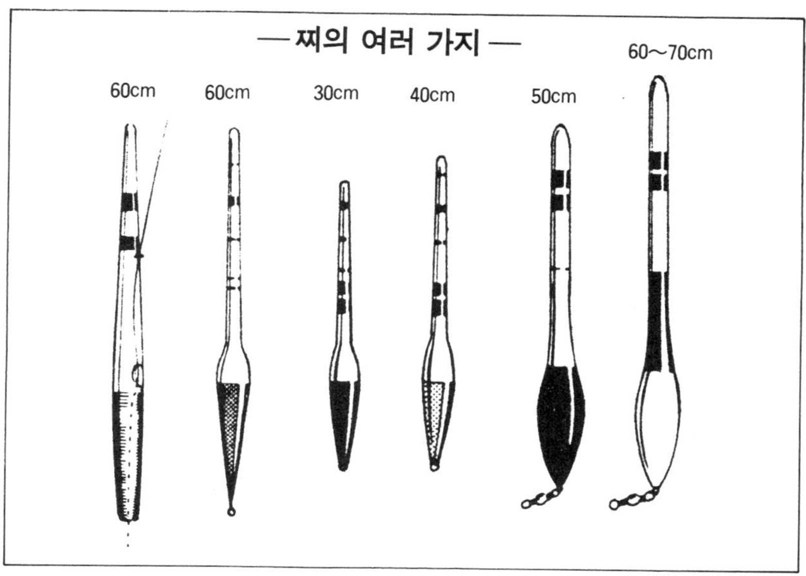

봉을 달고 상태를 조절한다.

찌의 역할

찌는 가능한 한 작은 것으로 물고기가 물 때에 이상함을 느끼게 하지 않도록 하는 것이 원칙이지만 비늘돔 낚시의 찌의 경우는 낚시터의 조건, 즉 조류나 파도 상태가 강한 것과 10호에서 15호의 무거운 낚싯봉을 단 채비를 띄워야 하기 때문에 아무래도 큰 찌가 필요해진다.

본줄이나 목줄 바늘이 던질 낚시의 것보다 찌 낚시의 것 쪽이 좀 작은 것도 채비를 띄우는 데에 유리하기 때문이다.

찌와 채비의 조절은 낚시터에 도착하고 나서 해도 상관없지만 나가기 전에 목욕탕 등 수심이 있는 곳을 이용해서 정확히 뜨도록 조절해두도록 한다.

그러나 실제의 낚시터에서는 그날 그날에 따라서 조건이 변하고 있기 때문에 낚싯봉도 5호부터 15호 정도까지의 것을 준비함과 동시에 찌 쪽도 그 낚싯봉과 맞는 것을 5~6개 준비해서 낚시터에서 적당히 사용하도록 해도 좋을 것이다.

찌의 색

찌의 색은 입질을 알기 쉬운 것이어야 한다. 보통은 붉은 색이나 노란색의 형광도료를 칠한 것이 많이 시판되고 있지만 역광의 경우는 흑색 쪽이 잘 알 수 있다. 낚시터에 따라서는 역광이 되는 곳도 당연히 있기 때문에 양면색의 것을 지참하도록 한다.

찌의 길이

찌의 길이는 각 지방에 따라서 다르다. 낚시터의 조건이 다르기 때문에 당연한 일이고 종래 사용되고 있는 것을 예로 들면,

외양의 파도가 거친 지방의 낚시터일수록 큰 것을 사용하고 있음을 알 수 있다.

찌를 선택할 때는 나가는 낚시터가 어느 지방인지 나가는 지방어는 어떤 길이의 것이 필요한가라고 하는 사실을 잘 조사하도록 하기 바란다.

그 밖의 소도구류

채비 만들기에 필요한 소도구류는 다음의 채비 그림을 보고 갖춘다.

더욱이 던질 낚시를 할 때는 몸통 찌르기 낚싯봉을 잊지 않도록 한다.

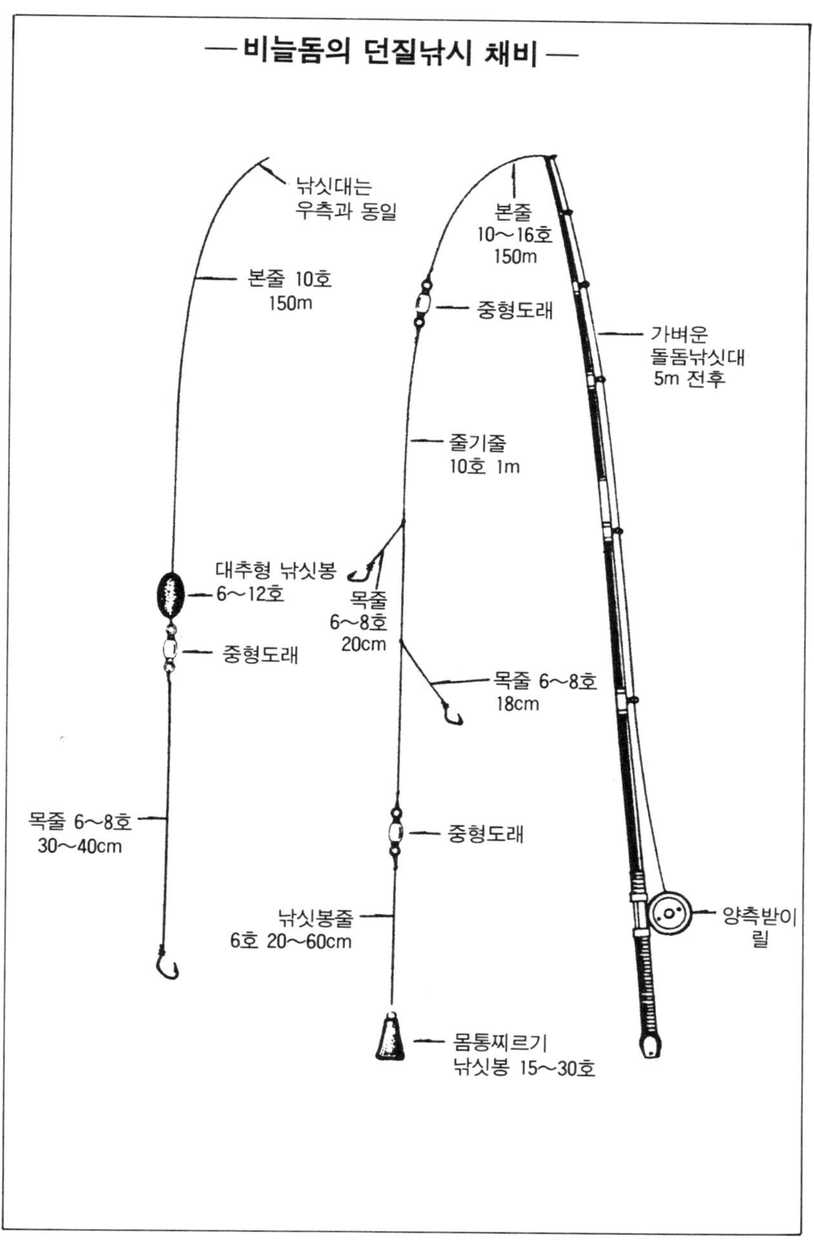
— 비늘돔의 던질낚시 채비 —
낚싯대는
우측과 동일
본줄 10호
150m
대추형 낚싯봉
6~12호
중형도래
목줄 6~8호
30~40cm
본줄
10~16호
150m
중형도래
줄기줄
10호 1m
목줄
6~8호
20cm
목줄 6~8호
18cm
중형도래
낚싯봉줄
6호 20~60cm
몸통찌르기
낚싯봉 15~30호
가벼운
돌돔낚싯대
5m 전후
양측받이
릴

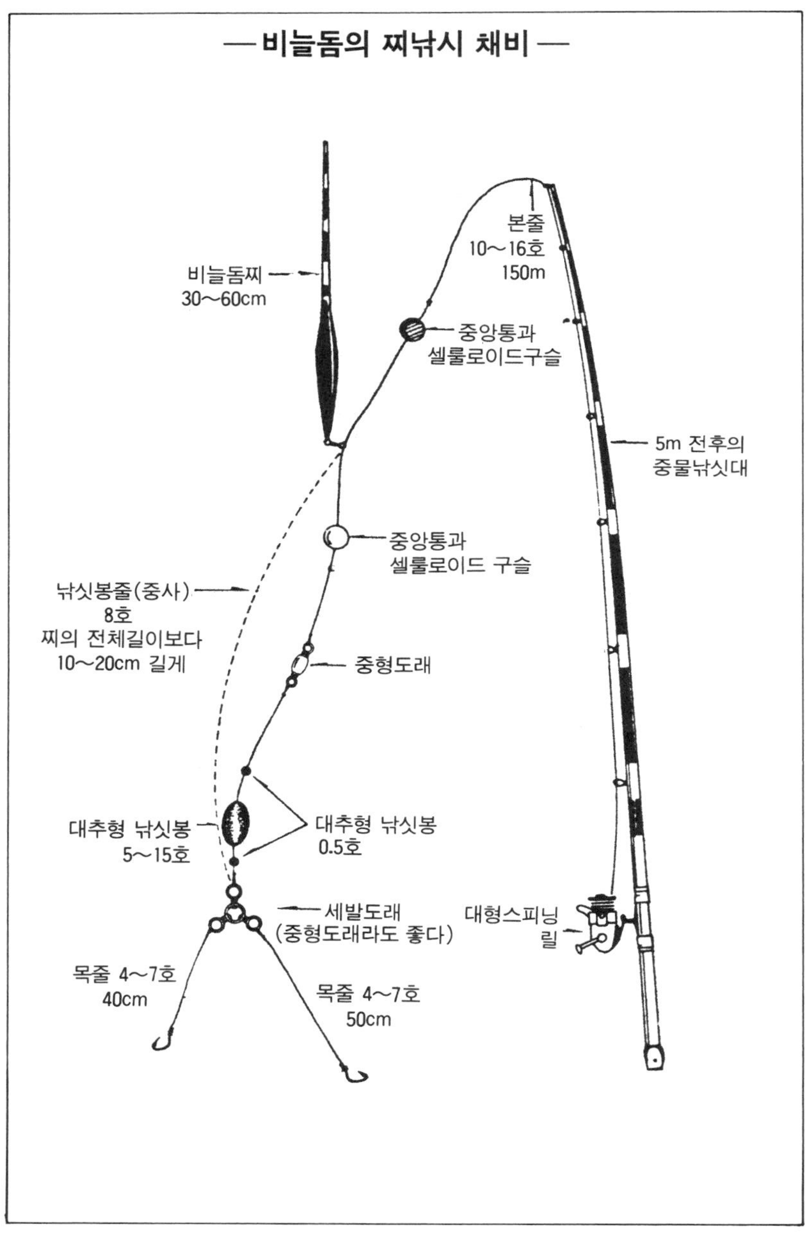

—비늘돔의 찌낚시 채비—
본줄
10~16호
150m
비늘돔찌
30~60cm
중앙통과
셀룰로이드구슬
5m 전후의
중물낚싯대
중앙통과
셀룰로이드 구슬
낚싯봉줄(중사)
8호
찌의 전체길이보다
10~20cm 길게
중형도래
대추형 낚싯봉
5~15호
대추형 낚싯봉
0.5호
세발도래
(중형도래라도 좋다)
대형스피닝
릴
목줄 4~7호
40cm
목줄 4~7호
50cm

채비

찌 낚시 채비, 던질 낚시 채비는 앞페이지의 그림과 같다. 던질 낚시의 경우라도 낚시터가 극히 낚싯대 아래의 곳에 있는 경우는 그림과 같은 채비가 적당하다.

▶간접 용구와 장비

낚싯대나 채비 등의 직접 용구 외에 간접적으로 필요한 낚시 도구는 다음과 같다.

뜰채

갯바위가 수면보다 극단적으로 높은 곳이나 보이지 않는 암초가 가득 들어 있는 곳에서는 뜰채를 사용할 수 없지만 일반적으로는

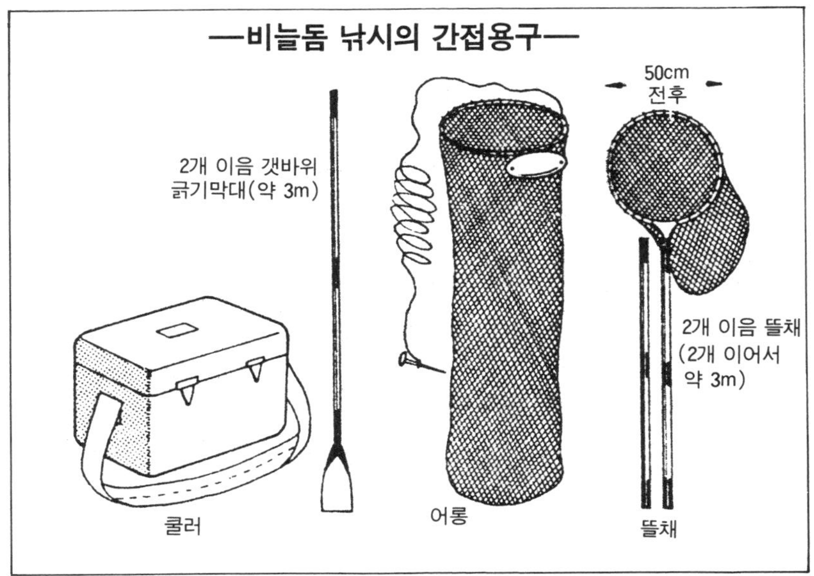

물고기를 걸면 뜰채로 거둬 들인다.

뜰채는 2~3개 이음으로 손잡이의 길이가 2.5m 이상의 것, 그물의 직경이 50cm 정도의 것이 필요하다.

어롱

그물눈이 큰 직경 5mm의 것으로 약 6m 이상의 로프가 달려 있는 것이 필요하다.

갯바위 긁기 막대

이른 아침의 김 비늘돔 낚시에서 뿌림 모이가 적을 때, 갯바위에 부착해 있는 해초류를 갯바위 긁기 막대로 떨어뜨려서 뿌림 모이로 한다. 갯바위가 거칠기 때문에 금지되어 있는 곳도 있다.

장비

방한복, 비옷 외 구명구, 구명 로프를 지참하고 감발은 캐러반 슈즈(caravan shoes), 갯바위용 지하 버선으로 한다. 쿨러(coller)는 반드시 지참한다.

▶미끼와 뿌림 모이

김 비늘돔의 미끼

미끼 김은 낚시 미끼점에서 구입할 수 있지만 초기 무렵은 부드럽기 때문에 바늘에 달기 어렵다. 전날에 구입한 것은 신문지 위에 1장 1장 펴서 적당히 건조시켜 낚시터에서 바닷물에 담궈두고 나서 사용하면 좋을 것이다.

초기의 부드러운 김 쪽이 입질은 좋지만 만일 입수할 수 없을 때는 무잎의 설탕 절임이나 시금치를 열탕에 가볍게 데친 것을 이용해도 좋을 것이다.

김 비늘돔의 뿌림 모이

비늘돔 낚시에서 절대로 빼 놓을 수 없는 것이 뿌림 모이이다. 뿌림 모이에는 미끼와 같은 김이나 갯바위에 부착하는 파래나 모자반, 무잎 등이 이용된다.

게 비늘돔의 미끼

게 비늘돔을 낚기 위해서는 갯바위 게를 미끼로 한다. 게는 가위와 다리를 떼고 미끼로 한다. 더욱이 대형의 게는 등딱지를 떼고 사용하면 입질이 좋을 것이다.

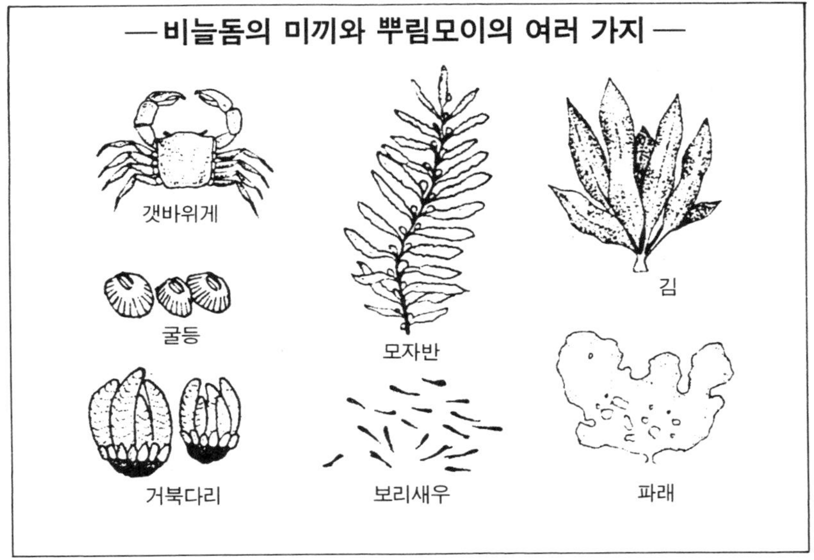

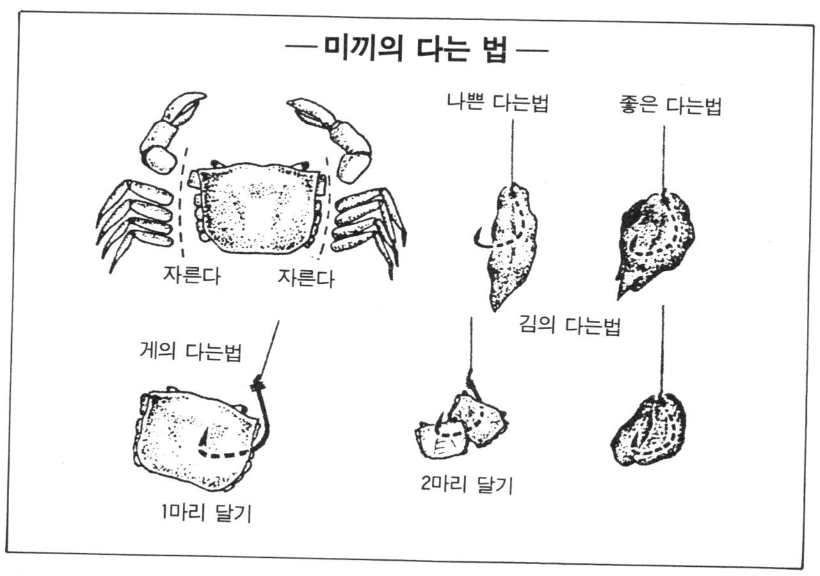

게 비늘돔의 뿌림 모이

미끼 게의 가위나 다리를 잘 부수든가 게 그 자체를 잘 부셔서 뿌림 모이로 한다. 게 외에는 갯바위가 부착해 있는 굴등, 거북다리 등을 해머로 잘 부셔서 이용하면 좋을 것이다. 또한 이런 것에 해초를 섞어서 사용하는 것도 효과적이다. 어느 것이나 뿌림 모이는 비늘돔 낚시의 중요한 역할을 다하기 때문에 반드시 사용하도록 한다.

김 미끼의 다는 법

김은 1장을 꽂아서 조촐하고 아담하게 단다. 아래쪽으로 늘어지듯이 주렁주렁 달면 아래쪽을 먹혀서 좋지 않다. 2~3장을 꽂아 좋을 것이다.

찌 낚시에서는 미끼 다는 법은 낚시 성과에 큰 영향이 있다. 수온이 17℃ 전후로 안정되어 있는 것 같은 때에는 식욕이 좋을 테니까 윗바늘에 다는 미끼를 약간 많은 듯하게 해서 뿌림 모이의 역할도 겸하게 하도록 하면 효과적이다.

게 미끼의 다는 법

가위와 발 끝을 제거하면 발 죽지부터 바늘을 찔러서 위나 아래로 빼도록 한다.

너무 큰 게는 둘로 나누어 반씩 사용해도 좋을 것이다. 또한 작은 게는 두 마리 달아서 사용하는 경우도 있다.

▶찌 낚시(김 비늘돔)의 요령

비늘돔의 거처

비늘돔은 해저가 모래사장인 곳에는 없다. 조류가 잘 움직이는 갯바위로 4m 이상의 수심이 있고 더구나 해저에는 암초의 기복이 있거나 돌맹이가 구르고 있고 해초가 잘 붙어 있는 곳 그리고 갯바위의 수면부근이나 수면 아래는 비늘돔이 좋아하는 게나 패류가 살고 더구나 겨울철에는 김이 싹을 낸다고 하는 곳이 비늘돔의 거처이며 포인트이기도 하다.

따라서 갯바위에 서면 약간 높은 곳에 서서 해저의 상황을 관찰하고 수면이 약간 거무스름하고 암초의 기복을 알 수 있는 것 같은 곳 혹은 갯바윗가에 조개나 해초류가 잘 부착해 있는 곳을 찾아내도록 한다.

▶김 비늘돔의 낚시 방법

낚시의 시간대

일반 낚시는 어슴푸레 새벽이나 저녁녘이 적기가 되지만 특히 비늘돔에 관해서는 좀 상황이 다르다. 수평선상에 태양이 떠올라서 주위가 완전히 밝아지고 나서가 적기가 된다. 이런 점에 '비늘돔 양기' 등이라고 하는 말도 생기고 소년부터 노인에 이르기까지 선뜻 즐길 수 있는 요소가 있다고 말할 수 있다.

그리고 이른 아침과 마찬가지로 저녁 무렵도 3시경을 지나서 태양이 기울기 시작하면 비늘돔은 미끼를 찾지 않게 되어 버린다.

겨울의 따뜻한 태양빛을 등에 받고 유유히 비늘돔 낚시를 즐기는 것을 낚싯물이 적은 겨울철에는 갯바위 낚시팬에게 있어서 뭐라고도 말할 수 없는 매력의 하나이다.

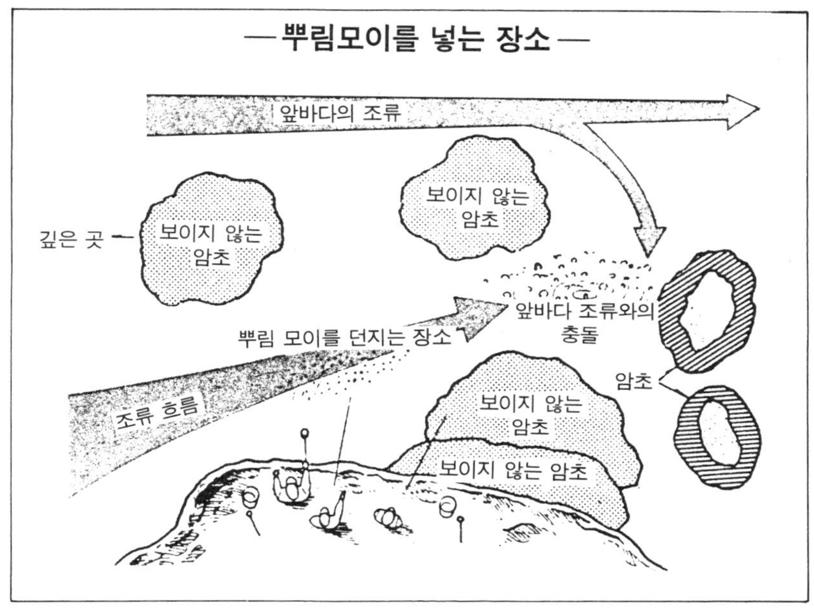

낚시터에 도착하면

이거다라고 생각하는 포인트를 정하면 이 낚시에 중요한 뿌림 모이를 뿌리고 나서 채비 준비를 한다.

뿌림 모이는 대량으로 하지만 조류의 흐름을 타고 정확히 포인트에 도착하도록 포인트의 조류가 밀려 오는 쪽에 넣도록 한다.

뿌림 모이는 종이 봉투에 돌을 넣어서 던져 넣어도 좋을 것이다.

조류 흐름이 좋은 곳이라도 뿌림 모이가 자꾸자꾸 흘러 가 버리는 곳에서는 안 된다. 조류의 흐름이 좋고 부서져 되돌아가는 앞바다를 향해 흐르는 파도가 갯바위 앞을 통과하는 앞바다의 조류와 부딪치는 곳 혹은 낚시터의 전면에 보이지 않는 암초가 있어서 뿌림 모이가 그다지 빠르게 흩어져 버리지 않는 것 같은 곳이 좋다.

찌의 조절

뿌림 모이를 넣고 채비 준비를 하고 미끼를 달면 드디어 제1투이다. 이 경우 찌 아래를 어느 정도로 하면 좋은지를 결정해야 한다. 그래서 처음은 수심이 몇 미터 정도 되는지를 예상하고 찌 아래를 정한다.

즉, 수심이 4m 정도라고 예측하면 찌 아래를 3.7~3.8m 정도로 해서 던져 본다. 만일 찌가 옆으로 누워 버리는 것 같으면 수심이 예측보다 얕기 때문에 10cm 정도 찌 아래를 짧게 한다. 반대로 찌가 직립하면 찌 아래가 적당하든가 혹은 너무 짧든가의 어느 쪽이다. 찌 아래를 10cm 정도 길게 해서 다시 던져 본다.

미끼의 위치는 암초의 조금 위에 오는 정도가 적당하다. 암초 머리에서 너무 떨어져 있거나 반대로 암초에 들러붙어 버려서는 좋지 않다.

또한 찌 아래는 땅바닥의 기복 상태나 조류 간만에 따라서도 달라지기 때문에 그것들을 잘 확인하고 적당히 찌 아래를 올바른 위치에 두도록 해서 낚아야 한다.

낚시 방법의 요령

그리고 찌 아래의 조절이 가능하면 포인트의 바로 앞쪽에서부터 낚기 시작한다.

한 번 흘려 보고 입질이 없으면 약간 앞바다 쪽으로 흘리는 등 포인트를 중심으로 해서 바로 앞쪽부터 앞바다로라고 하는 순서로 채비를 흘려 본다.

낚시 방법의 좋고 나쁨은 입질의 맞추는 법에 있다고 해도 과언이 아니다. 찌에 나타나는 변화를 일찌감치 읽고 정확한 맞추기를 하도

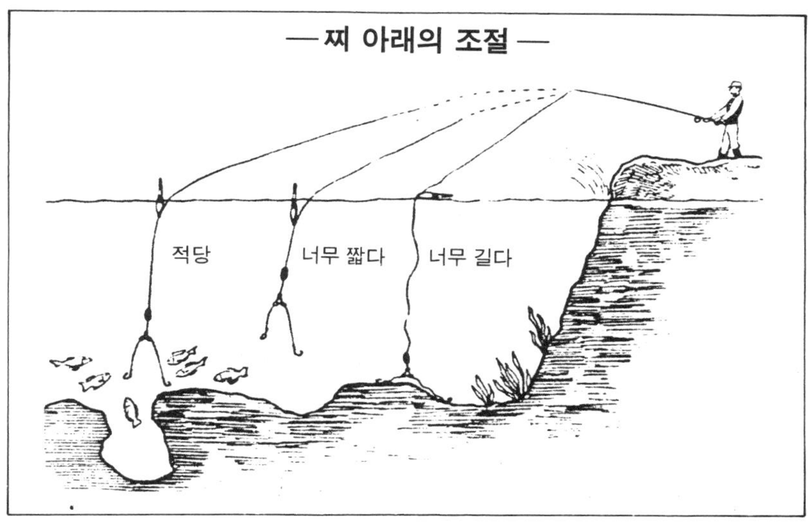

록 하지 않으면 잘 낚이지 않는다.

입질의 상태

비늘돔의 입질은 모두 한결같지 않다. 찌 끝을 단숨에 감추는 입질, 먹어 올림이라고 해서 찌를 쑥 위로 들어 올리는 입질, 물속에 찌를 조금 가지고 들어가서 그대로 정지해 버리는 입질, 한 장소에서 찌가 빙글빙글 돌고 있는 입질, 찌 흐르는 방향이 바뀌어 버리는 입질, 찌 끝이 꼼틀꼼틀 하는 입질 등 매우 다양하다.

찌 끝을 단숨에 감춰 버리는 입질일 때는 무조건 맞춰 버려도 좋지만 뭔가 그때까지와 다른 부자연스러운 움직임이나 변화가 찌에 나타나서 '어머! 이상하다'라고 생각하는 것 같은 상태라면 반드시 맞춰 보도록 한다.

특히 찌 끝을 5cm 정도 누르는 때는 완전히 미끼를 먹은 상태이다. 입질의 맞추는 법만 정확히 할 수 있으면 한 장소에서 어롱에 다

담을 수 없을 정도의 큰 낚시를 하는 것도 결코 꿈은 아닌 것이 비늘돔 낚시이다.

1회의 맞추기 에서 반응이 없을 때라도 채비를 넣고 얼마 안 될 때라면 다음 입질을 기다려 봐도 좋고 다시 한 번 강하게 채비를 고패질해 보고 바늘에 단 미끼를 흔들어 떨어뜨리면서 그것을 뿌림 미끼로 하여 다음 채비를 넣도록 해도 좋을 것이다.

수온과 입질의 관계

낚시를 하는 날의 수온의 고저와 비늘돔의 입질 상태는 매우 관계가 깊다.

수온이 높고 미끼 부착도 활발한 때는 수심이 비교적 얕은 곳을 노리도록 하지만 수심이 깊은 곳에 포인트가 있을 때는 1.5m 정도 유영층을 떼어 노리도록 한다.

잔뜩 흐려 있고 수온도 낮은 때는 비늘돔의 입질은 그다지 활발치 않지만 그런 때는 땅바닥을 노리듯이 찌 아래를 크게 내려서 낚는다.

맞추기의 테크닉

입질이 있으면 재빨리 탁하고 맞추고 싶어지는 것은 낚시꾼 공통의 마음일지도 모른다. 그러나 물고기에게는 그 물고기에게 적합한 맞추기 방법이 있다. 낚시 경험이 깊어지면 질수록 맞추기 법도 숙달하겠지만 비늘돔의 찌 낚시의 경우는 큰 찌로 더구나 갯바위 앞에서부터 상당히 멀리까지 채비를 흘리고 있기 때문에 맞추기에 대비해서 본줄을 미리 당기는 기미로 해 주어야 한다.

그리고 입질이 있으면 재빨리 보다 크게 맞추도록 한다.

보다 크게 맞추지 않으면 비늘돔은 바늘에 걸리지 않고 가령 걸려도 본줄을 감는 도중에 놓치게 되어 버린다.

보다 크게 맞춘다고 하는 것은 낚싯대 끝을 쑥하고 튀기는 듯한 맞추기 법이 아니라 낚싯대를 쥔 팔이 자신의 머리 비스듬히 뒤에 올 만큼 낚싯대 전체를 크게 고패질하도록 해서 맞춘다.

만일 그 때 본줄이 느슨해져 있으면(줄 흔들림이 너무 크면) 모처럼 크게 맞춰도 결과적으로 작은 맞추기가 되어 버리기 때문에 항상 본줄을 당기는 기미로 해서 낚도록 주의하자.

챔질의 테크닉

물고기가 걸리면 마음은 조급해지는 한편 릴은 급속하게 감은 필요는 없다. 릴을 감는 손이 멈추지 않을 정도의 빠르기로 오히려 느린 상태로 감는다.

1~2Kg 정도의 비늘돔이라면 돌물과 같은 급격한 끌어 들임은 없는 것은 보통이기 때문에 걸린 비늘돔이 보이지 않는 암초에 방해

받지 않도록 주의해서 릴을 감도록 하자.

만일 도중에 릴을 감는 손을 멈추면 놓치는 경우도 있다. 강인하게 감지 말고 일정한 속도로 천천히 감아서 비늘돔을 갯바위 끝에 바싹 붙여 댄다.

수면에 머리를 내밀면 비늘돔은 머리를 부르르 부르르 흔들어서 바늘을 떼려고 한다. 그런 때 본줄이 느슨해져 있으면 놓치게 된다.

갯바위 끝에 바싹 대면 뜰채로 퍼내지만 이때, 그때까지 팽팽해져 있던 본줄을 늦추거나 비늘돔을 수면 위로 끌어 내거나 하면 비늘돔에게 반전되어 바늘을 벗어 버리는 경우가 있다.

따라서 챔질은 누군가의 도움을 받는 것이 좋지만 만일 그것이 불가능한 경우에는 뜰채를 넣고 기다리고 있는 곳으로 물고기를 가져가는 것 같은 방법으로 퍼내야 한다.

뜰채가 닿지 않는 수면보다 높은 갯바위에서 낚는 경우의 챔질 방법은 수면에서 건 비늘돔을 발버둥치게 하지 않도록 비늘돔이 물속을 올라 오는 속도와 같은 속도로 단숨에 오른쪽이나 왼쪽으로 빼내 올리도록 한다.

또한 마침 밀려오는 파도가 왔을 때는 파도로 물고기가 떠올랐을 때에 낚싯대의 탄력을 이용해서 단숨에 빼내 올리도록 한다.

낚시터의 상태에 따라서 오른쪽으로도 왼쪽으로도 빼내 올릴 수 없는 때는 같은 속도로 똑바로 감아 올려서 거둬 들인다.

▶게 비늘돔의 던질낚시

게 비늘돔의 포인트

비늘돔의 거처는 앞에서 서술했지만 게 비늘돔을 낚는 곳은 포인트

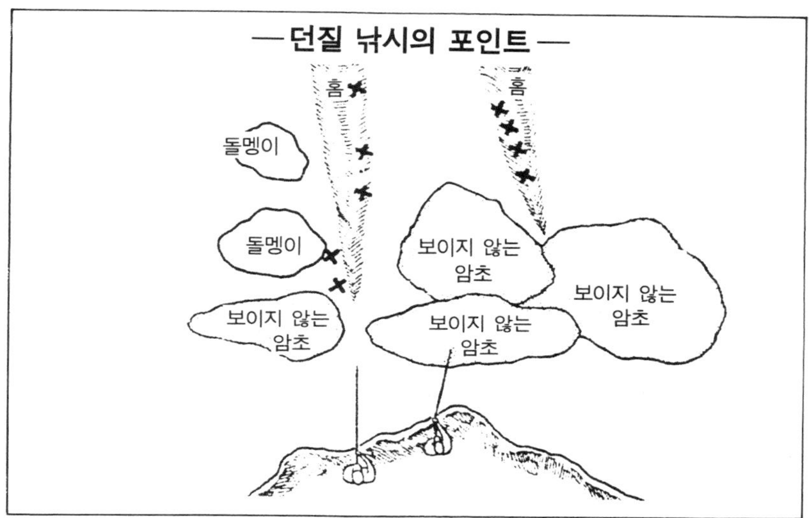

전면에 보이지 않는 암초나 돌멩이가 점재하고 앞바다부터 홈이 들어가 있거나 하는 곳의 돌틈 등이 된다.

입질과 맞추기

포인트에 뿌림 모이를 하면 채비에 미끼를 달아서 던져 넣는다. 본줄의 느슨해짐을 제거해서 본줄을 팽팽하게 당기는 기미로 해서 입질을 기다린다.

본줄을 당기는 기미로 해 두면 입질은 명확하게 손맡에 전달된다.

입질은 탁 탁하는 느낌으로 전달된다. 이어서 낚싯대 끝을 끌어들여 가기 때문에 이 때에 맞추도록 한다.

탁 탁하는 느낌뿐으로 다음의 끌어 들임이 좀체로 없는 때가 있다. 이것은 비늘돔이 미끼를 선뜻 먹지 않고 있는 것이다.

이와 같은 때는 탁 탁하는 입질이 4~5회 있는 즈음에서 크게 맞춘다.

챔질의 테크닉

물고기가 걸리면 낚싯대 끝이 무겁게 느껴지기 때문에 본줄을 늦추지 않고 감도록 한다. 너무 유유히 감고 있으면 장해물이 많은 포인트이기 때문에 비늘돔은 곧 암초 속으로 기어 들어가 버린다.

어느 정도의 속도를 붙여서 일정한 속도로 릴을 감도록 해야 한다.

만일 비늘돔이 암초 속으로 기어 들어갈 때는 암초를 피하도록 낚싯대를 좌우로 조금 쓰러뜨려서 등해서 비늘돔이 올라 오는 방향으로 낚싯대를 바꿔 향하도록 한다.

거둬들임에는 뜰채를 사용한다. 뜰채의 사용법은 찌 낚시의 경우와 같다.

주의

보이지 않는 암초 등 장해물이 많은 장소에서는 헛 맞추기가 되었을 경우 1회 1회 바늘이 암초 걸림으로 부러지거나 구부러지는 손상을 입지 않았는지 어떤지 확인해야 한다.

또한 이 낚시에서는 걸리면 놓치기 어려운 특징이 있는 네무리 바늘을 사용할 때가 있다. 네무리 바늘을 사용했을 때는 입질이 있으면 조금 간격을 두고 맞추도록 한다. 탁 탁하고 크게 낚싯대 끝을 흔들게 되고 나서 맞춰도 대개 걸려 있다.

던질 낚시와 찌 낚시를 같은 포인트에서 할 경우는 찌를 흘리는 한가운데에 던져 넣어지면 찌 낚시가 하기 어려워지므로 던질 낚시는 찌 낚시의 좌우 포인트에서 하도록 한다.

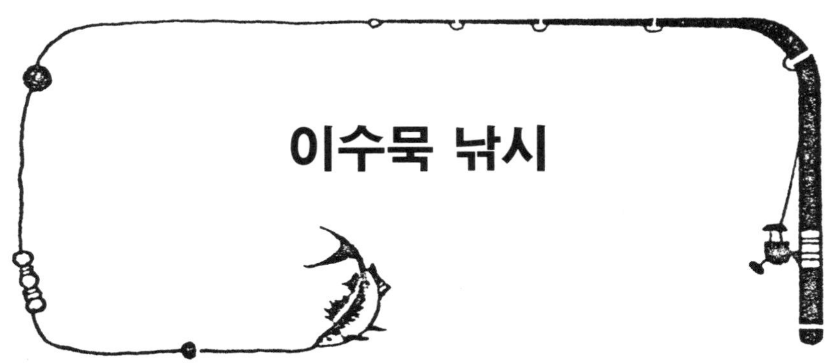

이수묵 낚시

▶이수묵 낚시에 대해서

앞에서도 서술했듯이 비늘돔 낚시를 하고 있으면 찌를 꼼틀 꼼틀하고 빠른 템포로 움직이는 입질이 있어 이것이 소형의 이수묵으로 비늘돔 낚시팬으로부터 꺼려지는 경우가 있지만 이런 소형 이수묵은 중부 이남에서 상당수 볼 수 있는 물고기이다.

그런데 겨울철이 되어 돌물 등의 대물 낚시가 정체한 중에서 돌물의 강인한 당김에 못지 않는 당김을 보이는 대형의 이수묵 낚시가 많은 갯바위 낚시팬을 모으고 있다. 그런 점에서 이수묵 낚시는 겨울철의 중요한 갯바위 낚시 대상어가 되고 있다.

여기에서는 대형 이수묵 낚시를 중심으로 소·중형의 이수묵 낚시까지 포함해서 설명해 나가기로 한다.

▶이수묵 습성과 낚시 시기

이수묵 습성

경골어강 진구아목 진골상목 농어목 농어아목 이수묵과의 물고기이지만 벵에돔에 비하면 훨씬 남방계의 물고기이다.

이수묵 중·대형의 것은 외양을 회유하는 성질이 있어 이수묵이 제일 좋아하는 김이 갯바위에 붙는 겨울이 아니면 갯바위 부근에는 별로 집단으로 모여 들지 않는다.

식성은 잡식성으로 여름의 벵에돔 낚시나 벤자리 낚시, 붉은 생선 낚시나 돌물 낚시의 외도(外道)에도 걸리는 점에서 갯지렁이, 전갱이, 꽁치, 오징어, 왕새우의 살, 갯강구, 게, 소라, 오분재기 등 뭐든기 먹어 버린다.

대체로 1~5kg 정도의 것이지만 7.5kg를 넘는 대물도 있고 멀리 떨어진 앞바다의 암초에서 암초로 민첩하게 회유하며 경계심도 매우 강한 물고기이다.

낚시 시기

계절풍이 불기 시작하여 갯바위에 김이 붙기 시작하고 수온도 저하하는 겨울철에 갯바위에 모여들기 때문에 낚시 시기는 12월경부터 시작되어 12월~1월로 계속되고 3월의 소리를 듣고 다른 갯바위물이 낚이기 시작하는 무렵이 되면 이 낚시는 거의 끝난다.

단, 겨울철 낚시물이라고 해도 늘 원래 난류에 사는 남방계의 물고기도 동시에 수온이나 수질의 변화에 대해서도 민감하게 반응하는 물고기이기 때문에 갯바위에 김이 아무리 붙어 있어도 수온이 16℃를 밑돌거나 했을 때나 수온이 4~5℃로 급격히 밑돌거나 하는 때 혹은, 수질이 극단적으로 변화한 것 같은 때는 딱 미끼를 먹지 않게 되어 버린다.

주의

겨울철 갯바위는 햇살이 비추고 있어도 추위는 심하다. 또한 갯바위에 부착한 해초류는 낚시꾼의 발을 미끄러지게 하는 경우도 있다. 방한이나 감발 등은 특히 엄중히 하고 나가도록 해야 한다.

▶ 낚시 방법의 종류

비늘돔의 찌 낚시와 같은 찌(혹은 좀더 대형)를 사용한 찌 낚시가 대표적인 낚시 방법이지만 낚시터의 조건에 따라서 몸통 찌르기식 채비에 의한 던질 낚시도 이루어진다.

▶ 직접 용구와 채비

낚싯대

대형 이수묵이 대상으로 돌돔에 못지않는 당김은 보이기 때문에 거기에 대비한 낚싯대를 준비할 필요가 있다. 그러나 돌물의 초대형 만큼은 아니므로 5.4m 전후의 약간 가벼운 돌돔 낚싯대를 준비한다.

릴

갯바위 낚시용의 스타드랙 릴을 준비한다. 여기에 본줄 나일론 16호~20호 굵기의 것을 150m 감는다.

목줄

목줄은 와이어 39번의 7개꼼과 나일론 16호 이상을 준비한다. 더욱

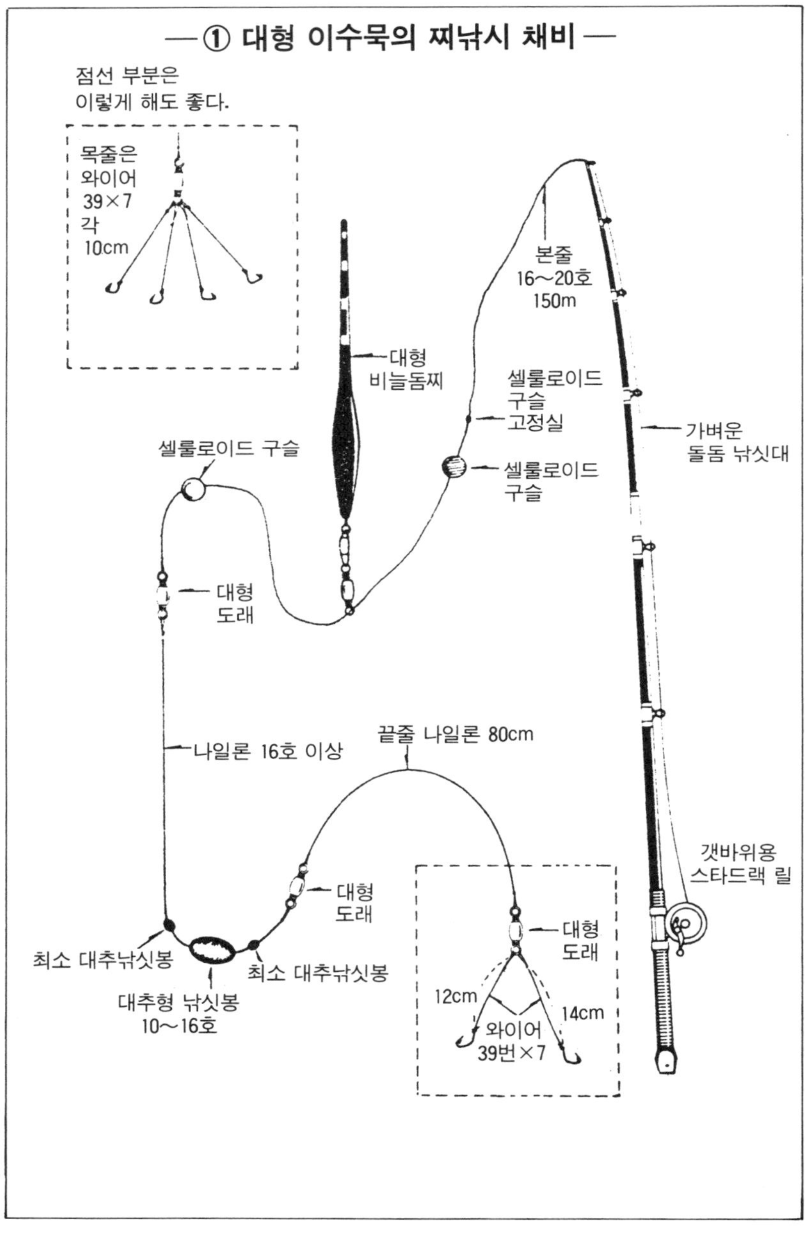

— ① 대형 이수묵의 찌낚시 채비 —
점선 부분은
이렇게 해도 좋다.
목줄은
와이어
39×7
각
10cm
대형
비늘돔찌
본줄
16~20호
150m
셀룰로이드
구슬
고정실
셀룰로이드 구슬
셀룰로이드
구슬
가벼운
돌돔 낚싯대
대형
도래
나일론 16호 이상
끝줄 나일론 80cm
갯바위용
스타드랙 릴
대형
도래
대형
도래
최소 대추낚싯봉
최소 대추낚싯봉
대추형 낚싯봉
10~16호
12cm
14cm
와이어
39번×7

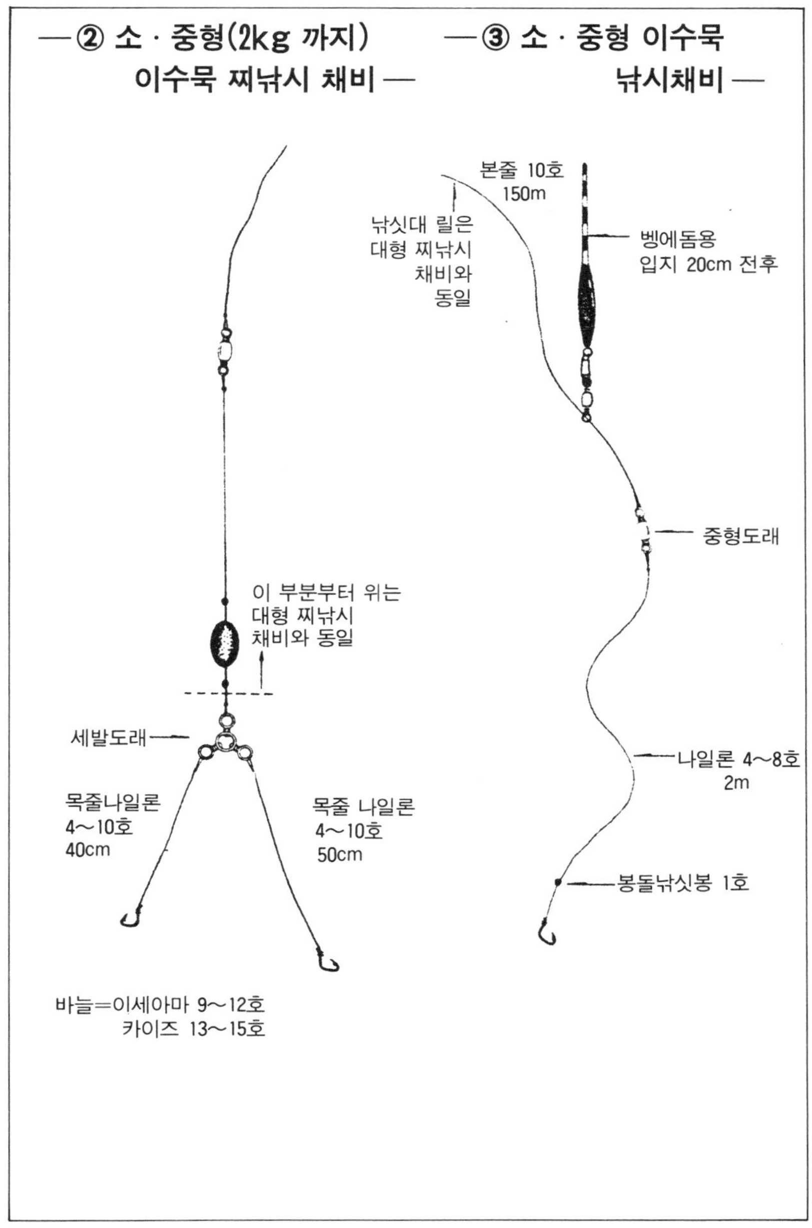
—② 소 · 중형(2kg 까지)
이수묵 찌낚시 채비—
이 부분부터 위는
대형 찌낚시
채비와 동일
세발도래
목줄나일론
4~10호
40cm
목줄 나일론
4~10호
50cm
바늘=이세아마 9~12호
카이즈 13~15호
—③ 소 · 중형 이수묵
낚시채비—
본줄 10호
150m
낚싯대 릴은
대형 찌낚시
채비와
동일
벵에돔용
입지 20cm 전후
중형도래
나일론 4~8호
2m
봉돌낚싯봉 1호

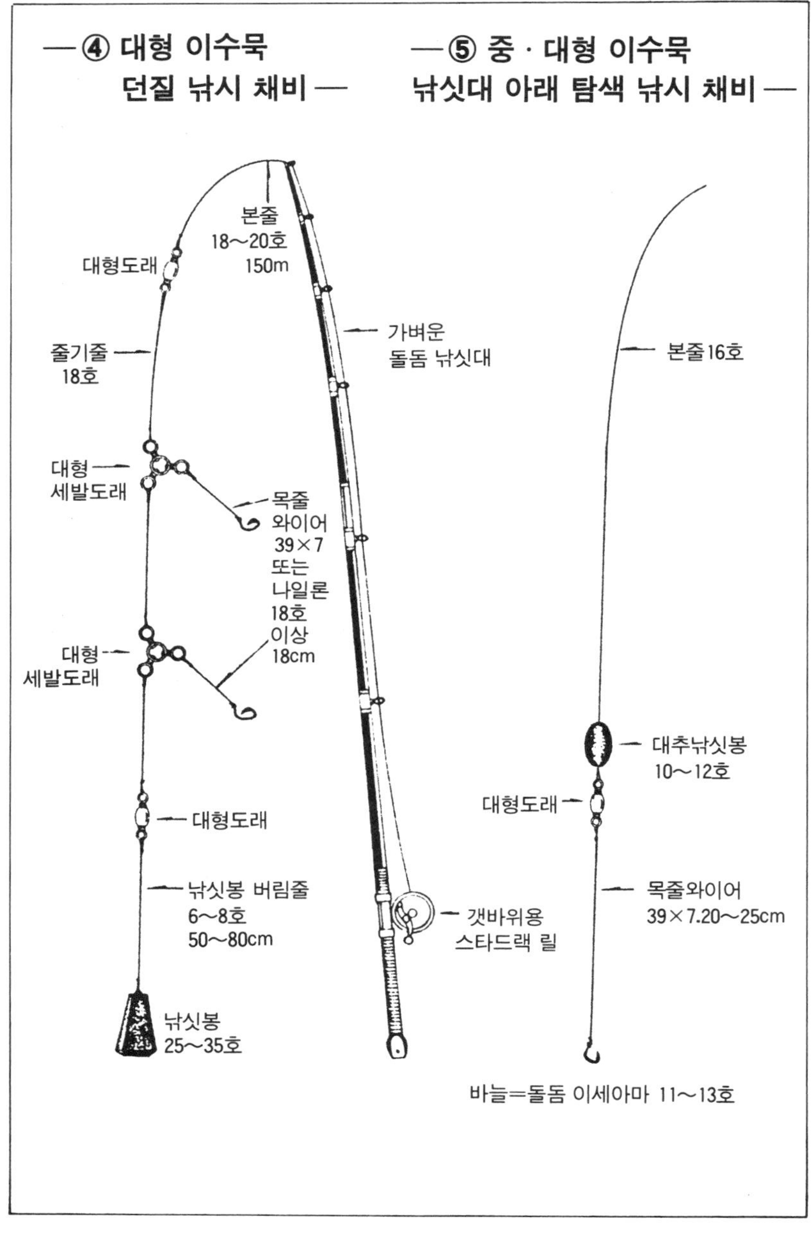

—④ 대형 이수묵
던질 낚시 채비—
—⑤ 중 · 대형 이수묵
낚싯대 아래 탐색 낚시 채비—
본줄
18~20호
150m
대형도래
가벼운
돌돔 낚싯대
줄기줄
18호
대형
세발도래
목줄
와이어
39×7
또는
나일론
18호
이상
18cm
대형
세발도래
대형도래
낚싯봉 버림줄
6~8호
50~80cm
갯바위용
스타드랙 릴
낚싯봉
25~35호
본줄16호
대추낚싯봉
10~12호
대형도래
목줄와이어
39×7.20~25cm
바늘=돌돔 이세아마 11~13호

이 소·중형 이수묵이 걸리는 경우도 있으므로 나일론 4~8호도 준비해 둔다.

줄기줄

이것은 대형 이수묵의 던질 낚시에 사용한다. 파손하기 쉬우므로 나일론 18호 이상으로 굵은 것을 사용한다.

끝줄

찌 낚시용 채비에 사용하는 것으로 나일론 14호 이상의 것을 준비한다.

바늘

대형 이수묵 낚시 채비나 낚싯대 아래의 탐색 낚시 채비에 사용하는 것은 돌돔용의 이세아마 11~13호를 소·중형의 이수묵에는 이세아마 9~12호나 카이즈 13~15호, 이즈 카이즈(각 카이즈)중 등을 대형 이수묵 던질 낚시 채비에는 네무리 바늘 12호에서 18호를 준비하도록 한다.

찌

찌는 비늘돔 찌를 사용한다. 찌의 작용은 비늘돔 항에서 서술한 사항과 원칙은 같지만 8~15호의 낚싯봉에 맞는 5~6개의 것을 준비할 필요가 있다.

찌의 색도 비닐돔의 경우와 마찬가지이다. 길이도 비늘돔의 경우와 마찬가지지만 그것보다 약간 긴 듯한 것을 준비하도록 하는 편이 좋을 것이다.

소도구

채비 만들기에는 이상 외 찌 고정줄,셀룰로이드 구슬, 작은 대추, 낚싯봉, 중 · 대형 도래와 세발도래 25~35호의 몸통 찌르기 낚싯봉(던질 낚시용) 6~8호의 낚싯봉줄 등을 준비하자.

채비

그림에 나타났듯이, ① 대형 이수묵의 찌 낚시 채비, ② 소 · 중형 이수묵 찌 낚시 채비, ③ 얕은 곳의 소 · 중형 이수묵 낚시 채비, ④ 대형 이수묵 던질 낚시 채비, ⑤ 중 · 대형 이수묵의 낚싯대 아래 탐색 채비의 합계 5종을 준비한다.

▶간접 용구와 장비

간접 용구

뜰채나 어롱은 비늘돔 낚시의 것을 유용한다. 접낚싯대를 하는 경우가 있기 때문에 직경 5mm의 굵기로 길이 5m 전후의 쇠갈고리 로프도 지참한다.

장비

11월부터 3월 초순까지의 겨울철 낚시이기 때문에 방한의, 우의, 카이로, 장갑 등의 보온구를 반드시 지참하도록 하자. 그러나 너무 두꺼운 옷을 입어 활동에 저해받는 것이어서는 안 된다. 신체에 딱 맞는 것을 정확히 몸에 걸치도록 한다.

해난 방지 용구로서 구명구나 구명 밧줄을 지참한다. 구명 밧줄은 직경 8mm의 굵기로 길이 30m 전후의 것(앞에 폴이 붙어 있으면 더욱 좋다)이 필요하다.

감발은 해조가 부착한 갯바위는 특히 미끄러지기 쉬우므로 갯바위용 지하 버선이나 갯바위용 슈즈를 신도록 한다.

더욱이 구명구에는 여러 가지 제품이 있지만 반드시 검정품을 이용하도록 하자.

직접 용구나 간접 용구는 낚싯대 자루나 륙색에 정리해서 지참한다. 그 속에는 물통이나 구급 의약품도 있지 않도록 넣어 두자.

▶ 미끼와 뿌림 모이

미끼

이수묵의 미끼는 비늘돔과 마찬가지로 김을 사용한다. 비늘돔의 경우는 아래로 늘어지지 않도록 찔러서 아담하고 자그마하게 달았지

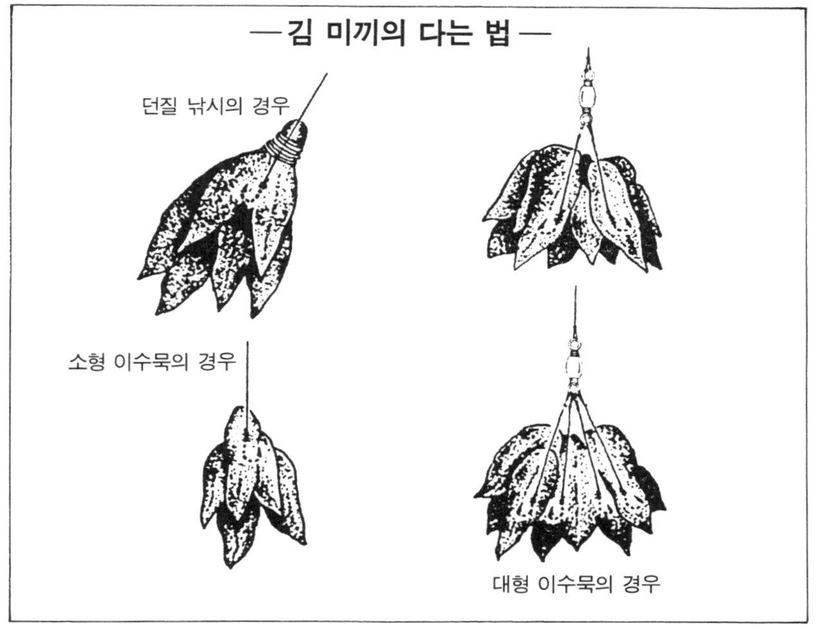

만 이수묵의 경우 특히 대형을 겨냥할 때는 다 달아 보았을 경우 야채 볼 정도의 크기가 될 만큼 넉넉하게 많이 단다. 4개 바늘 채비일 때는 특히 크게 단다.

던질 낚시의 경우는 그림과 같이 바늘 위로 훑어 올리듯이 해서 4~5장 혹은 8~10장을 한테 모아서 면사로 묶듯이 해서 단다. 소형 이수묵의 경우는 3~5장 단다.

뿌림 모이

뿌림 모이는 비늘돔 낚시에 비하면 훨씬 대량이 된다. 김, 파래 등에 갯바위에 부착하는 해초 등을 잘게 썰어서 넣도록 한다.

▶ 이수묵의 낚시 방법

낚시 적기

김이 갯바위에 붙기 시작하면 들은 일제히 갯바위에 모이지만 초기 무렵은 소형 이수묵이 모여서 이것들이 가끔 비늘돔 낚시의 방해를 한다.

그러나 12월도 중순을 지나면 차츰 대물이 갯바윗가에 모이게 되고 특히 김이 떼지어 부착하는 정월 전후는 대형 이수묵 낚시의 최성기가 된다.

이수묵은 민감한 물고기이기 때문에 그 경계심을 늦추기 위해서 약간 파도기가 있는 흐린 날이 낚시의 적기가 된다.

비늘돔이 대낮의 낚시인데 대해서 이수묵은 어슴푸레 새벽이나 저녁이 가장 좋은 낚시 적기이다.

낚시터의 선정

어떤 물고기라도 물고기가 모여드는 곳은 대개 정해져 있다. 이수묵의 경우도 당연해서 먼저 갯바위 끝에서 30~40m 정도 앞쪽에서 깊게 떨어져 가는 곳이 제1조건이 된다.

다음에 그런 장소는 뿌림 모이가 한쪽으로 흘러 가 버리는 곳이 아니다. 바로 앞쪽의 파도가 부서져 앞바다를 향해 흘러가서 생긴 흰 거품이 이는 곳의 흰 거품을 뿌림 모이가 타고 그것이 앞바다로 나가서 고작 40~50m의 지점에서 앞바다의 조류와 부딪쳐 갑자기 흘러가 버리지 않고 그 주위의 해저로 흩어져 간다고 하는 곳이 바람직하다.

그러나 아무리 위와같은 조건에 매치한 장소라고 해도 낚시자리를 정확히 안정시키는 장소가 아니면 포인트로서 완전한 조건이 만족되어 있는 것은 아니다.

몸 움직임이 불가능한 것 같은 장소에서는 겨울철의 거칠어지기 쉬운 갯바윗가에서는 위험해서 낚시가 불가능하다.

뿌림 모이를 넣는다

포인트를 정하고 안전한 낚시 자리를 확보하면 마침내 낚시에 들어가는데 먼저 처음에 뿌림 모이를 대량으로 뿌리는 것부터 시작한다. 뿌림 모이는 다음의 그림과 같이 파도가 부서져 앞바다를 향해 흘러가는 파도를 그 뿌림 모이가 흘러 포인트 위에서 바닥에 가라앉도록 한다.

수온이 적절하고 물고기가 갯바윗가에 모여 있으면 뿌림 모이로 확실히 물고기는 모여 든다.

느닷없이 대형 이수묵이 모여드는 경우도 전혀 없는 것은 아니지만

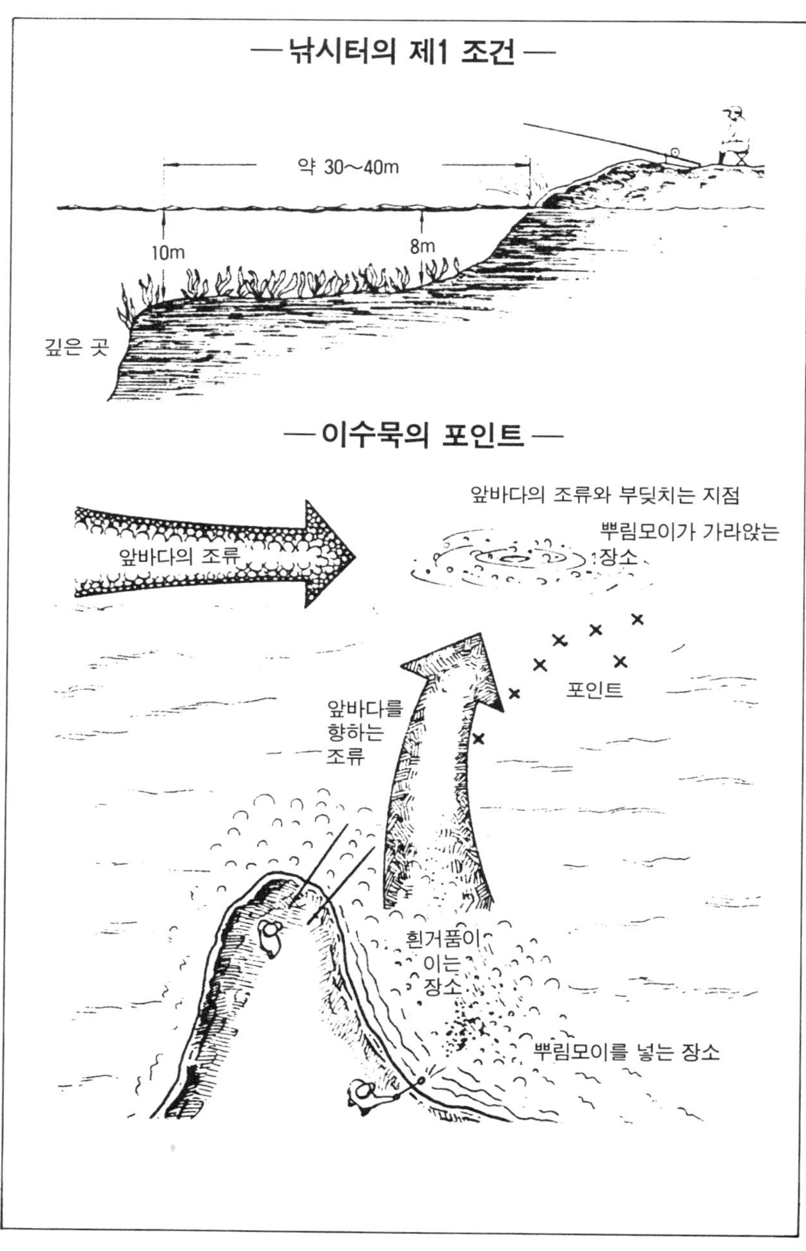

—낚시터의 제1 조건—
약 30~40m
10m
8m
깊은 곳
—이수목의 포인트—
앞바다의 조류와 부딪치는 지점
뿌림모이가 가라앉는
장소
앞바다의 조류
앞바다를
향하는
조류
포인트
흰거품이
이는
장소
뿌림모이를 넣는 장소

보통은 먼저 소·중형의 이수묵이 모여든다. 그리고 차츰 대형이 모여들게 된다.

낚시 방법

이수묵이 모여들면 드디어 낚시 방법 개시이다.

《찌 낚시의 경우》

찌 낚시의 경우는 처음은 소·중형의 이수묵을 대상으로 한 채비로 낚아보도록 한다.

소·중형을 낚고 있으면 이윽고 곧 미끼를 빼앗겨 버리거나 직선으로 약간 둥그스름함을 가진 이빨 자국이 미끼에 남게 되거나 맞춘 채비를 당기는 듯한 강한 입질을 느끼게 된다.

대형 이수묵의 내습이다. 즉시 와이어를 이용한 대형 이수묵용의 채비로 바꾼다.

채비를 바꾸고 미끼를 크게 달면 찌 아래를 내려서 땅바닥부터 미끼까지의 위치가 2~3m 정도의 유영층을 흘리도록 해 본다.

입질과 맞추기

소·중형 이수묵의 입질은 찌를 탁 탁 하고 끌어 들이는 것 같지만 대형 이수묵의 경우는 50cm 이상이나 되는 큰 찌를 스윽!하고 감춰 간다.

찌가 사라지면 한 호흡 두고 전신으로 강하고 크게 맞추는 것이 요령이다.

낚시 적기가 어스름 새벽녘이나 저녁녘이기 때문에 찌가 보이기 어려운 경우가 가끔 있다. 그런 때는 본줄은 약간 당기는 기미로 해 두면 낚싯대 끝의 끌어 들임으로 입질을 읽을 수 있다.

챔질의 테크닉

대형 이수묵의 당김은 같은 중량의 돌돔을 능가할 만큼 강인하다. 바늘에 걸린 이수묵은 상하는 물론 전후 좌우로 달린다. 따라서 바늘에 걸었을 때에 어느 정도 크기의 이수묵이 걸렸는지를 감지하고 거기에 맞춘 챔질의 조작을 해야 한다.

대개 4Kg 정도의 경우는 맞추면 급속히 릴을 감아 거둬 들이면 되지만 그 이상의 대형의 경우는 너무 강인하게 릴을 감으면 본줄을 끊어뜨리거나 이수묵의 입이 찢어져서 놓치게 된다. 그래서 잠시동안 물고기를 달리게 하거나 해서 힘을 빼고 그리고 나서는 낚싯대의 지레 힘을 이용해서 물고기가 오른쪽으로 달리면 낚싯대를 약간 왼쪽으로 눕히는 등 하면 이수묵은 차츰 떠 올라온다.

대형은 릴을 감고 뜰채로 거둬 들인다.

대형의 이수묵이면 일수록 맞추고 나서 거둬 들임까지의 격투는 호쾌 그 자체이다.

《던질 낚시의 경우》

던질 낚시가 적합한 장소는 10m 이하의 얕은 곳으로 파도가 부서져 흰 거품이 일고 되돌아가는 파도가 앞바다를 향하고 있는 것 같은 장소가 적합하다.

미끼는 넉넉하게 단다. 바늘은 네무리 바늘을 사용하기 때문에 입질은 덜컥덜컥하는 상태로 낚싯대 끝에서부터 손맡으로 전달된다.

곧 맞추지 않고 낚싯대 끝이 충분히 조여지고 나서 맞추도록 하

자.

《낚싯대 아래의 탐색 낚시의 경우》

낚싯대 아래가 갑자기 깊어지고 있는 조건의 낚시터에서 하는 낚시 방법이지만 파도가 부서져 흰 거품이 이는 곳을 노리는 것보다도 오히려 부서져 되돌아가는 파도가 앞바다를 급심한 조목(潮目)이 용솟음치는 지점에 낚싯대를 드리우도록 하는 편이 좋을 것이다.

낚싯대 끝을 죄는 듯한 입질이 있으면 낚싯대 끝을 조금 보내는 기미로 해서 크게 맞추는 것이 이 낚시 방법의 요령이다.

이상 어느 낚시 방법의 경우나 채비 용구는 튼튼한 것을 사용하자.

벵에돔 낚시

▶벵에돔 낚시에 대해서

벵에돔 낚시란

벵에돔은 갯바위 중·소물의 톱 스타이다.

이 물고기는 매우 많은 이름을 가지고 있다. 이름이 많이 있어서 그 이름이 표준명을 능가할 정도의 물고기는 그만큼 많은 사람으로부터 친숙해져 있는 물고기라고 말할 수도 있다.

벵에돔은 각 지방에서 독특한 낚시 방법이 이루어지고 있다.

▶벵에돔의 습성과 낚시 시기

습성

경골어목 진구아강 진골상목 농어목 농어아목 벵에돔과의 물고기이다. 물론 남지나해부터 필리핀 방면까지 분포해서 청징(淸澄)한 조류가 도는 곳이라면 제방이나 작은 갯바위 주위부터 황기까지 만내의 깊숙이 물이 극단적으로 더러워져 있는 곳 이외는 암초가 되는 것이 있으면 도처에 살고 있다.

갯지렁이류부터 시작되어 새우나 생선살 먹이 등의 동물질 먹이는 물론 김이나 파래에 이르는 식물성의 먹이까지 먹는 잡식성 물고기이지만 특히 바위김을 매우 좋아해서 11월경이 되어 서쪽 근처의 계절풍이 불기 시작하여 갯바위에 김이나 파래가 부착할 무렵이 되면 이것을 찾아서 갯바위에 몰려든다.

갯바위의 김류를 먹는 것은 3월경까지 계속되고 봄부터 가을에 걸쳐서는 식물질의 먹이를 대신해서 동물질의 먹이 쪽을 즐겨 먹는다.

벵에돔도 다른 물고기와 마찬가지로 수온의 변화에는 민감하다. 수온이 급격히 14℃를 내려가는 때나 반대로 수온이 급격히 16℃를 넘는 때는 식욕은 없어지고 행동력도 저하해 버린다.

또한 청징한 물을 좋아하기 때문에 적조나 간수 등의 극단적으로 수질이 변화한 것 같은 때는 취미 활동은 전혀 이루어지지 않게 되어 버린다.

낚시 시기

1년내내 낚이는 물고기이지만 이미 서술했듯이 갯바위에 부착하는 김류를 먹는 11월부터 3월 초순경까지가 최성기로 봄부터 가을까지의 동물질 먹이를 찾는 시기도 낚시의 성기라고 해도 좋을 것이다.

겨울철의 벵에돔은 매우 맛이 좋다. 그러나 여름도 신선도만 유지할 수 있으면 맛이 좋다고 하는 사람도 있어 겨울이나 여름이나 각지의 갯바위는 대단한 성황을 보인다.

벵에돔은 지방성이 강한 물고기이다. 그 지방의 독특한 낚시 방법으로 가장 맛이 좋다고 여겨지는 시기에 출어(出漁)되는 것은 역시 즐거운 일이기 때문에 계절의 낚시 정보에 대해서는 특히 귀를 기울이도록 하기 바란다.

더욱이 이 책은 벵에돔의 표준적인 낚시 방법에 대해서 기록했다. 이 낚시 방법은 어느 지방의 어느 낚시터에서 실행해도 반드시 낚을 수 있는 방법이기 때문에 매우 유용하리라고 생각한다.

▶낚시 방법의 종류

벵에돔을 낚기 위해서는 낚시터의 조건이나 습성 등의 점에서 몇가지의 방법이 있지만 대개 다음의 3가지로 나눠서 이루어지고 있다.

① **찌 낚시**=벵에돔 낚시 중에서 가장 널리 이루어지고 있는 낚시 방법이다. 같은 찌 낚시라도 중·대형의 벵에돔을 낚는 경우와 소형 벵에돔을 낚는 경우, 혹은 누운 찌를 이용하는 경우, 전기찌를 이용하는 경우 등 채비가 각각 달라진다.

② **내뿜기 낚시**=극히 작은 봉돌을 달았을 뿐인 간단한 채비로 파도가 부서져 흰 거품이 이는 곳이나 낚싯대 아래가 급계와 같은 낚시터에서 한다.

③ **던질 낚시**=포인트가 멀리에 있는 경우에 이루어진다.

①,②와 같은 낚시법을 출어의 낚시터에 따라서 바꾸어 하는 것이다.

또한 벵에돔의 습성을 이용한 낚시법에서는 수온이 높은 초여름부터 늦가을에 걸쳐서는 밤이 되면 대형이 먹이를 찾아서 얕은 곳에 모여들기 때문에 어슴푸레 저녁녘부터 밤에 걸친 내뿜기 낚시나 전기찌 낚시가 이루어진다. 겨울철에는 좋아하는 김류를 찾아서 갯바윗가에 모여들기 때문에 그 후각의 좋은 것을 이용해서 김이나 보리새우, 어육을 뿌림 모이로 해서 모여 든 장소에 벵에돔을 끌어 들여서 붙잡아 두거나 이거다라고 생각하는 장소로 끌어 들여 낚는 방법도 이루어지고 있다.

벵에돔은 일단 뿌림 모이에 걸려 버리면 비교적 단순하게 미끼를 찾고 당김 맛도 좋기 때문에 누구에게나 친숙해질 수 있는 낚시 물고기이다.

▶ 직접 용구와 채비

낚싯대

한마디로 낚싯대라고 해도 소형을 노리는 경우와 중·대형을 노리는 경우는 달라진다. 만일 소형밖에 낚이지 않는다고 하면 붕어 낚싯대 긴 것이라도 충분하지만 중·대형은 습격을 받는 경우도 충분히 있기 때문에 표준적으로는 5m 전후의 글라스로드를 준비하자. 하루 종일 손에 들고 낚기 때문에 너무 무거운 것은 좋지 않다. 좀 가볍고 끝대는 약간 부드럽고 몸통이 튼튼한 것이 좋을 것이다. 이음 낚싯대나 흔들어 빼냄 낚싯대도 괜찮다.

중·대형을 전문으로 노리고 더구나 낚시터가 수면에서 상당히 높은 곳에서 물고기를 걸면 그것을 빼내 올리는 경우가 많은 낚시터에서는 연흔들리기의 돌돔 낚싯대를 이용해도 좋을 것이다.

릴

중형 혹은 대형의 스피닝 릴을 이용한다. 돌돔 낚싯대를 사용하는 경우 스타드랙형 릴이나 대형 스피닝 릴을 이용한다.

본줄

소형을 낚기 위해서는 5호 본줄, 중·대형을 낚기 위해서는 10호의 본줄이 필요하다. 또한 물고기의 대소와는 별도로 던질 낚시나 전기찌의 밤낚시 때는 10호의 본줄을 사용하도록 한다. 그래서 교체 스풀을 3개 준비하고 5호, 7호, 10호 3종류의 각각 100m에서 150m 감아두도록 한다.

목줄

나일론 1호부터 8호를 준비하고 채비에 따라 적절히 사용한다.

바늘

카이즈형의 바늘을 사용한다.

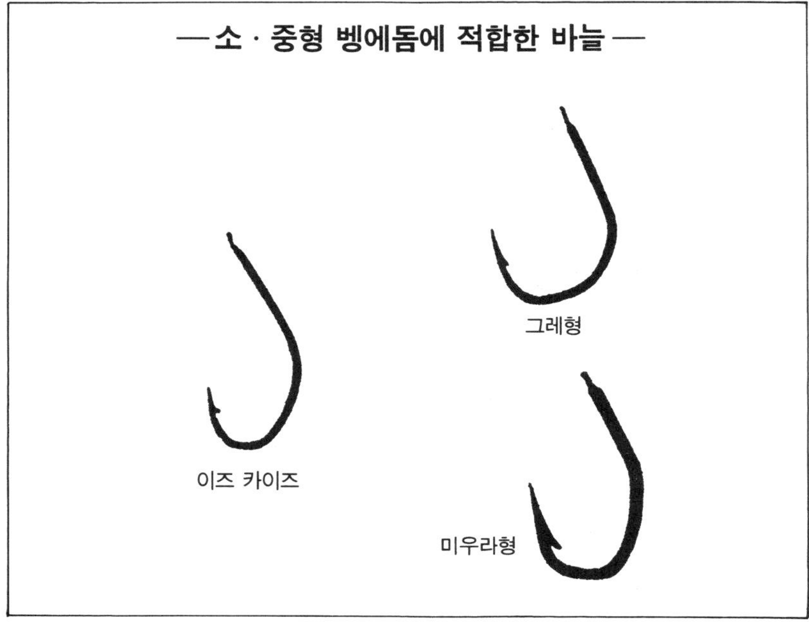

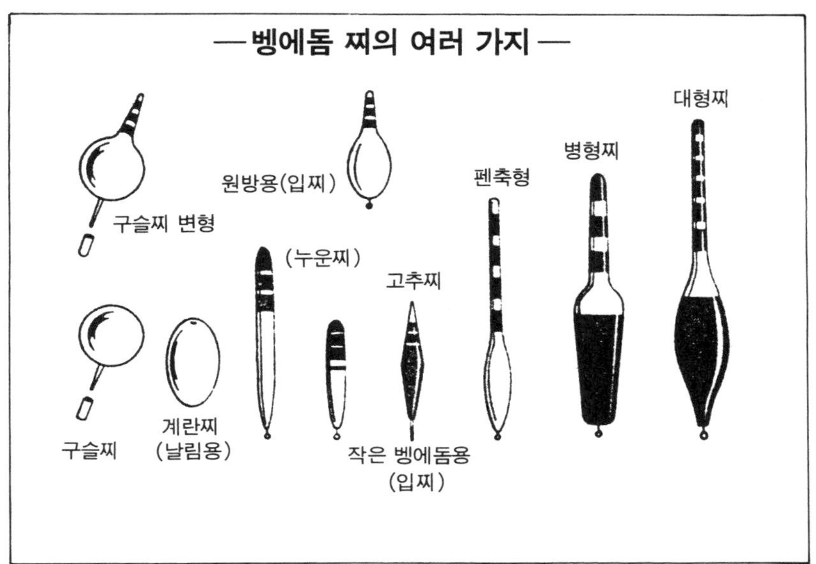

찌

찌는 입찌와 누운 찌, 구슬찌 등 여러 종류를 사용한다. 낚싯대의 흔들리기나 낚시를 할 때의 기후 조류의 상황 낚시 방법의 종류 등에 따라서 대소 경중을 적절히 사용한다. 모양은 여러 가지 있지만 적색 황색의 형광 도료를 바른 것 외 역광의 경우에 필요한 흑칠의 것도 지참하도록 한다.

입찌는 파도가 있는 곳에서는 입질을 포착하기 어렵다. 한편 누운 찌는 먼 쪽을 노리는 경우에 던지기 어려운 약점이 있다. 그와 같은 때 누운 찌 위에 대형의 계란형 찌를 달면 중량이 붙어서 던지기 쉬워진다.

소도구류

찌 아래의 본줄과 목줄을 연결하는 데에는 중형 도래가 필요하다.

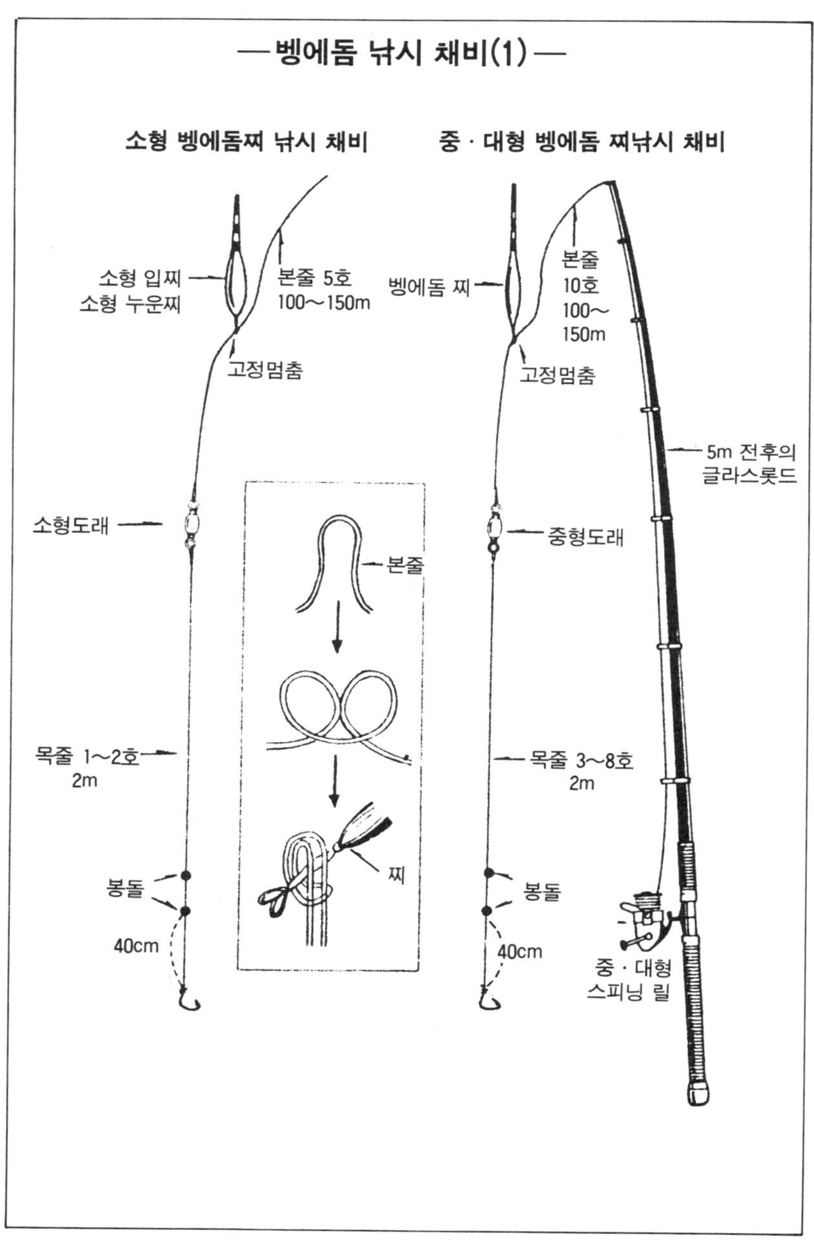

—벵에돔 낚시 채비(1)—
소형 벵에돔찌 낚시 채비
중 · 대형 벵에돔 찌낚시 채비
소형 입찌
소형 누운찌
본줄 5호
100~150m
고정멈춤
소형도래
목줄 1~2호
2m
봉돌
40cm
본줄
찌
벵에돔 찌
본줄
10호
100~
150m
고정멈춤
5m 전후의
글라스롯드
중형도래
목줄 3~8호
2m
봉돌
40cm
중 · 대형
스피닝 릴

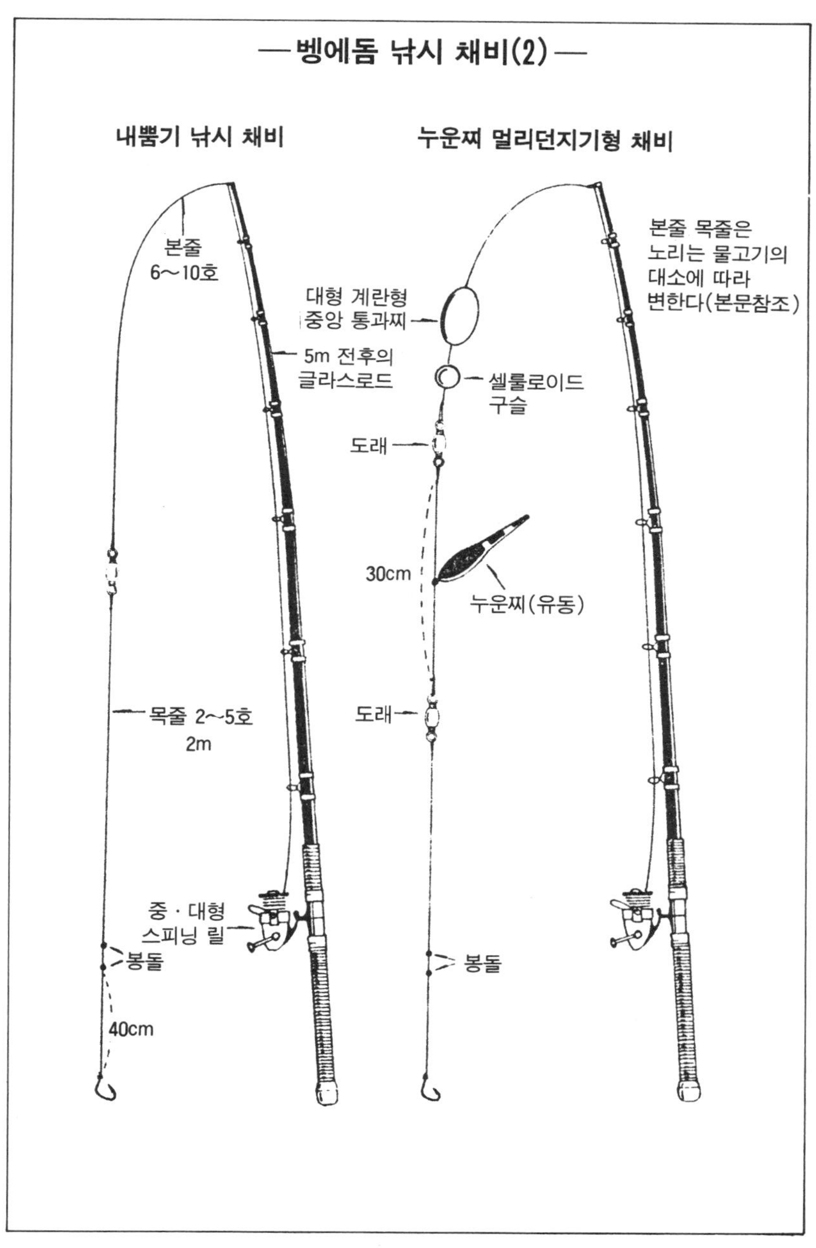
—벵에돔 낚시 채비(2)—
내뿜기 낚시 채비
누운찌 멀리던지기형 채비
본줄
6~10호
5m 전후의
글라스로드
목줄 2~5호
2m
중·대형
스피닝 릴
봉돌
40cm
대형 계란형
중앙 통과찌
셀룰로이드
구슬
도래
30cm
누운찌(유동)
도래
봉돌
본줄 목줄은
노리는 물고기의
대소에 따라
변한다(본문참조)

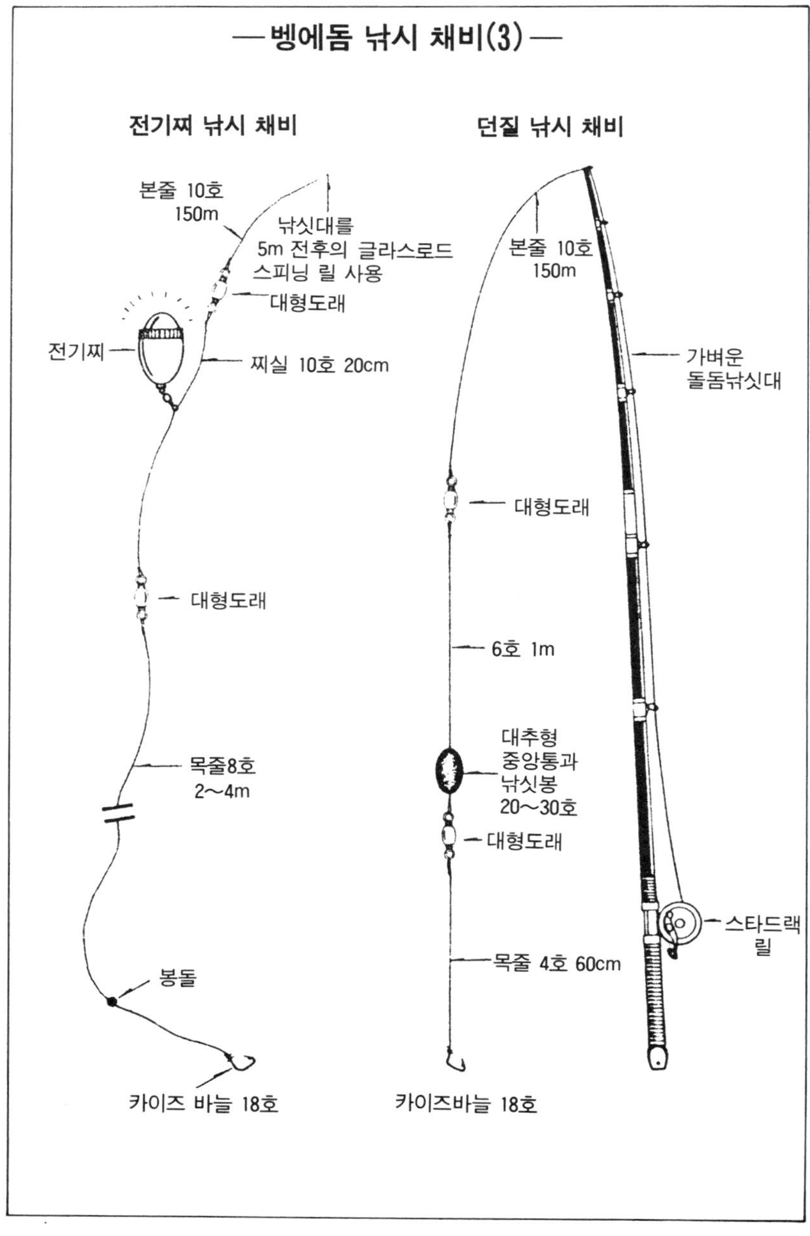

—벵에돔 낚시 채비(3)—
전기찌 낚시 채비
던질 낚시 채비
본줄 10호
150m
낚싯대를
5m 전후의 글라스로드
스피닝 릴 사용
대형도래
전기찌
찌실 10호 20cm
대형도래
목줄8호
2～4m
봉돌
카이즈 바늘 18호
본줄 10호
150m
가벼운
돌돔낚싯대
대형도래
6호 1m
대추형
중앙통과
낚싯봉
20～30호
대형도래
스타드랙
릴
목줄 4호 60cm
카이즈바늘 18호

또한 찌 아래의 채비에는 유속 때문에 목줄이 떠서 흐름과 평행해져 버리는 것을 막기 위해서 그 날의 파도 상태 조류의 강도에 맞춘 중·소형의 봉돌을 1~3개 달기 때문에 준비한다.

특히 내뿜기 낚시의 경우, 낚싯대 아래 등 겨냥 장소의 유속에 맞춰서 채비가 자연에 가까운 상태로 흘러서 물고기가 있는 장소로 미끼를 가져 가도록 하기 때문에 파도 상태나 조목(潮目)의 피어오름 빨아 들여 가는 조류의 움직임의 강약 등에 따라서 목줄의 굵기나 길이, 봉돌의 대소 개수를 바꿔 갈 필요가 생긴다. 거기에는 낚싯대 끝부터 목줄까지가 자연에 가까운 상태로 움직이도록 하기 위해서 본줄과 목줄의 굵기는 극단적으로 다르지 않는 편이 좋고 고작 2호 정도의 차로 한다. 따라서 본줄이 굵은 경우는 목줄과의 중간에 중간 호수의 끝줄을 단다.

채비

그림에 나타났듯이 각종의 채비가 있다.

▶간접 용구와 장비

뜰채

직경 50cm 정도로 손잡이의 길이가 2.5m 정도의 것에 로프를 달아 둔다.

어롱

길이 6m 정도의 것으로 직경 5mm의 밧줄이 달려 있는 것(비늘돔의 것을 유용해도 좋을 것이다).

뿌림 모이통과 국자

보리새우나 어육 등을 뿌림 모이로 했을 경우는 그것을 폴리에스틸렌 양동이 등에 넣어 낚시터에 가져 간다. 또한 뿌림 모이를 뿌릴 때에는 국자가 필요하다.

쿨러

낚은 물고기를 넣는 데에 꼭 필요하다. 대형의 것을 지참한다.

소물 등을 넣는 소물통도 잊지 말자.

장비

방한복, 비옷 외 해난 방지 용구로서 구명구 외 직경 8mm 길이, 30m 정도의 구명 밧줄을 반드시 지참한다. 감발은 미끄러지기 쉬운 갯바위에 대해서 갯바위용 신발 혹은 갯바위용 지하버선 등을 이용한다.

위의 것 외에도 모자, 물통, 식료, 라이터, 손전등, 구급 의약품 등 갯바위 낚시 전반에 통하는 물품을 정확히 가방에 넣어 지참하도록 한다.

▶미끼와 뿌림 모이

미끼

가려고 하는 낚시터가 지금 어떤 미끼를 사용하고 있느냐라고 하는 사실을 아는 것은 벵에돔 낚시 뿐만 아니라 어떤 낚시에 대해서도 중요한 문제이지만 이것들은 낚시터 근처의 낚시 도구점 낚시 미끼점에서 정보를 모은다.

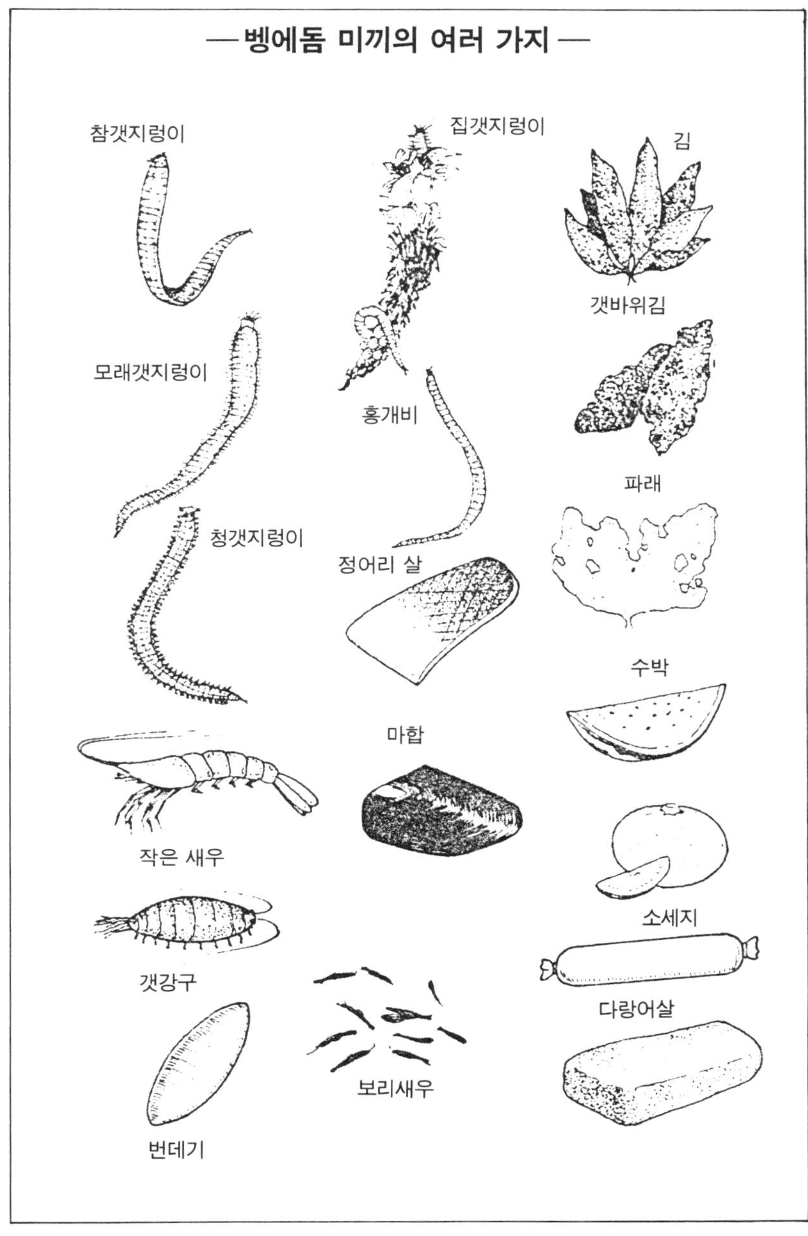
—벵에돔 미끼의 여러 가지—
참갯지렁이
집갯지렁이
김
갯바위김
모래갯지렁이
홍개비
파래
청갯지렁이
정어리 살
수박
마합
작은 새우
소세지
갯강구
다랑어살
보리새우
번데기

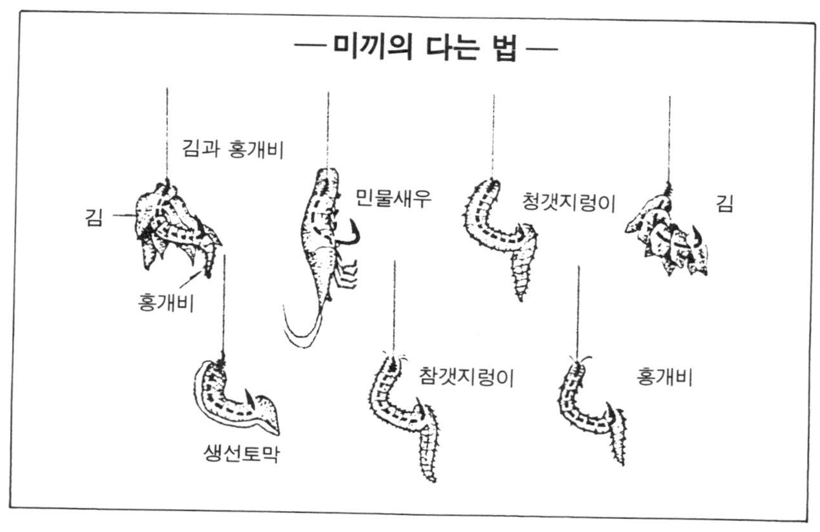

벵에돔의 미끼는 겨울철에는 바위김, 파래 등이 이용되었지만 어육이나 보리새우의 뿌림 모이 낚시가 시작되고 나서는 특정 지역의 낚시 방법으로서 남아 있을 정도로 대낮 낚시에는 거의 어육이나 보리새우, 작은 새우가 뿌림 모이로 이용된다. 미끼로서는 참갯지렁이, 정어리 살, 보리새우, 청갯지렁이, 홍개비, 마합, 냉동 작은 새우가 주로 사용되고 있으며 이외 갯강구, 꽁치 살, 집갯지렁이, 소라 내장 등도 이용되고 있다.

특수한 시기나 낚시터에 따라서는 번데기, 수박, 감, 어육의 소세지, 돼지의 지방살, 다랑어의 살, 닭의 가슴살도 사용되고 있다.

이상을 봐도 벵에돔이 얼마나 잡식성의 물고기인지를 알 수 있다. 따라서 낚시하러 나갈 때는 미끼의 정보를 캐치하는 것은 물론이지만 수 종류의 미끼를 준비해 가도록 유의해야 한다. 더욱이 미끼 냉동 정어리는 일단 바닷물에 되돌리고 나서 머리와 꼬리 등뼈를 손톱으로 제거하고 반토막씩 단다.

뿌림 모이

벵에돔 낚시에 뿌림 모이는 빼 놓을 수 없다. 뿌림 모이의 재료는 정어리나 꽁치의 어육 외에 보리새우류 등을 이용하는 외 생선 내장, 김류, 파래 등을 사용한다.

겨울철의 낚시 등에서 김류만의 뿌림 모이를 하고 있는 옆에 냄새가 강한 어육 등의 뿌림 모이를 하면 벵에돔은 모두 저쪽으로 몰려가 버린다. 따라서 같은 낚시터에서 몇 그룹이 낚시를 할 때는 상대의 뿌림 모이에 충분히 신경을 쓰도록 해야 한다.

▶벵에돔의 찌 낚시

벵에돔의 겨냥 장소

벵에돔은 흰 거품이 춤추는 듯한 파도가 부서져 거품이 이는 곳을 좋아해서 그 주위에서 먹이를 찾는다고 하는 습성이 있기 때문에 포인트를 선택하는 경우 그 습성을 염두에 넣고 다음과 같은 장소를 선택하도록 한다.

① 갯바위에 조수 받이의 패인 곳이 있는 장소로 거기에 조수가 피어 오르는 곳

② 낚시터의 전면이 완만한 언덕으로 되어 있고 앞바다를 향해 차츰 깊어지고 그 속에 깊은 홈이 패여 있는 곳

③ 갯바위 주위의 파도가 부서져 되돌아오는 파도가 되어 앞바다를 향해 흐르고 있는 곳에서 약간 떨어진 전면이나, 그 옆쪽에 보이지 않는 암초나 노출 암초 등이 있고 그 사이를 3~5m 정도의 홈이 달리고 있는 것 같은 곳

④ 이상과 같은 장소로 부서진 파도가 앞바다를 향해 흐르게 된

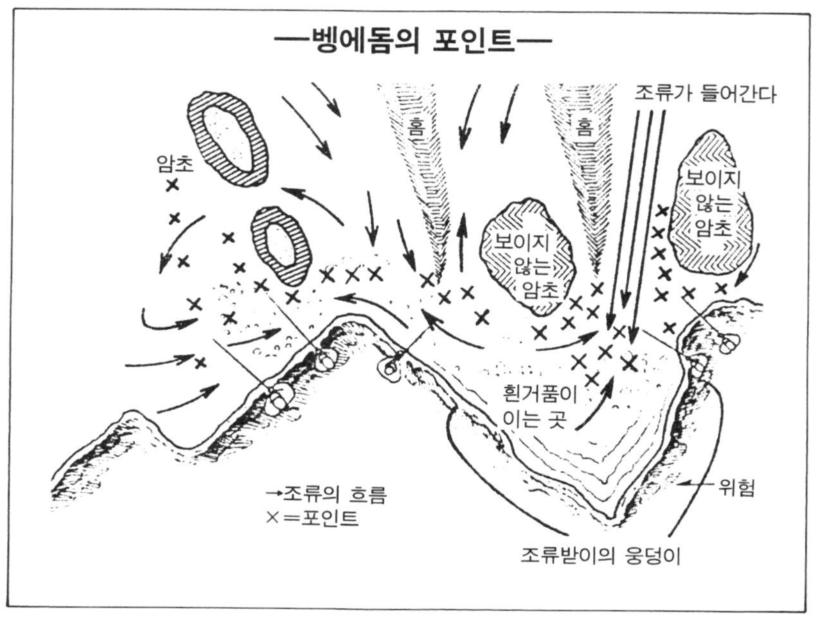

조수가 바닥으로 빨아 들여져서 전면의 바닥에 흩어져 가는 곳

⑤ 조수가 약간 흐려져 있는 곳

이상과 같은 점이 교묘하게 조합되어 있는 조건의 곳이 벵에돔 낚시의 가장 좋은 포인트가 된다. 그리고 그런 장소는 또한 다소 구름 낀 하늘 모양이 되면 수온이 벵에돔의 적온이 아닐 때라도 큰 낚시를 하는 경우가 많이 있다.

뿌림 모이는 넣는 법

날김의 뿌림 모이는 그대로 사용해도 좋지만 건조해 있는 것은 일단 바닷물에 되돌리고 나서 사용하도록 한다.

으깬 어육이나 보리새우, 작은 새우의 뿌림 모이도 날것은 그대로 사용하지만 냉동품의 경우는 반드시 바닷물에 담그고 나서 사용한다.

뿌림 모이는 처음은 약간 많은 듯이 해서 포인트의 약간 조수가 밀려오는 쪽에 넣는다. 그리고 다음에 채비를 넣는데 뿌림 모이가 많으면 좋을 것이라는 듯이 툭툭 한쪽에 넣는 것보다 어디까지나 끊기지 않도록 적당히 계속 넣도록 해야 한다.

조수의 흐르는 법에 따라서는 포인트도 이동해 오는 경우가 있다. 따라서 넣은 뿌림 모이가 어디에 떨어지느냐라고 하는 것은 낚고 있을 때 끊임없이 신경쓰고 있어야 하는 문제이다.

한창 낚여 나오고 있을 때라도 뿌림 모이가 끊겨 버리면 벵에돔의 입질은 멈춰 버린다.

항상 뿌림 모이를 끊어지지 않도록 해서 낚아야 한다.

낚시 방법의 요령

벵에돔 낚시는 뿌림 모이의 능숙함, 서투름에 크게 좌우된다. 벵에돔은 처음에는 바닥에서 먹고 있지만 뿌림 모이를 계속 넣으면 유영층이 차츰 위로 이동하고 특히 김류의 뿌림 모이에서는 상층 혹은 중층 부근에서 등지느러미를 보이면서 열심히 파문을 일으키고 먹이를 먹게 된다. 그러나 먹이를 먹는 유영층은 상당히 폭이 있어 대형 벵에돔일수록 바닥 가까이에서 먹고 소형이나 중형이 중·상층 부근에서 먹는다.

대형 벵에돔이 바닥 가까이에서 먹는 것은 상당히 경계심이 강하기 때문이라고 생각할 수 있으므로 벵에돔의 경계심을 가능한 한 자극하지 않도록 조용히 낚는 것이 바람직하다. 불필요하게 사람 그림자나 낚싯대 그림자를 물고기들의 눈에 비치게 하지 않도록 바위 뒤에 몸을 숨기듯이 하고 낚도록 한다.

채비는 포인트의 조수가 약간 밀려오는 쪽에 넣고 차츰 포인트 위에 이르도록 한다. 서 있는 장소 바로 앞쪽의 부서진 파도가 앞바다를 향해 흐르는 상태가 너무 강해서 찌를 자꾸 자꾸 앞바다 쪽으로 가져 가 버리는 때는 파도가 부서져 흰 거품이 인 곳의 앞까지 채비를 흘려 보고 만일 입질이 없으면 다시 바로 앞쪽에서부터 흘리도록 해 본다.

입질과 맞추기

입질은 찌에 나타난다. 흘리고 있는 찌가 갑자기 사라지거나 갑자기 멈추거나 혹은 기울어지거나 조수의 흐름에 거스르듯이 찌의 흐르는 방향이 바뀌거나 찌 끝이 수 센티 눌린 채의 상태인 때, 즉 찌가 부자연스러운 움직임이나 상태를 보이면 그것이 입질이기 때문에 낚싯대를 쥐고 있는 양손을 재빨리 크게 위로 올리도록 해서 맞춘다.

물고기가 걸리면 걸린 장소에서 가능한 한 빨리 옆 쪽으로 떼듯이 해서 거둬들인다. 단 너무 강인하게 떼려고 하면 목줄을 끊기고 놓쳐 버리는 때가 있으므로 주의한다.

낚시 방법의 연구

벵에돔의 입질 상태는 모두 한결같다고는 말할 수 없다. 찌 아래의 길이나 목줄의 굵기에 따라서도 상당히 달라지고 조수의 명암이나 간만, 날씨의 상태에 따라서도 달라진다. 그래서 조수가 밝을 때나 맑은 날일 때 혹은 간조시 등일 때는 좀 가는 채비를 사용해서 바닥 가까이를 흘리도록 하는 편이 입질이 좋아진다. 예를 들면 5호의 목줄을 사용하고 있는 때 3호로 바꿔 본다고 하는 것이다.

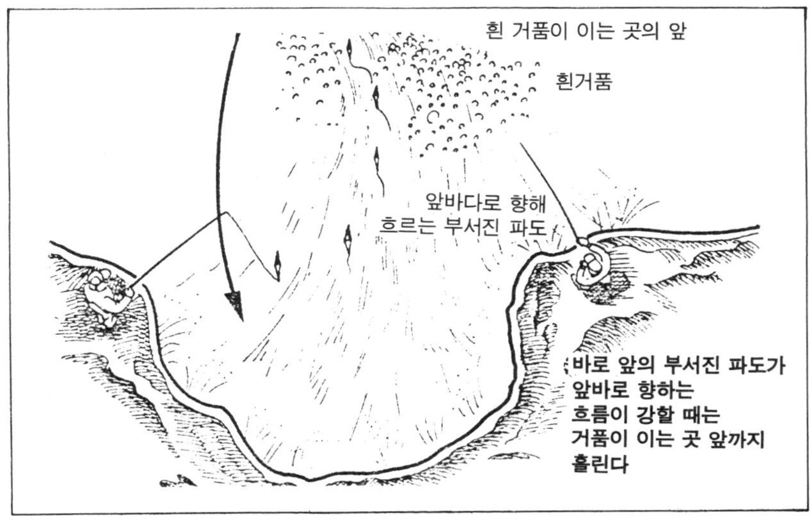

또는 반대로 흐린 날일 때나 만조시 혹은 조수가 적당히 흐려 있는 때는 사용하고 있는 목줄을 1~2호 굵직한 것으로 바꿔 보도록 한다. 더욱이 찌 아래를 줄여서 얕은 유영층에서 낚아 보도록 한다.

더구나 벵에돔 낚시의 찌 아래의 표준은 2.5m 정도이다.

큰 낚시를 하기 위해서는 모은 물고기를 흩어지지 않도록 해야 한다. 그러기 위해서는 바늘에 건 물고기를 놓치지 않고 거둬 들이는 것과 뿌림 모이를 끊이지 않고 넣는 것이다.

앞의 5가지의 겨냥장소에서 낚고 있을 때 많이는 낚이지만 소형밖에 낚이지 않는 때가 있다. 그와 같은 때는 포기하지 말고 적기를 기다리면 중 · 대형이 낚이는 경우가 있다.

실컷 뿌림 모이를 하고 간신히 깊은 유영층에서 2kg 전후의 대형이 낚이는 때가 있지만 그와 같은 때는 대개 그 전후의 모양이 수는 적지만 드문 드문 낚인다.

▶벵에돔의 내뿜기 낚시

내뿜기 낚시의 효과

낚싯대 아래가 갑자기 깊어지고 있는 장소로 조목(潮目)이 잘 움직이고 있는 듯한 장소 혹은 갯바위의 바닥이 바로 앞으로 도려내져 있는 듯한 장소 또는 큰 파도가 부서져 흰 거품이 이는 곳 속에서는 내뿜기 낚시로 대형을 낚는 경우가 있으므로 꼭 해 보자. 특히 밤 낚시에서는 유효하다.

단 내뿜기 낚시는 아무래도 찾는 범위가 한정되기 때문에 뿌림모이에 걸린 벵에돔이 상당히 바로 앞쪽에 모여 있는 때가 아니면 큰 낚시를 할 수 없다.

내뿜기 낚시의 매력

큰 낚시가 적다고 해도 내뿜기 낚시에는 그 나름대로의 매력이 있다. 채비를 흐름에 태워서 낚싯대 끝을 이동시켜가면 그 도중에 탁탁하는 입질이 있거나 또는 낚싯대 끝을 가끔 작게 고패질해서 이동시켜 가는 때 낚싯대 끝이 갑자기 빨려 들어 가거나 한다.

그와 같은 입질이 있었을 때는 낚싯대를 순간 보내 주듯이 해서 맞추면 조임이 손끝에 직접 전해진다.

이거야말로 내뿜기 낚시의 매력으로 버리기 어려운 묘미라고 말할 수 있다.

▶벵에돔의 던질 낚시

포인트가 상당히 멀리에 있는 장소 혹은 밤 낚시의 장소는 앞의

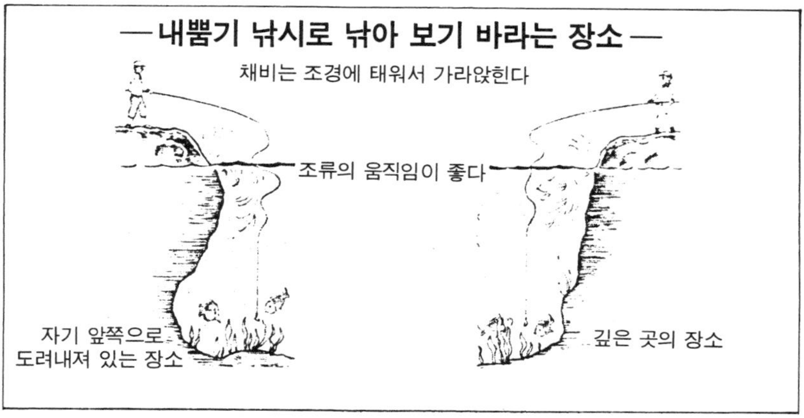

—내뿜기 낚시로 낚아 보기 바라는 장소—

채비는 조경에 태워서 가라앉힌다

조류의 움직임이 좋다

자기 앞쪽으로 도려내져 있는 장소

깊은 곳의 장소

벵에돔 낚시 채비중 3번과 같은 채비로 던질 낚시를 한다.

던질 낚시

미끼는 찌 낚시의 것과 동일하지만 보다 확실히 바늘에 달도록 한다. 포인트는 가능한 한 파도가 부서져 앞바다를 향해 흐르는 곳을 노리도록 한다. 벵에돔 이외의 물고기가 걸리는 경우도 있고 조수가 강한 장소에서는 가끔 생각지 않은 대물이 낚이는 경우도 있다. 낚싯대를 당겨 쓰러뜨리지 않도록 충분히 주의해서 거둬 들이도록 한다.

전기찌 낚시

여름밤의 전기찌 낚시는 서늘한 바람의 해안의 풍물시로서 인기가 있지만 초보자의 경우 밤 낚시는 피해야 한다. 낮 낚시의 몇 배의 위험이 있고 수면시간의 관계로 피로감도 커진다.

포인트

주간의 포인트와 달리 벵에돔은 갯바위의 해안에 가까운 수심1m

전후의 곳에 다가와서 등지느러미를 수면에 드러내는 때도 있다.

낚시 방법

먼 쪽에 채비를 던지면 릴을 사용해서 조금씩 자기 앞쪽으로 당겨오도록 한다. 입질은 빛나는 전기찌가 물속으로 끌려 들어가기 때문에 알 수 있다. 너무 급격하게 맞추지 말고 침착하게 맞춘다. 물고기가 걸리면 상당히 빠르게 거둬 들이는 편이 좋을 것이다.

더욱이 미끼는 주간의 벵에돔 낚시의 것과 동일해도 좋지만 참갯지렁이류는 그 자체가 희미하게 빛나기 때문에 효과적인 미끼이다.

▶벵에돔 낚시의 마음 가짐

벵에돔은 매우 경계심이 강한 물고기이다. 그 때문에 비늘돔과 같이 바람이 멎고 파도가 온순한 맑은 날보다는 흐린 날로 약간 파도 상태가 술렁거리는 때가 가장 좋은 적기가 된다.

그러가 겨울철은 기압차가 큰 고기압이 저기압의 뒤를 쫓아서 대륙 방면으로 뻗어 와서 갑자기 계절풍의 대서에 휘말리는 경우가 있기 때문에 낚시터를 선택하는 경우 반드시 긴급시의 대피 장소가 있는 곳을 선택하도록 한다.

또한 도선(渡船)을 이용할 때는 반드시 옆에 대기시키도록 한다.

갯바위에 부착하는 김류는 미끄러지기 쉬우므로 감발은 단단히 하고 활동하기 쉬운 차림을 할 필요가 있다.

항상 안전을 제일로 유의해서 극단적으로 갯바위 앞에 나가지 말고, 또 끊임없이 앞바다의 파도에 주의를 기울이고 있어야 한다.

감성돔 낚시

▶감성돔 낚시에 대해서

감성돔 낚시의 특징

감성돔은 경골어강 진구아강 진골상목 농어목 농어아목 도미과의 물고기다. 수많은 지방명 외에 성장에 따라서도 이름이 변해 가는 물고기이지만 장해물이 있는 곳이라면 도처에 회유해 와서 정착하기 때문에 지방의 독자적인 낚시 방법으로 친숙해져 있다.

또한 낚시의 시기나 장소의 조건, 미끼의 종류, 낚시 도구의 차이 등에 따라서도 여러 가지 낚시 방법이 이루어지고 있기 때문에 전국적으로 감성돔의 낚시 방법을 연구 조사해 보면 몇 권의 서적이 될 만큼 다양할 정도이다.

이와 같은 사실은 반면 감성돔이 얼마나 낚시꾼으로부터 친숙해졌는가라고 하는 사실의 표현일지도 모른다.

이 책에서는 많은 낚시 방법 중 갯바위 감성돔의 가장 표준적인 낚시 방법에 대해서 서술한 다.

▶감성돔의 습성과 낚시 시기

거처

도미과의 물고기인데 다른 도미류의 물고기보다도 생활 적응 범위는 넓어 만(湾)을 깊이 들어간 곳이나 어항 속 혹은 외양에 면해 있는 입강이나 항구와 하천이 유입하는 낮은 염분의 하구 지대에까지 산다.

특히 유어(幼魚) 무렵은 하천의 상당히 깊숙한 곳까지 거처를 넓히고 있다.

위와 같은 장소에서 암초의 주변 모래사장 해안의 보이지 않는 암초 주변 항내외의 제방이나 버림돌의 주변 항이나 항로변의 말뚝이나 부이 주변 연안역의 침몰선이나 인공어초 등 장해물이나 변화가 많은 곳을 특히 즐겨 거처로 삼고 있다.

습성

감성돔의 습성에서 가장 특색 있는 것은 '악식(惡食)'이라고 할 수 있는 것이다. 먼저 지방의 낚시 미끼부터 살펴 봐도 청갯지렁이, 참갯지렁이로 시작되어 게류, 새우류, 패류, 갯강구, 번데기 등의 동물질의 것부터 수박, 감자, 감 등의 식물질의 것, 오징어의 창자나 정어리 토막 등 인간이 먹는 것이라면 뭐든지 먹어 버린다.

그러나 어느 감성돔이나 그런 것을 먹느냐 하면 그렇지 않고 그 지방의 특성에 밀착한 것이 아니면 즐겨먹지 않는다.

따라서 감성돔 낚시에서는 미끼의 선택법이 매우 어려워진다. 단 감성돔은 그 이빨을 보면 날카로운 송곳니가 5~6개 있기 때문에 이것들이 악식가에게 적합한 조건을 갖추고 있는 것은 아닐까라고 상상도 할 수 있다.

그런데 악식 다음으로 특징적인 습성은 경계심이 강한 물고기이다라고 하는 점이다.

경계심이 강하다고 하는 것은 말할 필요도 없이 청각이 잘 발달해 있다고 하는 의미와 다른 물고기에 비해 보다 신경질적이라고 하는 의미가 된다.

더욱이 이 강한 경계심과 관련해서 감성돔은 탁함을 매우 좋아한다. 어떤 물고기나 탁함은 좋아하지만 감성돔의 그것은 탁함에 의해 외적으로부터 몸을 지키려고 하는 습성이 한층 더 강하고 동시에 모래 속에 포함되어 있는 먹이를 포식하기 위해 스스로 탁함을 일으키는 경우도 있다.

그 때문에 많은 낚시 방법 중에는 낚시꾼이 일부러 발로 해저를 흐려서 낚는다고 하는 방법도 이루어지고 있을 정도이다.

감성돔은 또한 소리에 대해서도 상당히 민감하다. 그 때문에 낚시를 할 때는 다른 물고기를 낚을 때보다도 한층 더 조용히 낚도록 해야 한다.

낚시 시기

감성돔의 낚시 시기는 지방에 따라서 다소 차이가 있지만 수온의 상승에 따라서 산란을 위해 얕은 곳으로 이동해 오기 때문에 빠른 곳은 3월경부터 비교적 수심이 얕은 갯바위에서도 낚을 수 있다.

본격적으로 낚이기 시작하는 것은 산란이 시작되는 5월 전후부터로 10월까지 계속 낚인다.

10월도 하순을 지나면 감성돔은 앞바다의 깊은 곳에서 이동해 가지만 갯바위 암초 지대의 수심이 있는 곳이나 항내라도 역시 수심

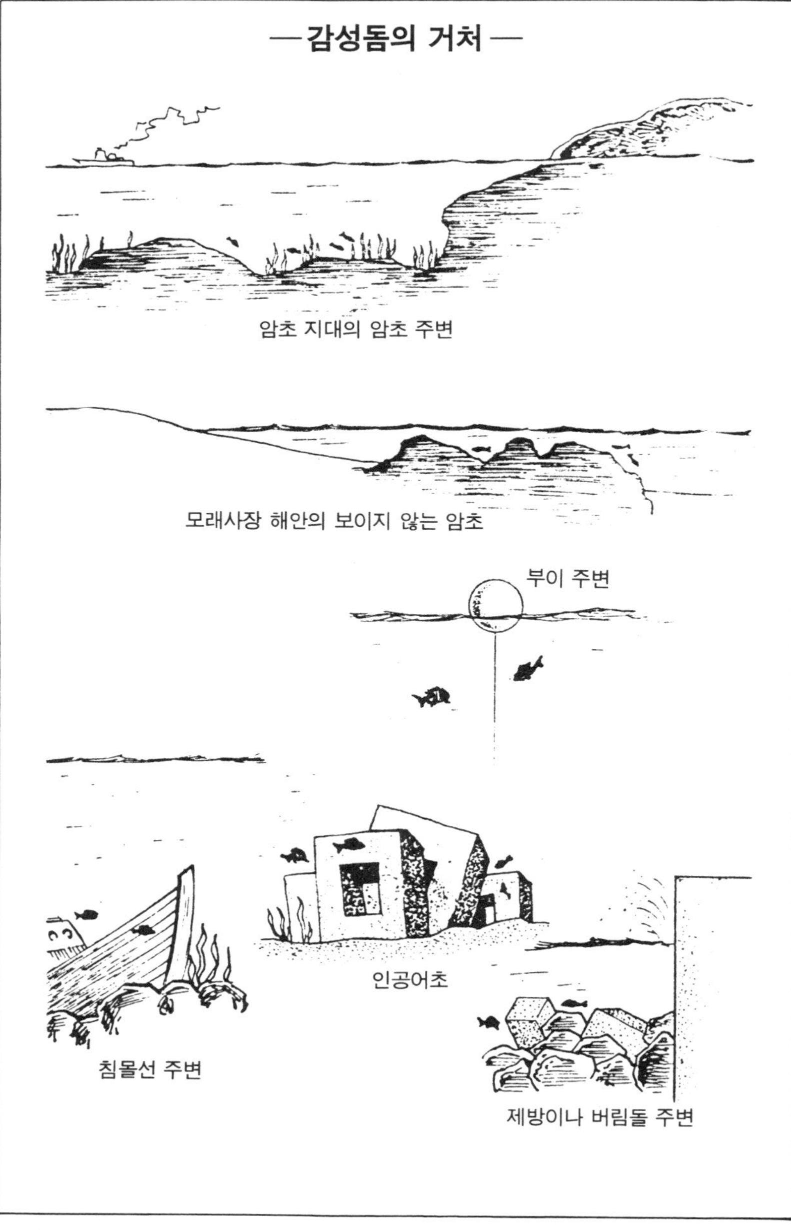
—감성돔의 거처—
암초 지대의 암초 주변
모래사장 해안의 보이지 않는 암초
부이 주변
인공어초
침몰선 주변
제방이나 버림돌 주변

이 있는 곳이라면 11월부터 2월경까지 낚을 수 있는 경우가 있다.

감성돔의 낚시 시기를 특징적으로 나누어 보면

① 3~5월=산란을 위한 오름의 감성돔 낚시

② 6~10월=성기(盛期)의 감성돔 낚시

③ 10월 하순~11월=월동을 위한 내림의 감성돔 낚시

라고 세 가지로 크게 나눌 수 있다.

▶낚시 방법의 종류

이미 서술했듯이 감성돔의 낚시 방법은 매우 다양하다. 이것을 알기 쉽게 하기 위해서 다음 페이지에 표로 나타내 보았다.

이런 낚시 방법은 모두 각각 특징을 가지고 있지만 이 책에서는 입문기의 사람이 가장 알기 쉽도록 채비의 조작에 의한 낚시 방법 중 갯바위 낚시에서 흔히 이루어지는 찌 낚시, 내뿜기 낚시, 던질 낚시 3종류에 대해서 해설한다.

▶직접 용구와 채비

낚싯대

사람에 따라서 여러 가지 의견이 있지만 표준적인 것은 찌 낚시 및 내뿜기 낚시용에는 길이 5~5.4m로 전체적으로 좀 부드러운 낚싯대가 적당하다. 감성돔 낚싯대는 죽제에 한한다고 하는 사람이 있지만 글라스 낚싯대라도 대나무 낚싯대라도 물고기를 걸고 나서 거둬들일 때까지의 조작을 무리없이 할 수 있는 것이면 어느 쪽이나 별지장 없다. 글라스 낚싯대의 개발이 상당히 눈부시기 때문에 특히

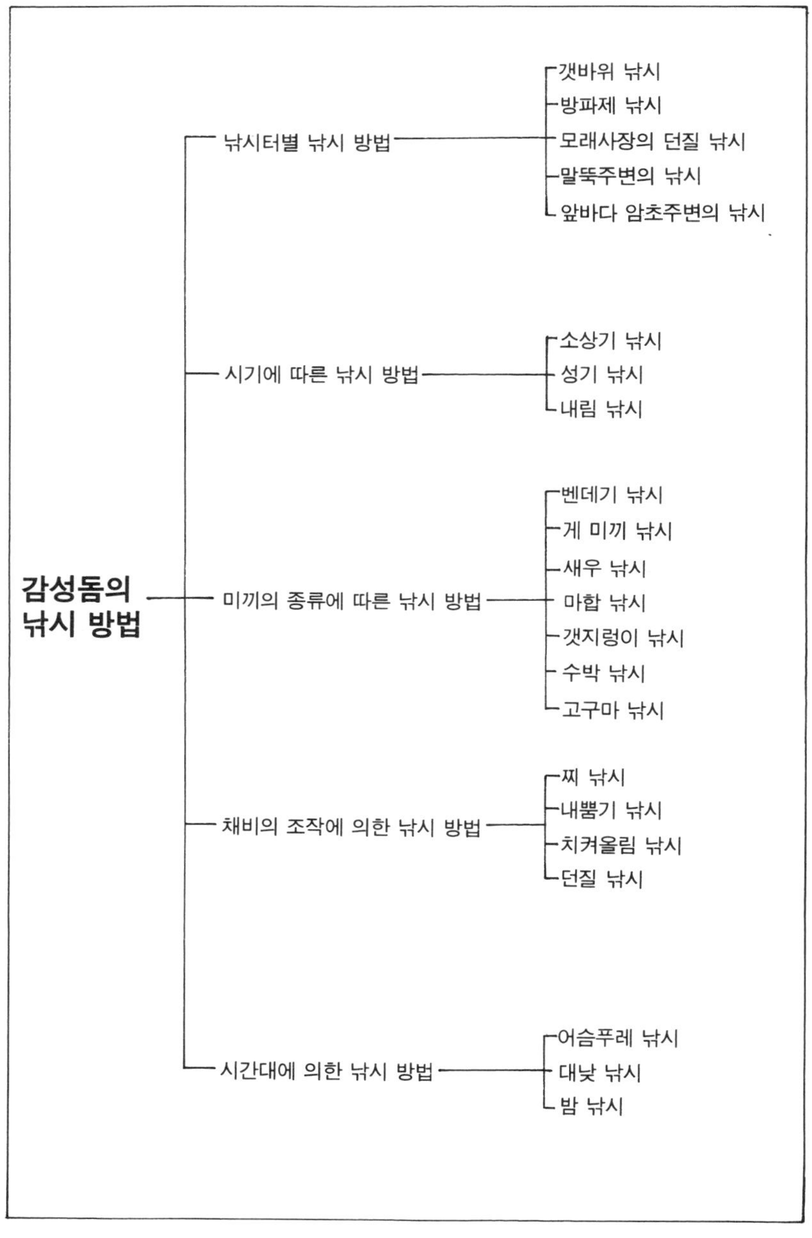
감성돔의 낚시 방법
낚시터별 낚시 방법
갯바위 낚시
방파제 낚시
모래사장의 던질 낚시
말뚝주변의 낚시
앞바다 암초주변의 낚시
시기에 따른 낚시 방법
소상기 낚시
성기 낚시
내림 낚시
미끼의 종류에 따른 낚시 방법
벤데기 낚시
게 미끼 낚시
새우 낚시
마합 낚시
갯지렁이 낚시
수박 낚시
고구마 낚시
채비의 조작에 의한 낚시 방법
찌 낚시
내뿜기 낚시
치켜올림 낚시
던질 낚시
시간대에 의한 낚시 방법
어슴푸레 낚시
대낮 낚시
밤 낚시

초보자의 경우는 취급하기 쉬운 글라스 낚싯대 쪽이 훨씬 편리할것이다.

던질 낚시용의 낚싯대는 길이 4.5~5.4m 정도의 것으로 약간 단단한 것이 적합하다.

릴

스피닝 릴의 중형 내지 대형을 사용한다. 소형의 양축받이 릴이나 북형 릴은 직경 60~100mm의 것이 적합하지만 취급면에서는 스피닝 릴 쪽이 다루기 쉽다. 그 외 자신의 기호대로의 릴을 사용해도 좋지만 모두 드랙장치의 조작을 간단히 할 수 있는 것이 바람직하다.

본줄

3호부터 10호까지의 본줄을 각각 150m 단위로 릴에 감아 두고 릴의 크기 혹은 노리는 물고기의 대소에 따라 적절히 사용하도록 한다. 또한 감성돔은 눈이 좋은 물고기이기 때문에 대낮이나 날씨가 좋은 때는 3~5호의 좀 가는 본줄을 사용하도록 한다.

스피닝 릴을 사용할 경우는 3호, 5호, 7호, 10호까지의 본줄을 교체 스풀에 감아 지참하도록 한다.

목줄

찌 낚시에서는 0.8~3호를 이용하지만 장소에 따라서는 0.4~0.6호라고 하는 가는 목줄로 낚고 있는 곳도 있다. 그러나 이것도 초보 동안은 너무 가는 목줄을 무리하게 사용하면 건 물고기를 놓치는 원인이 될 지도 모른다.

내뿜기 낚시의 경우 대낮은 0.8~2호를 이용하고 밤낚시 때는 3

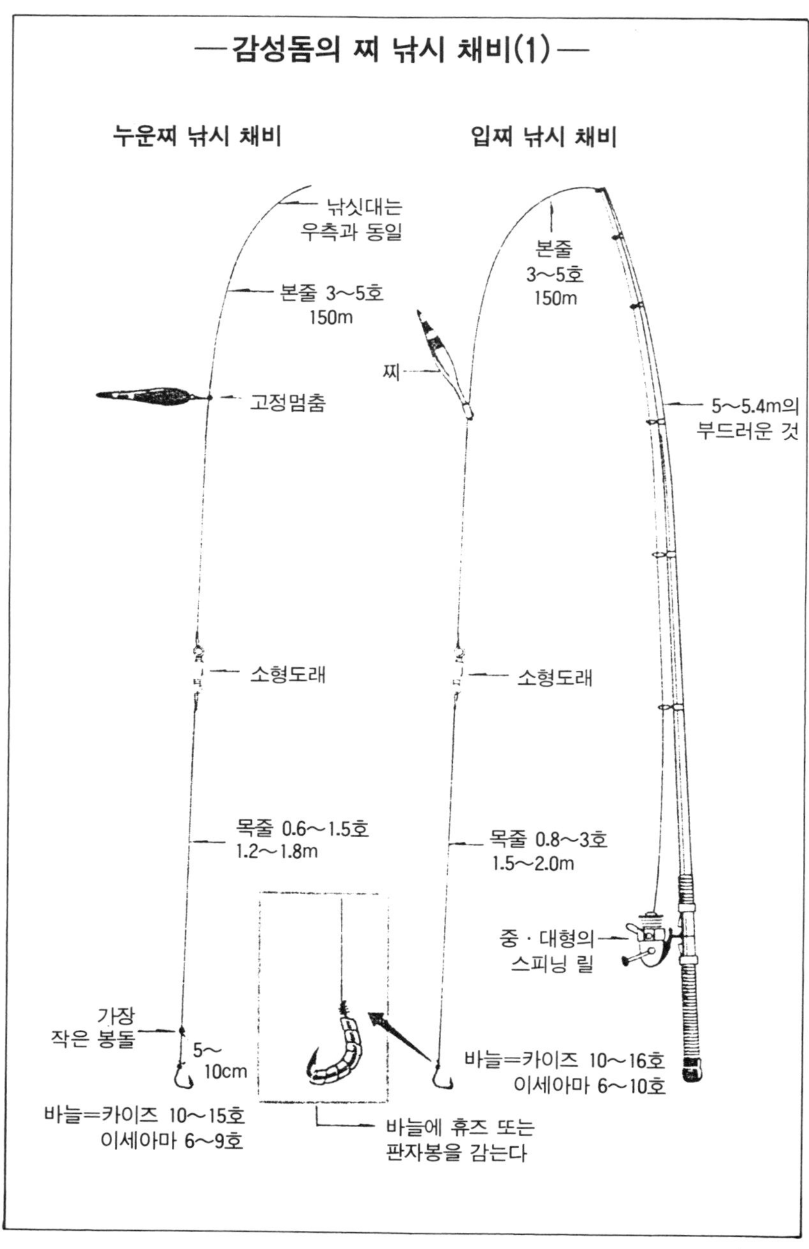
—감성돔의 찌 낚시 채비(1)—
누운찌 낚시 채비
입찌 낚시 채비
낚싯대는
우측과 동일
본줄 3~5호
150m
고정멈춤
소형도래
목줄 0.6~1.5호
1.2~1.8m
가장
작은 봉돌
5~
10cm
바늘=카이즈 10~15호
이세아마 6~9호
바늘에 휴즈 또는
판자봉을 감는다
본줄
3~5호
150m
찌
5~5.4m의
부드러운 것
소형도래
목줄 0.8~3호
1.5~2.0m
중 · 대형의
스피닝 릴
바늘=카이즈 10~16호
이세아마 6~10호

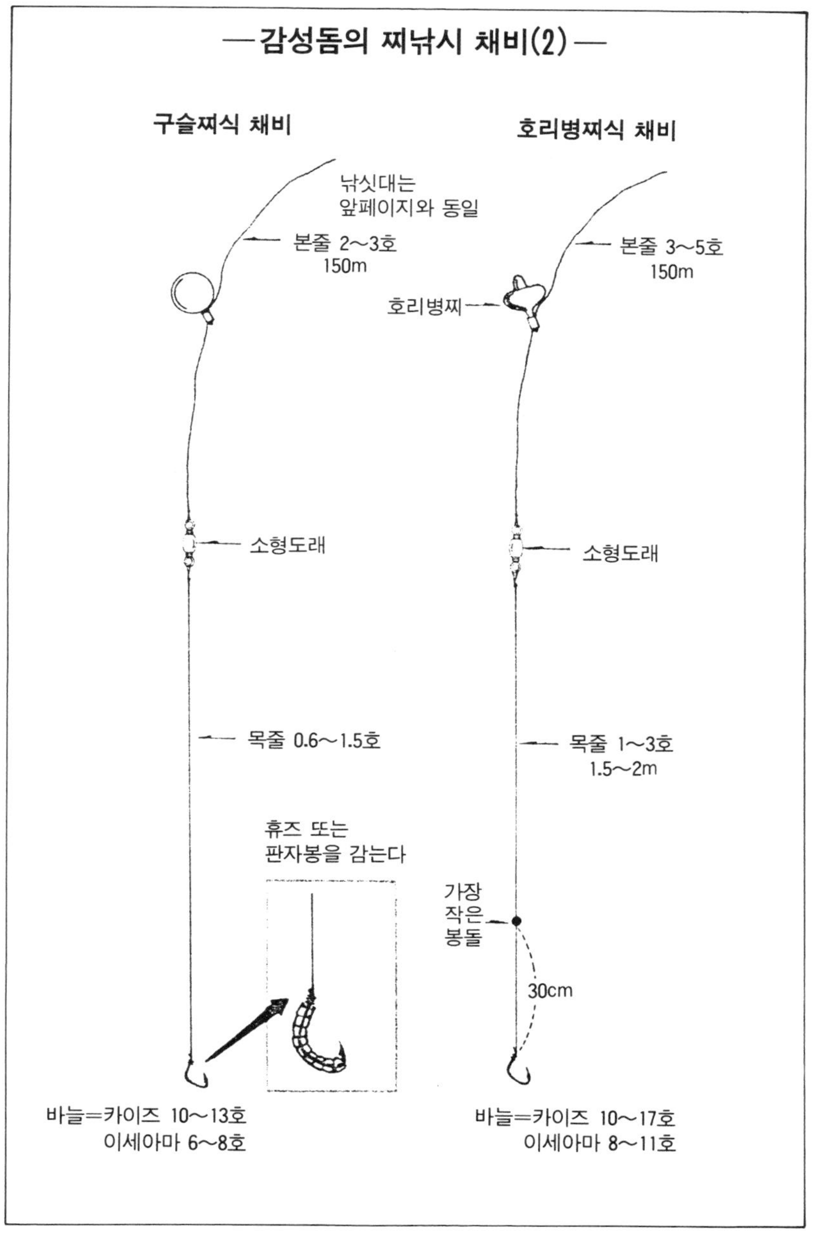
—감성돔의 찌낚시 채비(2)—
구슬찌식 채비
호리병찌식 채비
낚싯대는
앞페이지와 동일
본줄 2~3호
150m
본줄 3~5호
150m
호리병찌
소형도래
소형도래
목줄 0.6~1.5호
목줄 1~3호
1.5~2m
휴즈 또는
판자봉을 감는다
가장
작은
봉돌
30cm
바늘=카이즈 10~13호
이세아마 6~8호
바늘=카이즈 10~17호
이세아마 8~11호

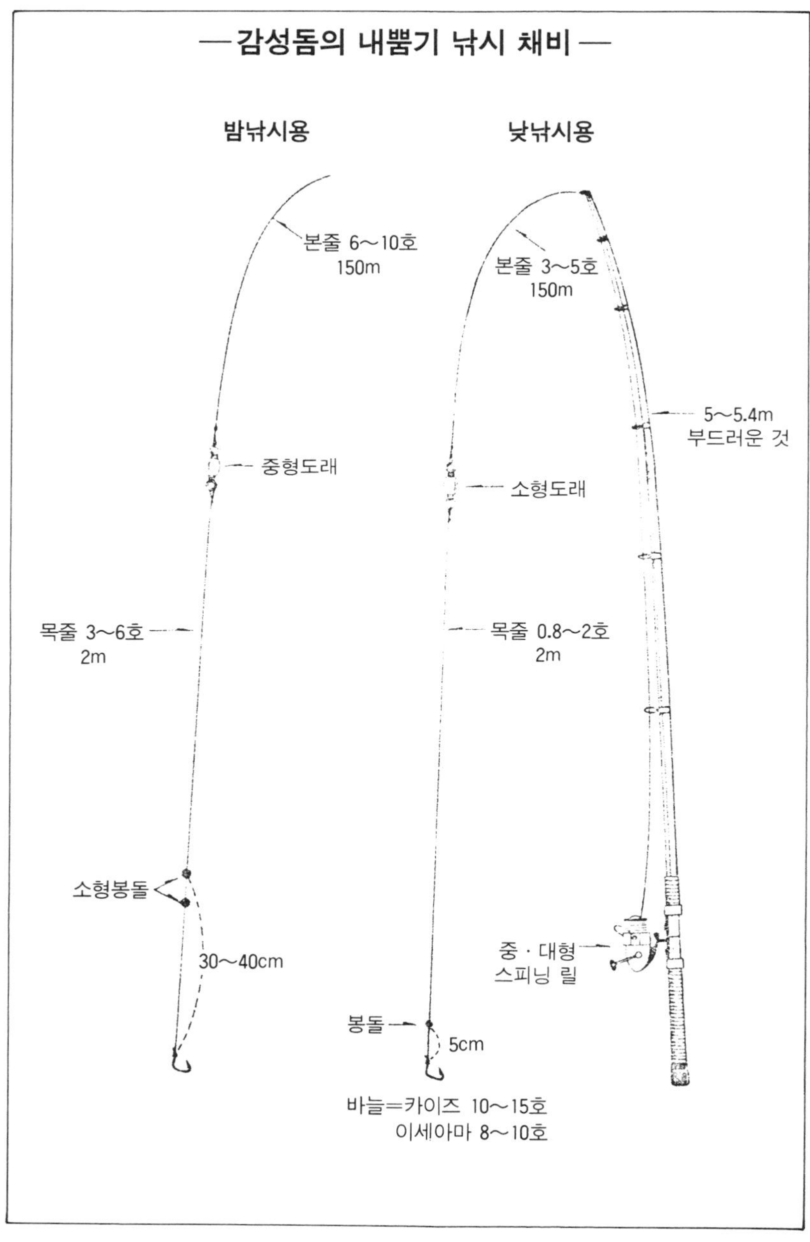

—감성돔의 내뿜기 낚시 채비—
밤낚시용
낮낚시용
본줄 6~10호
150m
본줄 3~5호
150m
5~5.4m
부드러운 것
중형도래
소형도래
목줄 3~6호
2m
목줄 0.8~2호
2m
소형봉돌
30~40cm
중·대형
스피닝 릴
봉돌
5cm
바늘=카이즈 10~15호
이세아마 8~10호

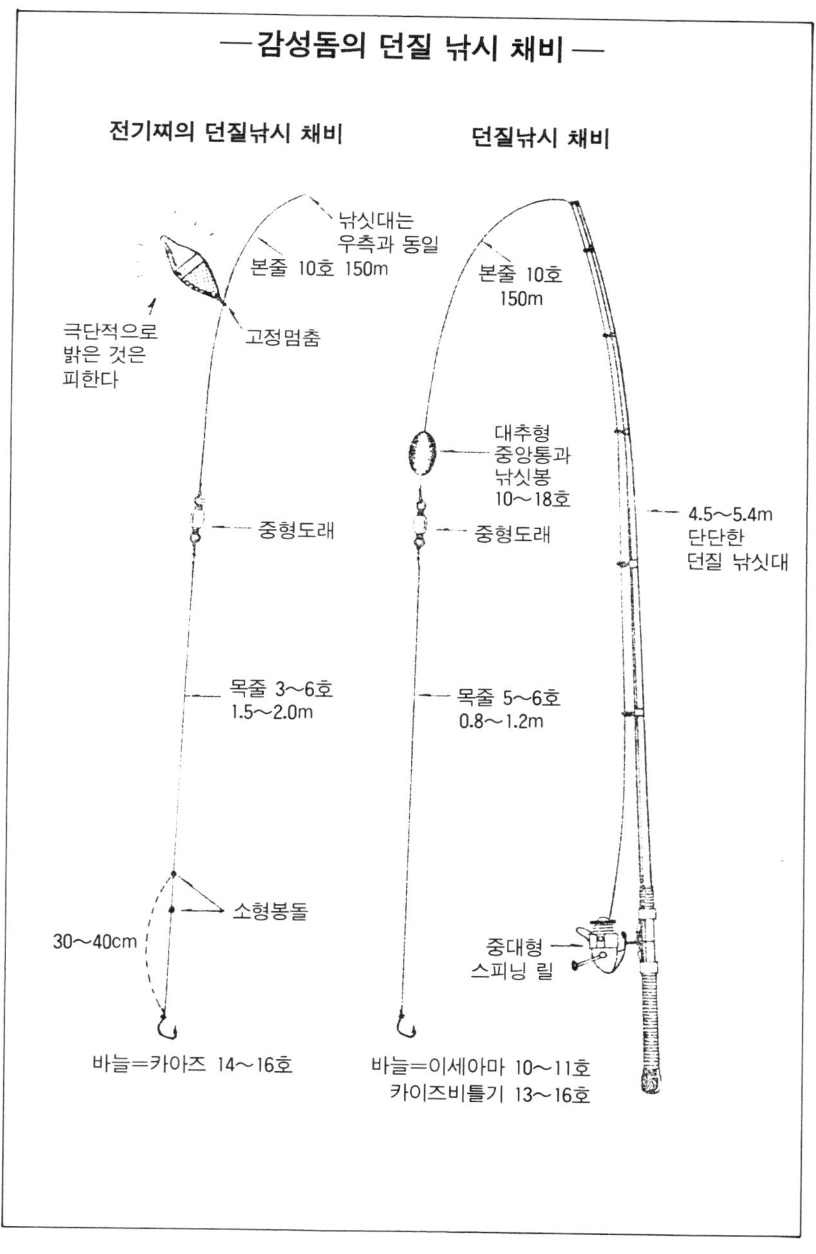
—감성돔의 던질 낚시 채비—
전기찌의 던질낚시 채비
던질낚시 채비
낚싯대는
우측과 동일
본줄 10호 150m
극단적으로
밝은 것은
피한다
고정멈춤
중형도래
목줄 3~6호
1.5~2.0m
소형봉돌
30~40cm
바늘=카아즈 14~16호
본줄 10호
150m
대추형
중앙통과
낚싯봉
10~18호
중형도래
4.5~5.4m
단단한
던질 낚싯대
목줄 5~6호
0.8~1.2m
중대형
스피닝 릴
바늘=이세아마 10~11호
카이즈비틀기 13~16호

~6호의 굵직한 것을 사용해도 좋을 것이다. 전기찌 사용의 경우도 3~6호의 목줄을 사용한다.

던질 낚시의 경우 보이지 않는 암초 등에 걸 확률이 많기 때문에 5~6호의 굵직한 것을 다른 낚시 방법의 경우보다도 긴 듯이 해서 사용한다.

찌

찌 낚시의 찌는 구슬찌, 호리병찌, 누운 찌, 입찌 등 여러 가지 있다. 그 밖의 소도구는 각각 채비 그림을 참고로 한다.

채비

그림에 나타난 대로 낚시 방법에 따라서 각각 적절히 사용하지만 채비 그 자체는 그다지 복잡하지 않다.

특히 번데기 미끼를 이용하는 찌 낚시의 경우 바늘에 휴즈나 판자 낚싯봉을 감고 나서 미끼를 달도록 한다. 또한 봉돌은 조수의 속도에 맞춰서 경중을 가감하도록 한다.

▶간접 용구와 장비

뜰채

테의 직경이 4~50cm, 깊이가 30cm 이상의 것으로 2.5m 이상의 손잡이가 달려 있는 것이 필요하다. 손잡이는 2~3개 이음의 것이 가지고 다니기에 편리하다.

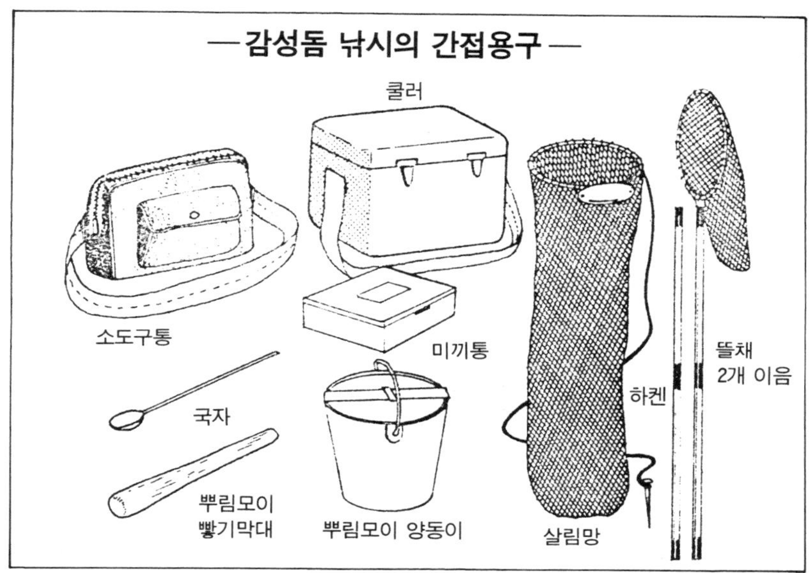

살림망

나일론제의 것으로 살림망에는 직경 5mm의 밧줄을 6m 정도의 길이로 달아 둔다.

미끼상자, 미끼통

새우나 게 갯지렁이류의 미끼를 넣는데 필요하다. 특히 민물 새우를 사용할 경우는 빼 놓을 수 없다.

하켄

살림망의 밧줄을 매고서 바위에 박아 넣어 두는데 필요하다.

뿌림 모이용 양동이

번데기 뿌림 모이나 보리새우 뿌림 모이를 사용하는 경우에 그 뿌림 모이를 넣는데 필요하다. 양동이 외 뿌림 모이를 반죽하는 막대와 뿌림 모이를 뿌리는 국자도 필요하다.

소도구통

채비 용구 그 외 소도구를 넣는데 반드시 지참하자.

쿨러

낚은 물고기를 지참하는 외 걸상 대용도 된다.

복장

감성돔 낚시터는 만구내의 온화한 곳도 있기 때문에 자칫 복장을 경시하기 쉽지만 다른 갯바위 낚시와 마찬가지로 방한복이나 비옷, 감발, 구명구 등은 반드시 지참해야 한다.

▶미끼와 뿌림 모이

미끼

감성돔 낚시의 미끼는 매우 많이 있다. 감성돔은 악식가이기는 하지만 지방에 따라 상당한 미끼의 특질이 있어 옛날부터 낚시꾼은 매우 눈물겨운 연구를 계속해 오고 있다고 해도 과언은 아닐 정도이다.

바다 낚시에 사용할 수 있는 미끼는 일단 감성돔에는 전부 적합하다고는 하지만 항상 어떤 때라도 적용한다고 할 수는 없다. 지역, 계절, 낚시터의 조건, 기후 등에 따라 여러 가지로 변화하여 아직 감성돔에는 이것이 절대의 미끼라고 단언할 수는 없는 것이 현실이

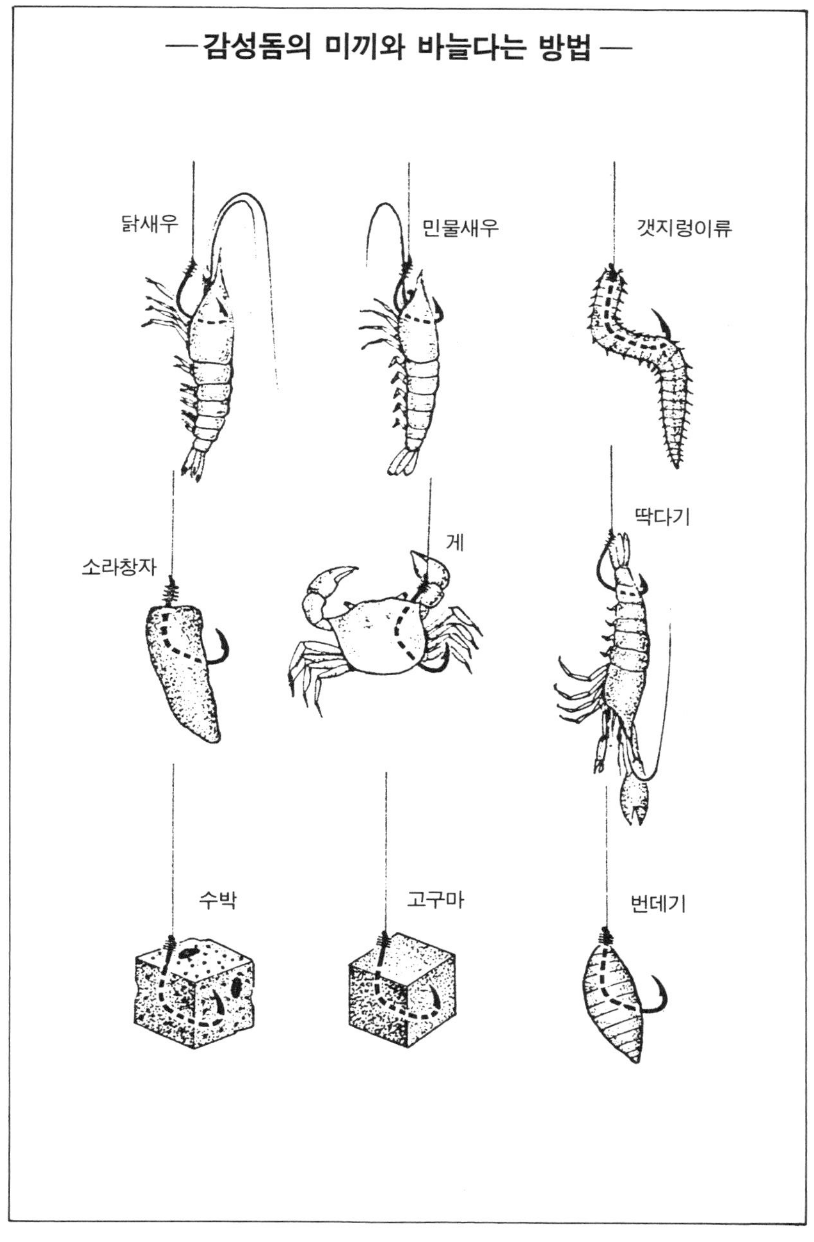
—감성돔의 미끼와 바늘다는 방법—
닭새우
민물새우
갯지렁이류
딱다기
게
소라창자
수박
고구마
번데기

다.

그러나 지금까지의 낚시꾼의 연구로부터 감성돔에 적합한 미끼를 들어 보면 다음과 같다.

갯지렁이류=참갯지렁이, 집갯지렁이, 모래갯지렁이, 청갯지렁이, 홍개비

새우류=민물새우, 강새우, 흰새우, 말총새우, 딱다기

패류=전복, 오분재기, 소라, 모시조개, 마합, 굴등

동물질의 것=게류 전반, 갯강구, 가재, 섬게, 보리새우, 날번데기, 꽁치, 전갱이, 멸치, 다랑어, 오징어 등의 토막, 어육, 소세지

식물질의 것=수박, 고구마 찐 것

이처럼 많이 있지만 그 중 갯바위 낚시에서 특히 사용하기 쉬운 미끼는 참갯지렁이, 집갯지렁이, 청갯지렁이, 홍개비, 민물새우, 딱다기, 게, 소라의 내장, 마합, 번데기, 보리새우, 고구마, 수박 등이다. 바늘에 다는 방법은 앞 페이지의 그림을 참조한다.

뿌림 모이

번데기나 보리새우, 어육의 내장, 오징어의 내장, 패류, 갯바위에 부착해 있는 굴등이나 김류 등이 뿌림 모이로서 사용된다.

번데기는 뿌림 모이를 막대기로 잘 으깨어 모래 또는 적토를 섞어서 만든다.

적토를 섞은 뿌림 모이 낚시는 어부의 그물을 극단적으로 더럽히기 때문에 낚시터에 따라서 금지하고 있는 곳도 있다. 또한 갯바위에 부착해 있는 곳도 있다. 또한 갯바위에 부착해 있는 굴등 등의 패류를 함부로 따면 갯바위에 물고기가 모여 들지 않는다고 해서 금지하고 있는 곳도 있다.

뿌림 모이는 앞바다 쪽에 있는 감성돔을 자기 앞쪽으로 끌어 들이기 위한 수단으로서 이용하는 것이기 때문에 뿌림 모이를 넣는 장소는 포인트가 가까이에 있는 때는 반드시 바로 앞쪽에 넣어야 한다.

또한 그 밖의 경우는 조류의 속도에 맞춰서 포인트의 바로 앞쪽이나 전면에 뿌리도록 한다.

▶감성돔의 찌 낚시

감성돔의 포인트

갯바위의 감성돔은 조수가 잘 움직이는 갯바윗가나 갯바위 앞에 작은 암초나 보이지 않는 암초가 튀어 나온 주위 혹은 그 주변의 홈 사이나 깊은 낭떠러지로 되어 있는 곳이다.

또한 감성돔의 유영층은 계절에 따라서 대개 다음과 같은 차이가 있다.

① 소상기=약 4~5.5m

② 6월경의 성기=약 3~4m

③ 7월부터 9월경=1~2.5m

④ 10월 중순~11월경=약 3~4m

⑤ 11월부터 한겨울=약 4~5.5m

낚시 방법

낚시터에 도착해서 목적 포인트의 밀물이 밀려오는 쪽에 뿌림 모이를 넣은 후 채비를 준비하고 드디어 낚시 시작이다.

먼저 채비를 포인트의 윗쪽에 넣는다. 찌는 조수를 타고 흘러 가지만 조류에 거슬리지 않고 자연스럽게 찌를 흘려 주도록 한다.

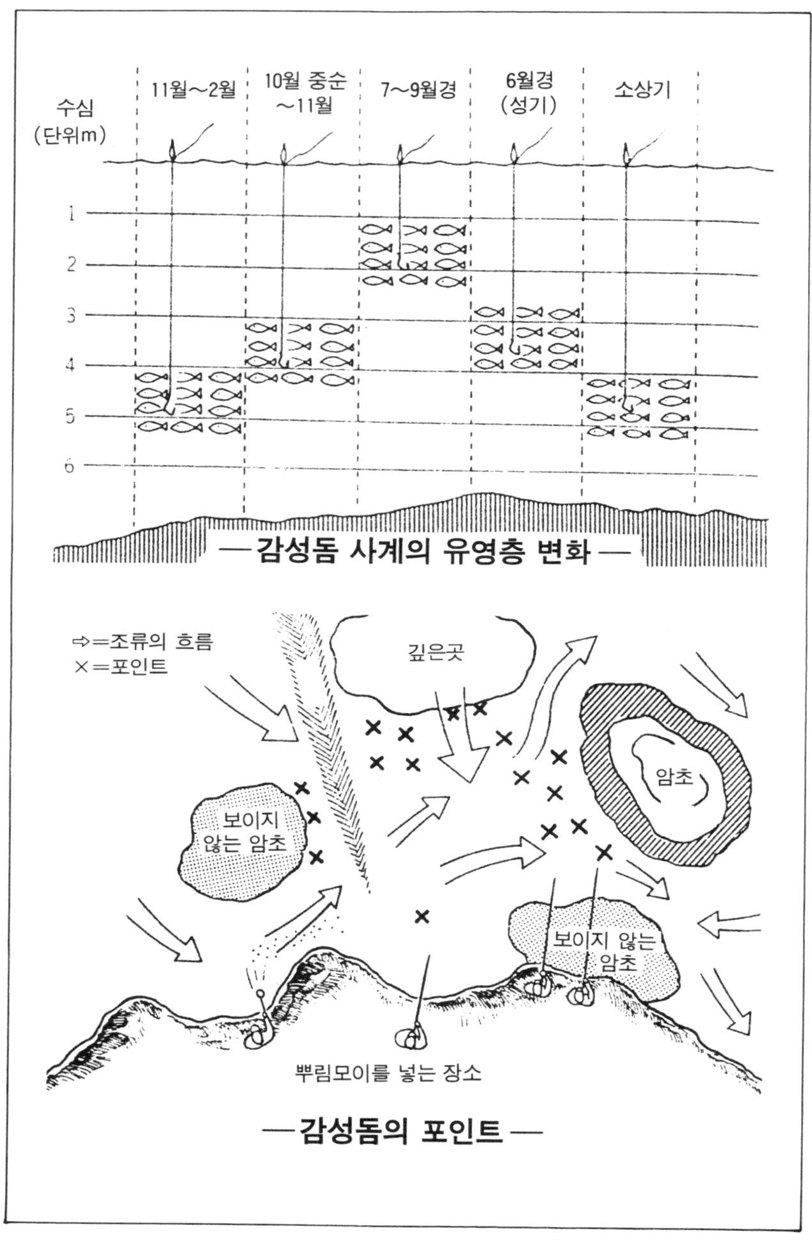

—감성돔 사계의 유영층 변화—

—감성돔의 포인트—

입질과 맞추기

조수의 흐름을 타고 자연스럽게 흘러 가는 찌가 갑자기 사라지거나 조수의 흐름에 거슬리거나 문득 멈추거나 혹은 부자연스럽게 떠오르거나 전후 좌우로 흔들리거나 그때까지의 상태와 다른 뭔가 부자연스러운 변화가 있으면 그것은 입질이라고 판단해도 좋을 것이다.

뿌림 모이를 넣으면 벵에돔이나 망상어 혹은 복어나 독가시치 등의 물고기들이 그 뿌림 모이에 떼지어 오지만 대형 감성돔이 나타나면 자연히 감성돔에게 입질이 옮겨 간다.

입질에 대한 맞추기 방법은 모두 한결같지는 않다.

날번데기나 갯지렁이류를 미끼로서 사용했을 경우는 입질에 대해서 너무 급격한 맞추기는 피하도록 하고 조금 느린 맞추기를 한다. 반대로 게류 등 단단한 미끼를 이용했을 경우는 재빨리 맞추도록 한다.

이것은 미끼의 질에 따라서 감성돔의 입질이 다르기 때문이다.

맞추기를 하면 낚싯대에 느껴지는 감촉에 따라 물고기의 크기를 느낀다. 만일 대형의 감성돔이 걸렸는데 가는 목줄로 낚고 있었던 경우는 그대로 거둬 들이면 완전히 목줄을 끊겨 버린다.

그래서 스피닝 릴이라면 드랙을 늦추고 북 릴을 사용하고 있었다면 프리로 해서 건 감성돔을 일단 앞바다로 보내주도록 한다.

다음에, 서두르지 말고 천천히 낚싯대를 움직여서 물고기의 힘을 빼고 그리고나서 릴을 감아 거둬 들이도록 한다.

그런데 감성돔의 거처는 장해물이 있는 곳이 많기 때문에 너무 천천히 하고 있으면 그 장해물로 기어 들어가지 않는다고도 할 수 없고 장해물에 목줄을 걸쳐서 끊어 버리는 경우도 있다.

물고기의 움직이는 법에 따라서는 낚시꾼도 물고기에 맞춰서 재빨리 움직이고 물고기를 가능한 한 빨리 장해물로부터 멀리하도록 해야 한다.

감성돔 낚시의 낚싯대가 좀 부드러운 편이 좋을 이유는 가는 목줄이라도 무사히 물고기를 올릴 수 있도록 낚싯대의 탄력을 보다 효과적으로 발휘시키는 데에 있기 때문이다.

거둬 들이는 법

미리 물고기를 거둬 들일 장소는 정해 두어야 한다. 감성돔은 갯바윗가로 끌어 오면 갑자기 뜰채를 소리 내서 넣지 말고 미리 뜰채를 물속에 넣어 두고 거기로 힘이 빠진 감성돔을 유도하도록 해서 넣도록 해야 한다.

그리고 완전히 뜰채에 감성돔이 들어오면 손잡이를 올리면 된다.

감성돔 낚시에서 중요한 것은 물고기를 건 때나 거둬들일 때 절대로 서두르지 않는다고 하는 점이다.

서둘러버려서 뜰채를 갑자기 넣었기 때문에 그 소리에 놀란 감성돔이 최후의 힘을 짜내서 날뛰어 놓쳐 버렸다고 하는 경우도 흔히 있다.

감성돔의 모양이 작고 목줄도 굵직한 것을 사용하고 있을 때는 뜰채를 사용하지 않고 끌어 빼내도 좋겠지만 죽제의 감성돔 전용 낚싯대를 사용하고 있을 때에 뜰채를 사용하지 않고 직접 끌어 빼내면 낚싯대를 상할 위험성이 있다.

죽제의 감성돔 전용 낚싯대는 매우 섬세하게 되어 있기 때문에 가령 물고기의 모양이 작아도 반드시 뜰채를 사용하도록 해야 한다.

글라스 낚싯대의 경우는 죽제의 낚싯대만큼 신경쓰지 않고 가령 감성돔 전용의 낚싯대라도 거의 상할 우려는 없을 것이다.

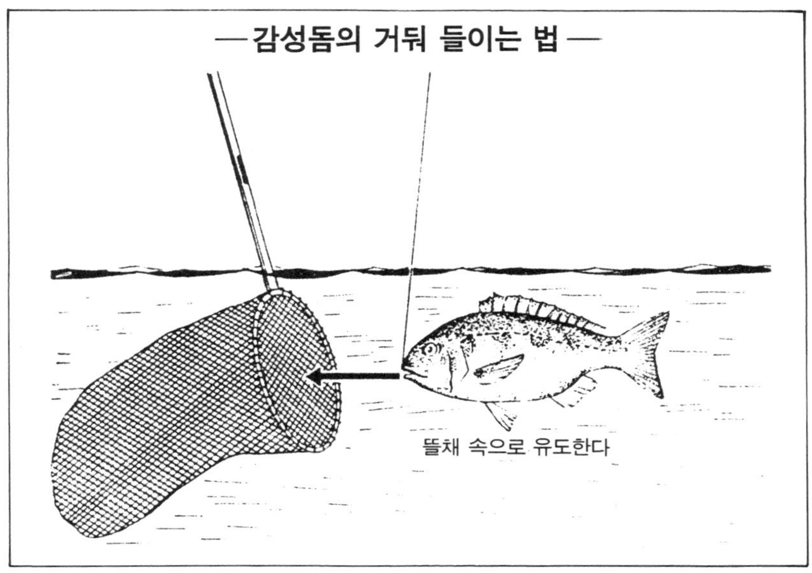

그러나 감성돔의 거둬 들임은 연습의 의미도 포함해서 가능한 한 뜰채를 사용하도록 유의해야 한다.

더욱이 뜰채를 사용하지 않는 경우 감성돔을 공중으로 치켜 올리듯이 하지 말고 갯바윗가로 끌어 오면 갯바위를 기게 하듯이 해서 거둬 들인다.

▶감성돔의 내뿜기 낚시

낚시 방법

바늘에 단 미끼를 가능한 한 자연의 상태에서 움직이는 것이 내뿜기 낚시의 제1의 요령이다.

포인트의 얕은 곳에서 깊은 곳을 향하여 조수의 흐름에 채비를 태우면 미끼가 차츰 가라앉아 가도록 낚싯대에 의해 조작을 한다.

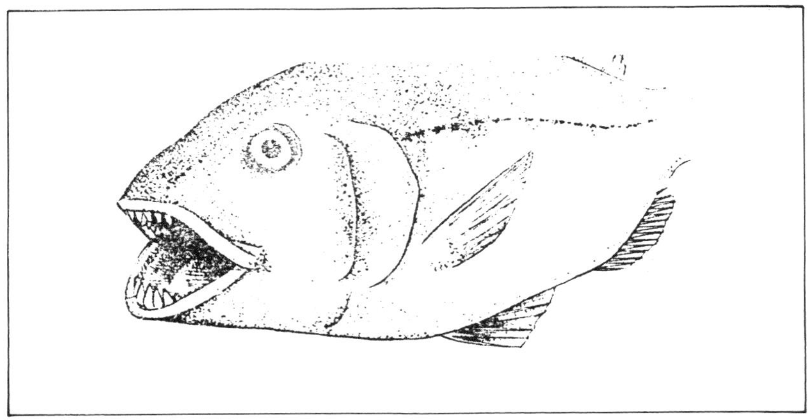

포인트의 중심에 미끼가 도착하면 잠시 동안 크게 맞춰 본다. 물고기가 걸려 있지 않으면 다시 포인트의 주변에서 포인트를 향해 흘려가는 동작을 반복한다.

입질과 맞추기

내뿜기 낚시에서는 본줄은 반드시 느슨하게 해 두어야 한다. 따라서 입질은 직접 손맡에는 전달되어 오지 않게 된다.

포인트까지 흘렸을 때의 큰 맞추기로 물고기가 걸려 있는지 혹은 본줄의 끌어 들임으로 입질을 알 수 있다.

그런데 본줄의 흔들림이 상당히 많아지는 장소, 즉 깊은 곳이나 포인트가 먼 듯한 곳에서는 본줄이 끌려 들어가기를 기다리고 있어서는 맞추기가 너무 늦어지게 된다.

그래서 흔들리고 있는 본줄이 뭔가 부자연스러운 움직임, 즉 문득 움직임이 멈추든가 그때까지와는 다른 움직임을 보였을 때에 감성돔의 입질이라고 생각하고 크게 맞춰 본다.

내뿜기 낚시에서는 가끔 헛 맞추기를 해 보는 것도 중요하다.

▶ 감성돔의 던질 낚시

포인트가 상당히 먼 때 혹은 찌 낚시나 내뿜기 낚시에서는 생각대로 포인트에 채비를 넣을 수 없는 장소에서는 보다 큰 채비에 낚싯봉을 단 던질 낚시를 한다.

포인트에 채비를 던지면 본줄을 팽팽히 잡아 당기고 입질을 기다린다.

입질은 낚싯대 끝을 홱!하고 끌고 들어가기 때문에 곧 알 수 있다. 이 끌어 들임을 기다리고 나서 맞추어 거둬 들이지만 너무 입질이 없는 때는 일단 채비를 감아서 미끼의 상태를 조사해 보도록 한다.

▶ 전기찌에 의한 밤 낚시

감성돔의 밤 낚시는 1.5~2m 전후의 수심이 있는 곳으로 조수의 움직임이 좋은 보이지 않는 암초가 존재하는 얕은 곳이라 작은 홈이 좋은 포인트가 된다.

간조시나 바로 앞쪽에 암초가 많이 있는 장소에서는 좀 먼 암초 주위의 얕은 곳을 노리도록 하자.

낚시방법은 주간의 방법과 변함없지만 채비는 전반적으로 보다 크기 때문에 놓침의 우려는 상당히 없어진다. 그러나 밤낚시는 위험도 많기 때문에 입문기의 사람은 나가지 않는 것이 바람직하다.

망상어 낚시

▶망상어 낚시에 대해서

망상어 낚시의 특징

망상어는 경골어강 진구아강 진골상목 농어목 망상어아목 망상어과의 물고기이다. 태생어로 아름다운 자태를 하고 있다.

이른 봄부터 봄에 걸친 갯바위 낚시는 낚시물도 한정되어 어쩐지 쓸쓸하지만 이 망상어의 존재가 매화향 속에 휘파람새 소리가 들리는 갯바위로 유혹해서 낚시꾼의 마음을 부드럽게 해 주고 있다.

또한 망상어는 시즌이 되면 1회의 조행으로 백마리 이상이나 낚을 수 있는 점에서 전문 낚시의 대상이 되는 것은 물론 경기회도 각처에서 활발히 이루어진다.

또한 낚시터도 비교적 온화한 소위 중기, 소기 주변에서 낚이기 때문에 여성에도 소년들에게도 인기가 있어 갯바위 낚시 입문에는 안성맞춤의 대상어라고 말할 수 있다.

▶ 망상어의 생태와 낚시 시기

분포

외양의 해류나 격류가 정면으로 갯바위에 부딪치는 장소나 평균 해수온이 극단적으로 높은 지역을 제외하고 거의 전국적으로 분포하고 조수의 흐름이 좋은 암초 지대로 군데 군데에 모래틈이 있고 조류가 밀생하고 있는 주위가 거처하는 장소로 먹이를 쫓는다.

습성

망상어에는 금색, 은백색 때로는 푸른 빛이 짙은 것 등을 볼 수 있다. 이것은 종속상의 차이라고 하기 보다도 사는 주위의 상황에서 오는 변화로 정주성(定住)의 것은 금색 또는 붉은 빛이 강하고 회유성의 것은 은백색 또는 푸른빛이 강하다고 보아야 한다. 단, 별종으로 인상어가 있지만 이것은 몸높이가 낮고 언뜻 봐서 망상어와는 구별을 할 수 있다.

거머리말(감조 가래과의 해산 다년초)이 자라 있는 곳을 좋아하고 매우 경계심이 강한 물고기이다.

낚시 시기

장소에 따라서 다소의 차이가 있지만 빠른 장소에서는 11월경부터, 보통은 1월 하순경부터 낚이기 시작하고 산란기인 4~5월경에는 한군데에 떼지어 모여서 납자루 낚시의 성행기를 맞는다.

산란기가 끝나면 어군은 흩어지기 때문에 경기의 대상이 될 정도로는 낚이지 않게 되지만 다음 시즌까지 동안 드문 드문 낚인다.

▶낚시 방법의 종류

찌 낚시와 맥 낚시의 두 가지가 있다. 이 중 찌 낚시는 구슬찌 1개를 단 채비로의 낚시 방법과 하천의 붕어낚시와 마찬가지로 수개의 구슬찌를 단 침전식 채비에 의한 낚시 방법이 있고 맥 낚시는 ① 내뿜기식 채비의 것과 ② 떨어뜨려 넣기식 채비의 것 ③ 치켜올림식 채비에 의한 것의 3종류가 대표적인 낚시 방법으로서 옛날부터 이루어지고 있다.

▶낚시 용구와 채비

낚싯대

망상어 낚시의 낚싯대는 감성돔 낚싯대와 같이 엄밀한 전용 낚싯대가 필요한 것은 아니다. 5m 전후의 좀 가벼운 것이라면 붕어 낚싯대라도 사용 할 수 있다.

그러나 갯바위 낚시에서는 포인트가 먼 경우나 낚시터가 높은 곳 혹은 발판이 나쁜 곳도 있는데다가 망상어 외에 벵에돔이나 감성돔이 걸릴 때도 있기 때문에 릴 낚싯대를 사용하기를 권한다.

릴 낚싯대는 한 손으로 휘두를 수 있을 정도의 가벼운 것이 필요하다. 낚싯대의 흔들리기에는 끝흔들리기, 통흔들리기 외 여러 가지의 흔들리기가 있지만 망상어의 경우는 이것이 아니면 안 된다고 하는 정해진 흔들리기는 없다.

끝흔들리기의 낚싯대는 거둬 들임이 하기 쉬워 양을 많이 낚는 경기회의 경우에는 적합하겠지만 물고기의 당기는 맛을 즐기고 싶다고 하는 경우에는 통흔들리기의 낚싯대 쪽이 적합하다.

릴

스피닝 릴의 소형 혹은 클로즈 페이스 릴을 사용한다. 북형이라면 직경 60~80mm 정도의 것으로 좋을 것이다. 포인트를 보다 넓은 범위에 걸쳐서 찾고 싶은 적기 때에는 스피닝 릴이 적당하다.

본줄

망상어만을 노리면 1호나 2호로 충분하지만 감성돔이나 벵에돔 등도 동시에 노리고 싶다고 하는 경우도 많이 있기 때문에 5호까지의 것을 준비해 두도록 한다. 릴에는 각각 50~100m 감아 두도록 한다.

목줄

0.6호부터 1.5호를 사용한다. 상당히 길게 해서 사용한다. 만일 본줄과 목줄의 굵기의 차가 극단적으로 다른 경우는 본줄에 1~2호의 끝줄을 5~10m 정도 연결해서 감아 두도록 한다.

바늘

예를 들면 황기도 이어진 장소나 조류가 빠른 장소에서는 튼튼하고 약간 큼직한 형의 바늘을 사용하도록 하고 입강이나 내만 등의 낚시터에서는 좀 가늘고 소형의 바늘을 사용하도록 한다.

채비

채비는 그림에 나타낸 대로 표준으로서 다섯 가지 형태가 있다.

바늘 상부에는 그림과 같은 간격으로 소형의 봉돌을 1개 내지 2개 달도록 한다.

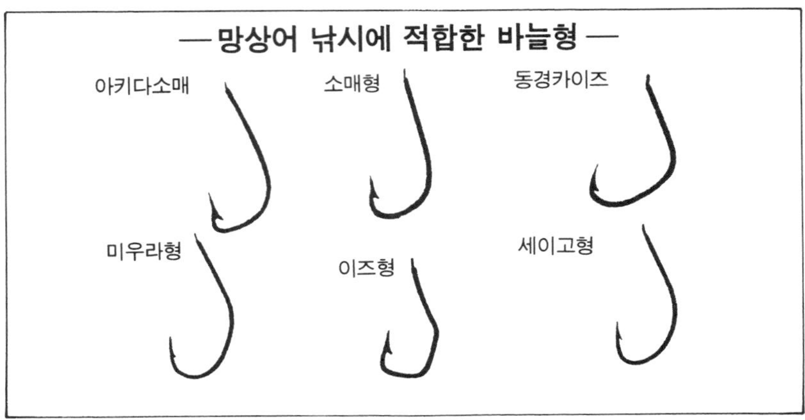

찌는 ①의 구슬찌식의 경우는 찌 고정에 발달린 구슬찌 중형을 끼우고 ②의 침전식에서는 셀룰로이드 구슬 통과 구슬찌를 5~6개 위에서 큰 순서대로 달아 간다.

호리병찌, 고추찌, 주걱찌형의 것 등을 사용하는 사람도 있지만 이런 찌는 멍텅구리 낚시의 점에서는 유리하지만 낚시 방법의 항에서도 설명하듯이 맞추기는 찌의 끌어 들임만으로 하는 것이 아니라 오히려 사소한 변화를 읽고 하기 때문에 입질이 파악하기 어려운 결점이 있다.

그러나 주걱찌형의 것이라도 제방 낚시나 내만의 극히 파도가 조용한 장소에서의 낚시라면 적당하다고 말할 수 있다.

어쨌든 갯바위의 망상어 낚시에서는 구슬찌의 사용을 권한다.

③의 내뿜기식 채비는 전기①② 채비의 찌를 뗀 것으로 충분하다. 그러나 목줄은 ①②의 채비보다도 길게 하자.

그러나 채비를 흘릴 때에 너무 띄우거나 채비가 가라앉는데 시간이 너무 걸리면 능률이 나빠지기 때문에 그때의 조류에 맞춰 ①②의 채비보다 빨리 가라앉도록 봉돌을 더 달도록 한다.

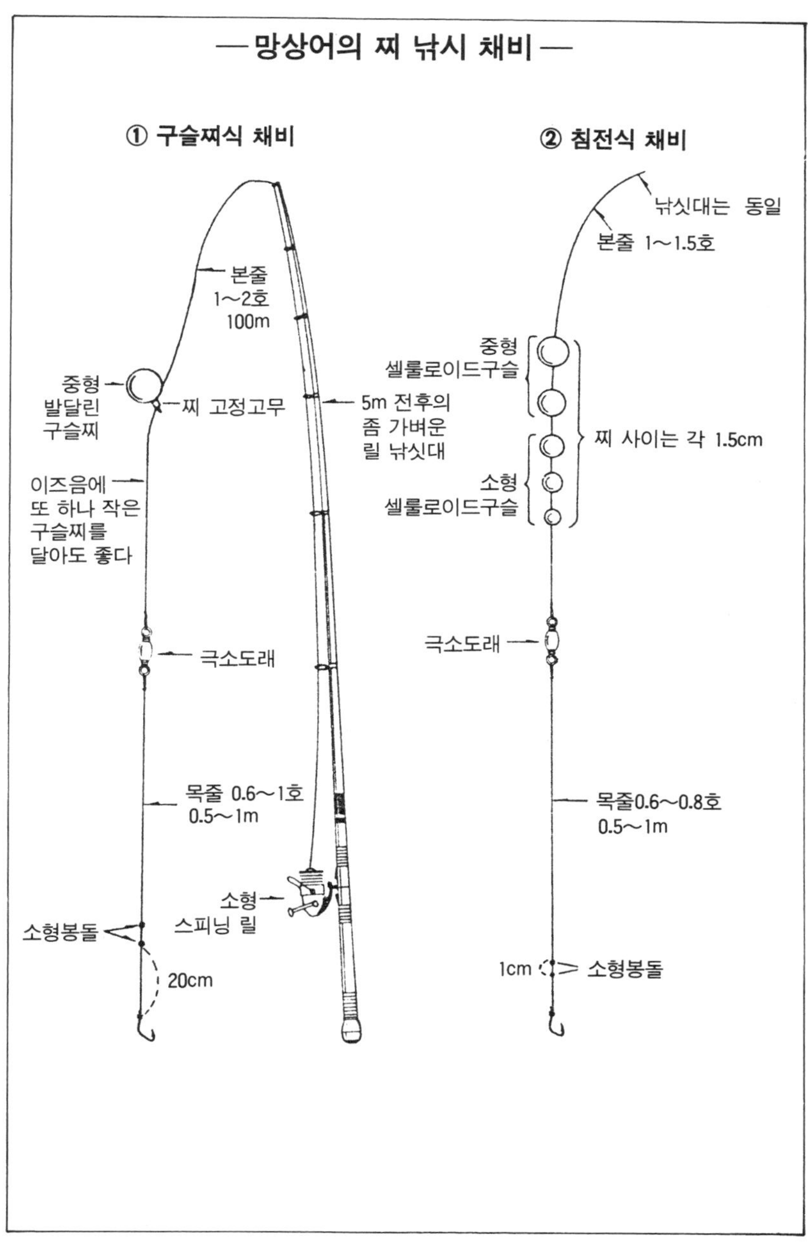
—망상어의 찌 낚시 채비—
① 구슬찌식 채비
② 침전식 채비
본줄
1~2호
100m
중형
발달린
구슬찌
찌 고정고무
5m 전후의
좀 가벼운
릴 낚싯대
이즈음에
또 하나 작은
구슬찌를
달아도 좋다
극소도래
목줄 0.6~1호
0.5~1m
소형
스피닝 릴
소형봉돌
20cm
낚싯대는 동일
본줄 1~1.5호
중형
셀룰로이드구슬
찌 사이는 각 1.5cm
소형
셀룰로이드구슬
극소도래
목줄0.6~0.8호
0.5~1m
1cm
소형봉돌

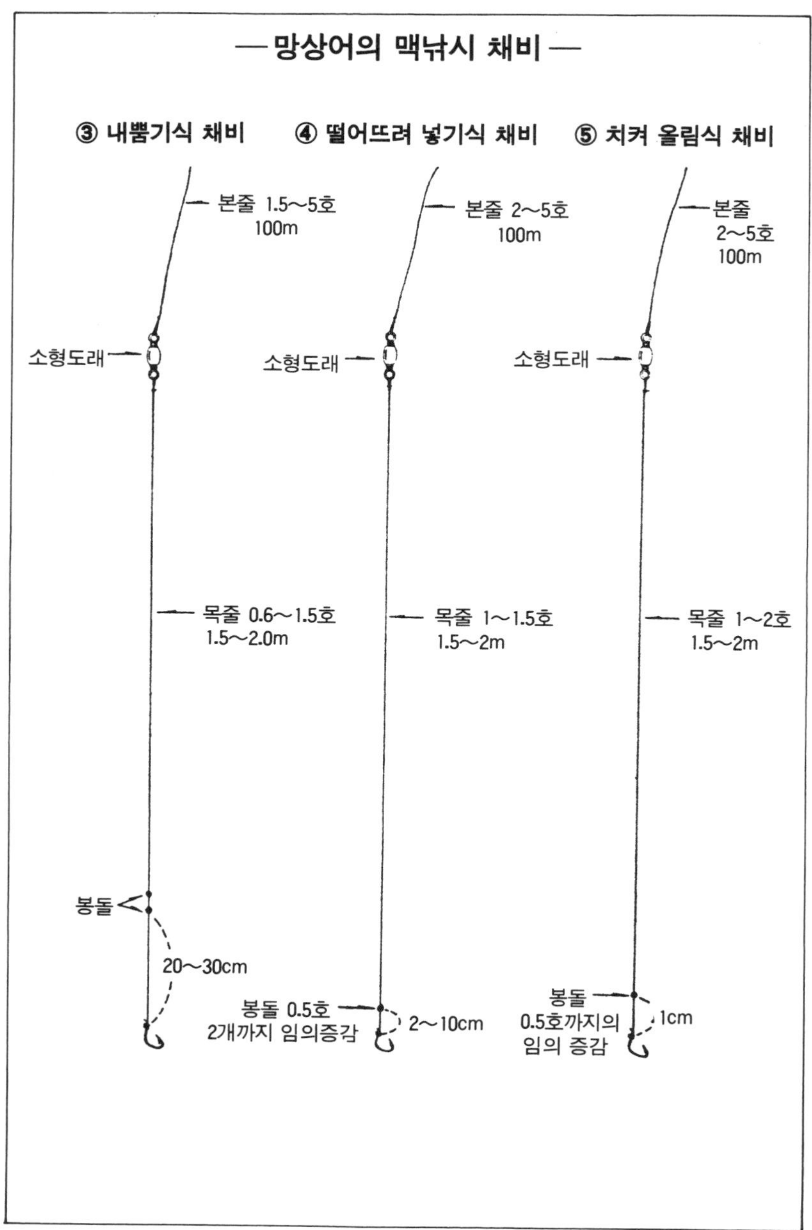
—망상어의 맥낚시 채비—
③ 내뿜기식 채비
본줄 1.5~5호
100m
소형도래
목줄 0.6~1.5호
1.5~2.0m
봉돌
20~30cm
④ 떨어뜨려 넣기식 채비
본줄 2~5호
100m
소형도래
목줄 1~1.5호
1.5~2m
봉돌 0.5호
2개까지 임의증감
2~10cm
⑤ 치켜 올림식 채비
본줄
2~5호
100m
소형도래
목줄 1~2호
1.5~2m
봉돌
0.5호까지의
임의 증감
1cm

갯지렁이류의 미끼로 떨어뜨려 넣고 낚는 경우의 채비④나 민물새우 미끼로 치켜올림 낚시를 하는 경우의 채비⑤에서는 채비가 가라앉는 속도를 빠르게 하기 위해서와 노린 포인트에 정확히 미끼가 들어가도록 하기 위해 약간 대형의 봉돌로 바꾸도록 한다. 조류의 빠르기에 따라서는 0.5호의 봉돌 2개 사용 정도까지 적절히 사용하자.

▶간접 용구와 장비

망상어 낚시는 낚시터를 이동하는 경우가 많기 때문에 용구류는 가능한 한 가벼운 것이 적합하다.

채비통

소형으로 밴드에 통과시켜서 딱!하고 몸에 달아 둘 수 있는 것이 필요하다.

미끼통

홍개비나 청갯지렁이를 사용할 때는 상자식이 좋고 민물새우일 때는 통, 보리새우일 때는 폴리에틸렌 용기, 마합일 때는 양동이가 적당하다.

뿌림 모이통

바구니의 뿌림 모이통이 편리하고 이것을 허리에 차도록 한다. 물고기의 으깬 살이나 보리새우를 뿌림 모이로서 사용할 경우는 폴리에틸렌 용기에 넣어 국자를 이용한다.

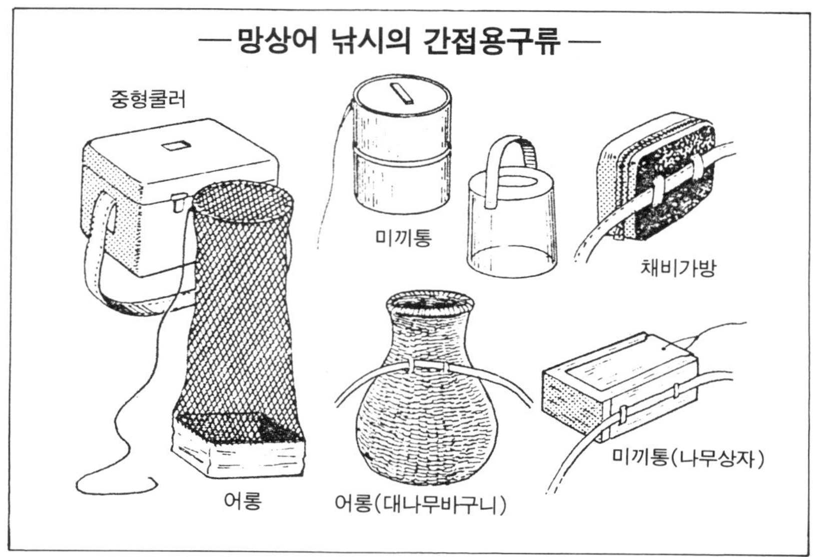

어롱

그물 어롱, 대바구니 등이 있지만 그물 어롱은 나일론제의 것으로 그물 눈이 직경 1cm 정도로 가는 것이 좋고 직경 4~5mm, 길이 5~6mm의 밧줄을 달아 둔다.

쿨러

미끼의 보존, 낚은 물고기를 넣기 위해서 빼 놓을 수 없다. 망상어는 다른 갯바위 물고기와 비교하면 어체가 작기 때문에 쿨러는 중형의 것으로 충분하다.

장비

다른 갯바위 낚시라고 해도 황기 등의 낚시와 비교하면 망상어 낚시의 장비는 훨씬 가벼워진다. 그러나 외양에 면해 있는 낚시터에서 하는 경우 구명구를 반드시 지참한다. 비옷은 방한복과 함께 중요한 것으로 반드시 지참한다.

감발은 미끄러지지 않는 것이 제1조건으로 갯바위용 지하 버선 갯바위용 신발이 적합하다. 몸통달린 장화를 신고 깊은 곳까지 들어가서 낚고 있는 사람을 흔히 보는데 입낚시는 상당히 파도가 온화한 때가 아니면 위험하다. 특히 입문기의 경우는 절대로 피해야 하는 낚시 방법이다.

장비류 외 모자의 착용, 물통, 가벼운 먹을 것 등을 잊지 말자.

▶ 미끼와 뿌림 모이

미끼와 다는 법

망상어 낚시의 미끼에는 갯지렁이류(참갯지렁이, 홍개비, 모래갯지렁이, 집갯지렁이, 청갯지렁이, 실갯지네)의 민물새우, 마합 등이 이용된다.

갯지렁이류 중 참갯지렁이는 가는것을 사용하도록 한다. 두부의 딱딱한 곳을 가위로 잘라 내고 1~2cm의 길이로 해서 단다. 굵은 것은 머리를 떼고 나서 다시 세로로 둘러 잘라서 반으로 접어서 달도록 한다.

홍개비나 청갯지렁이, 모래갯지렁이는 망상어를 낚는데 제일 좋은 미끼이다. 바늘보다 아래로 너무 늘어지지 않도록 단다. 1마리의 홍개비로 3마리에서 5마리의 망상어를 낚는 경우조차 있다.

민물새우는 꼬리 부분을 이빨로 물어떼고 단면으로 바늘을 통과시켜서 바늘에 똑바로 되도록 달고 바늘 끝을 내민다. 이 경우 민물새우가 구부러지지 않도록 하는 것이 요령이다. 민물새우의 머리만이

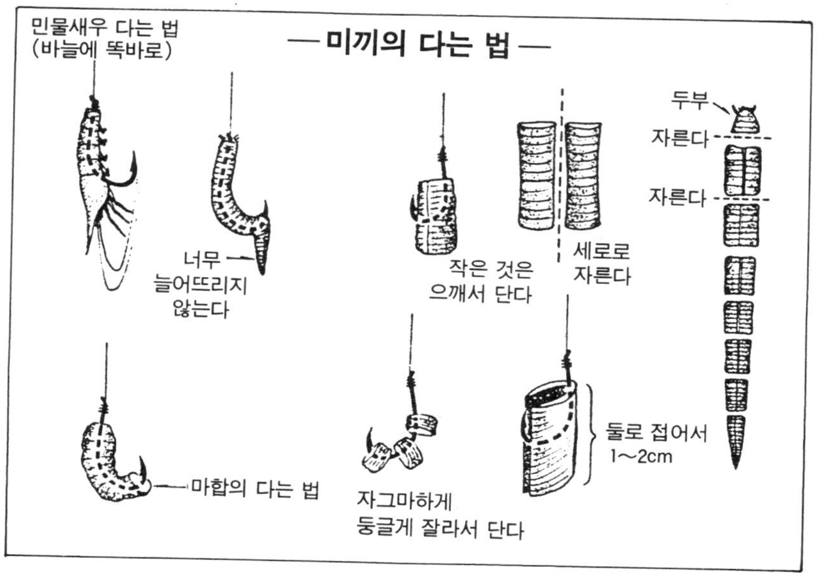

먹히고 망상어가 바늘에 걸리지 않는 때는 보다 소형의 민물새우를 달도록 한다.

마합은 조개를 잘라서 조갯살을 꺼내어 바늘을 찔러 조개 기둥에서 단단히 고정시키도록 한다.

뿌림 모이

망상어 낚시에서도 뿌림 모이는 중요한 역할을 한다. 뿌림 모이의 종류는 파래와 비지를 섞은 것, 번데기 가루에 보리새우나 어육을 섞은 것, 모시조개나 갯바위에 부착하는 마합 등을 으깬 것 등이 있다.

뿌림 모이는 어느 것을 사용해도 좋은 효과를 발휘한다.
우열을 가리기 어렵다.

뿌림 모이를 잊어 버렸을 경우나 뿌림 모이를 준비할 수 없었던 경우는 미끼를 작게 찢어서 모래와 섞어 뿌림 모이로 사용하도록 한다.

또한 뿌림 모이는 곧 조수에 흘러가 버리는 것보다도 가라앉기 쉬운 것 쪽이 오래 가서 유용하다.

▶ 망상어의 낚시법

포인트에 대해서

망상어의 포인트는 내만부에서는 노출암초의 주변 수심 1~3m 전후의 지점, 깊은 암초가 점재해서 점점이 있는 사지를 해초가 뒤덮고 있는 듯한 곳, 점재하는 암초가 작은 홈으로 이어져서 조수가 잘 움직이는 곳 등이다.

외양에 면한 황기의 곳에서는 조류가 정면으로 부딪치는 조류의 겉쪽 갯바위 보다도 부딪친 조류가 갈라져서 지나가는 조류의 웅덩이 부분이나 잠류나 반대류가 부딪치는 장소가 포인트가 된다.

그러나 내만부 혹은 황기 등의 어느 장소라도 해초가 점재하든가 조류가 밀려오는 곳이 암초의 기복이 있는 곳이 아니면 포인트가 안 된다.

위와 같은 조건을 충족시키는 장소라고 하면 보통은 갯바위 앞에서 수 미터 혹은 십수 미터라고 하는 가까운 지점이다.

물론 예외적인 장소도 있다. 예를 들면 내만부 조류받이의 작은 섬으로 급심의 장소나 제방 등으로 수심이 4~7m나 되는 장소에서는 조류를 정면으로 받는 곳이나 조류가 반전해서 잠류가 되어 부딪치는 암초의 허리, 축제(築堤)의 버림돌 부근이 포인트가 된다. 이상과 같은 장소로

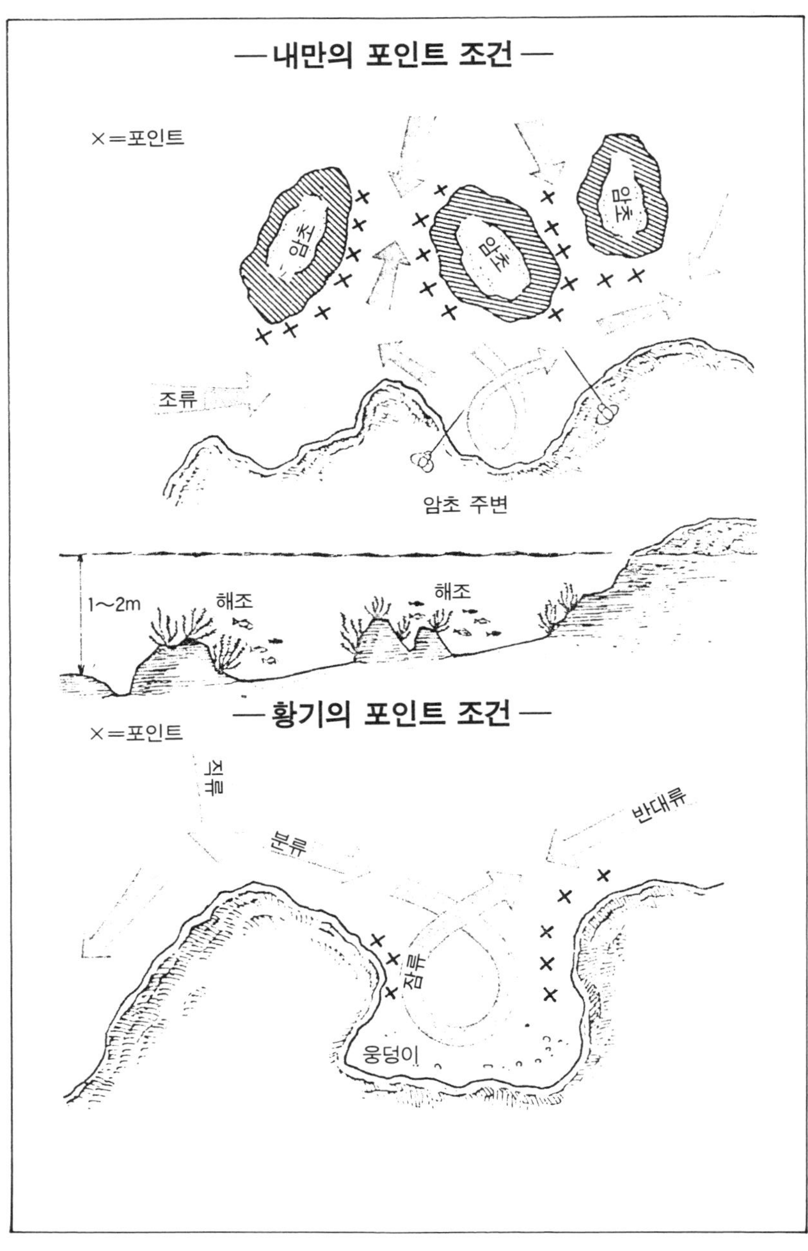
—내만의 포인트 조건—
×=포인트
암초
암초
암초
조류
암초 주변
1~2m
해조
해조
—황기의 포인트 조건—
×=포인트
직류
분류
반대류
잠류
웅덩이

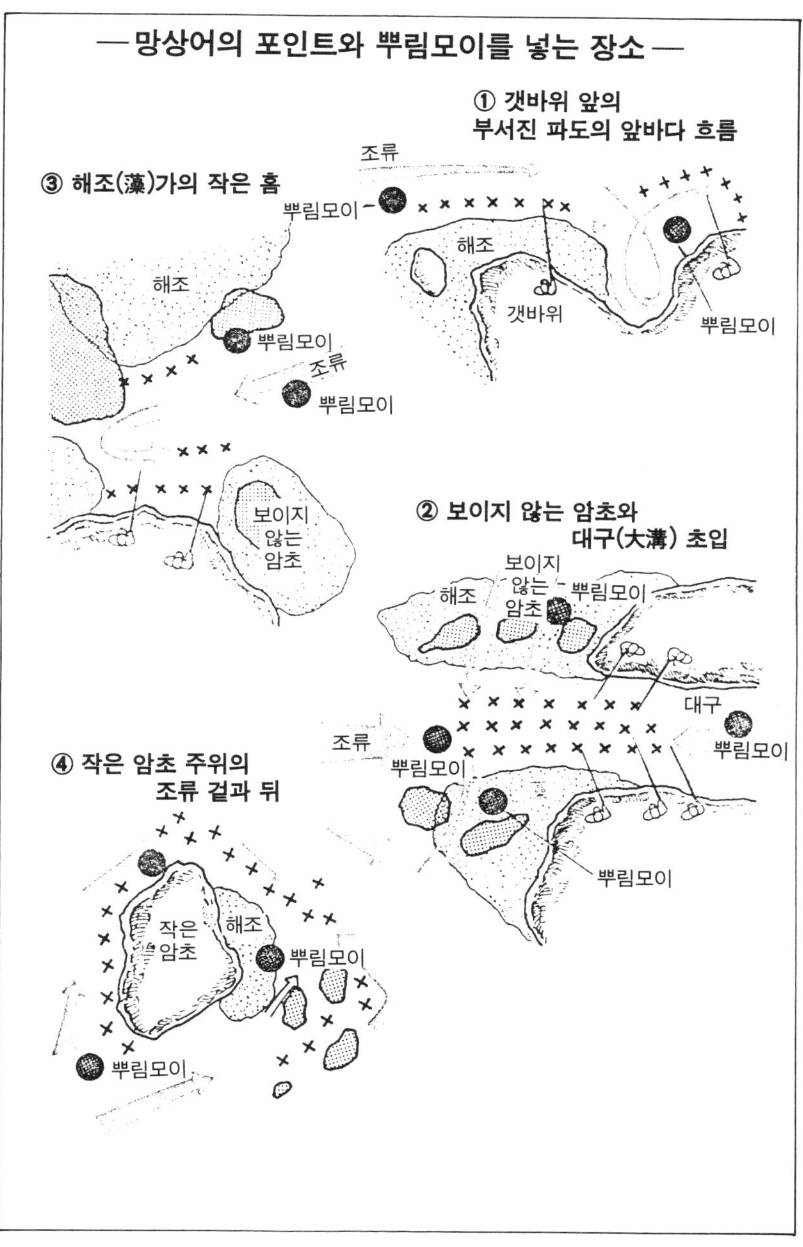
—망상어의 포인트와 뿌림모이를 넣는 장소—
① 갯바위 앞의
부서진 파도의 앞바다 흐름
조류
뿌림모이
해조
갯바위
뿌림모이
③ 해조(藻)가의 작은 홈
해조
뿌림모이
조류
뿌림모이
보이지
않는
암초
② 보이지 않는 암초와
대구(大溝) 초입
보이지
않는
암초
해조
뿌림모이
대구
조류
뿌림모이
뿌림모이
뿌림모이
④ 작은 암초 주위의
조류 겉과 뒤
작은
암초
해조
뿌림모이
뿌림모이

① 갯바위 앞의 파도가 부서져 앞바다를 향해 흘러 가는 장소

② 보이지 않는 암초와 대구(大溝) 초입

③ 해조가의 소구(小溝)

④ 작은 암초 주변의 조류 겉쪽, 조류 뒤쪽 등의 장소를 겨냥 장소로 선택하도록 한다.

이런 각종의 포인트와 그 모양새에 따라 찌 낚시나 맥 낚시(내뿜기 낚시, 떨어뜨려 넣기 낚시) 등의 낚시 방법을 적절히 사용하도록 한다.

낚시 방법의 구별

찌 낚시가 적합한 장소는 보이지 않는 암초가 점재해 있거나 해조로 뒤덮여 있는 곳이다.

내뿜기 낚시나 떨어뜨려 넣기 낚시가 적합한 곳은 깊은 장소라든가 갯바위 가를 낚는 경우이다.

뿌림 모이의 넣는 법

낚시터에 들어가서 포인트를 고르면 뿌림 모이를 투입한다.

조류가 일정 방향으로 흐르고 있는 포인트에서는 넣은 뿌림 모이가 포인트에 제대로 들어가도록 조류의 흐르는 속도를 염두에 넣고 포인트의 약간 위쪽에 투입한다.

조류의 파도가 부서져 앞바다를 향해 흐르는 앞이 포인트가 되는 곳에서는 그 조류에 뿌림 모이를 실어 포인트에 보내 주도록 한다.

작은 암초 주변의 조류 겉쪽이나 조류 뒤쪽의 곳에서는 포인트 위쪽 혹은 해안가에 뿌리도록 한다.

▶찌 낚시의 낚시 방법

유영층의 발견 방법

최초의뿌림 모이를 넣은 후 바늘에 미끼를 달아 포인트에 던진다.

포인트의 선정은 앞에 서술한 바와 같지만 그런 포인트도 계절이나 기후, 물색, 수온, 조류의 간만 등에 따라서 물고기의 유영층은 한결같지 않게 된다.

그래서 만일 여러 명의 친구와 동행했을 경우라면 각각의 채비의 찌 아래를 조금씩 바꾸면서 낚아 본다. 입질이 있었던 사람의 길이로 채비를 고쳐서 낚으면 빨리 유영층을 발견하여 많이 낚을 수 있을 것이다.

찌 낚시의 입질

찌 낚시의 경우 입질은 대개 다음과 같이 나타난다.

① 찌를 단숨에 감춰 간다.

② 찌를 희미하게 흔들고 수면에 작은 파문을 나타낸다.

③ 일정 속도로 흐르고 있던 찌가 갑자기 방향을 바꾼다.

④ 흐르고 있던 찌가 갑자기 멈춘다.

⑤ 흐르고 있던 찌의 속도가 갑자기 변화한다.

⑥ 찌가 상하한다.

찌가 이런 상태가 되면 그것들은 모두 망상어의 입질이라고 측정하고 한 번 시험해 보는 기분으로 가볍게 맞춰 본다.

만일 반응이 있으면 다시 한 번 확실히 맞춘다.

위와 같은 동작은 물론 순식간에 한다. 희미한 변화로 맞추는 요령과 타이밍이 낚시 효과를 올리는 요인이 된다.

거둬 들임

몸길이 15cm 전후의 망상어의 경우 최초의 당김은 상당히 강하지만 그 다음은 그다지 강인한 끌어 들임은 없다. 그 때문에 선뜻 손맡으로 끌어 들여서 바늘을 벗기고 어롱에 넣을 수 있다. 그러나 3월 하순경부터 앞바다의 섬들이나 앞바다의 깊은 곳으로 수로가 직접 부딪치고 있는 조건이 좋은 갯바위 앞에 모여드는 20~30cm 전후의 대형 망상어는 당김 맛도 매우 강하고 재삼에 걸쳐서 조이는데다가 뱃속에는 30마리 전후의 새끼를 배고 있는 것은 중량도 0.5kg 전후가 되어 감빡하면 목줄을 끊겨 버린다.

이와 같은 때는 절대로 서두르지 말고 건 장소에서 옆쪽으로 바싹 대어 낚싯대로 훑으면서 거둬 들이도록 한다.

대형 망상어는 뜰채로 사용해서 거둬 들이는 것이 무난하다.

더욱이 포인트가 갯바위에서 가까울 때는 가능한 한 후퇴해서 낚시 동작을 하도록 한다.

많이 낚기 위해서는

한 장소에 모인 망상어를 남김없이 낚아 올리는 것이 큰 낚시를 하는 조건이다.

한 장소에서 일단 낚으면 입질은 약간 멀어지는 것이 보통이다.

그래서 한 장소에서 10분 내지 15분 정도 사이에 3~4마리 정도 낚아 올린 후 반드시 뿌림 모이를 넣도록 한다. 이렇게 하면 잇달아 계속 낚이게 된다.

입질이 멀어지면 복어 등이 모여들지만 뿌림 모이를 넣으면 다시 망상어가 모여든다.

많이 낚기 위해서는 뿌림 모이의 넣는 방법이 크게 좌우한다고 하는 낚시가 망상어 낚시라고 해도 과언이 아니다.

▶맥 낚시의 낚시 방법

찌를 이용하지 않고 낚는 것이 맥 낚시로 낚시터의 조건에 따라서 내뿜기 낚시나 떨어뜨려 넣기 낚시, 치켜올림 낚시로 한다.

망상어 낚시의 경우 위의 3가지는 극단적으로는 구분되지 않기 때문에 여기에서는 함께 서술하기로 한다.

낚시터가 수심이 있는 곳 혹은 발 밑이 곧 포인트와 같은 곳에서는 맥 낚시로 노려 보는 것도 즐겁다.

조류에 따라서 낚싯봉을 조절하지만 너무 무겁게 하면 미끼의 침전이 너무 빨라서 물고기에 대해 부자연스러움을 느끼게 하게 된다.

조류와 같은 속도로 자연스럽게 가라앉아 가도록 하는 것이 요령이다.

입질은 낚싯대 끝이나 손맡에 직선적으로 탁하고 오거나 혹은 흔들리고 있던 줄이 갑자기 팽팽해지거나 한다.

입질이 있으면 순간 끝대를 보내는 기미로 해서 가볍게 시험해 보도록 한다.

민물새우를 미끼로 했을 경우는 약간 일찌감치 맞추도록 한다.

갯지렁이류를 사용했을 경우는 약간 느린 느낌으로 맞추면 좋을 것이다.

뿌림 모이의 넣는 법이나 거둬 들이는 법에 대해서는 찌 낚시의 경우와 같다.

갯바위 낚시 입문에 절호의 대상어이다. 꼭 낚아 보자.

중 · 소물의 던질 낚시

▶중 · 소물의 던질 낚시에 대해서

던질 낚시의 매력

목적 물고기를 노리고 있는데 다른 물고기가 걸리는 것을 '외도(外道)'라고 하며, 그다지 기뻐하지 않는 경우가 있다. 그러나 갯바위 낚시에서는 가령 목적 물고기가 낚이지 않더라도 외도에서 낚이는 물고기들은 각각 개성이 있어서 결코 싫어할 것도 아니다.

돌물밖에 노리지 않는다고 하는 베테랑 낚시꾼이나 망상어 낚시의 경기회 등에서 가령 벵에돔이 낚여도 대상어 중에 덧붙일 수 없는 것은 부득이 하겠지만 아름다운 자연 속에서 갯바위 낚시를 즐기는 경우 어떤 물고기라도 낚이면 낚이는 만큼 기쁜 일이다.

하물며 입문기의 사람들에게 있어서는 어떤 종류의 물고기라도 낚여 주면 그것이 다음 낚시행으로의 유혹도 된다.

이런 때에 대상이 되는 것이 갯바위의 중 · 소물이지만 여기에서는 입문기의 사람들이 비교적 선뜻 낚을 수 있는 중 · 소물의 던질 낚시에 대해서 설명하기로 한다.

던질 낚시의 대상어

이미 서술한 비늘돔, 벵에돔, 감성돔, 망상어 등도 모두 중 · 소물의 던질 낚시의 대상어에 포함되지만 여기에 덧붙여서 붕장어류, 공미리 · 고등어 · 전갱이류 황조어 도화돔 · 작은 게르치 · 껄떼기 · 농어 · 능성어류(별우럭 · 붉바티 · 홍바리 외), 줄벤자리 · 벤자리, 얼음돔, 까치돔, 노랑촉수류, 자리돔 · 호박돔 · 놀래기류, 나비고기류, 쥐돔 독가시치 쥐치 볼락류, 말쥐치, 쏨뱅이류, 쑤기미류, 노래미, 쥐노래미, 둑중개류 등 이루 헤아릴 수 없을 정도의 물고기가 대상어가 된다.

이런 물고기 하나 하나에 대한 습성이나 생태에 대해서는 지면관계로 생략하겠지만 던질 낚시로 낚은 물고기가 뭐라고 하는 물고기인지 불명일 때는 도감 등을 찾아보고 잘 조사해 보기를 꼭 실행해 주시기 바란다.

여기에서는 일정 채비와 일정 낚시 방법으로 어느 일정한 갯바위 조건의 곳을 노리면 어떤 계절이라도 얼마간의 물고기를 낚을 수 있다고 하는 방법에 대해 서술할 따름이다.

따라서 갯바위 낚시 입문기의 사람에게 있어서는 전문 낚시보다 혹은 들어가기 쉬운 낚시 방법이 될지도 모른다.

▶ 낚시 도구의 갖추는 법

낚싯대

3.9m에서 5m 정도의 글라스 낚싯대를 준비한다. 여러 개의 낚싯대를 준비하고 싶다고 할 경우는 다음의 기준으로 적절히 선택하자.

① 외만부의 황기에서 낚싯대 아래를 찾는 낚시를 하고 싶다고

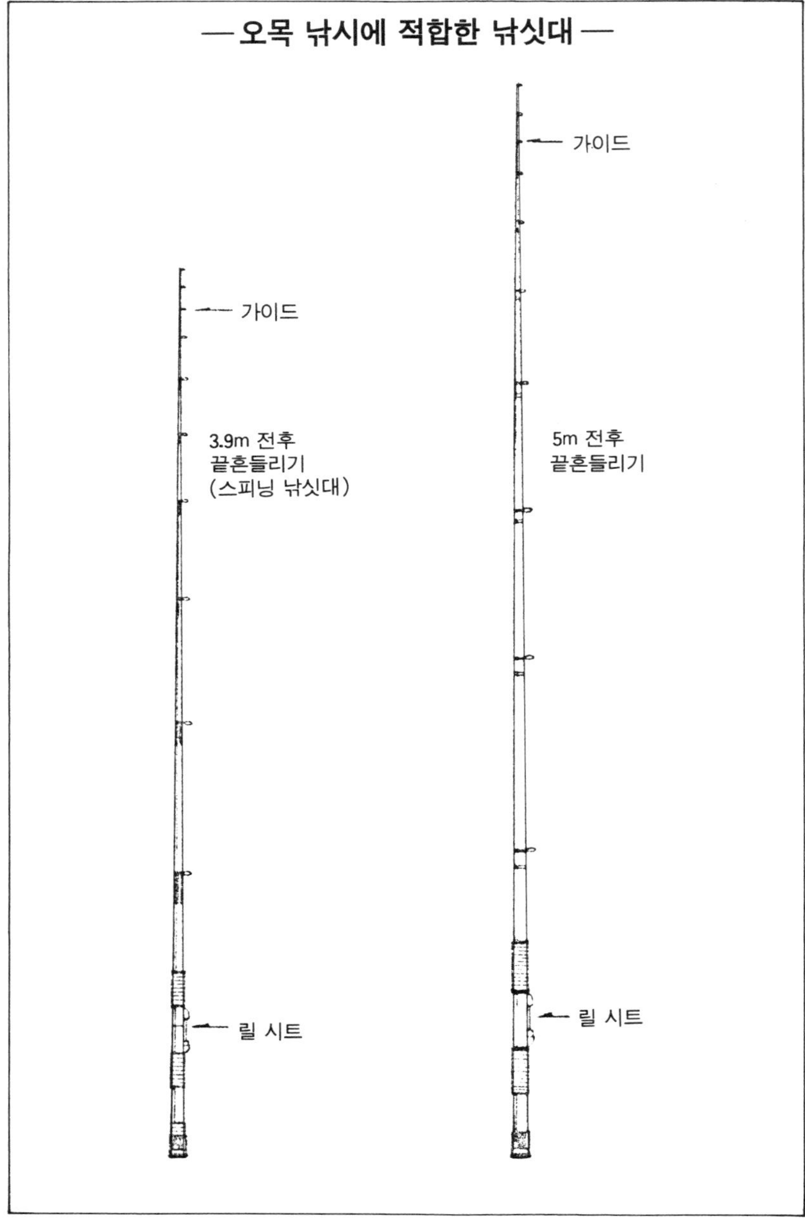
— 오목 낚시에 적합한 낚싯대 —
가이드
3.9m 전후
끝흔들리기
(스피닝 낚싯대)
릴 시트
가이드
5m 전후
끝흔들리기
릴 시트

하는 경우=5m 전후의 글라스 낚싯대(돌돔 낚싯대의 좀 가벼운 것이라도 좋다).

② 내만부의 온화한 갯바위에서 낚고 싶은 경우=3.9m 전후의 스피닝용 글라스 낚싯대

낚싯대는 모두 끝 흔들리기의 것이 적당하다.

릴

먼저 첫째로 준비하기 바라는 것이 대형의 스피닝 릴이다. 던지기 동작은 끊임없이 이루어지고 건 물고기가 암초로 들어가는 것을 막기 위해서는 본줄의 감기 동작을 재빨리 해야 한다. 그러기 위해서는 스피닝 릴(spinning reel)이 절대로 필요하다.

스피닝 릴이라도 소형으로는 갯바위 낚시에 조금 불안하다. 어떤 대물이 걸릴지 모르고 때문에 스풀에 굵은 본줄을 감아야 한다. 멀리 던질 때는 본줄을 많이 감아야 한다. 큰 물고기가 걸렸을 경우 감기에 힘이 있고 더구나 빠른 속도로 감아야 한다. 이와 같이 어떤 경우에도

—중소물 낚시의 필수 휴대품—

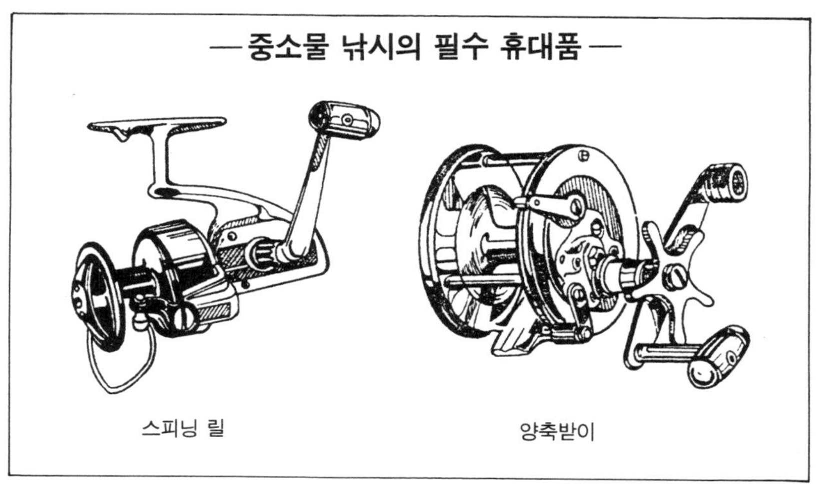

스피닝 릴　　양축받이

부자연스러움이 없는 물품을 선택해야 한다.

대형의 스피닝 릴에 이어서 필요한 것이 스타드랙 형식의 갯바위용 양축받이 릴이다. 이 릴은 돌물 등을 노릴 때는 빼 놓을 수 없는 것이지만 오목 낚시의 경우에도 일단은 준비해 두기 바란다.

북형 릴도 흔히 사용되고 있는 릴이다. 그러나 이 릴은 특수한 낚시를 하는 경우 이외는 사용법에 약간 어려움이 있다. 즉, ① 실에 꼬임이 생겨 버려서 그 꼬임을 제거하는데 시간이 걸린다. ② 감기에 시간이 걸리므로 낚싯대 아래의 탐색 낚시와 같은 경우 이외에는 부적합하다고 하는 점이다.

그 밖의 용구

직접 용구로서는 채비 만들기에 필요한 본줄, 목줄, 바늘, 낚싯봉, 도래 등이지만 이것은 중·소물 던질 낚시 표준의 채비 그림을 다음 페이지 이후에 나타내고 있으므로 거기에 따라서 갖추어 본다.

간접 용구로서는 뜰채, 낚싯대 걸이, 어롱, 미끼통, 쿨러, 방한복, 구명구, 갯바위용 지하 버선 혹은 캐러반 슈즈 등이다. 더욱 자세한 사항은 감성돔이나 벵에돔 낚시 항의 장비 부분을 참조하자.

채비

다음 페이지 이후의 채비는 표준적인 것이다. 조류가 잘 움직이는 조류 끝이 포인트가 되기 때문에 목줄은 굵직한 것이 좋고 바늘도 크고 낚싯봉도 무거운 것이 적당하다.

그러나 만일 쥐치 등이 낚이기 시작하는 경우는 입이 작은 물고기이기 때문에 바늘이나 목줄을 소형으로 바꾸도록 한다.

또한 중앙통과식 채비로 감성돔을 노리는 경우는 목줄을 2~4호로

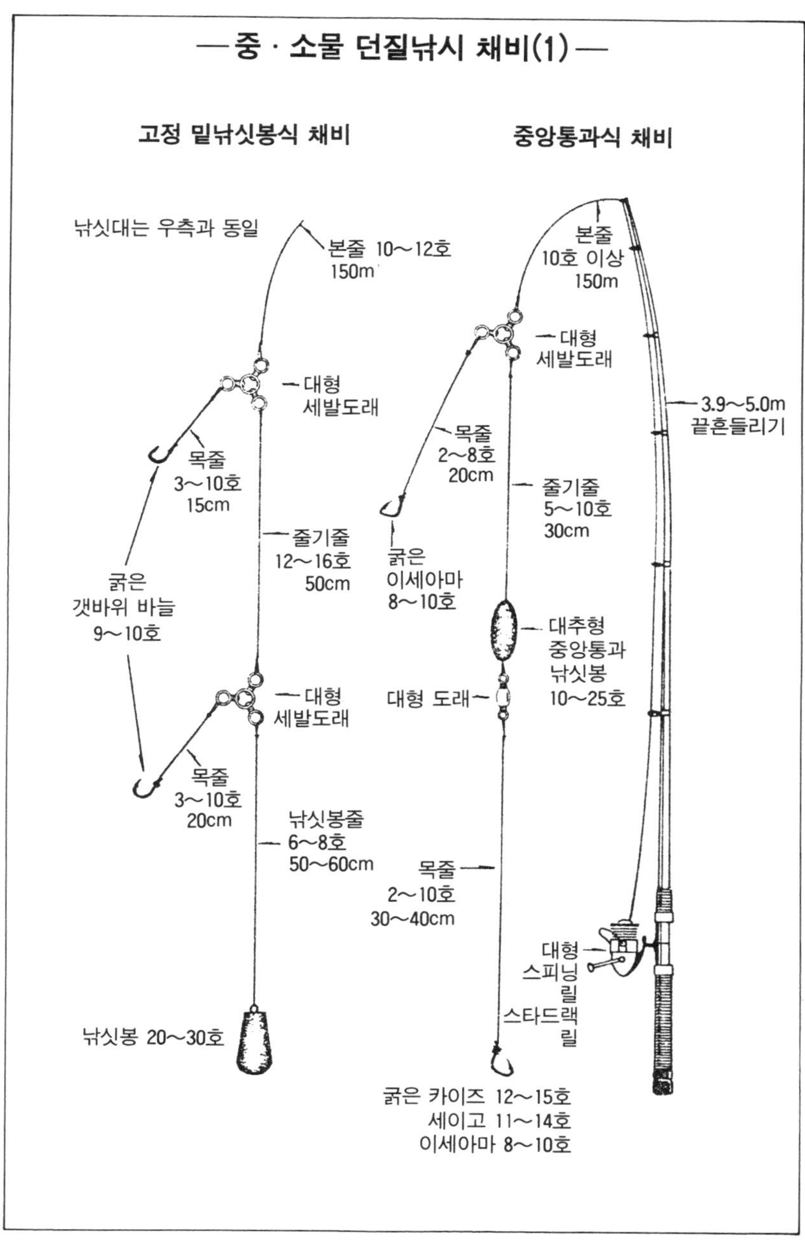
—중 · 소물 던질낚시 채비(1)—
고정 밑낚싯봉식 채비
중앙통과식 채비
낚싯대는 우측과 동일
본줄 10~12호
150m
대형
세발도래
목줄
3~10호
15cm
줄기줄
12~16호
50cm
굵은
갯바위 바늘
9~10호
대형
세발도래
목줄
3~10호
20cm
낚싯봉줄
6~8호
50~60cm
낚싯봉 20~30호
본줄
10호 이상
150m
대형
세발도래
3.9~5.0m
끝흔들리기
목줄
2~8호
20cm
줄기줄
5~10호
30cm
굵은
이세아마
8~10호
대추형
중앙통과
낚싯봉
10~25호
대형 도래
목줄
2~10호
30~40cm
대형
스피닝
릴
스타드랙
릴
굵은 카이즈 12~15호
세이고 11~14호
이세아마 8~10호

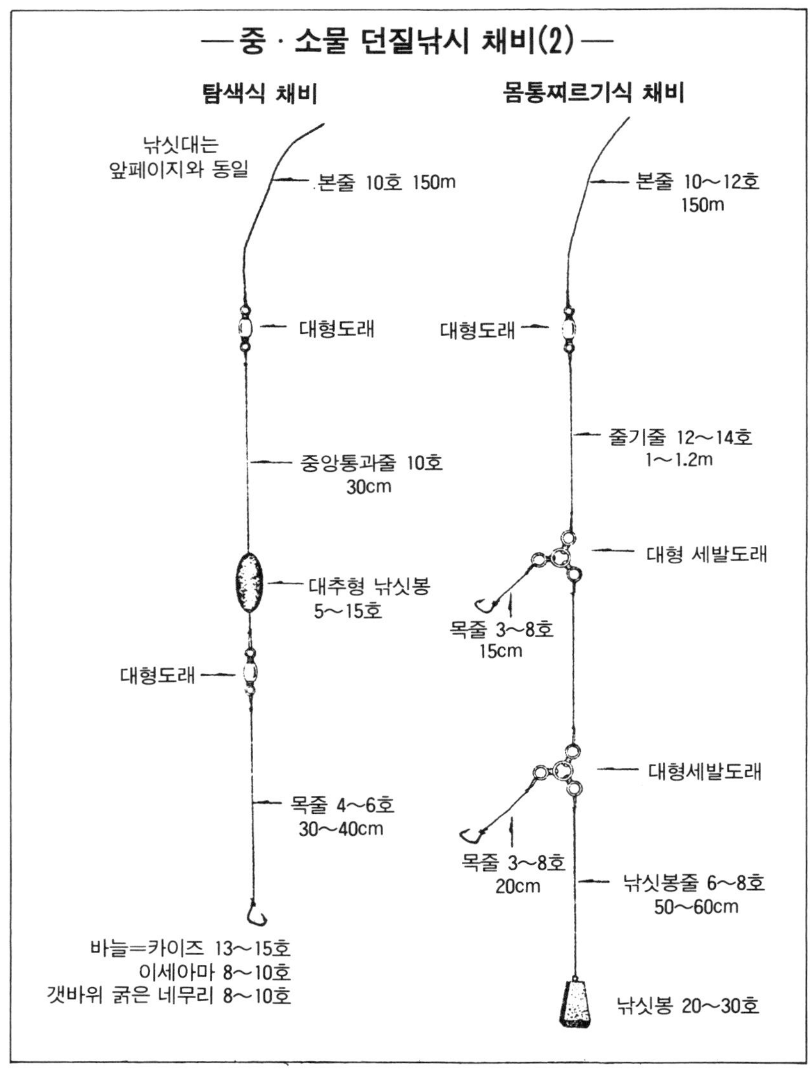

하고 0.6m~1m라고 하는 것처럼 바꾼다.

갯바위 앞의 암초 주위에서는 흔히 채비를 암초에 얽히거나 낚싯봉을 빼앗기거나 하기 때문에 특히 낚싯봉의 예비는 충분히 지참해야 한다. 1인 1일 1개의 낚싯대로 낚았을 경우 최저 10개의 낚싯봉은 준비해야 할 것이다.

▶미끼와 뿌림 모이

미끼

노리는 것이 중·소물이라고 해도 언제 대물의 습격을 받을지 모르는 것이 이 낚시이다. 그 때문에 표준 채비는 대물에도 대응할 수 있는 상당히 튼튼한 것이었지만 바늘에 다는 미끼의 경우도 그것은 마찬가지이다.

같은 채비에 대해서는 쏨뱅이·능성어류, 비늘돔, 쥐돔, 아홉동가리, 호박돔 등을 비롯해서 중·소형의 돌돔부터 강담돔 혹은 혹돔까지가 내습하는 경우가 있다.

그 때문에 미끼는 참갯지렁이 게, 소라 등의 패류를 비롯해서 새우류 어계(魚介)의 토막(전갱이, 꽁치, 정어리, 오징어 등)등을 주체적으로 이용하도록 한다.

특히 암초와 모래가 섞이는 낚시터의 경우는 비교적 고수온의 곳에서는 까치돔이나 물퉁돔이 낚이기 때문에 특히 참갯지렁이와 생선살 미끼류가 효과를 발휘한다.

해조가 많고 약간 저수온의 장소에서는 쥐노래미나 볼락이 많이 낚이고 벵에돔도 걸리기 때문에 참갯지렁이 물고기의 토막 소라의 창자 새우류의 미끼가 적합하다.

이와 같이 중·소물 낚시의 미끼는 대상어가 여러 가지 있기 때문에 장소적 조건에 따라서 미끼를 대충 생각하고 그것들을 적당히 사용하는 것이 좋은 낚시 방법이라고 말할 수 있다.

뿌림 모이

낚시하러 가는 시기가 돌물이나 감성돔, 벵에돔 등의 전문 낚시 시즌에 합치하고 있을 때는 그런 물고기의 뿌림 모이를 유용하는 것도 방법이지만 일반적으로는 모시조개나 바지락개랑조개 마합 등을 반으로 부순 것을 사용하면 효과적이다.

▶포인트와 낚시 방법

포인트

중·소물 공통의 포인트는 수심 5m 전후의 암초 주위나 암초와 암초 사이의 홈 사이, 조류가 지나가는 유영층상의 지점, 조류 받이 또는 조류가 돌아 들어와서 부딪치는 곳 등이다.

물고기의 식욕이라고 하는 것은 어떤 물고기에도 공통하듯이 조류가 움직일 때이지만 조류의 속도가 40호의 낚싯봉도 이동시켜 버릴 만큼 심할 때는 물고기의 입질은 서지 않는다.

만의 내부나 내부만의 소기 등에서는 물고기의 입질은 조류 간만에 크게 영향받고 깊은 장소에서는 간조의 근처라도 입질은 선다. 그러나 수심5~6m의 얕은 장소에서는 만조의 전후가 좋고 간조에 의해서 조류가 바뀌는 장소에서만 어느쪽인가의 조류가 부딪치는 곳이 좋게 된다.

외양에 면한 갯바위라도 조건은 같다. 그러나 간만의 영향보다도 흑조 등의 해류의 본류 혹은 본류에 의한 영향쪽이 물고기의 식용에 큰 영향을 준다.

해류의 본류나 분류가 부딪쳐 오는 방향은 물고기의 그 집합 장소를 바꿔 버리기 때문에 전술과 같은 장소라도 어디까지나 조류가

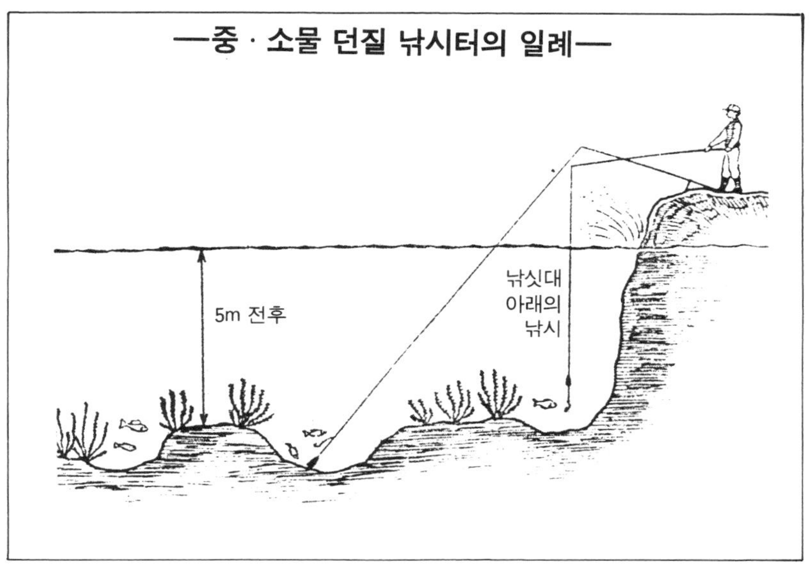

정면으로 부딪치는 암초의 받는 쪽이나 보이지 않는 암초에서 갈라진 조류가 다시 합류하는 장소를 정할 필요가 있다.

낚시 방법

이거다라고 생각하고 포인트를 정하면 포인트의 약간 밀물이 밀려오는 쪽에 뿌림 모이를 넣고 드디어 낚시 방법 개시이다.

보통 중 · 소물의 낚시라도 접낚싯대로 낚는다. 그러나 입질이 빈번히 있는 곳에서는 손에 들고 낚도록 한다.

입질과 맞추기

접낚싯대 경우의 입질은 낚싯대 끝이 단숨에 죄여져 가든가 혹은 단속적으로 조여져 간다. 그 때 크게 맞추도록 하는 것이 요령이지만 접낚싯대의 경우는 단속하는 입질 도중에 맞춰 보는 것도 방법이다.

특히 쥐치 등이 낚이는 경우는 그와 같은 맞추기가 절대로 필요하게 된다.

능성어류나 쏨뱅이 등이 낚일 때는 너무 초조해 하지 말고 낚싯대가 어느 정도 조이고 나서 맞추도록 하면 확실히 맞출 수 있다.

거둬 들임에 대해서

1Kg 전후의 물고기는 낚싯대를 고패질해서 릴을 감으면 간단히 감을 수 있지만 2kg～3kg 전후의 것이 되면 채비의 굵기나 강도를 생각하고 거둬 들이지 않으면 놓치게 된다.

채비의 한도에 가깝다고 생각되는 것 같은 물고기가 걸렸을 때는 낚싯대의 지레 힘을 충분히 이용해서 물고기가 주춤했을 때에 낚싯대를 고패질하여 본줄을 감고는 다시 고패질한다고 하는 방법으로 거둬 들이도록 해야 한다.

물고기가 암초로 들어가거나 하면 이제 다 틀렸다고 생각하지 말고 가능한 한 물고기를 암초로부터 떼어 본줄에 느슨함을 주지 않도록 해서 거둬 들인다.

이 동작은 상당히 어려워서 상당한 숙련이 필요하다.

거둬 들임

극히 소물 이외는 모두 뜰채로 거둬 들이도록 한다. 물고기를 갯바윗가까지 끌어 오면 뜰채를 물고기의 방향을 향해 기다리듯이 하고 그 속으로 물고기를 유도하도록 하여 거둬 들이는 것이 요령이다.

서둘러 버려서 갑자기 단숨에 빼는 초보자도 가끔 보는데 서두르는 마음은 알겠지만 모처럼 건 물고기는 어롱에 넣을 때까지 일은 끝나지 않은 것이다.

갯바위의 납량 밤 낚시

▶갯바위의 밤 낚시에 대해서

'밤 낚시'는 태양이 지고 나서 밤이 밝을 때가지의 낚시를 말하지만 주간이라도 발이 걸려 넘어지는 것 같은 거친 바위밭에서의 주·야간 낚시가 되면 위험은 으레 따르기 마련이다.

그 때문에 밤의 갯바위 낚시는 전면적으로 금지하고 있는 낚시 클럽도 있을 정도이다. 특히 연소자나 체력에 자신이 없는 사람, 갯바위 낚시를 시작한 지 얼마 안 된 사람은 밤 낚시를 절대로 해서는 안 된다.

밤 낚시 중에는 30kg 전후의 초대형 자바리를 대상으로 하는 것이나 5~8kg의 물퉁돔이나 대형 줄전갱이 혹은 잿방어, 방어 등을 전문으로 노리는 경우가 있지만 이런 밤 낚시는 낚시에도 충분히 익숙해진 사람들의 특수한 낚시 범주에 들어가는 것이라고 생각되어 누구에게나 권할 수 있는 안전한 낚시라고는 말할 수 없다.

위와 같은 이유에서 이 항에서는 비교적 안전도가 높은 골짜기의 뒤나 만구 내외 만내의 주변 등에서 즐길 수 있는 여름밤의 납량(納涼) 갯바위 낚시에 대해서 설명하기로 한다.

황기나 조류를 정면으로 받는 갯바위 앞에서의 낚시에 대해서는 다른 기회로 양보하기로 한다.

▶어떤 물고기가 낚이는가?

납량 밤 낚시의 대상어

우리들이 대낮의 갯바위 낚시에서 대상으로 하는 물고기는 거의 밤 낚시에서 낚인다고 생각해도 좋을 것이다. 아니 실제로는 대낮의 낚시보다도 노릴 수 있는 어류의 수는 많다고 할 수 있다.

그러나 혹돔이라든가 비늘돔, 놀래기류는 밤 낚시에서는 거의 낚이지 않는다고 해도 좋은 물고기들이다.

또한 밤 낚시의 대상이 되는 물고기들은 위도나 경도에 따라서 상당한 변화가 있다. 그 때문에 지역에 따라서 채비의 크기는 변하지만 내뿜기 낚시라든가 찌 낚시, 던질 낚시라고 하는 낚시 방법의 기법 자체는 전국적으로 동일하다.

단, 밤 낚시에서는 노린 물고기가 반드시 낚인다고 하는 것이 아니라 무엇이 걸릴지 모른다고 하는 것이 현실로서 바로 거기에 밤 낚시의 또다른 매력도 있다.

그러나 예를 들면 '내안부에서는 감성돔을 외양부에서는 벤자리, 줄전갱이를'이라고 하는 것처럼 일단은 목표를 정하고 노리도록 하는 편이 효과적인 것이다.

▶직접 용구에 대해서

낚싯대

밤 낚시 전용의 낚싯대라고 단정할 필요는 없다. 5m 전후의 글라스 낚싯대로 끝흔들리기의 것, 좀 가볍고 몸통이 튼튼하면 충분하다. 흔들어 빼냄 낚싯대가 다루기 쉬울 것이다.

릴

대형의 스피닝 릴이 가장 좋지만 갯바위용 소형 양축받이 릴이라도 괜찮다. 이것도 주간의 낚시와 공용품이다.

본줄

6~12호까지의 것을 150m 준비하면 충분하다. 각각을 교체스풀에 감아 두도록 한다.

바늘

카이즈, 이두 카이즈, 이세아마, 세이고, 농어 각종의 것을 사용한다.

낚싯봉

던지는 경우만 사용한다. 용도에 따라서 대추형 중앙통과 5~15호라든가 찌 낚싯봉(대), 밑낚싯봉 30호라든가 적절히 사용한다.

목줄

3~10호를 노리는 물고기의 대소에 따라서 적절히 사용하도록

한다.

전기찌

밤 낚시에 빼 놓을 수 없는 것이다. 대 · 중 · 소 3가지 준비한다.

이상 외 농어의 던질 낚시의 경우에는 편대를 사용한다. 또한 도래, 세발도래, 봉돌, 셀룰로이드 구슬, 면지, 와이어 등을 각각의 낚시 방법에 따라 적절히 사용한다.

채비

채비는 ① 각종의 물고기에 공용의 내뿜기식 ② 감성돔, 벵에돔, 벤자리, 세이고용의 전기찌식(A) ③ 마찬가지로 전기찌식(B) ④ 농어용 전기찌식 ⑤ 농어용 던져 넣기식 ⑥ 감성돔용 던져 넣기식

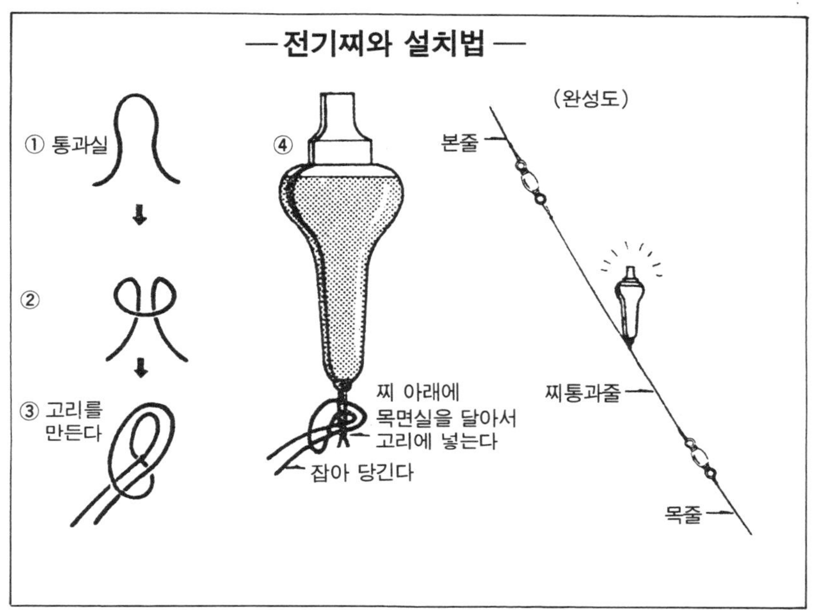

⑦ 각종 근어용 던져 넣기식 등의 것이 있다.

각각의 채비 그림을 참조해 보자.

채비 그림 해설

① 각 어종 공용 내뿜기식 채비

특수한 대형어를 노리는 경우는 목줄을 6~10호라고 하는 것처럼 굵직하게 한다. 바늘은 카이즈 13~16호, 세이고 12~14호, 이세아마 8~12호, 이즈카이두 7~10호 등을 낚이는 물고기의 대소에 따라서 적절히 사용한다.

② 전기찌식 채비(A)

전기찌는 찌 통과 줄 또는 본줄의 임의의 장소에 설치한다. 전기찌의 설치 방법은 다음 그림과 같다. 감성돔을 노릴 때는 소형 벤자리는 중·소형 벵에돔은 중형 세이고, 껄떼기를 노릴 때는 중형이나 대형의 전기찌를 사용한다.

바늘은 카이즈12~15호, 세이고11~13호, 이두카이즈6~8호를 낚이는 물고기의 대소에 따라서 적절히 사용한다.

③ 전기찌식 채비(B)

이 채비는 (A)의 변형이다.

찌 아래를 5m 이상 간격을 두는 경우 목줄의 무게로는 좀체로 가라앉지 않기 때문에 전기찌 속의 낚싯봉을 제거해 버리고 그 낚싯봉과 같은 무게의 낚싯봉을 목줄 위에 다는 경우의 것이다.

따라서 이 경우는 비교적 대형의 전기찌가 좋게 된다.

설치 방법은 본줄에 면사의 고정을 노리는 수심에 따라서 달고 소형 셀룰로이드 구슬을 달고 나서 그 아래에 찌를 단다. 바늘은 (A)의 경우와 같다.

④ 농어용 전기찌식 채비

본줄은 굵직해진다. 바늘은 농어 바늘 15~20호 혹은 카이즈 바늘 16~18호를 각각 적절히 사용하도록 한다.

⑤ 한팔 편대를 사용한 채비

바늘은 농어 바늘 15~18호를 이용한다.

⑥ 감성돔용의 던져 넣기 채비

⑦ 근어 일반의 던져 넣기 낚시에 사용

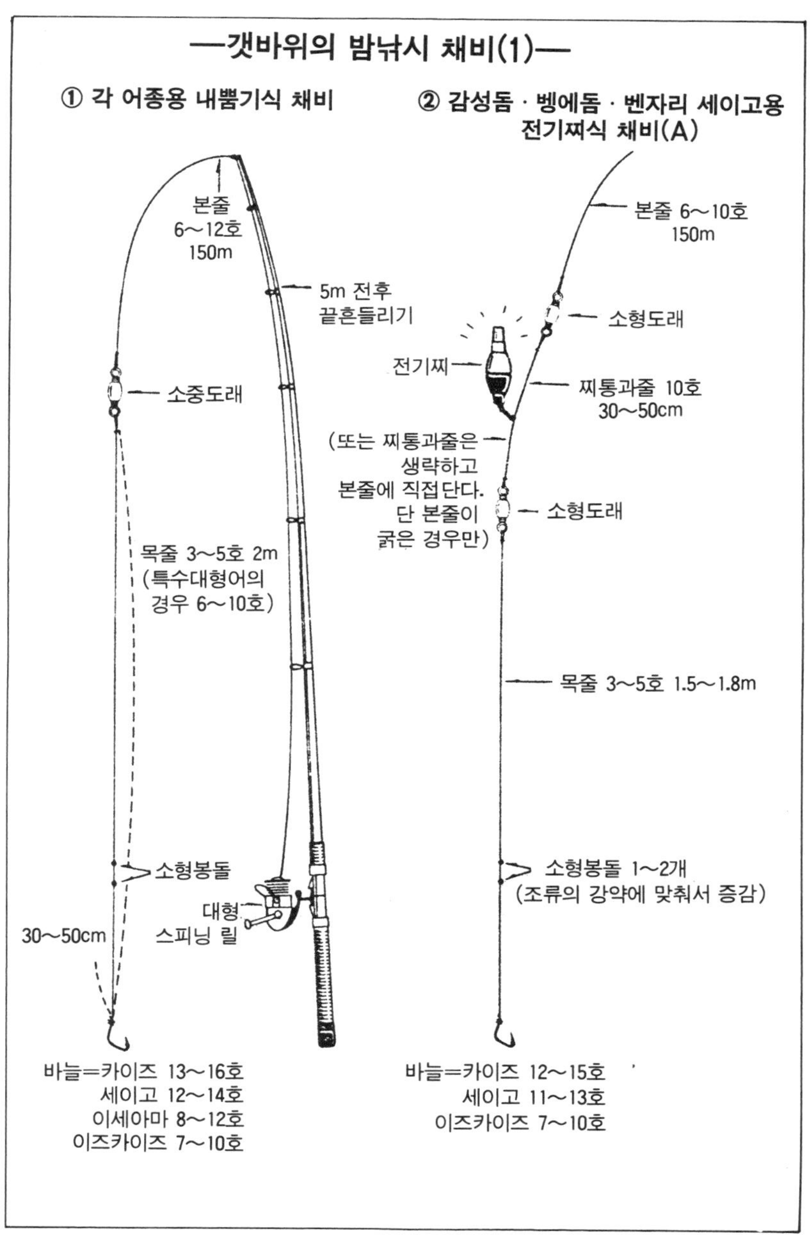
—갯바위의 밤낚시 채비(1)—
① 각 어종용 내뿜기식 채비
본줄
6～12호
150m
5m 전후
끝흔들리기
소중도래
목줄 3～5호 2m
(특수대형어의
경우 6～10호)
소형봉돌
대형
스피닝 릴
30～50cm
바늘=카이즈 13～16호
세이고 12～14호
이세아마 8～12호
이즈카이즈 7～10호
② 감성돔 · 벵에돔 · 벤자리 세이고용
전기찌식 채비(A)
본줄 6～10호
150m
소형도래
전기찌
찌통과줄 10호
30～50cm
(또는 찌통과줄은
생략하고
본줄에 직접단다.
단 본줄이
굵은 경우만)
소형도래
목줄 3～5호 1.5～1.8m
소형봉돌 1～2개
(조류의 강약에 맞춰서 증감)
바늘=카이즈 12～15호
세이고 11～13호
이즈카이즈 7～10호

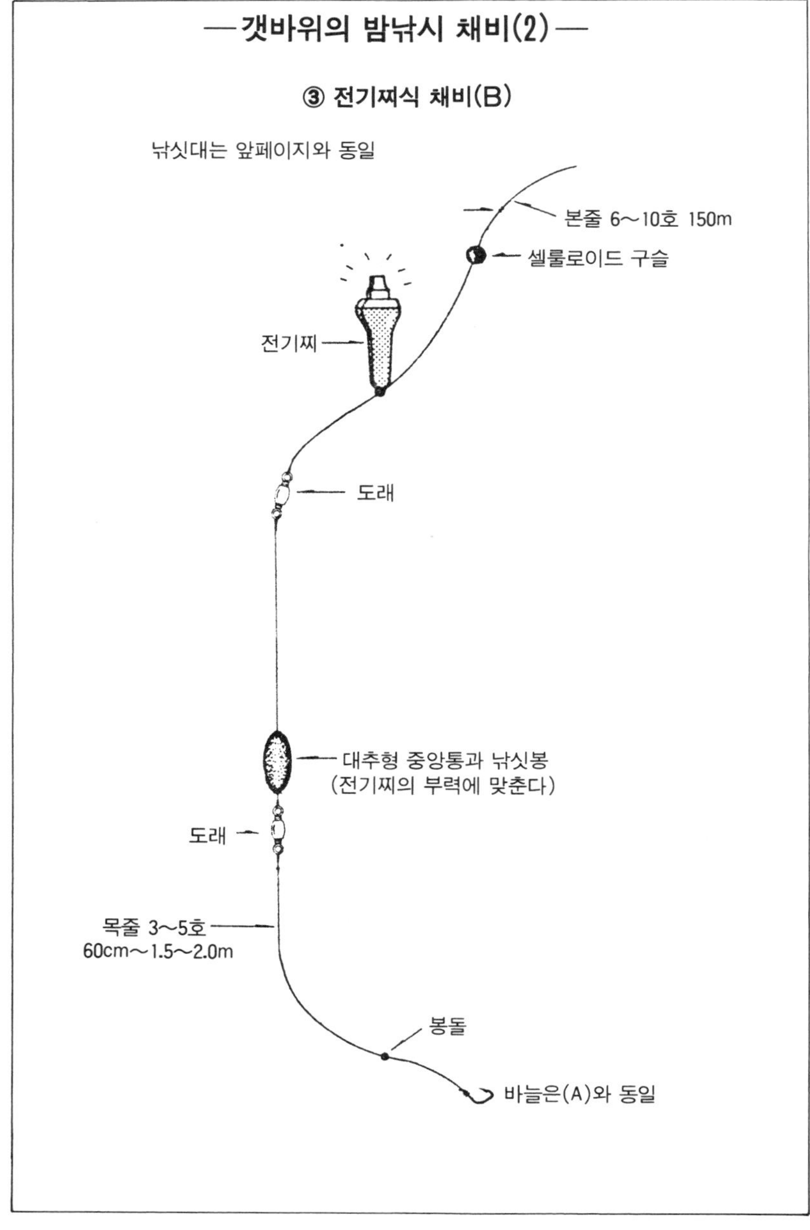
―갯바위의 밤낚시 채비(2)―
③ 전기찌식 채비(B)
낚싯대는 앞페이지와 동일
본줄 6~10호 150m
셀룰로이드 구슬
전기찌
도래
대추형 중앙통과 낚싯봉
(전기찌의 부력에 맞춘다)
도래
목줄 3~5호
60cm~1.5~2.0m
봉돌
바늘은(A)와 동일

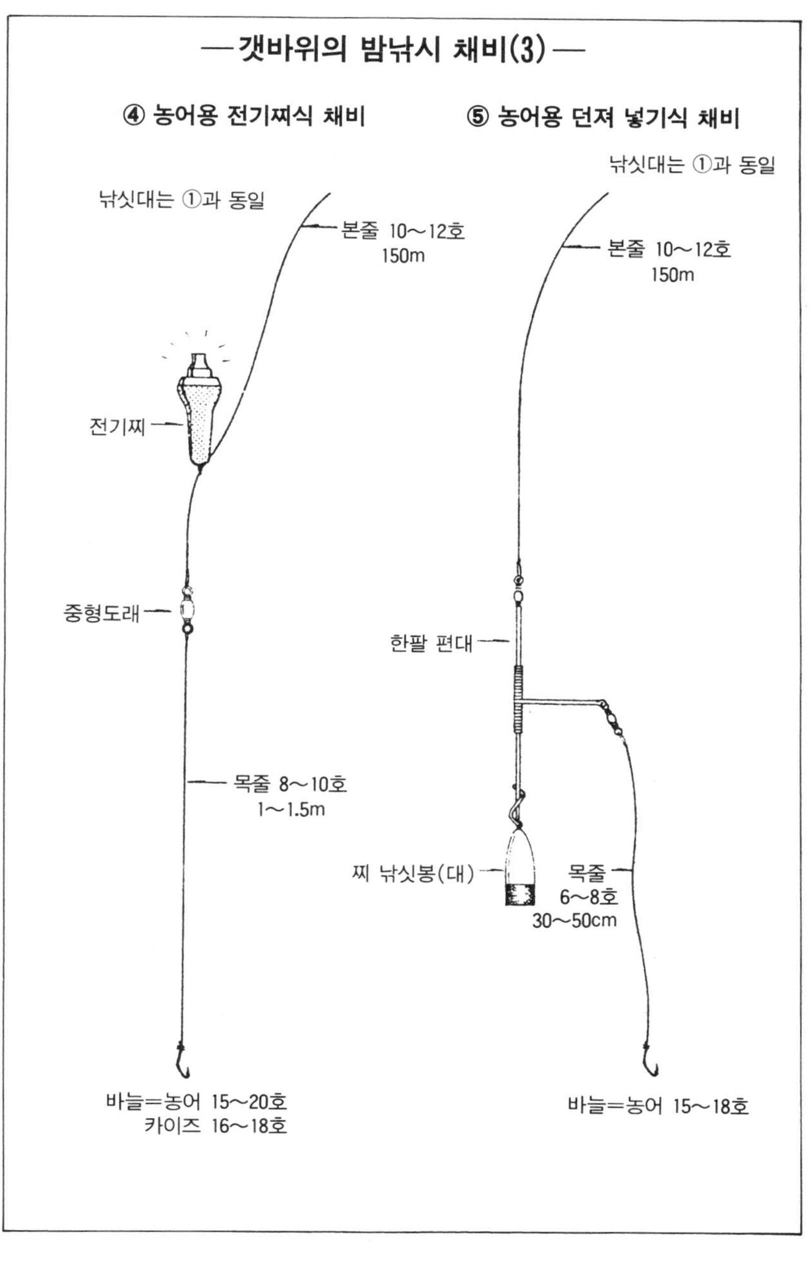
—갯바위의 밤낚시 채비(3)—
④ 농어용 전기찌식 채비
⑤ 농어용 던져 넣기식 채비
낚싯대는 ①과 동일
본줄 10～12호
150m
전기찌
중형도래
목줄 8～10호
1～1.5m
바늘=농어 15～20호
카이즈 16～18호
낚싯대는 ①과 동일
본줄 10～12호
150m
한팔 편대
찌 낚싯봉(대)
목줄
6～8호
30～50cm
바늘=농어 15～18호

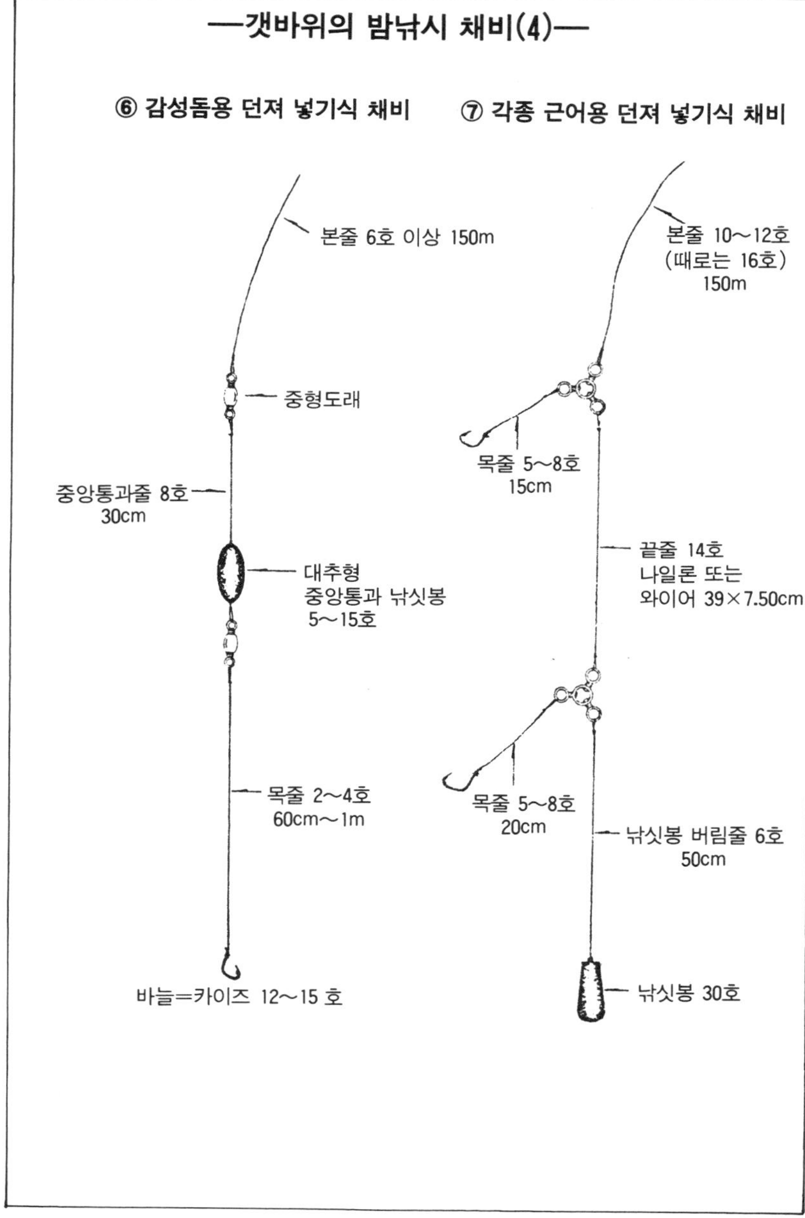
—갯바위의 밤낚시 채비(4)—
⑥ 감성돔용 던져 넣기식 채비
⑦ 각종 근어용 던져 넣기식 채비
본줄 6호 이상 150m
중형도래
중앙통과줄 8호
30cm
대추형
중앙통과 낚싯봉
5～15호
목줄 2～4호
60cm～1m
바늘=카이즈 12～15 호
본줄 10～12호
(때로는 16호)
150m
목줄 5～8호
15cm
끝줄 14호
나일론 또는
와이어 39×7.50cm
목줄 5～8호
20cm
낚싯봉 버림줄 6호
50cm
낚싯봉 30호

▶간접 용구와 장비

뜰채

주간용 겸용이다. 직경이 30cm 전후의 것으로 손잡이의 길이가 2.5m 이상 되는 것이 좋다. 그물은 나일론제나 면제품의 것을 사용한다.

어롱

플로트가 달린 것으로 그물눈이 약간 큰 것이 좋다. 직경 5mm로 길이 6m 이상의 밧줄을 달아 둔다.

쿨러

대형의 것이 아무래도 편리하다. 가지고 다닐 수 있는 범위의 것으로 가능한 한 큰 것을 선택하도록 한다.

이외의 간접 용구로서는 갈고리 밧줄이나 미끼통, 나이프, 가위, 뻰치 등을 지참한다.

장비

구명구는 필수 휴대품이다. 구명 밧줄은 직경 8mm로 길이 30m 이상의것. 감발은 갯바위 신발이 캐러반 슈즈로 하고 의복은 모자 달린 상의 외에 비옷을 지참한다.

이상 외 물통, 라이터, 성냥, 호루라기, 손전등, 방충약 등을 넣은 구급 의약품, 간단한 휴행식 라디오 달린 트랜시버 등 밤 낚시에서는 특히 염두에 두고 지참하도록 한다.

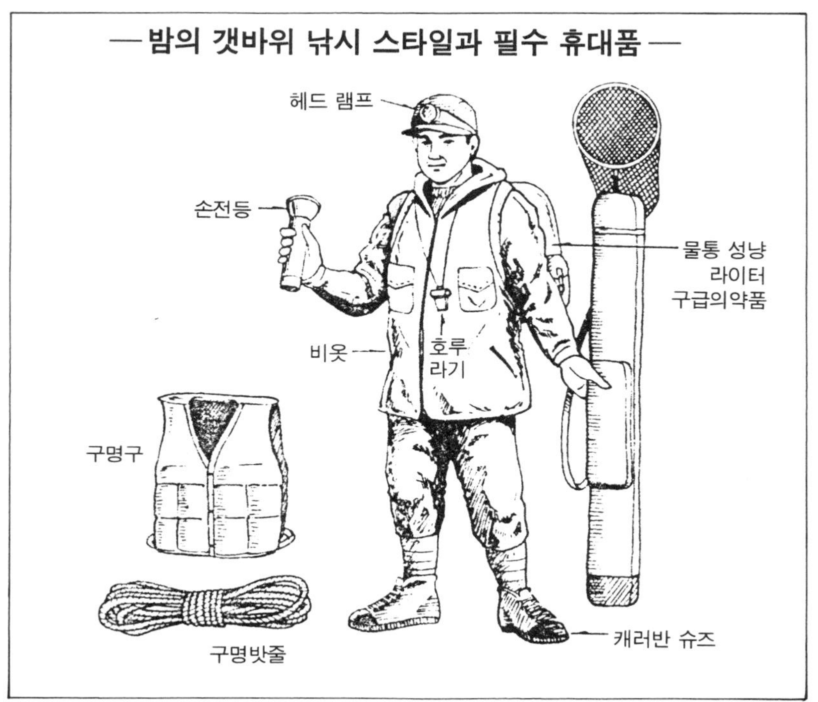

▶ 미끼에 대해서

밤 낚시용의 미끼를 들면 참갯지렁이, 집갯지렁이, 홍개비, 모래갯지렁이, 청갯지렁이, 민물새우, 게류, 소라, 생선, 살미끼, 갯강구, 미꾸라지 등이 되고 주간의 낚시 미끼와 큰 차이는 없다.

단, 미끼 다는 법에 대해서는 약간의 연구가 필요하다. 특히 참갯지렁이를 사용해서 감성돔, 벵에돔, 세이고, 벤자리, 농어 등을 노릴 때는 다음 페이지의 그림과 같이 단다.

감성돔을 노리는 경우 참갯지렁이를 목줄 부분까지 훑어 올리고 바늘 끝에서 5~6cm 늘어뜨리도록 한다.

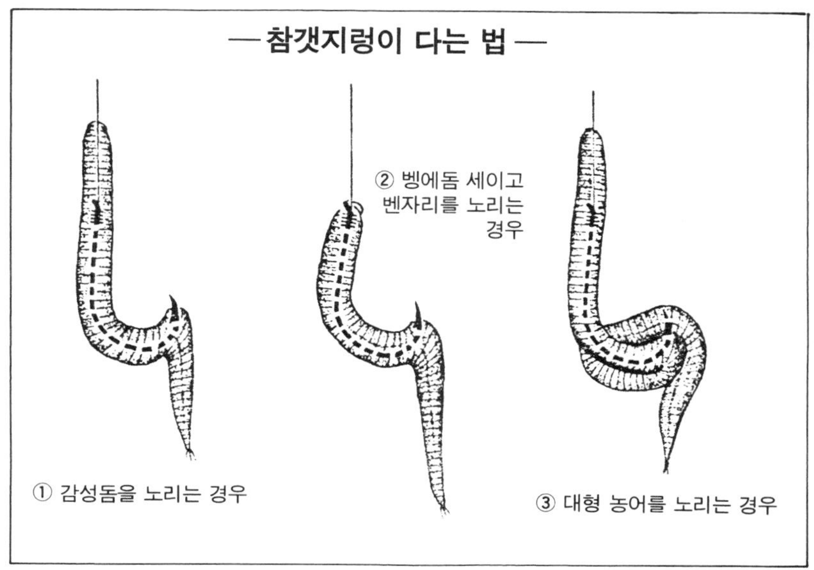

벵에돔, 세이고, 벤자리 등을 노릴 때는 참갯지렁이를 바늘의 머리까지 훑어 올리고 나서 3~4cm 정도 바늘 끝에 늘어뜨린다.

농어도 대형의 것을 노리는 경우 참갯지렁이를 목줄까지 훑어 올린 후 바늘 끝에서 늘어뜨린 것은 다시 위로 감아서 바늘 끝에 걸어 늘어뜨린다.

굵고 긴 갯지렁이의 경우 바늘 끝에 걸어서 늘어뜨린 것을 위로 감아서 한 번 묶고 나서 늘어뜨리도록 한다.

▶밤 낚시의 포인트와 낚시 방법

포인트

일몰과 함께 물고기들은 갯바위 주변의 얕은 곳으로 모여든다. 그 때문에 처음은 갯바윗가를 내뿜기 낚시로 찾아 보도록 하고 입질이 없으면 찌를 달고 조류의 흐름에 실어 앞바다를 노리도록 한다.

물론 처음부터 갯바위 앞 30~60m 정도의 지점을 던져 넣기 낚시로 즐기는 경우도 있다.

또한 만조시에는 눈앞의 갯바위가 가까이에 포인트를 찾도록 하고 간조 전후의 경우는 찌를 달아서 암초의 앞쪽을 흘려서 낚도록 해도 좋을 것이다.

어떤 물고기가 낚일지 모르는 것이 밤 낚시의 매력 중 하나라고 서술했지만 역시 낚시를 하기 위해서는 시기나 장소에 따라서 어느 정도의 목표를 정하고 하도록 해야 한다.

다음에 주요 물고기에 대한 포인트와 낚시 방법을 서술해 보기로 한다.

감성돔 낚시

5월이 되면 드문 밤의 갯바위에서 낚이기 시작하지만 2kg 전후의 대형 감성돔이 갯바위에 몰려드는 확률은 9월 중순부터 12월경이 가장 높아진다.

장소도 조류를 직접으로 받는 것 같은 외양의 황기보다도 오히려 소만의 내외나 만구의 비교적 수심이 얕은 모래가 섞인 갯바위나 조류의 흐름이 좋은 암초가나 암초와 암초 사이가 된다. 간조시에 암초 머리가 나와 버리는 얕은 곳으로 충분히 돌아 온다.

낚시 방법

내뿜기 낚시로 하는 것이 가장 효과적이지만 전기찌에 붉은 비닐 덮개를 씌워서 광도를 제한하여 흘림 낚시를 해도 좋은 결과를 얻을

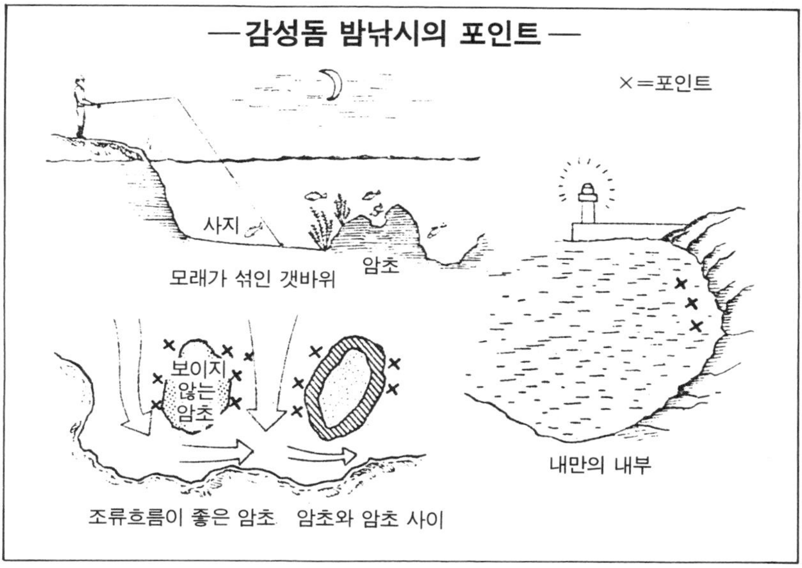

—감성돔 밤낚시의 포인트—

수 있을 것이다.

내뿜기 낚시의 입질은 꾸물꾸물하는 것 같은 희미한 것인 경우가 많기 때문에 이 때 본줄을 조금 보내는 기미로 하고 나서 맞추도록 한다.

찌 낚시의 경우, 입질은 흐름을 타고 흔들리고 있는 전기찌가 멈춘 것 같은 경우이다. 멈춘 순간에 맞추도록 하면 좋을 것이다.

감성돔은 대형이 될수록 맞은편 맞추기의 가지고 들어감이 없기 때문에 희미한 입질이라도 간과하지 않도록 하는 것이 중요하다.

벵에돔 낚시

납량 밤 낚시 최성기인 7~8월은 소·중형이 많이 낚인다. 대형은 8월 하순을 지난 무렵이 좋아진다.

포인트는 조류가 부서지는 듯한 언덕부분 조류가 부서져 파도가 앞바다를 향해 흐르는 흰 거품이 이는 장소가 좋다.

낚시 방법

내뿜기 낚시 혹은 찌 낚시의 어느 쪽으로 노려도 좋지만 돌멩이가 많은 곳에서는 던져 넣기 낚시가 좋을 것이다.

입질은 소형의 벵에돔일수록 탁 탁하고 격렬하게 느껴진다. 내뿜기 낚시의 채비에 대형 벵에돔이 물리면 먼저 탁하는 느낌이 전해지고 다음에 낚싯대 끝에 기대는 듯한 느낌이 전해진다.

입질이 있으면 본줄을 보내는 기미로 해서 맞춘다.

바늘에 걸린 벵에돔은 어떻게든 암초로 기어 들어가려고 해서 강인한 당김을 보이기 때문에 암초를 피하도록 해서 낚싯대를 겨냥하고 벵에돔을 띄우듯이 하여 거둬 들이자.

벵에돔의 찌 아래는 2.5～3m가 표준이다.

벤자리 낚시

6월부터 11월경까지 낚이지만 최성기는 장마 무렵부터 7월내내이다.

갯바위에 사는 것도 있지만 대부분이 회유어이기 때문에 포인트는 갯바위 앞이나 튀어나온 제방 앞의 비교적 수심이 있고 조류의 흐름이 좋은 곳이 된다.

낚시 방법

찌 낚시가 주체이다. 소·중형의 전기찌로 노리도록 한다.

입질은 찌가 꽉 눌리게 되기 때문에 재빨리 맞추기를 한다.

벤자리는 떼로 이동하므로 일단 낚이기 시작하면 잇달아 낚이기 때문에 매우 바빠진다.

더욱이 뿌림 모이를 하면 곧 해안 부근까지 모여들기 때문에 채비를 내뿜기식의 것으로 바꾸면 능률 좋게 낚을 수 있을 것이다.

농어 낚시

성기(盛期)가 8월 하순부터 11월에 걸쳐서이다. 납량 낚시에는 최고의 어종이라고 말할 수 있다.

조류의 흐름이 좋은 갯바위 옆이나 언덕, 때로는 작은 암초 주변이나 홈 사이가 포인트가 된다.

낚시 방법

모래사장에서 이어지는 갯바위 앞이나 갯바위 옆은 찌 낚시로 흘려서 낚는 것이 좋지만 홈이나 언덕의 장소는 내뿜기 낚시로 노리는 것이 적당하다.

찌 낚시의 입질은 찌 아래 1~2m 정도의 지점에서 찌를 잡아당기듯이 하기 때문에 곧 알 수 있다.

찌가 잡아 당겨지면 크게 맞추기를 하지만, 맞추고 나서 물고기를 놀게 하고 있으면 본줄에 느슨함이 생겨서 놓쳐 버리는 경우가 많다.

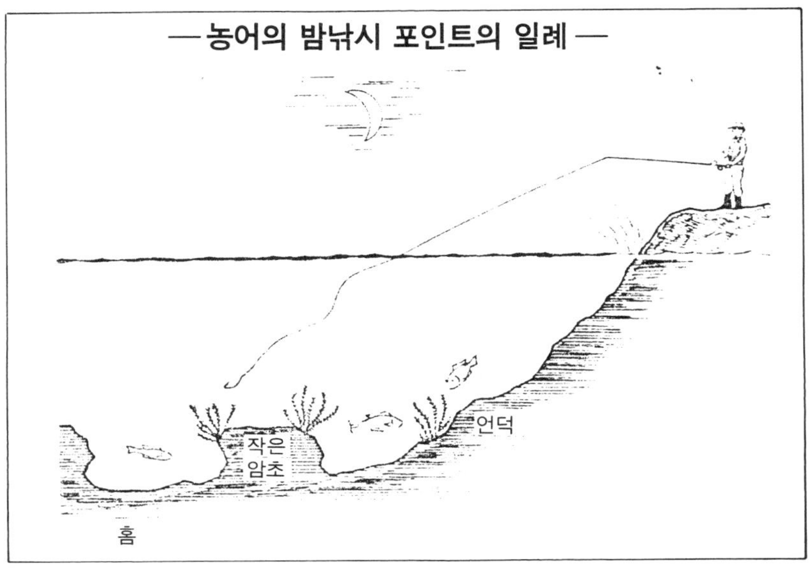

본줄은 끊임없이 당기는 기미로 해서 겨냥하도록 한다.

내뿜기 낚시의 입질은 대형일수록 작은 법이다. 가끔 확인을 하는 것도 좋고 물고기를 걸면 찌 낚시의 경우와 마찬가지로 본줄에 느슨함이 생기지 않도록 해서 거둬 들인다.

근어(根魚) 낚시

던져 넣기 낚시가 주체가 된다. 조류가 기대는 듯한 여울 옆 암초와 암초 사이에 들어간 홈, 모래가 섞인 곳 등이 포인트이다. 또한 낚싯봉을 당겨 왔을 때 걸리는 것 같은 장소나 주위보다 움푹 패여 있는 곳도 좋은 포인트이다.

낚시 방법

입질은 끝대에 나타나지만 밤에는 보기 어려우므로 미리 릴을, 기어를 넣어서 프리로 해 둔다. 입질이 있으면 기어소리가 나고 본줄이 끌려 들어가기 때문에 그로 인해서 맞추도록 하면 좋을 것이다.

▶ 밤 낚시의 주의 사항

갯바위 낚시는 다른 낚시의 비해서도 위험도는 상당히 높다. 게다가 밤 낚시가 되면 한층 더 위험도는 증가한다.

낚시 갈 즈음해서는 다음과 같은 사항을 충분히 주의하도록 한다.

① 기후의 상황에 따라서 중지하라

고기압으로 완전히 덮여 있는 것 같은 때는 거의 걱정 없지만, 전선이 통과하는 때는 풍향이 갑자기 바뀔 뿐만 아니라 강하게 불기 시작해서 격렬한 파랑을 수반하기 때문에 밤 낚시는 중지해야 한다.

② 낚시터에는 밝은 동안에 들어가자

밝은 동안에 목적 낚시터에 도착해서 낚시자리 확보나 긴급시의 피난 장소를 조사해 둔다. 또한 짐도 깨끗이 정리해서 소정의 위치에 두도록 한다. 물고기의 거둬 들임 장소도 정해 둔다.

③ 홀로 가는 건 절대 안 된다

혼자서 밤 낚시하러 가서는 안 된다. 또한 한 낚시터에는 반드시 두 명 이상이 들어간다.

④ 구명구는 항상 착용하라

아무리 날씨가 좋아도 구명구는 정확히 착용하고 있도록 한다. 갯바위에서 미끄러져 떨어진다고 하는 위험도 있기 때문이다.

⑤ 도선은 바로 옆에 대기시킨다

도선을 이용하는 경우, 귀가 시간까지 와주면 된다고 하고 배를 돌려 보내는 때나 도선업자가 돌아가고 싶다고 요구하는 경우는 도선 이용의 낚시는 중지한다. 긴급시에 대비해서 도선은 반드시 섬 옆 등 가까운 장소에 대기시켜 두어야 한다.

⑥ 술을 마시고 낚시를 하지 말라

밤 낚시에서 술을 마시고 갯바위나 제방에서 낙하한 사고는 흔히 있다. 낚시꾼으로서 수치스러워해야 할 일이기 때문에 그만둔다.

⑦ 낚시터에서는 조용히 행동하자

해면 등에 갑자기 손전등 불빛을 향하거나 하면 주의 깊은 물고기들은 흩어져 버린다.

등대의 불과 같이 주기적인 것은 물고기들에게 경계심을 주지 않지만 감성돔 혹은 벵에돔이나 농어 대형어는 밤이라도 경계심을 늦추지 않고 있어 부자연스러운 불빛에는 민감하게 반응해서 흩어져 버린다.

낚은 물고기가 어떤 것인지를 조사하고 싶을 때는 불빛이 해면을 비추지 않도록 육지 쪽에서 비추어 조사하도록 해야 한다.

암벽의 작은 전갱이나 작은 고등어, 세이고 등은 오히려 불빛에 모여드는 물고기이기 때문에 이것들은 너무 신경질적이 되지 않아도 좋을 것이다.

⑧ 바늘 벗기기에 주의하자

독가시나 날카로운 이빨을 가진 쏠종개, 독사시치, 가오리, 쑤기미, 쏠배감펭곰치 등이 걸릴 때가 있기 때문에 바늘 벗기기에는 충분히 주의해야 한다.

외딴섬(離島)의 초대물 낚시

▶외딴 바위섬의 초대물 낚시에 대해서

크고 작은 섬들에는 무수한 갯바위 낚시터가 있어 황폐해진 가까운 곳을 피해 보다 멀리 낚시터를 찾아서 나가는 사람은 해마다 늘고 있다. 특히 외딴 섬은 찾아오는 낚시꾼의 수도 적은 곳이기 때문에 크고 작은 여러 낚싯대를 드리우며 누구의 낚싯대에나 간단히 걸린다고 하는 꿈과 같은 현실이 있다.

낚시터에 접근한 도선에서 상자 안경을 사용하여 해저를 들여다보면 30m 정도의 깊이까지 투시할 수 있는 장소에 크고 작은 물고기가 떼지어 헤엄치고 있는 모양은 살아있는 자연의 웅대함과 아름다움에 압도당하게 한다.

채비를 던지면 그것을 기다리고 있었다는 듯이 대형의 자바리나 장미바리, 붉바티 등이 1시간에 7~8마리의 비율로 낚이고 미끼가 냄새를 풍기는 주변에는 납전갱이 등이 몇백 마리나 떼를 지어 몰려들 만큼 물고기 그림자는 짙다.

그런 떼 속에 작은 바늘에 떨어지고 있는 미끼를 달아서 채비를 던지면 순식간에 빨려 들어가 버린다.

물고기 그림자가 짙은데 비례해서 자연 환경의 훌륭함은 말할 필요도 없다. 낚시 틈틈이 반나절이나 섬을 걸으면 하이비스커스 꽃이나 파파이아, 야자나무, 바나나 등의 남국 특유의 식물군을 볼 수도 있다.

내지의 갯바위가 공해로 오염된 오늘날, 시간과 경제적인 여유가 있는 갯바위 낚시팬이라면 누구나가 외딴 섬의 원정 낚시에 나가고 싶어질 것이다.

그러나 장소가 장소인 낚시 여행은 조행은 어느 정도 갯바위 낚시에 경험을 쌓고 체력도 갖추고 나서가 아니면 해서는 안 될 것이다.

▶어떤 물고기가 낚이는가?

갯바위에도 모습을 보이는 물고기들도 있지만 우선 자비리를 비롯한 능성어과의 물고기 다음은 줄전갱이, 납전갱이, 잿방어 등의 전갱이과 물고기 그밖에 도미과, 놀래기과 등 상당히 어종도 풍부하다.

그 장소에 따라서 돌돔, 강담돔, 혹돔, 자바리, 납전갱이, 줄전갱이, 잿방어 부시리 흑납전갱이 능성어 등은 이도의 초대물 낚시의 대상어이다. 이것들 외에 다음에 서술하는 것 같은 어종도 걸린다.

붉바티

《형태》

경골어강 진구아강 진골상목 농어목 농어아목 능성어과에 속하며 황갈색의 피부에 폭넓은 엷은 가로줄이 있고 어체 일면에 적갈색을 띤 콩알 크기의 얼룩무늬가 점재해 있다. 몸길이 50cm 이상 정도의 것이 잘 낚이지만 3~20kg의 대형 노성어도 있다.

벽우럭

《형태》

능성어과에 속하며 피부는 황적색을 하고 있다. 어체 일면에 주적색의 반점이 나 있고 등부에는 암색의 얼룩무늬가 2개 있다. 몸길이는 50cm 이상로 성장하고 3~20kg 나 된다.

구슬바리

《형태》

능성어과에 속하며 어체는 약간 길고 측편에 있다. 몸길이는 1m 정도로 성장하고 5~30kg나 된다.

맛은 매우 좋지만 특히 여름은 최고라고 여겨지고 있다.

장미비리

《형태》

능성어과에 속하며 어체는 황색 또는 적색을 하고 있고 어체 일면에 소형의 담홍색 또는 백색의 반점이 나 있다.

전체길이 80cm 정도로 성장하며 3~10kg의 것이 바늘에 잘 걸린다.

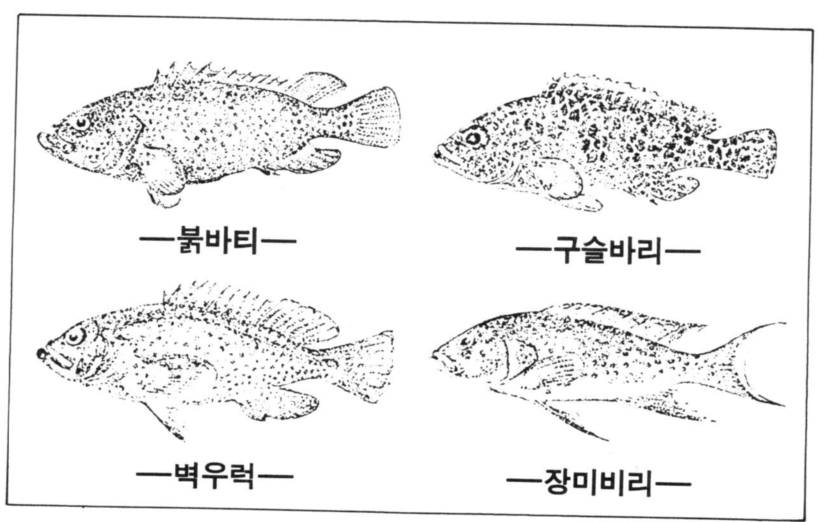

▶ 낚시터를 선택할 때는

외딴 섬의 갯바위는 본토의 갯바위와 비교하면 미개척 장소가 무수하게 있다. 본토의 유명한 갯바위는 거의 개척되어 있기 때문에 이 장소에서는 여기가 좋다고 하는 것처럼 어느 정도 낚시터의 모습과 낚시 방법은 정해져 있는 경우가 많지만 외딴 섬의 경우는 그렇지 않다.

그래서 낚시터를 찾는 경우 다음과 같은 조건을 만족시키는 곳을 선택하도록 하자.

① 해저가 암초 지대로 기복이 심한 곳

② 갯바위로부터 50m 정도 범위의 곳으로 수심이 5m에서 차츰 깊어져서 20~40m 정도까지의 곳

③ 낚싯봉이 안정할 만한 조류 받이의 곳. 던질 채비가 안정하고 그 자리에 유지할 수 있는 곳

④ 낚시 자리를 유지할 수 있고 안심하고 대물의 거둬 들임을 할 수 있는 곳

위와 같은 조건을 만족시키는 장소를 발견할 수 있으면 다음은 어디에 채비를 던질까를 결정한다. 즉, 포인트의 확정이다.

외딴 섬의 바다는 본토의 바다에 비교하면 투명도가 높기 때문에 해저의 기복은 갯바위의 높은 곳에서 보면 어느 정도 판단할 수 있고 도선 이용의 경우는 상자 안경으로 알 수도 있다.

또한 낚싯봉을 단 채비는 던져서 질질 끌어 보고 낚싯봉이 빨려 들어가는 곳은 홈 틈이나 굴이다.

더욱이 자신이 서 있는 갯바위의 기복 상태로 해저에 연속하는 갯바위의 형태를 상상해도 좋을 것이다.

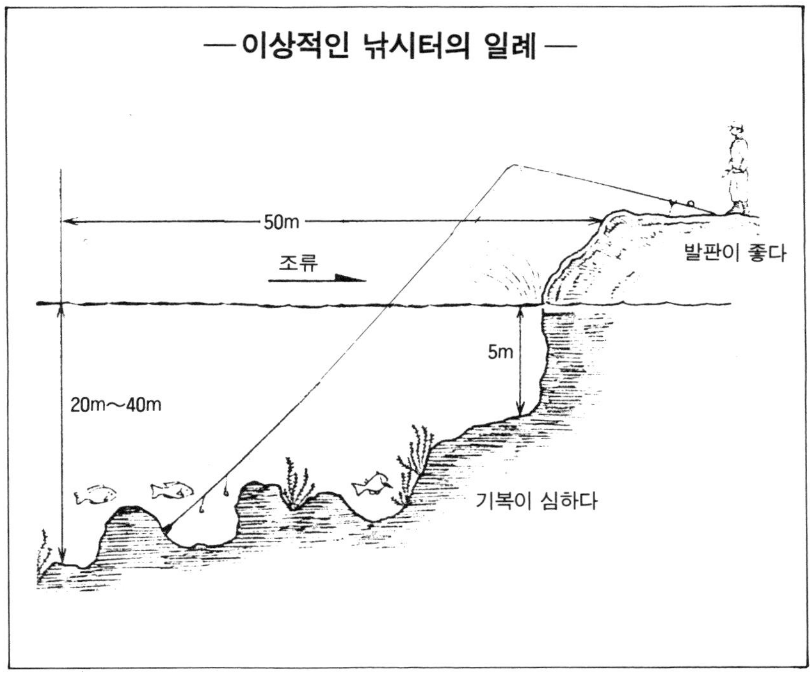

▶직접 용구

낚싯대

5m 전후의 갯바위 초대물용 낚싯대로 잉어 낚싯대라고 불리고 있는 낚싯대를 이용한다. 허리가 강한 튼튼한 것이 아니면 초대물에 견딜 수 없다.

릴

스타드랙형식의 강력 양축받이형으로 스풀폭이 있고 실의 양이 많은 것을 선택하도록 한다. 기어비는 1~2부터 1~2.5 정도의 것.

본줄

30~80호를 스풀 가득히 감아 둔다. 스페어를 2타래 정도 별도로 준비해 둔다.

바늘

자바리나 능성어를 노리는 경우 20~50호의 자바리 바늘을 준비한다. 또한 암초 걸림이 많은 장소에 대비해서 네무리 바늘 20~25호를 준비한다.

대형 전갱이류의 바닥 낚시용에는 네무리 바늘 30~50호를 찌 낚시에는 돌돔 바늘이나 이세아마 16~40호까지를 준비한다.

채비

바닥 낚시용과 찌 낚시용을 각각 준비한다(그림 참조).

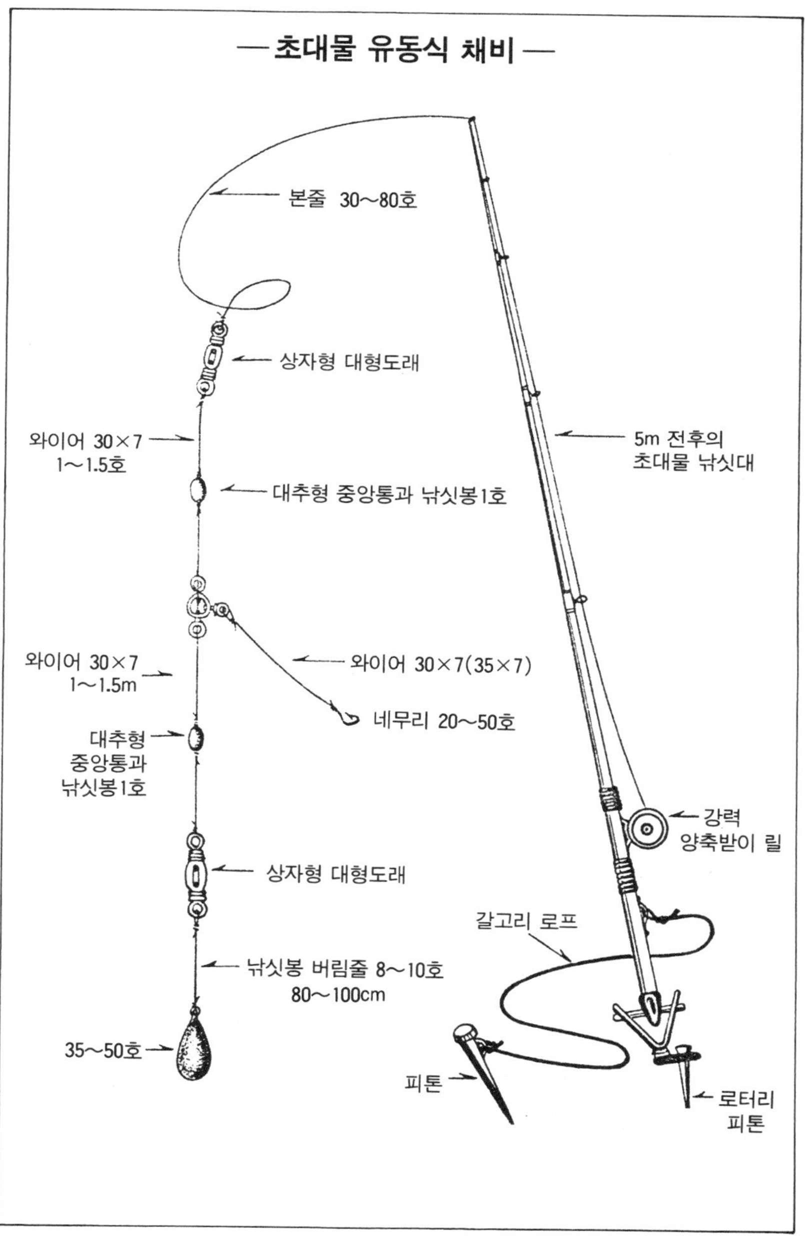
—초대물 유동식 채비—
본줄 30~80호
상자형 대형도래
와이어 30×7
1~1.5호
5m 전후의
초대물 낚싯대
대추형 중앙통과 낚싯봉1호
와이어 30×7(35×7)
와이어 30×7
1~1.5m
네무리 20~50호
대추형
중앙통과
낚싯봉1호
강력
양축받이 릴
상자형 대형도래
갈고리 로프
낚싯봉 버림줄 8~10호
80~100cm
35~50호
피톤
로터리
피톤

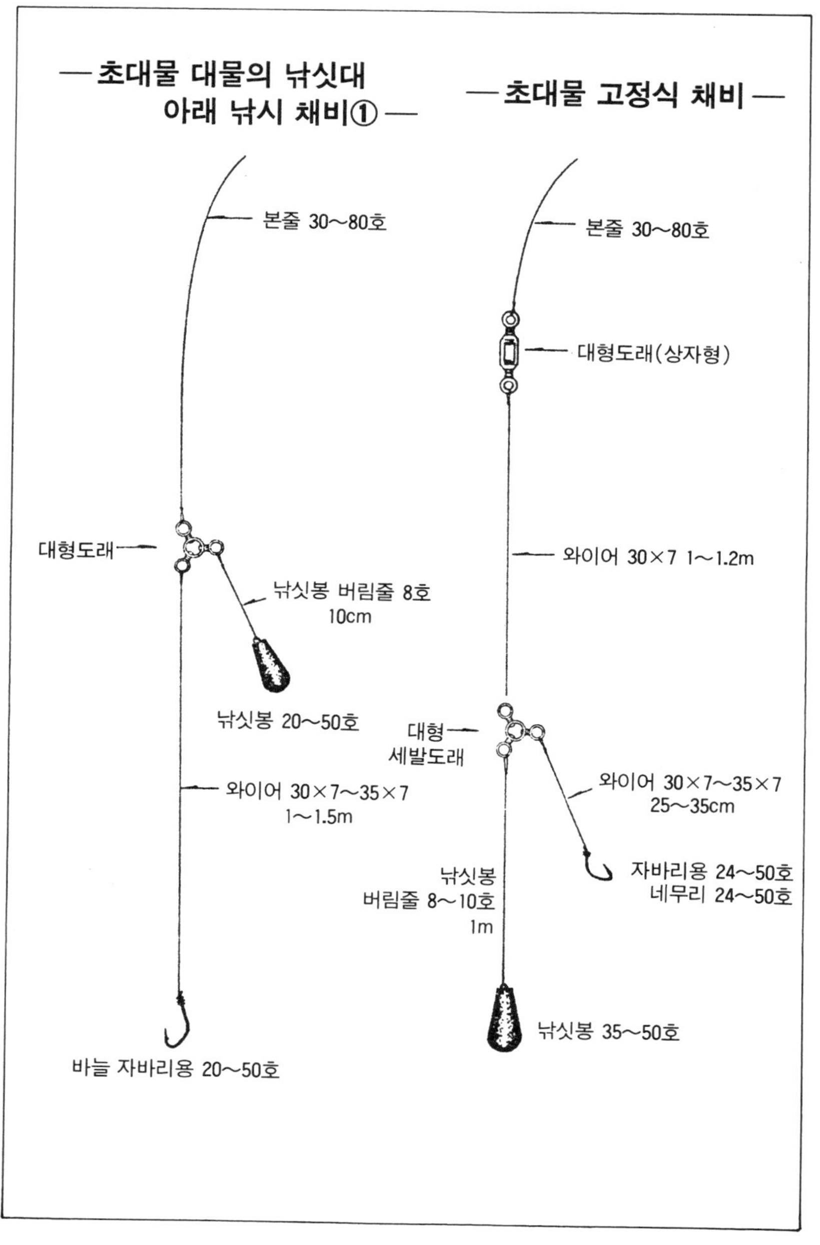
—초대물 대물의 낚싯대
아래 낚시 채비①—
본줄 30~80호
대형도래
낚싯봉 버림줄 8호
10cm
낚싯봉 20~50호
와이어 30×7~35×7
1~1.5m
바늘 자바리용 20~50호
—초대물 고정식 채비—
본줄 30~80호
대형도래(상자형)
와이어 30×7 1~1.2m
대형
세발도래
와이어 30×7~35×7
25~35cm
자바리용 24~50호
네무리 24~50호
낚싯봉
버림줄 8~10호
1m
낚싯봉 35~50호

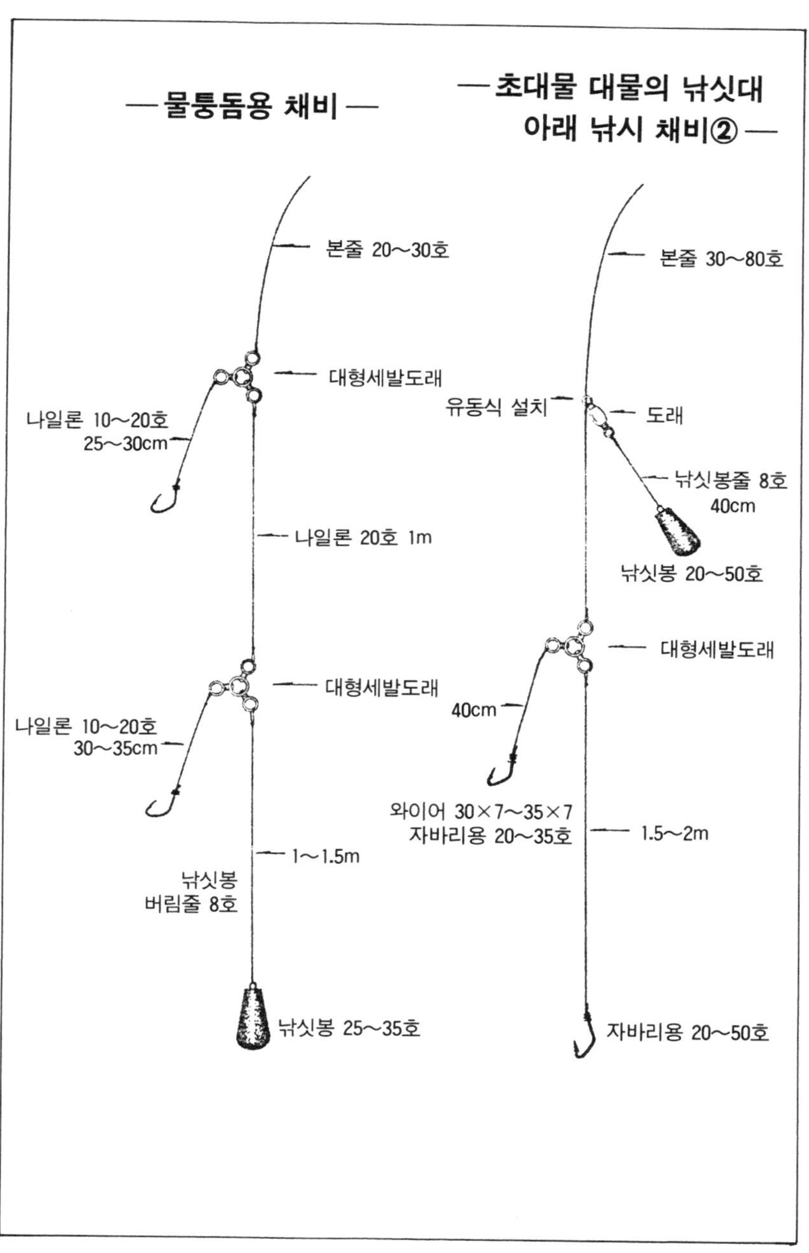
—물통돔용 채비—
본줄 20~30호
대형세발도래
나일론 10~20호
25~30cm
나일론 20호 1m
대형세발도래
나일론 10~20호
30~35cm
1~1.5m
낚싯봉
버림줄 8호
낚싯봉 25~35호
—초대물 대물의 낚싯대
아래 낚시 채비②—
본줄 30~80호
유동식 설치
도래
낚싯봉줄 8호
40cm
낚싯봉 20~50호
대형세발도래
40cm
와이어 30×7~35×7
자바리용 20~35호
1.5~2m
자바리용 20~50호

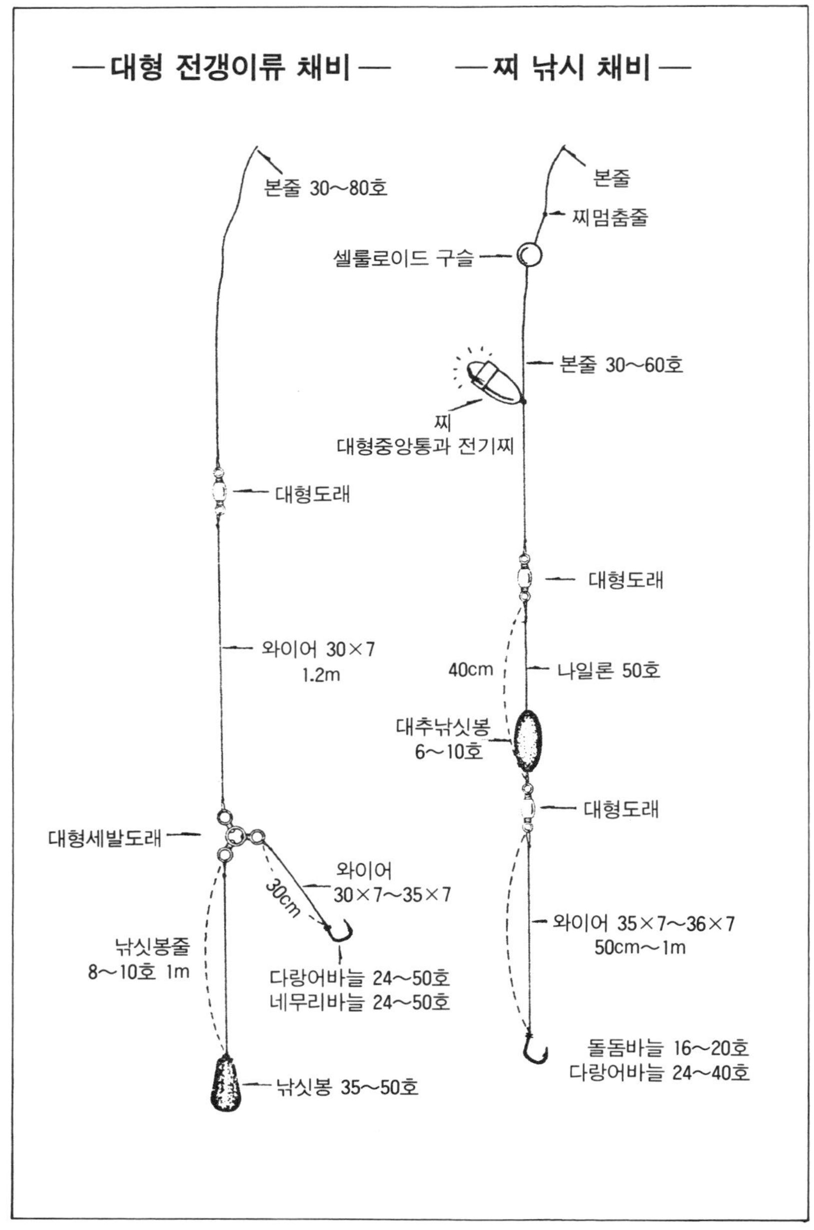

—대형 전갱이류 채비—
본줄 30~80호
대형도래
와이어 30×7
1.2m
대형세발도래
와이어
30×7~35×7
30cm
다랑어바늘 24~50호
네무리바늘 24~50호
낚싯봉줄
8~10호 1m
낚싯봉 35~50호
—찌 낚시 채비—
본줄
찌멈춤줄
셀룰로이드 구슬
본줄 30~60호
찌
대형중앙통과 전기찌
대형도래
40cm
나일론 50호
대추낚싯봉
6~10호
대형도래
와이어 35×7~36×7
50cm~1m
돌돔바늘 16~20호
다랑어바늘 24~40호

소도구류

와이어 30×7(30번사 7개 꼼)~36×7 외 대형의 상자형, 도래나 대형 세발도래를 준비한다. 낚싯봉은 범종형 또는 오다와라형 30~50호와 대추형 중앙통과 낚싯봉 1호 몇 개의 6~35호를 찌는 대형 전기와 동등한 부력이 있는 것, 그 밖에 셀룰로이드 구슬 등을 준비한다.

▶간접 용구와 장비

간접용구

① 갯바위 낚시용 해머 ② 나이프 ③ 뻰치 와이어 커터 ④ 가위 ⑤ 낚싯대 꼬리를 고정하는 로터리 피톤 ⑥ 피톤 ⑦ 하켄 ⑧ 쇠갈고리 로프(직경 5mm 이상의 것 10m 정도) ⑨ 손잡이 길이가 3.5m 이상의 대물용 갸프(직경 4~5mm의 로프를 손이 미끄러지지 않도록 손잡이에 거칠게 감아 둔다) 등을 준비한다.

장비

복장은 긴 소매에 긴 바지가 절대이다. 손의 보호나 암초 걸림을 끊을 때의 목장갑, 캠, 램프, 손전등, 구명구, 호루라기, 구명 로프(직경 8mm로 길이 30m 이상 끝에 볼을 감싼 자루를 달아 둔다), 갯바위용 지하 버선 또는 갯바위용 신발 물통 간단한 휴행식과 의약품, 비옷 트랜지스터 라디오 등.

▶각종의 낚시 방법

자바리 능성어류의 낚시 방법

안전 장비를 하고 최저 3명 이상의 팀을 짜서 낚시터로 향한다.

낚시터에 도착하면 꽁치 등을 잘라서 뿌림 모이로 한다.

미끼는 갈고등어, 가다랭이, 고등어, 꽁치 등의 소형(30cm 이하) 물고기를 1마리 걸이로 한다.

채비를 던지면 곧 잠시 후에 탁탁하는 느낌으로 낚싯대 끝을 흔들고 이어서 단숨에 낚싯대 끝을 조여든다.

낚싯대 끝이 2m 정도 끌려 들어간 즈음에서 크게 맞추기를 한다. 이 때 끌려 들어간 낚싯대가 본줄과 일직선이 되는 것 같으면 실패이다. 위험하다고 판단하면 즉시 동행자의 힘을 빌어 한 사람은 낚싯대를 어깨로 일으키는 등에서 어떻게든 낚싯대를 일으킨다. 일으키는 데에 성공하면 낚싯대 꼬리를 단단히 고정하고 릴을 감는다.

20kg 급의 자바리의 당김은 대형 돌돔의 그것과 비교할 수 없을 만큼 강렬하다. 만일 암초로 끌려 들어가면 도저히 거둬 들일 수 없을 것이다.

물고기가 걸리고 나서 거둬 들일 때까지는 낚시꾼과 물고기와의 사투가 전개 된다. 이렇게 되면 낚시꾼 자신에게도 위험이 닥치기 때문에 동료와 함께 한다. 한 사람이 낚싯대를 어깨에 메고 끌어 들임에 견디고 한 사람이 릴을 감는다고 하는 식으로 해서 물고기를 재빨리 암초로부터 멀어지도록 한다.

암초로부터 5m나 뗄 수 있으면 이제 잘 된 것이다. 자꾸 자꾸 릴을 감아서 갯바윗가로 물고기를 바짝 끌어 당긴 후 대형 갸프를 박아 넣고 거둬 들인다.

대형 전갱이류의 낚시 방법

한 마디로 대형 전갱이류라고 해도 5kg 급부터 100kg 가까운 것까지 있기 때문에 채비는 몇 종류인가 준비해서 걸리는 물고기의 크기에 맞춰서 바꾸어 사용하도록 해야 한다.

낚시터는 조류가 잘 되감기는 파도가 부서져 흰 거품이 이는 곳의 주변이 좋고 꽁치를 잘게 부수도록 하든가 민치로 해서 뿌림 모이를 한다.

미끼는 갈고등어나 가다랭이 고등어 등을 이용하지만 10kg 전후의 물고기를 낚는 경우는 배를 쪼개 발려서 살을 꽂고 그 이상의 대형을 낚을 때 는 한 마리 걸이로 한다.

전갱이류는 회유률이 높고 또한 뿌림 모이에 따라 바닥에서부터 상층부 쪽으로 유영층이 이동해 오기 때문에 바닥 낚시 채비보다도 찌 낚시 채비를 이용해서 낚는 편이 효과적이다.

찌의 사라짐이 있으면 가능한 한 크게 맞춘다. 끌어 들임의 힘은 대단하다. 낚싯대를 겨누고 있기만 본줄을 끊길 우려도 있기 때문에 끌어 들임의 힘에 따라서 릴의 드랙을 늦추거나 조이거나 차츰 물고기의 힘을 빼도록 한다.

특히 줄전갱이는 턱이 약하기 때문에 다른 물고기보다 놓칠 확률이 많다. 그 때문에 걸고 나서 힘이 빠질 때가지 본줄의 내고 들임이 거둬 들임의 열쇠가 된다.

그 밖의 대물 낚시

자바리나 우럭 혹은 전갱이류를 노리고 있으면 100kg 나 되는 것 같은 가오리나 상어가 걸리는 경우도 있고 물퉁돔이 물고기, 때로는 다랑어류가 걸리는 경우도 종종 있다.

물퉁돔 등의 물고기는 그다지 전문 낚시의 대상이라고는 여겨지지 않지만 암초 지대라도 사지(砂地)가 많은 곳에는 이런 물고기가 회유하는 확률이 많기 때문에 낚시터의 상태에 따라서는 채비를 물퉁돔용의 것으로 바꿔서 낚아 보는 것도 방법이다.

낚시 방법 일반은 우럭이나 전갱이류의 낚시 방법과 큰 차이는 없지만 초대물이 걸리기 때문에 거둬 들임도 그런 물고기와 같은 주의가 필요하게 된다.

제3장

갯바위 낚시용구의 기초지식

갯바위 낚싯대의 선택 방법

▶재질은 무엇이 좋은가?

낚싯대는 특수한 것에 사용하는 경우를 제외하고 죽제(竹製)와 글라스(glass)제의 두 가지로 크게 나눌 수 있다. 대나무 낚싯대는 참죽, 이대, 오죽 등이 이용되지만 글라스 낚싯대는 글라스 파이버를 재료로 해서 만들어진 것으로 대나무 낚싯대에 비하면 취급이 편리하고 조금 난폭하게 다루어도 부러지거나 할 위험이 없다.

또한 대량 생산이 가능하기 때문에 대나무 낚싯대보다도 가격이 상당히 싸지고 있다.

더욱이 최근의 글라스 낚싯대는 각 낚시 도구 메이커의 연구가 상당히 진전해 있기 때문에 각종의 점에서 대나무 낚싯대를 능가하는 것이 생산되고 있다.

충해(蟲害)의 우려도 없고 바닷물에 대한 내구력도 뛰어난 점 때문에 갯바위 낚싯대의 재질은 우선 글라스제의 것을 선택하도록 하는 편이 좋을 것이다.

단, 바닷물에 젖은 것을 그대로 언제까지나 방치해 두면 염분 때문에 가이드의 설치부나 이음새가 상하기 때문에 사용 후는 반드시 민물로 씻어 두도록 해야 한다.

흔들리기는

한 마디로 갯바위 낚시라고 해도 붕어 낚싯대로 낚을 수 있는 것 같은 망상어 등의 중·소물부터 돌돔, 강담돔 등의 돌물, 자바리, 능성어류 등의 초대물까지 여러 가지이다.

따라서 낚싯대를 선택하는 경우 자신이 무엇을 낚으려고 하는지를 우선 최초로 정하고 나서 낚싯대의 선택에 착수하도록 하자.

그런데 어떤 낚싯대에도 《흔들리기》라고 일컬어지는 것이 있다. 낚싯대를 손에 들고 휘둘러 보면 낚싯대의 어느 부분을 중심으로 해서 커브하지만 그 커브의 기점이 어디에 있느냐로 여러 가지 흔들리기가 정해져 있다.

다음 아래의 그림을 보자. 위쪽의 낚싯대는 끝쪽에서 커브하고

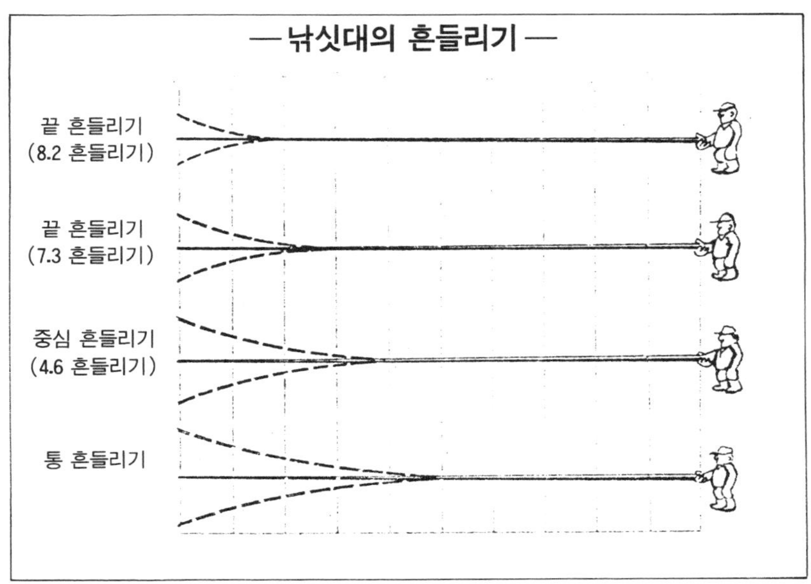

아래쪽의 낚싯대는 몸통 부분에 커브의 기점이 있음을 알 수 있을 것이다.

그림에 나타났듯이 4가지의 흔들리기가 기본으로 되어 있지만 갯바위 낚싯대는 어느 쪽인가 하면 끝흔들리기의 것이 많이 이용된다. 그것은 물고기를 걸면 가능한 한 빨리 암초로부터 떼어서 거둬들일 필요가 있기 때문이다.

그러나 물고기에 따라서는 통흔들리기 낚싯대 쪽이 좋은 경우도 있기 때문에 자세한 것은 낚시 방법의 항에서 자신이 낚으려고 하는 물고기와 그 채비를 잘 선택해서 선택의 기준으로 삼도록 하자.

릴의 종류와 취급법

▶ 릴의 역할

낚싯대에 단 낚싯줄만으로는 닿지 않는 포인트에 채비를 넣기 위해서는 보다 긴 본줄이 필요하다. 이 본줄을 감아 두는 것이 릴의 역할로 해저에 닿은 낚싯봉을 여러 가지로 움직여서 미끼를 조작하여 물고기의 식욕을 자극하도록 하는 것도 릴의 역할이다.

▶ 릴의 종류와 취급법

릴에는 여러 가지의 종류가 있지만 갯바위 낚시에서 주로 사용되는 것은 스타드랙 릴, 스피닝 릴, 북형 릴(횡전식 릴)의 3종류이다.

스타드랙 릴에 대해서

릴에 달려 있는 낚아 올림 힘 조정장치(드랙)가 별(스타)모양을 하고 있기 때문에 스타드랙 릴이라고 불리고 있다.

이 릴은 각각의 용도에 따라서 베이 릴, 서프 릴, 트롤링 릴 등으로 나눠진다.

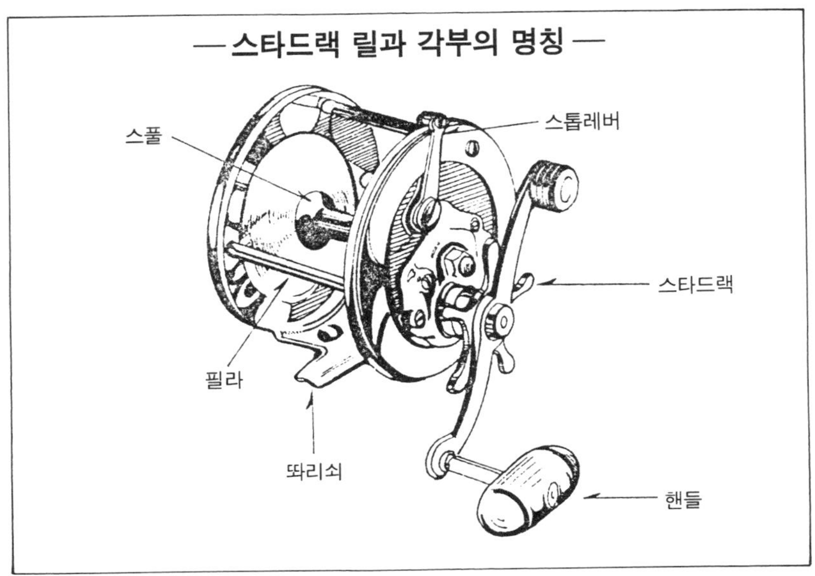

베이 릴이라고 하는 것은 스풀의 폭이 좁아 배에서의 몸통 찌르기 낚시 등에 많이 이용된다.

서프 릴은 서프 캐스팅 릴이라고도 불리며 이름대로라면 모래사장의 던질 낚시용 릴이라고 하는 의미가 되지만 모래사장의 던질 낚시에는 스피닝 릴 쪽이 많이 이용되고 서프 릴은 한결같이 갯바위 낚시에 이용되고 있다.

트롤링 릴은 이름대로 트롤링 전용의 것으로 서프 릴보다도 대형이 된다.

서프 릴은 갯바위의 대물부터 중·소물 낚시에도 이용되어 갯바위 낚시에는 빼놓을 수 없는 릴이다.

위에 있는 그림을 보자. 스풀에 본줄을 감지만 그 축의 양끝은 고정되어 있어 대물의 당김에 견딜 수 있도록 되어 있다. 양축이 고정되어 있기 때문에 이 릴은 '양축받이 릴' 혹은 '양받이축 릴'이라고도 불린다. 드랙, 즉 낚아 올림 힘조정 장치는 드랙의 힘보다도 더욱 강한 물고기가 걸리면 스풀이 역회전해서 본줄이 나오는 채비로 되어 있다. 그 때문에 스타드랙은 목줄의 강도보다도 약간 약하게 조절해 두도록 하면 대물이 걸렸을 경우라도 목줄이 당겨져서 끊어질 우려가 없어진다.

서프 릴을 취급하는데 있어서 주의할 점은 백러시를 막는다고 하는 것이다. 채비를 던지면 낚싯봉의 속도에 따라서 스풀이 회전하여 본줄이 나가지만 낚싯봉이 해저에 닿아도 스풀은 타력으로 돌아 버려서 갈 곳을 잃은 본줄은 스풀상에서 느슨하게 부풀어 올라 버린다. 이것은 백러시라고 한다. 그래서 낚싯봉이 바닥에 닿았을 때 왼손 엄지로 본줄의 나감을 스톱시킨다. 그러나 낚싯봉이 바닥에 닿기 전에 본줄을 눌러 버리면 본줄의 나감은 스톱해 버린다. 취급법에 대해서는 다음 페이지의 그림을 참고로 하자.

스피닝 릴에 대해서

갯바위의 중·소물 낚시에는 없어서 안 될 것이 스피닝 릴이다. 서프 릴에 비하면 취급법은 훨씬 간단하다.

서프 릴은 스풀이 회전해서 본줄이 나갔지만 던짐 동작의 경우의 스피닝 릴은 스풀은 회전하지 않고 낚싯봉의 무게에 끌려서 본줄이 끌려 나간다. 스풀은 고정된 채로이다.

스풀이 회전하지 않기 때문에 서프 릴의 경우와 같이 백러시를 일으킬 우려는 없다. 더구나 스풀을 회전시키는데 필요한 힘이 불필요하게 되기 때문에 가벼운 낚싯봉으로 멀리 채비를 던질 수 있다.

이 때문에 스피닝 릴은 멀리 던질 것을 필요 조건으로 하는 모래사장의 던질 낚시에 많이 이용되고 있다.

—스타드랙 릴의 취급법—

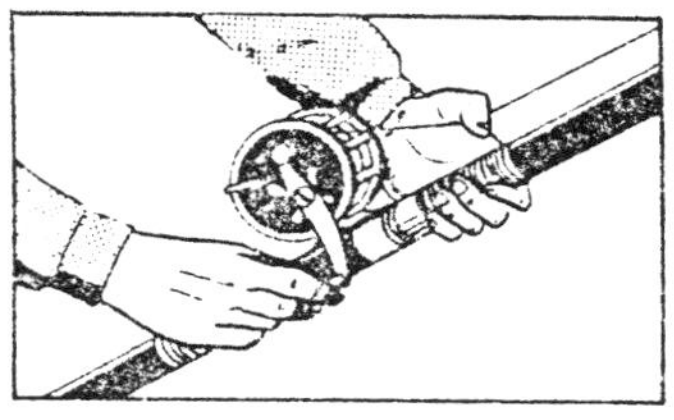

① 채비를 감아 올려 투입 동작에 들어가지만 스풀에 본줄이 평평하게 감겨 있는지를 확인한다.

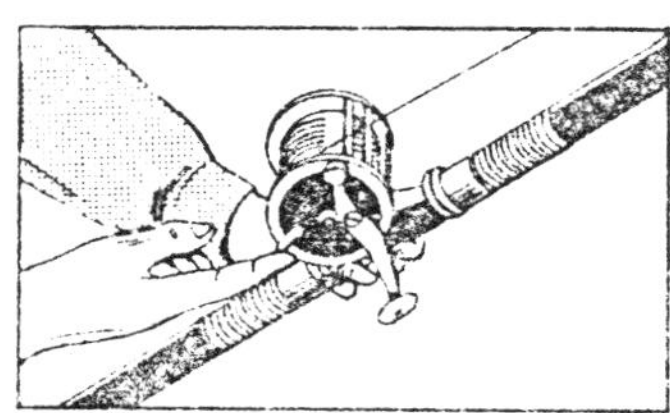

② 왼손 엄지 오른쪽 볼을 스풀가에 대고 오른손으로 크러치 레버를 위로 쓰러뜨린다. 이것으로 스풀은 프리가 된다.

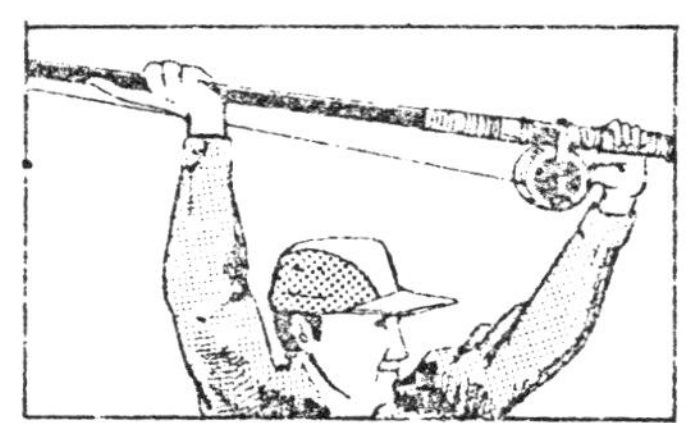

③ 왼손 엄지 오른쪽 볼로 스풀가를 눌러서 스풀이 회전하지 않도록 하고 오른손은 어깨폭 정도의 지점을 쥐고나서 릴을 아래로 향하고 양팔을 펴서 머리 위 전방으로 가져가 자세를 취한다. 몸은 목표에 직각 눈은 약간 위를 향하고 발은 반보 정도 벌린다.

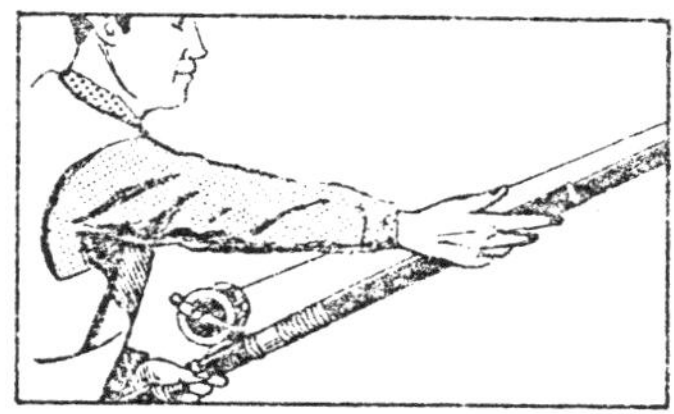

④ 투입은 오른쪽 비스듬히에서 휘둘러 내린다. 낚싯봉은 머리 위 통과의 조금 전에 누르고 있던 왼손 엄지 오른쪽 볼을 조금 띄워서 스풀을 회전시킨다.

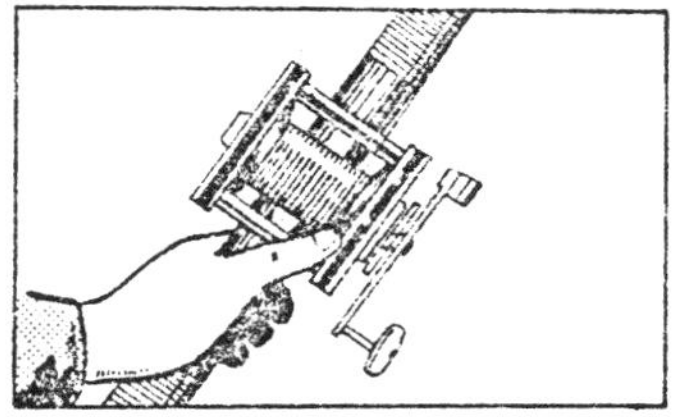

⑤ 그러나 왼손 엄지 오른쪽 볼은 너무 띄우면 스풀이 너무 돌아서 실이 나가는 스피드에 따라 갈 수 없어 부풀어 올라 백러시하기 때문에 가장자리를 가볍게 누르는 정도로 조정(서밍)한다.

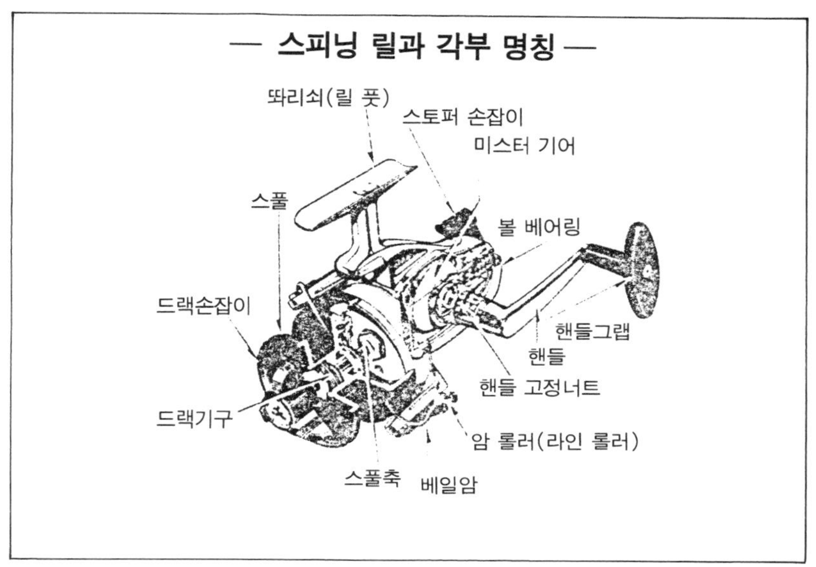

스피닝 릴의 드랙은 낚아올림 힘조정 장치로서 이것을 늦춰 두면 스톱을 걸어서 본줄을 감고 있을 때에 강력한 물고기의 당김이 와도 본줄이 나가기 때문에 목줄이 끊어질 우려가 없어진다. 따라서 대형의 물고기가 낚이는 것 같은 때 혹은 스피닝 릴로 대형어를 노리려고 할 때는 미리 늦춰 두도록 하면 좋을 것이다.

그러나 스피닝 릴은 스풀에 직접 본줄을 감는 것이 아니라 일단 받은 것을 옆으로 감도록 되어 있기 때문에 대물을 낚기 위해서는 구조적으로 어울리지 않는 점이 있다.

대물은 서프 릴로 중·소물을 스피닝 릴로 하는 것이 갯바위 낚시의 철칙이라고 해도 과언은 아니라고 생각한다.

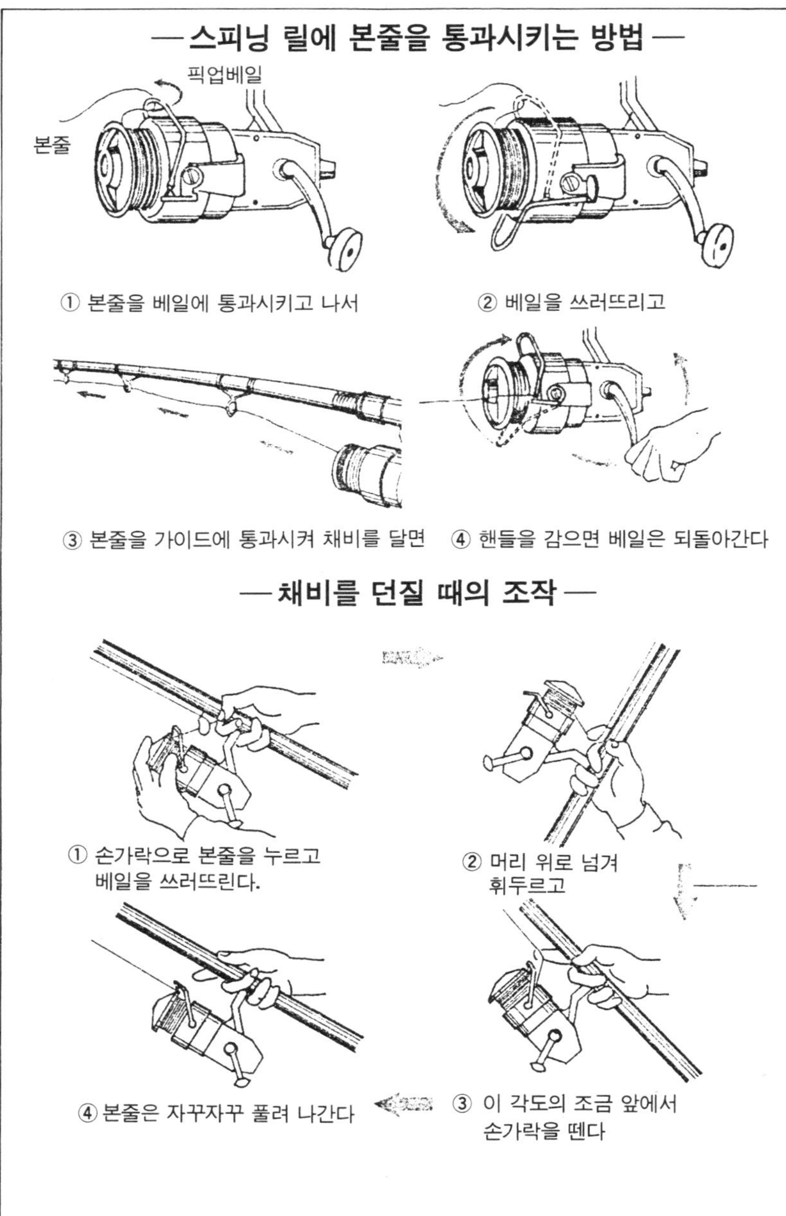
—스피닝 릴에 본줄을 통과시키는 방법—
픽업베일
본줄
① 본줄을 베일에 통과시키고 나서
② 베일을 쓰러뜨리고
③ 본줄을 가이드에 통과시켜 채비를 달면
④ 핸들을 감으면 베일은 되돌아간다
—채비를 던질 때의 조작—
① 손가락으로 본줄을 누르고
베일을 쓰러뜨린다.
② 머리 위로 넘겨
휘두르고
④ 본줄은 자꾸자꾸 풀려 나간다
③ 이 각도의 조금 앞에서
손가락을 뗀다

—대형 스피닝 릴의 취급법—

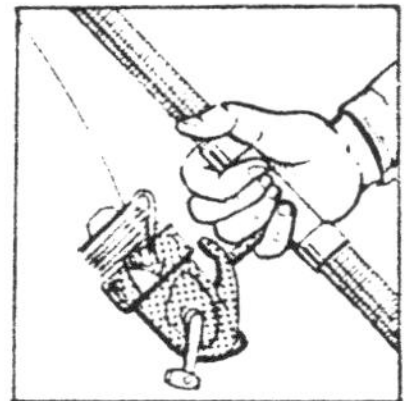

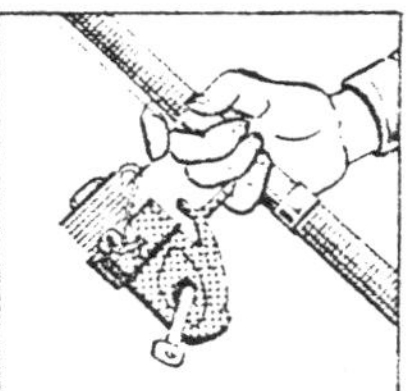

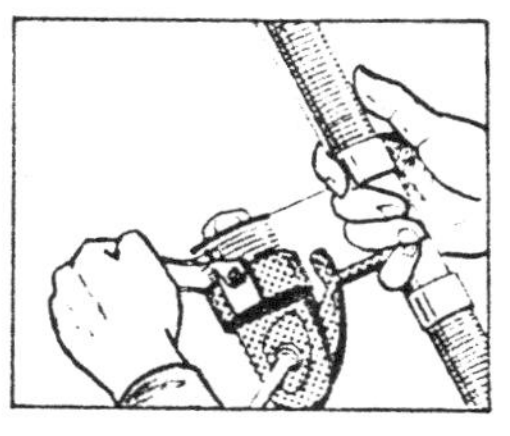

① 릴의 쥐는 법

엄지와 새끼 손가락
사이에 각부를 넣어 쥔다.
채비는 감겨져 있고
라인롤러가 수평에서
45° 위쪽에 오도록 한다.

② 검지로 본 줄을

검지를 펴서 본줄을
제1관절과 손가락
끝 중간의 볼로
릴 시트에 누른다.

③ 픽업 베일을 아래로

볼로 누른 본줄을
늘어지지 않도록 하고
왼손으로 픽업베일을
아래로 되돌린다.
이 동작이 끝나면 스풀로부터의
본줄은 항상 방출되는
상태가 되어
다음 투입 동작으로
옮길 수 있다.

④ 포인트에의 투입 방법

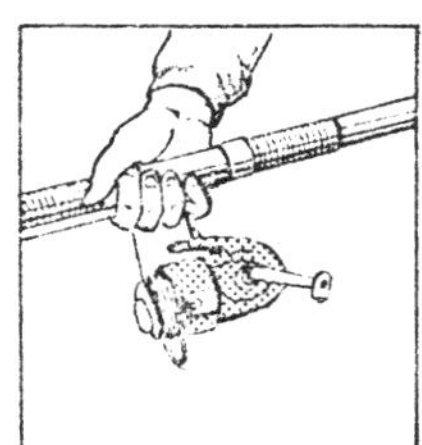

여러 가지의 투입 방법이
있지만 깨끗한
모래사장이라면 낚싯봉을
포인트와 반대쪽에 둔다.
낚싯봉을 아래에 둘 수
없을 경우는
릴을 위로 향하고
양팔을 펴서 포인트를 향해
직각으로 자세를 취한다.

⑤ 투입자세

깨끗한 모래사장에서는
채비를 아래에 두고
양팔을 펴서 릴을 머리 위
후부로 가져 온다.
이 때 릴은 위로 향하게
되고 낚싯대 끝은
모래 위에 닿아 있다.
신체의 중심을 뒤로
옮긴다.

⑥ 투입의 순간

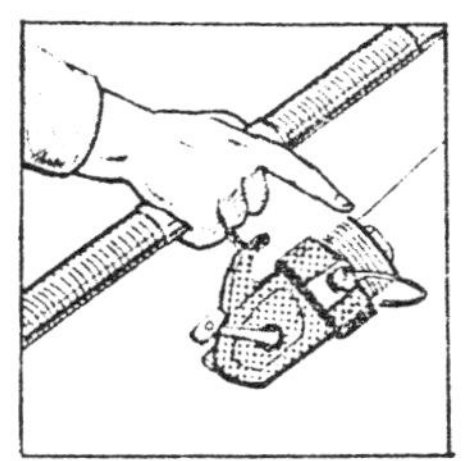

양팔을 편 채 낚싯대를
휘둘러 내린다.
낚싯봉이 머리 위를
지나기 조금 전에
누르고 있던
검지를 펴면 본줄이 나간다.

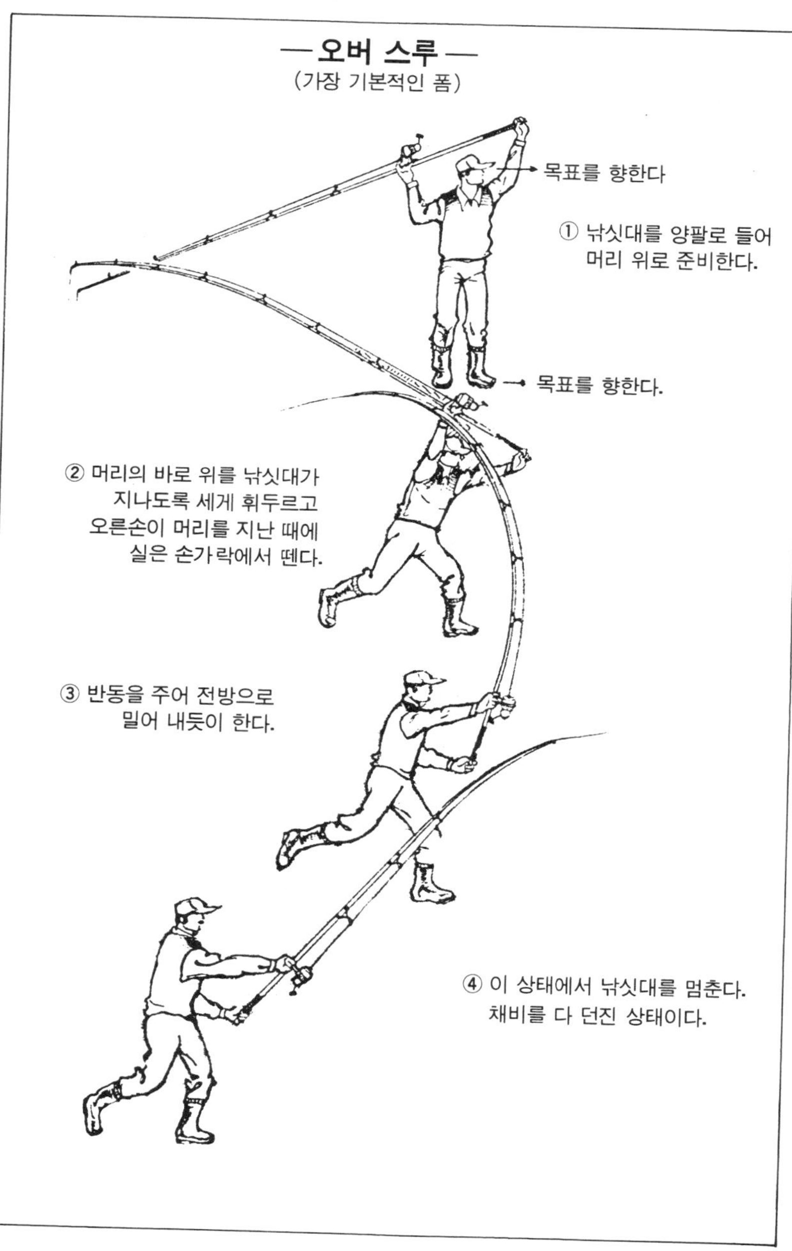
—오버 스루—
(가장 기본적인 폼)
목표를 향한다
① 낚싯대를 양팔로 들어
머리 위로 준비한다.
목표를 향한다.
② 머리의 바로 위를 낚싯대가
지나도록 세게 휘두르고
오른손이 머리를 지난 때에
실은 손가락에서 뗀다.
③ 반동을 주어 전방으로
밀어 내듯이 한다.
④ 이 상태에서 낚싯대를 멈춘다.
채비를 다 던진 상태이다.

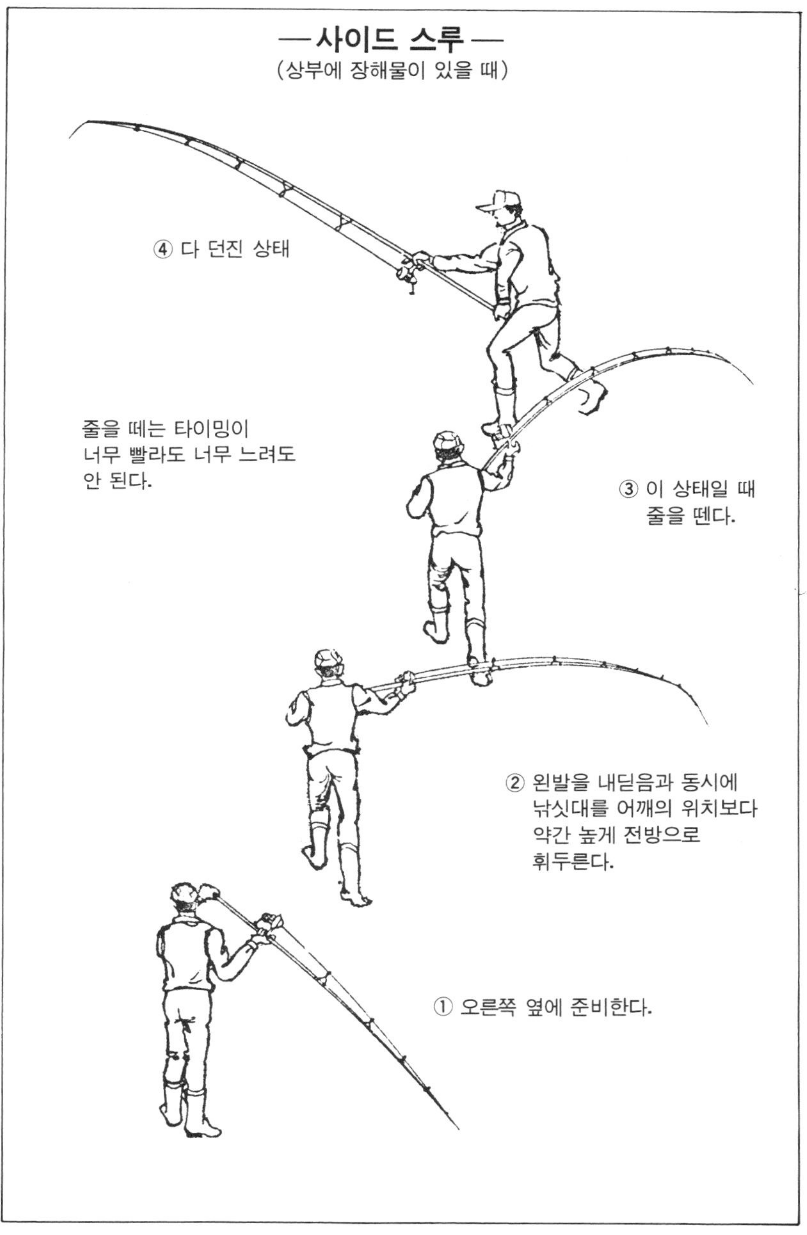
—사이드 스루—
(상부에 장해물이 있을 때)
④ 다 던진 상태
줄을 떼는 타이밍이
너무 빨라도 너무 느려도
안 된다.
③ 이 상태일 때
줄을 뗀다.
② 왼발을 내딛음과 동시에
낚싯대를 어깨의 위치보다
약간 높게 전방으로
휘두른다.
① 오른쪽 옆에 준비한다.

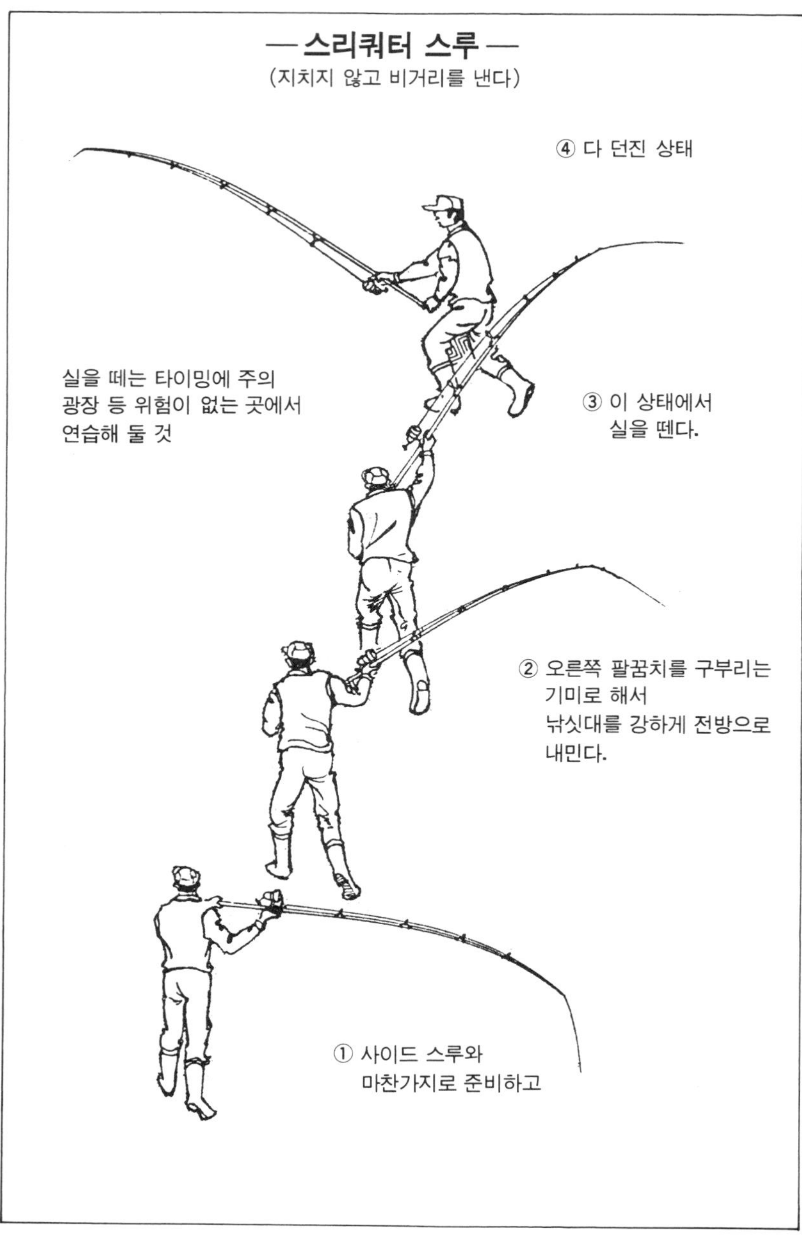
—스리쿼터 스루—
(지치지 않고 비거리를 낸다)
④ 다 던진 상태
실을 떼는 타이밍에 주의
광장 등 위험이 없는 곳에서
연습해 둘 것
③ 이 상태에서
실을 뗀다.
② 오른쪽 팔꿈치를 구부리는
기미로 해서
낚싯대를 강하게 전방으로
내민다.
① 사이드 스루와
마찬가지로 준비하고

횡전 릴에 대해서

횡전 릴은 별명 북형 릴이라고도 불린다. 스풀이 회전해서 실은 감지만 서프 릴과 같이 스풀이 고정되어 있지 않다. 스풀 측의 한쪽만을 고정시키고 있기 때문에 '한쪽축받이 릴', '한쪽받이축 릴'이라고도 불리고 있다.

채비를 던질 때는 릴을 횡전시킨다. 횡전시키면 스풀은 고정하고 본줄은 프리 상태가 되어 낚싯봉의 힘에 의해 자꾸자꾸 나간다. 낚싯봉이 바닥에 닿으면 횡전하고 있던 릴을 제위치로 되돌리고 여분으로 나간 본줄을 스풀에 감아 둔다.

이 릴의 결점을 본줄이 나선상으로 비틀려서 나가기 때문에 본줄에 꼬임이 생기기 쉽다고 하는 것이다.

또한 한쪽축받이로는 대물을 낚는 데에는 적합치 않고 서프 릴과 스피닝 릴 양쪽의 기능을 가지고는 있지만 내뿜기 낚시나 소물 낚시에 이용되는 정도이다.

더욱이 스피닝 릴에는 소형부터 대형까지 있고 그 사용상의 편리함으로 횡전 릴의 분야에 상당히 침투해 있기 때문에 감성돔의 내뿜기 낚시 등 일부 낚시에 이용되는 외는 갯바위 낚시에서는 그다지 많이 사용 되고 있지 않다. 특히 초보자의 경우는 스피닝 릴을 충분히 구사하고 나서 횡전 릴이나 서프 릴에 손을 대는 편이 무난할 것이다.

더구나 릴을 사용한 채비의 던지는 방법은 사람이 없는 광장 등 위험이 없는 곳에서 미리 연습해 두면 좋을 것이다.

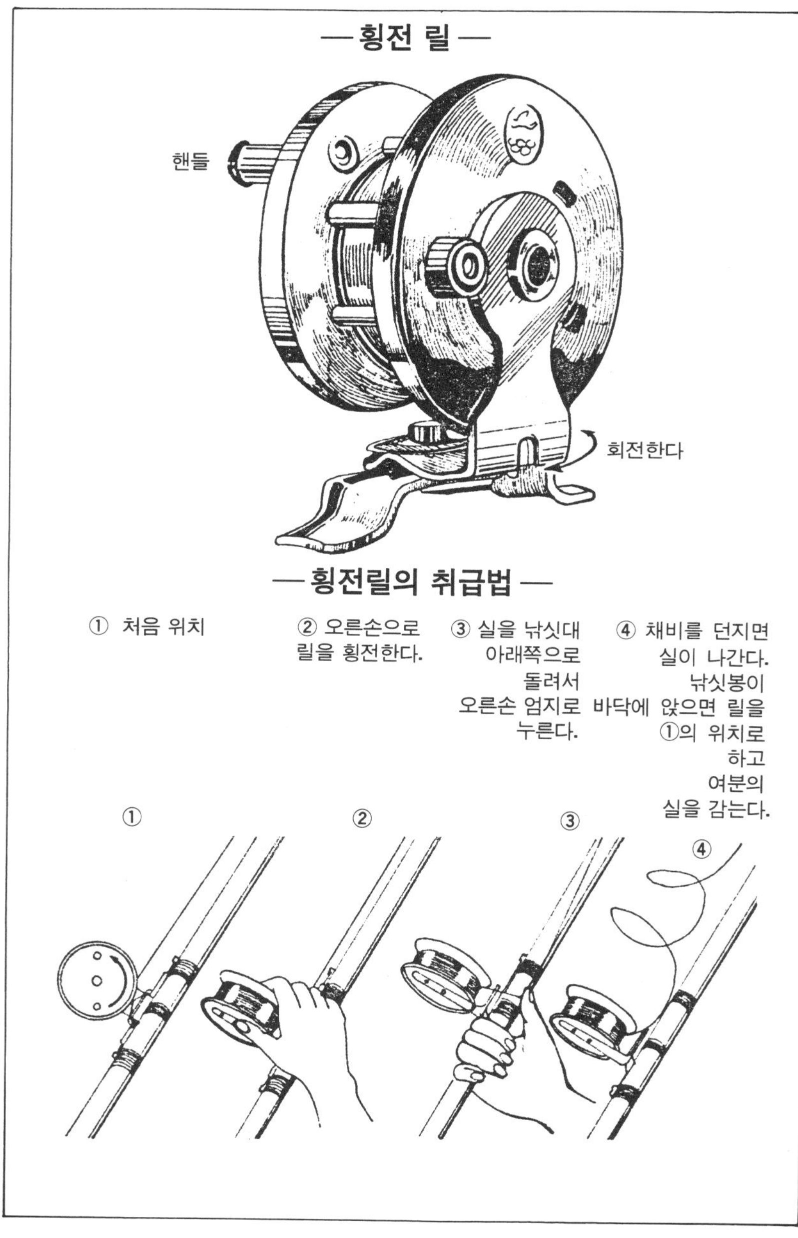
— 횡전 릴 —
핸들
회전한다
— 횡전릴의 취급법 —
① 처음 위치
② 오른손으로 릴을 횡전한다.
③ 실을 낚싯대 아래쪽으로 돌려서 오른손 엄지로 누른다.
④ 채비를 던지면 실이 나간다. 낚싯봉이 바닥에 앉으면 릴을 ①의 위치로 하고 여분의 실을 감는다.
①
②
③
④

낚싯줄의 취급법

▶낚싯줄에 대해서

낚싯줄은 옛날부터 여러 가지 재료에 의해 만들어져 왔지만 현재는 나일론실이 전성을 누리고 있다.

낚싯줄은 본줄과 목줄의 두 가지로 나뉘어 사용되고 있지만 재질은 어느 쪽이나 나일론이다.

바늘에 직접 연결하는 것이 목줄이고 목줄에 연결해서 사용하는 것이 본줄이다.

목줄은 물고기의 눈에 띄기 쉬우므로 가능한 한 투명한 것이 이용되며 암초걸림이나 장해물에 바늘이 걸렸을 때 목줄 부분에서 끊겨 채비 전체를 파손하지 않아도 되도록 본줄보다도 가는 것이 사용되고 있다. 더욱이 본 줄보다도 물의 저항이 적고 탄력성이 풍부한 재질로 되어 있다.

한편 본줄은 목줄보다도 내구성이 있어 엉키기 어려운 것이어야 한다.

일반적인 채비로 사용되는 본줄과 목줄의 굵기의 비는 본줄10에 대해서 목줄 6내지 8의 비율이다.

더욱이 실의 굵기는 '호수'로 표시되며 수가 많아질수록 굵은 실이 된다.

▶본줄에 대해서

갯바위 낚시에서 사용되는 본줄은 중소물 낚시에서는 5~10 정도 대물 초대물이 되면 15호에서 80호 정도의 것까지 사용된다.

릴에 감아 두는 본줄의 길이는 보통은 50m 정도면 충분하지만 암초걸림 등으로 2~30m의 본줄을 끊어 버리면 나머지 실로는 짧아서 사용할 수 없다. 또한 100m만 감아 두어도 두 번째의 암초 걸림을 만나면 나머지를 사용할 수 없게 되는 계산이 된다. 그래서 릴에는 반드시 150m는 감아 두도록 하면 100m 감은 경우보다 수배 오래 가게 된다.

▶목줄에 대해서

본줄보다 가는 것이 사용되지만 갯바위 낚시에서는 나일론 외에 와이어도 사용된다. 대물의 날카로운 이빨을 만나면 나일론 실로는 물어 끊겨 버리기 때문이다. 또한 와이어는 암초의 거친 표면에 스쳐도 나일론보다 훨씬 강인하다.

갯바위 낚시에서 주로 사용되는 목줄의 굵기는 중·소물의 경우 나일론 1~8호 정도, 대물의 경우 36번선부터 40번선 와이어의 7개꼼 나일론 10호 이상이다.

더욱이 익숙해지기 전에는 흔히 본줄과 목줄을 반대로 사용해 버리는 경우가 많기 때문에 잘 주의해야 한다.

—실과 실의 연결하는 방법(1)—

어부 매듭

2중 천잠사 매듭

리더 노트

—실과 실을 연결하는 방법(2)—

블러드 노트(체인터 노트)

—가슴고리의 만드는 법—

—목줄의 묶는 법—

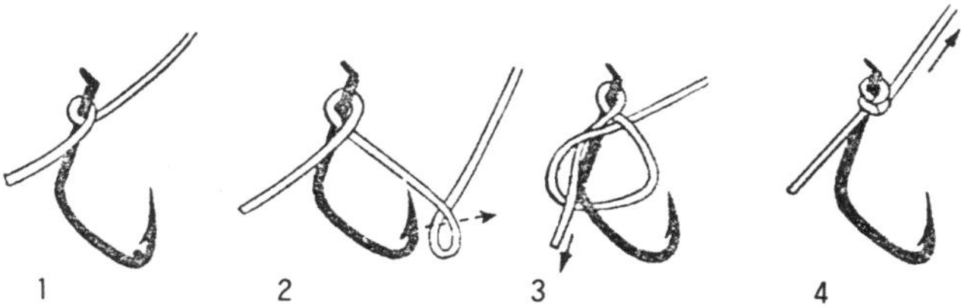

1 2 3 4

어부 매듭

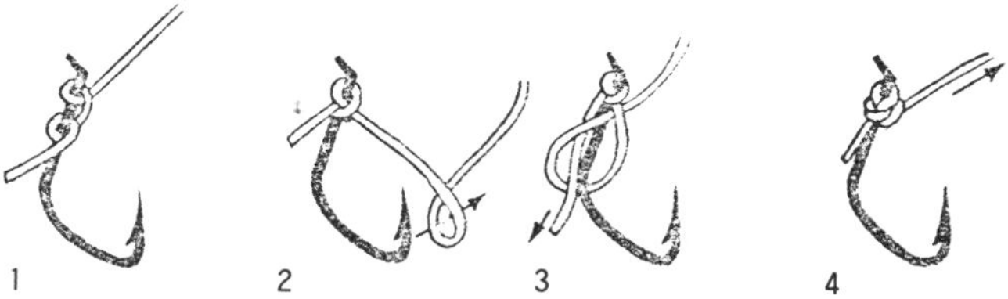

1 2 3 4

밧줄 배 매듭

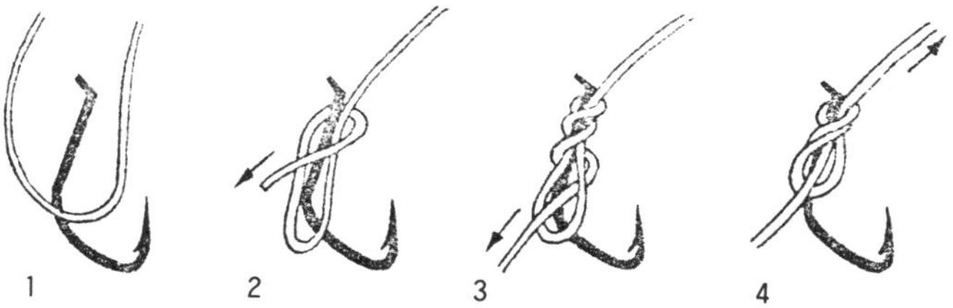

1 2 3 4

바깥 걸기 매듭

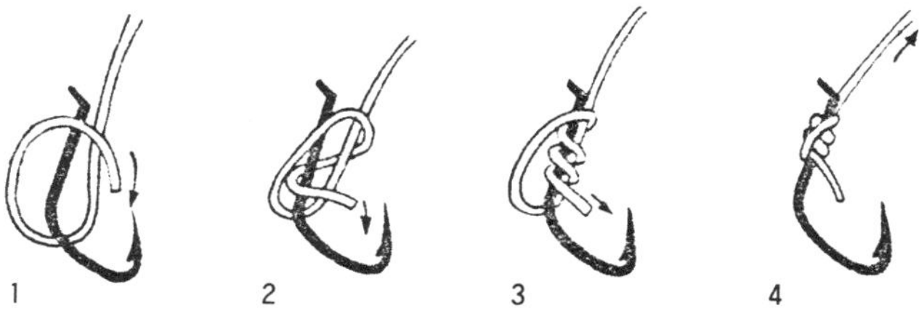

1 2 3 4

본 매듭

—구멍 뚫린 바늘에 목줄을 연결하는 방법—

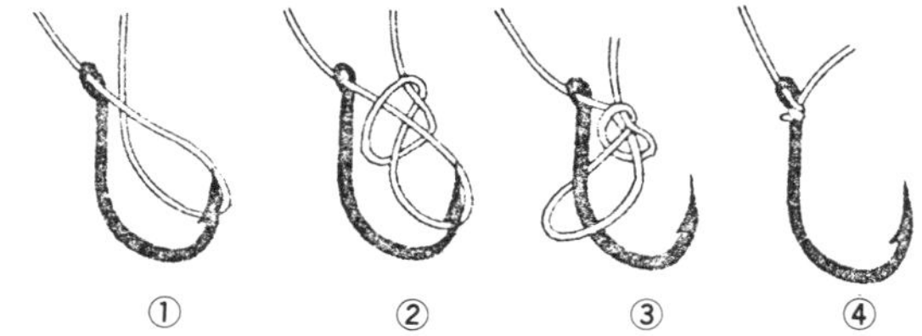

① ② ③ ④

1중 매듭

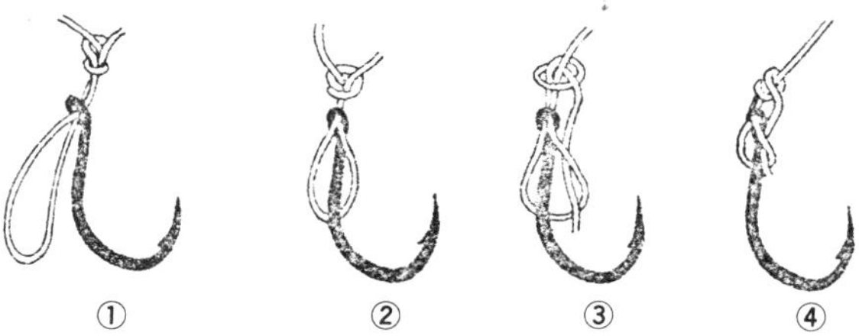

① ② ③ ④

2중 매듭

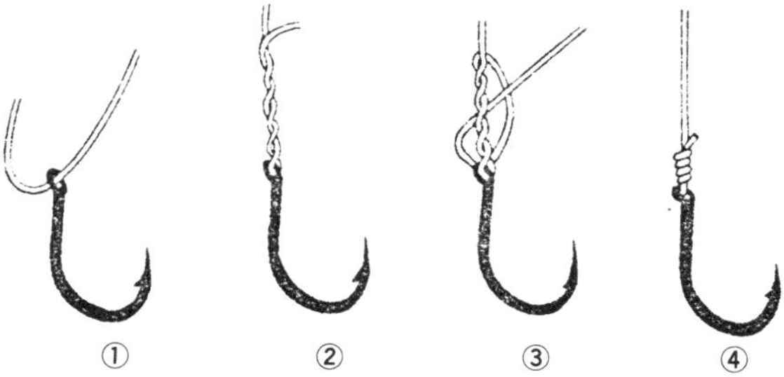

① ② ③ ④

포박 매듭

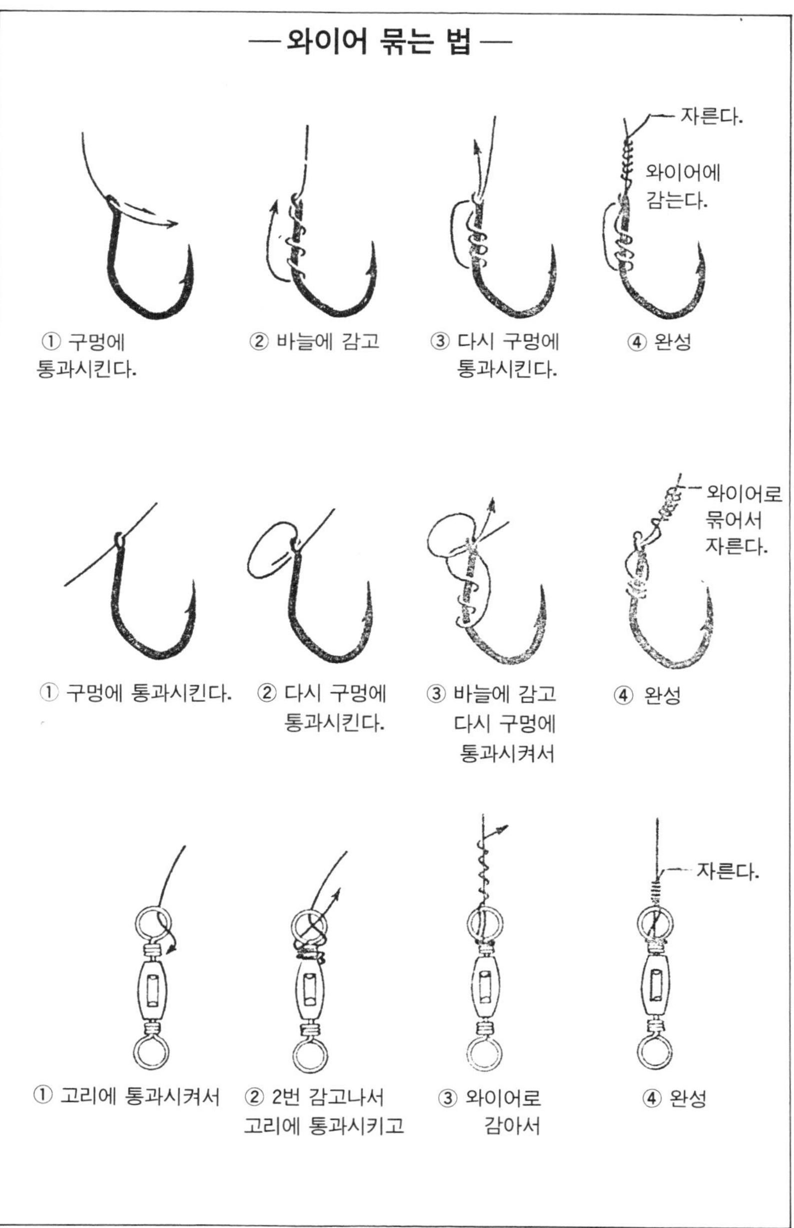

—와이어 묶는 법—
자른다.
와이어에
감는다.
① 구멍에
통과시킨다.
② 바늘에 감고
③ 다시 구멍에
통과시킨다.
④ 완성
와이어로
묶어서
자른다.
① 구멍에 통과시킨다.
② 다시 구멍에
통과시킨다.
③ 바늘에 감고
다시 구멍에
통과시켜서
④ 완성
자른다.
① 고리에 통과시켜서
② 2번 감고나서
고리에 통과시키고
③ 와이어로
감아서
④ 완성

낚싯바늘에 대해서

▶바늘의 지식

낚시 바늘은 낚는 물고기의 습성이나 낚시 방법, 낚시터의 조건 등에 따라서 여러 가지 형태의 것이 만들어져 왔다. 그 크기는 실과 마찬가지로 호수로 표시되며 호수가 큰 것일수록 큰 바늘을 나타낸다.

바늘의 부분 명칭은 그림과 같지만 바늘 모양은 높이 긴 것 품이 넓은 것 바늘 끝이 안쪽으로 구부러져 있는 것 등 여러 가지이다.

모양과 특징

축이 긴 바늘은 긴 미끼를 안정하게 달기 위해서와 바늘 끝을 걸어서 목줄을 당겼을 경우 바늘 끝의 방향이 목줄과 일직선상에 있도록 만들어져 있기 때문에 물고기 입에 걸리기 쉽고 또 축이 길기 때문에 물고기가 입 속으로 삼키기 어려운 특징이 있다. 이 바늘의 대표적인 것이 소매형, 각형, 세이고, 미우라세이고, 농어 바늘 등이다.

여기에 대해서 축이 짧은 바늘은 목줄을 당기면 바늘 끝은 좌우를 향해 버려서 목줄과 일직선이 되지 않는다. 이와 같은 바늘은 미끼를

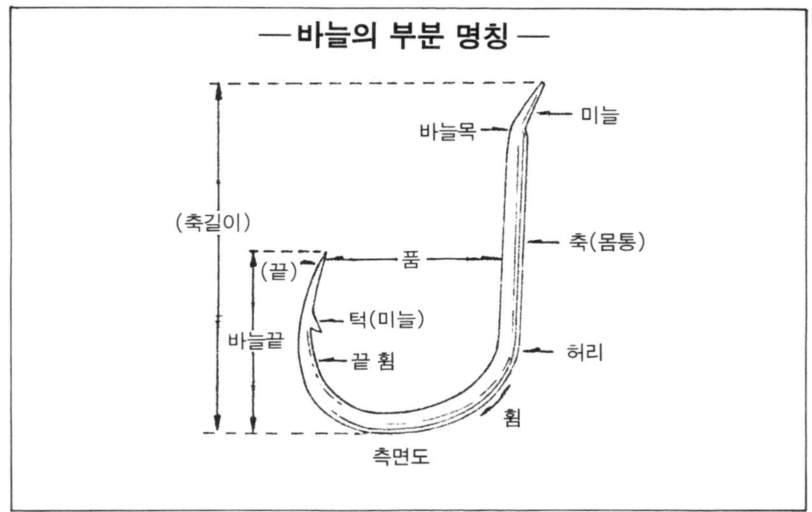

달아서 바닷속에 넣으면 춤추기 쉬워지므로 미끼가 물고기의 눈에 띄기 쉽고 또 축이 긴 바늘보다 물고기의 입 속에 삼켜지기 쉬우므로 돌돔 등을 낚는 경우 미끼를 잘 파고 들게 하는 데에는 적합한 바늘이 된다.

그러나 축이 긴 바늘보다 꽂히기 어려운 결점이 있다. 이 바늘의 대표적인 것은 돌돔 바늘, 이세아마, 둥근 소매 등이다.

축에 대해서 바늘 끝이 구부러져 있는 바늘이 있다. 네무리 바늘이라고 일컬어지는 것으로 별명 비틀기 바늘이라고도 한다. 이 바늘은 축이 짧은 바늘보다도 더욱 꽂히는 힘은 약해지지만 한 번 꽂히면 상당히 빼기 어렵다고 하는 특징을 가지고 있다.

이상 외 입이 큰 물고기에는 품이 넓은 바늘을 반대로 좁은 바늘은 입이 작은 물고기에 등 그 물고기의 습성 생태나 낚시 방법에 따라서 여러 가지 달라진다.

하나 하나의 바늘 사용법에 대해서는 실제의 채비 그림을 참조하

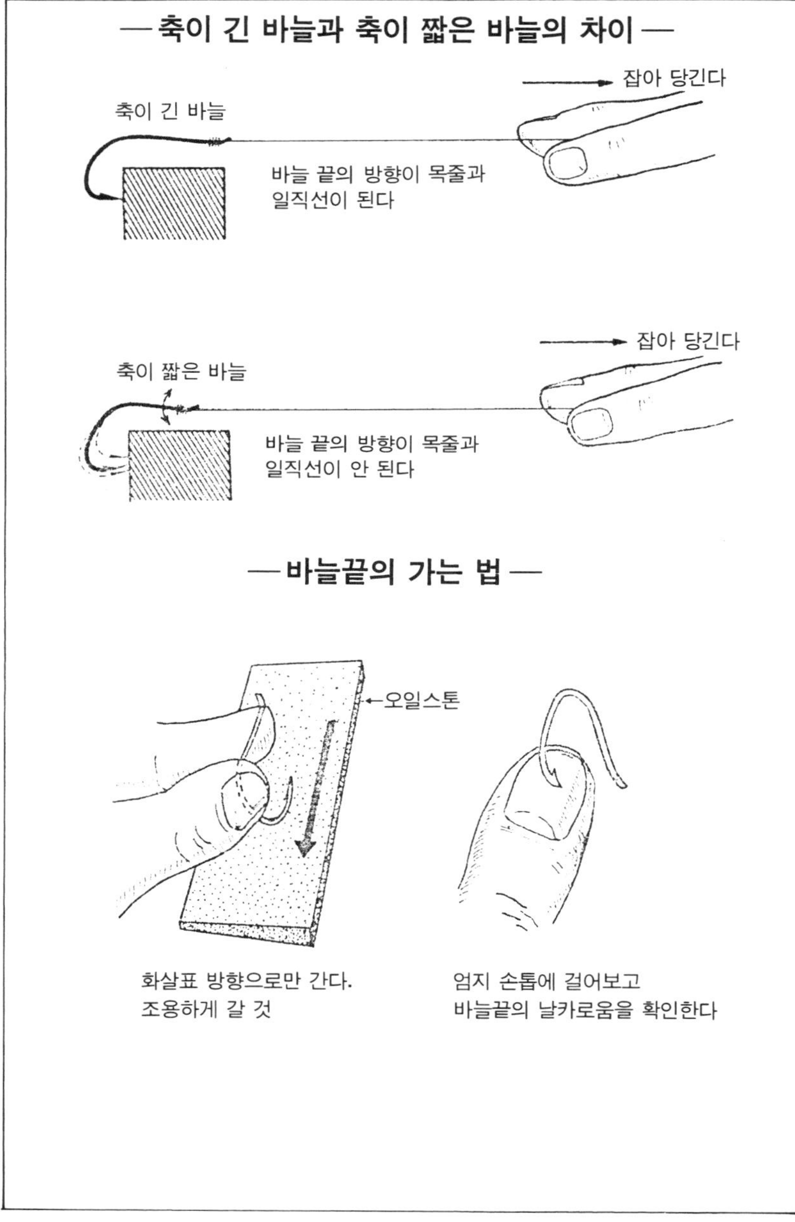
—축이 긴 바늘과 축이 짧은 바늘의 차이—
잡아 당긴다
축이 긴 바늘
바늘 끝의 방향이 목줄과
일직선이 된다
잡아 당긴다
축이 짧은 바늘
바늘 끝의 방향이 목줄과
일직선이 안 된다
—바늘끝의 가는 법—
오일스톤
화살표 방향으로만 간다.
조용하게 갈 것
엄지 손톱에 걸어보고
바늘끝의 날카로움을 확인한다

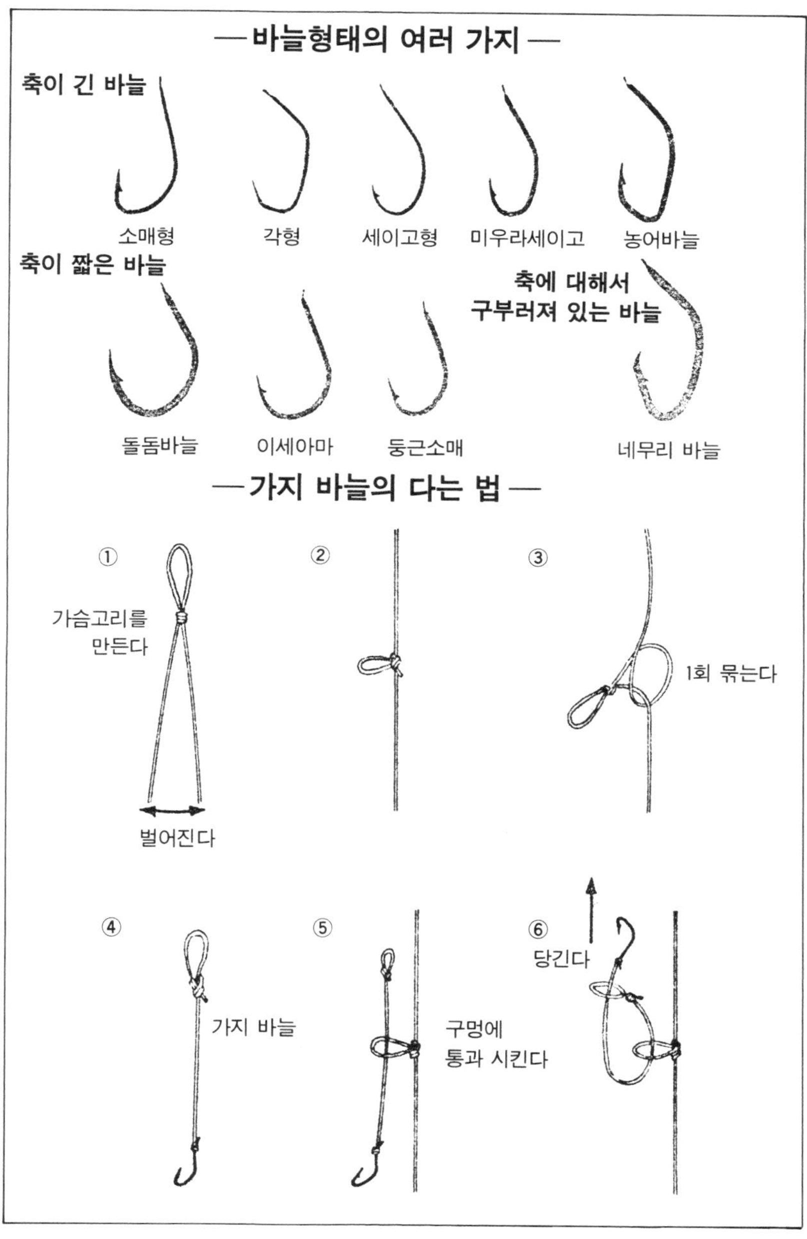
—바늘형태의 여러 가지—
축이 긴 바늘
소매형
각형
세이고형
미우라세이고
농어바늘
축이 짧은 바늘
축에 대해서
구부러져 있는 바늘
돌돔바늘
이세아마
둥근소매
네무리 바늘
—가지 바늘의 다는 법—
①
가슴고리를
만든다
벌어진다
②
③
1회 묶는다
④
가지 바늘
⑤
구멍에
통과 시킨다
⑥
당긴다

자.

바늘목의 형태

목줄을 연결하는 곳을 바늘목이라고 한다. 바늘목은 바늘의 기능에 따라서 여러 가지 모양이 있지만 대표적인 것은 아래 그림과 같다. ①의 모양이 가장 일반적이지만 ②의 모양은 돌돔 바늘 등 와이어를 연결하는 바늘에 채용되고 있는 모양이다.

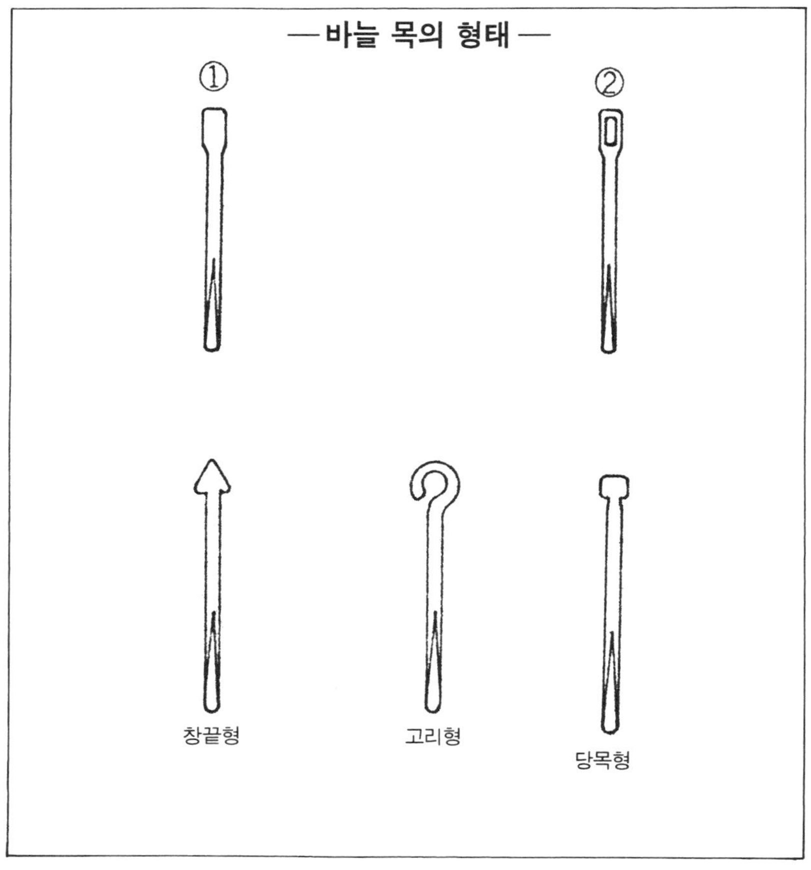

찌에 대하여

▶찌의 지식

찌의 역할

찌는 물고기의 입질을 아는 외에 채비를 목적의 포인트에 넣기 위한 낚싯봉의 역할을 하는 외 찌의 부력에 의해 미끼를 물고기의 유영층에 정확히 유지하기 위한 작용도 한다.

갯바위 낚시에서는 비늘돔 등에 사용되는 50~70cm나 되는 것 같은 큰 것부터 망상어 낚시에 필요한 구슬찌, 밤 낚시의 전기찌, 벵에돔 낚시의 누운 찌, 감성돔 등 경계심이 강한 물고기에 사용하는 투명 찌 등이 있다.

비늘돔 찌의 특징

비늘돔은 다른 물고기보다 민첩성이 약간 둔한 물고기이다. 그와 같은 물고기를 낚기 위해서는 격렬한 조류나 파도의 움직임에 대해서도 미끼가 어느 정도 안정되어 있어야 한다. 그 때문에 다른 물고기를 낚는 경우보다도 훨씬 큰 찌가 이용되고 있다.

고추찌의 특징

고추찌는 비늘돔이나 벵에돔 낚시에 사용된다. 물고기의 입질을 미묘하게 포착할 수 있기 때문에 강 낚시에서도 많이 사용되고 있는 찌이다. 입찌로서 사용되는 것이 일반적으로 찌의 선단이 수면 위로 나오도록 낚싯봉에 의해 조절된다.

누운 찌의 특징

입찌로는 제대로 입질을 포착할 수 없는 해면에서 사용되는 찌로 입질이 있으면 해면에 누워 있던 찌가 움찔!하고 서도록 되어 있다. 입찌에 비하면 입질의 변화는 읽기 어렵지만 부력의 점에서는 어느 입찌에도 지지 않는다.

구슬찌의 특징

중・소물에 적합한 찌로 물고기의 입질이 찌에 여러 가지 변화를 준다. 강 낚시에서도 많이 사용되고 있다.

투명찌의 특징

찌 속에 물을 넣고 부력을 늘리거나 물을 넣지 않고 단순한 누운 찌로서도 이용된다.

전기찌는 밤 낚시에는 빼 놓을 수 없는 찌이다. 입질을 읽는 가장 좋은 수단이 된다.

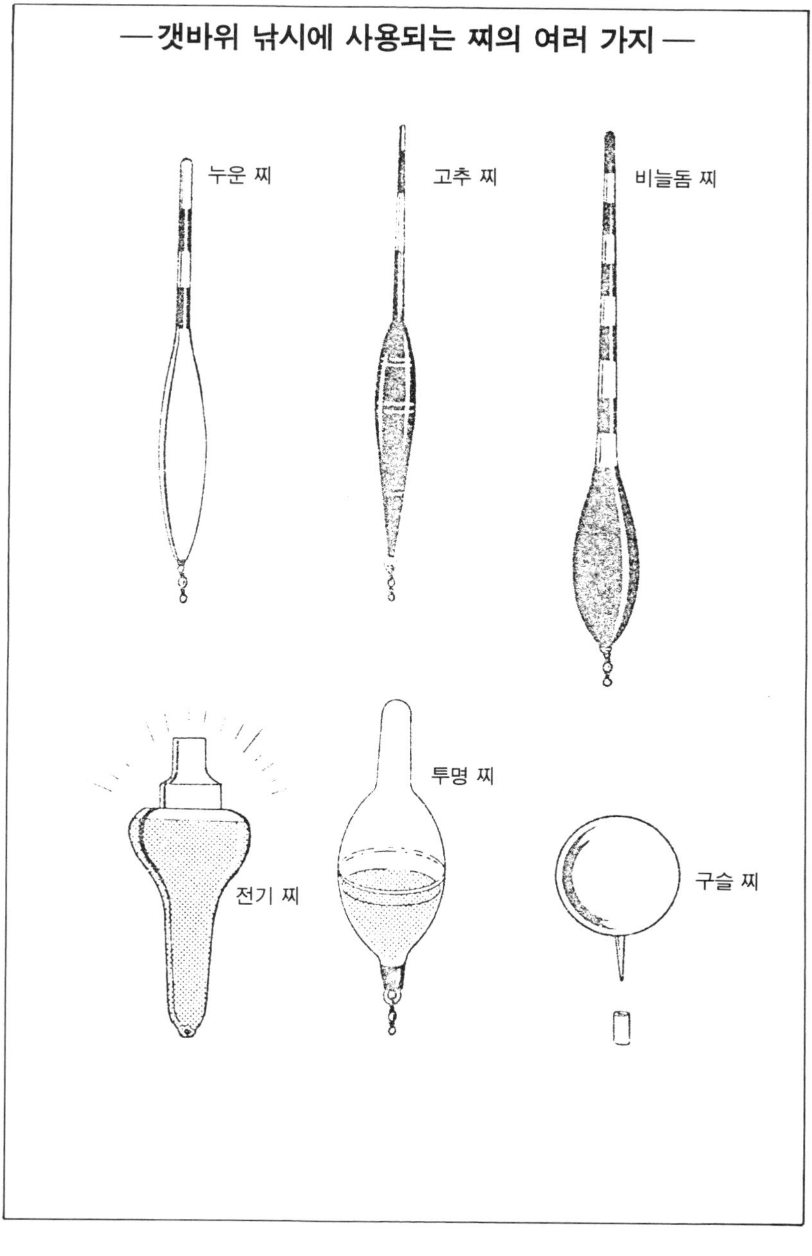

—갯바위 낚시에 사용되는 찌의 여러 가지—

낚싯봉과 도래

▶ 낚싯봉의 지식

낚싯봉의 역할

갯바위 낚시에서는 암초 걸림이 많기 때문에 특히 낚싯봉을 많이 사용한다. 초보자일수록 낚싯봉을 빼앗기는 확률은 많아지기 때문에 1회의 낚시행에 즈음해서는 최소한 10개 정도는 지참해야 한다.

그런데 낚싯봉의 본래 역할은 ① 채비의 안정을 유지한다. ② 채비를 목적 포인트에 넣기 위한 중량이 된다. ③ 물고기를 맞추었을 때 낚싯봉의 중량에 의해 쇼크를 강화하며 보다 바늘을 잘 걸리게 한다고 하는 것이다.

그러나 원칙적으로는 ① 물의 저항이 적고 ② 가라앉기 쉽고 ③ 가능한 한 작고 ④ 장해물에 걸리기 어렵고 ⑤ 안정이 좋다고 하는 기능이 만족되는 것이다. 갯바위 낚시에서는 다음 그림과 같은 낚싯봉이 사용되지만 자세한 점에 대해서는 실제의 채비 그림에 따라 정하도록 한다.

▶도래에 대해서

도래의 역할

채비를 만드는데에 절대로 없어서는 안 되는 실의 연결구이다.

낚시 방법의 종류나 채비에 크기에 따라서 작은 것부터 큰 것까지 매우 다양한 종류가 있다.

도래를 사용하지 않고 채비를 만들 수 있으면 물의 저항도 없어서 좋지만 50m 이상이나 도는 실은 파도의 움직임이나 릴의 작동 등에 의해서 상상도 할 수 없을 만큼 회전하여 꼬임이 생겨 버린다.

그래서 본줄의 접속부 혹은 일부러 본줄의 일부에 이것을 다른 것으로서 꼬임을 막게 된다.

도래에는 다음 그림과 같이 여러 가지 형태가 있다. 소형이 좋은지 대형이 좋은지는 각각의 채비 그림에 따라서 선택하도록 한다.

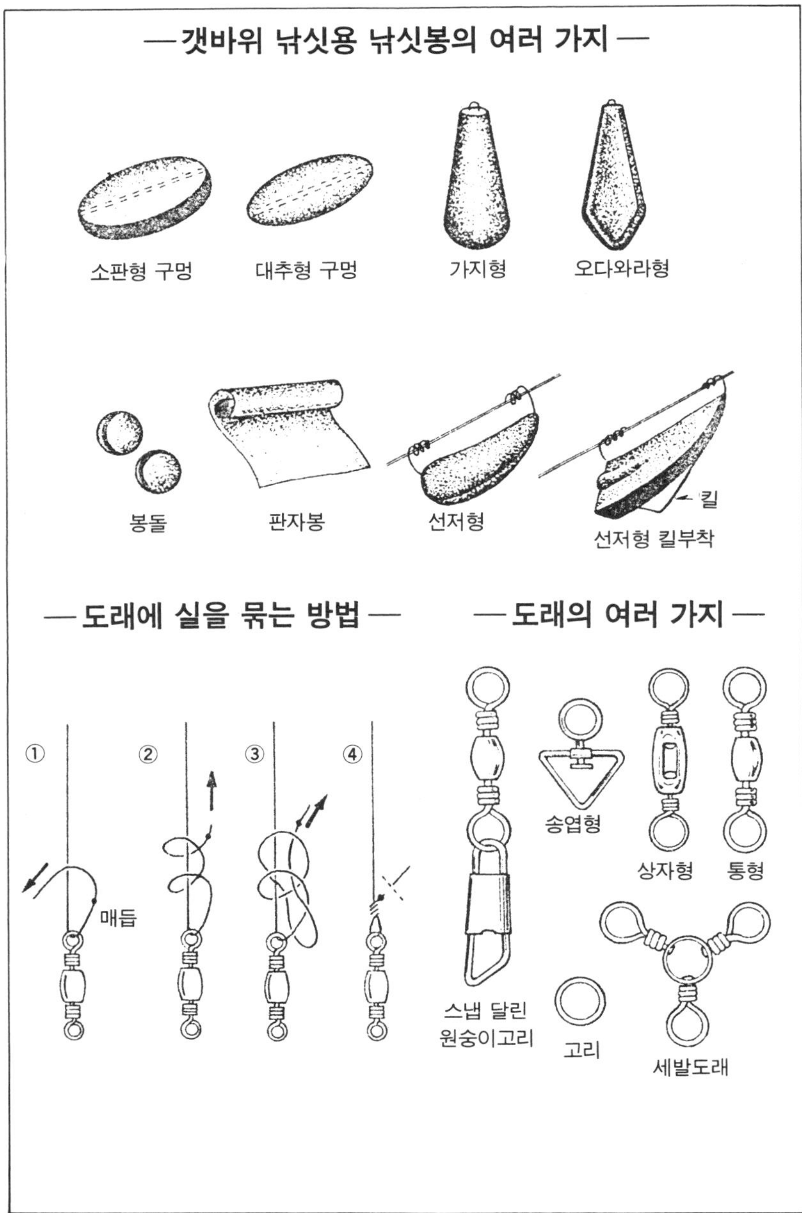
—갯바위 낚싯용 낚싯봉의 여러 가지—
소판형 구멍
대추형 구멍
가지형
오다와라형
봉돌
판자봉
선저형
킬
선저형 킬부착
—도래에 실을 묶는 방법—
①
②
③
④
매듭
—도래의 여러 가지—
송엽형
상자형
통형
스냅 달린
원숭이고리
고리
세발도래

제 3편

바다낚시의 응용기술

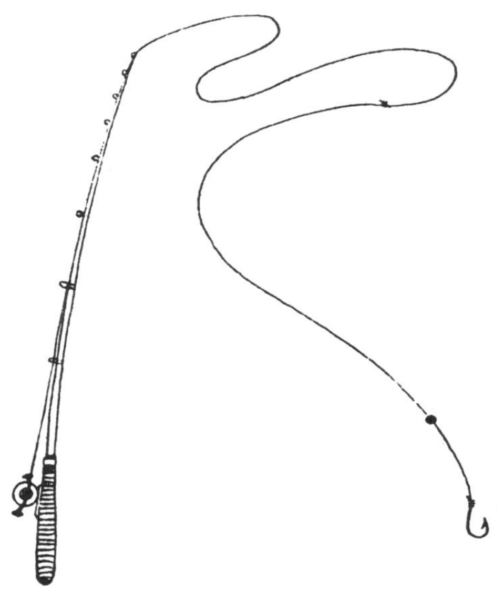

제1장

던질낚시의 기술

던질 낚시의 즐거움

던질 낚시는 단순히 물고기만 낚는 것이 아니다. 낚는 즐거움에 던지는 즐거움이 더해져서 이 낚시를 한층 더 흥미 있는 것으로 만들고 있다. 여성에게도 친해지기 쉬운 분야이다.

▶낚는 즐거움, 던지는 즐거움

한마디로 낚시라고 해도 여러 가지 낚시가 있다. '붕어로 시작되어 붕어로 끝난다.'(이 붕어는 참붕어를 가리킨다)라고 하는 대표적인 붕어 낚시는 물론 인기 절정의 주걱붕어 낚시, 은어 낚시 등 강 낚시 쪽을 헤아려도 대단히 많다.

이것은 바다로 바꿔 놓아도 마찬가지이다. 모조 빨래 장대 낚싯대로 낚는 돌돔 낚시 스피닝 릴의 기능을 충분히 활용하는 보리멸 낚시나 벵에돔 낚시의 갯바위 낚시와 던질 낚시부터 배를 사용해서 참돔, 전갱이, 고등어 낚시 등 각종의 다양한 낚시가 있어 이루 다 헤아릴 수가 없다. 게다가 지금까지 이루어지고 있지 않았던 낚시도 속속들이 들어와서 이것 또한 정리가 더욱 어렵다.

그래서 바다 쪽을 크게 나눠 보면

바다낚시 ① 해변의 던질 낚시
② 갯바위 낚시
③ 배 낚시(앞바다 낚시라고도 한다)

의 세 가지로 나눠진다. 이 하나 하나가 각각의 특성을 가지고 있어 각 낚시가 분류되는 것이다.

먼저 ①의 해변의 던질 낚시는 모래 사장이 주요 무대이지만 모래 사장에 부수하는 제방이나 암초에서 던질 낚싯대와 릴을 사용하여 멀리에서 발밑 가까이까지의 물고기를 낚는 낚시이다. 대부분의 경우 사지(砂地)에 생식하는 물고기 혹은 사지에 회유해 오는 물고기를 대상어로 하고 있다.

모래가 섞인 암초 해조대를 즐겨 거처로 삼는 쥐노래미도 던질 낚시의 분야이다.

이 낚시는 농어를 제외하고 대상으로 하는 물고기를 비교적 작은 물고기에 속하고 보리멸, 조기, 가자미, 까지양태 등 평소부터 친숙해져 있는 물고기들 뿐이다.

게다가 낚시터가 모래사장이기 때문에 낚시 그 자체의 위험도가 적어 바다 낚시 중에서도 입문하기 쉬운 것이라고 말할 수 있다.

다음에 ②의 갯바위 낚시는 암초가 주요 무대로 암초에서 해저의 암초 해조대를 거처로 삼는 물고기들을 갯바위 낚싯대라고 불리는 낚싯대와 릴로 낚는다. 돌돔 낚시와 같이 무거운 낚싯봉을 달아서 저부(底部)의 물고기를 노리 는 경우(저물—그 자체—낚시라고도 한다)와 찌를 파문에 흘려서 중상층어를 노리는 경우(찌 낚시 또는 상물—낚시라고 한다)가 있다.

낚이는 물고기는 일반적으로 갯바위 물고기라고 일컬어지는 것으로 그 중에는 별로 친숙하지 않은 물고기들도 가끔 얼굴을 내민다.

사람에 따라서는 갯바위 물고기 특유의 냄새를 가지고 있는 탓인지 경원하는 사람도 있지만 모두 맛있는 물고기뿐이다.

이 낚시는 '물마루 바위를 깨문다'고 하는 표현대로 거친 파도가 정면으로 부딪치는 암초에서 물고기를 낚는 경우가 많아 그 나름의 위험도가 따른다. 따라서 해변의 던질 낚시와 달리 누구나라고 할 수는 없다. 그렇지만 ③의 배 낚시와 같이 '손님 여기에서 드리워 주십시요'(채비를 포인트에 넣는다)와 같은 선두(船頭)가 포인트를 지시하는 것이 아니라 어디까지나 스스로 포인트를 선정해서 거기에 투입한다고 하는 자신의 낚시 재미가 있다.

마지막으로 ③의 앞바다 낚시. 이것은 본래 직업 어부가 생업으로서 해 온 것으로 앞바다의 물고기를 대상어로 하고 있다.

이 낚시는 흔히 말하는 '판자 1장 아래는 지옥'이라고 하는 것 같이 ③의 갯바위 낚시와 마찬가지로 위험의 정도도 높은 것으로 사람에 따라서는 조용한 날조차 배멀미한다고 하는 경우도 있다. 그러나 이런 낚시 중에서 어획고의 점에 있어서는 최고로 성과가 확실한 낚시이다.

이상 바다 낚시를 대강 설명해 보았지만 자기 스스로 낚시의 즐거움을 맛보면 뭐니뭐니 해도 던질 낚시와 갯바위 낚시일 것이다.

더구나 또 하나 좁혀 보면 누구나 곧 입문할 수 있고 간단히 낚을 수 있게 되면 해변의 던질 낚시를 제외하고 달리 없다. 남성 뿐만 아니라 여성에게도 아이에게도 친숙해질 수 있는 낚시이다.

다행스럽게 요 2~3년대 글라스로드(glaff rod)의 던질 낚싯대의 진보는 놀랍다. 이것은 스피닝 릴도 마찬가지라고 말할 수 있다. 던질 낚시에 적합한 낚싯대와 릴을 곧 입수할 수 있게 되었기 때문에 크게 도움이 된다. 글라스로드의 던질 낚싯대와 스피닝 릴의 콤비가 단단히 손을 잡고 던질 낚시를 자꾸자꾸 발전시키고 있다고 말할 수 있다.

멀리 투입하고 조용히 자기 앞쪽으로 낚싯봉을 질질 끌어 오면 어딘가에서 어신(魚信)과 접할 것이다. 과연 물고기가 있을까 불안 중의 기대가 어신이 되어 되돌아 왔을 때 이것이 던질 낚시의 뭐라고도 말할 수 없는 즐거움이다. 게다가 하나 하나의 포인트를 자기 스스로 찾아야 하기 때문에 그 즐거움도 각별하다고 말할 수 있다.

80m 혹은 50m 앞에서의 어신을 캐치하는 등 강 낚시에서는 도저히 맛볼 수 없다. 가령 먼 쪽에서의 연락이 없어도 이 낚시에는 낚는 즐거움 외에 던지는 즐거움이 있다.

처음은 던지면 철버덕일지도 모르지만 올바른 투입 방법을 마스터하면 낚싯봉도 똑바로 줄을 당기며 날게 된다. 눈 앞에 떨어지는 낚싯봉의 낙하부터 조금씩 솜씨도 숙달해서 30m, 40m 날게 되고 더욱 50m 이상이나 늘어 가면 이 즐거움은 도저히 형용키 어렵다. 그 중에는 '여성의 미용체조에 안성맞춤이다' 등이라고 하는 사람이 있지만 바로 그대로일지도 모른다.

해변의 신선한 공기를 가슴 가득히 들이 마시고 전신을 사용한 투입. 남성에게 있어서도 던질 낚시야말로 '건강을 낚는' 스포츠라고 말할 수 있다.

▶가족과 함께 던질 낚시

낚시는 옛날부터 '혼자의 것', '고독한 것'이라고 일컬어져 왔다. 확실히 줄을 통해서 물고기와 이야기를 하는 것은 자신 한 사람일지도 모른다. 혼자 조용히 강가에서 줄을 늘어뜨리는 낚시에는 그 모습은 숨길 수 없을 것이다.

온 마음을 수면의 찌에 모으고 물고기를 낚는 그림은 바로 그대로이다. 그러나 특히 던질 낚시에 있어서는 그와 같은 오래된 감각은 볼 수 없다. 정적인 낚시가 아니라 스포츠적 요소를 포함한 것이다.

앞에도 서술했듯이 해변의 던질 낚시에는 낚는 즐거움과 던지는 즐거움이 있다. 이 즐거움 외에 또 다른 사람과 함께 낚는 즐거움이 더해진다. 넓은 해변에 일렬로 서서 동시에 투입할 수도 있고 동시에 어신이 있고 바닷가에 두 마리의 물고기가 2열로 끌려오는 경우조차 있다. 투입 거리를 서로 자랑하고 어신의 유무 캐치를 옆 친구에게 알리는 등 와글와글 시끌시끌 혼자서 낚는 것보다도 그룹으로 낚는 편이 한층 더 즐거움도 배가한다.

함께 낚는 사람이 친구인 경우도 있지만 위험도가 적다고 하는 이점이 이 낚시를 가정에까지 침투시키는 원인이 되었다.

최근 눈에 띄는 풍경이지만 일요일이라도 되면 자가용을 달려서 가족과 함께 해변에서 던질 낚시에 매우 즐거워하는 모습도 많다. 강 낚시나 일부의 갯바위 낚시와는 달리 바닷가에서 아이들이 떠들지만 물고기에게는 관계가 없다. 넓은 해변에서 던지거나 낚거나 하루를 즐겁게 지낼 수 있기 때문일 것이다.

데리고 간 아이 쪽이 물고기를 더 많이 낚았다 등의 예는 가끔 볼 수 있다. 미끼를 달아 던져 준 부인의 로드에만 어신이 있거나 '아빠 물고기가 당겼어요'라고 하는 일이 종종 있다.

▶ 모래사장의 물고기들

던질 낚시에 대해서도 조금 더 언급해 보자.

던질 낚싯대와 릴을 사용한 낚시를 일반적으로 던질 낚시라고 부르고 있다. 넓은 의미로 이해하면 던질 낚싯대와 릴을 사용하여 보트에서 주위에 던져 낚는 이것도 던질 낚시라고 말할 수 있다. 그러나 이것은 배를 사용하고 있기 때문에 배 낚시의 분야이다. 어디까지나 육지에서 던져 낚는 것이어야만 한다.

갯바위 낚시 쪽을 보면 최근 던질 낚싯대와 스피닝 릴로, 게를 미끼로 무거운 낚싯봉을 던져서 낚는 비늘돔 낚시가 활발하다.

던질 낚싯대가 개량되고 신제품이 나옴으로서 전보다 좋은 제품이 출현하는 것은 당연한 이야기이다. 낚시꾼의 끝없는 낚싯감 탐구에도 의하겠지만 지금까지 던질 낚시나 갯바위 낚시에서의 대상어로 간주되고 있지 않았던 것이 신제품이나 새로운 낚시 방법에 의해 나날이 개척되고 있는 요즘이기도 하다. 던질 낚싯대와 스피닝 릴이 갯바위 낚시의 세계에 뛰어드는 것도 수긍할 수 있다고 하는 것이다.

예전에 던질 낚시에도 그와 같은 일이 있었다. 쥐노래미가 그렇다. 이 물고기는 지금까지 배 낚시의 낚싯감으로 간주되고 있었다. 그러나 지금은 겨울의 던질 낚시의 낚싯감으로서 거론되기도 한다.

오늘날에는 벵에돔이 던질 낚시로 낚이고 있다. 각 해안은 암초나 모래사장의 변화 풍부한 곳에서 매년 10월경이 되면 벵에돔(1킬로 전후)이 던질 낚싯대와 스피닝 릴의 조합으로 낚인다. 보리멸 조기와 마찬가지로 모래사장에서 앞바다의 암초 주변 암초를 목표로 해서 낚지만 이것도 하나의 던질 낚시라고 말할 수 있다.

앞으로는 던질 낚싯대와 릴로 낚을 수 있는 물고기는 전부가 던질 낚시가 되어 버릴 것이다. 극단적인 이야기가 되지만 던질 낚싯대에 스피닝 릴을 달아서 돌돔을 낚았다고 하자(최근 흔히 이루어지고 있다) 이것도 던질 낚시라고 말할 수 있을지도 모른다. 넓은 의미로 해석하면 정말로 그대로 이겠지만 던질 낚시도 막연해진다.

일반적으로 던질 낚시라고 하면 곧 머리에 떠오르는 것은 보리멸, 조기, 농어의 던질 낚시이다. 이런 물고기를 낚는 낚시를 던질 낚시라고 부르고 있는 것이 보통으로 낚시터의 주체는 모래사장이다. 때로는 제방이나 암초에서 낚는 경우도 있지만 그것도 모래사장에 인접한 곳이 대부분을 차지하고 있다. 모래사장인 것을 조건으로 해서

(1) 던질 낚싯대와 릴을 사용해서 모래사장이나 여기에 부수하는 제방 암초에서 미끼를 멀리에 투입한다.

(2) 멀리부터 가까이까지의 물고기를 릴로 감아서 낚는다.

(3) 대상으로 하는 물고기는, 모래사장을 거처로 하고 있는 것, 모래사장에 사철따라 회유하는 것, 모래사장이 섞인 암초 해조대에

생식하는 것.

이상이 해변의 던질 낚시이고 또한 던질 낚시의 대상어이다.

▶던질 낚시의 대상어들

던질 낚시의 물고기들은 모래사장을 더할 나위 없는 거처로 삼고 먹이를 찾아 다니고 있으며 보리멸, 까지양태, 가자미, 조기, 까치돔, 감성돔, 문절망둑, 쥐노래미, 넙치, 농어 등을 들 수 있지만 그들의 생활의 장에는 다소의 차이를 볼 수 있는 것 같다.

사지(砂地) 부근 혹은 해저를 자신있어 하는 저물족(底物族)은 보리멸, 까지양태, 조기, 감성돔, 문절망둑, 넙치, 까지돔, 쥐노래미 등이 있다. 이 중 쥐노래미는 물론 모래사장도 거처이지만 사지가 섞인 암초 해조대가 특히 좋다. 던질 낚시의 저물족, 가자미, 문절망둑이 되면 모래사장에도 있지만 그보다 진흙질의 혹은 모래진흙질의 곳에 많다. 반대로 깨끗한 모래사장을 좋아하는 것이 보리멸이다.

상물족(上物族)은 농어. 해저부보다 위 중층에서 먹이를 좇는다. 이것은 감성돔에게도 볼 수 있어 뿌림 모이로 모아 찌 낚시로 낚는 경우도 있다.

▶월별에 따라 분류

던질 낚시의 물고기도 갯바위 낚시의 일종이다. 갯바위 물고기 전반에 볼 수 있듯이 난류(暖流)와의 관계는 간과할 수 없다. 난류의 세력이 강해지고 조온이 상승기가 되면 그들의 생활도 활기를 띤다.

① 조기

② 감성돔

③ 보리멸과 까지양태

—모래 바닥을 자신 있어하는 물고기들—

당연히 대상으로 하는 물고기의 수도 많고 성과도 좋다. 반대로 조온 저하기인 1월~3월에는 물고기의 움직임도 둔하고 대상으로 하는 물고기도 적어 성과도 기대할 수 없다.

그럼 여기에서 던질 낚시의 대상어를 월별로 나누어 보자.

〈1월〉 보리멸, 쥐노래미, 가자미, 넙치

〈2월〉 보리별, 쥐노래미, 가자미, 넙치

〈3월〉 보리멸, 까지양태, 가자미, 망상어, 쥐노래미, 넙치

〈4월〉 보리멸, 까지양태, 가자미, 주둥치, 망상어, 쥐노래미

〈5월〉 보리멸, 까지양태, 가자미, 주둥치, 망상어, 쥐노래미, 조기(밤낚시), 감성돔

〈6월〉 보리멸, 까지양태, 조기(밤낚시), 까치돔(밤낚시), 감성돔, 문절망둑

〈7월〉 보리멸, 조기(밤낚시), 까치돔(밤낚시), 감성돔, 문절망둑

〈8월〉 보리멸, 조기(밤낚시), 까치돔(주야낚시), 농어(밤낚시), 감성돔, 문절망둑

〈9월〉 보리멸, 조기(밤낚시), 까치돔(주야낚시), 농어(밤낚시), 감성동, 문절망둑

〈10월〉 보리멸, 조기(밤낚시), 농어(밤낚시), 문절망둑

〈11월〉 보리멸, 조기(밤낚시), 농어(밤낚시), 문절망둑, 쥐노래미

〈12월〉 쥐노래미, 가자미

▶기후와 조온

던질 낚시의 물고기들도 갯바위 물고기의 동료이다. 난류의 지배하에 생활을 영위하고 있다. 조온이 저하할 것 같으면 먹이를 먹지 않게

되어 버린다. 극단적으로 내려갈 것 같으면 그것은 죽음으로까지 이어져 버린다. 따라서 조온에 대해 민감해지지 않을 수 없다.

그들에게는 각각 적온, 즉 생활하기 쉬운 온도가 있어 조온이 내려가면 암초 속이나 해조대로 어느 정도 깊이가 있는 곳으로 피난해 버린다. 조온이 올라가면 사실은 유영도 활발해진다. 적온기가 길어지면 먹이 잡는 기간도 길고 낚이는 기간도 길다.

던질 낚시를 포함하는 일반 갯바위 물고기가 조온과 밀접한 관계에 있음을 알 수 있을 것이다. 던질 낚시 갯바위 물고기의 경우 높은 조온을 좋아하는 물고기도 있지만 반면 조온이 상당히 낮아도 먹이를 찾는다. 그래서 1년간의 던질 낚시의 기후와 조온을 언급해 두자.

12월~3월

기후 배치는 완전한 겨울형. 대륙에서 고기압이 확장하기 시작해서 그 세력이 가장 강한 시기이다.

특히 멀리에 던져서 낚는 던질 낚시는 역풍이라면 투입의 방해가 되는 것은 당연한 이야기, 옆으로 들이치는 바람이라면 좌우 어딘가에 원호를 그린 듯이 본줄의 흔들림이 생겨 버린다. 투입의 부자유, 어신 파악의 어려움, 두 가지 점에서도 던질 낚시에 바람은 금물이라고 말할 수 있다.

강한 남풍이 불면 남쪽에 연한 낚시터는 던질 낚시가 불능이 된다. 남쪽에 면하지 않는 곳이라도 '강풍에 바람 그림자 없다'고 하는 비유대로 던질 낚시는 무리가 된다.

덧붙여서 강한 남풍은 물결을 넘실거리게 하고 끊임없이 앞바다에서 큰 파도를 선물해 준다. 바닷가 일대는 파도 때문에 탁해지고 탁함을 싫어하는 보리멸은 어딘가로 달아나 버린다.

겨울과 봄의 경계의 달인 3월을 맞으면 이동성 고기압이 잇달아 찾아 온다. 한마디로 말하자면 비와 바람의 달 그것이 3월이다.

다음에 조온. 조온은 하강기를 맞는다. 12월에는 보리멸의 조기도 마지막을 고하고 내리기까지의 즐거움이 된다. 그러나 해에 따라서 조온의 차이가 있을 때가 있다. 상순에 가끔 볼 수있는 예이지만 보리멸의 적온인 16~18℃가 계속되기 때문이다. 그러나 조온이 완전한 하강기 중순에는 큰 낚시가 끝나는 것 같다. 보리멸 외 낮은 조온에도 비교적 강한 쥐노래미가 전날에 이어서 낚이고 가자미도 얼굴을 내민다.

12월 상순의 조온은 대개 15~18℃ 정도가 중순에는 15~17℃로 내려가고 1월은 14~17℃ 2월 상순 이후가 가장 연간에서 낮은 조온기를 맞는다. 12~16℃로 3월 상순까지 이 상태가 계속된다. 이 저조기에는 극단적으로 조온도 내려갈 때가 있어 10℃가 될 때도 있다. 보리멸도 일부의 곳을 제외하고 제철이 끝나서 쥐노래미의 던질 낚시가 팬을 즐겁게 해 주는데 불과하다. 한편 가자미는 1월 2월 상순에 큰 낚시를 맛볼 수 있다.

그런데 2월의 조온 저하기는 3월이 되면 서서히이기는 하지만 적극적인 자세로 변한다. 올라갔다가는 내려가고 내려갔다가는 다시 올라간다. 이것을 반복하는 것이 3월. 가끔 조온 상승기를 맞으면 보리멸도 먹이를 잘 쫓아 준다. 상순 하순에 보리멸의 재미있는 낚시를 맛볼 수 있는 것이 이 달의 특징이다.

4월~5월

겨울형에서 여름형으로 변할 때의 탓인지 기후의 변화도 어지럽다. 2월, 3월의 첫남풍 두 번째 남풍은, 4월 상순에 세 번째 남풍이 되어 분다. 두 번째 남풍으로 벚나무의 꽃봉오리도 벌어지기 시작하고 세 번째 남풍으로 벚꽃나무의 꽃이 핀다고 한다. 네 번째 남풍이 만개(滿開)일 때이지만 강풍때문에 모처럼의 꽃도 하룻밤 사이에 흩어져 버린다.

남쪽에 면한 곳은 던질 낚시가 불능, 앞바다로부터의 넘실거리는 놀에 의한 탁함으로 낚시터의 선정이 어렵다. 태평양측은 모두 이 세례를 받는 탓으로 여기 저기 낚싯대를 짊어지고 낚시터의 이동에 바쁠 때이다.

4월도 이동성 고기압의 천하. 기후는 주기적으로 변해서 온난전선이 북쪽으로 올라가면 비, 남쪽으로 내려가면 맑다. 봄과 가을에 찾아오는 이동성 고기압은 대륙 방면부터 원형에 가까운 형태로 찾아온다. 그 동안을 동쪽은 맑고 서쪽이 약간 흐림과 아주 흐림이 계속된다. 그 때문에 중심이 통과하면 날씨도 나빠진다.

이윽고 동서로 1000킬로에서 2000킬로의 띠 모양의 이동성 고기압이 찾아온다. 5월 쾌청으로 '5월 하늘에 잉어 깃발 드림'의 계절이다.

이윽고 5월. 완전한 여름형의 바다가 된다. 여름으로의 옷을 갈아입는 때이다. 조온도 4월부터 다시 상승 17~18℃의 시기를 맞는다.

그러면 던질 낚시의 물고기들의 움직임도 활발해져서 4월부터는 보리멸, 까지양태, 가자미가, 5월에는 보리멸이 넓는 일련의 해변에서도 활발히 어신을 보내 주게 된다.

6월~7월

장마가 계속되는데 중간 휴식은 있다. 상하 어느 쪽인가의 고기압의 힘이 강해졌을 때로 장마 전선을 북쪽이나 남쪽으로 밀어내기 때문이다. 으스스 추울 때도 있지만 후덥지근한 중간 휴식도 있다. 특히 장마 전선이 본토 부근에 있을 때 습기찬 공기가 태평양으로부터 흘러 들어와서 극부적으로 집중 호우를 내리게 한다. 장마 마지막 무렵에 흔히 일어나며 이것과 어우러진 낚시터 하구 부근의 낚시터는 탁함을 일으켜서 낚시는 할 수 없는 경우가 많다.

7월 중순~하순이 되면 더운 여름을 맞는다.

6월~7월의 두 달. 이 특징은 태풍이 적을 때 따라서 바다도 잔잔한 날이 계속된다. 던질 낚시에는 절호의 시즌이다.

한편 조온도 5월부터 상승이 계속되어 17~22℃. 완전한 여름형의 바다를 맞는다. 보리멸을 비롯해서 감성돔, 까치돔, 조기의 성기(盛期)로 보리멸의 대 낚시 조기의 양적인 낚시를 즐길 수 있는 때이다.

8월~9월

기온이 자꾸 상승하여 수은주는 30℃를 가볍게 넘는 무더운 날이 계속된다. 불쾌 지수라고 하는 말을 입에 담는 계절이다. 쨍쨍 이글거리는 태양 아래에서의 던질 낚시는 사람을 바짝 말릴지도 모른다. 그래서 서늘함을 찾아서 밤 낚시가 주체가 되는 것이 수긍이 간다.

조기, 까치돔, 농어가 주요 대상어. 주간의 보리멸은 고온이 넘기 때문인지 성과도 훨씬 떨어져 버리지만 7월에 이어 바다가 잔잔해지면 보리멸 던질 낚시의 성기이다.

태풍이 올 때 바닷가 부근은 큰 파도가 밀려와서 던질 낚시는 할 수 없다. 큰 파도는 바닷가에 쓰레기나 해조를 밀어 올리거나 표류시키거나 해서 채비가 쓰레기나 해조로 가득하다고 하는 장난도 한다.

10월～11월

이 두 달에도 태풍이 가끔 찾아 온다. 그러나 9월 중순 이후의 태풍은 통과 후에 대륙 방면으로부터 시베리아의 고기압에 의한 바람이 불어와서 상쾌한 태풍 일과의 쾌청한 가을 날씨가 된다.

그러나 10월의 쾌청한 가을 날씨는 오래 계속되지 않고 이동성 고기압이 북쪽 근처라 통과하는 경우가 많아 북고형의 기압 배치가 된다. 가을의 긴 비가 내리는 날이 계속된다. 이것은 중순～하순에 많다. 이윽고 11월을 맞는다. 천고 마비의 계절, 늦가을의 쾌청한 가을날이 계속된다. 여름의 청일색의 세계에서 적, 황, 갈색으로 물들어 컬러의 세계로 일변한다.

이 두 달의 특징은 북동풍이 잘 분다. 이 바람에 면한 곳은 던질 낚시가 불가능하기 때문에 주의해야만 한다.

8월～9월에 걸쳐 고온을 자랑하고 있던 조온은 강하기에 접어둔다. 마치 상승기인 5월～7월과 같은 조온기이다. 지금까지 너무 따뜻해서 치수도 많은 양도 나오지 않았던 보리멸이 가을 시즌을 맞으면 양적인 낚시를 즐길 수 있다. 조기도 지지 않고 그리고 농어가 성기에 돌입할 때. 그러나 고온을 좋아하는 까치돔은 9월로서 모습을 감춰 버리고 내기의 즐거움이 되어 버린다.

던질 낚시의 지식

나날이 진보하는 글라스로드. 그 성질을 파악해야만 낚는 즐거움을 파악할 수 있다. 던질 낚싯대에는 여러 가지 종류가 있지만 그 중 보다 적합한 것을 선택하는 것이 중요.

▶ 던질 낚싯대의 종류

던질 낚싯대에는 죽제의 대나무 낚싯대, 대나무를 마주 붙인 6각 낚싯대, 글라스 파이버(유리섬유)의 크로스를 튜브 모양으로 한 글라스로드가 있다.

천연 대나무를 소재로 고대로부터의 수법으로서 만들어지는 낚싯대와 근대 과학의 부산물과 같은 글라스로드는 어디까지나 대조적인 관계에 있다.

전통을 자랑하는 수공예적인 아름다움을 가진 대나무 낚싯대, 기계에 의해 균일화된 글라스로드, 이 양자간에는 던질 낚시의 역사도 표현하고 있는 것 같다.

글라스로드가 출현하기 이전은 대나무 낚싯대의 세상이었고 던질 낚시도 여기에 의존하지 않을 수 없었다. 릴을 사용한 던질 낚시가 조금식 이루어지기 시작하자 던질 낚싯대가 만들어지기 시작했다.

멀리에 던져서 먼 물고기를 낚는 던질 낚시 그 원형은 카포리일 것이라고 일컬어지고 있다. '카포리'라고 하는 것은 길이 2m 정도의 대나무 끝에 도너츠 모양의 낚싯봉을 통과시키든가 혹은 낚싯봉 한쪽에 삼베줄 고리를 만들어 이것을 건다. 낚싯봉에는 본줄이 묶이고 본줄에는 목줄이 2~3개 달려 있다. 여기에 미끼를 달아 대나무로 투입하는 것이다. 본줄은 대나무 바구니 속에 얽히지 않도록 고리 모양으로 정리되고 낚싯봉의 비행에 의해 대나무 소쿠리 안에서 술술 나간다.

사용하는 측에서도 각각의 기호가 있다. 흔들리기만 부드러운 것을 좋아하는 사람도 있지만 장대 낚싯대, 흔들리기가 강한 것을 찾는 사람도 있을 것이다. 1개 1개를 이어서 개개의 흔들리기를 보고 나서 구입하지 않을 수 없었다.

글라스로드와 대나무 낚싯대와의 비교

근대 산업에 의한 소산인 글라스로드는 천연의 자원으로 만들어진 대나무 낚싯대를 차츰 쫓아 버리고 있기는 하지만 대나무보다 우수하다는 사실은 말할 필요도 없다. 또 하나의 견해로서 당연 인기를 얻을 수밖에 없었다고도 말할 수 있다.

멀리로 던져서 감는 던질 낚시. 무거운 낚싯봉을 낚싯대에 부착하는 경우가 많다. 대나무 낚싯대라도 무거운 낚싯봉의 투입에도 견디지만 오랫 동안에 대나무 섬유의 맥시멈이 생겨 낚시 용어에서 말하는 '빠짐'(기운이 빠지다)이 되어 버린다.

취미 낚시로서의 시대라면 좀 가벼운 듯한 낚싯봉으로 사뿐히 던지는 것도 좋지만 스포츠적 요소를 많이 포함한 던질 낚시가 되면 낚는

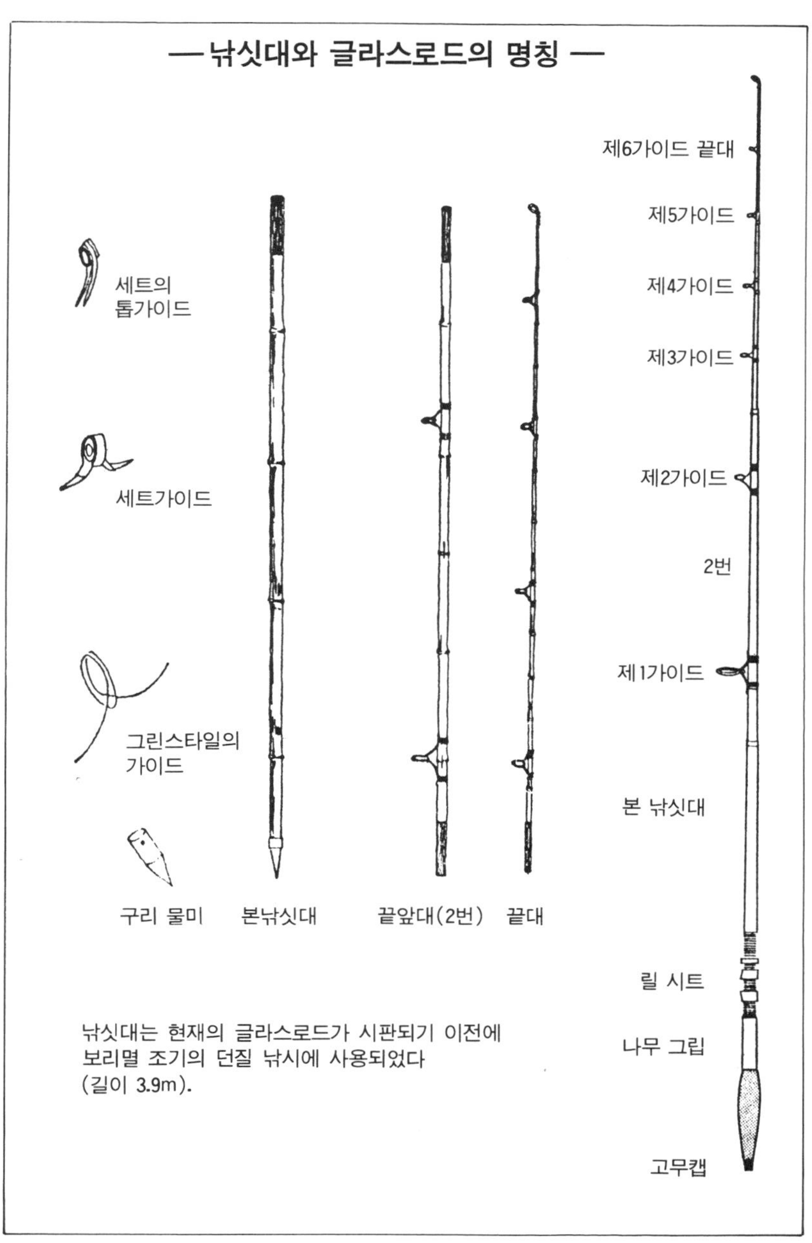

낚싯대는 현재의 글라스로드가 시판되기 이전에 보리멸 조기의 던질 낚시에 사용되었다 (길이 3.9m).

것 외 던지는 것도 가미되어 몸 전체의 힘과 낚싯대의 최대한의 휘두르기 양자가 멀리 던지기를 표현해 준다. 그래서 투입에 적합한 로드 투입 기본도 요구된다.

스포츠적 요소의 던질 낚시가 오늘날과 같은 융성을 본 것은 거카에도 견딜 수 있는 글라스로드가 탄생했기 때문임에 틀림없다.

동시에 예산에 따른 것을 대상으로 하는 물고기를 기준으로 해서 언제나 어디에서나 입수할 수 있게 된 것도 간과할 수 없는 사실이라고 말할 수 있다. 이것이 탄생의 첫 울음 소리를 지르지 않았다면 오늘날도 대나무 낚싯대에 의존 혹은 6각 낚싯대……가 된다. 대나무 낚싯대, 즉 가내 공업의 영역을 벗어나지 못하는 제품으로는 몇 명의 낚시꾼의 요구에 답할 수 없을 것이다.

그런데 기계 생산에 의한 글라스로드는 낚시 인구의 급속한 증가에도 쉽게 쫓아갈 수 있고 낚시 기술의 발전과 함께 제조 기술도 나날이 진보를 거두어 보다 좋은 제품을 낳고 있다.

여기에서 글라스로드와 대나무 낚싯대의 장단점을 비교해 보자.

〈글라스로드의 장단점〉

(1) 대량 생산이 가능하다.

(2) 대부분의 낚시 도구점에서 판매되어 어디에서나 입수할 수 있다.

(3) 소매 가격을 메이커측에서 결정하여 카탈로그 낚시 잡지 광고 등에 표시되어 전국 공통이다.

(4) 제품이 균일화되어 있다.

(5) 파손의 경우 규격품이기 때문에 수리도 간단. 아프터서비스망도 완비되어 있다.

(6) 대나무 낚싯대와 같이 자국이 생기지 않고 불이 붙을 염려도

필요없다. 또한 벌레먹을 걱정도 없다.

(7) 비 속에서 사용해도 아무런 지장이 없다.

(8) 대나무 낚싯대보다 종류가 많아 대상어 마다의 선택이 가능하다.

(10) 손에 쥔 느낌은 차가워 대나무 낚싯대에 뒤떨어진다.

〈대나무 낚싯대의 장단점〉

(1) 손에 들었을 때의 느낌은 좋다.

(2) 물고기를 걸었을 때의 휘는 반발력은 우수하여 낚시 맛이 좋다.

(3) 1개 1개 손으로 만들어지는 것이기 때문에 양산이 불가능하다.

(4) 제품의 스타일이 각각 다르다.

(5) 파손의 경우 수리 기간이 길다.

(6) 벌레에게 대나무 섬유가 침식당한다.

(7) 자국이 생기기 쉬워 때로는 불을 붙여야만 한다.

(8) 비 속에서의 사용은 대나무의 수명을 단축한다.

(9) 가내 생산이기 때문에 가격이 비싸다.

▶던질 낚싯대의 선택법

던질 낚시에는 던질 낚싯대를 준비해야만 한다. 그래서 이 낚시에 관해 중요한 역할을 하는 던질 낚싯대의 선택법도 필요하게 된다.

던질 낚싯대는 낚시꾼과 물고기 사이에 들어가서 세 가지 역할을 해 준다.

하나는 릴과의 공동 작업으로 던지는 역할이다. 멀리 있는 물고기

를 낚는 이 낚시에는 중요한 사항으로 채비를 물마루 저쪽으로 날려야만 하기 때문이다.

둘째는 멀리 날린 채비를 해저 혹은 해면에 안전시킨 후 릴과 함께 채비를 자기 앞쪽으로 이동시키는 역할도 해 준다.

셋째는 어신을 캐치해 준다. 그리고 물고기의 강한 당김에 대해서 만월과 같이 휘면서 가는 본줄을 끊어 뜨리지 않으려고 낚싯대의 탄력을 충분히 발휘해 준다. 대형어도 낚을 수 있다.

던질 낚싯대의 하나의 사명인 멀리로의 투입은 대개의 던질 낚싯대라면 낚싯봉을 날릴 수 있을 것이다. 또한 2~3의 역할도 해 줄 것이다. 그러나 대상으로 하는 물고기의 크기 포인트까지의 투입 거리 던질 낚싯대와 낚싯봉과의 관계 낚시꾼의 체력 등을 생각하고 각각의 물고기에게 맞는 던질 낚싯대를 선택하는 것이 중요하다.

▶ 대상어에게 적합한 낚싯대

큐바. 이 로드는 길이 4.2m 30호의 낚싯봉도 휘두를 수 있는 끝대가 튼튼한 던질 낚싯대이다.

낚싯봉 부하(負荷)가 30호라면 1호부터 30호의 낚싯봉을 짊어질 수 있어 이 낚싯대가 1개 있으면 조류가 빠른 일련의 모래사장에서는 무거운 낚싯봉을 달고 파도 조용한 모래사장이라면 중간 정도의 낚싯봉을 연결해서 던질 낚시의 대상어 전반을 낚을 수 있다.

작은 물고기는 문절망둑부터 보리멸, 가자미, 조기 던질 낚시의 대물인 벵에돔, 감성돔, 넙치, 농어에 이르기까지 다종 다양한 물고기를 노릴 수 있다.

이와 같이 튼튼함을 자랑하는 낚싯대에 3~10호의 낚싯봉을 달아 문절망둑의 던질 낚시를 했다고 하자. 확실히 문절망둑은 낚을 수 있지만 문절망둑이 걸려도 낚싯대는 전혀 구부러져 주지 않는다. 글라스 막대로 물고기를 건 셈이 되어 낚시맛은 전혀 맛볼 수 없다.

역시 낚싯대가 만월(滿月)까지는 가지 않더라도 구부러지지 않는다면 30호의 낚싯봉을 달아서 투입한다. 낚싯봉의 무게로 낚싯대의 휨을 표현해 주지만 문절망둑은 모르는 사이에 낚여버려 어신을 느낄 여유가 없다. 이래서는 낚시하는 맛은 전혀 없다고 말할 수 있다.

이와 같은 작은 물고기를 대상으로 하는 경우 3~10호의 낚싯봉을 달아서 투입했을 때 낚싯대가 가진 능력을 충분히 발휘할 수 있는 것을 선택해야만 한다. 보통 길이 1.8~2.7m 클래스의 던질 낚싯대에서 선택하면 된다.

그럼 이런 낚싯대에 20~30호의 무거운 낚싯봉을 달아 보자.

낚싯봉을 단 순간 낚싯대는 만월과 같은 휨을 보여 준다. 투입하면 낚싯봉을 휘두를 수 없어 눈앞에 철버덕이 고작이다. 도저히 던질 낚시 본래의 목적인 멀리로의 투입은 불가능하다. 이래서는 조기 벵에돔, 감성돔, 까치돔, 넙치, 농어 등의 대형어를 잡을 수 없다.

멀리 던지기에 유리한 보리멸, 강담돔, 까치돔, 농어 등은 어느 정도 무거운 낚싯봉을 휘두를 수 있고 또 노리는 대상어에 따라서는 물고기의 크기 강한 당김에 견딜 수 있는 것이어야만 한다. 그래서 무거운 낚싯봉이 짊어지는(낚싯봉을 충분히 휘두를 수 있는) 좀 긴 듯하고 튼튼한 낚싯대가 필요하게 된다. 이런 종류의 던질 낚시에는 3～4.2m 클래스의 낚싯대가 작용해 준다.

육상 경기에도 100m, 800m 마라톤과 같이 단·중·장거리의 각 종목이 있다. 선수는 각각의 하나를 자신 있어하는 경우가 보통으로 단거리에 강한 선수, 장거리에 스태미너를 발산하는 선수 등 여러 가지 있다. 던질 낚싯대에도 이 사실이 적용되어 세 가지 타입으로 분류할 수 있다.

근거리용 타입의 낚싯대

하구 부근의 강줄기 모래사장 제방에서의 문절망둑 제방 암초 주변의 보리멸, 까지양태, 가자미 등은 가까운 곳이 포인트가 된다. 그와 같은 곳에서는 길이 1.8～2.7m 클래스의 던질 낚싯대로 충분하다. 낚싯봉도 3～12호 정도를 사용한다.

중거리용 타입의 낚싯대

돌출한 갑 사이에 둘러싸인 조용한 모래사장 그곳에 점재하는 제방이나 암초에서의 던질 낚시의 대상어는 보리멸, 까지양태, 가자미,

주둥치, 망상어, 쥐노래미 등이다. 채비도 보리멸의 채비로 낚을 수 있어 이 채비를 기준으로 한 것으로 낚을 수 있는 보리멸 그룹의 물고기들이다(쥐노래미를 제외한).

이와 같은 낚시터는 일련의 넓은 모래사장과 달리 앞바다에서 바닷가로 밀려오는 큰 파도나 흔히 있는 조류 흐름의 걱정은 없고 모래사장 제방 암초의 조합 변화로, 포인트도 가깝고 또한 낚으려고 하는 물고기가 보리멸 그룹의 작은 물고기 부류로 튼튼함도 요구되지 않는다. 낚싯대와 낚싯봉과의 관계를 고려할 뿐으로 나머지는 올바른 투입법의 기본을 익혀 멀리 던지기에만 전념하면 된다.

장거리용 타입의 낚싯대

일련의 넓은 모래사장에서의 보리멸, 조기, 모래사장이나 제방과 암초에서의 농어, 까치돔은 장거리용 타입의 낚싯대를 사용한다.

이런 특징은 3.6~4.2m의 길이, 낚싯대의 끝도 굵직하고 튼튼한 것 낚싯봉도 20~30호의 무거운 것을 휘두를 수 있는 것이 된다.

넓은 모래사장에서의 보리멸, 조기는 멀리 포인트를 찾아야만 한다. 물고기가 모이는 장소인 포인트도 그날 그날에 따라 달라서 가까운 경우도 중간쯤일 때 먼 포인트도 있다. 그것을 투입에 의해 찾아내는 것으로 멀리 던져서 찾아야만 한다.

60~100m 이상 투입하기 위해서는 길이가 있는 낚싯대에 어느 정도 중량이 있는 낚싯봉을 달아서 휘두르지 않으면 멀리 던지기는 바랄 수 없고 길이가 하나의 포인트도 된다. 길이가 있다고 하는 이점은 어신을 기다릴 때, 모래사장으로 밀려오는 앞바다로부터의 큰 파도 때문에 끝대에서 파도 사이에 팽팽해진 본줄을 파도가 두드리는 것을 막아 준다.

다음에 낚싯대의 튼튼함은 20~30호의 무거운 낚싯봉을 휘두르는 동작이나 쇼크에도 견디고, 길이에 낚시꾼의 투입 동작이 가미되어 멀리 던지기가 가능해진다. 무거운 낚싯봉은 일련의 넓은 모래사장에 가끔 있는 조류의 흐름에 채비가 흐르는 일 없이 해저에 고정시키는 작용을 해 준다.

더욱이 끝대의 튼튼함은 밀려가는 파도로 본줄이 저항을 받았을 때도 파도의 작용에 지지 않고 입질을 분별해 준다. 만일 끝대가 부드러운 것이라면 앞바다로부터의 파도로 본줄이 두들겨지고 그 파도가 될 때도 두들겨 져서 낚싯대 끝이 끊임없이 인사를 하는 상태가 되어 어신은 파악하기 어렵게 되어 버린다.

튼튼함은 조기, 까치돔, 넙치, 농어의 대형 던질 낚시에 대해서도 그 강한 당김에 충분히 견디는 힘을 가지고 있다.

▶낚싯대와 낚시꾼의 체력

던질 낚시는 멀리 던질 수 있으면 있을수록 다른 사람보다 더욱 물고기를 낚을 수 있다. 멀리 던지기야말로 직접성과로 이어지는 것이라고 말할 수 있다. 보리멸, 조기, 까치돔, 넙치, 농어 모두 이 예에 적용된다.

조기의 보리멸은 가장 멀리 던질 때 유리하다. 던지면 철버덕 날아도 고작 3, 4m로는 아무 소용도 없다. 넓은 모래사장에 있어서도 마찬가지이다.

가령 보리멸의 던질 낚시에서 80m가 한도인 사람과 80m는 식은 죽 먹기, 100m도 던질 수 있는 사람이 있다고 하자.

양자간에는 20m 이상의 차이가 있으며 멀리 던지기가 가능한 사람은 20m 이상 앞의 포인트에서 보리멸을 찾을 수 있는 계산이 된다. 투입 거리의 핸디는 성과의 차가 되어 나타나는 것은 필지이다.

조기도 마찬가지이다. 멀리 던진 사람은 먼쪽에 있는 둔덕(조기의 포인트)에서 중간쯤의 둔덕, 파구(波口) 부근의 둔덕에 채비를 고정시킨다. 앞바다부터 파구까지 뭔가 어딘가의 둔덕을 찾을 수 있으면 어신에 접하는 경우도 많을 것이다.

보리멸, 조기의 경우 중(中) 거리에도 포인트가 있으니까 괜찮지만 농어의 전기찌가 되면 전기찌가 공중에서 저항을 받는다. 생각대로 투입할 수 없는 것과 채비 자체가 좀 길기 때문에 길이가 있는 낚싯대가 필요하게 된다. 이것을 충분히 사용할 수 없으면 특별히 관심을 끄는 농어도 낚을 수 없다.

이상 던질 낚시에 있어서는 멀리 던지는 것이 곧 성과로 이어져서 중요한 문제가 된다. 멀리 던지기, 즉 장거리용 타입에는 좀 긴 듯한 것, 튼튼한 것 20~30호의 무거운 낚싯봉을 휘두를 수 있는 낚싯대가 사용된다.

그러나 아무리 긴 듯한 것이라고 해도 낚시꾼이 휘두를 수 있는 한도가 있을 것이다. 100m 길이의 것을 힘껏 휘두를 수는 없다. 무거운 낚싯봉을 휘둘러야 하니까 튼튼한 모조 장대 낚싯대로는 휘두를 수 있어도 낚싯대의 반발력도 아무것도 없었을 것이다.

여기에 낚시꾼이 완전히 구사할 수 있는 낚싯대의 길이 튼튼함이 검토되어야만 한다. 이것은 낚시꾼의 체력 상태를 생각하는 것이 매우 필요하다고 하는 의미이다.

어느 낚시꾼이 조기의 던질 낚시를 하러간 적이 있다. 글라스로드의 초기 무렵의 일로 스피닝 릴을 다는 손잡이의 낚싯대가 6각 낚싯대 끝대와 2번이 글라스라고 하는 글라스로드와 6각 낚싯대의 절충이다. 낚싯대 자체가 무거운데다가 균형도 없어 연결하지 않았을 때 무게를 느끼는 형편없는 것이었다.

무거운 낚싯대이기 때문에 충분히 휘두를 수 없다. 따라서 포인트까지는 날지 않는다. 날지 않으면 점점 더 초조해진다. 지치면 점점 더 날지 않는다. 이와 같은 악순환이 반복되어 새벽녘에는 녹초가 되어 드디어 성과가 전혀 없었다.

이 예와 같이 낚싯대 길이와 중량이 사용하는 사람의 체력에 맞지 않으면 낚시터에 도착한 당분간은 휘두를 수 있어 어느 정도의 멀리 던지기가 가능했다고 해도 그 사람의 체력의 소모와 함께 낚싯대의 길이, 특히 무게가 고생이 된다. 당연히 당초의 멀리 던지기 거리는 어디인지 모르게 되어 버린다.

낚싯대를 낚시꾼이 휘두르는 것이 아니라 낚싯대에 휘둘려 버린 예이다. 낚싯대의 낚시꾼의 체력 문제는 중요한 과제라고 말할 수

있다.

균형잡힌 낚싯대

각메이커의 카탈로그를 여기에서 살펴보자. ① 종류 ② 계수(繼數) ③ 흔들리기 ④ 전체길이 ⑤ 무게 ⑥ 추부하(錘負荷) ⑦ 용도가 기록되어 있다.

이것을 보면 ①②③⑥⑦이 같고 ④의 길이도 3.9m로 같은 것이라고 해도 ⑤의 무게가 다르다. 그러나 각 회사 모두 대개 낚시꾼의 체력을 고려한 무게로 동일 길이의 것에 있어서는 별로 차이는 없다. 카탈로그에서 자신의 체력에 적합한 낚싯대를 골라내면 된다.

그런데 장거리용의 낚싯대 중에는 ⑤의 무게가 동일 혹은 그다지 차이가 없더라도 연결했을 때 균형이 잡히지 않는 낚싯대가 있다.

연결했을 때 무게가 가벼운 낚싯대 쪽이 무겁게 느끼거나 휘두르기 어렵거나 한다. 반대로 무게가 무거운데 가볍게 느끼거나 휘둘러 넣기 쉽거나 하는 경우가 있다. 이것은 균형에 문제가 있기 때문으로 전자는 불균형 낚싯대 후자는 균형 잡힌 낚싯대라고 말할 수 있다. 물론 후자 쪽이 좋은 것으로 전자라면 하루종일 손에 드는 던질 낚시에서는 낚시꾼은 지쳐 버린다.

낚싯대를 구입할 때의 요령은, 카탈로그를 잘 읽고 모르는 부분은 질문해서 미리 사고 싶은 상품의 예비 지식을 얻는 것이 중요하다. 또한 낚시에 자세한 선배 친구의 조언도 좋을 것이다.

만일 마땅한 선배가 없을 때는 낚시 도구점에서 구입할 때에 점원에게 잘 상담하고 낚싯대를 연결해서 손이나 팔에 느끼는 무게를 잘 확인한다. 이거라면 하루종일 손에 들고 있어도 자신의 체력이라면 지치지 않는다고 하는 제품을 선택해야 한다.

낚싯대를 3개 늘어놓고 들었을 때의 무게, 3개를 연결했을 때의 느끼는 무게, 여기에는 그 낚싯대가 가지고 있는 균형으로 느낌이 다르다. 자신의 체력을 생각해서 한 단 흔들리기를 떨어뜨린 낚싯대를 선택하는 방법도 있다. 이거라면 낚싯대보다 체력이 우수하기 때문에 낚싯대를 마음껏 사용할 수 있고 하루종일 손으로 하는 던질 낚시라도 지치지 않는다.

낚싯대와 낚싯봉과의 관계

낚싯대 자체의 균형에 대해서는 앞항에서 서술했지만 또 하나 낚싯봉과의 균형이 어떨지가 중요한 문제가 된다(여기에는 늘어뜨림——끝대부터 낚싯봉까지의 길이도 관련해서 성가신 문제가 되지만).

아무리 올바른 투입법의 기본을 익혀서 그대로 해도 낚싯대에는 각각 적당한 낚싯봉의 무게가 있다. 올바른 투입 동작 그 동작을 하는데 필요한 낚시꾼의 힘, 낚싯대에 맞는 낚싯봉, 이 요소가 어울려서 멀리 던지기가 가능하다. 하나의 요소라도 빠지면 멀리 던지기는 불안정해진다.

한도 이상 낚싯봉을 휘두를 수 있다고 해서 달아서 흔들었다고 하자. 가령 힘껏 흔들었다고 해도 극단적으로 무거우면 낚싯대는 휘두를 수 없고 반발력도 줄어 버린다. 결과는 나는거리는 늘지 않고 아깝게도 낚싯대의 능력을 망쳐 버린다.

① 호노룰루 ② 볼가 ③ 버지니아 ④ 아마존의 적합한 낚싯봉은 어느 정도일까의 테스트를 한 바에 따르면

① 호노룰루=낚싯봉 15호가 75m, 낚싯봉 18호가 84m 그 이상의 낚싯봉 부하는 나는거리가 떨어진다.

② 볼가=낚싯봉 15호가 82m, 낚싯봉 18호가 100m, 낚싯봉 20호가 115m, 그 이상의 낚싯봉 부하는 나는거리가 떨어진다.

③ 버지니아=낚싯봉 15호가 85m, 낚싯봉 18호가 106m 낚싯봉 20호가 113m, 낚싯봉 23호가 112m, 그 이상의 낚싯봉 부하는 나는거리가 떨어진다.

④ 아마존=낚싯봉 15호가 90m, 낚싯봉 18호가 102m, 낚싯봉 20호가 122m, 낚싯봉 23호가 126m, 낚싯봉 25호가 125m, 낚싯봉 30호가 115m, 그 이상의 낚싯봉 부하는 나는 거리가 떨어진다.

이상의 테스트 결과 각각의 낚싯대에 적합한 낚싯봉이 있는 것이다.

①의 호노룰루에서는 18호의 낚싯봉이 가장 낚싯대와의 균형이 이루어져 있는 것이 된다. 호노룰루는 길이 3.3m, 무게 570g. 즉 부하 15호였다. ②의 볼가에서는 20호가 좋다. ③의 버지니아에서는 20호의 낚싯봉일 때 113m, 23호일 때에 112m로, 20~23호가 적합한 낚싯봉이 될 것이다. ④ 아마존에서는 낚싯봉 23호~25호가 적합하고 30호의 낚싯봉에서는 나는 거리가 나오지 않는다.

▶던질 낚싯대의 각 명칭

글라스로드의 던질 낚싯대로 보면 여러 가지 부분이 조합해서 한개의 낚싯대를 완성하고 있다. 그리고 각각의 역할을 하고 있다.

(1) 물미 (2) 릴 시트 (3) 조인트 (4) 가이드 등이다.

물미

낚싯대의 손잡이인 본낚싯대의 하부에 금속의 뾰족한 것이 달려 있다. 이것이 물미라고 불리는 것이다. 물미는 던질 낚싯대 전부에 달려 있다고는 할 수 없다. 앞항에서 분류한 근거리용 타입 이상의 것이라면 대부분의 경우에 달려 있지만 그 이하의 것은 낚싯대 뒤에 물미가 달려 있지 않다.

이것은 근거리용 타입 이하의 것은 제방이 무대의 대부분으로 모래사장에서 멀리 던지는 던질 낚시에는 그다지 사용하지 않고 적합치 않기 때문에 달려 있지 않는 것이 보통이다.

물미에는 ⓐ 이미 낚싯대 뒤에 달려 있는 것 ⓑ 나사 조임 스타일

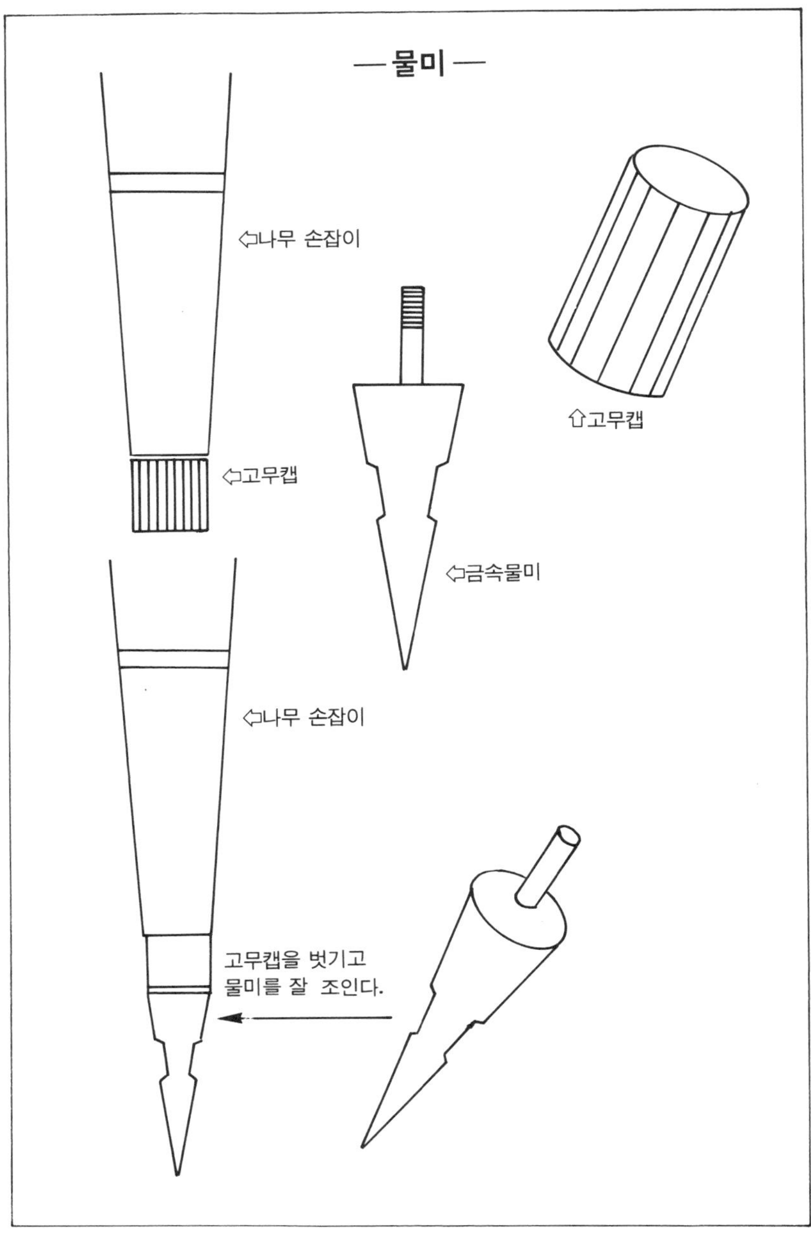
—물미—
⇦나무 손잡이
⇧고무캡
⇦고무캡
⇦금속물미
⇦나무 손잡이
고무캡을 벗기고
물미를 잘 조인다.

—물미가 달려 있는 낚싯대와 달려 있지 않는 낚싯대—

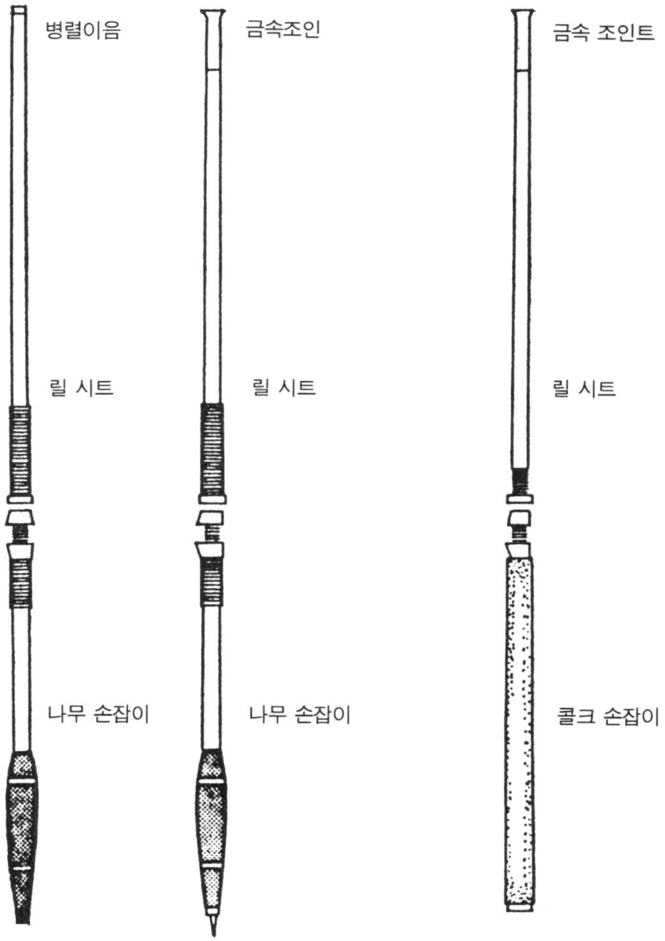

고무캡을 벗기고 금속 물미를 조인다.

이미 나무 손잡이에 금속 물미가 달려 있다. 이 위에 고무캡이 씌워져 있다.

3m 이하의 던질 낚싯대에는 물미가 달려 있지 않는 것도 있다.

로 되어 있는 것 ⓒ 달려 있지 않는 것의 3종류가 있다.

물미가 달려 있는 것

낚싯대 뒤에 금속성의 물미가 달려 있고 고무 커버를 뒤집어 쓴 것도 있다.

나사 조임 스타일의 것

낚싯대 뒤에 고무 캡이 씌워져서 이것을 벗기고 원추형 금속성의 물미를 나사로 조여간다. 이것은 물미가 불필요할 때는 나사를 조이지 않고 고무 캡을 씌워 두어 겸용할 수 있다.

고무 캡을 씌워 두지 않으면 하부의 나사 구멍에 모래나 먼지가 막히거나 한다. 또한 부주의로 입구 나사산을 으깨지 않는다고도 할 수 없다.

물미가 달려 있지 않는 것

근거리용 타입의 낚싯대에는 달려 있지 않는 것이 많다.

물미는 모래 속에 낚싯대를 세울 때 뾰족한 금속 때문에 간단히 꽂을 수 있다.

모래사장에 도착, 드디어 던질 낚시 개시이다. 그래서 물미를 모래 속에 단단히 꽂고 가이드에 본줄을 다음에 채비를 묶는다. 이 뿐인가 낚시 중의 미끼 갈아 끼울 때에도 접낚싯대로 어신을 기다릴 때 등 물미의 이용은 많다.

모래 속으로의 꽂음은 적당히 해서는 안 된다. 부드러운 모래이기 때문에 꽂은 낚싯대가 어느 사이엔가 쓰러져서 릴은 모래투성이가 되어 버린다. 이 실패는, 가끔 볼 수 있다.

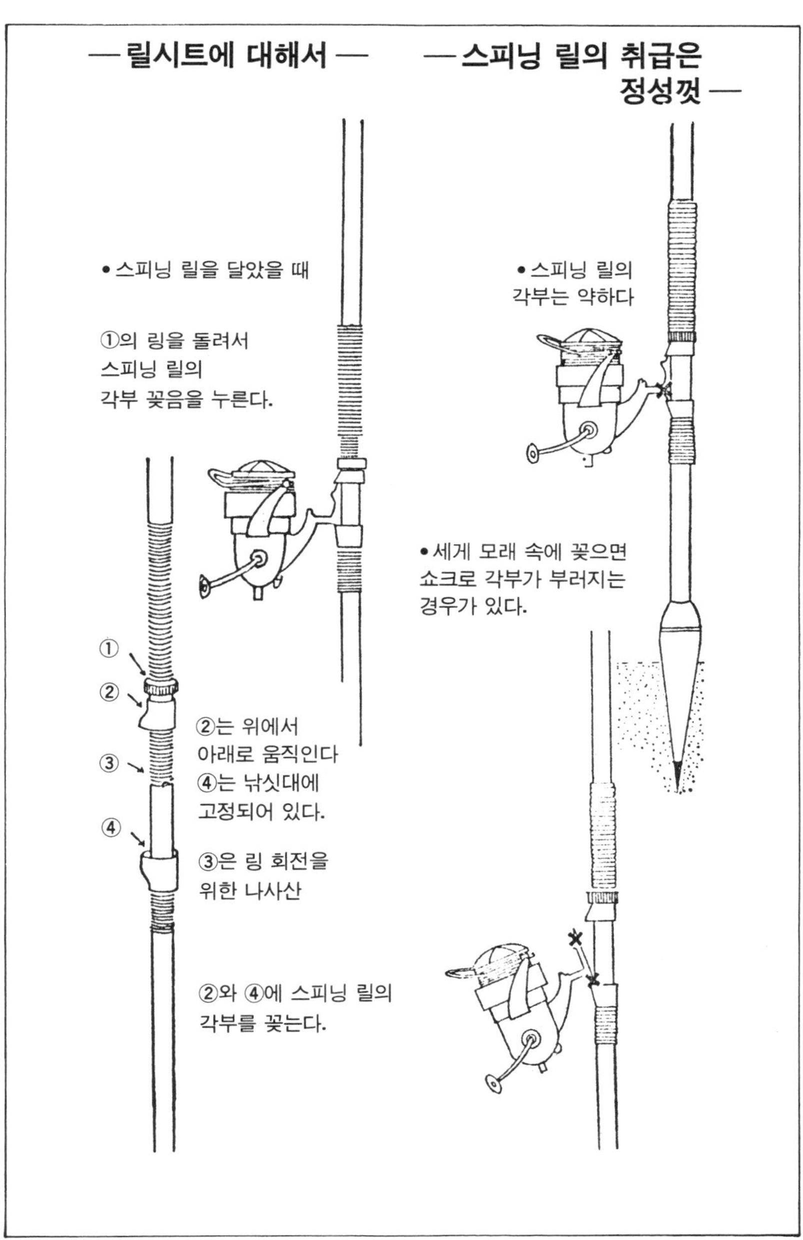
—릴시트에 대해서—
—스피닝 릴의 취급은 정성껏—
• 스피닝 릴을 달았을 때
①의 링을 돌려서
스피닝 릴의
각부 꽂음을 누른다.
①
②
③
④
②는 위에서
아래로 움직인다
④는 낚싯대에
고정되어 있다.
③은 링 회전을
위한 나사산
②와 ④에 스피닝 릴의
각부를 꽂는다.
• 스피닝 릴의
각부는 약하다
• 세게 모래 속에 꽂으면
쇼크로 각부가 부러지는
경우가 있다.

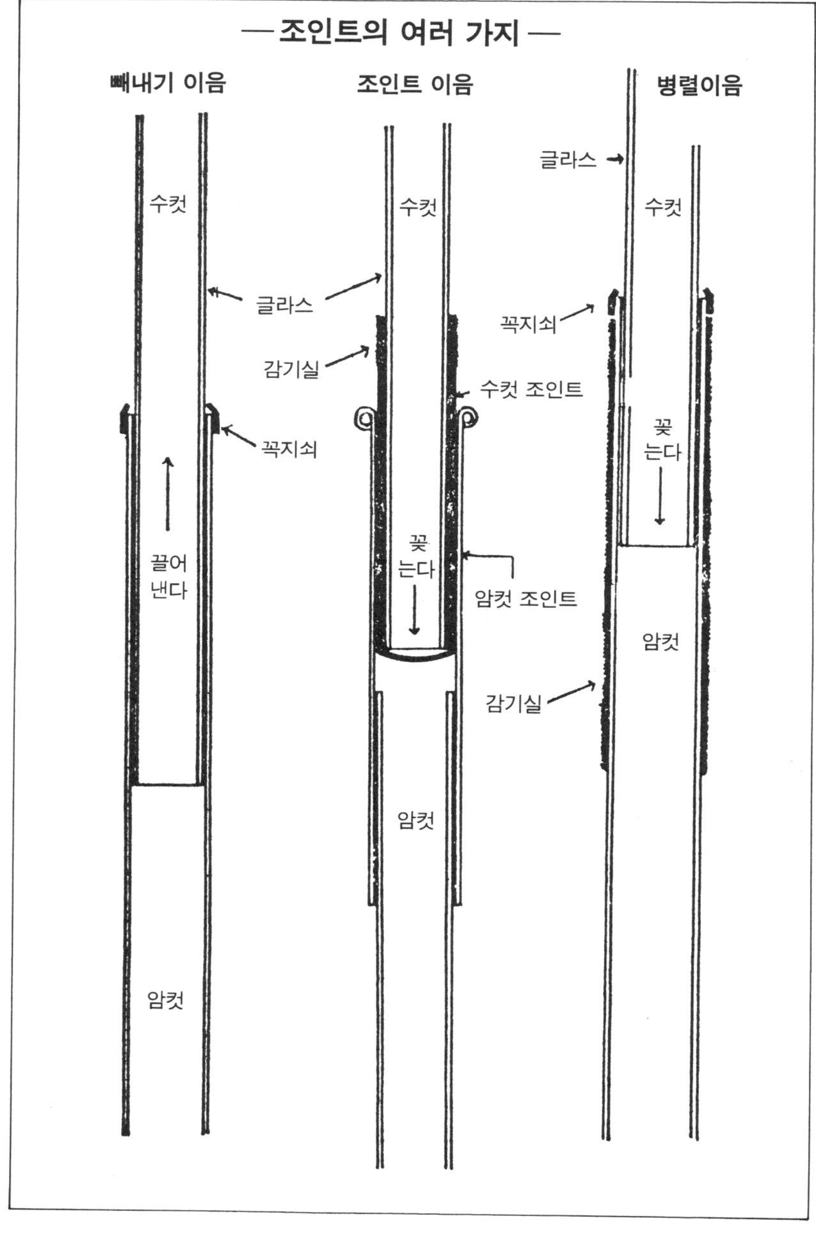
—조인트의 여러 가지—
빼내기 이음
수컷
글라스
꼭지쇠
끌어
낸다
암컷
조인트 이음
수컷
글라스
감기실
수컷 조인트
꽂
는다
암컷 조인트
암컷
병렬이음
글라스
수컷
꼭지쇠
꽂
는다
암컷
감기실

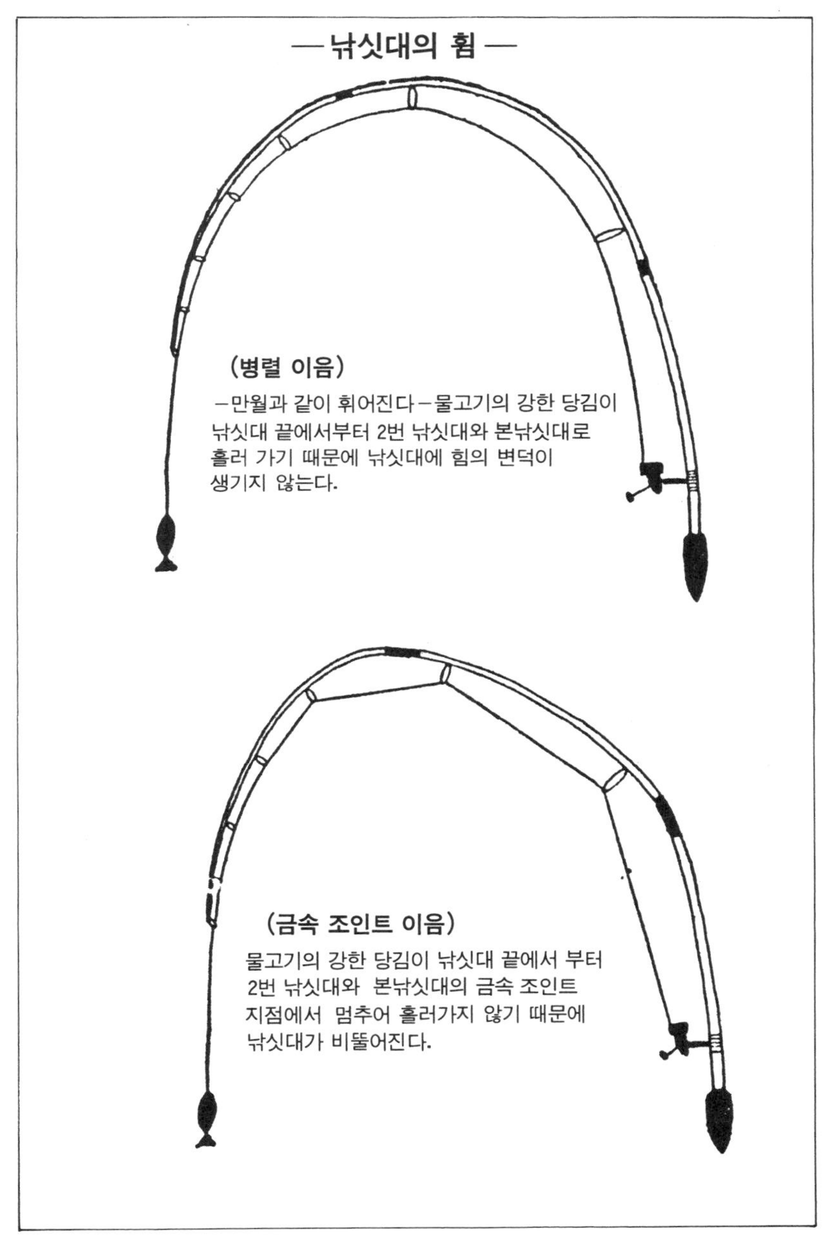
—낚싯대의 휨—
(병렬 이음)
—만월과 같이 휘어진다—물고기의 강한 당김이
낚싯대 끝에서부터 2번 낚싯대와 본낚싯대로
흘러 가기 때문에 낚싯대에 힘의 변덕이
생기지 않는다.
(금속 조인트 이음)
물고기의 강한 당김이 낚싯대 끝에서 부터
2번 낚싯대와 본낚싯대의 금속 조인트
지점에서 멈추어 흘러가지 않기 때문에
낚싯대가 비뚤어진다.

물미의 꽂음은 힘을 주어서 위에서 창이라도 찔러 꽂듯이 해서는 안 된다. 꽂은 쇼크가 그 위에 달려 있는 스피닝 릴에 주는 영향이 크다. 스피닝 릴의 다이캐스트 각부는 의외로 물러서 부러지는 경우가 있다.

능숙하게 꽂는 법은 몸의 힘을 낚싯대에 줌과 동시에 나사를 조이듯이 모래 속에 꽂아 가는 것이다.

릴 시트

글라스로드의 던질 낚싯대는 대부분이 꼬아진 타입의 릴 시트가 부착되어 있다. 릴의 각부를 꽂고 상부에 달려 있는 링크를 각부 꽂음부를 조여 간다.

이것의 장점은 설치방법이 간단하고 조이면 단단히 고정되어 낚싯대에 스피닝 릴이 고정한다. 결점은 너무 빽빽하게 조이면 링크를 상부로 되돌려도 각부에 꽂은 릴이 빠지는 경우가 있다. 뺄 수 없을 때 해머 등으로 두들기면 무른 다이캐스트의 릴 각부를 부러뜨리는 경우도 있어 주의가 필요하다.

그런데 릴 시트의 위치가 문제이다. 요즘의 장거리용 타입의 낚싯대에는 이점에 대해 고려되고 있지만 근거리용 타입의 낚싯대에는 지금도 가끔 볼 수 있다.

이것은 물미와 릴 시트의 간격이다. 이것이 투입 동작에 관련되기 때문이다.

글라스로드가 만들어진 당초는 투입 동작의 기본도 확립되어 있지 않았다. 일부의 선구자들이 어떻게 하면 멀리 던지기를 할 수 있을까에 대해서 밤낮 투입 논리를 짜내려고 연구했다. 그리고 오른손으로 스피닝 릴의 각부를 잡고 오른팔을 수평으로 뻗친다. 한편 왼손으로 물미의 선단을 쥐었을 때의 위치가 우측 쇄골 부근에 오는 것이 좋다라고 하는 결론을 얻었다.

그런데 ① 스피닝 릴을 쥔 오른손을 후두 상부부터 구부리지 않고 휘둘러 내려서 수평 위치에서 멈춘다. ② 머리 위 전부(前部)의 왼손은 구부리지 않고 하복부 중앙으로 끌어 당긴다. 이 ①과 ②의 동작을 동시에 하는(①은 강한 휘둘러 내림 ②는 강한 끌어당김) 스피닝 릴의 투입 방법은 지방에서는 받아 들여지지 않았다.

이것은 횡전 릴의 투법으로 완전히 빼낼 수 없어 좌우 양팔을 밀어내는 투입 방법으로 릴 시트와 물미 사이가 너무 긴 간격이 있으면 오히려 부자유스러워졌기 때문이다. 그래서 지방 낚시꾼의 바램도 담아서 일시적이지만 미흡한 것도 있었다.

요즘들어 릴 시트와 물미 사이는 장거리용 타입의 낚싯대에서는 길어져서 그렇게 부자유는 느끼지 않게 되었다. 그러나 근거리용 타입의 낚싯대에서는 좁은 것이 대부분이다. 가까운 포인트 전문이라고도 할 만한 쇼트용이라면 최대한 멀리 던질 필요도 없이 현재의 것으로 충분하다고 생각할 수 있다.

조인트

끝대 2번 본낚싯대를 연결하는 것이 조인트이다. 여기에는 ⓐ 금속에 의한 조인트 ⓑ 글라스로드 자신이 잇는 병렬 이음 ⓒ 글라스로드 자신을 끌어 내가는 빼내기 이음이 있다.

금속에 의한 조인트

6각 낚싯대가 이 형식을 취하고 있지만 초기의 글라스로드도 대부분이 이 타입에 속한다.

끝대 2번의 글라스로드 하부에 수컷 금구(金具) 조인트가 달려 있어 이것을 다음 낚싯대인 암컷의 글라스로드에 있는 암컷 금구 조인트에 끼운다.

이 형식에는 두 가지의 결점이 있다.

(1) 물고기를 걸었을 때 금속 조인트가 있기 때문에 낚싯대 전체가 만월과 같이 둥그스름하게 휘어 주지 않는다. 조인트 부분은 부자유스런 모습이 되는 것은 말할 필요도 없다.

이 결점은 큰 물고기를 걸었을 때도 곤란하다. 낚싯대 끝의 강한 당김이 2번부터 본낚싯대로 그 힘이 흐르지 않고 조인트 부분에 멈추기 때문이다. 이것은 투입시에도 마찬가지이다.

(2) 금속성의 조인트는 제방이나 암초에 부딪칠 것 같으면 찌그러져 버린다. 어느 쪽이 찌그러지든 꽂음에 지장을 주는 것은 물론이다. 또한 모래사장에서도 모래가 어느 쪽인가에라도 묻으면 특히 암컷부의 내부에 부착할 것 같으면 찌그러진다. 무리해서 꽂으면 금구 표면을 다치게 된다.

글라스로드 자신이 잇는 병렬 이음

요즘의 글라스로드는 글라스로드 자신이 서로 잇는 형식이 많아졌다. 이것은 글라스로드의 소재를 그대로 잇는 스타일로 '병렬 이음'이라고 불리고 있다.

이 스타일은 금구 조인트 스타일의 것보다 낚싯대의 균형을 조절시키고 있다. 금구 조인트 낚싯대보다 무거운 병렬 이음 낚싯대, 낚싯대를 이었을 때 전자보다 가볍게 느끼는 것은 이 균형의 점이다.

예를 들면 병렬 이음 '큐바'(4.2m 무게 800g)와 금속 조인트 '아마존'(3.9m 무게 800g)을 비교해 보자.

이었을 경우 길이가 있는 '큐바'쪽이 가볍게 느끼고 '아마존'쪽이 무겁게 느낀다. 조인트가 낚싯대의 머리 쪽(2번 끝대 쪽)에 영향을 주어 낚싯대 자체의 균형을 무너뜨려 버리고 있기 때문이다. 그 점에 있어서는 병렬 이음 쪽은 끝대 2번 본낚싯대로 힘이 빠져 대나무 낚싯대의 장점에 근접해 있다고도 말할 수 있다.

또한 투입했을 때도 병렬 이음 쪽이 가볍게 투입할 수 있어 대나무 낚싯대에 가까운 느낌이다. 반대로 금속 조인트 쪽은 금속성 낚싯대로 투입하고 있는 듯한 느낌이 든다.

글라스롯드 자신을 끌어내가는 빼내기 이음

지금까지의 빼내기 형식에 의한 이음낚싯대는 찌낚시 분야의 것으로 간주되고 있었지만 이 스타일이 던질 낚싯대에도 받아 들여졌다.

이런 낚싯대의 이음법은 끝대, 2번, 3번, 본낚싯대(릴 시트가 달려 있는 부분)의 순으로 이어 나가는 것이 보통이다.

가이드

던질 낚싯대와 갯바위 낚싯대를 살펴보자. 가이드가 달려 있는 것이 눈에 들어온다. 릴로부터의 본줄을 낚싯대에 결합시키는 역할, 투입시에 본줄을 미끄러지듯이 통과시키는 역할을 해 준다.

양자의 낚싯대를 잘 보면 던질 낚싯대는 가이드가 큰 것이 달려 있지만 갯수가 적다. 갯바위 낚싯대는 반대로 가이드는 작지만 갯수가 많은 것을 알 수 있을 것이다.

이것은 ① 던질 낚싯대는 스피닝 릴과의 조합 ② 갯바위 낚싯대는 서프 릴과의 조합에서 오는 것이다.

이 경우 ①의 스피닝 릴은 고정 스타일의 릴로 본줄이 코일 모양으

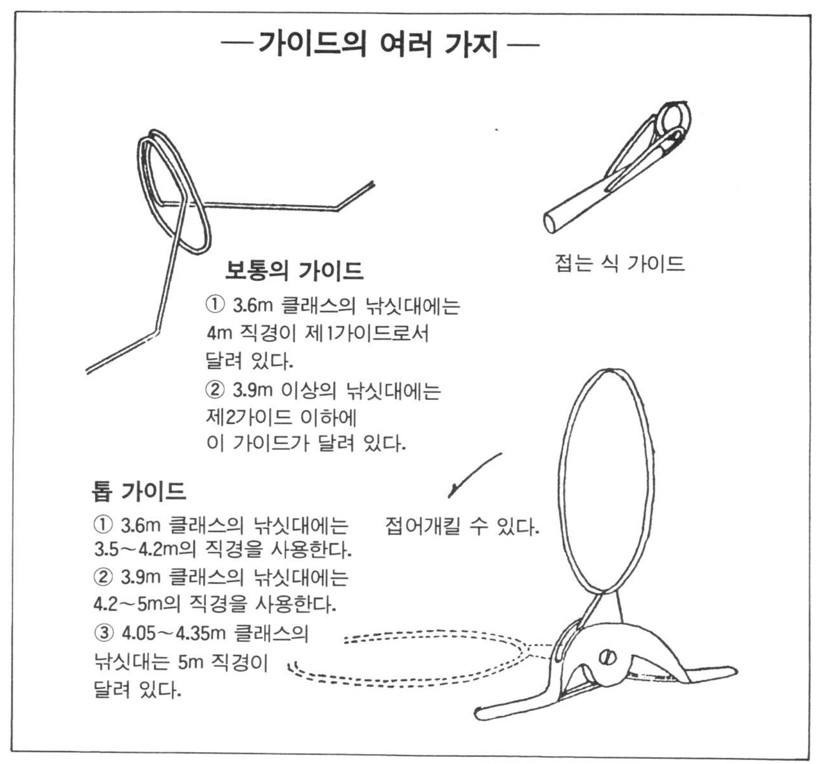

로 부풀어 오르면서 방출되어 가는데 반해 ②의 서프 릴은 본줄이 나가면 스풀이 돌아 직선상으로 방출된다. 그 때문에 ①의 스피닝 릴 쪽이 가이드가 크다 ②의 서프 릴은 직선 방출이기 때문에 낚싯대와 짝지어서 나가면 되고 따라서 가이드도 클 필요는 없다.

그럼 던질 낚싯대의 가이드에 따라서 이야기를 해 보자. 우선 본낚싯대 쪽에 큰 가이드가 달려 있다. 이것이 제1가이드, 마지막 낚싯대 끝에 달려 있는 것을 톱 가이드라고 부른다. 스피닝 릴을 사용하는 던질 낚싯대의 가이드가 큰 이유는 앞에 간단히 서술한 대로 스풀로부터의 본줄이 직선으로 나가는 것이 아니라 방출되는 본줄이 코일

모양으로 나가기 때문이다.

만일 가이드가 작으면 스풀로부터의 방출된 코일상의 본줄은 가이드에서 저항을 받는다. 그러면 본줄의 나가려고 하는 힘을 약화시키거나 부풀어 오르려고 하는 코일상 방출 본줄을 급격히 세이브하기 때문에 방출된 본줄이 낚싯대를 두들기거나 낚싯대에 감기거나 한다.

이상의 문제를 제거하는 의미에서 제1가이드는 큰 것이 달려 있다. 대개 사용하는 스피닝 릴의 직경과 같은 정도 직경의 가이드를 제1가이드에 달면 되는 것이다.

제1가이드는 스풀로부터의 방출, 본줄의 부풀어 오르려고 하는 코일상을 억제하고 제2가이드도 코일상의 부풀어 오름을 억제해서 제3으로 그리고 제4가이드로 보내 마지막 톱 가이드에서는 직선에 가까운 상태로 본줄을 방출해 나간다.

던질 낚싯대에 달려 있는 가이드의 수는 2.4～3.3m 클래스로 톱 가이드를 포함하여 5～6개 3.6～4.2m 클래스로 톱 가이드를 포함하여 5～7개 달려 있다.

제1가이드의 직경은 40～50mm 제2가이드는 25～30mm, 제3가이드는 20mm, 제4가이드는 13mm, 제5가이드는 10mm, 톱 가이드는 5～6mm가 장거리용 타입의 3.6～4.2m 클래스의 낚싯대에 달려 있다. 더구나 근거리용 타입의 낚싯대에서는 제1가이드가 13～20mm로 한층 직경을 떨어뜨린 가이드가 달려 있다.

가이드에는 접기식(큐바 EG낚싯대, 에폭시 낚싯대 등의 제1가이드에 달려 있다)과 고정식이 있다. 큰 제1가이드를 접을 수 있으면 낚싯대 상자나 낚싯대 주머니에 넣어 휴행하는 것도 편리하다고 말할 수 있다.

—가이드와 본줄의 관계—

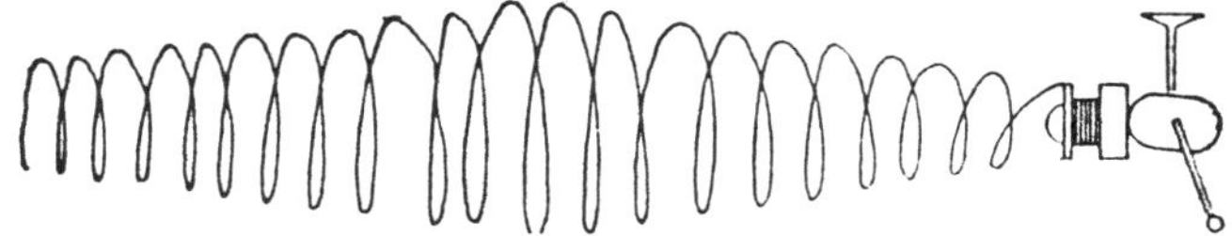

• 스풀로부터의 본줄은
코일상으로 부풀어 오르면서 방출되어 간다.

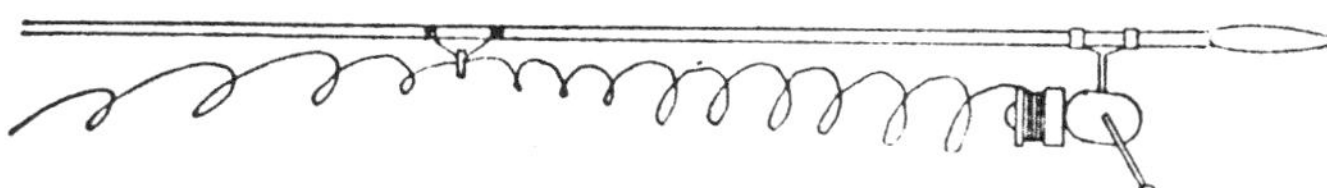

• 제1가이드가 작고 자기 앞쪽에 달려 있으면 스풀로부터의
방출 본줄은 위축되어 버린 다. 따라서 투척 거리는 나오지 않는다.

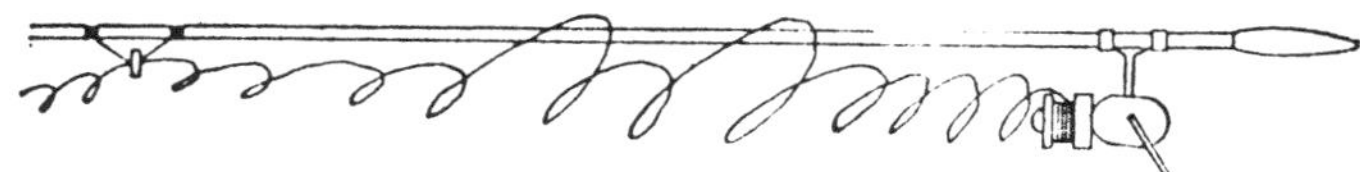

• 제1가이드가 작고 스피닝 릴 끝 쪽에 달려 있으면 스풀로부터
방출되는 코일상의 본줄이 낚싯대를 때리거나 감거나 하는 경우가 많다.

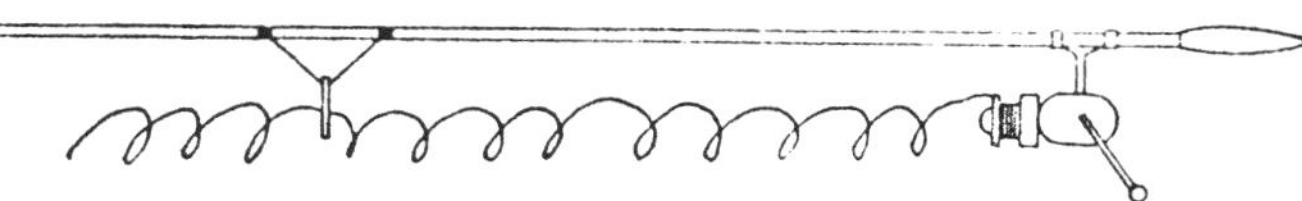

• 제1가이드의 직경이 스풀과 같은 정도의 직경으로
스피닝 릴의 위치보다 1m 정도 앞에 달려 있으면 방출되는 본줄이
부드럽게 나가서 상태가 좋다.

톱 가이드는 직선상으로 방출되어 본줄이 나가기 때문에 톱으로 당긴 듯이 선이 들어가는 경우가 있었다. 그러나 요즘의 톱 가이드는 품질이 좋은 것을 사용하여 그럴 우려는 없다. 다음에 경질 세트제 가이드는 쪼개지는 경우도 있다. 낚시하러 가기 전에 반드시 조사하는 것이 중요하다. 만일 쪼개져 있으면 그 틈으로 본줄이 빠지게 된다.

▶ 낚싯대의 개조

멀리 던지기 위해서는 낚싯대를 개조해야만 한다든가 가이드 직경이 큰 것을 달아 갯수를 줄이는 등 낚싯대 개조론이나 방법이 요즘 눈에 띈다.

낚싯대에 손질을 하지 않으면 멀리 던질 수 없을까? 만일 그렇다고 한다면 메이커는 반제품을 팔고 있는 것이 되어 버린다. 그런데 판매되고 있는 낚싯대는 물론 완성품이고 구입과 동시에 실전에 사용할 수 있는 물품이다.

한편에서는 개조다 또 다른 한편에서는 완성품이다라고 해서는 어느 쪽을 취해야 좋을지 망설이는 것은 당연한 이야기이다. 낚싯대의 손질 가이드의 크기와 수는 확실히 던질 낚시의 세계에서는 논쟁의 중점이 되고 있다. 그러나 어디까지 육상에서의 원투(遠投) 경기인 캐스팅에 열이 오른 사람의 문제이다. 개조는 주로 가이드를 대형의 것으로 갈아 달고 그 수를 줄이거나 릴 시트의 위치를 자기 자신의 쇄골 부근에서 오른팔을 뻗친 길이까지 상부로 이동시키는 것이 서술되고 있다.

처음은 시판 기성품으로 만족하고 투척 거리를 겨루고 있었던 것이 자기 자신의 멀리 던지는 거리를 더욱 늘리려고 종래의 기성품으로는 만족할 수 없어 개조를 시도해 보게 되었다. 이런 베테랑이라고 일컬어지는 사람이 그 결과를 논의하고 혹은 개조 방법론을 공개하는 경향이 생긴 것이다.

최근에는 초보의 사람들까지가 그것을 그대로 받아 들이면 어떨까라고 생각한다. 확실히 개조로 인해 투척 거리가 늘어나는 것은 사실이다. 던질 낚시도 멀리 던질 수 있으면 그만큼 유리하지만 낚시 본위의 던질 낚시(캐스팅 본위가 아니다)에 있어서는 낚싯대의 손질도 대형 가이드의 교환의 수도 줄일 필요는 없다.

현재 시판되고 있는 낚싯대라도 100m나 투척할 수 있고 숙달하면 120m 이상이나 던질 수 있다.

가이드의 직경을 대형의 것으로 그리고 수를 줄이는 것은 릴로부터 방출되는 본줄이 가이드와의 마찰도 적고 본줄의 나옴을 좋게 하는 것임에는 틀림없다. 일반 던질 낚싯대도 그 점을 고려하고 그 낚싯대에 맞는 크기의 가이드와 갯수를 달아 낚싯대의 상태를 무너뜨리지 않도록 하고 있다.

게다가 또한 대형 가이드를 달거나 가이드의 수를 줄이거나 하면 어떻게 될까? 그 낚싯대가 가지고 있는 상태는 변해 버린다.

큰 가이드이기 때문에 끝대 쪽이 무거워지거나 가이드를 적게 했기 때문에 오히려 방출 본줄이 낚싯대를 두들기거나 그 낚싯대가 가진 균형은 무너져서 고치기 전 쪽이 나는 거리가 나왔다고 하는 경우가 많다.

이것은 역효과를 굳이 일으킨 것으로 가이드의 크기와 무게는 낚싯대의 균형에 큰 영향을 주는 점을 잊어서는 안 됨과 동시에 가이드를 다는 위치에 따라서도 낚싯대의 균형을 파괴해 버린다. 어느 쪽의 경우에도 투척 거리가 마이너스의 답이 되어 나타난다.

이것도 요즘의 유행이라고 말할 수 있지만 함부로 톱 가이드를 크게 하는 경향이 있다.

투입 때 낚싯대 끝부터 낚싯봉까지의 사이에 늘어뜨림이라고 불리는 어느 정도의 간격(투입의 항에서 서술한다)이 있기 때문에 괜찮다고 할지도 모르지만 도래도 큰 것을 사용하지 않으면 톱 가이드를 가볍게 통과해 버릴 것이다. 부주의로 릴을 감으면 큰 일이다. 채비까지 스풀에 감기지 않는다고도 말할 수 없다.

앞에서와 같이 제1, 제2, 제3의 각 가이드는 스풀로부터의 방출 본줄의 부풀어 오름을 절약한다. 톱 가이드 부분에서는 직선에 가까운 상태가 되고 있다. 본줄의 직선 방출이라면 갯바위 낚싯대 형식의 소경(小徑) 가이드로 충분할 것이다.

또 하나 현재 시판되고 있는 톱 가이드의 편리한 점을 기록해 두자.

조기의 밤 낚시에 흔히 있는 예이지만 도래가 톱 가이드에 딸가닥하고 부딪친다. 이 쇼크로 '아, 채비가 와 있구나'라고 채비가 옆에 온 것을 탐지하는 경우조차 있다.

결론적으로 현재 시판되고 있는 낚싯대는 완성품임을 잊어서는 안 된다. 낚싯대는 개조하는 것보다도 자신의 몸에 맞는 것을 입수하는 것이 중요하다.

그리고 몸과 자신의 힘으로 낚싯대를 충분히 사용한 무리없는 투입 방법, 바꿔 말하자면 올바른 투입 방법을 익히는 편이 선결이다. 이것이 투입 비(飛)거리의 연장으로 이어져서 60m의 사람은 80m로 80m의 사람은 100m를 쉽게 넘는 결과가 된다.

캐스팅(육상 경기를 주로 했다)의 베테랑들이 실제로 필요한 던질 낚시 투척 거리 이상(물론 최대한 멀리 던질 수 있으면 그 이상 더 좋은 일은 없다)을 요구하는 것은 던질 낚시 발전에 바람직하다고 말할 수 있지만 그대로 받아들이는 것은 정당하지 않다.

이 분야 베테랑들의 아이디어는 그 사람의 수만큼 많고 그 사람이 자신의 몸으로 얻어 낸 것이다. 여기에 개조한 낚싯대가 있어 100m는 가볍게 넘는 기록을 가지고 있다고 하자.

그 낚싯대로 던졌을 때 그 사람의 던지는 법이나 그 사람이 투입시에 가하는 힘이 더해지지 않으면 100m도 투입할 수 없을 것이다. 요는 개조된 낚싯대는 그 사람만의 것이라고 하는 점이다.

던질 낚시로서의 던질 낚싯대는 수없이 만들어지고 있다. 그러나 캐스팅 전문의 낚싯대는 제작되고 있지 않다. 듣는 바에 따르면 캐스팅 경기의 발상지인 외국에서도 이런 종류의 낚싯대는 시판되고 있지 않다고 한다. 외국에서도 전문 낚싯대를 만든 곳에서 장사는 되지 않는다.

가령 연구 결과 캐스팅 전용 낚싯대를 시판해도 개개의 사람에 따라서 체위차가 있어 결국은 자신에게 맞는 것으로 개조할 것임에 틀림없다. 이렇게 되면 메이커와 사용자측과는 언제까지나 진전이 없다.

스포츠 캐스팅이 활발한 것은 미국, 뉴질랜드, 오스트레일리아, 남아프리카, 네덜란드, 노르웨이, 스웨덴, 핀란드 정도로 흥미가 있는 사람들은 자신의 몸에 적합한 낚싯대를 만들게 해서 경기를 하거나 연습을 하거나 하고 있다고 한다. 최근에는 좀 긴 듯한 낚싯대를 이용하는 경향도 있다.

낚싯대와 스피닝 릴의 조합도 낚으려고 하는 물고기에 따라서 다소의 차이가 있다. 그것만 염두에 두면 쾌적한 던질 낚시를 즐길 수 있다.

▶목제 릴

목제 릴의 장점은 ① 회전이 원할하다. ② 목제 스풀이기 때문에 가볍다. ③ 본줄이 나갈 때 저항이 미치지 않는다. 그 때문에 멀리 던지기도 가능, 100m도 쉽게 넘기는 낚시꾼도 있다.

반면 ① 스톱 장치가 없어 몇 번이나 프리 상태이기 때문에 손가락으로 스풀을 누르고 있다. ② 투입시 본줄의 나옴과 스풀의 회전을 동일시 하도록 손가락으로 스풀 옆에 브레이크를 건다. 그리고 이 투입을 마스터할 때까지 한 1주일 이상의 연습을 거듭하지 않으면 무리이다. 오늘날과 같이 스피닝 릴을 구해서 내일부터 던질 낚시 개시라고는 할 수 없다.

▶횡전 릴

횡전 릴은 목제 릴보다 투입 쪽은 간단하다. 그러나 이 릴의 경우

—목제 릴—

—크고 작은 여러 가지의 횡전 릴—

나가는 본줄은 일정 방향뿐인 고리가 된다. 꼬임이 생긴 채 바다를 향해 방출되는 것이다.

감기는 꼬임이 생긴 본줄을 그대로의 상태로 감는다. 이것을 몇 번인가 반복하고 있으면 본줄에 꼬임이 생겨서 쪼글쪼글 감긴 상태가 되어 버린다.

그래서 몇 번인가 투입한 후 스풀 옆의 구멍에 통과시켜서 꼬임 제거 동작을 실시한다. 보통 3회~5회 투입하면 한 번은 반드시 꼬임 제거를 해야만 한다.

이상의 최대 결점 외 스피닝 릴과 비교하면 ① 스피닝 릴과 같은 멀리 던지기는 불가능하다. ② 스풀의 교환이 불가능하다. ③ 자동조절 장치(드랙 시스템)가 없어 물고기의 강약은 손으로 하는 것 등을 들 수 있다.

▶스피닝 릴의 출현

스피닝 릴의 원형은 18세기 프랑스에 있어서 볼 수 있었다고 한다. 현재와 같은 것이 아니라 대나무통에 줄을 감아 낚싯대에 단 원시적인 모습이었다. 그러나 스피닝 릴의 스풀이 회전하지 않는다고 하는 기본적인 형태는 이 때에 출현하고 있다.

겨우 제2차 세계대전 후 미국에 첫선을 보이게 되었다. 프랑스 제품을 모델로 미국제가 완성되기에 이르르고 그 이후 급격한 진보를 이루었다. 이것이 본가인 유럽에 끼친 영향은 커서 스피닝 릴 시대로 돌입하기에 이르렀다.

스피닝 릴이라고 하는 말은 '실의 섬유를 끌어 내서 뽑다'라고 하는 미국제 영어로 본래의 원어와는 다르다고 한다.

스피닝 릴의 특징

목제 릴은 본줄의 나옴과 회전하는 스풀의 주변을 동일시 하기 위한 서밍의 어려움이 있다. 만일 실패할 것 같으면 백러시(회전 쪽이 빨라져서 본줄이 스풀 속에서 부풀어 올라 퍼머넌트의 상태가 된다). 스피닝 릴에는 없는 현상이다.

횡전 릴과 같이 본줄에 대한 꼬임이 생길 우려도 없다. 이것 또한 스피닝 릴의 하나의 이점이다.

서밍 백러시 본줄의 꼬임에 관한 문제점은 스피닝 릴에 의해서 모두 해결되었다. 실제로 사용해 보면 던지는 법도 간단하다. 그럼, 던지기 쉬운 스피닝 릴의 특징에 대해서 언급해 보자.

(1) 스피닝 릴은 횡전 릴과 같이 고정된 스풀로부터 본줄이 코일상으로 일정 방향의 고리가 되어 방출된다.

스풀로부터 고리 모양으로 나가는 본줄은 꼬임이 생긴 상태로 나가지만 감는 경우 꼬임이 생긴 반대 방향으로 감아 간다.

따라서 스풀에 감긴 본줄은 방출 이전의 상태로 감기게 되는 것이다. 그러면 꼬임이 생긴 방출→꼬임을 되돌리면서 감기 때문에 스풀 속의 본줄은 항상 꼬임이 없는 채의 상태로 있다.

(2) 스피닝 릴의 스풀은 간단히 뗄 수 있다. 하나에는 좀 가는 것을 교환 스풀에는 좀 굵직한 것을 1개의 릴로 1종류의 물고기가 아니라 2종류나 3종류의 대상어를 노릴 수 있다.

(3) 물고기를 걸어 릴을 감고 있을 때 도중에 강한 당김이 있었을 경우 자동조절 장치가 작동한다. 자동적으로 스풀로부터 본줄이 미끄러져 나가 갑작스런 강한 당김이라도 본줄이 끊길 우려가 없다. 이 장치(드랙 시스템이라고도 한다)가 어느 스피닝 릴에나 달려 있다.

지금까지 횡전 릴에서는 8호의 본줄이 아니면 올라오지 않았던 물고기가 스피닝 릴에서는 이 장치의 작용으로 인해 5~6호라도 본줄이 끊기지 않고 낚을 수 있다.

대물보다 가는 본줄을 사용하는 편이 투입시의 저항도 적어 나는거리가 늘어나는 것은 당연하다. 또한 바다 속의 본줄은 가는 편이 물빠짐도 좋다. 이 때문에 가는 본줄로 큰 물고기를 노릴 수 있는 이점이 있다.

이 이점은 물고기로부터의 본줄의 보호 뿐만은 아니다. 올바른 조절에서는 릴 기어 기구에 무리한 하중을 주지 않는다. 큰 물고기를 걸어 물고기의 강한 당김을 상관하지 않고 핸들을 돌리면, 혹은 무거운 해조를 건 것도 모르고 감으면 본체중의 기어는 파손된다. 그와 같은 무리로부터도 지켜 주어 릴의 수명을 연장시켜 준다.

(4) 목제, 횡전 릴 또는 갯바위 낚시의 서프 릴은 던지고 나서 감는 것이 매개이다. 엄지 또는 엄지와 검지는 스풀에 감기는 본줄을 스풀의 폭에 평균이 되도록 조작해야만 한다.

그러나 스피닝 릴의 경우 핸들을 돌리면 스풀이 자동적으로 전후 운동을 해서 본줄이 스풀의 폭 속에서 평행히 감겨 간다. 따라서 인위적 조작은 필요없게 된다.

(5) 목제, 횡전 릴은 핸돌(여기에서는 손잡이)을 한 번 돌리면 스풀도 1회전한다.

이것이 스피닝 릴에서는 핸들을 1회전시키면 스풀은 3~4회 이상 돌도록 대소의 기어 조합으로 되어 있다.

전자에 비하면 감기가 빠르다고 하는 점에서 암초나 해조대에서의 던질 낚시에서도 암초 걸림의 우려는 훨씬 적다.

스피닝 릴의 구조

스피닝 릴은 고정한 스풀로부터 본줄이 코일상으로 방출된다. 이때 나가는 본줄은 일정 방향인 채의 고리 모양이기 때문에 꼬임이 생긴 채 나간다. 이것은 감을 때 수정한다. 즉, 방출 때는 반대 방향으로 꼬임을 제거하면서 감아 간다.

꼬임 제거는 회전판(스풀컵)에 고정되어 있는 픽업(pick up)이 회전판과 동시에 회전하면서 한다.

픽업은 꼬임 제거 외 투입시에는 픽업이 열린 상태가 되어 본줄을 스풀로부터 술술 방출한다. 감아 올림 때는 픽업이 원위치로 되돌아 감과 동시에 본줄을 걸어서 핸들의 회전으로 돌아 스풀에 대한 감기 회전을 한다.

핸들의 회전 조작으로 회전판과 픽업이 회전한다. 그러면 스풀이 전후 이동운동을 해서 본줄을 스풀에 평행한 평균 두께로 감아 가는 이것이 주요한 구조이다.

픽업

스피닝 릴에는 세 가지의 픽업의 종류가 있다.

(1) 풀 베일(픽업 베일)—회전판의 좌우에 반원형으로 픽업 베일이 달려 있다. 현재 시판의 대부분이 이 형식을 취하고 있다.

(2) 하프 베일(픽업 핑거)—회전판 한쪽에 손톱 모양의 픽업 베일이 달려 있다.

(3) 매뉴얼 픽업—(1)과 (2)와 같은 픽업은 없고 핸들을 돌려도 픽업은 회전할 뿐 본줄은 감아 주지 않는다. 수동으로(손가락으로) 픽업의 롤러에 본줄을 거는 형식.

—스피닝 릴의 구성—

아웃 스풀 타입

또리쇠
스풀
라인롤러
다리
역전레버(스톱장치)
핸들
드랙 너트
몸체
픽업(풀베일)
스풀컵(회전판)

인 스풀 타입

또리쇠
스풀
다리
역전레바(스톱장치)
드랙너트
핸들
픽업(풀베일)
몸체
라인롤러

—스풀에 달 때—

①

① 10원짜리 동전을 중앙의 홈에 넣고 왼쪽으로 돌리면 몸체로부터 스풀이 간단히 떨어진다.

② 몸체에 대한 스풀의 설치는 뗄 때와 반대로 해서 고정시킨다.

②

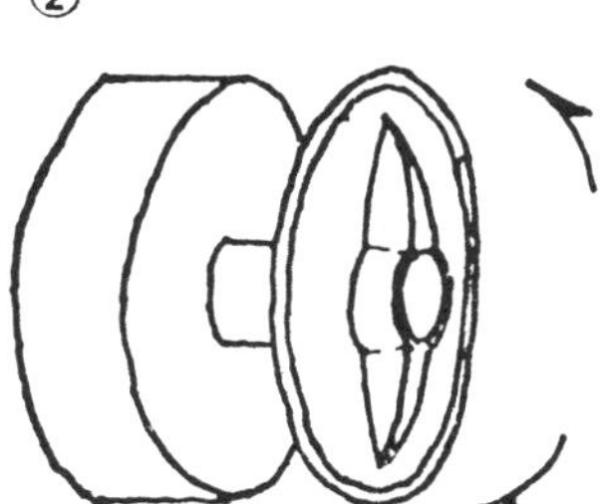

③ 드랙너트를 왼쪽으로 돌리면 보디로부터 스풀이 떨어진다.

④스풀은 몸체의 스풀 샤프트에 끼우고 오른쪽으로 드랙 너트를 돌리면 스풀을 달 수 있다.

③

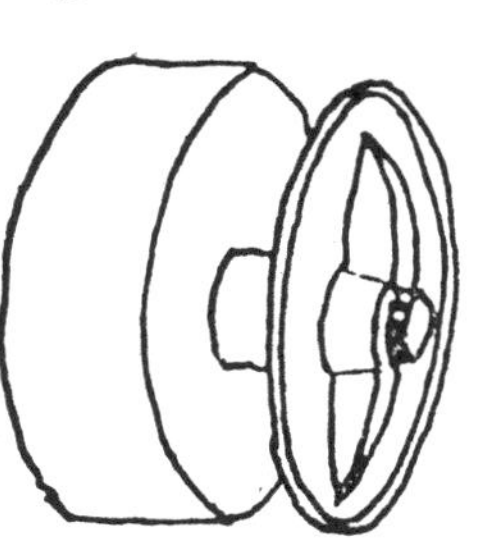

⑤ 중앙의 푸시 버튼을 누르면서 스풀을 좌우로 조금 돌리면 몸체로부터 스풀이 빠진다.

⑥ 중앙의 푸시 버튼을 누르면서 스풀 샤프트에 스풀을 넣고 좌우로 조금 스풀을 돌리면 끼울 수 있다.

톱니바퀴 비(기어비)

스피닝 릴에서는 목제 횡전과 달리 핸들을 1회전하면 회전판과 픽업이 3~4회전한다. 보통 3회전 이상으로 5배라고 하는 고속의 릴도 있다. 이 기어비가 높을수록 감기는 확률은 빠른 것이다.

스풀

스피닝 릴의 스풀은 스풀 교환이 간단하다. 그 착탈에는 세 가지의 스타일을 들 수 있다.

먼저 91, 93형의 대형 릴은 드랙 너트 중앙의 틈에 10원짜리 동전을 끼운다. 왼쪽으로 4분의 1회전하면 스풀은 떨어진다. 드랙 너트를 10원 동전으로 회전시킬 때 왼손으로 드랙 너트를 누르고 움직이지 않도록 한다. 다음은 스풀을 릴 샤프트에서 빼내면 된다. 스풀을 꽂아 부착할 때는 위의 순서를 반대로 하면 할 수 있다.

다음에 스풀 중앙에 있는 푸시(push) 버튼에 의한 푸시 스타일이 있다. 이것은 분리할 경우 버튼을 누르면서 스풀을 좌우로 조금 돌리면 빠진다.

부착은 버튼을 누르면서 스풀을 좌우로 조금 돌리면 릴 샤프트 선단에 탁스풀이 안정되도록 되어 있다.

마지막으로 스풀 선단의 드랙 너트를 왼쪽으로 돌려서 늦추면 떨어지고 스풀이 릴 샤프트에서 빠진다. 부착은 스풀을 릴 샤프트에 완전히 끼우고 드랙 너트를 오른쪽으로 돌린다.

이상 어느 경우라도 분리에는 드랙 너트 워셔의 분실에 대해서 주의해야만 한다.

또한 스풀의 부착이 완전한지 어떤지 확인하는 것이 중요하다. 만일 불완전하면 삽입과 동시에 스풀까지 바다에 던져 버리는 결과가 될 것이다.

스톱 장치

대부분 스피닝 릴의 스톱 장치는 몸체에 달려 있다. ON과 OFF가 명기되어 ON에서 기어가 들어가 역회전 스톱이 되고 OFF에서 역회전 스톱이 해제되어 스풀이 좌우로 돈다.

스풀에 대한 본줄의 감는 법

스풀을 릴샤프트로부터 떼어 스풀에 감아 간다. 감는 법은 보통 왼손으로 A측을 쥐고 20회 정도, 다음에 B측으로 바꿔 쥐고 20회 정도 감는다. 이것은 반복해서 스풀에 다 감는 것이 좋다.

더구나 스풀에 본줄을 감는 방향은 스톱 장치에 기어를 걸고 핸들을 돌렸을 때 픽업이 회전하는 방향으로 감아 간다. 만일 반대 방향으로 감았을 경우 모처럼 감아 올려도 이것을 투입하면 방출된 본줄은 스풀에 감을 수 없다.

픽업의 회전 방향은 왼손 감기 릴, 오른손 감기 릴에서 각각 다르다. 더구나 기종에 따라서는 왼손 감기끼리라도(혹은 오른손 감기라도) 반드시 동일 방법이 아니기 때문에 반드시 픽업의 회전 방향으로 감도록 하는 주의가 중요하다.

스풀에 대한 본줄 감는 법의 주의로서는

(1) 스풀 속에 울퉁불퉁해지지 않도록 평균해서 감을 것.

(2) 느리게 감지 않고 손가락으로 잡아 당기면서 단단히 감을 것.

(3) 감아 올라가서 본줄 끝에 가운데 줄과 힘줄을 단 경우 스풀의 가장자리 빠듯해지도록 부속품의 콜크 아래 감기 줄로 조절한다.

(4) 콜크를 아래 감기 대용으로 했을 경우는 3~4회 사용 후 다시

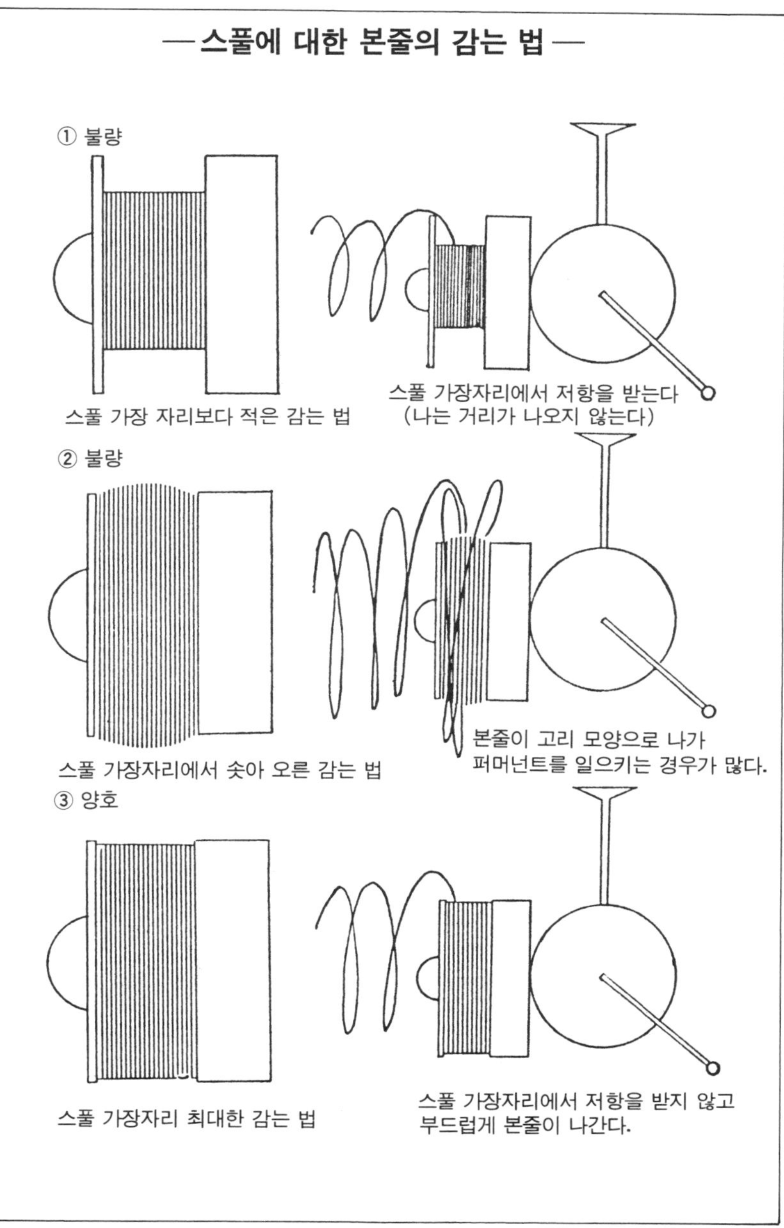
―스풀에 대한 본줄의 감는 법―
① 불량
스풀 가장 자리보다 적은 감는 법
스풀 가장자리에서 저항을 받는다
(나는 거리가 나오지 않는다)
② 불량
스풀 가장자리에서 솟아 오른 감는 법
본줄이 고리 모양으로 나가
퍼머넌트를 일으키는 경우가 많다.
③ 양호
스풀 가장자리 최대한 감는 법
스풀 가장자리에서 저항을 받지 않고
부드럽게 본줄이 나간다.

—스풀에 대한 본줄의 감는 법—

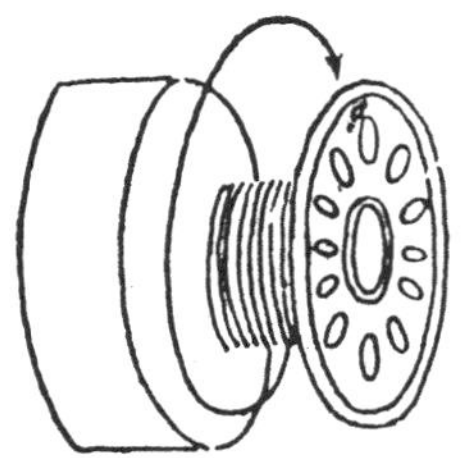

베일(픽업)의 노는 방향으로
본줄을 감아 간다.
좌측 핸들과 우측 핸들에서는
다른 경우가 있으므로
특히 주의가 필요하다.

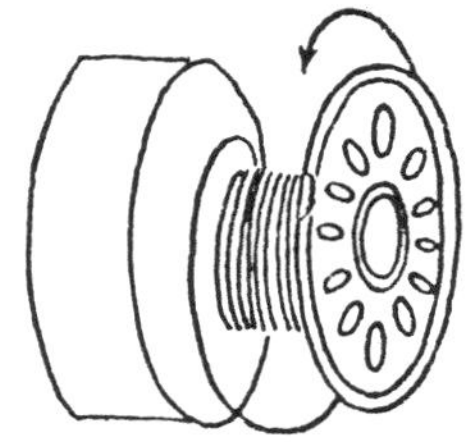

베일(픽업)의 도는 반대 방향으로
본줄을 감지 않도록

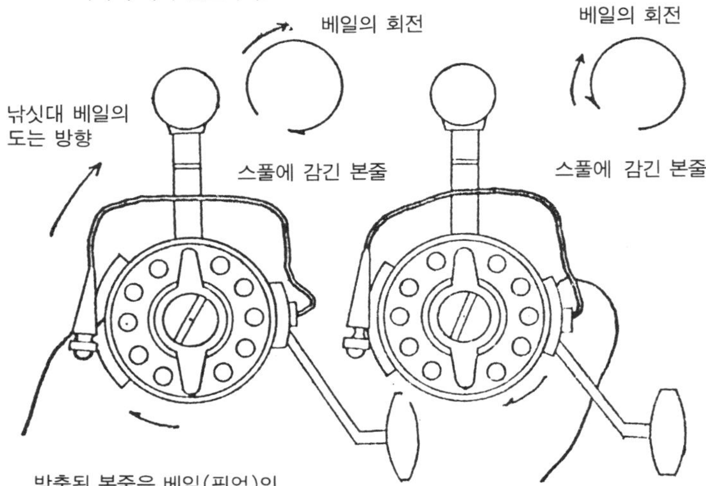

방출된 본줄은 베일(픽업)의
회전에 의해 스풀에 감겨 간다.

본줄이 베일(픽업)의 회전과
반대 방향으로 감겨 있기 때문에
베일(픽업)이 회전해도 본줄은
스풀에 감기지 않는다.

감을 것. 이것은 1회의 빽빽한 스풀의 감기로 콜크가 조인다. 그러면 하부에 감긴 본줄이 파상을 일으켜서 상부와의 사이에 간격이 생기기 때문.

던질 낚시가 끝나면

던질 때는 꼬임, 감을 때는 꼬임을 되돌려서, 스풀 속에서는 끊임없이 본줄에 꼬임이 생기지 않는 스피닝 릴. 이론적으로는 확실히 그대로이지만 실제로 던질 낚시에서 던지거나 감거나 하고 있으면 횡전 릴과 같은 심한 꼬임은 아니지만 어느 정도의 꼬임이 생긴다.

물고기의 회전으로 인해 본줄에 꼬임이 생겼다고 생각할 수 있지만 그 외에

① 투입시에 스풀로부터 나가는 꼬임이 생긴 코일상의 횟수와 감 기, 코일상의 수가 동일하지 않아 차이가 생긴다.

② 조류에 채비가 흘러 작은 도래로는 생긴 꼬임을 다 제거할 수 없다.

③ 시판되고 있는 줄에 이미 몇 개의 꼬임이 생겨 있다.

그래서 던질 낚시가 끝나고 낚시터에서 돌아올 때 다음 행위를 하자(넓은 모래사장이나 긴 제방이 아니면 불가능한 상담이지만). 낚싯봉을 단 채 옆쪽의 모래사장에 던진다(긴 제방이라면 스풀로부터 줄을 내보내 간다) 낚싯봉 낙하 지점에 가서 낚싯봉을 떼고 본줄만으로 한다. 다음은 엄지와 검지로 스피닝 릴 위의 본줄을 단단히 쥐고 스풀에 본줄을 단단히 감아 간다.

그리고, 꼬임이 생긴 본줄은 꼬임과는 반대 방향으로 회전하면서 감는다. 스풀에는 꼬임이 수정된 본줄이 감아 올라간다.

좌핸들과 우핸들

예전의 스피닝 릴은 전부 좌핸들이었다.

그러다가 어느 사이에 우핸들이 만들어지게 되었다. 오늘날의 낚시 잡지 광고를 보면 '무슨 무슨 형 좌우'라고 선전하고 있다. 광고 사진은 모두 우핸들의 것뿐 우핸들이 대부분이라고 말할 수 있다.

사실 우핸들의 수요는 커서 각 메이커도 왼쪽이 옳은 것이라고 유난히 시침을 떼고 있으면 장사가 되지 않는 것이 현상이다. 오른쪽이 8할 왼쪽이 2할이기 때문에 우려가 있다.

최근에는 낚시꾼조차 왼쪽이나 오른쪽이나 자유롭게 라고 말할 만큼 좌우 교환 핸들의 릴도 출현하는 형편. 이거라면 낚시꾼이 좋아하는 대로 왼쪽으로 하든 오른쪽으로 하든 핸들의 교환을 간단히 할 수 있다.

그럼 왼쪽과 오른쪽 어느 쪽이 옳을까? 특수한 경우를 제외하고 좌핸들, 즉 왼손 감기가 원칙이다.

오른손 감기라면 왼손으로 낚싯대에 달려 있는 스피닝 릴을 쥐고 있기 때문에,

① 오른손으로 줄을 잡고 왼손의 손가락에 줄을 쥐게 하고 오른손으로 픽업을 쓰러뜨린다.

② 자유로와진 스풀로부터 줄이 나가지 않도록 오른손으로 바꿔 쥐게 한다.

③ 투입의 자세에서 투입 동작으로.

④ 오른손으로 잡고 있는 낚싯대와 스피닝 릴을 왼손으로 바꿔 쥐게 한다.

⑤ 낚싯대와 스피닝 릴을 왼손으로 쥐고 오른손으로 핸들을 돌려 줄 흔들림을 제거하고 어신(魚信)을 기다린다.

이것이 왼손 감기 핸들이라면 오른손으로 낚싯대에 달려 있는 스피닝 릴을 쥐고 있으므로,

① 왼손으로 줄을 잡고 오른손의 손가락에 줄을 쥐게 하고 혹은 오른손의 검지로 직접 줄을 잡고(후자가 보통) 왼손으로 픽업을 쓰러뜨린다.

② 투입 자세에서 투입 동작으로.

③ 낚싯대와 스피닝 릴을 오른손으로 쥔 채 왼손으로 핸들을 돌려 줄 흔들림을 제거하고 어신을 기다린다.

양자를 비교하면 투입 동작에 2거동의 쓸데없는 동작이 덧붙여 있음을 알 수 있을 것이다.

만일 오른손 감기로 투입하고 낚싯대를 오른손에서 왼손으로 바꿔 쥐게 하려고 했을 때 강한 물고기의 당김을 만나면 어떨까? 왼손에 낚싯대를 쥐고 있기 때문에 왼손으로는 핸들을 감을 수 없다. 큰 물고기라면 최초의 당김으로 목줄이나 본줄을 끊어뜨려 버릴 것이다.

오른손이 잘 쓰는 손이기 때문에 왼쪽 감기 핸들이 옳다. 그것을 오른손이 잘 쓰는 팔이라는 듯이 릴을 힘에 맡기고 감으면 릴로 물고기를 낚고 있는 셈이 된다.

스피닝 릴의 조력(釣力)

조력(釣力)이라는 말은 가끔 들리고, 문제도 된다. 카탈로그에 '내조력(耐釣力)이 기록되어 2Kg다 4Kg이라고 하는 숫자가 눈에 띈다. 이것이 릴의 조력이다.

같은 가격이지만 동일 가격품에 있어서도 차이가 있을 뿐만 아니라 가격이 싼 것과 비싼 것과의 조력이 같거나 가격이 비싼 쪽이

—스피닝 릴 조력 산출법—

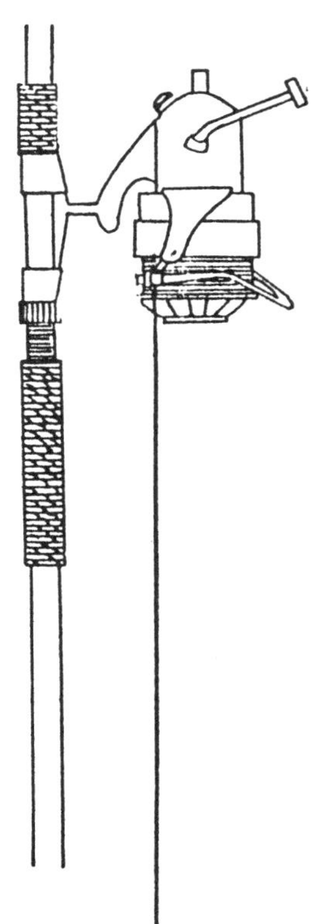

① 스풀 가득히 줄을 감는다.
② 스피닝 릴을 고정한다.
③ 역고정장치(스톱레버)를 넣는다.
④ 드랙 너트를 잘 조인다.
(①~④의 조건하에 정지 하중을 더한다)

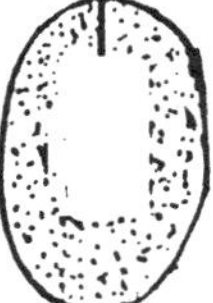

싼 것보다 조력의 숫자가 낮은 경우 조차 있다.

이상은 한 메이커의 카탈로그. 다른 메이커와의 동일 제품을 비교하면 거기에서는 큰 차이를 발견할 수 있을 것이다. 이래서 일반 구입자인 낚시꾼이 ① 이 릴은 어떤 낚시에 적합할까? ② 어느 정도의 중량에 견딜까 망설이는 것도 무리는 아니다.

여기에 내조력 5Kg의 스피닝 릴이 있다고 하자.

조력이라고 하는 것은 5Kg 이상의 물고기를 낚으면 이 릴이 망가진다고 표현하는 파괴 한도가 아니다. 그렇다고해서 5Kg의 정지한 물체를 당기는 힘도 아니다.

물고기를 걸면 달아나려고 필사적으로 날뛰는 것은 당연하다. 때마침 5Kg의 물고기가 바늘에 걸리면 이야기는 너무 재미있게 되지만 가령 5Kg의 물고기라고 해도 5Kg 물고기의 힘은 5Kg 이상의 부담이 릴에 가해진다. 덧붙여서 조류 파도의 당김 등 고려하면 릴의 내조력을 훨씬 오버할 것이다. 또한 5Kg 이상의 경우도 있을 것이다. 그 물고기를 아무런 릴에 손해를 주는 일 없이 낚아 올리는 힘이어야만 한다. 물고기는 릴만으로 낚는 것이 아니다. 낚싯대도 본줄도 더구나 낚시꾼의 체력과 기술이 얽히는 것이다.

그러나 그런 개개의 요소가 릴의 조력을 늘려 주는 사실을 예상한 산출이어서는 안 된다. 이것을 하면 같은 급의 제품이라도 각사에 따라 여러 가지의 조력표시가 되어 버린다.

스피닝 릴의 내조력 산출 방법은 각사 통일의 것이 없었지만 최근은 일반적인 산출법에 기준을 두는 듯하다.

그 산출 방법이란 스피닝 릴의

① 스풀 가득히 줄을 감고 릴을 고정한다.

② 스톱 장치를 걸고 드랙 너트를 잔뜩 조인다.

이 경우 릴의 각 기구에 아무런 장해를 주지 않고 드랙이 미끄러지기 시작하기 직전의 정지 하중에 대해서 안전 계수로서 2로 나눈다. 이것을 조력으로 하고 있다.

따라서 정지 하중을 더해 가서 10Kg로 드랙이 미끄러지기 시작했다고 하면 10Kg÷2=5Kg로 이 릴의 조력은 5Kg이라고 계산된다. 낚싯대 본줄 사람의 힘 등이 제거된 이 산출법은 릴 본래의 능력 테스트이다. 더구나 낚시 도구로서 사용할 때의 저항이나 충격으로부터 내부(기어 샤프트 등)와 외부(픽업)의 일부를 지키는 안전 장치인 드랙 장치의 한계를 정지 하중으로 더한 것이다. 그리고 2라고 하는 안전계수로 나눈 것으로 실제로 조력 5K의 릴은 그 이상의 물고기를 감아 올릴 수 있는 능력이 있다.

스피닝 릴의 능숙한 사용법

물고기는 릴만으로 낚는 것이 아니다. 무턱대고 감으면 기어는 부족하고 픽업은 날아가 버릴지도 모른다. '실패'가 릴이다. '실패이며 줄을 감는 도구' 그것이 릴이다.

어떤 메이커의 애프터서비스 담당이 매일 산더미 같이 들어오는 수리품의 80%가 잘못된 사용법 혹은 부주의한 취급으로 인한 고장이라고 한탄하고 있었다. 아무래도 릴이 물고기를 낚아 주는 것이라고 착각하고 있는 것 같다.

바늘에 걸린 물고기는 낚싯대와 본줄과 릴의 3자 공동 작업으로 올리는 것이다. 강한 물고기의 당김에 견디는 것은 낚싯대의 역할이다. 그 탄력과 릴부터 낚싯대 끝을 통해 물고기로 이어지는 본줄의 강도와 신장도 낚싯대가 물고기와 싸우고 있는데 협력해 주고 있다.

그럼 릴은 어떤 역할을 할까? 물고기가 걸린 본줄을 낚싯대가 끌어

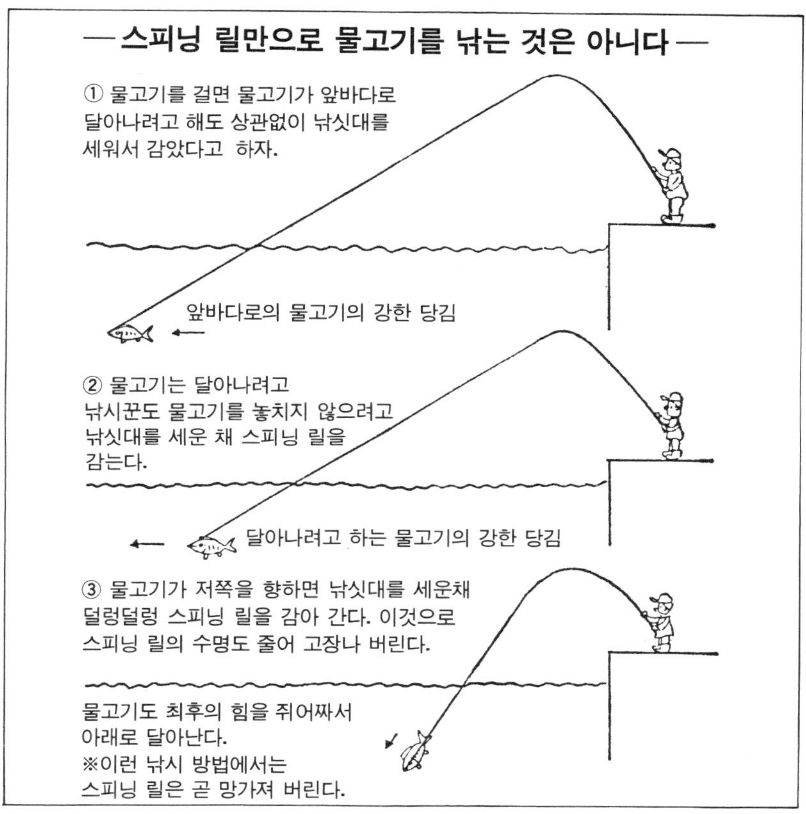

모은 만큼 감는 실패이다.

낚싯대의 탄력만을 믿고 낚싯대를 세운 채 릴을 감으면 어떻게 될까? 물고기의 당김이 강하면 낚싯대 본줄 릴의 3자 중 어느 것인가가 지게 될 것이다. 그래서 큰 당김이 강한 물고기가 걸렸을 경우 또는 무거운 해조나 쓰레기를 걸었을 때는

① 낚싯대를 세우고 물고기를 자신 쪽으로 끌어 모은다.

② 낚싯대를 앞으로 쓰러뜨림과 동시에 릴을 감아 간다.

③ 다시 낚싯대를 세우고 물고기를 자기 앞쪽으로 끌어 모은다.

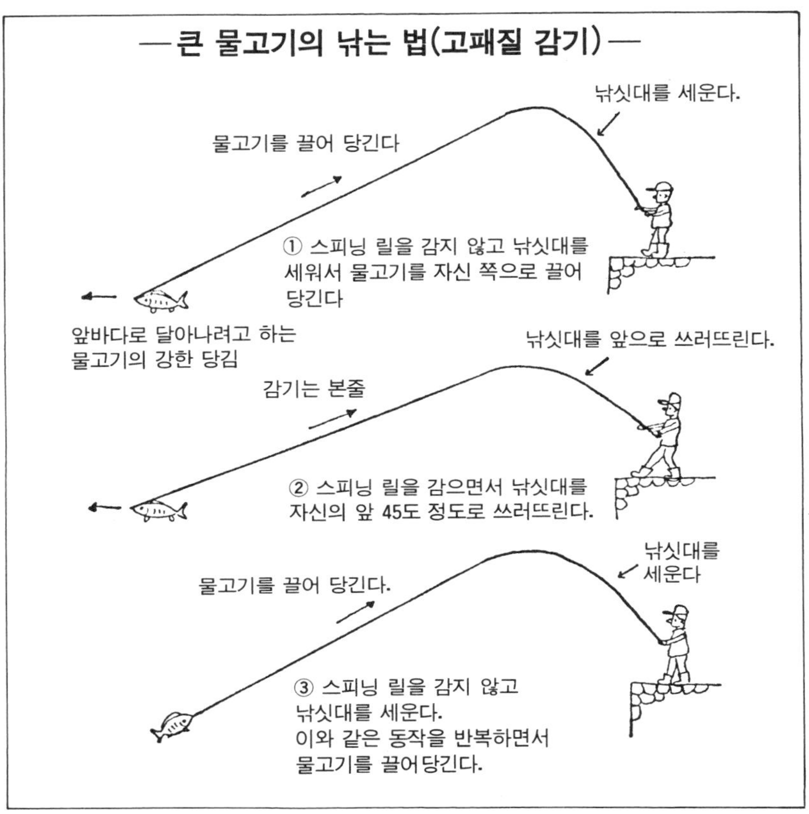

④ 이상의 동작을 반복한다.

이와 같이 낚싯대를 세워서는 감기를 반복하는 '고패질 감기'를 한다.

드랙 장치의 활용

보리멸, 까지양태, 가자미, 조기를 대상어로 하는 경우 물고기 자체도 작고 경중어(輕重魚). 모래사장이 주체적인 낚시터이기 때문에 암초 걸림의 우려도 필요없다. 굳이 말하자면 해조나 쓰레기를 거는

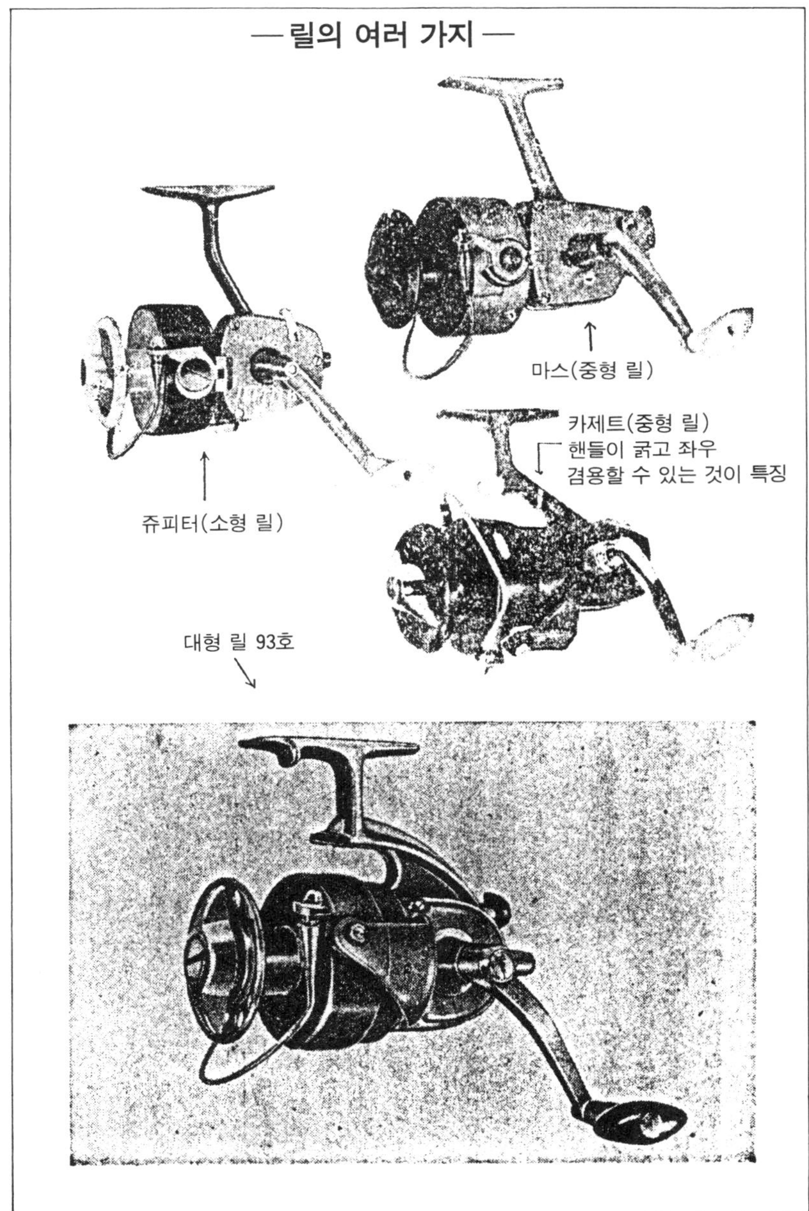
—릴의 여러 가지—
마스(중형 릴)
카제트(중형 릴)
핸들이 굵고 좌우
겸용할 수 있는 것이 특징
쥬피터(소형 릴)
대형 릴 93호

정도이다.

이와 같은 물고기들의 경우 드랙 장치의 활용은 필요없고 어느 정도 조인 채라도 좋다. 그런데 던질 낚시의 대상어도 넙치, 까치돔, 벵에돔, 감성돔, 농어가 되면 어체도 크고 당김도 강한 중량급뿐이다. 특히 감성돔은 가는 목줄로 낚는 경우가 많다. 가는 목줄이 큰 감성돔을 잡기 위해서 드랙 장치를 충분히 활용해야만 한다.

물고기의 힘 쪽이 강해서 낚싯대와 본줄이 질 것 같아지는 경우가 있다 . 이대로는 본줄이나 목줄이 팽팽해지기 직전 그 때 릴에 달려있는 드랙 장치가 작동한다. 물고기의 강한 당김에 대해서 스풀이 돌아 '지——지'하고 본줄이 나간다. 이것이 드랙 장치이다.

어떤 사람이 '시간과 공간 게다가 본줄이 무한하다면 소형 릴이라도 고래조차 낚을 수 있다고 하는 것이 릴의 구조 이론이다'라고 말했지만 드랙 장치의 활용으로 생각지 않은 대어를 올리고 있는 사람도 많다.

모바트라고 하는 소형 스피닝 릴이 있지만 조력이 2.5Kg. 이 릴로 조력의 한계를 훨씬 넘는 8Kg의 잉어를 낚아올리고 있다. 다음에 릴. 10.5Kg의 참돔을 30분 걸려서 올리고 있다. 이것들은 우연히 또는 운좋게 낚아 올린 것이 아니다. 스피닝의 선천적인 기능을 충분히 활용한 것임에 틀림없다. 스피닝 릴의 사용법만 능숙해지면 그 릴이 가지고 있는 조력 이상의 물고기를 로드와 본줄의 작용이 도와주어 낚을 수 있다.

스피닝 릴은 ① 투입 때 줄을 풀어 내는 도구(낚싯대와 낚싯봉의 작용으로) ② 채비와 물고기를 감는 도구(낚싯대와 줄의 작용)로 릴로 물고기를 낚는 것이 아님을 잊어서는 안 된다.

스피닝 릴의 손질법

스피닝 릴의 잘못된 사용법 혹은 부주의한 취급으로 인한 고장이 많다. 이것과 나란히 사용 후 손질을 안 하면 스피닝 릴의 수명을 크게 단축시킨다는 사실도 잊어서는 안 된다. 산 스피닝 릴 그것은 자신이 사랑하는 낚시 도구의 하나이다. 그것을 낚시에서 돌아온 후에 저쪽에 내팽개쳐 두면 스피닝 릴도 울래야 울 수 없을 것이다.

낚시여행에서 돌아오면 그 밤 안으로 손질을 하는 이것이 이상적이다.

먼저 스피닝 릴을 젖은 헝겊으로 모래나 염분을 닦아낸다. 다음에 기름을 먹인 헝겊으로 정성껏 닦아 두자.

다음에 픽업의 양축지, 특히 본줄이 미끄러지는 라인 롤러에 재봉틀 기름 등으로 주유한다. 핸들 오일 주입구가 있는 부분에도 오일을 넣는다.

스피닝 릴도 10회 이상 사용하면 혹은 바다 속에 떨어뜨렸을 경우, 물보라를 뒤집어 썼을 경우, 모래투성이가 되었을 경우 등은 물에 씻는다. 물 세척 후 그늘에 말려 수분을 제거, 본체 커버를 열고 서클 오일을 갈아 채워 두면 좋다. 이 때 릴 샤프트에도 주유해 둘 것.

더구나 물 세척 때 중성세제 등을 씻으면 스피닝 릴의 기름이 제거될 뿐만 아니라 알루미늄계의 금속이 침식당하거나 부식물이 뿜어 나오거나 하기 때문에 그만두는 편이 무난하다.

부록

갯바위 낚시용어 해설

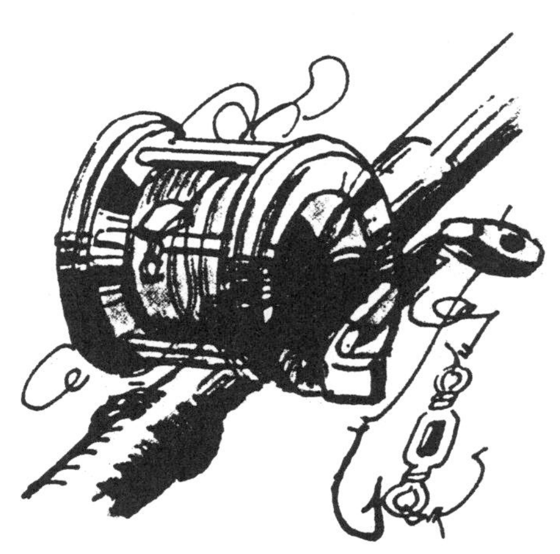

□고패질하다

물속의 미끼를 움직여서 물고기의 미끼에 대한 식욕을 자아내기 위해 낚싯대를 올리는 동작.

□적조(赤潮)

바닷속의 플랭크톤이 산소 부족 등의 원인으로 인해 사멸하여 그것이 큰 층이 되어 해안 등으로 밀려 오는 현상. 봄부터 초여름에 걸쳐서 일어나기 쉽고 바닷물은 적갈색으로 물들어 버린다. 낚시꾼으로부터 꺼려지고 있다.

□붉은 생선

몸빛이 붉은 물고기. 쏨뱅이, 홍바리 등.

□올라가다

① 물고기가 낚이는 것. ② 물고기가 죽는 것. ③ 낚시를 멈추는 것.

□밀물

간조의 멈춤부터 조류가 차올 때의 상태.

□밀물가

최저의 적기부터 조류가 밀려오기 시작할 때.

□턱

바늘의 부분 명칭으로 미늘을 말한다.

□놀게 하다

바늘에 건 물고기를 곧 거둬 들이지 않고 물속을 헤엄치게 하는 것. 물고기의 당김을 즐길 수 있지만 너무 놀게 하면 장해물이나 해조 암초 속으로 놓쳐서 거둬 들일 수 없게 되어 버린다.

□입질

물고기가 미끼에 달려 들었을 때의 상태가 본줄과 낚싯대를 통해서 손맡에 전해지는 것. '어신(魚信)'이라고도 하다.

□굴

물속의 암초나 흙의 상태, 해조 등이 굴 모양으로 되어 있는 곳으로 물고기가 즐겨 살고 있는 곳. 포인트.

□황기

깎아지른 듯이 솟은 바위밭으로 파랑이 심하게 갯바위를 씻고 있는 갯바위 낚시터.

□거친 입질

물고기가 열심히 미끼를 먹는 것.

□맞추기 끊어짐

강한 맞추기를 했기 때문에 본줄이나 목줄이 끊어지는 것.

□맞추다

물고기가 미끼를 먹은 상태가 입질로 느껴졌을 때 낚싯대를 올려서 물고기의 입에 완전히 바늘을 거는 것.

□산 미끼

물고기나 곤충 새우 등의 살아있는 미끼.

□파먹음

'좌식(坐食)' '도식(徒食)'이라고 하는 본래의 의미에서 '물고기가 몸을 움직 이지 않고 먹이를 먹는 상태'를 말한다.

□돌돔

해저에 대중소의 돌이 데굴 데굴 굴러 다니고 있는 것 같은 곳을 말한다.

□돌물

갯바위 낚시의 대물 대상어로서 가장 인기가 있는 돌물을 중심으로 강담돔 , 혹돔의 3종류를 말한다.

□갯바위

해변의 바위가 많은 곳. 바위밭 암초 지대.

□갯바위 물

갯바위에서 낚이는 물고기의 여러 가지.

□갯바위 건너기

배를 이용해서 떨어진 갯바위로 건너는 것을 말한다.

□한 짐

2개 바늘 채비에 한 번에 2마리의 물고기가 걸린 상태를 말한다.

□정주(定住)

회유어가 아니라 일정 장소를 거처로 해서 그 외에 별로 이동하지 않는 물고기.

□가득

최고 적기.

□1개 낚시

손 낚시나 낚싯대 낚시 등 1개의 낚싯대나 1개의 도구를 낚는 방법 유어(幼魚)의 낚시 방법은 1개 낚시만이 합법적인 것으로 간주되고 있다.

□실 흔들림

본줄의 느슨해짐.

□샛바람

풍향 16방위 중 동남풍

□연달아 낚임

채비를 던질 때마다 물고기가 걸리는 상태. 물고기 낚시에서 이 상태가 되는 것은 기쁘다.

□바위밭

바위나 암초가 많은 낚시터. 갯바위 낚시나 민물 낚시에 많은 낚시터의 상태.

□찌 낚시

본줄에 찌를 달아서 낚는 방법을 말한다. 낚시는 크게 나누면 찌 낚시와 찌를 달지 않는 맥 낚시가 된다.

□엷다

'물고기 그림자가 짙다' '물고기 그림자가 엷다' 등이라고 사용되는 말로 전자는 물고기가 많이 있는 것. 후자는 물고기가 적은 것.

□놀

먼 해상의 태풍이나 폭풍 때문에 발생한 주기가 긴 파도로 해안에 대해서 직각으로 밀려온다.

□떠오르다

① 기온이 상승했기 때문에 물속의 산소가 결핍해 버려서 물고기가 수면에 머리를 내밀고 공기중의 산소를 보급 하려고 하고 있는 상태. ② 물고기가 상층으로 떠오르는 것.

□윗 바늘

여러 개의 가지 바늘이 달린 채비 중 윗 부분에 달린 바늘을 말한다.

□상물(上物)

중층이나 상층을 회유하는 물고기.

□미끼 도둑

① 목적 이외의 물고기가 미끼를 빼앗아 버리는 것. ② 입질도 없이 어느 사이엔가 미끼가 도둑 당해 버리고 있을 때 빼앗은 물고기를 말한다 '쥐치는 미끼 도둑의 명인이다' 등.

□가지 바늘

줄기줄에 마치 나뭇가지와 같이 달린 바늘. 줄기줄에 연결하는 목줄을 가지 목줄이라고 하며 가지 바늘은 가지 목줄에 달려 있다.

□아가미 씻기

농어를 바늘에 걸면 그 바늘을 떼려고 수면으로 뛰어 오른다. 그 상태를 아가미 씻기라고 하며 농어의 거둬 들임에서 매우 어려운 부분.

□대조(大朝)

1개월 중에서 가장 조류차가 큰 조류. 음력 1월 및 15일의 밀물. 신월 또는 만월의 1～2일 후에 일어난다.

□대서풍

겨울철에 부는 서쪽 또는 북서의 강풍. 이 바람 때는 낚시하러 가지 않는 편이 좋다.

□뭍 낚시

육지에서 낚는 낚시. 뭍 낚시에 대해서 배 낚시가 있다.

□접낚싯대

채비를 포인트에 넣고 나서 낚싯대를 낚싯대 걸이 등에 걸어 고정해 두는 것.

□앞바다 낚시

① 앞바다 낚시는 배를 타고 외만에서 낚는 것. 배 낚시를 단순히 앞바다 낚시라고 부르는 사람도 있다. ② 접낚시는 낚싯대를 손에 들지 않고 낚싯대 걸이에 걸거나 해서 낚는 것.

□앞바다 암초

육지를 따라서가 아니라 앞바다 쪽에 있는 바닷속의 암초를 말한다.

□보내주다

입질이 있었을 때 곧 맞추지 않고 낚싯대를 앞으로 내보내든가 본줄을 늦추도록 해서 물고기가 미끼를 보다 깊게 파고 들도록 해 주는 동작 .

□누르다

미끼를 문 물고기가 아래쪽을 향했을 때에 본줄이나 낚싯대에 나타나는 입질의 상태.

□내림

월동이나 산란을 위해서 깊은 곳이나 하류를 물고기가 내려가는 것.

□물구렁

① 수저가 층이 져 있어 물이 흘러 떨어지기 때문에 깊어져 있는 곳. ② 미끼가 가라앉아 가는 상태.

□물구렁 입질

미끼가 가라앉아 가서 바닥에 닿지 않는 도중에 물고기가 달려들어 무는 것.

□내려가다

추위가 오기 때문에 얕은 곳에 있던 물고기가 수심이 있는 깊은 곳으로 이동해 갈 때.

□엉킴

채비와 채비가 서로 얽혀서 헝클어져 버리는 상태.

□길들임

특히 갯바위 낚시 등에서 많이 이용되지만 포인트에 밑밥을 뿌려 두고 그곳에 물고기가 모여서 미끼에 익숙하게 해 두는 것을 말한다.

□가이드

① 낚싯대에 설치되어 있어 본줄을 통과시키는 곳. 재질은 여러 가지 것이 있다. ② 낚시 안내인.

□해방규정

안전하게 낚시를 하기 위해서 해난을 방지하는 수단의 약속.

□미늘

바늘의 부분 명칭. 턱과 동일.

□걸림

수중의 장해물.

□언덕

수저가 경사져 있는 곳으로 사계를 통해서 물고기가 모인다.

□달리기 시작하다

미끼를 문 물고기가 달리기 시작하는 상태.

□걸개 바늘

걸기 낚시에 사용하는 바늘.

□유형

① 어체의 크기. ② 목적 물고기 '유형을 보았다'고 하는 것은 '목적 물고기가 낚였다'고 하는 의미.

□한팔 편대

채비 접속구의 하나. 한쪽에 목줄을 다는 바늘 금구가 나와 있는 것. 양쪽으로 나와 있는 것을 양팔 편대라고 한다.

□봉돌

낚싯봉의 하나로 중앙에 홈이 있고 그 속에 본줄이나 목줄을 통과시켜서 이빨로 으깨어 고정한다. 둥근 구슬 뽕이라고도 한다.

□헛 맞추기

입질이 없는데 낚싯대를 올려서 맞춰 보는 것.

□둥근 구슬

봉돌과 동일.

□조회 맞추기

낚싯대를 조금만 올려서 마치 귀로 어신을 듣는 듯한 느낌으로 맞추는 것.

□조회하다

강한 맞추기가 아니라 낚싯대를 살짝 올려서 어신을 귀로 듣는 동작. '조회해 본다', '조회 낚시' 등이라고 한다.

□제물낚시 미끼

진짜 미끼가 아니라 금속이나 어피 그외 여러 가지 것으로 미끼의 모양을 만들어 거기에 바늘을 장치시킨 것. 제물낚시라고도 한다. 루어털 낚시, 파리낚시 등은 모두 제물낚시.

□제물낚시

제물낚시 미끼와 동일.

□갸프

갯바위 낚시에서 특히 대물을 낚았을 때 갸프를 어체에 박아 넣고 거둬 들인다.

□가(際)

해안 근처. 변화 풍부하기 때문에 가끔 좋은 포인트가 된다.

□먹어치움

물고기가 미끼를 먹었기 때문에 찌가 수면에 스윽!하고 솟아오르게 되거나 낚싯봉이 갑자기 가벼워지거나 하는 것.

□입질이 서다

물고기가 미끼를 잘 먹기 시작한 것. 입질이 서면 자꾸자꾸 바늘에 걸린다. 낚시꾼에게 있어서는 최고의 즐거움.

□파고 듦

물고기가 미끼를 파고 든 상태로 '파고 듦이 좋다'라고 하면 '미끼를 알뜰하게 먹고 있다'고 하는 의미. '파고 듦이 나쁘다'고 하면 '미끼를 잘 먹고 있지 않으므로 바늘에서 벗겨지기 쉽고 또 낚기 어렵다'고 하는 의미.

□먹임 낚시

미끼를 달아서 낚는 방법으로 대부분의 낚시는 이 방법. 여기에 대해서 '걸기 낚시'가 있다.

□감추다

물고기가 미끼를 물고 달렸기 때문에 찌가 단숨에 물속으로 사라지는 것.

□외도(外道)

목적으로 하는 물고기 이외의 물고기.

□짙다

물고기가 많이 있는 것. '물고기 그림자가 짙다' 등이라고 한다.

□소기(小磯)

갑 뒤나 만에 입강 등으로 파도 부딪침도 비교적 온화한 바위밭. 낚시터가 되는 부분의 육지도 평탄한 바위밭이 많다.

□춘풍

동풍.

□쿡 찌르다

낚싯대의 조작에 의해 수저의 낚싯봉을 톡톡 올렸다 내렸다 미끼를 흔들어서 물고기의 식욕을 유혹하는 동작.

□우엉 뽑기

마치 우엉을 뽑듯이 바늘에 걸린 물고기를 단숨에 물속에서 빼올리는 동작.

□뿌림 모이

밑밥.

□소물(小物)

대물에 대해서 '중물', '소물' 등이라고 한다.

□낚싯대 걸이

접낚싯대를 걸어 두는 용구.

□낚싯대 아래

낚싯대에서 바로 아래의 낚시터 부분을 말한다.

□낚싯대 드림

낚시를 그만하는 것.

□낚싯대 꼬리

낚싯대의 손맡 부분. 갯바위 낚싯대라면 물미 부분.

□끝줄

본줄 끝에 도래 등을 매개로 해서 다는 실.

□끝흔들리기

낚싯대의 흔들리기. 낚싯대 선단에 가까운 곳에 커브의 기점이 있다.

□찾는다

포인트를 여기 저기 이동해서 찾는 것. '탐색 낚시' 등이라고 하는 말이 있다.

□썰물

해수의 표면이 조석의 작용으로 낮아지는 것. 또는 해안선이 앞바다 쪽으로 물러나는 것.

□유혹하다

미끼를 움직여서 물고기의 눈에 띄기 쉽게 동작.

□서프 캐스팅(surf－casting)

물가의 투척이라는 의미에서 해안의 던질 낚시를 말한다.

□포장

갯바위에 몰려오는 파도가 암초에 부딪쳐서 흰 거품을 일으키고 있는 곳.

□원숭이 고리

도래 등 채비 접속구의 하나.

□물때

① 조수 간만의 정도. ② 대조와 소조의 중간.

□조류 뒤쪽

조류가 직접 부딪치는 조류 겉쪽의 뒤쪽.

□조류 겉쪽

조류가 직접 부딪치는 곳.

□조류가 잘 듣다

하구의 강이나 연못에서 해수가 들어오는 곳.

□조변(潮變)

조류의 흐름이 바뀌는 것.

□물마루

차 오는 조류의 파도 끝.

□조타(潮弛)

만조로 조류가 움직이지 않는 상태.

□조류 흐름

'조류의 흐름이 좋다', '조류의 흐름이 나쁘다' 등이라고 한다.

□적기(물때)

조수 간만 때로 낚시를 하는데 가장 좋은 때.

□조류의 쫒아 냄

갯바위에 밀려 온 파도가 부서져서 흩어져 되돌아가는 파도가 되어 앞바다를 향해 흘러가는 상태.

□조류 팽창

고조(高潮).

□밀물 대기

낚시에 호적의 조류의 상태를 기다리고 있는 것.

□조수 주기

조류의 순환.

□조경

냉조와 난조가 접촉하는 곳.

□채비

도구, 찌, 낚싯봉, 바늘 등 물고기를 낚기 위한 세트.

□불경기

폭풍 때문에 파도가 거칠어져서 낚시를 할 수 없는 상태.

□밑 바늘

줄기줄에 2개 이상 단 바늘 중 아래 바늘을 말한다→윗바늘.

□쇠갈고기 밧줄

낚싯대 손말 부분에 다른 밧줄로 이것을 피톤에 달아서 바위밭에 박아 넣어 두고 대물 등이 걸렸을 때에 낚싯대가 바닷속으로 끌려 들어가는 것을 막는다.

□조르다

물고기의 강인한 당김으로 낚싯대가 강하게 끌려 들어가는 것.

□섬 건너기

갯바위 낚시에서 육지로부터 떨어진 섬 낚시터에 배를 타고 건너는 것. 파도의 상태에 따라서는 매우 위험하기 때문에 반드시 구명구를 착용하고 하도록 의무지워져 있다.

□섬 가르기

낚시 클럽회 등 많은 낚시꾼이 같은 갯바위에 들어갈 수 없기 때문에 추천이나 의논 등의 방법에 의해 낚시터를 나누는 것.

□조이다

물고기의 강인한 당김으로 낚싯대가 강하게 끌려 들어가는 것.=조르다.

□물 아래

흐름의 아래쪽.

□침전

작은 찌가 가라앉아가는 상태.

□치켜올림 낚시

채비를 치켜올리듯이 해서 미끼에 움직임을 주어 낚는 방법.

□뱃머리의 좌석

배 축의 삼각 공간.

□백남풍

장마가 잠시 걷힌 무렵에 부는 남풍 또는 8월경의 주간에 부는 남풍.

□수심

낚시터의 물 깊이.

□어롱

낚은 물고기나 미끼인 소라 등을 넣는 그물 자루.

□버림 낚싯대

① 주로 낚는 낚싯대와는 별도로 드리워 두면 낚일지도 모른다고 드리워 두는 낚싯대. ② 낚는 것이 목적이 아니라 낚시 자리를 확보하기 위해서 그저 놓아 두는 낚싯대.

□스풀(spur)

릴에 단 실패.

□스침

물고기의 입 이외의 장소에 바늘이 걸리는 것.

□여울

① 흐름이 빠르고 강한 장소. ② 작은 섬이나 암초.

□공격하다

같은 장소에서 자꾸 자꾸 낚는 것.

□바닥 낚시

바다나 강 바닥이나 그 부근에 사는 물고기를 미끼를 물바닥 닿게 해서 낚는 것.

□바닥을 자라다

물바닥에서 미끼를 떼는 것.

□바닥 암초

해저의 암초.

□외부 통과식 낚싯대

낚싯대의 일종. 가이드가 있어서 본줄이 낚싯대 바깥쪽을 지나는 낚싯대.

□높은 곳

물속의 돈대, 즉 얕은 곳을 말한다.

□입낚시

물속에 들어가서 낚는 방법. 감성돔의 입낚시 등 유명.

□물고기 서식층

물고기의 유영층.

□뜰채

물고기를 퍼내는 그물. 산대와 동일.

□느슨해짐

흐름이 매우 느린 상태.

□휨

물고기를 걸었기 때문에 낚싯대가 활 모양으로 구부러지는 상태.

□힘줄

던질 낚시 등에서 멀리 던질 때 낚싯대의 반동으로 본줄이 절단할 우려가 있다. 이것을 막기 위해서 본줄 끝에 본줄 보다도 굵은 줄을 달아서 절단을 막는 것이 힘줄.

□가슴 고리

본줄 및 목줄을 멜고리나 줄기를 등에 연결할 때 선단을 고리로 하는 것.

□바늘목

바늘의 부분 명칭. 목줄을 연결하는 바늘 뿌리.

□공중 낚시

수심의 중층 부근에 미끼를 늘어뜨려서 낚는 방법.

□낚시 결과

낚은 물고기의 크기나 양.

□조석

조류의 간만.

□살짝 걸이

미끼의 다는 법. 바늘 끝에 살짝 건다.

□흩어지다

모여 있던 물고기가 사방으로 흩어진다.

□이음 낚싯대

낚싯대의 종류. 몇 개인가로 이어서 사용하는 낚싯대.

□집합 장소

물고기가 모이는 곳. 포인트.

□다는 미끼

바늘에 다는 미끼.

□태생어

올해 태어난 물고기. 당년어.

□손 낚시

낚싯대를 사용하지 않고 본줄을 직접 손에 들고 낚는 방법.

□손맡

낚싯대의 부분 명칭으로 손으로 쥐는 부분의 낚싯대.

□천구

낚시를 자신만만해 하는 사람. 낚시 천구.

□중앙 선실

배의 중앙부.

□통 흔들리기

낚싯대의 흔들리기. 몸통 부근에 커브의 기점이 있는 낚싯대.

□궤뚫기

미끼를 바늘에 달 때의 방법. 미끼에 바늘을 전부 통과시키듯이 해서 찌른다.

□도선(渡船)

갯바위나 방파제로 낚시꾼을 건네다 주는 배.

□금지섬

낚시를 금하고 있는 섬.

□거둬 들임

바늘에 건 물고기를 어롱에 넣을 때 까지의 동작.

□트롤링(trawling)

배를 사용해서 바다 상중층(上中層)의 물고기를 '당김 낚시'로 낚는 방법.

□소

수심이 있고 물의 흐름이 매우 완만한 장소. '소 낚시' 등이라고 한다.

□긴 낚싯대

5.4m 이상이나 되는 긴 낚싯대.

□중조(中潮)

간만의 차가 중간 정도일 때의 조류. 대조와 소조의 중간 조류.

□흘림 낚시

채비를 흐름에 태워 흘리면서 낚는 방법.

□중간 처짐

지금까지 잘 먹고 있었는데 일시적으로 입질이 멀어진 것. 조금

지나면 다시 낚이기 시작하는 상태.

□잔잔함

바람이 멈추고 파도가 온화해지는 것.

□여파

파도의 놀. 앞바다의 높은 파도.

□던질 낚시

채비를 멀리 던져서 낚는 방법.

□산 미끼

동물의 몸 등의 산 미끼.

□파도 뿌리

파도의 상태 해면의 상태.

□북서 북동풍

겨울 끝에 부는 강한 바람.

□간수

바닷물이 쎄거나 염분이 짙어지는 것.

□2단 조류

상층과 하층에서 방향이 다른 조류가 흐르는 것.

□2개 바늘

한 채비에 바늘을 2개 단 것.

□빼내다

건 물고기를 물속에서 빼 내는 것.

□암초

해저의 암초. 저주 침상.

□누운 찌

수면에 누워 있고 입질이 있으면 서는 찌.

□암초 걸림

물속의 장해물에 채비가 걸려 버리는 것.

□암초 머리

해저에 있는 암초 등으로 가장 수면에 가까운 부분.

□근어(根魚)

해조나 암초가 많은 곳에 생식하는 물고기들.

□겨냥 장소

포인트. 물고기가 있는 장소.

□연무어(年無魚)

노성어이기 때문에 어느 정도 나이를 먹었는지 모르는 물고기.

□납간

① 낚싯대를 담고 낚시를 그만두는 것. ② 1년의 마지막 낚시를 마치는 것.

□늘다

'늘어나다'라고도 하며 물고기의 강인한 당김으로 본줄과 낚싯대가 일직선이 되어 버리는 것.

□활어조

낚은 물고기를 그 자리에서 죽여 맛을 잘 유지하는 것.

□소상

산란을 위해서 물고기가 얕은 곳으로 모여드는 상태.

□늘임 낚싯대

이음새가 없는 1개 낚싯대.

□밀물

해안 쪽으로 올라오는 조류.

□암초

바닷속의 암초.

□달리다

바늘에 걸린 물고기가 갑자기 달리기 시작하는 것.

□첫 낚시

① 그 해 첫 낚시. ② 신년에 처음 낚는 낚시.

□질풍

갑자기 격렬하게 불어 일어나는 바람. 한랭전선의 통과와 함께 일어나는 경우가 많고 강우나 강설을 수반하는 경우가 있다.

□목줄

낚시 도구의 하나. 바늘을 연결하는 실로 본줄보다 고급의 것이 재료가 되고 있다.

□내뿜기 낚시

낚싯봉을 달지 않든가 혹은 극히 가벼운 낚싯봉을 달고 미끼를 주층으로 띄우듯이 해서 낚는 낚시 방법.

□흔들림

실의 느슨해짐.

□송이 걸이

미끼의 다는 법. 바늘에 송이와 같이 단다.

□ 소(沼)

물이 조용하고 깊게 되어 있는 곳.

□처넣기 낚시

채비를 포인트에 처넣듯이 던지는 낚시 방법. 던질 낚시와 같은 방법이다.

□부딪침

수류나 조류가 해안의 바위 표면이나 암초에 부딪치는 것.

□배 낚시

배를 타고 낚는 낚시.

□살림망

그물로 되어 있는 물고기통. 갯바위 낚시나 방파제 낚시에서 사용하는 것에는 찌가 달려 있다.

□온통 잔잔함

바람이 전혀 없는 상태.

□변지

해안 근처를 말한다.

□포인트(point)

물고기가 모여드는 곳. 겨냥 장소라고도 한다.

□중

스님의 머리에는 털이 없는 점에서 '물고기 기미가 없다'고 해서 전혀 낚이지 않는 것. 비어이다.

□끝대

낚싯대의 가장 끝 부분.

□끝앞대

이음 낚싯대에서 끝대의 다음 부분.

□뿌림 모이

포인트에 물고기를 모이게 하기 위해서 뿌리는 미끼. 밑밥.

□수맥

강이나 바다에서 배의 통행에 적합한 바닥이 깊은 수로.

□홈

물속이 홈 모양의 곳. 물고기의 좋은 서식처이다.

□본줄

낚싯줄.

□세발도래

채비 접속구.

□맥 낚시

찌를 달지 않고 낚는 낚시 방법.

□선수(船首)

이물. 배의 가장 앞 부분. 앞 부분에서 '물밀기'해서 배가 나가기 때문에 이 말이 생겼다.

□맞은편 맞추기

낚시꾼이 맞추기의 동작을 하지 않고 물고기 쪽에서 바늘에 걸려 맞추기가 이루어지는 것.

□해조 구멍

해조와 해조 사이.

□비틀기

수면 가까이에서 물고기가 몸을 비틀어서 파문을 일으키는 것.

□지중(持重)

중량이 있기 때문에 손에 들면 무게를 느끼게 하는 낚싯대.

□가지고 들어가다

물고기의 당김이 강하기 때문에 찌나 낚싯대 끝을 물속으로 끌어 들이는 것.

□밑 낚싯대

이음 낚싯대의 손말.

□**정박하다**

배를 한 장소에 머물게 하는 것.

□**밑밥**

뿌림 모이.

□**약조**

새로운 조류의 순환.

□**뽕**

봉돌, 둥근 구슬. 낚싯봉.

□**띄우다**: 바늘에 걸린 물고기를 수면에 띄우는 것.

□**이코노마이저**: 스피닝 릴의 스풀 축에 다는 밑감개 대신에 플라스틱 제품.

□**가지줄**: 줄기줄에서 나무의 가지와 같이 나와 있는 목줄.

□**카본 롯드**: 탄소 섬유를 소재로 한 낚싯대. 가볍고 반발력이 있다.

□**둔덕**: 깊은 곳에서 얕은 곳을 향하는 사면(斜面).

□**정박 낚시**: 배를 일정 장소 혹은 뗏목 등에 묶고 하는 낚시.

□**조회한다**: 물고기가 물었는지 어떤지 본줄을 당겨 확인한다.

□**기어비**: 릴의 회전 스피드. 핸들 1회에 스폴 3회라면 기어비는 1대 3으로 표시

□**어신(魚信)**: 물고기의 입질.

□**게임 피싱**: 스포츠 피싱. 낚시 도구에 엄격한 룰이 있다. 게임슈는 그 대상어(對象魚)

□**감추다**: 물고기의 입질이 강해 찌를 물 속으로 끌고 들어가 버리는 것.

□**진하다**: 물고기 그림자가 많은 것.

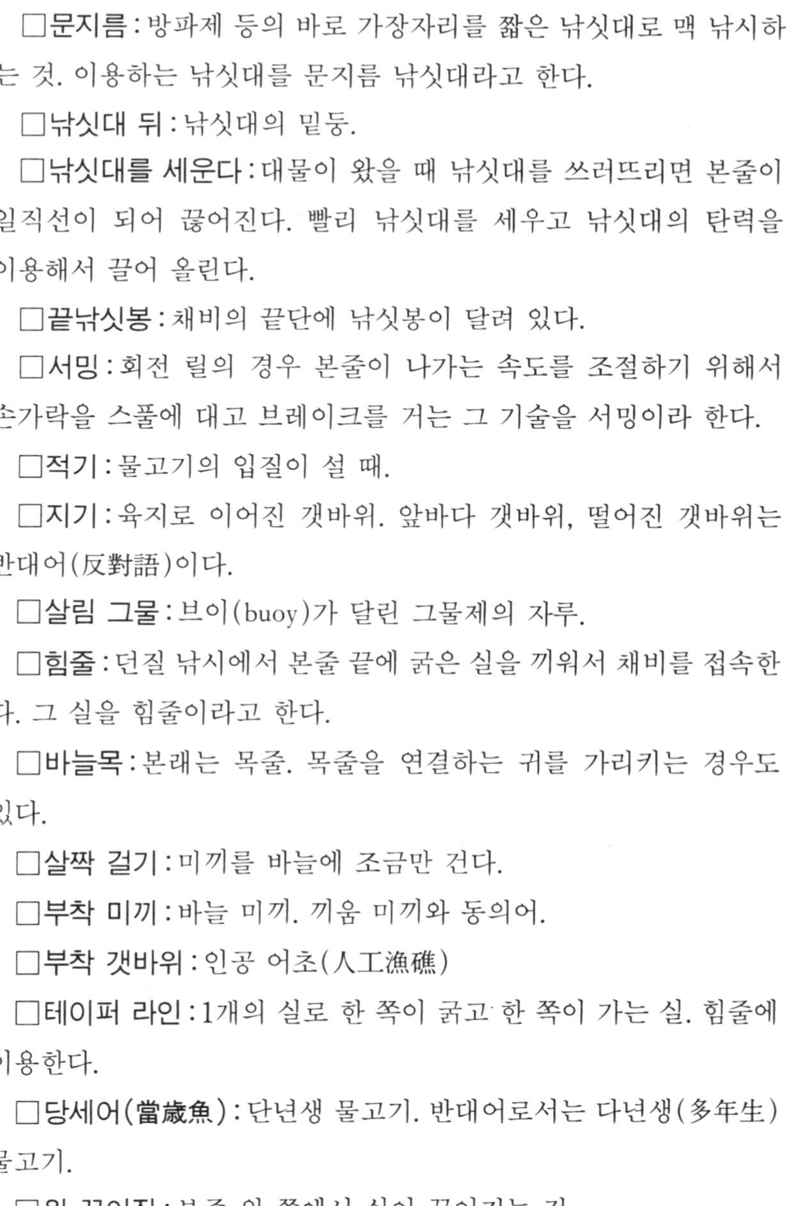

□**문지름** : 방파제 등의 바로 가장자리를 짧은 낚싯대로 맥 낚시하는 것. 이용하는 낚싯대를 문지름 낚싯대라고 한다.

□**낚싯대 뒤** : 낚싯대의 밑둥.

□**낚싯대를 세운다** : 대물이 왔을 때 낚싯대를 쓰러뜨리면 본줄이 일직선이 되어 끊어진다. 빨리 낚싯대를 세우고 낚싯대의 탄력을 이용해서 끌어 올린다.

□**끝낚싯봉** : 채비의 끝단에 낚싯봉이 달려 있다.

□**서밍** : 회전 릴의 경우 본줄이 나가는 속도를 조절하기 위해서 손가락을 스풀에 대고 브레이크를 거는 그 기술을 서밍이라 한다.

□**적기** : 물고기의 입질이 설 때.

□**지기** : 육지로 이어진 갯바위. 앞바다 갯바위, 떨어진 갯바위는 반대어(反對語)이다.

□**살림 그물** : 브이(buoy)가 달린 그물제의 자루.

□**힘줄** : 던질 낚시에서 본줄 끝에 굵은 실을 끼워서 채비를 접속한다. 그 실을 힘줄이라고 한다.

□**바늘목** : 본래는 목줄. 목줄을 연결하는 귀를 가리키는 경우도 있다.

□**살짝 걸기** : 미끼를 바늘에 조금만 건다.

□**부착 미끼** : 바늘 미끼. 끼움 미끼와 동의어.

□**부착 갯바위** : 인공 어초(人工漁礁)

□**테이퍼 라인** : 1개의 실로 한 쪽이 굵고 한 쪽이 가는 실. 힘줄에 이용한다.

□**당세어(當歲魚)** : 단년생 물고기. 반대어로서는 다년생(多年生) 물고기.

□**윗 끊어짐** : 본줄 위 쪽에서 실이 끊어지는 것.

□**몸통 찌르기 낚시**: 채비 끝에 낚싯봉을 달고 가지 바늘 채비로 하는 낚시 방법.

□**나부라**: 해면에 떼를 짓는 물고기.

□**고조(苦潮)**: 적조(赤潮)와 매우 비슷한 현상. 여름에 많다.

□**점액(粘液)**: 어체 표면의 점액을 말한다.

□**뿌리**: 해저(海底)의 바위. 근어(根魚)는 암초에 사는 물고기.

□**네무리 바늘**: 바늘 끝이 안쪽으로 구부러진 바늘.

□**햇수를 모른다**: 몇 년에 한 번 걸릴 만큼 대물이라는 뜻

□**신속**: 낚싯줄이 늘어나는 것. 나일론실은 신축이 크고 테트론실은 신축이 적다.

□**퍼머**: 회전 릴에서 스풀의 회전이 빨라 실이 너무 나가서 엉키는 것.

□**파석**: 갯바위. 암초(暗礁).

□**멍텅구리**: 릴 낚싯대가 아닌 직접 붙인 낚싯대에서 낚싯대 뒤로 여분으로 나온 부분.

□**어통**: 물고기통.

□**비시**: 낚싯봉.

□**비시 사잇줄**: 줄기줄. 배 낚시의 손 낚시에서 사용하는 줄.

□**발**: 어른이 양손을 벌린 길이. 약1.5m

□**내뿜기 낚시**: 무거운 낚싯봉을 사용하지 않고 낚싯봉 없이 하든지 아니면 극히 가벼운 낚싯봉으로 미끼를 띄워서 자연스럽게 낚는 것.

□**묵은 물고기**: 1년어(一年魚)라고 여겨지는 물고기가 2년, 3년 오래 살아 있는 것을 가리킨다.

□**백 러시**: 퍼머를 일으키는 현상.

□멜고리 : 낚싯대 끝에 있는 본줄을 통과시키는 부분.

□뿌림 미끼 : 물고기를 모으기 위한 미끼.

□마제 : 남풍(南風)을 말한다.

□여명 : 일출 · 일몰 전후의 시간대.

□보기 낚시 : 물고기가 바늘 미끼를 먹는 것을 보고 낚는 것.

□마주 맞추기 : 물고기 쪽이 달아나다 스스로 바늘에 걸려 버리는 것.

□화살 당김 : 화살을 당길 때의 자세에서 좌우 손의 거리. 1발보다 짧아 약 90cm정도.

□꼼 : 단사(單絲)의 경우 좌우 어느 쪽인가에 감은 자국이 생기는 것.

□루어 : 제물낚시 바늘. 종류가 많다.

□레벨 와인더 : 자동 평행 감개 기구.